ŒUVRES COMPLÈTES

DE

H. DE BALZAC.

LA

COMÉDIE HUMAINE

TREIZIÈME VOLUME.

PREMIÈRE PARTIE.

ÉTUDES DE MŒURS

CINQUIÈME ET SIXIÈME LIVRES.

PARIS. — IMPRIMERIE DE PILLET FILS AINÉ
RUE DES GRANDS-AUGUSTINS, 5.

SCÈNES
DE LA
VIE MILITAIRE
ET
SCÈNES DE LA VIE DE CAMPAGNE

LES CHOUANS. — UNE PASSION DANS LE DÉSERT.
LE MÉDECIN DE CAMPAGNE — LE CURÉ DE VILLAGE.

PARIS
ALEXANDRE HOUSSIAUX, ÉDITEUR
RUE DU JARDINET-SAINT-ANDRÉ-DES-ARTS, 3.

1855

MARCHE-A-TERRE.

Offrait une vague analogie avec le granit qui forme le sol
de ces contrées.

(LES CHOUANS).

CINQUIÈME LIVRE,

SCÈNES DE LA VIE MILITAIRE.

LES CHOUANS

ou

LA BRETAGNE EN 1799.

A MONSIEUR THÉODORE DABLIN, NÉGOCIANT.

Au premier ami, le premier ouvrage.

DE BALZAC.

PRÉFACE.

Cet ouvrage est mon premier, et lent fut son succès; je ne pouvais le protéger d'aucune manière, occupé comme je le suis de la vaste entreprise où il tient si peu de place. Aujourd'hui, je ne veux faire que deux remarques.

La Bretagne connaît le fait qui sert de base au drame; mais ce qui se passe en quelques mois fut consommé en vingt-quatre heures. A part cette poétique infidélité faite à l'histoire, tous les événements de ce livre, même les moindres, sont entièrement historiques; quant aux descriptions, elles sont d'une vérité minutieuse.

Le style, d'abord assez entortillé, hérissé de fautes, est maintenant à l'état de perfection relative qui permet à un auteur de présenter son ouvrage sans en être par trop mécontent.

Des *Scènes de la vie militaire* que je prépare, c'est la seule qui soit terminée, elle présente une des faces de la guerre civile au dix-neuvième siècle, celle de partisans; l'autre, la guerre civile régulière, sera le sujet des VENDÉENS.

Paris, janvier 1845.

CHAPITRE PREMIER.

L'EMBUSCADE.

Dans les premiers jours de l'an VIII, au commencement de vendémiaire, ou, pour se conformer au calendrier actuel, vers la fin du mois de septembre 1799, une centaine de paysans et un assez grand nombre de bourgeois, partis le matin de Fougères pour se rendre à Mayenne, gravissaient la montagne de la Pèlerine, située à mi-chemin environ de Fougères à Ernée, petite ville où les voyageurs ont coutume de se reposer. Ce détachement, divisé en groupes plus ou moins nombreux, offrait une collection de costumes si bizarres et une réunion d'individus appartenant à des localités ou à des professions si diverses, qu'il ne sera pas inutile de décrire leurs différences caractéristiques pour donner à cette histoire les couleurs vives auxquelles on met tant de prix aujourd'hui; quoique, selon certains critiques, elles nuisent à la peinture des sentiments.

Quelques-uns des paysans, et c'était le plus grand nombre, allaient pieds nus, ayant pour tout vêtement une grande peau de chèvre qui les couvrait depuis le col jusqu'aux genoux, et un pantalon de toile blanche très-grossière, dont le fil mal tondu accusait l'incurie industrielle du pays. Les mèches plates de leurs longs cheveux s'unissaient si habituellement aux poils de la peau de chèvre et cachaient si complétement leurs visages baissés vers la terre, qu'on pouvait facilement prendre cette peau pour la leur, et confondre, à la première vue, ces malheureux avec les animaux dont les dépouilles leur servaient de vêtement. Mais à travers ces cheveux l'on voyait bientôt briller leurs yeux comme des gouttes de rosée dans une épaisse verdure; et leurs regards, tout en annonçant l'intelligence humaine, causaient certainement plus de terreur que de plaisir. Leurs têtes étaient surmontées d'une sale toque en laine rouge, semblable à ce bonnet phrygien que la République adoptait alors comme emblème de la liberté. Tous avaient sur l'épaule un gros bâton de chêne noueux, au bout duquel pendait un long bissac de toile, peu garni. D'autres portaient, par-dessus leur bonnet, un grossier chapeau de feutre à larges bords et orné d'une espèce de chenille en laine de diverses couleurs qui en en tourait la forme. Ceux-ci, entièrement vêtus de la même toile dont étaient faits les pantalons et les bissacs des premiers, n'offraient presque rien dans leur costume qui appartînt à la civilisation nouvelle. Leurs longs cheveux retombaient sur le collet d'une veste ronde à petites poches latérales et carrées qui n'allait que jusqu'aux hanches, vêtement particulier aux paysans de l'Ouest. Sous cette veste ouverte on distinguait un gilet de même toile, à gros boutons. Quelques-uns d'entre eux marchaient avec des sabots; tandis que, par économie, d'autres tenaient leurs souliers à la main. Ce costume, sali par un long usage, noirci par la sueur ou par la poussière, et moins original que le précédent, avait pour mérite historique de servir de transition à l'habillement presque somptueux de quelques hommes qui, dispersés çà et là, au milieu de la troupe, y brillaient comme des fleurs. En effet, leurs pantalons de toile bleue, leurs gilets rouges ou jaunes ornés de deux rangées de boutons de cuivre parallèles, et semblables à des cuirasses carrées, tranchaient aussi vivement sur les vêtements blancs et les peaux de leurs compagnons, que des bluets et des coquelicots dans un champ de blé. Quelques-uns étaient chaussés avec ces sabots que les paysans de la Bretagne savent faire eux-mêmes; mais presque tous avaient de gros souliers ferrés et des habits de drap fort grossier, taillés comme les anciens habits français, dont la forme est encore religieusement gardée par nos paysans. Le col de leur chemise était attaché par des boutons d'argent qui figuraient ou des cœurs ou des ancres. Enfin, leurs bissacs paraissaient mieux fournis que ne l'étaient ceux de leurs compagnons; puis, plusieurs d'entre eux joignaient à leur équipage de route une gourde sans doute pleine d'eau-de-vie, et suspendue par une ficelle à leur cou. Quelques citadins apparaissaient au milieu de ces hommes à demi sauvages, comme pour marquer le dernier terme de la civilisation de ces contrées. Coiffés de chapeaux ronds, de claques ou de casquettes, ayant des bottes à revers ou des souliers maintenus par des guêtres, ils présentaient comme les paysans des différences remarquables dans leurs costumes. Une dizaine d'entre eux portaient cette veste républicaine connue sous le nom de carmagnole. D'autres, de riches artisans sans doute, étaient vêtus de la tête aux pieds en drap de la même couleur. Les plus recherchés dans leur mise se distinguaient par des fracs et des redingotes de drap bleu ou vert plus ou moins râpé. Ceux-là, véritables personnages, portaient des bottes de diverses formes, et badinaient avec de grosses cannes en gens qui font contre fortune bon cœur. Quelques têtes soigneusement poudrées, des queues assez bien tressées annonçaient cette espèce de recherche que nous inspire un commencement de fortune ou d'éducation.

En considérant ces hommes étonnés de se voir ensemble, et ramassés comme au hasard, on eût dit la population d'un bourg chassée de ses foyers par un incendie. Mais l'époque et les lieux donnaient un tout autre intérêt à cette masse d'hommes. Un observateur initié aux secrets des discordes civiles qui agitaient alors la France aurait pu facilement reconnaître le petit nombre de citoyens sur la fidélité desquels la République devait compter dans cette troupe, presque entièrement composée de gens qui, quatre ans auparavant, avaient guerroyé contre elle. Un dernier trait assez saillant ne laissait aucun doute sur les opinions qui divisaient ce rassemblement. Les républicains seuls marchaient avec une sorte de gaieté. Quant aux autres individus de la troupe, s'ils offraient des différences sensibles dans leurs costumes, ils montraient sur leurs figures et dans leurs attitudes cette expression uniforme que donne le malheur. Bourgeois et paysans, tous gardaient l'empreinte d'une mélancolie profonde ; leur silence avait quelque chose de farouche, et ils semblaient courbés sous le joug d'une même pensée, terrible sans doute, mais soigneusement cachée, car leurs figures étaient impénétrables ; seulement, la lenteur peu ordinaire de leur marche pouvait trahir de secrets calculs. De temps en temps, quelques-uns d'entre eux, remarquables par des chapelets suspendus à leur cou, malgré le danger qu'ils couraient à conserver ce signe d'une religion plutôt supprimée que détruite, secouaient leurs cheveux et relevaient la tête avec défiance. Ils examinaient alors à la dérobée les bois, les sentiers et les rochers qui encaissaient la route, mais de l'air avec lequel un chien, mettant le nez au vent, essaie de subodorer le gibier ; puis, en n'entendant que le bruit monotone des pas de leurs silencieux compagnons, ils baissaient de nouveau leurs têtes et reprenaient leur contenance de désespoir, semblables à des criminels emmenés au bagne pour y vivre, pour y mourir.

La marche de cette colonne sur Mayenne, les éléments hétérogènes qui la composaient et les divers sentiments qu'elle exprimait s'expliquaient assez naturellement par la présence d'une autre troupe formant la tête du détachement. Cent cinquante soldats environ marchaient en avant avec armes et bagages, sous le commandement d'un *chef de demi-brigade*. Il n'est pas inutile de faire observer à ceux qui n'ont pas assisté au drame de la Révolution, que cette dénomination remplaçait le titre de colonel, proscrit par les patriotes comme trop aristocratique. Ces soldats appartenaient au dépôt d'une demi-brigade d'infanterie en séjour à Mayenne. Dans ces temps de discordes, les habitants de l'Ouest avaient appelé tous les soldats de la République, des *Bleus*. Ce surnom était dû à ces premiers uniformes bleus et rouges dont le souvenir est encore assez frais pour rendre leur description superflue. Le détachement des Bleus servait donc d'escorte à ce rassemblement d'hommes presque tous mécontents d'être dirigés sur Mayenne, où la discipline militaire devait promptement leur donner un même esprit, une même livrée et l'uniformité d'allure qui leur manquait alors si complétement.

Cette colonne était le contingent péniblement obtenu du district de Fougères, et dû par lui dans la levée que le Directoire exécutif de la République française avait ordonnée par une loi du 10 messidor précédent. Le gouvernement avait demandé cent millions et cent mille hommes, afin d'envoyer de prompts secours à ses armées, alors battues par les Autrichiens en Italie, par les Prussiens en Allemagne, et menacées en Suisse par les Russes, auxquels Suwarow faisait espérer la conquête de la France. Les départements de l'Ouest, connus sous le nom de Vendée, la Bretagne et une portion de la Basse-Normandie, pacifiés depuis trois ans par les soins du général Hoche après une guerre de quatre années, paraissaient avoir saisi ce moment pour recommencer la lutte. En présence de tant d'agressions, la République retrouva sa primitive énergie. Elle avait d'abord pourvu à la défense des départements attaqués, en en remettant le soin aux habitants patriotes par un des articles de cette loi de messidor. En effet, le gouvernement, n'ayant ni troupes ni argent dont il pût disposer à l'intérieur, éluda la difficulté par une gasconnade législative : ne pouvant rien envoyer aux départements insurgés, il leur donnait sa confiance. Peut-être espérait-il aussi que cette mesure, en armant les citoyens les uns contre les autres, étoufferait l'insurrection dans son principe.

Cet article, source de funestes représailles, était ainsi conçu : *Il sera organisé des compagnies franches dans les départements de l'Ouest.* Cette disposition impolitique fit prendre à l'Ouest une attitude si hostile, que le Directoire désespéra d'en triompher de prime abord. Aussi, peu de jours après, demanda-t-il aux Assemblées des mesures particulières relativement aux légers contingents dus en vertu de l'article qui autorisait les compagnies franches. Donc, une nouvelle loi promulguée quelques jours avant le commencement de cette histoire, et rendue le troisième jour complémentaire de l'an VII, ordonnait d'organiser en légions ces faibles levées d'hommes. Les légions devaient porter le nom des départements de la Sarthe, de l'Orne, de la Mayenne, d'Ille-et-Vilaine, du Morbihan, de la Loire-Inférieure et de Maine-et-Loire. *Ces légions*, disait la loi, *spécialement employées à combattre les Chouans, ne pourraient, sous aucun prétexte, être portées aux frontières.*

Ces détails fastidieux, mais ignorés, expliquent à la fois l'état de faiblesse où se trouva le Directoire et la marche de ce troupeau d'hommes conduit par les Bleus. Aussi, peut-être n'est-il pas superflu d'ajouter que ces belles et patriotiques déterminations directoriales n'ont jamais reçu d'autre exécution que leur insertion au Bulletin des Lois. N'étant plus soutenus par de grandes idées morales, par le patriotisme ou par la terreur, qui les rendait naguère exécutoires, les décrets de la République créaient des millions et des soldats dont rien n'entrait ni au trésor ni à l'armée. Le ressort de la Révolution s'était usé en des mains inhabiles, et les lois recevaient dans leur application l'empreinte des circonstances au lieu de les dominer.

Les départements de la Mayenne et d'Ille-et-Vilaine étaient alors commandés par un vieil officier qui, jugeant sur les lieux de l'opportunité des mesures à prendre, voulut essayer d'arracher à la Bretagne ses contingents, et surtout celui de Fougères, l'un des plus redoutables foyers de la chouannerie. Il espérait ainsi affaiblir les forces de ces districts menaçants. Ce militaire dévoué profita des prévisions illusoires de la loi pour affirmer qu'il équiperait et armerait sur-le-champ les *réquisitionnaires*, et qu'il tenait à leur disposition un mois de la solde promise par le gouvernement à ces troupes d'exception. Quoique la Bretagne se refusât alors à toute espèce de service militaire, l'opération réussit tout d'abord sur la foi de ces promesses, et avec tant de promptitude que cet officier s'en alarma. Mais c'était un de ces vieux chiens de guérite difficiles à surprendre. Aussitôt qu'il vit accourir au district une partie des contingents, il soupçonna quelque motif secret à cette prompte réunion d'hommes, et peut-être devina-t-il bien en croyant qu'ils voulaient se procurer des armes. Sans attendre les retardataires, il prit alors des mesures pour tâcher d'effectuer sa retraite sur Alençon, afin de se rapprocher des pays soumis, quoique l'insurrection croissante de ces contrées rendît le succès de ce projet très-problématique.

Cet officier, qui, selon ses instructions, gardait le plus profond secret sur les malheurs de nos armées et sur les nouvelles peu rassurantes parvenues de la Vendée, avait donc tenté, dans la matinée où commence cette histoire, d'arriver par une marche forcée à Mayenne, où il se promettait bien d'exécuter la loi suivant son bon vouloir, en remplissant les cadres de sa demi-brigade avec ses *conscrits* bretons. Ce mot de conscrit, devenu plus tard si célèbre, avait remplacé pour la première fois, dans les lois, le nom de réquisitionnaires, primitivement donné aux recrues républicaines. Avant de quitter Fougères, le commandant avait fait prendre secrètement à ses soldats les cartouches et les rations de pain nécessaires à tout son monde, afin de ne pas éveiller l'attention des conscrits sur la longueur de la route; et il comptait bien ne pas s'arrêter à l'étape d'Ernée, où, revenus de leur étonnement, les hommes du contingent auraient pu s'entendre avec les Chouans, sans doute répandus dans les campagnes voisines.

Le morne silence qui régnait dans la troupe des réquisitionnaires surpris par la manœuvre du vieux républicain, et la lenteur de leur marche sur cette montagne, excitaient au plus haut degré la défiance de ce chef de demi-brigade, nommé Hulot; les traits les plus saillants de la description qui précède étaient pour lui d'un vif intérêt; aussi marchait-il silencieusement, au milieu de cinq jeunes officiers qui, tous, respectaient la préoccupation de leur chef. Mais au moment où Hulot parvint au faîte de la Pèlerine, il tourna tout à coup la tête, comme par instinct, pour inspecter les visages inquiets des réquisitionnaires, et ne tarda pas à rompre le silence. En effet, le retard progressif de ces Bretons avait déjà mis entre eux et leur escorte une distance d'environ deux cents pas. Hulot fit alors une grimace qui lui était particulière.

— Que diable ont donc tous ces muscadins-là? s'écria-t-il d'une voix sonore. Nos conscrits ferment le compas au lieu de l'ouvrir, je crois!

A ces mots, les officiers qui l'accompagnaient se retournèrent par un mouvement spontané assez semblable au réveil en sursaut que cause un bruit soudain. Les sergents, les caporaux les imitèrent, et la compagnie s'arrêta sans avoir entendu le mot souhaité de : — Halte ! Si d'abord les officiers jetèrent un regard sur le détachement qui, semblable à une longue tortue, gravissait la montagne de la Pèlerine, ces cinq jeunes gens, que la défense de la patrie avait arrachés, comme tant d'autres, à des études distinguées, et chez lesquels la guerre n'avait pas encore éteint le sentiment des arts, furent assez frappés du spectacle qui s'offrait à leurs regards pour laisser sans réponse une observation dont l'importance leur était inconnue.

Quoiqu'ils vinssent de Fougères, où le tableau qui se présentait alors à leurs yeux se voit également, mais avec les différences que le changement de perspective lui fait subir, ils ne purent se refuser à l'admirer une dernière fois, semblables à ces *dilettanti* auxquels une musique donne d'autant plus de jouissances qu'ils en connaissent mieux les détails. Du sommet de la Pèlerine apparaît aux yeux du voyageur la grande vallée du Couësnon, dont l'un des points culminants est occupé à l'horizon par la ville de Fougères. Son château domine, en haut du rocher où il est bâti, trois ou quatre routes importantes, position qui la rendait jadis une des clés de la Bretagne. Les officiers découvraient alors, dans toute son étendue, ce bassin aussi remarquable par la prodigieuse fertilité de son sol que par la variété de ses aspects. De toutes parts, des montagnes de schiste s'élèvent en amphithéâtre, elles déguisent leurs flancs rougeâtres sous des forêts de chênes, et recèlent dans leurs versants des vallons pleins de fraîcheur. Ces rochers décrivent une vaste enceinte, circulaire en apparence, au fond de laquelle s'étend avec mollesse une immense prairie dessinée comme un jardin anglais. La multitude de haies vives qui entourent d'irréguliers et de nombreux héritages, tous plantés d'arbres, donnent à ce tapis de verdure une physionomie rare parmi les paysages de la France, et il enfermait de féconds secrets de beautés dans ses contrastes multipliés dont les effets étaient assez larges pour saisir les âmes les plus froides. En ce moment, la vue de ce pays était animée de cet éclat fugitif par lequel la nature se plaît à rehausser parfois ses impérissables créations. Pendant que le détachement traversait la vallée, le soleil levant avait lentement dissipé ces vapeurs blanches et légères qui, dans les matinées de septembre, voltigent sur les prairies. A l'instant où les soldats se retournèrent, une invisible main semblait enlever à ce paysage le dernier des voiles dont elle l'aurait enveloppé, nuées fines, semblables à ce linceul de gaze diaphane qui couvre les bijoux précieux et à travers lequel ils brillent imparfaitement, en excitant la curiosité. Dans le vaste horizon que les voyageurs embrassèrent, le ciel n'offrait pas le plus léger nuage qui pût faire croire, par sa clarté d'argent, que cette immense voûte bleue fût le firmament. C'était comme un dais de soie supporté par les cimes inégales des montagnes, et placé dans les airs pour protéger cette magnifique réunion de champs, de prairies, de ruisseaux et de bocages. Les officiers ne se lassaient pas d'examiner cet espace où jaillissaient tant de beautés champêtres. Les uns hésitaient longtemps avant d'arrêter leurs regards parmi l'étonnante multiplicité de ces bosquets que les teintes sévères de quelques touffes jaunies enrichissaient des couleurs du bronze, et que le vert émeraude des prés irrégulièrement coupés faisait encore ressortir. Les autres s'attachaient aux contrastes offerts par des champs rougeâtres où le sarrasin récolté s'élevait en gerbes coniques semblables aux faisceaux d'armes que le soldat amoncèle au bivouac, et séparés par d'autres champs que doraient les guérêts des seigles moissonnés. Çà et là, l'ardoise sombre de quelques toits d'où sortaient de blanches fumées; puis les tranchées vives et argentées que produisaient les ruisseaux tortueux du Couësnon, attiraient l'œil par quelques-uns de ces piéges d'optique qui rendent, sans qu'on sache pourquoi, l'âme indécise et rêveuse. La fraîcheur embaumée des brises d'automne, la forte senteur des forêts, s'élevaient comme un nuage d'encens et enivraient les admirateurs de ce beau pays, qui contemplaient avec ravissement ces fleurs inconnues, sa végétation vigoureuse, sa verdure rivale de celle des îles d'Angleterre, dont il est à peine séparé et dont il porte le même nom. Quelques bestiaux animaient cette scène déjà si dramatique. Les oiseaux chantaient, et faisaient ainsi rendre à la vallée une suave, une sourde mélodie qui frémissait dans les airs. Si l'imagination recueillie veut apercevoir pleinement les riches accidents d'ombre et de lumière, les horizons vaporeux des montagnes, les fantastiques perspectives qui naissaient des places où manquaient les arbres, où s'étendaient les eaux, où fuyaient de coquettes sinuosités; si le souvenir colorie, pour ainsi dire, ce dessin aussi fugace que le moment où il est pris, les personnes pour lesquelles ces tableaux ne sont pas sans mérite auront une image imparfaite du magique spectacle par lequel l'âme encore impressionnable des jeunes officiers fut comme surprise.

Pensant alors que ces pauvres gens abandonnaient à regret leur pays et leurs chères coutumes pour aller mourir peut-être en des terres étrangères, ils leur pardonnèrent involontairement un retard qu'ils comprirent. Puis, avec cette générosité naturelle aux soldats, ils déguisèrent leur condescendance sous un feint désir d'examiner les positions militaires de cette belle contrée. Mais Hulot, qu'il est nécessaire d'appeler le Commandant, pour éviter de lui donner le nom peu harmonieux de Chef de demi-brigade, était un de ces militaires qui, dans un danger pressant, ne sont pas hommes à se laisser prendre aux charmes des paysages, quand même ce seraient ceux du paradis terrestre. Il secoua donc la tête par un geste négatif, et contracta deux gros sourcils noirs qui donnaient une expression sévère à sa physionomie.

— Pourquoi diable ne viennent-ils pas? demanda-t-il pour la seconde fois de sa voix grossie par les fatigues de la guerre. Se trouve-t-il dans le village quelque bonne Vierge à laquelle ils donnent une poignée de main?

— Tu demandes pourquoi? répondit une voix.

En entendant des sons qui semblaient sortir de la corne avec laquelle les paysans de ces vallons rassemblent leurs troupeaux, le commandant se retourna brusquement comme s'il eût senti la pointe d'une épée, et vit à deux pas de lui un personnage encore plus bizarre qu'aucun de ceux emmenés à Mayenne pour servir la République. Cet inconnu, homme trapu, large des épaules, lui montrait une tête presque aussi grosse que celle d'un bœuf, avec laquelle elle avait plus d'une ressemblance. Des narines épaisses faisaient paraître son nez encore plus court qu'il ne l'était. Ses larges lèvres retroussées par des dents blanches comme de la neige, ses grands et ronds yeux noirs garnis de sourcils menaçants, ses oreilles pendantes et ses cheveux roux appartenaient moins à notre belle race caucasienne qu'au genre des herbivores. Enfin l'absence complète des autres caractères de l'homme social rendait sa tête nue plus remarquable encore. Cette face, comme bronzée par le soleil et dont les anguleux contours offraient une vague analogie avec le granit qui forme le sol de ces contrées, était la seule partie visible du corps de cet être singulier. A partir du cou, il était enveloppé d'un sarreau, espèce de blouse en toile rousse plus grossière encore que celle des pantalons des conscrits les moins fortunés. Ce sarreau, dans lequel un antiquaire aurait reconnu la *saye* (*saga*) ou le *sayon* des Gaulois, finissait à mi-corps, en se rattachant à deux fourreaux de peau de chèvre par des morceaux de bois grossièrement travaillés et dont quelques-uns gardaient leur écorce. Les peaux de bique, pour parler la langue du pays, qui lui garnissaient les jambes et les cuisses, ne laissaient distinguer aucune forme humaine. Des sabots énormes lui cachaient les pieds. Ses longs cheveux luisants, semblables aux poils de ses peaux de chèvres, tombaient de chaque côté de sa figure, séparés en deux parties égales, et pareils aux chevelures de ces statues du moyen-âge qu'on voit encore dans quelques cathédrales. Au lieu du bâton noueux que les conscrits portaient sur leurs épaules, il tenait appuyé sur sa poitrine, en guise de fusil, un gros fouet dont le cuir habilement tressé paraissait avoir une longueur double de celle des fouets ordinaires. La brusque apparition de cet être bizarre semblait facile à expliquer. Au premier aspect, quelques officiers supposèrent que l'inconnu était un réquisitionnaire ou conscrit (l'un se disait pour l'autre) qui se repliait sur la colonne en la voyant arrêtée. Néanmoins, l'arrivée de cet homme étonna singulièrement le commandant ; s'il n'en parut pas le moins du monde intimidé, son front devint toutefois soucieux ; et, après avoir toisé l'étranger, il répéta machinalement et comme occupé de pensées sinistres : — Oui, pourquoi ne viennent-ils pas ? le sais-tu, toi ?

— C'est que, répondit le sombre interlocuteur avec un accent qui prouvait une assez grande difficulté de parler français, c'est que là, dit-il en étendant sa rude et large main vers Ernée, là est le Maine, et là finit la Bretagne.

Puis il frappa fortement le sol en faisant tomber le pesant manche de son fouet aux pieds mêmes du commandant. L'impression produite sur les spectateurs de cette scène par la harangue laconique de l'inconnu, ressemblait assez à celle que donnerait un coup de tam-tam frappé au milieu d'une musique. Le mot de harangue suffit à peine pour rendre toute la haine, les regrets et les désirs de vengeance qu'exprimèrent un geste hautain, une parole brève, la contenance empreinte d'une énergie farouche et froide. La grossièreté de cet homme taillé comme à coups de hache, sa noueuse écorce, la stupide ignorance gravée sur ses traits, en faisaient une sorte de demi-dieu barbare. Il gardait une attitude prophétique et apparaissait là comme le génie même de la Bretagne, qui se relevait d'un sommeil de trois années, pour recommencer une guerre où la victoire ne se montra jamais sans de doubles crêpes.

— Voilà un joli coco, dit Hulot en se parlant à lui-même. Il m'a l'air d'être l'ambassadeur de gens qui s'apprêtent à parlementer à coups de fusil.

Après avoir grommelé ces paroles entre ses dents, le commandant promena successivement ses regards de cet homme au paysage, du paysage au détachement, du détachement sur les talus abruptes de la route, dont les crêtes étaient ombragées par les hauts genêts de la Bretagne; puis il les reporta tout à coup sur l'inconnu, auquel il fit subir comme un muet interrogatoire qu'il termina en lui demandant brusquement : — D'où viens-tu?

Son œil avide et perçant cherchait à deviner les secrets de ce visage impénétrable qui, pendant cet intervalle, avait pris la niaise expression de torpeur dont s'enveloppe un paysan au repos.

— Du pays des *Gars*, répondit l'homme sans manifester aucun trouble.

— Ton nom?

Marche-à-terre.

— Pourquoi portes-tu, malgré la loi, ton surnom de Chouan?

Marche-à-terre, puisqu'il se donnait ce nom, regarda le commandant d'un air d'imbécillité si profondément vraie, que le militaire crut n'avoir pas été compris.

— Fais-tu partie de la réquisition de Fougères?

A cette demande, Marche-à-terre répondit par un de ces, *je ne sais pas,* dont l'inflexion désespérante arrête tout entretien. Il s'assit tranquillement sur le bord du chemin, tira de son sarrau quelques morceaux d'une mince et noire galette de sarrasin, repas national dont les tristes délices ne peuvent être comprises que des Bretons, et se mit à manger avec une indifférence stupide. Il faisait croire à une absence si complète de toute intelligence, que les officiers le comparèrent tour à tour, dans cette situation, à un des animaux qui broutaient les gras pâturages de la vallée, aux sauvages de l'Amérique ou à quelque naturel du cap de Bonne-Espérance. Trompé par cette attitude, le commandant lui-même n'écoutait déjà plus ses inquiétudes, lorsque, jetant un dernier regard de prudence à l'homme qu'il soupçonnait être le héraut d'un prochain carnage, il en vit les cheveux, le sarrau, les peaux de chèvre couverts d'épines, de débris de feuilles, de brins de bois et de broussailles, comme si ce Chouan eût fait une longue route à travers les halliers. Il lança un coup d'œil significatif à son adjudant Gérard, près duquel il se trouvait, lui serra fortement la main et dit à voix basse : — Nous sommes allés chercher de la laine, et nous allons revenir tondus.

Les officiers étonnés se regardèrent en silence.

Il convient de placer ici une digression pour faire partager les craintes du commandant Hulot à certaines personnes casanières habituées à douter de tout, parce qu'elles ne voient rien, et qui pourraient contredire l'existence de Marche-à-terre et des paysans de l'Ouest dont alors la conduite fut sublime.

Le mot *gars*, que l'on prononce *gâ*, est un débris de la langue celtique. Il a passé du bas-breton dans le français, et ce mot est, de notre langage actuel, celui qui contient le plus de souvenirs antiques. Le *gais* était l'arme principale des Gaëls ou Gaulois ; *gaisde* signifiait armé ; *gais*, bravoure ; *gas*, force. Ces rapprochements prouvent la parenté du mot *gars* avec ces expressions de la langue de nos ancêtres. Ce mot a de l'analogie avec le mot latin *vir*, homme, racine de *virtus*, force, courage. Cette dissertation trouve son excuse dans sa nationalité ; puis, peut-être, servira-t-elle à réhabiliter, dans l'esprit de quelques personnes, les mots : *gars, garçon, garçonnette, garce, garcette*, généralement proscrits du discours comme mal séants, mais dont l'origine est si guerrière et qui se montreront çà et là dans le cours de cette histoire. — « C'est une fameuse garce ! » est un éloge peu compris que recueillit madame de Staël dans un petit canton de Vendômois où elle passa quelques jours d'exil. La Bretagne est, de toute la France, le pays où les mœurs gauloises ont laissé les plus fortes empreintes. Les parties de cette province où, de nos jours encore, la vie sauvage et l'esprit superstitieux de nos rudes aïeux sont restés, pour ainsi dire, flagrants, se nomment le pays des Gars. Lorsqu'un canton est habité par nombre de Sauvages semblables à celui qui vient de comparaître dans cette Scène, les gens de la contrée disent : Les Gars de telle paroisse ; et ce nom classique est comme une récompense de la fidélité avec laquelle ils s'efforcent de conserver les traditions du langage et des mœurs gaéliques ; aussi leur vie garde-t-elle de profonds vestiges des croyances et des pratiques superstitieuses des anciens temps. Là, les coutumes féodales sont encore respectées. Là, les antiquaires retrouvent debout les monuments des Druides,

Là, le génie de la civilisation moderne s'effraie de pénétrer à travers d'immenses forêts primordiales. Une incroyable férocité, un entêtement brutal, mais aussi la foi du serment ; l'absence complète de nos lois, de nos mœurs, de notre habillement, de nos monnaies nouvelles, de notre langage, mais aussi la simplicité patriarcale et d'héroïques vertus s'accordent à rendre les habitants de ces campagnes plus pauvres de combinaisons intellectuelles que ne le sont les Mohicans et les Peaux rouges de l'Amérique septentrionale, mais aussi grands qu'eux. La place que la Bretagne occupe au centre de l'Europe la rend beaucoup plus curieuse à observer que ne l'est le Canada. Entouré de lumières dont la bienfaisante chaleur ne l'atteint pas, ce pays ressemble à un charbon glacé qui resterait obscur et noir au sein d'un brillant foyer. Les efforts tentés par quelques grands esprits pour conquérir à la vie sociale et à la prospérité cette belle partie de la France, si riche de trésors ignorés, tout, même les tentatives du gouvernement, meurt au sein de l'immobilité d'une population vouée aux pratiques d'une immémoriale routine. Ce malheur s'explique assez par la nature d'un sol encore sillonné de ravins, de torrents, de lacs et de marais ; hérissé de haies, espèces de bastions en terre qui font, de chaque champ, une citadelle ; privé de routes et de canaux ; puis, par l'esprit d'une population ignorante, livrée à des préjugés dont les dangers seront accusés par les détails de cette histoire, et qui ne veut pas de notre moderne agriculture. La disposition pittoresque de ce pays, les superstitions de ses habitants excluent et la concentration des individus et les bienfaits amenés par la comparaison, par l'échange des idées. Là point de villages. Les constructions précaires que l'on nomme des logis sont clairsemées à travers la contrée. Chaque famille y vit comme dans un désert. Les seules réunions connues sont les assemblées éphémères que le dimanche ou les fêtes de la religion consacrent à la paroisse. Ces réunions silencieuses, dominées par le *Recteur*, le seul maître de ces esprits grossiers, ne durent que quelques heures. Après avoir entendu la voix terrible de ce prêtre, le paysan retourne pour une semaine dans sa demeure insalubre ; il en sort pour le travail, il y rentre pour dormir. S'il y est visité, c'est par ce recteur, l'âme de la contrée. Aussi, fût-ce à la voix de ce prêtre que des milliers d'hommes se ruèrent sur la République, et que ces parties de la Bretagne fournirent cinq ans avant l'époque à laquelle commence cette histoire, des masses de soldats à la première chouannerie. Les frères Cottereau, hardis contrebandiers qui donnèrent leur nom à cette guerre, exerçaient leur périlleux métier de Laval à Fougères. Mais les insurrections de ces campagnes n'eurent rien de noble ; aussi peut-on dire avec assurance que si la Vendée fit du brigandage une guerre, la Bretagne fit de la guerre un brigandage. La proscription des princes, la religion détruite ne furent pour les Chouans que des prétextes de pillage, et les événements de cette lutte intestine contractèrent quelque chose de la sauvage âpreté qu'ont les mœurs en ces contrées. Aussi, quand de vrais défenseurs de la monarchie vinrent recruter des soldats parmi ces populations ignorantes et belliqueuses, essayèrent-ils de donner, sous le drapeau blanc, quelque grandeur à ces entreprises qui avaient rendu la chouannerie odieuse. Leurs nobles efforts furent inutiles, les Chouans sont restés comme un mémorable exemple du danger de remuer les masses peu civilisées d'un pays. Le tableau de la première vallée offerte par la Bretagne aux yeux du voyageur, la peinture des hommes qui composaient le détachement des réquisitionnaires, la description du gars apparu sur le sommet de la Pèlerine, donnent en raccourci une fidèle image de la province et de ses habitants. Une imagination exercée peut, d'après ces détails, concevoir le théâtre et les instruments de la guerre. Là en étaient les éléments. Les haies si fleuries de ces belles vallées cachaient alors d'invisibles agresseurs. Chaque champ était alors une forteresse, chaque arbre méditait un piége, chaque vieux tronc de saule creux gardait un stratagème. Le lieu du combat était partout. Les fusils attendaient au coin des routes les Bleus que de jeunes filles attiraient en riant sous le feu des canons, sans croire être perfides ; elles allaient en pèlerinage avec leurs pères et leurs frères demander des ruses et des absolutions à des vierges de bois vermoulu. La religion ou plutôt le fétichisme de ces créatures ignorantes désarmait le meurtre de ses remords. Aussi une fois cette lutte engagée, tout dans le pays devenait-il dangereux : le bruit comme le silence, la grâce comme la terreur, le foyer domestique comme le grand chemin. Il y avait de la conviction dans ces trahisons. C'était des Sauvages qui servaient Dieu et le roi, à la manière dont les Mohicans font la guerre. Mais pour rendre exacte et vraie en tout point la peinture de cette lutte, l'historien doit ajouter qu'au moment où la paix de Hoche fut signée, la contrée entière redevint et riante et amie. Les familles, qui, la veille, se déchiraient encore, le lendemain soupèrent sans danger sous le même toit.

A l'instant où Hulot reconnut les perfidies secrètes que trahissait la peau de chèvre de Marche-à-terre, il resta convaincu de la rupture de cette heureuse paix due au génie de Hoche et dont le maintien lui parut impossible. Ainsi la guerre renaissait sans doute plus terrible qu'autrefois, à la suite d'une inaction de trois années. La Révolution, adoucie depuis le 9 thermidor, allait peut-être reprendre le caractère de terreur qui la rendit haïssable aux bons esprits. L'or des Anglais avait donc, comme toujours, aidé aux discordes de la France. La République, abandonnée du jeune Bonaparte, qui semblait en être le génie tutélaire, semblait hors d'état de resister à tant d'ennemis, et le plus cruel se montrait le dernier. La guerre civile, annoncée par mille petits soulèvements partiels, prenait un caractère de gravité tout nouveau, du moment où les Chouans concevaient le dessein d'attaquer une si forte escorte. Telles étaient les réflexions qui se déroulèrent dans l'esprit de Hulot, quoique d'une manière beaucoup moins succincte, dès qu'il crut apercevoir, dans l'apparition de Marche-à-terre, l'indice d'une embuscade habilement préparée, car lui seul fut d'abord dans le secret de son danger.

Le silence qui suivit la phrase prophétique du commandant à Gérard, et qui termine la scène précédente, servit à Hulot pour recouvrer son sang-froid. Le vieux soldat avait presque chancelé. Il ne put chasser les nuages qui couvrirent son front quand il vint à penser qu'il était environné déjà des horreurs d'une guerre dont les atrocités eussent été peut-être reniées par les Cannibales. Le capitaine Merle et l'adjudant Gérard, ses deux amis, cherchaient à s'expliquer la crainte, si nouvelle pour eux, dont témoignait la figure de leur chef, et contemplaient Marche-à-terre mangeant sa galette au bord du chemin, sans pouvoir établir le moindre rapport entre cette espèce d'animal et l'inquiétude de leur intrépide commandant. Mais le visage de Hulot s'éclaircit bientôt. Tout en déplorant les malheurs de la République, il se réjouit d'avoir à combattre pour elle, il se promit joyeusement de ne pas être la dupe des Chouans et de pénétrer l'homme si ténébreusement rusé qu'ils lui faisaient l'honneur d'employer contre lui.

Avant de prendre aucune résolution, il se mit à examiner la position dans laquelle ses ennemis voulaient le surprendre. En voyant que le chemin au milieu duquel il se trouvait engagé passait dans une espèce de gorge peu profonde à la vérité, mais flanquée de bois, et où aboutissaient plusieurs sentiers, il fronça fortement ses gros sourcils noirs, puis il dit à ses deux amis d'une voix sourde et très-émue : — Nous sommes dans un drôle de guêpier.

— Et de quoi donc avez-vous peur ? demanda Gérard.

— Peur ?... reprit le commandant, oui, peur. J'ai toujours eu peur d'être fusillé comme un chien au détour d'un bois sans qu'on vous crie : Qui vive !

— Bah ! dit Merle en riant, qui vive ! est aussi un abus.

— Nous sommes donc vraiment en danger ? demanda Gérard aussi étonné du sang-froid de Hulot qu'il l'avait été de sa passagère terreur.

— Chut ! dit le commandant, nous sommes dans la gueule du loup, il y fait noir comme dans un four, et il faut y allumer une chandelle. Heureusement, reprit-il, que nous tenons le haut de cette côte ? il la décora d'une épithète énergique, et ajouta : — Je finirai peut-être bien par y voir clair. Le commandant, attirant à lui les deux officiers, cerna Marche-à-terre; le Gars feignit de croire qu'il les gênait, il se leva promptement. — Reste là, chenapan! lui cria Hulot en le poussant et le faisant retomber sur le talus où il s'était assis. Dès ce moment, le chef de demi-brigade ne cessa de regarder attentivement l'insouciant Breton. — Mes amis, reprit-il alors en parlant à voix basse aux deux officiers, il est temps de vous dire que la boutique est enfoncée là-bas. Le Directoire, par suite d'un remue-ménage qui a eu lieu aux Assemblées, a encore donné un coup de balai à nos affaires. Ces pentarques, ou pantins, c'est plus français, de directeurs viennent de perdre une bonne lame, Bernadotte n'en veut plus.

— Qui le remplace ? demanda vivement Gérard.

— Milet-Mureau, une vieille perruque. On choisit là un bien mauvais temps pour laisser naviguer des mâchoires ! Voilà des fusées anglaises qui partent sur les côtes. Tous ces hannetons de Vendéens et de Chouans sont en l'air, et ceux qui sont derrière ces marionnettes-là ont bien su prendre le moment où nous succombons.

— Comment ! dit Merle.

— Nos armées sont battues sur tous les points, reprit Hulot en étouffant sa voix de plus en plus. Les Chouans ont déjà intercepté deux fois les courriers, et je n'ai reçu mes dépêches et les derniers décrets qu'au moyen d'un exprès envoyé par Bernadotte au moment où il quittait le Ministère. Des amis m'ont heureusement écrit confidentiellement sur cette débâcle. Fouché a découvert que le tyran Louis XVIII a été averti par des traîtres de Paris d'envoyer un chef à ses canards de l'intérieur. On pense que Barras trahit la République. Bref, Pitt et les princes ont envoyé, ici, un ci-devant, homme vigoureux, plein de talent, qui voudrait, en réunissant les efforts des Vendéens à ceux des Chouans, abattre le bonnet de la République. Ce camarade-là a débarqué dans le Morbihan, je l'ai su le premier, je l'ai appris aux malins de Paris, le *Gars* est le nom qu'il s'est donné. Tous ces animaux-là, dit-il en montrant Marche-à-terre, chaussent des noms qui donneraient la colique à un honnête patriote s'il les portait. Or, notre homme est dans ce district. L'arrivée de ce Chouan-là, et il indiqua de nouveau Marche-à-terre, m'annonce qu'il est sur notre dos. Mais on n'apprend pas à un vieux singe à faire la grimace, et vous allez m'aider à ramener mes linottes à la cage *et pus vite que ça !* Je serais un joli coco si je me laissais engluer comme une corneille par ce ci-devant qui arrive de Londres sous prétexte d'avoir à épousseter nos chapeaux !

En apprenant ces circonstances secrètes et critiques, les deux officiers, sachant que leur commandant ne s'alarmait jamais en vain, prirent alors cette contenance grave qu'ont les militaires au fort du danger, lorsqu'ils sont fortement trempés et habitués à voir un peu loin dans les affaires humaines. Gérard voulut répondre, et demander toutes les nouvelles politiques dont une partie était passée sous silence par le commandant; mais un signe de Hulot lui imposa silence; et tous les trois ils se mirent à regarder Marche-à-terre.

Ce Chouan ne donna pas la moindre marque d'émotion en se voyant sous la surveillance de ces hommes aussi redoutables par leur intelligence que par leur force corporelle. La curiosité des deux officiers, pour lesquels cette sorte de guerre était nouvelle, fut vivement excitée par le commencement d'une affaire qui offrait un intérêt presque romanesque ; aussi voulurent-ils en plaisanter; mais, au premier mot qui leur échappa, Hulot les regarda gravement et leur dit : — Tonnerre de Dieu ! n'allons pas fumer sur le tonneau de poudre, citoyens. C'est s'amuser à porter de l'eau dans un panier que d'avoir du courage hors de propos. — Gérard, dit-il ensuite en se penchant à l'oreille de son adjudant, approchez-vous insensiblement de ce brigand ; et au moindre mouvement suspect, tenez-vous prêt à lui passer votre épée au travers du corps. Quant à moi, je vais prendre des mesures pour soutenir la conversation, si nos inconnus veulent bien l'entamer.

Gérard inclina légèrement la tête en signe d'obéissance, puis il se mit à contempler les points de vue de cette vallée avec laquelle on a pu se familiariser ; il parut vouloir les examiner plus attentivement et marcha pour ainsi dire sur lui-même et sans affectation ; mais on pense bien que le paysage était la dernière chose qu'il observa. De son côté, Marche-à-terre laissa complétement ignorer si la manœuvre de l'officier le mettait en péril ; à la manière dont il jouait avec le bout de son fouet, on eût dit qu'il pêchait à la ligne dans le fossé.

Pendant que Gérard essayait ainsi de prendre position devant le Chouan, le commandant dit tout bas à Merle : — Donnez dix hommes d'élite à un sergent et allez les poster vous-même au dessus de nous, à l'endroit du sommet de cette côte où le chemin s'élargit en formant un plateau, et d'où vous apercevrez un bon ruban de queue de la route d'Ernée. Choisissez une place où le chemin ne soit pas flanqué de bois et d'où le sergent puisse surveiller la campagne. Appelez La-clef-des-cœurs, il est intelligent. Il n'y a point de quoi rire, je ne donnerais pas un décime de notre peau, si nous ne prenons pas notre bisque.

Pendant que le capitaine Merle exécutait cet ordre avec une promptitude dont l'importance fut comprise, le commandant agita la main droite pour réclamer un profond silence des soldats qui l'entouraient et causaient en jouant. Il ordonna, par un autre geste, de reprendre les armes. Lorsque le calme fut établi, il porta les yeux d'un côté de la route à l'autre, écoutant avec une attention inquiète, comme s'il espérait surprendre quelque bruit étouffé, quelques sons d'armes ou des pas précurseurs de la lutte attendue. Son œil noir et perçant semblait sonder les bois à des profondeurs extraordinaires ; mais ne recueillant aucun indice, il consulta le sable de la route, à la manière des Sauvages, pour tâcher de découvrir quelques traces de ces invisibles ennemis dont l'audace lui était connue. Désespéré de ne rien apercevoir qui justifiât ses craintes, il s'avança vers les côtés de la route, en gravit les légères collines avec peine, puis il en parcourut lentement les sommets. Tout à coup, il sentit combien son expérience était utile au salut de sa troupe, et descendit. Son visage devint plus sombre; car, dans ces temps-là, les chefs regrettaient toujours de ne pas garder pour eux seuls la tâche la plus périlleuse.

Les autres officiers et les soldats, ayant remarqué la préoccupation d'un chef dont le caractère leur plaisait et dont la valeur était connue, pensèrent alors que son extrême attention annonçait un danger; mais incapables d'en soupçonner la gravité, s'ils restèrent immobiles et retinrent presque leur respiration, ce fut par instinct. Semblables à ces chiens qui cherchent à deviner les intentions de l'habile chasseur dont l'ordre est incompréhensible, mais qui lui obéissent ponctuellement, ces soldats regardèrent alternativement la vallée de Couësnon, les bois de la route et la figure sévère de leur commandant en tâchant d'y lire leur sort. Ils se consultaient des yeux, et plus d'un sourire se répétait de bouche en bouche.

Quand Hulot fit sa grimace, Beau-pied, jeune sergent qui passait pour le bel esprit de la compagnie, dit à voix basse : — Où diable nous sommes-nous donc fourrés pour que ce vieux troupier de Hulot nous fasse une mine si marécageuse, il a l'air d'un conseil de guerre ?

Hulot ayant jeté sur Beau-pied un regard sévère, le silence exigé sous les armes régna tout à coup. Au milieu de ce silence solennel, les pas tardifs des conscrits, sous les pieds desquels le sable criait sourdement, rendaient un son régulier qui ajoutait une vague émotion à cette anxiété générale. Ce sentiment indéfinissable sera compris seulement de ceux qui, en proie à une attente cruelle, ont senti dans le silence des nuits les larges battements de leur cœur, redoublés par quelque bruit dont le retour monotone semblait leur verser la terreur, goutte à goutte. En se replaçant au milieu de la route, le commandant commençait à se demander : — Me trompé-je? Il regardait déjà avec une colère concentrée, qui lui sortait en éclairs par les yeux, le tranquille et stupide Marche-à-terre; mais l'ironie sauvage qu'il sut démêler dans le regard terne du Chouan lui persuada de ne pas discontinuer de prendre ses mesures salutaires. En ce moment, après avoir accompli les ordres de Hulot, le capitaine Merle revint auprès de lui. Les muets acteurs de cette scène, semblable à mille autres qui rendirent cette guerre la plus dramatique de toutes, attendirent alors avec impatience de nouvelles impressions, curieux de voir s'illuminer par d'autres manœuvres les points obscurs de leur situation militaire.

— Nous avons bien fait, capitaine, dit le commandant, de mettre à la queue du détachement le petit nombre de patriotes que nous comptons parmi ces réquisitionnaires. Prenez encore une douzaine de bons lurons, à la tête desquels vous mettrez le sous-lieutenant Lebrun, et vous les conduirez rapidement à la queue du détachement; ils appuieront les patriotes qui s'y trouvent, et feront avancer, et vivement, toute la troupe de ces oiseaux-là, afin de la ramasser en deux temps vers la hauteur occupée par les camarades. Je vous attends.

Le capitaine disparut au milieu de la troupe. Le commandant regarda tour à tour quatre hommes intrépides dont l'adresse et l'agilité lui étaient connues, il les appela silencieusement en les désignant du doigt et leur faisant ce signe amical qui consiste à ramener l'index vers le nez, par un mouvement rapide et répété; ils vinrent.

— Vous avez servi avec moi sous Hoche, leur dit-il, quand nous avons mis à la raison ces brigands qui s'appellent *les Chasseurs du Roi;* vous savez comment ils se cachaient pour canarder les Bleus.

A cet éloge de leur savoir-faire, les quatre soldats hochèrent la tête en faisant une moue significative. Ils montraient de ces figures héroïquement martiales dont l'insouciante résignation annonçait que, depuis la lutte commencée entre la France et l'Europe, leurs idées n'avaient pas dépassé leur giberne en arrière et leur baïonnette en avant. Les lèvres ramassées comme une bourse dont on serre les cordons, ils regardaient leur commandant d'un air attentif et curieux.

— Eh! bien, reprit Hulot, qui possédait éminemment l'art de parler la langue pittoresque du soldat, il ne faut pas que de bons lapins comme nous se laissent embêter par des Chouans, et il y en a ici, ou je ne me nomme pas Hulot. Vous allez, à vous quatre, battre les deux côtés de cette route. Le détachement va filer le câble. Ainsi, suivez ferme, tâchez de ne pas descendre la garde, et éclairez-moi cela, vivement!

Puis il leur montra les dangereux sommets du chemin. Tous, en

guise de remerciement, portèrent le revers de la main devant leurs vieux chapeaux à trois cornes dont le haut bord, battu par la pluie et affaibli par l'âge, se courbait sur la forme. L'un d'eux, nommé Larose, caporal connu de Hulot, lui dit en faisant sonner son fusil :
— On va leur siffler un air de clarinette, mon commandant.

Ils partirent les uns à droite, les autres à gauche. Ce ne fut pas sans une émotion secrète que la compagnie les vit disparaître des deux côtés de la route. Cette anxiété fut partagée par le commandant, qui croyait les envoyer à une mort certaine. Il eut même un frisson involontaire lorsqu'il ne vit plus la pointe de leurs chapeaux. Officiers et soldats écoutèrent le bruit graduellement affaibli des pas dans les feuilles sèches, avec un sentiment d'autant plus aigu qu'il était caché plus profondément. Il se rencontre à la guerre des scènes où quatre hommes risqués causent plus d'effroi que les milliers de morts étendus à Jemmapes. Ces physionomies militaires ont des expressions si multipliées, si fugitives, que leurs peintres sont obligés d'en appeler aux souvenirs des soldats, et de laisser les esprits pacifiques étudier ces figures si dramatiques, car ces orages si riches en détails ne pourraient être complétement décrits sans d'interminables longueurs.

Au moment où les baïonnettes des quatre soldats ne brillèrent plus, le capitaine Merle revenait, après avoir accompli les ordres du commandant avec la rapidité de l'éclair. Hulot, par deux ou trois commandements, mit alors le reste de sa troupe en bataille au milieu du chemin ; puis il ordonna de regagner le sommet de la Pèlerine où stationnait sa petite avant-garde ; mais il marcha le dernier et à reculons, afin d'observer les plus légers changements qui surviendraient sur tous les points de cette scène que la nature avait faite si ravissante, et que l'homme rendait si terrible. Il atteignit l'endroit où Gérard gardait Marche-à-terre, lorsque ce dernier, qui avait suivi, d'un œil indifférent en apparence, toutes les manœuvres du commandant, mais qui regardait alors avec une incroyable intelligence les deux soldats engagés dans les bois situés sur la droite de la route, se mit à siffler trois ou quatre fois de manière à produire le cri clair et perçant de la chouette.

Les trois célèbres contrebandiers dont les noms ont déjà été cités employaient ainsi, pendant la nuit, certaines intonations de ce cri pour s'avertir des embuscades, de leurs dangers et de tout ce qui les intéressait. De là leur était venu le surnom de *Chuin*, qui signifie chouette ou hibou dans le patois de ce pays. Ce mot corrompu servit à nommer ceux qui dans la première guerre imitèrent les allures et les signaux de ces trois frères.

En entendant ce sifflement suspect, le commandant s'arrêta pour regarder finement Marche-à-terre. Il feignit d'être la dupe de la niaise attitude du Chouan, afin de le garder près de lui comme un baromètre qui lui indiquât les mouvements de l'ennemi. Aussi arrêta-t-il la main de Gérard qui s'apprêtait à dépêcher le Chouan. Puis il plaça deux soldats à quelques pas de l'espion, et leur ordonna, à haute et intelligible voix, de se tenir prêts à le fusiller au moindre signe qui lui échapperait. Malgré son imminent danger, Marche-à-terre ne laissa paraître aucune émotion. Le commandant, qui l'étudiait, s'apercevant de cette insensibilité, dit à Gérard : — Le serin n'en sait pas long. Ah! ah! il n'est pas facile de lire sur la figure d'un Chouan ; mais celui-ci s'est trahi par le désir de montrer son intrépidité. Vois-tu, Gérard, s'il avait joué la terreur, j'allais le prendre pour un imbécile. Lui et moi nous aurions fait la paire. J'étais au bout de ma gamme. Oh! nous allons être attaqués! Mais qu'ils viennent, maintenant je suis prêt.

Après avoir prononcé ces paroles à voix basse et d'un air de triomphe, le vieux militaire se frotta les mains, regarda Marche-à-terre d'un air goguenard ; puis il se croisa les bras sur la poitrine, resta au milieu du chemin entre ses deux officiers favoris, et attendit le résultat de ses dispositions. Sûr du combat, il contempla ses soldats d'un air calme.

— Oh! il va y avoir du foutreau, dit Beau-pied à voix basse, le commandant s'est frotté les mains.

La situation critique dans laquelle se trouvaient placés le commandant Hulot et son détachement, était une de celles où la vie est si réellement mise au jeu que les hommes d'énergie tiennent à honneur de s'y montrer pleins de sang-froid et libres d'esprit. Là se jugent les hommes en dernier ressort. Aussi le commandant, plus instruit du danger que ses deux officiers, mit-il de l'amour-propre à paraître le plus tranquille. Les yeux tour à tour fixés sur Marche-à-terre, sur le chemin et sur les bois, il n'attendait pas sans angoisse le bruit de la décharge générale des Chouans qu'il croyait cachés, comme des lutins, autour de lui ; mais sa figure restait impassible. Au moment où tous les yeux des soldats étaient attachés sur les siens, il plissa légèrement ses joues brunes marquées de petite-vérole, retroussa fortement sa lèvre droite, cligna des yeux, grimace toujours prise pour un sourire par ses soldats ; puis il frappa Gérard sur l'épaule en lui disant : — Maintenant nous voilà calmes, que vouliez-vous me dire tout à l'heure ?

— Dans quelle crise nouvelle sommes-nous donc, mon commandant ?

— La chose n'est pas neuve, reprit-il à voix basse. L'Europe est toute contre nous, et cette fois elle a beau jeu. Pendant que les Directeurs se battent entre eux comme des chevaux sans avoine dans une écurie, et que tout tombe par lambeaux dans leur gouvernement, ils laissent les armées sans secours. Nous sommes abimés en Italie ! Oui, mes amis, nous avons évacué Mantoue à la suite des désastres de la Trébia, et Joubert vient de perdre la bataille de Novi. J'espère que Masséna gardera les défilés de la Suisse envahie par Suwarow. Nous sommes enfoncés sur le Rhin. Le Directoire y a envoyé Moreau. Ce lapin défendra-t-il les frontières ?... je le veux bien ; mais la coalition finira par nous écraser, et malheureusement le seul général qui puisse nous sauver est au diable, là-bas, en Égypte ! Comment reviendrait-il, au surplus ? l'Angleterre est maîtresse de la mer.

— L'absence de Bonaparte ne m'inquiète pas, commandant, répondit le jeune adjudant Gérard, chez qui une éducation soignée avait développé un esprit supérieur. Notre révolution s'arrêterait donc ? Ah ! nous ne sommes pas seulement chargés de défendre le territoire de la France, nous avons une double mission. Ne devons-nous pas aussi conserver l'âme du pays, ces principes généreux de liberté, d'indépendance, cette raison humaine, réveillée par nos Assemblées, et qui gagnera, j'espère de proche en proche ? La France est comme un voyageur chargé de porter une lumière, elle la garde d'une main et se défend de l'autre ; si vos nouvelles sont vraies, jamais, depuis dix ans, nous n'aurions été entourés de plus de gens qui cherchent à la souffler. Doctrines et pays, tout est près de périr.

— Hélas oui ! dit en soupirant le commandant Hulot. Ces polichinelles de Directeurs ont su se brouiller avec tous les hommes qui pouvaient bien mener la barque. Bernadotte, Carnot, tout, jusqu'au citoyen Talleyrand, nous a quittés. Bref, il ne reste plus qu'un seul bon patriote, l'ami Fouché qui tient tout par la police ;

voilà un homme! Aussi est-ce lui qui m'a fait prévenir à temps de cette insurrection. Encore nous voilà pris, j'en suis sûr, dans quelque traquenard.

— Oh! si l'armée ne se mêle pas un peu de notre gouvernement, dit Gérard, les avocats nous remettront plus mal que nous ne l'étions avant la Révolution. Est-ce que ces chafoins-là s'entendent à commander!

— J'ai toujours peur, reprit Hulot, d'apprendre qu'ils traitent avec les Bourbons. Tonnerre de Dieu! s'ils s'entendaient, dans quelle passe nous serions ici, nous autres?

— Non, non, commandant, nous n'en viendrons pas là, dit Gérard. L'armée, comme vous le dites, élèvera la voix, et, pourvu qu'elle ne prenne pas ses expressions dans le vocabulaire de Pichegru, j'espère que nous ne nous serons pas hachés pendant dix ans pour, après tout, faire pousser du lin et le voir filer à d'autres.

— Oh! oui, s'écria le commandant, il nous en a furieusement coûté pour changer de costume.

— Eh! bien, dit le capitaine Merle, agissons toujours ici en bons patriotes, et tâchons d'empêcher nos Chouans de communiquer avec la Vendée; car s'ils s'entendent et que l'Angleterre s'en mêle, cette fois je ne répondrais pas du bonnet de la République, une et indivisible.

Là, le cri de la chouette, qui se fit entendre à une distance assez éloignée, interrompit la conversation. Le commandant, plus inquiet, examina derechef Marche-à-terre, dont la figure impassible ne donnait, pour ainsi dire, pas signe de vie. Les conscrits, rassemblés par un officier, étaient réunis comme un troupeau de bétail au milieu de la route, à trente pas environ de la compagnie en bataille. Puis derrière eux, à dix pas, se trouvaient les soldats et les patriotes commandés par le lieutenant Lebrun. Le commandant jeta les yeux sur cet ordre de bataille et regarda une dernière fois le piquet d'hommes postés en avant sur la route. Content de ses dispositions, il se retournait pour ordonner de se mettre en marche, lorsqu'il aperçut les cocardes tricolores des deux soldats qui revenaient après avoir fouillé les bois situés sur la gauche. Le commandant, ne voyant point reparaître les deux éclaireurs de droite, voulut attendre leur retour.

— Peut-être, est-ce de là que la bombe va partir, dit-il à ses deux officiers en leur montrant le bois où ses deux enfants perdus étaient comme ensevelis.

Pendant que les deux tirailleurs lui faisaient une espèce de rapport, Hulot cessa de regarder Marche-à-terre. Le Chouan se mit alors à siffler vivement, de manière à faire retentir son cri à une distance prodigieuse ; puis, avant qu'aucun de ses surveillants ne l'eût même couché en joue, il leur avait appliqué un coup de fouet qui les renversa sur la berme. Aussitôt, des cris ou plutôt des hurlements sauvages surprirent les Républicains. Une décharge terrible, partie du bois qui surmontait le talus où le Chouan s'était assis, abattit sept ou huit soldats. Marche-à-terre, sur lequel cinq ou six hommes tirèrent sans l'atteindre, disparut dans le bois après avoir grimpé le talus avec la rapidité d'un chat sauvage ; ses sabots roulèrent dans le fossé, et il fut aisé de lui voir alors aux pieds les gros souliers ferrés que portaient habituellement les Chasseurs du Roi.

Aux premiers cris jetés par les Chouans, tous les conscrits sautèrent dans le bois à droite, semblables à ces troupes d'oiseaux qui s'envolent à l'approche d'un voyageur.

— Feu sur ces mâtins-là ! cria le commandant.

La compagnie tira sur eux, mais les conscrits avaient su se mettre tous à l'abri de cette fusillade en s'adossant à des arbres ; et, avant que les armes eussent été rechargées, ils avaient disparu.

— Décrétez donc des légions départementales ! hein ? dit Hulot à Gérard. Il faut être bête comme un Directoire pour vouloir compter sur la réquisition de ce pays-ci. Les Assemblées feraient mieux de ne pas nous voter tant d'habits, d'argent, de munitions, et de nous en donner.

— Voilà des crapauds qui aiment mieux leurs galettes que le pain de munition, dit Beau-pied, le *malin* de la compagnie.

A ces mots, des huées et des éclats de rire partis du sein de la troupe républicaine honnirent les déserteurs, mais le silence se rétablit tout à coup. Les soldats virent descendre péniblement du talus les deux chasseurs que le commandant avait envoyés battre les bois de la droite. Le moins blessé des deux soutenait son camarade, qui abreuvait le terrain de son sang. Les deux pauvres soldats étaient parvenus à moitié de la pente lorsque Marche-à-terre montra sa face hideuse, il ajusta si bien les deux Bleus qu'il les acheva d'un seul coup, et ils roulèrent pesamment dans le fossé.

À peine avait-on vu sa grosse tête que trente canons de fusils se levèrent; mais semblable à une figure fantasmagorique, il avait disparu derrière les fatales touffes de genêts. Ces événements qui exigent tant de mots, se passèrent en un moment; puis, en un moment aussi, les patriotes et les soldats du l'arrière-garde rejoignirent le reste de l'escorte.

— En avant! s'écria Hulot.

La compagnie se porta rapidement à l'endroit élevé et découvert où le piquet avait été placé. Là, le commandant mit la compagnie en bataille; mais il n'aperçut aucune démonstration hostile de la part des chouans, et crut que la délivrance des conscrits était le seul but de cette embuscade.

— Leurs cris, dit-il à ses deux amis, m'annoncent qu'ils ne sont pas nombreux. Marchons au pas accéléré, nous atteindrons peut-être Ernée sans les avoir sur le dos.

Ces mots furent entendus d'un conscrit patriote qui sortit des rangs et se présenta devant Hulot.

— Mon général, dit-il, j'ai déjà fait cette guerre-là en contre-chouan. Peut-on vous toucher deux mots?

— C'est un avocat, cela se croit toujours à l'audience, dit le commandant à l'oreille de Merle. — Allons, plaide, répondit-il au jeune Fougerais.

— Mon commandant, les Chouans ont sans doute apporté des armes aux hommes avec lesquels ils viennent de se recruter. Or, si nous levons la semelle devant eux, ils iront nous attendre à chaque coin de bois, et nous tueront jusqu'au dernier avant que nous arrivions à Ernée. Il faut plaider, comme tu le dis, mais avec des cartouches. Pendant l'escarmouche qui durera encore plus de temps que tu ne le crois, l'un de mes camarades ira chercher la garde nationale et les compagnies franches de Fougères. Quoique nous ne soyons que des conscrits, tu verras alors si nous sommes de la race des corbeaux.

— Tu crois donc les Chouans bien nombreux?

— Juges-en toi-même, citoyen commandant!

Il amena Hulot à un endroit du plateau où le sable avait été remué comme avec un râteau; puis, après le lui avoir fait remarquer, il le conduisit assez avant dans un sentier où ils virent les vestiges du passage d'un grand nombre d'hommes. Les feuilles y étaient empreintes dans la terre battue.

— Ceux-là sont les Gars de Vitré, dit le Fougerais, ils sont allés se joindre aux Bas-Normands.

— Comment te nommes-tu, citoyen? demanda Hulot.

— Gudin, mon commandant.

— Eh! bien, Gudin, je te fais caporal de tes bourgeois. Tu m'as l'air d'un homme solide. Je te charge de choisir celui de tes camarades qu'il faut envoyer à Fougères. Tu te tiendras à côté de moi. D'abord, va avec tes réquisitionnaires prendre les fusils, les gibernes et les habits de nos pauvres camarades que ces brigands viennent de coucher dans le chemin. Vous ne resterez pas ici à manger des coups de fusil sans en rendre.

Les intrépides Fougerais allèrent chercher la dépouille des morts, et la compagnie entière les protégea par un feu bien nourri dirigé sur le bois de manière qu'ils réussirent à dépouiller les morts sans perdre un seul homme.

— Ces Bretons-là, dit Hulot à Gérard, feront de fameux fantassins, si jamais la gamelle leur va.

L'émissaire de Gudin partit en courant par un sentier détourné dans les bois de gauche. Les soldats, occupés à visiter leurs armes, s'apprêtèrent au combat, le commandant les passa en revue, leur sourit, alla se planter à quelques pas en avant avec ses deux officiers favoris, et attendit de pied ferme l'attaque des Chouans. Le silence régna de nouveau pendant un instant, mais il ne fut pas de longue durée. Trois cents Chouans, dont les costumes étaient identiques avec ceux des réquisitionnaires, débouchèrent par les bois de la droite et vinrent sans ordre, en poussant de véritables hurlements, occuper toute la route devant le faible bataillon des Bleus. Le commandant rangea ses soldats en deux parties égales qui présentaient chacune un front de dix hommes. Il plaça au milieu de ces deux troupes ses douze réquisitionnaires équipés en toute hâte, et se mit à leur tête. Cette petite armée était protégée par deux ailes de vingt-cinq hommes chacune, qui manœuvrèrent sur les deux côtés du chemin sous les ordres de Gérard et de Merle. Ces deux officiers devaient prendre à propos les Chouans en flanc et les empêcher de *s'égailler*.

Ce mot du patois de ces contrées exprime l'action de se répandre dans la campagne, où chaque paysan allait se poster de manière à tirer les Bleus sans danger; les troupes républicaines ne savaient plus alors où prendre leurs ennemis.

Ces dispositions, ordonnées par le commandant avec la rapidité voulue en cette circonstance, communiquèrent sa confiance aux soldats, et tous marchèrent en silence sur les Chouans. Au bout de quelques minutes exigées par la marche des deux corps l'un vers l'autre, il se fit une décharge à bout portant qui répandit la mort dans les deux troupes. En ce moment, les deux ailes républicaines auxquelles les Chouans n'avaient pu rien opposer, arrivèrent sur leurs flancs, et par une fusillade vive et serrée, semèrent la mort et le désordre au milieu de leurs ennemis. Cette manœuvre rétablit presque l'équilibre numérique entre les deux partis. Mais le caractère des Chouans comportait une intrépidité et une constance à toute épreuve; ils ne bougèrent pas, leur perte ne les ébranla point, ils se serrèrent et tâchèrent d'envelopper la petite troupe noire et bien alignée des Bleus, qui tenait si peu d'espace qu'elle ressemblait à une reine d'abeilles au milieu d'un essaim. Il s'engagea donc un de ces combats horribles où le bruit de la mousqueterie, rarement entendu, est remplacé par le cliquetis de ces luttes à armes blanches pendant lesquelles on se bat corps à corps, et où, à courage égal, le nombre décide de la victoire. Les Chouans l'auraient emporté de prime abord si les deux ailes commandées par Merle et Gérard, n'avaient réussi à opérer deux ou trois décharges qui prirent en écharpe la queue de leurs ennemis. Les Bleus de ces deux ailes auraient dû rester dans leurs positions et continuer ainsi d'ajuster avec adresse leurs terribles adversaires; mais, animés par la vue des dangers que courait cet héroïque bataillon de soldats alors complétement entouré par les Chasseurs du Roi, ils se jetèrent sur la route comme des furieux, la baïonnette en avant, et rendirent la partie plus égale pour quelques instants. Les deux troupes se livrèrent alors à un acharnement aiguisé par toute la fureur et la cruauté de l'esprit de parti qui firent de cette guerre une exception. Chacun, attentif à son danger, devint silencieux. La scène fut sombre et froide comme la mort. Au milieu de ce silence, on n'entendait, à travers le cliquetis des armes et le grincement du sable sous les pieds, que les exclamations sourdes et graves échappées à ceux qui, blessés grièvement ou mourants, tombaient à terre. Au sein du parti républicain, les douze réquisitionnaires défendaient avec un tel courage le commandant, occupé à donner des avis et des ordres multipliés, que plus d'une fois deux ou trois soldats crièrent :
— Bravo ! les recrues.

Hulot, impassible et l'œil à tout, remarqua bientôt parmi les Chouans un homme qui, entouré comme lui d'une troupe d'élite, devait être le chef. Il lui parut nécessaire de bien connaître cet officier ; mais il fit à plusieurs reprises de vains efforts pour en distinguer les traits que lui dérobaient toujours les bonnets rouges et les chapeaux à grands bords. Seulement, il aperçut Marche-à-terre qui, placé à côté de son général, répétait les ordres d'une voix rauque, et dont la carabine ne restait jamais inactive. Le commandant s'impatienta de cette contrariété renaissante. Il mit l'épée à la main, anima ses réquisitionnaires, chargea sur le centre des Chouans avec une telle furie qu'il troua leur masse et put entrevoir le chef, dont malheureusement la figure était entièrement cachée par un grand feutre à cocarde blanche. Mais l'inconnu, surpris d'une si audacieuse attaque, fit un mouvement rétrograde en relevant son chapeau avec brusquerie ; alors il fut permis à Hulot de prendre à la hâte le signalement de ce personnage.

Ce jeune chef, auquel Hulot ne donna pas plus de vingt-cinq ans, portait une veste de chasse en drap vert. Sa ceinture blanche contenait des pistolets. Ses gros souliers étaient ferrés comme ceux des Chouans. Des guêtres de chasseur montant jusqu'aux genoux et s'adaptant à une culotte de coutil très-grossier complétaient ce costume qui laissait voir une taille moyenne, mais svelte et bien prise. Furieux de voir les Bleus arrivés jusqu'à sa personne, il abaissa son chapeau et s'avança vers eux ; mais il fut promptement entouré par Marche-à-terre et par quelques Chouans alarmés. Hulot crut apercevoir, à travers les intervalles laissés par les têtes qui se pressaient autour de ce jeune homme, un large cordon rouge sur une veste entr'ouverte. Les yeux du commandant, attirés d'abord par cette royale décoration, alors complétement oubliée, se portèrent soudain sur un visage qu'il perdit bientôt de vue, forcé par les accidents du combat de veiller à la sûreté et aux évolutions de sa petite troupe. Aussi, à peine vit-il des yeux étincelants dont la couleur lui échappa, des cheveux blonds et des traits assez délicats, brunis par le soleil. Cependant il fut frappé de l'éclat d'un cou nu dont la blancheur était rehaussée par une cravate noire, lâche et négligemment nouée. L'attitude fougueuse et animée du jeune chef était militaire, à la manière de ceux qui veulent dans un combat une certaine poésie de convention. Sa main bien gantée agitait en l'air une épée qui flamboyait au soleil. Sa contenance accusait tout à la fois de l'élégance et de la force. Son exaltation consciencieuse, relevée encore par les charmes de la jeunesse, par des manières distinguées, faisait de cet émigré une gracieuse image de la noblesse française ; il contrastait vivement avec Hulot, qui, à quatre pas de lui, offrait à son tour une image vivante de cette énergique République pour laquelle ce vieux soldat combattait, et dont la figure sévère, l'uniforme bleu à revers rouges usés, les épaulettes noircies et pendant derrière les épaules, peignaient si bien les besoins et le caractère.

La pose gracieuse et l'expression du jeune homme n'échappèrent pas à Hulot, qui s'écria en voulant le joindre : — Allons, danseur d'Opéra, avance donc que je te démolisse.

Le chef royaliste, courroucé de son désavantage momentané, s'avança par un mouvement de désespoir ; mais au moment où ses gens le virent se hasardant ainsi, tous se ruèrent sur les Bleus. Soudain une voix douce et claire domina le bruit du combat : — Ici saint Lescure est mort ! Ne le vengerez-vous pas ?

A ces mots magiques, l'effort des Chouans devint terrible, et les soldats de la République eurent grande peine à se maintenir, sans rompre leur petit ordre de bataille.

— Si ce n'était pas un jeune homme, se disait Hulot en rétrogradant pied à pied, nous n'aurions pas été attaqués. A-t-on jamais vu les Chouans livrant bataille ? Mais tant mieux, on ne nous tuera pas comme des chiens le long de la route. Puis, élevant la voix de manière à faire retentir les bois : — Allons, vivement, mes lapins ! Allons-nous nous laisser *embêter* par des brigands ?

Le verbe par lequel nous remplaçons ici l'expression dont se servit le brave commandant, n'en est qu'un faible équivalent ; mais les vétérans sauront y substituer le véritable, qui certes est d'un plus haut goût soldatesque.

— Gérard, Merle, reprit le commandant, rappelez vos hommes, formez-les en bataillon, reformez-vous en arrière, tirez sur ces chiens-là et finissons-en.

L'ordre de Hulot fut difficilement exécuté ; car en entendant la voix de son adversaire, le jeune chef s'écria : — Par sainte Anne d'Auray, ne les lâchez pas ! égaillez-vous, mes gars.

Quand les deux ailes commandées par Merle et Gérard se séparèrent du gros de la mêlée, chaque petit bataillon fut alors suivi par des Chouans obstinés et bien supérieurs en nombre. Ces vieilles peaux de biques entourèrent de toutes parts les soldats de Merle et de Gérard, en poussant de nouveau leurs cris sinistres et pareils à des hurlements.

— Taisez-vous donc, *messieurs*, on ne s'entend pas tuer! s'écria Beau-pied.

Cette plaisanterie ranima le courage des Bleus. Au lieu de se battre sur un seul point, les Républicains se défendirent sur trois endroits différents du plateau de la Pèlerine, et le bruit de la fusillade éveilla tous les échos de ces vallées naguère si paisibles. La victoire aurait pu rester indécise pendant des heures entières, ou la lutte se serait terminée faute de combattants. Bleus et Chouans déployaient une égale valeur. La furie allait croissant de part et d'autre, lorsque dans le lointain un tambour résonna faiblement; et, d'après la direction du bruit, le corps qu'il annonçait devait traverser la vallée de Couësnon.

— C'est la garde nationale de Fougères! s'écria Gudin d'une voix forte, Vannier l'aura rencontrée.

A cette exclamation qui parvint à l'oreille du jeune chef des Chouans et de son féroce aide de camp, les royalistes firent un mouvement rétrograde, que réprima bientôt un cri bestial jeté par Marche-à-terre. Sur deux ou trois ordres donnés à voix basse par le chef et transmis par Marche-à-terre aux Chouans en bas-breton, ils opérèrent leur retraite avec une habileté qui déconcerta les Républicains et même leur commandant. Au premier ordre, les plus valides des Chouans se mirent en ligne et présentèrent un front respectable, derrière lequel les blessés et le reste des leurs se retirèrent pour charger leurs fusils. Puis tout à coup, avec cette agilité dont l'exemple a déjà été donné par Marche-à-terre, les blessés gagnèrent le haut de l'éminence qui flanquait la route à droite, et y furent suivis par la moitié des Chouans qui la gravirent lestement pour en occuper le sommet, en ne montrant plus aux Bleus que leurs têtes énergiques. Là, ils se firent un rempart des arbres, et dirigèrent les canons de leurs fusils sur le reste de l'escorte qui, d'après les commandements réitérés de Hulot, s'était rapidement mis en ligne, afin d'opposer sur la route un front égal à celui des Chouans. Ceux-ci reculèrent lentement et défendirent le terrain en pivotant de manière à se ranger sous le feu de leurs camarades. Quand ils atteignirent le fossé qui bordait la route, ils grimpèrent à leur tour le talus élevé dont la lisière était occupée par les leurs, et les rejoignirent en essuyant bravement le feu des Républicains qui les fusillèrent avec assez d'adresse pour joncher de corps le fossé. Les gens qui couronnaient l'escarpement répondirent par un feu non moins meurtrier. En ce moment la garde nationale de Fougères arriva sur le lieu du combat au pas de course, et sa présence termina l'affaire. Les gardes nationaux et quelques soldats échauffés dépassaient déjà la berme de la route pour s'engager dans les bois; mais le commandant leur cria de sa voix martiale : — Voulez-vous vous faire démolir là-bas!

Ils rejoignirent alors le bataillon de la République, à qui le champ de bataille était resté non sans de grandes pertes. Tous les vieux chapeaux furent mis au bout des baïonnettes, les fusils se hissèrent, et les soldats crièrent unanimement, à deux reprises : Vive la République! Les blessés eux-mêmes, assis sur l'accotement de la route, partagèrent cet enthousiasme, et Hulot pressa la main de Gérard en lui disant : — Hein! voilà ce qui s'appelle des lapins!

Merle fut chargé d'ensevelir les morts dans un ravin de la route. D'autres soldats s'occupèrent du transport des blessés. Les charrettes et les chevaux des fermes voisines furent mis en réquisition, et l'on s'empressa d'y placer les camarades souffrants sur les dépouilles des morts. Avant de partir, la garde nationale de Fougères remit à Hulot un Chouan dangereusement blessé qu'elle avait pris au bas de la côte abrupte par où s'échappèrent les Chouans, et où il avait roulé, trahi par ses forces expirantes.

— Merci de votre coup de main, citoyens, dit le commandant. Tonnerre de Dieu! sans vous, nous pouvions passer un rude quart d'heure. Prenez garde à vous! la guerre est commencée. Adieu, mes braves. Puis, Hulot se tournant vers le prisonnier. — Quel est le nom de ton général? lui demanda-t-il.

— Le Gars.
— Qui? Marche-à-terre.
— Non, le Gars.
— D'où le Gars est-il venu?

A cette question, le Chasseur du Roi, dont la figure rude et sauvage était abattue par la douleur, garda le silence, prit son chapelet et se mit à réciter des prières.

— Le Gars est sans doute ce jeune ci-devant à cravate noire ? Il a été envoyé par le tyran et ses alliés Pitt et Cobourg.

A ces mots, le Chouan, qui n'en savait pas si long, releva fièrement la tête : — Envoyé par Dieu et le Roi ! Il prononça ces paroles avec une énergie qui épuisa ses forces. Le commandant vit qu'il était difficile de questionner un homme mourant dont toute la contenance trahissait un fanatisme obscur, et détourna la tête en fronçant le sourcil. Deux soldats, amis de ceux que Marche-à-terre avait si brutalement dépêchés d'un coup de fouet sur l'accotement de la route, car ils y étaient morts, se reculèrent de quelques pas, ajustèrent le Chouan, dont les yeux fixes ne se baissèrent pas devant les canons dirigés sur lui, le tirèrent à bout portant, et il tomba. Lorsque les soldats s'approchèrent pour dépouiller le mort, il cria fortement encore : — Vive le Roi !

— Oui, oui, sournois, dit La-clef-des-cœurs, va-t'en manger de la galette chez ta bonne Vierge. Ne vient-il pas nous crier au nez vive le tyran, quand on le croit frit !

— Tenez, mon commandant, dit Beau-pied, voici les papiers du brigand.

— Oh ! oh ! s'écria La-clef-des-cœurs, venez donc voir ce fantassin du bon Dieu qui a des couleurs sur l'estomac ?

Hulot et quelques soldats vinrent entourer le corps entièrement nu du Chouan, et ils aperçurent sur sa poitrine une espèce de tatouage de couleur bleuâtre qui représentait un cœur enflammé. C'était le signe de ralliement des initiés de la confrérie du *Sacré-Cœur*. Au-dessous de cette image Hulot put lire : *Marie Lambrequin*, sans doute le nom du Chouan.

— Tu vois bien, La-clef-des-cœurs ! dit Beau-pied. Eh ! bien, tu resterais cent décades sans deviner à quoi sert ce fourniment-là.

— Est-ce que je me connais aux uniformes du pape ! répliqua La-clef-des-cœurs.

— Méchant pousse-caillou, tu ne t'instruiras donc jamais ? reprit Beau-pied. Comment ne vois-tu pas qu'on a promis à ce coco-là qu'il ressusciterait, et qu'il s'est peint le gésier pour se reconnaître.

A cette saillie, qui n'était pas sans fondement, Hulot lui-même ne put s'empêcher de partager l'hilarité générale. En ce moment Merle avait achevé de faire ensevelir les morts, et les blessés avaient été, tant bien que mal, arrangés dans deux charrettes par leurs camarades. Les autres soldats, rangés d'eux-mêmes sur deux files le long de ces ambulances improvisées, descendaient le revers de la montagne qui regarde le Maine, et d'où l'on aperçoit la belle vallée de la Pèlerine, rivale de celle du Couësnon. Hulot, accompagné de ses deux amis, Merle et Gérard, suivit alors lentement ses soldats, en souhaitant d'arriver sans malheur à Ernée, où les blessés devaient trouver des secours. Ce combat, presque ignoré au milieu des grands événements qui se préparaient en France, prit le nom du lieu où il fut livré. Cependant il obtint quelque attention dans l'Ouest, dont les habitants occupés de cette seconde prise d'armes y remarquèrent un changement dans la manière dont les Chouans recommençaient la guerre. Autrefois ces gens-là n'eussent pas attaqué des détachements si considérables. Selon les conjectures de Hulot, le jeune royaliste qu'il avait aperçu devait être le Gars, nouveau général envoyé en France par les princes, et qui, selon la coutume des chefs royalistes, cachait son titre et son nom sous un de ces sobriquets appelés *noms de guerre*. Cette circonstance rendait le commandant aussi inquiet après sa triste victoire qu'au moment où il soupçonna l'embuscade, il se retourna à plusieurs reprises pour contempler le plateau de la Pèlerine qu'il laissait derrière lui, et d'où arrivait encore, par intervalles, le son étouffé des tambours de la garde nationale qui descendait dans la vallée de Couësnon en même temps que les Bleus descendaient dans la vallée de la Pèlerine.

— Y a-t-il un de vous, dit-il brusquement à ses deux amis, qui puisse deviner le motif de l'attaque des Chouans ? Pour eux, les coups de fusil sont un commerce, et je ne vois pas encore ce qu'ils gagnent à ceux-ci. Ils auront au moins perdu cent hommes, et nous, ajouta-t-il en retroussant sa joue droite et clignant des yeux pour sourire, nous n'en avons pas perdu soixante. Tonnerre de Dieu ! je ne comprends pas la spéculation. Les drôles pouvaient bien se dispenser de nous attaquer, nous aurions passé comme des lettres à la poste, et je ne vois pas à quoi leur a servi de trouver nos hommes. Et il montra par un geste triste les deux charrettes de blessés. — Ils auront peut-être voulu nous dire bonjour, ajouta-t-il.

— Mais, mon commandant, ils y ont gagné nos cent cinquante serins, répondit Merle.

— Les réquisitionnaires auraient sauté comme des grenouilles dans le bois que nous ne serions pas allés les y repêcher, surtout après avoir essuyé une bordée, répliqua Hulot. — Non, non, reprit-il, il y a quelque chose là-dessous. Il se retourna encore vers la Pèlerine. — Tenez, s'écria-t-il, voyez ?

Quoique les trois officiers fussent déjà éloignés de ce fatal plateau, leurs yeux exercés reconnurent facilement Marche-à-terre et quelques Chouans qui l'occupaient de nouveau.

— Allez au pas accéléré ! cria Hulot à sa troupe, ouvrez le compas et faites marcher vos chevaux plus vite que ça. Ont-ils les jambes gelées ? Ces bêtes-là seraient-elles aussi des Pitt et Cobourg ?

Ces paroles imprimèrent à la petite troupe un mouvement rapide.

— Quant au mystère dont l'obscurité me paraît difficile à percer, Dieu veuille, mes amis, dit-il aux deux officiers, qu'il ne se débrouille point par des coups de fusil à Ernée. J'ai bien peur d'apprendre que la route de Mayenne nous est encore coupée par les sujets du roi.

Le problème de stratégie qui hérissait la moustache du commandant Hulot ne causait pas, en ce moment, une moins vive inquiétude aux gens qu'il avait aperçus sur le sommet de la Pèlerine. Aussitôt que le bruit du tambour de la garde nationale fougeraise n'y retentit plus, et que Marche-à-terre eut aperçu les Bleus au bas de la longue rampe qu'ils avaient descendue, il fit entendre gaiement le cri de la chouette, et les Chouans reparurent, mais moins nombreux. Plusieurs d'entre eux étaient sans doute occupés à placer les blessés dans le village de la Pèlerine, situé sur le revers de la montagne qui regarde la vallée de Couësnon. Deux ou trois chefs des Chasseurs du Roi vinrent auprès de Marche-à-terre.

A quatre pas d'eux, le jeune noble, assis sur une roche de granit, semblait absorbé dans les nombreuses pensées excitées par les difficultés que son entreprise présentait déjà. Marche-à-terre fit avec sa main une espèce d'auvent au-dessus de son front pour se garantir les yeux de l'éclat du soleil, et contempla tristement la route que suivaient les Républicains à travers la vallée de la Pèlerine. Ses petits yeux noirs et perçants essayaient de découvrir ce qui se passait sur l'autre rampe, à l'horizon de la vallée.

— Les Bleus vont intercepter le courrier, dit d'une voix farouche celui des chefs qui se trouvait le plus près de Marche-à-terre.

— Par sainte Anne d'Auray ! reprit un autre, pourquoi nous as-tu fait battre ? Était-ce pour sauver ta peau ?

Marche-à-terre lança sur le questionneur un regard comme venimeux et frappa le sol de sa lourde carabine.

— Suis-je le chef? demanda-t-il. Puis après une pause : — Si vous vous étiez battus tous comme moi, pas un de ces Bleus-là n'aurait échappé, reprit-il en montrant les restes du détachement de Hulot. Peut-être, la voiture serait-elle alors arrivée jusqu'ici.

— Crois-tu, reprit un troisième, qu'ils penseraient à l'escorter ou à la retenir, si nous les avions laissé passer tranquillement? Tu as voulu sauver ta peau de chien, parce que tu ne croyais pas les Bleus en route. — Pour la santé de son groin, ajouta l'orateur en se tournant vers les autres, il nous a fait saigner, et nous perdrons encore vingt mille francs de bon or...

— Groin toi-même! s'écria Marche-à-terre en se reculant de trois pas et ajustant son agresseur. Ce n'est pas les Bleus que tu hais, c'est l'or que tu aimes. Tiens, tu mourras sans confession, vilain damné, qui n'a pas communié cette année.

Cette insulte irrita le Chouan au point de le faire pâlir, et un sourd grognement sortit de sa poitrine pendant qu'il se mit en mesure d'ajuster Marche-à-terre. Le jeune chef s'élança entre eux, il leur fit tomber les armes des mains en frappant leurs carabines avec le canon de la sienne; puis il demanda l'explication de cette dispute, car la conversation avait été tenue en bas-breton, idiome qui ne lui était pas très-familier.

— Monsieur le marquis, dit Marche-à-terre en achevant son discours, c'est d'autant plus mal à eux de m'en vouloir que j'ai laissé en arrière Pille-miche qui saura peut-être sauver la voiture des griffes des voleurs.

Et il montra les Bleus qui, pour ces fidèles serviteurs de l'Autel et du Trône étaient tous les assassins de Louis XVI et des brigands.

— Comment! s'écria le jeune homme en colère, c'est donc pour arrêter une voiture que vous restez encore ici, lâches qui n'avez pu remporter une victoire dans le premier combat où j'ai commandé! Mais comment triompherait-on avec de semblables intentions? Les défenseurs de Dieu et du Roi sont-ils donc des pillards? Par sainte Anne d'Auray! nous avons à faire la guerre à la République et non aux diligences. Ceux qui désormais se rendront coupables d'attaques si honteuses ne recevront pas l'absolution et ne profiteront pas des faveurs réservées aux braves serviteurs du Roi.

Un sourd murmure s'éleva du sein de cette troupe. Il était facile de voir que l'autorité du nouveau chef, si difficile à établir sur ces hordes indisciplinées, allait être compromise. Le jeune homme, auquel ce mouvement n'avait pas échappé, cherchait déjà à sauver l'honneur du commandement, lorsque le trot d'un cheval retentit au milieu du silence. Toutes les têtes se tournèrent dans la direction présumée du personnage qui survenait. C'était une jeune femme assise en travers sur un petit cheval breton, qu'elle mit au galop pour arriver promptement auprès de la troupe des Chouans en y apercevant le jeune homme.

— Qu'avez-vous donc? demanda-t-elle en regardant tour à tour les Chouans et leur chef.

— Croiriez-vous, madame, qu'ils attendent la correspondance de Mayenne à Fougères, dans l'intention de la piller, quand nous venons d'avoir, pour délivrer nos gars de Fougères, une escarmouche qui nous a coûté beaucoup d'hommes sans que nous ayons pu détruire les Bleus.

— Eh! bien, où est le mal? demanda la jeune dame à laquelle un tact naturel aux femmes révéla le secret de la scène. Vous avez perdu des hommes, nous n'en manquerons jamais. Le courrier porte de l'argent, sans doute nous en manquerons toujours! Nous enterrerons nos hommes qui iront au ciel, et nous prendrons l'argent qui ira dans les poches de tous ces braves gens. Où est la difficulté?

Ce discours eut la vertu de faire sourire les Chouans.

— N'y a-t-il donc rien là-dedans qui vous fasse rougir? demanda le jeune homme à voix basse. Êtes-vous donc dans un tel besoin d'argent qu'il vous faille en prendre sur les routes?

— J'en suis tellement affamée, marquis, que je mettrais, je crois, mon cœur en gage s'il n'était pas pris, dit-elle en lui souriant avec coquetterie. Mais d'où venez-vous donc, pour croire que vous vous servirez des Chouans sans leur laisser piller par-ci par-là quelques Bleus? Ne savez-vous pas le proverbe : *Voleur comme une chouette.* Or, qu'est-ce qu'un Chouan? D'ailleurs, dit-elle en élevant la voix, n'est-ce pas une action juste? Les Bleus n'ont-ils pas pris tous les biens de l'Église et les nôtres, et ne nous faut-il pas d'ailleurs des munitions?

Un autre murmure, bien différent du grognement par lequel les Chouans avaient répondu au marquis, accueillit ces paroles. Le jeune homme, dont le front se rembrunissait, prit alors la jeune

dame à part et lui dit avec la vive bouderie d'un homme bien élevé
— Ces messieurs viendront-ils à la Vivetière au jour fixé?

— Oui, dit-elle, tous, l'Intimé, Grand-Jacques et peut-être Ferdinand.

— Permettez donc que j'y retourne; car je ne saurais sanctionner de tels brigandages par ma présence. Oui, madame, j'ai dit brigandages. Il y a de la noblesse à être volé, mais...

— Eh! bien, dit-elle en l'interrompant, j'aurai votre part, et je vous remercie de me l'abandonner. Ce surplus de prise me fera grand bien. Ma mère a tellement tardé à m'envoyer de l'argent que je suis au désespoir.

— Adieu, s'écria le marquis.

Et il disparut; mais la jeune dame courut vivement après lui.

— Pourquoi ne restez-vous pas avec moi? demanda-t-elle en lui lançant le regard à demi despotique, à demi caressant par lequel les femmes qui ont des droits au respect d'un homme savent si bien exprimer leurs désirs.

— N'allez-vous pas piller la voiture?

— Piller? reprit-elle, quel singulier terme! Laissez-moi vous expliquer...

— Rien, dit-il en lui prenant les mains et en les lui baisant avec la galanterie superficielle d'un courtisan. — Écoutez-moi, reprit-il après une pause, si je demeurais là pendant la capture de cette diligence, nos gens me tueraient, car je les...

— Vous ne les tueriez pas, reprit-elle vivement, car ils vous lieraient les mains avec les égards dus à votre rang; et, après avoir levé sur les Républicains une contribution nécessaire à leur équipement, à leur subsistance, à des achats de poudre, ils vous obéiraient aveuglément.

— Et vous voulez que je commande ici? Si ma vie est nécessaire à la cause que je défends, permettez-moi de sauver l'honneur de mon pouvoir. En me retirant, je puis ignorer cette lâcheté. Je reviendrai pour vous accompagner.

Et il s'éloigna rapidement. La jeune dame écouta le bruit des pas avec un sensible déplaisir. Quand le bruissement des feuilles séchées eut insensiblement cessé, elle resta comme interdite, puis elle revint en grande hâte vers les Chouans. Elle laissa brusquement échapper un geste de dédain, et dit à Marche-à-terre, qui l'aidait à descendre de cheval : — Ce jeune homme-là voudrait pouvoir faire une guerre régulière à la République !... ah ! bien, encore quelques jours, et il changera d'opinion. — Comme il m'a traitée, se dit-elle après une pause.

Elle s'assit sur la roche qui avait servi de siége au marquis, et attendit en silence l'arrivée de la voiture. Ce n'était pas un des moindres phénomènes de l'époque que cette jeune dame noble jetée par de violentes passions dans la lutte des monarchies contre l'esprit du siècle, et poussée par la vivacité de ses sentiments à des actions dont pour ainsi dire elle n'était pas complice ; semblable en cela à tant d'autres qui furent entraînées par une exaltation souvent fertile en grandes choses. Comme elle, beaucoup de femmes jouèrent des rôles ou héroïques ou blâmables dans cette tourmente. La cause royaliste ne trouva pas d'émissaires ni plus dévoués ni plus actifs que ces femmes, mais aucune des héroïnes de ce parti ne paya les erreurs du dévouement, ou le malheur de ces situations interdites à leur sexe, par une expiation aussi terrible que le fut le désespoir de cette dame, lorsque, assise sur le granit de la route, elle ne put refuser son admiration au noble dédain et à la loyauté du jeune chef. Insensiblement, elle tomba dans une profonde rêverie. D'amers souvenirs lui firent désirer l'innocence de ses premières années et regretter de n'avoir pas été une victime de cette révolution dont la marche, alors victorieuse, ne pouvait pas être arrêtée par de si faibles mains.

La voiture qui entrait pour quelque chose dans l'attaque des Chouans avait quitté la petite ville d'Ernée quelques instants avant l'escarmouche des deux partis. Rien ne peint mieux un pays que l'état de son matériel social. Sous ce rapport, cette voiture mérite une mention honorable. La Révolution elle-même n'eut pas le pouvoir de la détruire, elle roule encore de nos jours. Lorsque Turgot remboursa le privilége qu'une compagnie obtint sous Louis XIV de transporter exclusivement les voyageurs par tout le royaume, et qu'il institua les entreprises nommées *les turgotines*, les vieux carrosses des sieurs de Vouges, Chanteclaire et veuve Lacombe refluèrent dans les provinces. Une de ces mauvaises voitures établissait donc la communication entre Mayenne et Fougères. Quelques entêtés l'avaient jadis nommée, par antiphrase, *la turgotine*, pour singer Paris ou en haine d'un ministre qui tentait des innovations. Cette turgotine était un méchant cabriolet à deux roues très-hautes, au fond duquel deux personnes un peu grasses auraient difficilement tenu. L'exiguïté de cette frêle machine ne permettant pas de la charger beaucoup, et le coffre qui formait le siége étant exclusivement réservé au service de la poste, si les voyageurs avaient quelque bagage, ils étaient obligés de le garder entre leurs jambes déjà torturées dans une petite caisse que sa forme faisait assez ressembler à un soufflet. Sa couleur primitive et celle des roues fournissaient aux voyageurs une insoluble énigme. Deux rideaux de cuir, peu maniables malgré de longs services, devaient protéger les patients contre le froid et la pluie. Le conducteur, assis sur une banquette semblable à celle des plus mauvais coucous parisiens, participait forcément à la conversation par la manière dont il était placé entre ses victimes bipèdes et quadrupèdes. Cet équipage offrait de fantastiques similitudes avec ces vieillards décrépits qui ont essuyé bon nombre de catarrhes, d'apoplexies, et que la mort semble respecter, il geignait en marchant, il criait par moments. Semblable à un voyageur pris par un lourd sommeil, il se penchait alternativement en arrière et en avant, comme s'il eût essayé de résister à l'action violente de deux petits chevaux bretons qui le traînaient sur une route passablement raboteuse. Ce monument d'un autre âge contenait trois voyageurs qui, à la sortie d'Ernée, où l'on avait relayé, continuèrent avec le conducteur une conversation entamée avant le relais.

— Comment voulez-vous que les Chouans se soient montrés par ici? disait le conducteur. Ceux d'Ernée viennent de me dire que le commandant Hulot n'a pas encore quitté Fougères.

— Oh! oh! l'ami, lui répondit le moins âgé des voyageurs, tu ne risques que ta carcasse ! Si tu avais, comme moi, trois cents écus sur toi, et que tu fusses connu pour être un bon patriote, tu ne serais pas si tranquille.

— Vous êtes en tout cas bien bavard, répondit le conducteur en hochant la tête.

— Brebis comptées, le loup les mange, répondit le second personnage.

Ce dernier, vêtu de noir, paraissait avoir une quarantaine d'années et devait être quelque recteur des environs. Son menton s'appuyait sur un double étage, et son teint fleuri devait appartenir à l'ordre ecclésiastique. Quoique gros et court, il déployait une certaine agilité chaque fois qu'il fallait descendre de voiture ou y remonter.

— Seriez-vous des Chouans, s'écria l'homme aux trois cents écus dont l'opulente peau de bique couvrait un pantalon de bon drap et une veste fort propre qui annonçaient quelque riche cultivateur. Par l'âme de saint Robespierre, je jure que vous seriez mal-reçus.

Puis, il promena ses yeux gris du conducteur au voyageur, en leur montrant deux pistolets à sa ceinture.

— Les Bretons n'ont pas peur de cela, dit avec dédain le recteur. D'ailleurs avons-nous l'air d'en vouloir à votre argent?

Chaque fois que le mot argent était prononcé, le conducteur devenait taciturne, et le recteur avait précisément assez d'esprit pour douter que le patriote eût des écus et pour croire que leur guide en portait.

— Es-tu chargé aujourd'hui, Coupiau? demanda l'abbé.

— Oh! monsieur Gudin, je n'ai quasiment *rin*, répondit le conducteur.

— L'abbé Gudin ayant interrogé la figure du patriote et celle de Coupiau, les trouva, pendant cette réponse, également imperturbables.

— Tant mieux pour toi, répliqua le patriote, je pourrai prendre alors mes mesures pour sauver mon avoir en cas de malheur.

Une dictature si despotiquement réclamée révolta Coupiau, qui reprit brutalement : — Je suis le maître de ma voiture, et pourvu que je vous conduise...

— Es-tu patriote, es-tu Chouan? lui demanda vivement son adversaire en l'interrompant.

— Ni l'un ni l'autre, lui répondit Coupiau. Je suis postillon, et Breton, qui plus est ; partant, je ne crains ni les Bleus ni les gentilshommes.

— Tu veux dire les gens-pille-hommes, reprit le patriote avec ironie.

— Ils ne font que reprendre ce qu'on leur a ôté, dit vivement le recteur.

Les deux voyageurs se regardèrent, s'il est permis d'emprunter ce terme à la conversation, jusque dans le blanc des yeux. Il existait au fond de la voiture un troisième voyageur qui gardait, au milieu de ces débats, le plus profond silence. Le conducteur, le patriote et même Gudin ne faisaient aucune attention à ce muet personnage. C'était en effet un de ces voyageurs incommodes et peu sociables qui sont dans une voiture comme un veau résigné que l'on mène, les pattes liées, au marché voisin. Ils commencent par s'emparer de toute leur place légale, et finissent par dormir sans aucun respect humain sur les épaules de leurs voisins. Le patriote, Gudin et le conducteur l'avaient donc laissé à lui-même sur la foi de son sommeil, après s'être aperçus qu'il était inutile de parler à un homme dont la figure pétrifiée annonçait une vie passée à mesurer des aunes de toiles et une intelligence occupée à les vendre tout bonnement plus cher qu'elles ne coûtaient. Ce gros petit homme, pelotonné dans son coin, ouvrait de temps en temps ses petits yeux d'un bleu-faïence, et les avait successivement portés sur chaque interlocuteur avec des expressions d'effroi, de doute et de défiance pendant cette discussion. Mais il paraissait ne craindre que ses compagnons de voyage et se soucier fort peu des Chouans. Quand il regardait le conducteur, on eût dit de deux francs-maçons. En ce moment la fusillade de la Pèlerine commença. Coupiau, déconcerté, arrêta sa voiture.

— Oh! oh! dit l'ecclésiastique qui paraissait s'y connaître, c'est un engagement sérieux, il y a beaucoup de monde.

— L'embarrassant, monsieur Gudin, est de savoir qui l'emportera? s'écria Coupiau.

Cette fois les figures furent unanimes dans leur anxiété.

— Entrons la voiture, dit le patriote, dans cette auberge là-bas, et nous l'y cacherons en attendant le résultat de la bataille.

Cet avis parut si sage que Coupiau s'y rendit. Le patriote aida le conducteur à cacher la voiture à tous les regards, derrière un tas de fagots. Le prétendu recteur saisit une occasion de dire tout bas à Coupiau : — Est-ce qu'il aurait réellement de l'argent?

— Hé! monsieur Gudin, si ce qu'il en a entrait dans les poches de Votre Révérence, elles ne seraient pas lourdes.

Les Républicains, pressés de gagner Ernée, passèrent devant l'auberge sans y entrer. Au bruit de leur marche précipitée, Gudin et l'aubergiste stimulés par la curiosité avancèrent sur la porte de la cour pour les voir. Tout à coup le gros ecclésiastique courut à un soldat qui restait en arrière.

— Eh! bien, Gudin! s'écria-t-il, entêté, tu vas donc avec les Bleus. Mon enfant, y penses-tu?

— Oui, mon oncle, répondit le caporal. J'ai juré de défendre la France.

— Eh! malheureux, tu perds ton âme! dit l'oncle en essayant de réveiller chez son neveu les sentiments religieux si puissants dans le cœur des Bretons.

— Mon oncle, si le Roi s'était mis à la tête de ses armées, je ne dis pas que...

— Eh! imbécile, qui te parle du Roi? Ta République donne-t-elle des abbayes. Elle a tout renversé. A quoi veux-tu parvenir? Reste avec nous, nous triompherons, un jour ou l'autre, et tu deviendras conseiller à quelque parlement.

— Des parlements?... dit Gudin d'un ton moqueur. Adieu, mon oncle.

— Tu n'auras pas de moi trois louis vaillant, dit l'oncle en colère. Je te déshérite!

— Merci, dit le Républicain.

Ils se séparèrent. Les fumées du cidre versé par le patriote à Coupiau pendant le passage de la petite troupe avaient réussi à obscurcir l'intelligence du conducteur; mais il se réveilla tout joyeux quand l'aubergiste, après s'être informé du résultat de la lutte, annonça que les Bleus avaient eu l'avantage. Coupiau remit alors en route sa voiture qui ne tarda pas à se montrer au fond de la vallée de la Pèlerine où il était facile de l'apercevoir et des plateaux du Maine et de ceux de la Bretagne, semblable à un débris de vaisseau qui nage sur les flots après une tempête.

Arrivé sur le sommet d'une côte que les Bleus gravissaient alors et d'où l'on apercevait encore la Pèlerine dans le lointain, Hulot se retourna pour voir si les Chouans y séjournaient toujours; le soleil, qui faisait reluire les canons de leurs fusils, les lui indiqua comme des points brillants. En jetant un dernier regard sur la vallée qu'il allait quitter pour entrer dans celle d'Ernée, il crut distinguer sur la grande route l'équipage de Coupiau.

— N'est-ce pas la voiture de Mayenne? demanda-t-il à ses deux amis.

Les deux officiers, qui dirigèrent leurs regards sur la vieille turgotine, la reconnurent parfaitement.

— Hé! bien, dit Hulot, comment ne l'avons-nous pas rencontrée?

Ils se regardèrent en silence.

— Voilà encore une énigme? s'écria le commandant. Je commence à entrevoir la vérité cependant.

En ce moment Marche-à-terre, qui reconnaissait aussi la turgotine, la signala à ses camarades, et les éclats d'une joie générale tirèrent la jeune dame de sa rêverie. L'inconnue s'avança et vit la voiture qui s'approchait du revers de la Pèlerine avec une fatale rapidité. La malheureuse turgotine arriva bientôt sur le plateau. Les Chouans, qui s'y étaient cachés de nouveau, fondirent alors sur leur proie avec une avide célérité. Le voyageur muet se laissa couler au fond de la voiture et se blottit soudain en cherchant à garder l'apparence d'un ballot.

— Ah! bien, s'écria Coupiau de dessus son siége en leur désignant le paysan, vous avez senti le patriote que voilà, car il a de l'or, un plein sac !

Les Chouans accueillirent ces paroles par un éclat de rire général et s'écrièrent : — Pille-miche ! Pille-miche ! Pille-miche !

Au milieu de ce rire, auquel Pille-miche lui-même répondit comme un écho, Coupiau descendit tout honteux de son siége. Lorsque le fameux Cibot, dit Pille-miche, aida son voisin à quitter la voiture, il s'éleva un murmure de respect.

— C'est l'abbé Gudin ! crièrent plusieurs hommes.

A ce nom respecté, tous les chapeaux furent ôtés, les Chouans s'agenouillèrent devant le prêtre et lui demandèrent sa bénédiction, que l'abbé leur donna gravement.

— Il tromperait saint Pierre et lui volerait les clefs du paradis, dit le recteur en frappant sur l'épaule de Pille-miche. Sans lui, les Bleus nous interceptaient.

Mais, en apercevant la jeune dame, l'abbé Gudin alla s'entretenir avec elle à quelques pas de là. Marche-à-terre, qui avait ouvert lestement le coffre du cabriolet, fit voir avec une joie sauvage un sac dont la forme annonçait des rouleaux d'or. Il ne resta pas longtemps à faire les parts. Chaque Chouan reçut de lui son contingent avec une telle exactitude, que ce partage n'excita pas la moindre querelle. Puis il s'avança vers la jeune dame et le prêtre, en leur présentant six mille francs environ.

— Puis-je accepter en conscience, monsieur Gudin ? dit-elle en sentant le besoin d'une approbation.

— Comment donc, madame ? l'Église n'a-t-elle pas autrefois approuvé la confiscation du bien des Protestants ; à plus forte raison, celle des Révolutionnaires qui renient Dieu, détruisent les chapelles et persécutent la religion. L'abbé Gudin joignit l'exemple à la prédication, en acceptant sans scrupule la dîme de nouvelle espèce que lui offrait Marche-à-terre. — Au reste, ajouta-t-il, je puis maintenant consacrer tout ce que je possède à la défense de Dieu et du Roi. Mon neveu part avec les Bleus !

Coupiau se lamentait et criait qu'il était ruiné.

— Viens avec nous, lui dit Marche-à-terre, tu auras ta part.

— Mais on croira que j'ai fait exprès de me laisser voler, si je reviens sans avoir essuyé de violence.

— N'est-ce que ça?... dit Marche-à-terre.

Il fit un signal, et une décharge cribla la turgotine. A cette fusillade imprévue, la vieille voiture poussa un cri si lamentable, que les Chouans, naturellement superstitieux, reculèrent d'effroi; mais Marche-à-terre avait vu sauter et retomber dans un coin de la caisse la figure pâle du voyageur taciturne.

— Tu as encore une volaille dans ton poulailler, dit tout bas Marche-à-terre à Coupiau.

Pille-miche, qui comprit la question, cligna des yeux en signe d'intelligence.

— Oui, répondit le conducteur; mais je mets pour condition à mon enrôlement avec vous autres, que vous me laisserez conduire ce brave homme sain et sauf à Fougères. Je m'y suis engagé au nom de la sainte d'Auray.

— Qui est-ce ? demanda Pille-miche.

— Je ne puis pas vous le dire, répondit Coupiau.

— Laisse-le donc! reprit Marche-à-terre en poussant Pille-miche par le coude, il a juré par Sainte-Anne d'Auray, faut qu'il tienne ses promesses.

— Mais, dit le Chouan en s'adressant à Coupiau, ne descends pas trop vite la montagne, nous allons te rejoindre, et pour cause. Je veux voir le museau de ton voyageur, et nous lui donnerons un passe-port.

En ce moment on entendit le galop d'un cheval dont le bruit se rapprochait vivement de la Pèlerine. Bientôt le jeune chef apparut. La dame cacha promptement le sac qu'elle tenait à la main.

— Vous pouvez garder cet argent sans scrupule, dit le jeune homme en ramenant en avant le bras de la dame. Voici une lettre que j'ai trouvée pour vous parmi celles qui m'attendaient à la Vivetière, elle est de madame votre mère. Après avoir tour à tour regardé les Chouans qui regagnaient le bois, et la voiture qui descendait la vallée du Couësnon, il ajouta : — Malgré ma diligence, je ne suis pas arrivé à temps. Fasse le ciel que je me sois trompé dans mes soupçons !

— C'est l'argent de ma pauvre mère, s'écria la dame après avoir décacheté la lettre dont les premières lignes lui arrachèrent cette exclamation.

Quelques rires étouffés retentirent dans le bois. Le jeune homme lui-même ne put s'empêcher de sourire en voyant la dame gardant à la main le sac qui renfermait sa part dans le pillage de son propre argent. Elle-même se mit à rire.

— Eh! bien, marquis, Dieu soit loué! pour cette fois je m'en tire sans blâme, dit-elle au chef.

— Vous mettez donc de la légèreté en toute chose, même dans vos remords?... dit le jeune homme.

Elle rougit et regarda le marquis avec une contrition si véritable, qu'il en fut désarmé. L'abbé rendit poliment, mais d'un air équivoque, la dîme qu'il venait d'accepter ; puis il suivit le jeune chef qui se dirigeait vers le chemin détourné par lequel il était venu. Avant de les rejoindre, la jeune dame fit un signe à Marche-à-terre, qui vint près d'elle.

— Vous vous porterez en avant de Mortagne, lui dit-elle à voix basse. Je sais que les Bleus doivent envoyer incessamment à Alençon une forte somme en numéraire pour subvenir aux préparatifs de la guerre. Si j'abandonne à tes camarades la prise d'aujourd'hui, c'est à condition qu'ils sauront m'en indemniser. Surtout que le Gars ne sache rien du but de cette expédition, peut-être s'y opposerait-il; mais, en cas de malheurs, je l'adoucirai.

— Madame, dit le marquis, sur le cheval duquel elle se mit en croupe en abandonnant le sien à l'abbé, nos amis de Paris m'écrivent de prendre garde à nous. La République veut essayer de nous combattre par la ruse et par la trahison.

— Ce n'est pas trop mal, répondit-elle. Ils ont d'assez bonnes idées, ces gens-là! Je pourrai prendre part à la guerre et trouver des adversaires.

— Je le crois, s'écria le marquis. Pichegru m'engage à être scrupuleux et circonspect dans mes amitiés de toute espèce. La République me fait l'honneur de me supposer plus dangereux que tous les Vendéens ensemble, et compte sur mes faiblesses pour s'emparer de ma personne.

— Vous défieriez-vous de moi ? dit-elle en lui frappant le cœur avec la main par laquelle elle se cramponnait à lui.

— Seriez-vous là ?... madame, dit-il en tournant vers elle son front qu'elle embrassa.

— Ainsi, reprit l'abbé, la police de Fouché sera plus dangereuse pour nous que ne le sont les bataillons mobiles et les contre-Chouans.

— Comme vous le dites, mon révérend.

— Ha! ha! s'écria la dame, Fouché va donc envoyer des femmes contre vous ?... je les attends, ajouta-t-elle d'un son de voix profond et après une légère pause.

A trois ou quatre portées de fusil du plateau désert que les chefs abandonnaient, il se passait une de ces scènes qui, pendant quelque temps encore, devinrent assez fréquentes sur les grandes routes. Au sortir du petit village de la Pèlerine, Pille-miche et Marche-à-terre avaient arrêté de nouveau la voiture dans un enfoncement du chemin. Coupiau était descendu de son siége après une molle résistance. Le voyageur taciturne, exhumé de sa cachette par les deux Chouans, se trouvait agenouillé dans un genêt.

— Qui es-tu ? lui demanda Marche-à-terre d'une voix sinistre.

Le voyageur gardait le silence, lorsque Pille-miche recommença la question en lui donnant un coup de crosse.

— Je suis, dit-il alors en jetant un regard sur Coupiau, Jacques Pinaud, un pauvre marchand de toile.

Coupiau fit un signe négatif, sans croire enfreindre ses promesses. Ce signe éclaira Pille-miche, qui ajusta le voyageur, pendant que Marche-à-terre lui signifia catégoriquement ce terrible ultimatum : Tu es trop gras pour avoir les soucis des pauvres ! Si tu te fais encore demander une fois ton véritable nom, voici mon ami Pille-miche qui par un seul coup de fusil acquerra l'estime et la reconnaissance de tes héritiers. — Qui es-tu ? ajouta-t-il après une pause.

— Je suis d'Orgemont de Fougères.

— Ah! ah! s'écrièrent les deux Chouans.

— Ce n'est pas moi qui vous ai nommé, monsieur d'Orgemont, dit Coupiau. La sainte Vierge m'est témoin que je vous ai bien défendu.

— Puisque vous êtes monsieur d'Orgemont de Fougères, reprit Marche-à-terre d'un air respectueusement ironique, nous allons vous laisser aller bien tranquillement. Mais comme vous n'êtes ni un bon Chouan, ni un vrai Bleu, quoique ce soit vous qui ayez acheté les biens de l'abbaye de Juvigny, vous nous payerez, ajouta le Chouan en ayant l'air de compter ses associés, trois cents écus de six francs pour votre rançon. La neutralité vaut bien cela.

— Trois cents écus de six francs ! répétèrent en chœur le malheureux banquier, Pille-miche et Coupiau, mais avec des expressions diverses.

— Hélas ! mon cher monsieur, continua d'Orgemont, je suis ruiné. *L'emprunt forcé* de cent millions fait par cette République du diable, qui me taxe à une somme énorme, m'a mis à sec.

— Combien t'a-t-elle donc demandé, ta République ?

— Mille écus, mon cher monsieur, répondit le banquier d'un air piteux en croyant obtenir une remise.

— Si ta République t'arrache des emprunts forcés si considérables, tu vois bien qu'il y a tout à gagner avec nous autres, notre gouvernement est moins cher. Trois cents écus, est-ce donc trop pour ta peau ?

— Où les prendrai-je ?

— Dans ta caisse, dit Pille-miche. Et que tes écus ne soient pas rognés, ou nous te rognerons les ongles au feu.

— Où vous les paierai-je, demanda d'Orgemont.

— Ta maison de campagne de Fougères n'est pas loin de la ferme de Gibarry, où demeure mon cousin Galope-Chopine, autrement dit le grand Cibot, tu les lui remettras, dit Pille-miche.

— Cela n'est pas régulier, dit d'Orgemont.

— Qu'est-ce que cela nous fait ? reprit Marche-à-terre. Songe que, s'ils ne sont pas remis à Galope-Chopine d'ici à quinze jours, nous te rendrons une petite visite qui te guérira de la goutte, si tu l'as aux pieds.

— Quant à toi, Coupiau, reprit Marche-à-terre, ton nom désormais sera *Mène-à-bien*.

A ces mots les deux Chouans s'éloignèrent. Le voyageur remonta dans la voiture, qui, grâce au fouet de Coupiau, se dirigea rapidement vers Fougères.

— Si vous aviez eu des armes, lui dit Coupiau, nous aurions pu nous défendre un peu mieux.

— Imbécile, j'ai dix mille francs là, reprit d'Orgemont en montrant ses gros souliers. Est-ce qu'on peut se défendre avec une si forte somme sur soi ?

Mène-à-bien se gratta l'oreille et regarda derrière lui, mais ses nouveaux camarades avaient complétement disparu.

Hulot et ses soldats s'arrêtèrent à Ernée pour déposer les blessés à l'hôpital de cette petite ville ; puis, sans que nul événement fâcheux interrompît la marche des troupes républicaines, elles arrivèrent à Mayenne. Là le commandant put, le lendemain, résoudre tous ses doutes relativement à la marche du messager ; car le lendemain, les habitants apprirent le pillage de la voiture.

Peu de jours après, les autorités dirigèrent sur Mayenne assez de conscrits patriotes pour que Hulot pût y remplir le cadre de sa demi-brigade. Bientôt se succédèrent des ouï-dire peu rassurants sur l'insurrection. La révolte était complète sur tous les points où, pendant la dernière guerre, les Chouans et les Vendéens avaient établi les principaux foyers de cet incendie. En Bretagne, les royalistes s'étaient rendus maîtres de Pontorson, afin de se mettre en communication avec la mer. La petite ville de Saint-James, située entre Pontorson et Fougères, avait été prise par eux, et ils paraissaient vouloir en faire momentanément leur place d'armes, le centre de leurs magasins ou de leurs opérations. De là, ils pouvaient correspondre sans danger avec la Normandie et le Morbihan. Les chefs subalternes parcouraient ces trois pays pour y soulever les partisans de la monarchie et arriver à mettre de l'ensemble dans leur entreprise. Ces menées coïncidaient avec les nouvelles de la Vendée, où des intrigues semblables agitaient la contrée, sous l'influence de quatre chefs célèbres, messieurs l'abbé Vernal, le comte de Fontaine, de Châtillon et Suzannet. Le chevalier de Valois, le marquis d'Esgrignon et les Troisville étaient, disait-on, leurs correspondants dans le département de l'Orne. Le chef du vaste plan d'opérations qui se déroulait lentement, mais d'une manière formidable, était réellement le Gars, surnom donné par les Chouans à monsieur le marquis de Montauran, lors de son débarquement. Les renseignements transmis aux ministres par Hulot se trouvaient exacts en tout point. L'autorité de ce chef envoyé du dehors avait été aussitôt reconnue. Le marquis prenait même assez d'empire sur les Chouans pour leur faire concevoir le véritable but de la guerre et leur persuader que les excès dont ils se rendaient coupables souillaient la cause généreuse qu'ils avaient embrassée. Le caractère hardi, la bravoure, le sang-froid, la capacité de ce jeune seigneur réveillaient les espérances des ennemis de la République et flattaient si vivement la sombre exaltation de ces contrées que les moins zélés coopéraient à y préparer des événements décisifs pour la monarchie abattue. Hulot ne recevait aucune réponse aux demandes et aux rapports réitérés qu'il adressait à Paris. Ce silence étonnant annonçait, sans doute, une nouvelle crise révolutionnaire.

— En serait-il maintenant, disait le vieux chef à ses amis, en fait de gouvernement comme en fait d'argent, met-on néant à toutes les pétitions?

Mais le bruit du magique retour du général Bonaparte et des événements du Dix-huit brumaire ne tarda pas à se répandre. Les commandants militaires de l'Ouest comprirent alors le silence des ministres. Néanmoins ces chefs n'en furent que plus impatients d'être délivrés de la responsabilité qui pesait sur eux, et devinrent assez curieux de connaître les mesures qu'allait prendre le nouveau gouvernement. En apprenant que le général Bonaparte avait été nommé premier consul de la République, les militaires éprouvèrent une joie très-vive : ils voyaient, pour la première fois, un des leurs arrivant au maniement des affaires. La France, qui avait fait une idole de ce jeune général, tressaillit d'espérance. L'énergie de la nation se renouvela. La capitale, fatiguée de sa sombre attitude, se livra aux fêtes et aux plaisirs desquels elle était depuis si longtemps sevrée. Les premiers actes du Consulat ne diminuèrent aucun espoir, et la Liberté ne s'en effaroucha pas. Le premier consul fit une proclamation aux habitants de l'Ouest. Ces éloquentes allocutions adressées aux masses et que Bonaparte avait, pour ainsi dire, inventées, produisaient, dans ces temps de patriotisme et de miracles, des effets prodigieux. Sa voix retentissait dans le monde comme la voix d'un prophète, car aucune de ses proclamations n'avait encore été démentie par la victoire.

« HABITANTS,

« Une guerre impie embrase une seconde fois les départements de l'Ouest.

« Les artisans de ces troubles sont des traîtres vendus à l'Anglais ou des brigands qui ne cherchent dans les discordes civiles que l'aliment et l'impunité de leurs forfaits.

« A de tels hommes le gouvernement ne doit ni ménagements, ni déclaration de ses principes.

« Mais il est des citoyens chers à la patrie qui ont été séduits par leurs artifices ; c'est à ces citoyens que sont dues les lumières et la vérité.

« Des lois injustes ont été promulguées et exécutées ; des actes arbitraires ont alarmé la sécurité des citoyens et la liberté des consciences ; partout des inscriptions hasardées sur des listes d'émigrés ont frappé des citoyens ; enfin de grands principes d'ordre social ont été violés.

« Les consuls déclarent que la liberté des cultes étant garantie par la Constitution, la loi du 11 prairial an III, qui laisse aux citoyens l'usage des édifices destinés aux cultes religieux, sera exécutée.

« Le gouvernement pardonnera : il fera grâce au repentir, l'indulgence sera entière et absolue ; mais il frappera quiconque, après cette déclaration, oserait encore résister à la souveraineté nationale. »

— Eh ! bien, disait Hulot après la lecture publique de ce discours consulaire, est-ce assez paternel ? Vous verrez cependant que pas un brigand royaliste ne changera d'opinion.

Le commandant avait raison. Cette proclamation ne servit qu'à raffermir chacun dans son parti. Quelques jours après, Hulot et ses collègues reçurent des renforts. Le nouveau ministre de la guerre leur manda que le général Brune était désigné pour aller prendre le commandement des troupes dans l'ouest de la France. Hulot, dont l'expérience était connue, eut provisoirement l'autorité dans les départements de l'Orne et de la Mayenne. Une activité inconnue anima bientôt tous les ressorts du gouvernement. Une circulaire du ministre de la Guerre et du ministre de la Police Générale annonça que des mesures vigoureuses confiées aux chefs des commandements militaires avaient été prises pour étouffer l'insurrection *dans son principe*. Mais les Chouans et les Vendéens avaient déjà profité de l'inaction de la République pour soulever les campagnes et s'en emparer entièrement. Aussi, une nouvelle proclamation consulaire fut-elle adressée. Cette fois le général parlait aux troupes.

« Soldats,

« Il ne reste plus dans l'Ouest que des brigands, des émigrés, des stipendiés de l'Angleterre.

« L'armée est composée de plus de soixante mille braves ; que j'apprenne bientôt que les chefs des rebelles ont vécu. La gloire ne s'acquiert que par les fatigues ; si on pouvait l'acquérir en tenant son quartier général dans les grandes villes, qui n'en aurait pas ?...

« Soldats, quel que soit le rang que vous occupiez dans l'armée, la reconnaissance de la nation vous attend. Pour en être dignes, il faut braver l'intempérie des saisons, les glaces, les neiges, le froid excessif des nuits ; surprendre vos ennemis à la pointe du jour et exterminer ces misérables, le déshonneur du nom français.

« Faites une campagne courte et bonne ; soyez inexorables pour les brigands, mais observez une discipline sévère.

« Gardes nationales, joignez les efforts de vos bras à celui des troupes de ligne.

« Si vous connaissez parmi vous des hommes partisans des brigands, arrêtez-les ! Que nulle part ils ne trouvent d'asile contre le soldat qui va les poursuivre ; et s'il était des traîtres qui osassent les recevoir et les défendre, qu'ils périssent avec eux ! »

— Quel compère ! s'écria Hulot, c'est comme à l'armée d'Italie, il sonne la messe et il la dit. Est-ce parler, cela ?

— Oui, mais il parle tout seul et en son nom, dit Gérard, qui commençait à s'alarmer des suites du Dix-huit brumaire.

— Hé ! sainte guérite, qu'est-ce que cela fait, puisque c'est un militaire, s'écria Merle.

A quelques pas de là, plusieurs soldats s'étaient attroupés devant la proclamation affichée sur le mur. Or, comme pas un d'eux ne savait lire, ils la contemplaient, les uns d'un air insouciant, les autres avec curiosité, pendant que deux ou trois cherchaient parmi les passants un citoyen qui eût la mine d'un savant.

— Vois donc, La-clef-des-cœurs, ce que c'est que ce chiffon de papier-là, dit Beau-pied d'un air goguenard à son camarade.

— C'est bien facile à deviner, répondit La-clef-des-cœurs.

A ces mots, tous regardèrent les deux camarades toujours prêts à jouer leurs rôles.

— Tiens, regarde, reprit La-clef-des-cœurs en montrant en tête de la proclamation une grossière vignette où, depuis peu de jours, un compas remplaçait le niveau de 1793. Cela veut dire qu'il faudra que, nous autres troupiers, nous marchions ferme ! Ils ont mis là un compas toujours ouvert, c'est un emblème.

— Mon garçon, ça ne te va pas de faire le savant, cela s'appelle un problème. J'ai servi d'abord dans l'artillerie, reprit Beau-pied, mes officiers ne mangeaient que de ça.

— C'est un emblème.
— C'est un problème.
— Gageons !
— Quoi ?
— Ta pipe allemande !
— Tope !

— Sans vous vous commander, mon adjudant, n'est-ce pas que c'est un emblème, et non un problème, demanda La-clef-des-cœurs à Gérard, qui, tout pensif, suivait Hulot et Merle.

— C'est l'un et l'autre, répondit-il gravement.

— L'adjudant s'est moqué de nous, reprit Beau-pied. Ce papier-là veut dire que notre général d'Italie est passé consul, ce qui est un fameux grade, et que nous allons avoir des capotes et des souliers.

CHAPITRE II.

UNE IDÉE DE FOUCHÉ.

Vers les derniers jours du mois de brumaire, au moment où, pendant la matinée, Hulot faisait manœuvrer sa demi-brigade, entièrement concentrée à Mayenne par des ordres supérieurs, un exprès venu d'Alençon lui remit des dépêches pendant la lecture desquelles une assez forte contrariété se peignit sur sa figure.

— Allons, en avant ! s'écria-t-il avec humeur en serrant les papiers au fond de son chapeau. Deux compagnies vont se mettre en marche avec moi et se diriger sur Mortagne. Les Chouans y sont.

— Vous m'accompagnerez, dit-il à Merle et à Gérard. Si je comprends un mot à ma dépêche, je veux être fait noble. Je ne suis peut-être qu'une bête, n'importe, en avant ! Il n'y a pas de temps à perdre.

— Mon commandant, qu'y a-t-il donc de si barbare dans cette carnassière-là ! dit Merle en montrant du bout de sa botte l'enveloppe ministérielle de la dépêche.

— Tonnerre de Dieu ! il n'y a rien si ce n'est qu'on nous embête.

Lorsque le commandant laissait échapper cette expression militaire, déjà l'objet d'une réserve, elle annonçait toujours quelque tempête, les diverses intonations de cette phrase formaient des espèces de degrés qui, pour la demi-brigade, étaient un sûr thermomètre de la patience du chef : et la franchise de ce vieux soldat, en avait rendu la connaissance si facile, que le plus méchant tambour savait bientôt son Hulot par cœur, en observant les variations de la petite grimace par laquelle le commandant retroussait sa joue et clignait les yeux. Cette fois, le ton de la sourde colère par lequel il accompagna ce mot rendit les deux amis silencieux et circonspects. Les marques même de petite-vérole qui sillonnaient ce visage guerrier parurent plus profondes et le teint plus brun que de coutume. Sa large queue bordée de tresses étant revenue sur une des épaulettes quand il remit son chapeau à trois cornes, Hulot la rejeta avec tant de fureur que les cadenettes en furent dérangées. Cependant comme il restait immobile, les poings fermés, les bras croisés avec force sur la poitrine, la moustache hérissée, Merle se hasarda à lui demander : — Part-on sur l'heure ?

— Oui, si les gibernes sont garnies, répondit-il en grommelant.

— Elles le sont.

— Portez arme ! par file à gauche, en avant, marche ! dit Merle à un geste de son chef.

Et les tambours se mirent en tête des deux compagnies désignées par Gérard. Au son du tambour, le commandant plongé dans ses réflexions parut se réveiller, et il sortit de la ville accompagné de ses deux amis, auxquels il ne dit pas un mot. Merle et Gérard se regardèrent silencieusement à plusieurs reprises comme pour se demander : — Nous tiendra-t-il longtemps rigueur ? Et, tout en marchant, ils jetèrent à la dérobée des regards observateurs sur Hulot qui continuait à dire entre ses dents de vagues paroles. Plusieurs fois ses phrases résonnèrent comme des jurements aux oreilles des soldats ; mais pas un d'eux n'osa souffler mot ; car, dans l'occasion, tous savaient garder la discipline sévère à laquelle étaient habitués les troupiers jadis commandés en Italie par Bonaparte. La plupart d'entre eux étaient comme Hulot, les restes de ces fameux bataillons qui capitulèrent à Mayence sous la promesse de n'être pas employés sur les frontières, et l'armée les avait nommés les *Mayençais*. Il était difficile de rencontrer des soldats et des chefs qui se comprissent mieux.

Le lendemain de leur départ, Hulot et ses deux amis se trouvaient de grand matin sur la route d'Alençon, à une lieue environ de cette dernière ville, vers Mortagne, dans la partie du chemin qui côtoie les pâturages arrosés par la Sarthe. Les vues pittoresques de ces prairies se déploient successivement sur la gauche, tandis que la droite, flanquée des bois épais qui se rattachent à la grande forêt de Menibroud, forme, s'il est permis d'emprunter ce terme à la peinture, un *repoussoir* aux délicieux aspects de la rivière. Les bermes du chemin sont encaissées par des fossés dont les terres sans cesse rejetées sur les champs y produisent de hauts talus couronnés d'*ajoncs*, nom donné dans tout l'Ouest au genêt épineux. Cet arbuste, qui s'étale en buissons épais, fournit pendant l'hiver une excellente nourriture aux chevaux et aux bestiaux ; mais tant qu'il n'était pas récolté, les Chouans se cachaient derrière ses touffes d'un vert sombre. Ces talus et ces ajoncs, qui annoncent au voyageur l'approche de la Bretagne, rendaient donc alors cette partie de la route aussi dangereuse qu'elle est belle. Les périls qui devaient se rencontrer dans le trajet de Mortagne à Alençon et d'Alençon à Mayenne, étaient la cause du départ de Hulot ; et là, le secret de sa colère finit par lui échapper.

Le commandant escortait alors une vieille malle traînée par des chevaux de poste que ses soldats fatigués obligeaient à marcher lentement. Les compagnies de Bleus appartenant à la garnison de Mortagne et qui avaient accompagné cette horrible voiture jusqu'aux limites de leur étape, où Hulot était venu les remplacer dans ce service, à juste titre nommé par ses soldats *une scie patriotique*, retournaient à Mortagne et se voyaient dans le lointain comme des points noirs. Une des deux compagnies du vieux Républicain se tenait à quelques pas en arrière, et l'autre en avant de cette calèche. Hulot, qui se trouva entre Merle et Gérard, à moitié chemin de l'avant-garde et de la voiture, leur dit, tout à coup : — Mille tonnerres ! croiriez-vous que c'est pour accompagner les deux cotillons qui sont dans ce vieux fourgon que le général nous a détachés de Mayenne ?

— Mais, mon commandant, quand nous avons pris position tout à l'heure auprès des citoyennes, répondit Gérard, vous les avez saluées d'un air qui n'était pas déjà si gauche.

— Hé ! voilà l'infamie. Ces *muscadins* de Paris ne nous recommandent-ils pas les plus grands égards pour leurs damnées femelles! Peut-on déshonorer de bons et braves patriotes comme nous, en les mettant à la suite d'une jupe. Oh! moi, je vais droit mon chemin et n'aime pas les zigzags chez les autres. Quand j'ai vu à Danton des maîtresses, à Barras des maîtresses, je leur ai dit : — « Citoyens, quand la République vous a requis de la gouverner, ce n'était pas pour autoriser les amusements de l'ancien régime. » Vous me direz à cela que les femmes? Oh! on a des femmes! c'est juste. A de bons lapins, voyez-vous, il faut des femmes et de bonnes femmes. Mais, assez causé quand vient le danger. A quoi donc aurait servi de balayer les abus de l'ancien temps si les patriotes les recommençaient. Voyez le premier consul, c'est là un homme : pas de femmes, toujours à son affaire. Je parierais ma moustache gauche qu'il ignore le sot métier qu'on nous fait faire ici.

— Ma foi, commandant, répondit Merle en riant, j'ai aperçu le bout du nez de la jeune dame cachée au fond de la malle, et j'avoue que tout le monde pourrait sans déshonneur se sentir, comme je l'éprouve, la démangeaison d'aller tourner autour de cette voiture pour nouer avec les voyageurs un petit bout de conversation.

— Gare à toi, Merle, dit Gérard. Les corneilles coiffées sont accompagnées d'un citoyen assez rusé pour te prendre dans un piége.

— Qui? Cet *incroyable* dont les petits yeux vont incessamment d'un côté du chemin à l'autre, comme s'il y voyait des Chouans ; ce muscadin à qui on aperçoit à peine les jambes; et qui, dans le moment où celles de son cheval sont cachées par la voiture, a l'air d'un canard dont la tête sort d'un pâté! Si ce dadais-là m'empêche jamais de caresser sa jolie fauvette...

— Canard, fauvette! Oh! mon pauvre Merle, tu es furieusement dans les volatiles. Mais ne te fie pas au canard! Ses yeux verts me paraissent perfides comme ceux d'une vipère et fins comme ceux d'une femme qui pardonne à son mari. Je me défie moins des Chouans que de ces avocats dont les figures ressemblent à des carafes de limonade.

— Bah! s'écria Merle gaiement, avec la permission du commandant, je me risque! Cette femme-là a des yeux qui sont comme des étoiles, on peut tout mettre au jeu pour les voir.

— Il est pris le camarade, dit Gérard au commandant, il commence à dire des bêtises.

Hulot fit la grimace, haussa les épaules et répondit : — Avant de prendre le potage, je lui conseille de le sentir.

— Brave Merle, reprit Gérard en jugeant à la lenteur de sa marche qu'il manœuvrait pour se laisser graduellement gagner par la malle, est-il gai ! C'est le seul homme qui puisse rire de la mort d'un camarade sans être taxé d'insensibilité.

— C'est le vrai soldat français, dit Hulot d'un ton grave.

— Oh ! le voici qui ramène ses épaulettes sur son épaule pour faire voir qu'il est capitaine, s'écria Gérard en riant, comme si le grade y faisait quelque chose.

La voiture vers laquelle pivotait l'officier renfermait en effet deux femmes, dont l'une semblait être la servante de l'autre.

— Ces femmes-là vont toujours deux par deux disait Hulot.

Un petit homme sec et maigre caracolait, tantôt en avant, tantôt en arrière de la voiture ; mais quoiqu'il parût accompagner les deux voyageuses privilégiées, personne ne l'avait encore vu leur adressant la parole. Ce silence, preuve de dédain ou de respect, les bagages nombreux, et les cartons de celle que le commandant appelait une *princesse*, tout, jusqu'au costume de son cavalier servant, avait encore irrité la bile de Hulot. Le costume de cet inconnu présentait un exact tableau de la mode qui valut en ce temps les caricatures des Incroyables. Qu'on se figure ce personnage affublé d'un habit dont les basques étaient si courtes, qu'elles laissaient passer cinq à six pouces du gilet, et les pans si longs qu'ils ressemblaient à une queue de morue, terme alors employé pour les désigner. Une cravate énorme décrivait autour de son cou de si nombreux contours, que la petite tête qui sortait de ce labyrinthe de mousseline justifiait presque la comparaison gastronomique du capitaine Merle. L'inconnu portait un pantalon collant et des bottes à la Suwaroff. Un immense camée blanc et bleu servait d'épingle à sa chemise. Deux chaînes de montre s'échappaient parallèlement de sa ceinture ; puis ses cheveux, pendant en tire-bouchons de chaque côté des faces, lui couvraient presque tout le front. Enfin, pour dernier enjolivement, le col de sa chemise et celui de l'habit montaient si haut, que sa tête paraissait enveloppée comme un bouquet dans un cornet de papier. Ajoutez à ces grêles accessoires qui juraient entre eux sans produire d'ensemble, l'opposition burlesque des couleurs du pantalon jaune, du gilet rouge, de l'habit cannelle, et l'on aura une image fidèle du suprême bon ton auquel obéissaient les élégants au commencement du Consulat. Ce costume, tout à fait baroque, semblait avoir été inventé pour servir d'épreuve à la grâce, et montrer qu'il n'y a rien de si ridicule que la mode ne sache consacrer. Le cavalier paraissait avoir atteint l'âge de trente ans, mais il en avait à peine vingt-deux ; peut-être devait-il cette apparence soit à la débauche, soit aux périls de cette époque. Malgré cette toilette d'empirique, sa tournure accusait une certaine élégance de manières à laquelle on reconnaissait un homme bien élevé. Lorsque le capitaine se trouva près de la calèche, le muscadin parut deviner son dessein, et le favorisa en retardant le pas de son cheval ; Merle, qui lui avait jeté un regard sardonique, rencontra un de ces visages impénétrables, accoutumés par les vicissitudes de la Révolution à cacher toutes les émotions, même les moindres.

Au moment où le bout recourbé du vieux chapeau triangulaire et l'épaulette du capitaine furent aperçus par les dames, une voix d'une angélique douceur lui demanda : — Monsieur l'officier, auriez-vous la bonté de nous dire en quel endroit de la route nous nous trouvons ?

Il existe un charme inexprimable dans une question faite par une voyageuse inconnue, le moindre mot semble alors contenir toute une aventure ; mais si la femme sollicite quelque protection, en s'appuyant sur sa faiblesse et sur une certaine ignorance des choses, chaque homme n'est-il pas légèrement enclin à bâtir une fable impossible où il se fait heureux ? Aussi les mots de « Monsieur l'officier, » la forme polie de la demande, portèrent-ils un trouble inconnu dans le cœur du capitaine. Il essaya d'examiner la voyageuse et fut singulièrement désappointé, car un voile jaloux lui en cachait les traits ; à peine même put-il en voir les yeux, qui, à travers la gaze, brillaient comme deux onyx frappés par le soleil.

— Vous êtes maintenant à une lieue d'Alençon, madame.

— Alençon, déjà ! Et la dame inconnue se rejeta, ou plutôt se laissa aller au fond de la voiture, sans plus rien répondre.

— Alençon, répéta l'autre femme en paraissant se réveiller. Vous allez revoir le pays.

Elle regarda le capitaine et se tut. Merle, trompé dans son espérance de voir la belle inconnue, se mit à en examiner la compagne. C'était une fille d'environ vingt-six ans, blonde, d'une jolie taille, et dont le teint avait cette fraîcheur de peau, cet éclat nourri qui distingue les femmes de Valognes, de Bayeux et des environs d'Alençon. Le regard de ses yeux bleus n'annonçait pas d'esprit, mais une certaine fermeté mêlée de tendresse. Elle portait une robe d'étoffe commune. Ses cheveux, relevés sous un petit bonnet à la mode cauchoise, et sans aucune prétention, rendaient sa figure charmante de simplicité. Son attitude, sans avoir la noblesse convenue des salons, n'était pas dénuée de cette dignité naturelle à une jeune fille modeste qui pouvait contempler le tableau de sa vie passée sans y trouver un seul sujet de repentir. D'un coup d'œil, Merle sut deviner en elle une de ces fleurs champêtres qui, transportée dans les serres parisiennes où se concentrent tant de rayons flétrissants, n'avait rien perdu de ses couleurs pures ni de sa rustique franchise. L'attitude naïve de la jeune fille et la modestie de son regard apprirent à Merle qu'elle ne voulait pas d'auditeur. En effet, quand il s'éloigna, les deux inconnues commencèrent à voix basse une conversation dont le murmure parvint à peine à son oreille.

— Vous êtes partie si précipitamment, dit la jeune campagnarde, que vous n'avez pas seulement pris le temps de vous habiller. Vous voilà belle! Si nous allons plus loin qu'Alençon, il faudra nécessairement y faire une autre toilette...

— Oh! oh! Francine, s'écria l'inconnue.

— Plaît-il?

— Voici la troisième tentative que tu fais pour apprendre le terme et la cause de ce voyage.

— Ai-je dit la moindre chose qui puisse me valoir ce reproche?...

— Oh! j'ai bien remarqué ton petit manége. De candide et simple que tu étais, tu as pris un peu de ruse à mon école. Tu commences à avoir les interrogations en horreur. Tu as bien raison, mon enfant. De toutes les manières connues d'arracher un secret, c'est, à mon avis, la plus niaise.

— Eh! bien, reprit Francine, puisqu'on ne peut rien vous cacher, convenez-en, Marie? votre conduite n'exciterait-elle pas la curiosité d'un saint. Hier matin sans ressources, aujourd'hui les mains pleines d'or, on vous donne à Mortagne la malle-poste pillée dont le conducteur a été tué, vous êtes protégée par les troupes du gouvernement, et suivie par un homme que je regarde comme votre mauvais génie...

— Qui, Corentin?... demanda la jeune inconnue en accentuant

ces deux mots par deux inflexions de voix pleines d'un mépris qui déborda même dans le geste par lequel elle montra le cavalier. Écoute, Francine, reprit-elle, te souviens-tu de *Patriote*, ce singe que j'avais habitué à contrefaire Danton, et qui nous amusait tant.

— Oui, mademoiselle.

— Eh ! bien, en avais-tu peur ?

— Il était enchaîné.

— Mais Corentin est muselé, mon enfant.

— Nous badinions avec Patriote pendant des heures entières, dit Francine, je le sais, mais il finissait toujours par nous jouer quelque mauvais tour. A ces mots, Francine se rejeta vivement au fond de la voiture, près de sa maîtresse, lui prit les mains pour les caresser avec des manières câlines, en lui disant d'une voix affectueuse : — Mais vous m'avez devinée, Marie, et vous ne me répondez pas. Comment, après ces tristesses qui m'ont fait tant de mal, oh ! bien du mal, pouvez-vous en vingt-quatre heures devenir d'une gaieté folle, comme lorsque vous parliez de vous tuer. D'où vient ce changement. J'ai le droit de vous demander un peu compte de votre âme. Elle est à moi avant d'être à qui que ce soit, car jamais vous ne serez mieux aimée que vous ne l'êtes par moi. Parlez, mademoiselle.

— Eh ! bien, Francine, ne vois-tu pas autour de nous le secret de ma gaieté. Regarde les houppes jaunies de ces arbres lointains ? pas une ne se ressemble. A les contempler de loin, ne dirait-on pas d'une vieille tapisserie de château. Vois ces haies derrière lesquelles il peut se rencontrer des Chouans à chaque instant. Quand je regarde ces ajoncs, il me semble apercevoir des canons de fusil. J'aime ce renaissant péril qui nous environne. Toutes les fois que la route prend un aspect sombre, je suppose que nous allons entendre des détonations, alors mon cœur bat, une sensation inconnue m'agite. Et ce n'est ni les tremblements de la peur, ni les émotions du plaisir ; non, c'est mieux, c'est le jeu de tout ce qui se meut en moi, c'est la vie. Quand je ne serais joyeuse que d'avoir un peu animé ma vie !

— Ah ! vous ne me dites rien, cruelle. Sainte Vierge, ajouta Francine en levant les yeux au ciel avec douleur, à qui se confessera-t-elle, si elle se tait avec moi ?

— Francine, reprit l'inconnue d'un ton grave, je ne peux pas t'avouer mon entreprise. Cette fois-ci, c'est horrible.

— Pourquoi faire le mal en connaissance de cause?

— Que veux-tu, je me surprends à penser comme si j'avais cinquante ans, et à agir comme si j'en avais encore quinze. Tu as toujours été ma raison, ma pauvre fille; mais dans cette affaire-ci, je dois étouffer ma conscience. Et, dit-elle après une pause, en laissant échapper un soupir, je n'y parviens pas. Or, comment veux-tu que j'aille encore mettre après moi un confesseur aussi rigide que toi? Et elle lui frappa doucement dans la main.

— Hé! quand vous ai-je reproché vos actions? s'écria Francine. Le mal en vous a de la grâce. Oui, sainte Anne d'Auray, que je prie tant pour votre salut, vous absoudrait de tout. Enfin ne suis-je pas à vos côtés sur cette route, sans savoir où vous allez? Et dans son effusion, elle lui baisa les mains.

— Mais, reprit Marie, tu peux m'abandonner, si ta conscience...

— Allons, taisez-vous, madame, reprit Francine en faisant une petite moue chagrine. Oh! ne me direz-vous pas...

— Rien, dit la jeune demoiselle d'une voix ferme. Seulement sache-le bien! je hais cette entreprise encore plus que celui dont la langue dorée me l'a expliquée. Je veux être franche, je t'avouerai que je ne me serais pas rendue à leurs désirs, si je n'avais entrevu dans cette ignoble farce un mélange de terreur et d'amour qui m'a tentée. Puis, je n'ai pas voulu m'en aller de ce bas monde sans avoir essayé d'y cueillir les fleurs que j'en espère, dussé-je périr! Mais souviens-toi, pour l'honneur de ma mémoire, que si j'avais été heureuse, l'aspect de leur gros couteau prêt à tomber sur ma tête ne m'aurait pas fait accepter un rôle dans cette tragédie, car c'est une tragédie. Maintenant, reprit-elle en laissant échapper un geste de dégoût, si elle était décommandée, je me jetterais à l'instant dans la Sarthe; et ce ne serait point un suicide, je n'ai pas encore vécu.

— Oh? sainte Vierge d'Auray, pardonnez-lui!

— De quoi t'effraies-tu? Les plates vicissitudes de la vie domestique n'excitent pas mes passions, tu le sais. Cela est mal pour une femme; mais mon âme s'est fait une sensibilité plus élevée, pour supporter de plus fortes épreuves. J'aurais été peut-être, comme toi, une douce créature. Pourquoi me suis-je élevée au-dessus ou abaissée au-dessous de mon sexe? Ah! que la femme du général Bonaparte est heureuse. Tiens, je mourrai jeune, puisque j'en suis déjà venue à ne pas m'effrayer d'une partie de plaisir où il y a du sang à boire, comme disait ce pauvre Danton. Mais oublie ce que je te dis ; c'est la femme de cinquante ans qui a parlé. Dieu merci ! la jeune fille de quinze ans va bientôt reparaître.

La jeune campagnarde frémit. Elle seule connaissait le caractère bouillant et impétueux de sa maîtresse. Elle seule était initiée aux mystères de cette âme riche d'exaltation, aux sentiments de cette créature qui, jusque-là, avait vu passer la vie comme une ombre insaisissable, en voulant toujours la saisir. Après avoir semé à pleines mains sans rien récolter, cette femme était restée vierge, mais irritée par une multitude de désirs trompés. Lassée d'une lutte sans adversaire, elle arrivait alors dans son désespoir à préférer le bien au mal quand il s'offrait comme une jouissance, le mal au bien quand il présentait quelque poésie, la misère à la médiocrité comme quelque chose de plus grand, l'avenir sombre et inconnu de la mort à une vie pauvre d'espérances ou même de souffrances. Jamais tant de poudre ne s'était amassée pour l'étincelle, jamais tant de richesses à dévorer pour l'amour, enfin jamais aucune fille d'Ève n'avait été pétrie avec plus d'or dans son argile. Semblable à un ange terrestre, Francine veillait sur cet être en qui elle adorait la perfection, croyant accomplir un céleste message si elle le conservait au chœur des séraphins d'où il semblait banni en expiation d'un péché d'orgueil.

— Voici le clocher d'Alençon, dit le cavalier en s'approchant de la voiture.

— Je le vois, répondit sèchement la jeune dame.

— Ah ! bien, dit-il en s'éloignant avec les marques d'une soumission servile malgré son désappointement.

— Allez, allez plus vite, dit la dame au postillon. Maintenant il n'y a rien à craindre. Allez au grand trot ou au galop, si vous pouvez. Ne sommes-nous pas sur le pavé d'Alençon.

En passant devant le commandant elle lui cria d'une voix douce :

— Nous nous retrouvons à l'auberge, commandant. Venez m'y voir.

— C'est cela, répliqua le commandant. A l'auberge ! Venez me voir ! Comme ça vous parle à un chef de demi-brigade...

Et il montrait du poing la voiture qui roulait rapidement sur la route.

— Ne vous en plaignez pas, commandant, elle a votre grade de général dans sa manche, dit en riant Corentin qui essayait de mettre son cheval au galop pour rejoindre la voiture.

— Ah! je ne me laisserai pas embêter par ces paroissiens-là dit Hulot à ses deux amis en grognant. J'aimerais mieux jeter l'habit de général dans un fossé que de le gagner dans un lit. Que veulent-ils donc, ces canards-là? Y comprenez-vous quelque chose, vous autres?

— Oh! opi, dit Merle, je sais que c'est la femme la plus belle que j'aie jamais vue! Je crois que vous entendez mal la métaphore. C'est la femme du premier consul, peut-être?

— Bah! la femme du premier consul est vieille, et celle-ci est jeune, reprit Hulot. D'ailleurs, l'ordre que j'ai reçu du ministre m'apprend qu'elle se nomme mademoiselle de Verneuil. C'est une ci-devant. Est-ce que je ne connais pas ça! Avant la révolution, elles faisaient toutes ce métier-là; on devenait alors, en deux temps et six mouvements, chef de demi-brigade, il ne s'agissait que de leur bien dire deux ou trois fois : *Mon cœur!*

Pendant que chaque soldat ouvrait le compas, pour employer l'expression du commandant, la voiture horrible qui servait alors de malle avait promptement atteint l'hôtel des Trois-Maures, situé au milieu de la grande rue d'Alençon. Le bruit de ferraille que rendait cette informe voiture amena l'hôte sur le pas de la porte. C'était un hasard auquel personne dans Alençon ne devait s'attendre que la descente de la malle à l'auberge des Trois-Maures; mais l'affreux événement de Mortagne la fit suivre par tant de monde, que les deux voyageuses, pour se dérober à la curiosité générale, entrèrent lestement dans la cuisine, inévitable antichambre des auberges dans tout l'Ouest; et l'hôte se disposait à les suivre après avoir examiné la voiture, lorsque le postillon l'arrêta par le bras.

— Attention, citoyen Brutus, dit-il, il y a une escorte de Bleus. Comme il n'y a ni conducteur ni dépêches, c'est moi qui t'amène les citoyennes, elles paieront sans doute comme de ci-devant princesses, ainsi...

— Ainsi, nous boirons un verre de vin ensemble tout à l'heure, mon garçon, lui dit l'hôte.

Après avoir jeté un coup d'œil sur cette cuisine noircie par la fumée et sur une table ensanglantée par des viandes crues, mademoiselle de Verneuil se sauva dans la salle voisine avec la légèreté d'un oiseau, car elle craignit l'aspect et l'odeur de cette cuisine, autant que la curiosité d'un chef malpropre et d'une petite femme grasse qui déjà l'examinaient avec attention.

— Comment allons-nous faire, ma femme ? dit l'hôte. Qui diable pouvait croire que nous aurions tant de monde par le temps qui court ? Avant que je puisse lui servir un déjeuner convenable, cette femme-là va s'impatienter. Ma foi, il me vient une bonne idée : puisque c'est des gens comme il faut, je vais leur proposer de se réunir à la personne que nous avons là-haut. Hein ?

Quand l'hôte chercha la nouvelle arrivée, il ne vit plus que Francine, à laquelle il dit à voix basse en l'emmenant au fond de la cuisine du côté de la cour pour l'éloigner de ceux qui pouvaient l'écouter : — Si ces dames désirent se faire servir à part, comme je n'en doute point, j'ai un repas très-délicat tout préparé pour une dame et pour son fils. Ces voyageurs ne s'opposeront sans doute pas à partager leur déjeuner avec vous, ajouta-t-il d'un air mystérieux. C'est des personnes de condition.

A peine avait-il achevé sa dernière phrase, que l'hôte se sentit appliquer dans le dos un léger coup de manche de fouet, il se retourna brusquement, et vit derrière lui un petit homme trapu, sorti sans bruit d'un cabinet voisin, et dont l'apparition avait glacé de terreur la grosse femme, le chef et son marmiton. L'hôte pâlit en retournant la tête. Le petit homme secoua ses cheveux qui lui cachaient entièrement le front et les yeux, se dressa sur ses pieds pour atteindre à l'oreille de l'hôte, et lui dit : — Vous savez ce que vaut une imprudence, une dénonciation, et de quelle couleur est la monnaie avec laquelle nous les payons. Nous sommes généreux.

Il joignit à ses paroles un geste qui en fut un épouvantable commentaire. Quoique la vue de ce personnage fût dérobée à Francine par la rotondité de l'hôte, elle saisit quelques mots des phrases qu'il avait sourdement prononcées, et resta comme frappée par la foudre en entendant les sons rauques d'une voix bretonne. Au milieu de la terreur générale, elle s'élança vers le petit homme ; mais celui-ci, qui semblait se mouvoir avec l'agilité d'un animal sauvage, sortait déjà par une porte latérale donnant sur la cour. Francine crut s'être trompée dans ses conjectures, car elle n'aperçut que la peau fauve et noire d'un ours de moyenne taille. Étonnée, elle courut à la fenêtre. A travers les vitres jaunies par la fu-

mée, elle regarda l'inconnu qui gagnait l'écurie d'un pas traînant.
Avant d'y entrer, il dirigea deux yeux noirs sur le premier étage
de l'auberge, et, de là, sur la malle, comme s'il voulait faire part à
un ami de quelque importante observation relative à cette voiture.
Malgré les peaux de biques, et grâce à ce mouvement qui lui
permit de distinguer le visage de cet homme, Francine reconnut
alors à son énorme fouet et à sa démarche rampante, quoique agile
dans l'occasion, le Chouan surnommé Marche-à-terre ; elle l'examina, mais indistinctement, à travers l'obscurité de l'écurie où il
se coucha dans la paille en prenant une position d'où il pouvait
observer tout ce qui se passerait dans l'auberge. Marche-à-terre
était ramassé de telle sorte que, de loin comme de près, l'espion
le plus rusé l'aurait facilement pris pour un de ces gros chiens de
roulier, tapis en rond et qui dorment, la gueule placée sur leurs
pattes. La conduite de Marche-à-terre prouvait à Francine que le
Chouan ne l'avait pas reconnue. Or, dans les circonstances délica-
tes où se trouvait sa maîtresse, elle ne sut pas si elle devait s'en
applaudir ou s'en chagriner. Mais le mystérieux rapport qui existait
entre l'observation menaçante du Chouan et l'offre de l'hôte, assez
commune chez les aubergistes qui cherchent toujours à tirer deux
moutures du sac, piqua sa curiosité ; elle quitta la vitre crasseuse
d'où elle regardait la masse informe et noire qui, dans l'obscurité,
lui indiquait la place occupée par Marche-à-terre, se retourna vers
l'aubergiste, et le vit dans l'attitude d'un homme qui a fait un pas
de clerc et ne sait comment s'y prendre pour revenir en arrière.
Le geste du Chouan avait pétrifié ce pauvre homme. Personne,
dans l'Ouest, n'ignorait les cruels raffinements des supplices par
lesquels les Chasseurs du Roi punissaient les gens soupçonnés seulement d'indiscrétion, aussi l'hôte croyait-il déjà sentir leurs couteaux sur son cou. Le chef regardait avec terreur l'âtre du feu où
souvent ils *chauffaient* les pieds de leurs dénonciateurs. La grosse
petite femme tenait un couteau de cuisine d'une main, de l'autre
une pomme de terre à moitié coupée, et contemplait son mari d'un
air hébété. Enfin le marmiton cherchait le secret, inconnu pour
lui, de cette silencieuse terreur. La curiosité de Francine s'anima
naturellement à cette scène muette, dont l'acteur principal était vu
par tous, quoique absent. La jeune fille fut flattée de la terrible
puissance du Chouan, et encore qu'il n'entrât guère dans son humble caractère de faire des malices de femme de chambre, elle était

cette fois trop fortement intéressée à pénétrer ce mystère pour ne pas profiter de ses avantages.

— Eh ! bien, mademoiselle accepte votre proposition, dit-elle gravement à l'hôte, qui fut comme réveillé en sursaut par ces paroles.

— Laquelle ? demanda-t-il avec une surprise réelle.

— Laquelle ? demanda Corentin survenant.

— Laquelle ? demanda mademoiselle de Verneuil.

— Laquelle ? demanda un quatrième personnage qui se trouvait sur la dernière marche de l'escalier et qui sauta légèrement dans la cuisine.

— Eh ! bien, de déjeuner avec vos personnes de distinction, répondit Francine impatiente.

— De distinction, reprit d'une voix mordante et ironique le personnage arrivé par l'escalier. Ceci, mon cher, me semble une mauvaise plaisanterie d'auberge ; mais si c'est cette jeune citoyenne que tu veux nous donner pour convive, il faudrait être fou pour s'y refuser, brave homme, dit-il en regardant mademoiselle de Verneuil. En l'absence de ma mère, j'accepte, ajouta-t-il en frappant sur l'épaule de l'aubergiste stupéfait.

La gracieuse étourderie de la jeunesse déguisa la hauteur insolente de ces paroles qui attira naturellement l'attention de tous les acteurs de cette scène sur ce nouveau personnage. L'hôte prit alors la contenance de Pilate cherchant à se laver les mains de la mort de Jésus-Christ, il rétrograda de deux pas vers sa grosse femme, et lui dit à l'oreille : — Tu es témoin que, s'il arrive quelque malheur, ce ne sera pas ma faute. Mais au surplus, ajouta-t-il encore plus bas, va prévenir de tout ça monsieur Marche-à-terre.

Le voyageur, jeune homme de moyenne taille, portait un habit bleu et de grandes guêtres noires qui lui montaient au-dessus du genou, sur une culotte de drap également bleu. Cet uniforme simple et sans épaulettes appartenait aux élèves de l'École Polytechnique. D'un seul regard, mademoiselle de Verneuil sut distinguer sous ce costume sombre des formes élégantes et *ce je ne sais quoi* qui annoncent une noblesse native. Assez ordinaire au premier aspect, la figure du jeune homme se faisait bientôt remarquer par la conformation de quelques traits où se révélait une âme capable de grandes choses. Un teint bruni, des cheveux blonds et bouclés, des yeux bleus étincelants, un nez fin, des mouvements pleins d'aisance ; en lui, tout décelait et une vie dirigée par des sentiments élevés et l'habitude du commandement. Mais les signes les plus caractéristiques de son génie se trouvaient dans un menton à la Bonaparte, et dans sa lèvre inférieure qui se joignait à la supérieure en décrivant la courbe gracieuse de la feuille d'acanthe sous le chapiteau corinthien. La nature avait mis dans ces deux traits d'irrésistibles enchantements.

— Ce jeune homme est singulièrement distingué pour un républicain, se dit mademoiselle de Verneuil.

Voir tout cela d'un clin d'œil, s'animer par l'envie de plaire, pencher mollement la tête de côté, sourire avec coquetterie, lancer un de ces regards veloutés qui ranimeraient un cœur mort à l'amour ; voiler ses longs yeux noirs sous de larges paupières dont les cils fournis et recourbés dessinèrent une ligne brune sur sa joue ; chercher les sons les plus mélodieux de sa voix pour donner un charme pénétrant à cette phrase banale : « — Nous vous sommes bien obligées, monsieur, » tout ce manége n'employa pas le temps nécessaire à le décrire. Puis mademoiselle de Verneuil, s'adressant à l'hôte, demanda son appartement, vit l'escalier, et disparut avec Francine en laissant à l'étranger le soin de deviner si cette réponse contenait une acceptation ou un refus.

— Quelle est cette femme-là ? demanda lestement l'élève de l'École Polytechnique à l'hôte immobile et de plus en plus stupéfait.

— C'est la citoyenne Verneuil, répondit aigrement Corentin en toisant le jeune homme avec jalousie, une ci-devant, qu'en veux-tu faire ?

L'inconnu, qui fredonnait une chanson républicaine, leva la tête avec fierté vers Corentin. Les deux jeunes gens se regardèrent alors pendant un moment comme deux coqs prêts à se battre, et ce regard fit éclore la haine entre eux pour toujours. Autant l'œil bleu du militaire était franc, autant l'œil vert de Corentin annonçait de malice et de fausseté ; l'un possédait nativement des manières nobles, l'autre n'avait que des façons insinuantes ; l'un s'élançait, l'autre se courbait ; l'un commandait le respect, l'autre cherchait à l'obtenir ; l'un devait dire : Conquérons ! l'autre : Partageons !

— Le citoyen du Gua-Saint-Cyr est-il ici ? dit un paysan en entrant.

— Que lui veux-tu ? répondit le jeune homme en s'avançant.

Le paysan salua profondément, et remit une lettre que le jeune élève jeta dans le feu après l'avoir lue ; pour toute réponse, il inclina la tête, et l'homme partit.

— Tu viens sans doute de Paris, citoyen ? dit alors Corentin en s'avançant vers l'étranger avec une certaine aisance de manières, avec un air souple et liant qui parurent être insupportables au citoyen du Gua.

— Oui, répondit-il sèchement.

— Et tu es sans doute promu à quelque grade dans l'artillerie ?

— Non, citoyen, dans la marine.

— Ah ! tu te rends à Brest ? demanda Corentin d'un ton insouciant.

Mais le jeune marin tourna lestement sur les talons de ses souliers sans vouloir répondre, et démentit bientôt les belles espérances que sa figure avait fait concevoir à mademoiselle de Verneuil. Il s'occupa de son déjeuner avec une légèreté enfantine, questionna le chef et l'hôtesse sur leurs recettes, s'étonna des habitudes de province en Parisien arraché à sa coque enchantée, manifesta des répugnances de petite-maîtresse, et montra enfin d'autant moins de caractère que sa figure et ses manières en annonçaient davantage ; Corentin sourit de pitié en lui voyant faire la grimace quand il goûta le meilleur cidre de Normandie.

— Pouah ! s'écria-t-il, comment pouvez-vous avaler cela, vous autres ? Il y a là-dedans à boire et à manger. La République a bien raison de se défier d'une province où l'on vendange à coups de gaule et où l'on fusille sournoisement les voyageurs sur les routes. N'allez pas nous mettre sur la table une carafe de cette médecine-là, mais de bon vin de Bordeaux blanc et rouge. Allez voir surtout s'il y a bon feu là-haut. Ces gens-là m'ont l'air d'être bien retardés en fait de civilisation. — Ah ! reprit-il en soupirant, il n'y a qu'un Paris au monde, et c'est grand dommage qu'on ne puisse pas l'emmener en mer ! — Comment, gâte-sauce, dit-il au chef, tu mets du vinaigre dans cette fricassée de poulet, quand tu as là des citrons... — Quant à vous, madame l'hôtesse, vous m'avez donné des draps si gros que je n'ai pas fermé l'œil pendant cette nuit. Puis il se mit à jouer avec une grosse canne en exécutant avec un soin puéril des évolutions dont le plus ou le moins de fini et d'habileté annonçaient le degré plus ou moins honorable qu'un jeune homme occupait dans la classe des incroyables.

— Et c'est avec des muscadins comme ça, dit confidentiellement Corentin à l'hôte en en épiant le visage, qu'on espère relever la marine de la République ?

— Cet homme-là, disait le jeune marin à l'oreille de l'hôtesse, est quelque espion de Fouché. Il a la police gravée sur la figure, et je jurerais que la tache qu'il conserve au menton est de la boue de Paris. Mais à bon chat, bon...

En ce moment une dame, vers laquelle le marin s'élança avec tous les signes d'un respect extérieur, entra dans la cuisine de l'auberge.

— Ma chère maman, lui dit-il, arrivez donc. Je crois avoir, en votre absence, recruté des convives.

— Des convives, lui répondit-elle, quelle folie !

— C'est mademoiselle de Verneuil, reprit-il à voix basse.

— Elle a péri sur l'échafaud après l'affaire de Savenay, elle était venue au Mans pour sauver son frère le prince de Loudon, lui dit brusquement sa mère.

— Vous vous trompez, madame, reprit avec douceur Corentin en appuyant sur le mot *madame*, il y a deux demoiselles de Verneuil, les grandes maisons ont toujours plusieurs branches.

— L'étrangère, surprise de cette familiarité, se recula de quelques pas comme pour examiner cet interlocuteur inattendu ; elle arrêta sur lui ses yeux noirs pleins de cette vive sagacité si naturelle aux femmes, et parut chercher dans quel intérêt il venait affirmer l'existence de mademoiselle de Verneuil. En même temps Corentin, qui étudiait cette dame à la dérobée, la destitua de tous les plaisirs de la maternité pour lui accorder ceux de l'amour ; il refusa galamment le bonheur d'avoir un fils de vingt ans à une femme dont la peau éblouissante, les sourcils arqués encore bien fournis, les cils peu dégarnis furent l'objet de son admiration, et dont les abondants cheveux noirs séparés en deux bandeaux sur le front, faisaient ressortir la jeunesse d'une tête spirituelle. Les faibles rides du front, loin d'annoncer les années, trahissaient des passions jeunes. Enfin, si les yeux perçants étaient un peu voilés, on ne savait si cette altération venait de la fatigue du voyage ou de la trop fréquente expression du plaisir. Enfin Corentin remarqua que l'inconnue était enveloppée dans une mante d'étoffe anglaise, et que la forme de son chapeau, sans doute étrangère, n'appartenait à aucune des modes dites à la grecque qui régissaient encore les toilettes parisiennes. Corentin était un de ces êtres portés par

leur caractère à toujours soupçonner le mal plutôt que le bien, et il conçut à l'instant des doutes sur le civisme des deux voyageurs. De son côté, la dame, qui avait aussi fait avec une égale rapidité ses observations sur la personne de Corentin, se tourna vers son fils avec un air significatif assez fidèlement traduit par ces mots :
— Quel est cet original-là ? Est-il de notre bord ? A cette mentale interrogation, le jeune marin répondit par une attitude, par un regard et par un geste de main qui disaient : — Je n'en sais, ma foi, rien, et il m'est encore plus suspect qu'à vous. Puis, laissant à sa mère le soin de deviner ce mystère, il se tourna vers l'hôtesse, à laquelle il dit à l'oreille : — Tâchez donc de savoir ce qu'est ce drôle-là, s'il accompagne effectivement cette demoiselle et pourquoi.

— Ainsi, dit madame du Gua en regardant Corentin, tu es sûr, citoyen, que mademoiselle de Verneuil existe ?

— Elle existe aussi certainement en chair et en os, *madame,* que le citoyen du Gua-Saint-Cyr.

Cette réponse renfermait une profonde ironie dont le secret n'était connu que de la dame, et toute autre qu'elle en aurait été déconcertée. Son fils regarda tout à coup fixement Corentin qui tirait froidement sa montre sans paraître se douter du trouble que produisait sa réponse. La dame, inquiète et curieuse de savoir sur-le-champ si cette phrase couvrait une perfidie, ou si elle était seulement l'effet du hasard, dit à Corentin de l'air le plus naturel : — Mon Dieu ! combien les routes sont peu sûres ! Nous avons été attaqués au delà de Mortagne par les Chouans. Mon fils a manqué de rester sur la place, il a reçu deux balles dans son chapeau en me défendant.

— Comment, madame, vous étiez dans le courrier que les brigands ont dévalisé malgré l'escorte, et qui vient de nous amener ? Vous devez connaître alors la voiture ! On m'a dit à mon passage à Mortagne, que les Chouans s'étaient trouvés au nombre de deux mille à l'attaque de la malle et que tout le monde avait péri, même le voyageur. Voilà comme on écrit l'histoire ! Le ton musard que prit Corentin et son air niais le firent en ce moment ressembler à un habitué de la petite Provence qui reconnaîtrait avec douleur la fausseté d'une nouvelle politique. — Hélas ! madame, continua-t-il, si l'on assassine les voyageurs si près de Paris, jugez combien les routes de la Bretagne vont être dangereuses. Ma foi, je vais retourner à Paris sans vouloir aller plus loin.

— Mademoiselle de Verneuil est-elle belle et jeune ? demanda la dame frappée d'une idée soudaine et s'adressant à l'hôtesse.

En ce moment l'hôte interrompit cette conversation dont l'intérêt avait quelque chose de cruel pour ces trois personnages, en annonçant que le déjeuner était servi. Le jeune marin offrit la main à sa mère avec une fausse familiarité qui confirma les soupçons de Corentin, auquel il dit tout haut en se dirigeant vers l'escalier : — Citoyen, si tu accompagnes la citoyenne Verneuil et qu'elle accepte la proposition de l'hôte, ne te gêne pas...

Quoique ces paroles fussent prononcées d'un ton leste et peu engageant, Corentin monta. Le jeune homme serra vivement la main de la dame, et quand ils furent séparés du Parisien par sept à huit marches : — Voilà, dit-il à voix basse, à quels dangers sans gloire nous exposent vos imprudentes entreprises. Si nous sommes découverts, comment pourrons-nous échapper ? Et quel rôle me faites-vous jouer !

— Tous trois arrivèrent dans une chambre assez vaste. Il ne fallait pas avoir beaucoup cheminé dans l'Ouest pour reconnaître que l'aubergiste avait prodigué pour recevoir ses hôtes tous ses trésors et un luxe peu ordinaire. La table était soigneusement servie. La chaleur d'un grand feu avait chassé l'humidité de l'appartement. Enfin, le linge, les sièges, la vaisselle, n'étaient pas trop malpropres. Aussi Corentin s'aperçut-il que l'aubergiste s'était, pour nous servir d'une expression populaire, mis en quatre, afin de plaire aux étrangers. — Donc, se dit-il, ces gens ne sont pas ce qu'ils veulent paraître. Ce petit jeune homme est rusé ; je le prenais pour un sot, mais maintenant je le crois aussi fin que je puis l'être moi-même.

Le jeune marin, sa mère et Corentin attendirent mademoiselle de Verneuil que l'hôte alla prévenir. Mais la belle voyageuse ne parut pas. L'élève de l'École Polytechnique se douta bien qu'elle devait faire des difficultés, il sortit en fredonnant *Veillons au salut de l'empire*, et se dirigea vers la chambre de mademoiselle de Verneuil, dominé par un piquant désir de vaincre ses scrupules et de l'amener avec lui. Peut-être voulait-il résoudre les doutes qui l'agitaient, ou peut-être essayer sur cette inconnue le pouvoir que tout homme a la prétention d'exercer sur une jolie femme.

— Si c'est là un républicain, dit Corentin en le voyant sortir, je veux être pendu ! Il a dans les épaules le mouvement des gens de cour. Et si c'est là sa mère, se dit-il encore en regardant madame du Gua, je suis le pape! Je tiens des Chouans. Assurons-nous de leur qualité?

La porte s'ouvrit bientôt, et le jeune marin parut en tenant par la main mademoiselle de Verneuil, qu'il conduisit à table avec une suffisance pleine de courtoisie. L'heure qui venait de s'écouler n'avait pas été perdue pour le diable. Aidée par Francine, mademoiselle de Verneuil s'était armée d'une toilette de voyage plus redoutable peut-être que ne l'est une parure de bal. Sa simplicité avait cet attrait qui procède de l'art avec lequel une femme, assez belle pour se passer d'ornements, sait réduire la toilette à n'être plus qu'un agrément secondaire. Elle portait une robe verte dont la jolie coupe, dont le spencer orné de brandebourgs dessinaient ses formes avec une affectation peu convenable à une jeune fille, et laissaient voir sa taille souple, son corsage élégant et ses gracieux mouvements. Elle entra en souriant avec cette aménité naturelle aux femmes qui peuvent montrer, dans une bouche rose, des dents bien rangées aussi transparentes que la porcelaine, et sur leurs joues, deux fossettes aussi fraîches que celles d'un enfant. Ayant quitté la capote qui l'avait d'abord presque dérobée aux regards du jeune marin, elle put employer aisément les mille petits artifices, si naïfs en apparence, par lesquels une femme fait ressortir et admirer toutes les beautés de son visage et les grâces de sa tête. Un certain accord entre ses manières et sa toilette la rajeunissait si bien que madame du Gua se crut libérale en lui donnant vingt ans. La coquetterie de cette toilette, évidemment faite pour plaire, devait inspirer de l'espoir au jeune homme; mais mademoiselle de Verneuil le salua par une molle inclinaison de tête sans le regarder, et parut l'abandonner avec une folâtre insouciance qui le déconcerta. Cette réserve n'annonçait aux yeux des étrangers ni précaution ni coquetterie, mais une indifférence naturelle ou feinte. L'expression candide que la voyageuse sut donner à son visage la rendit impénétrable. Elle ne laissa paraître aucune préméditation de triomphe et sembla douée de ces jolies petites manières qui séduisent, et qui avaient dupé déjà l'amour-propre du jeune marin. Aussi l'inconnu regagna-t-il sa place avec une sorte de dépit.

Mademoiselle de Verneuil prit Francine par la main, et s'adressant à madame du Gua : — Madame, lui dit-elle d'une voix caressante, auriez-vous la bonté de permettre que cette fille, en qui je vois plutôt une amie qu'une servante, dine avec nous? Dans ce temps d'orage le dévouement ne peut se payer que par le cœur, et d'ailleurs, n'est-ce pas tout ce qui nous reste?

Madame du Gua répondit à cette dernière phrase, prononcée à voix basse, par une demi-révérence un peu cérémonieuse, qui révélait son désappointement de rencontrer une femme si jolie. Puis se penchant à l'oreille de son fils : — Oh! temps d'orage, dévouement, madame, et la servante! dit-elle, ce ne doit pas être mademoiselle de Verneuil ; mais une fille envoyée par Fouché.

Les convives allaient s'asseoir, lorsque mademoiselle de Verneuil aperçut Corentin, qui continuait de soumettre à une sévère analyse les deux inconnus, assez inquiets de ses regards.

— Citoyen, lui dit-elle, tu es sans doute trop bien élevé pour suivre ainsi mes pas. En envoyant mes parents à l'échafaud, la République n'a pas eu la magnanimité de me donner de tuteur. Si, par une galanterie chevaleresque, inouïe, tu m'as accompagnée malgré moi (et là elle laissa échapper un soupir), je suis décidée à ne pas souffrir que les soins protecteurs dont tu es si prodigue aillent jusqu'à te causer de la gêne. Je suis en sûreté ici, tu peux m'y laisser.

Elle lui lança un regard fixe et méprisant. Elle fut comprise, Corentin réprima un sourire qui fronçait presque les coins de ses lèvres rusées, et la salua d'une manière respectueuse.

— Citoyenne, dit-il, je me ferai toujours un honneur de t'obéir. La beauté est la seule reine qu'un vrai républicain puisse volontiers servir.

En le voyant partir, les yeux de mademoiselle de Verneuil brillèrent d'une joie si naïve, elle regarda Francine avec un sourire d'intelligence empreint de tant de bonheur, que madame du Gua, devenue prudente en devenant jalouse, se sentit disposée à abandonner les soupçons que la parfaite beauté de mademoiselle de Verneuil venait de lui faire concevoir.

— C'est peut-être mademoiselle de Verneuil, dit-elle à l'oreille de son fils.

— Et l'escorte? lui répondit le jeune homme, que le dépit rendait sage. Est-elle prisonnière ou protégée, amie ou ennemie du gouvernement?

Madame du Gua cligna des yeux comme pour dire qu'elle saurait bien éclaircir ce mystère. Cependant le départ de Corentin sembla tempérer la défiance du marin, dont la figure perdit son expression sévère, et il jeta sur mademoiselle de Verneuil des regards où se révélait un amour immodéré des femmes et non la respectueuse ardeur d'une passion naissante. La jeune fille n'en devint que plus circonspecte et réserva ses paroles affectueuses pour madame du Gua. Le jeune homme, se fâchant à lui tout seul, essaya, dans son amer dépit, de jouer aussi l'insensibilité. Mademoiselle de Verneuil ne parut pas s'apercevoir de ce manége, et se montra simple sans timidité, réservée sans pruderie. Cette rencontre de personnes qui ne paraissaient pas destinées à se lier, n'éveilla donc aucune sympathie bien vive. Il y eut même un embarras vulgaire, une gêne qui détruisirent tout le plaisir que mademoiselle de Verneuil et le jeune marin s'étaient promis un moment auparavant. Mais les femmes ont entre elles un si admirable tact des convenances, des liens si intimes ou de si vifs désirs d'émotions, qu'elles savent toujours rompre la glace dans ces occasions. Tout à coup, comme si les deux belles convives eussent eu la même pensée, elles se mirent à plaisanter innocemment leur unique cavalier, et rivalisèrent à son égard de moqueries, d'attentions et de soins ; cette unanimité d'esprit les laissait libres. Un regard ou un mot qui, échappés dans la gêne, ont de la valeur, devenaient alors insignifiants. Bref, au bout d'une demi-heure, ces deux femmes, déjà secrètement ennemies, parurent être les meilleures amies du monde. Le jeune marin se surprit alors à en vouloir autant à mademoiselle de Verneuil de sa liberté d'esprit que de sa réserve. Il était tellement contrarié, qu'il regrettait avec une sourde colère d'avoir partagé son déjeuner avec elle.

— Madame, dit mademoiselle de Verneuil à madame de Gua, monsieur votre fils est-il toujours aussi triste qu'en ce moment?

— Mademoiselle, répondit-il, je me demandais à quoi sert un bonheur qui va s'enfuir. Le secret de ma tristesse est dans la vivacité de mon plaisir.

— Voilà des madrigaux, reprit-elle en riant, qui sentent plus la Cour que l'École Polytechnique

— Il n'a fait qu'exprimer une pensée bien naturelle, mademoiselle, dit madame du Gua, qui avait ses raisons pour apprivoiser l'inconnue.

— Allons, riez donc, reprit mademoiselle de Verneuil en souriant au jeune homme. Comment êtes-vous donc quand vous pleurez, si ce qu'il vous plaît d'appeler un bonheur vous attriste ainsi?

Ce sourire, accompagné d'un regard agressif qui détruisit l'harmonie de ce masque de candeur, rendit un peu d'espoir au marin. Mais inspirée par sa nature qui entraîne la femme à toujours faire trop ou trop peu, tantôt mademoiselle de Verneuil semblait s'emparer de ce jeune homme par un coup d'œil où brillaient les fécondes promesses de l'amour ; puis, tantôt elle opposait à ses galantes expressions une modestie froide et sévère; vulgaire manége sous lequel les femmes cachent leurs véritables émotions. Un moment, un seul, où chacun d'eux crut trouver chez l'autre des paupières baissées, ils se communiquèrent leurs véritables pensées ; mais ils furent aussi prompts à voiler leurs regards qu'ils l'avaient été à confondre cette lumière qui bouleversa leurs cœurs en les éclairant. Honteux de s'être dit tant de choses en un seul coup d'œil, ils n'osèrent plus se regarder. Mademoiselle de Verneuil, jalouse de détromper l'inconnu, se renferma dans une froide politesse, et parut même attendre la fin du repas avec impatience.

— Mademoiselle, vous avez dû bien souffrir en prison? lui demanda madame du Gua.

— Hélas! madame, il me semble que je n'ai pas cessé d'y être.

— Votre escorte est-elle destinée à vous protéger, mademoiselle, ou à vous surveiller? Êtes-vous précieuse ou suspecte à la République?

Mademoiselle de Verneuil comprit instinctivement qu'elle inspirait peu d'intérêt à madame du Gua, et s'effaroucha de cette question.

— Madame, répondit-elle, je ne sais pas bien précisément quelle est en ce moment la nature de mes relations avec la République.

— Vous la faites peut-être trembler? dit le jeune homme avec un peu d'ironie.

— Pourquoi ne pas respecter les secrets de mademoiselle? reprit madame du Gua.

— Oh! madame, les secrets d'une jeune personne qui ne connaît encore de la vie que ses malheurs, ne sont pas bien curieux.

— Mais, répondit madame du Gua pour continuer une conversation qui pouvait lui apprendre ce qu'elle voulait savoir, le premier consul paraît avoir des intentions parfaites. Ne va-t-il pas, dit-on, arrêter l'effet des lois contre les émigrés ?

— C'est vrai, madame, dit-elle avec trop de vivacité peut-être ; mais alors pourquoi soulevons-nous la Vendée et la Bretagne ? pourquoi donc incendier la France ?...

Ce cri généreux par lequel elle semblait se faire un reproche à elle-même, causa un tressaillement au marin. Il regarda fort attentivement mademoiselle de Verneuil, mais il ne put découvrir sur sa figure ni haine ni amour. Cette peau dont le coloris attestait la finesse était impénétrable. Une curiosité invincible l'attacha soudain à cette singulière créature vers laquelle il était attiré déjà par de violents désirs.

— Mais, dit-elle en continuant après une pause, madame, allez-vous à Mayenne ?

— Oui, mademoiselle, répondit le jeune homme d'un air interrogateur.

— Eh ! bien, madame, continua mademoiselle de Verneuil, puisque monsieur votre fils sert la République... Elle prononça ces paroles d'un air indifférent en apparence, mais elle jeta sur les deux inconnus un de ces regards furtifs qui n'appartiennent qu'aux femmes et aux diplomates. — Vous devez redouter les Chouans ? reprit-elle, une escorte n'est pas à dédaigner. Nous sommes devenus presque compagnons de voyage, venez avec nous jusqu'à Mayenne.

Le fils et la mère hésitèrent et parurent se consulter.

— Je ne sais, mademoiselle, répondit le jeune homme, s'il est bien prudent de vous avouer que des intérêts d'une haute importance exigent pour cette nuit notre présence aux environs de Fougères, et que nous n'avons pas encore trouvé de moyens de transport ; mais les femmes sont si naturellement généreuses que j'aurais honte de ne pas me confier à vous. Néanmoins, ajouta-t-il, avant de nous remettre entre vos mains, au moins devons-nous savoir si nous pourrons en sortir sains et saufs. Êtes-vous la reine ou l'esclave de votre escorte républicaine ? Excusez la franchise d'un jeune marin, mais je ne vois dans votre situation rien de bien naturel...

— Nous vivons dans un temps, monsieur, où rien de ce qui se passe n'est naturel. Ainsi vous pouvez accepter sans scrupule, croyez-le bien. Et surtout, ajouta-t-elle en appuyant sur ses paroles, vous n'avez à craindre aucune trahison dans une offre faite avec simplicité par une personne qui n'épouse point les haines politiques.

— Le voyage ainsi fait ne sera pas sans danger, reprit-il en mettant dans son regard une finesse qui donnait de l'esprit à cette vulgaire réponse.

— Que craignez-vous donc encore, demanda-t-elle avec un sourire moqueur, je ne vois de périls pour personne.

— La femme qui parle ainsi est-elle la même dont le regard partageait mes désirs, se disait le jeune homme. Quel accent ! Elle me tend quelque piége.

En ce moment, le cri clair et perçant d'une chouette qui semblait perchée sur le sommet de la cheminée, vibra comme un sombre avis.

— Qu'est ceci? dit mademoiselle de Verneuil. Notre voyage ne commencera pas sous d'heureux présages. Mais comment se trouve-t-il ici des chouettes qui chantent en plein jour? demanda-t-elle en faisant un geste de surprise.

— Cela peut arriver quelquefois, dit le jeune homme froidement. — Mademoiselle, reprit-il, nous vous porterions peut-être malheur. N'est-ce pas là votre pensée? Ne voyageons donc pas ensemble.

Ces paroles furent dites avec un calme et une réserve qui surprirent mademoiselle de Verneuil.

— Monsieur, dit-elle avec une impertinence tout aristocratique, je suis loin de vouloir vous contraindre. Gardons le peu de liberté que nous laisse la République. Si madame était seule, j'insisterais...

Les pas pesants d'un militaire retentirent dans le corridor, et le commandant Hulot montra bientôt une mine refrognée.

— Venez ici, mon colonel, dit en souriant mademoiselle de Verneuil qui lui indiqua de la main une chaise auprès d'elle. — Occupons-nous, puisqu'il le faut, des affaires de l'État. Mais riez donc? Qu'avez-vous? Y a-t-il des Chouans ici?

Le commandant était resté béant à l'aspect du jeune inconnu qu'il contemplait avec une singulière attention.

— Ma mère, désirez-vous encore du lièvre? Mademoiselle, vous ne mangez pas, disait à Francine le marin en s'occupant des convives.

Mais la surprise de Hulot et l'attention de mademoiselle de Verneuil avaient quelque chose de cruellement sérieux qu'il était dangereux de méconnaître.

— Qu'as-tu donc, commandant, est-ce que tu me connaîtrais? reprit brusquement le jeune homme.

— Peut-être, répondit le républicain.

— En effet, je crois t'avoir vu venir à l'École.

— Je ne suis j'amais allé à l'école, répliqua brusquement le commandant. Et de quelle école sors-tu donc, toi?

— De l'École Polytechnique.

— Ah! ah! oui, de cette caserne où l'on veut faire des militaires dans des dortoirs, répondit le commandant dont l'aversion était insurmontable pour les officiers sortis de cette savante pépinière. Mais dans quel corps sers-tu?

— Dans la marine.

— Ah! dit Hulot en riant avec malice. Connais-tu beaucoup d'élèves de cette École-là dans la marine? — Il n'en sort, reprit-il d'un accent grave, que des officiers d'artillerie et du génie.

Le jeune homme ne se déconcerta pas.

— J'ai fait exception à cause du nom que je porte, répondit-il. Nous avons tous été marins dans notre famille.

— Ah! reprit Hulot, quel est donc ton nom de famille, citoyen?

— Du Gua Saint-Cyr.

— Tu n'as donc pas été assassiné à Mortagne?

— Ah! il s'en est de bien peu fallu, dit vivement madame du Gua, mon fils a reçu deux balles...

— Et as-tu des papiers? dit Hulot sans écouter la mère.

— Est-ce que vous voulez les lire? demanda impertinemment le jeune marin dont l'œil bleu plein de malice étudiait alternativement la sombre figure du commandant et celle de mademoiselle de Verneuil.

— Un blanc-bec comme toi voudrait-il m'embêter, par hasard? Allons, donne-moi tes papiers, ou sinon, en route!

— La la, mon brave, je ne suis pas un *serin*. Ai-je donc besoin de te répondre! Qui es-tu?

— Le commandant du département, reprit Hulot.

— Oh! alors mon cas peut devenir très-grave, je serais pris les armes à la main. Et il tendit un verre de vin de Bordeaux au commandant.

— Je n'ai pas soif, répondit Hulot. Allons, voyons tes papiers.

En ce moment, un bruit d'armes et les pas de quelques soldats ayant retenti dans la rue, Hulot s'approcha de la fenêtre et prit un air satisfait qui fit trembler mademoiselle de Verneuil. Ce signe d'intérêt réchauffa le jeune homme, dont la figure était devenue froide et fière. Après avoir fouillé dans la poche de son habit, il tira d'un élégant portefeuille et offrit au commandant des papiers que Hulot se mit à lire lentement, en comparant le signalement du passe-port avec le visage du voyageur suspect. Pendant cet examen, le cri de la chouette recommença ; mais cette fois il ne fut pas difficile d'y distinguer l'accent et les jeux d'une voix humaine. Le commandant rendit alors au jeune homme les papiers d'un air moqueur.

— Tout cela est bel et bon, lui dit-il, mais il faut me suivre au district. Je n'aime pas la musique, moi !

— Pourquoi l'emmenez-vous au district ? demanda mademoiselle de Verneuil d'une voix altérée.

— Ma petite dame, répondit le commandant en faisant sa grimace habituelle, cela ne vous regarde pas.

Irritée du ton, de l'expression du vieux militaire, et plus encore de cette espèce d'humiliation subite devant un homme à qui elle plaisait, mademoiselle de Verneuil se leva, quitta tout à coup l'attitude de candeur et de modestie dans laquelle elle s'était tenue jusqu'alors, son teint s'anima, et ses yeux brillèrent.

— Dites-moi, ce jeune homme a-t-il satisfait à tout ce qu'exige la loi ? s'écria-t-elle doucement, mais avec une sorte de tremblement dans la voix.

— Oui, en apparence, répondit ironiquement Hulot.

— Eh ! bien, j'entends que vous le laissiez tranquille *en apparence*, reprit-elle. Avez-vous peur qu'il ne vous échappe ? vous allez l'escorter avec moi jusqu'à Mayenne, il sera dans la malle avec madame sa mère. Pas d'observation, je le veux. — Eh ! bien, quoi ?... reprit-elle en voyant Hulot qui se permit de faire sa petite grimace, le trouvez-vous encore suspect ?

— Mais un peu, je pense.

— Que voulez-vous donc en faire ?

— Rien, si ce n'est de lui rafraîchir la tête avec un peu de plomb. C'est un étourdi, reprit le commandant avec ironie.

— Plaisantez-vous, colonel ? s'écria mademoiselle de Verneuil.

— Allons, camarade, dit le commandant en faisant un signe de tête au marin. Allons, dépêchons !

A cette impertinence de Hulot, mademoiselle de Verneuil devint calme et sourit.

— N'avancez pas, dit-elle au jeune homme qu'elle protégea par un geste plein de dignité.

— Oh ! la belle tête, dit le marin à l'oreille de sa mère, qui fronça les sourcils.

Le dépit et mille sentiments irrités mais combattus déployaient alors des beautés nouvelles sur le visage de la Parisienne. Francine, madame du Gua, son fils, s'étaient levés tous. Mademoiselle de Verneuil se plaça vivement entre eux et le commandant qui souriait, et défit lestement deux brandebourgs de son spencer. Puis, agissant par suite de cet aveuglement dont les femmes sont saisies lorsqu'on attaque fortement leur amour-propre, mais flattée ou impatiente aussi d'exercer son pouvoir comme un enfant peut l'être d'essayer le nouveau jouet qu'on lui a donné, elle présenta vivement au commandant une lettre ouverte.

— Lisez, lui dit-elle avec un sourire sardonique.

Elle se retourna vers le jeune homme, à qui, dans l'ivresse du triomphe, elle lança un regard où la malice se mêlait à une expression amoureuse. Chez tous deux, les fronts s'éclaircirent ; la joie colora leurs figures agitées, et mille pensées contradictoires s'élevèrent dans leurs âmes. Par un seul regard, madame du Gua parut attribuer bien plus à l'amour qu'à la charité la générosité de mademoiselle de Verneuil, et certes elle avait raison. La jolie voyageuse rougit d'abord et baissa modestement les paupières en devinant tout ce que disait ce regard de femme. Devant cette menaçante accusation, elle releva fièrement la tête et défia tous les yeux. Le commandant, pétrifié, rendit cette lettre contre-signée des ministres, et qui enjoignait à toutes les autorités d'obéir aux ordres de cette mystérieuse personne ; mais il tira son épée du fourreau, la prit, la cassa sur son genou, et jeta les morceaux.

— Mademoiselle, vous savez probablement bien ce que vous avez à faire ; mais un républicain a ses idées et sa fierté, dit-il. Je ne sais pas servir là où les belles filles commandent ; le premier Consul aura, dès ce soir, ma démission, et d'autres que Hulot vous obéiront. Là où je ne comprends plus, je m'arrête ; surtout, quand je suis tenu de comprendre.

Il y eut un moment de silence ; mais il fut bientôt rompu par la jeune Parisienne qui marcha au commandant, lui tendit la main et lui dit : — Colonel, quoique votre barbe soit un peu longue, vous pouvez m'embrasser, vous êtes un homme.

— Et je m'en flatte, mademoiselle, répondit-il en déposant assez gauchement un baiser sur la main de cette singulière fille.
— Quant à toi, camarade, ajouta-t-il en menaçant du doigt le jeune homme, tu en reviens d'une belle !

— Mon commandant, reprit en riant l'inconnu, il est temps que la plaisanterie finisse, et si tu le veux, je vais te suivre au District.

— Y viendras-tu avec ton siffleur invisible, Marche-à-terre...

— Qui, Marche-à-terre ? demanda le marin avec tous les signes de la surprise la plus vraie.

— N'a-t-on pas sifflé tout à l'heure ?

— Eh ! bien, reprit l'étranger, qu'a de commun ce sifflement et moi, je te le demande. J'ai cru que les soldats que tu avais commandés, pour m'arrêter sans doute, te prévenaient ainsi de leur arrivée.

— Vraiment, tu as cru cela !

— Eh ! mon Dieu, oui. Mais bois donc ton verre de vin de Bordeaux, il est délicieux.

Surpris de l'étonnement naturel du marin, de l'incroyable légèreté de ses manières, de la jeunesse de sa figure, que rendaient presque enfantine les boucles de ses cheveux blonds soigneusement frisés, le commandant flottait entre mille soupçons. Il remarqua madame du Gua qui essayait de surprendre le secret des regards que son fils jetait à mademoiselle de Verneuil, et lui demanda brusquement : — Votre âge, citoyenne ?

— Hélas ! monsieur l'officier, les lois de notre République deviennent bien cruelles ! j'ai trente-huit ans.

— Quand on devrait me fusiller, je n'en croirais rien encore. Marche-à-terre est ici, il a sifflé, vous êtes des Chouans déguisés. Tonnerre de Dieu, je vais faire entièrement cerner et fouiller l'auberge.

En ce moment, un sifflement irrégulier, assez semblable à ceux qu'on avait entendus, et qui partait de la cour de l'auberge, coupa la parole au commandant ; il se précipita fort heureusement dans le corridor, et n'aperçut point la pâleur que ses paroles avaient répandue sur la figure de madame du Gua. Hulot vit, dans le siffleur, un postillon qui attelait ses chevaux à la malle; il déposa ses soupçons, tant il lui sembla ridicule que des Chouans se hasardassent à venir au milieu d'Alençon, et il revint confus.

— Je lui pardonne, mais plus tard il paiera cher le moment qu'il nous fait passer ici, dit gravement la mère à l'oreille de son fils au moment où Hulot rentrait dans la chambre.

Le brave officier offrait sur sa figure embarrassée l'expression de la lutte que la sévérité de ses devoirs livrait dans son cœur à sa bonté naturelle. Il conserva son air bourru, peut-être parce qu'il croyait alors s'être trompé; mais il prit le verre de vin de Bordeaux et dit : — Camarade, excuse-moi, mais ton École envoie à l'armée des officiers si jeunes...

— Les brigands en ont donc de plus jeunes encore? demanda en riant le prétendu marin.

— Pour qui preniez-vous donc mon fils? reprit madame du Gua.

— Pour le Gars, le chef envoyé aux Chouans et aux Vendéens par le cabinet de Londres, et qu'on nomme, je crois, le marquis de Montauran.

Le commandant épia encore attentivement la figure de ces deux personnages suspects, qui se regardèrent avec cette singulière expression de physionomie que prennent successivement deux ignorants présomptueux et qu'on peut traduire par ce dialogue : — Connais-tu cela? — Non. Et toi? — Connais pas, du tout. — Qu'est-ce qu'il nous dit donc là? — Il rêve. Puis le rire insultant et goguenard de la sottise quand elle croit triompher.

La subite altération des manières et la torpeur de Marie de Verneuil, en entendant prononcer le nom du général royaliste, ne furent sensibles que pour Francine, la seule à qui fussent connues les imperceptibles nuances de cette jeune figure. Tout à fait mis en déroute, le commandant ramassa les deux morceaux de son épée, regarda mademoiselle de Verneuil, dont la chaleureuse expression avait trouvé le secret d'émouvoir son cœur, et lui dit : — Quant à vous, mademoiselle, je ne m'en dédis pas, et demain, les tronçons de mon épée parviendront à Bonaparte, à moins que...

— Eh! que me fait Bonaparte, votre République, les Chouans, le Roi et le Gars? s'écria-t-elle en réprimant assez mal un emportement de mauvais goût.

Des caprices inconnus ou la passion donnèrent à sa figure des couleurs étincelantes ; et l'on vit que le monde entier ne devait plus être rien pour elle du moment où elle y distinguait une créature : mais tout à coup elle rentra dans un calme forcé en se voyant, comme un acteur sublime, l'objet des regards de tous les spectateurs. Le commandant se leva brusquement. Inquiète et agitée, mademoiselle de Verneuil le suivit, l'arrêta dans le corridor, et lui demanda d'un ton solennel : — Vous aviez donc de bien fortes raisons de soupçonner ce jeune homme d'être le Gars ?

— Tonnerre de Dieu, mademoiselle, le fantassin qui vous accompagne est venu me prévenir que les voyageurs et le courrier avaient été assassinés par les Chouans, ce que je savais ; mais ce que je ne savais pas, c'était les noms des voyageurs morts, et ils s'appelaient citoyenne et citoyen du Gua Saint-Cyr !

— Oh ! s'il y a du Corentin là-dedans, je ne m'étonne plus de rien, s'écria-t-elle avec un mouvement de dégoût.

Le commandant s'éloigna, sans oser regarder mademoiselle de Verneuil, dont la dangereuse beauté lui troublait déjà le cœur.

— Si j'étais resté deux minutes de plus, j'aurais fait la sottise de reprendre mon épée pour l'escorter, se disait-il en descendant l'escalier.

En voyant le jeune homme les yeux attachés sur la porte par où mademoiselle de Verneuil était sortie, madame du Gua lui dit à l'oreille : — Toujours le même ! Vous ne périrez que par la femme. Une poupée vous fait tout oublier. Pourquoi donc avez-vous souffert qu'elle déjeunât avec nous ? Qu'est-ce qu'une demoiselle de Verneuil qui accepte le déjeuner de gens inconnus, que les Bleus escortent, et qui les désarme avec une lettre mise en réserve comme un billet doux, dans son spencer ? C'est une de ces mauvaises créatures à l'aide desquelles Fouché veut s'emparer de vous, et la lettre qu'elle a montrée est donnée pour requérir les Bleus contre vous.

— Eh ! madame, répondit le jeune homme d'un ton aigre qui perça le cœur de la dame et la fit pâlir, sa générosité dément votre supposition. Souvenez-vous bien que l'intérêt seul du Roi nous rassemble. Après avoir eu Charette à vos pieds, l'univers ne serait-il donc pas vide pour vous ? Ne vivriez-vous déjà plus pour le venger ?

La dame resta pensive et debout comme un homme qui, du rivage, contemple le naufrage de ses trésors, et n'en convoite que plus ardemment sa fortune perdue. Mademoiselle de Verneuil rentra, le jeune marin échangea avec elle un sourire et un regard empreint de douce moquerie. Quelque incertain que parût l'avenir, quelque éphémère que fût leur union, les prophéties de cet espoir n'en étaient que plus caressantes. Quoique rapide, ce regard ne put échapper à l'œil sagace de madame du Gua, qui le comprit : aussitôt, son front se contracta légèrement, et sa physionomie ne put entièrement cacher de jalouses pensées. Francine observait cette femme; elle en vit les yeux briller, les joues s'animer; elle crut apercevoir un esprit infernal animer ce visage en proie à quelque révolution terrible; mais l'éclair n'est pas plus vif, ni la mort plus prompte que ne le fut cette expression passagère; madame du Gua reprit son air enjoué avec un tel aplomb, que Francine crut avoir rêvé. Néanmoins, en reconnaissant chez cette femme une violence au moins égale à celle de mademoiselle de Verneuil, elle frémit en prévoyant les terribles chocs qui devaient survenir entre deux esprits de cette trempe, et frissonna quand elle vit mademoiselle de Verneuil allant vers le jeune officier, lui jetant un de ces regards passionnés qui enivrent, lui prenant les deux mains, l'attirant à elle et le menant au jour par un geste de coquetterie pleine de malice.

— Maintenant, avouez-le-moi, dit-elle en cherchant à lire dans ses yeux, vous n'êtes pas le citoyen du Gua Saint-Cyr.

— Si, mademoiselle.

— Mais sa mère et lui ont été tués avant-hier.

— J'en suis désolé, répondit-il en riant. Quoi qu'il en soit, je ne vous en ai pas moins une obligation pour laquelle je vous conserverai toujours une grande reconnaissance, et je voudrais être à même de vous la témoigner.

— J'ai cru sauver un émigré, mais je vous aime mieux républicain.

A ce mots, échappés de ses lèvres comme par étourderie, elle devint confuse; ses yeux semblèrent rougir, et il n'y eut plus dans sa contenance qu'une délicieuse naïveté de sentiment; elle quitta mollement les mains de l'officier, poussée non par la honte de les avoir pressées, mais par une pensée trop lourde à porter dans son cœur, et elle le laissa ivre d'espérance. Tout à coup elle parut s'en vouloir à elle seule de cette liberté, autorisée peut-être par ces fugitives aventures de voyage; elle reprit son attitude de convention, salua ses deux compagnons de voyage et disparut avec Francine,

En arrivant dans leur chambre, Francine se croisa les doigts, retourna les paumes de ses mains en se tordant les bras, et contempla sa maîtresse en lui disant : — Ah ! Marie, combien de choses en peu de temps ? il n'y a que vous pour ces histoires-là !

Mademoiselle de Verneuil bondit et sauta au cou de Francine.

— Ah ! voilà la vie, je suis dans le ciel !

— Dans l'enfer, peut-être, répliqua Francine.

— Oh ! va pour l'enfer ! reprit mademoiselle de Verneuil avec gaieté. Tiens, donne-moi ta main. Sens mon cœur, comme il bat. J'ai la fièvre. Le monde entier est maintenant peu de chose ! Combien de fois n'ai-je pas vu cet homme dans mes rêves ! oh ! comme sa tête est belle et quel regard étincelant !

— Vous aimera-t-il ? demanda d'une voix affaiblie la naïve et simple paysanne, dont le visage s'était empreint de mélancolie.

— Tu le demandes ? répondit mademoiselle de Verneuil. — Mais dis donc, Francine, ajouta-t-elle en se montrant à elle dans une attitude moitié sérieuse, moitié comique, il serait donc difficile.

— Oui, mais vous aimera-t-il toujours ? reprit Francine en souriant.

Elles se regardèrent un moment comme interdites, Francine de révéler tant d'expérience, Marie d'apercevoir pour la première fois un avenir de bonheur dans la passion ; aussi resta-t-elle comme penchée sur un précipice dont elle aurait voulu sonder la profondeur en attendant le bruit d'une pierre jetée d'abord avec insouciance.

— Hé ! c'est mon affaire, dit-elle en laissant échapper le geste d'un joueur au désespoir. Je ne plaindrai jamais une femme trahie, elle ne doit s'en prendre qu'à elle-même de son abandon. Je saurai bien garder, vivant ou mort, l'homme dont le cœur m'aura appartenu. — Mais, dit-elle avec surprise et après un moment de silence, d'où te vient tant de science, Francine ?...

— Mademoiselle, répondit vivement la paysanne, j'entends des pas dans le corridor.

— Ah ! dit-elle en écoutant, ce n'est pas *lui !* — Mais, reprit-elle, voilà comment tu réponds ! je te comprends : je t'attendrai ou je te devinerai.

Francine avait raison. Trois coups frappés à la porte interrompirent cette conversation. Le capitaine Merle se montra bientôt, après avoir entendu l'invitation d'entrer que lui adressa mademoiselle de Verneuil.

En faisant un salut militaire à mademoiselle de Verneuil, le capitaine hasarda de lui jeter une œillade, et tout ébloui par sa beauté, il ne trouva rien autre chose à lui dire que : — Mademoiselle, je suis à vos ordres !

— Vous êtes donc devenu mon protecteur par la démission de votre chef de demi-brigade. Votre régiment ne s'appelle-t-il pas ainsi ? Votre commandant a donc bien peur de moi.

— Faites excuse, mademoiselle, Hulot n'a pas peur ; mais les femmes, voyez-vous, ça n'est pas son affaire ; et ça l'a chiffonné de trouver son général en cornette.

— Cependant, reprit mademoiselle de Verneuil, son devoir était d'obéir à ses supérieurs ! J'aime la subordination, je vous en préviens, et je ne veux pas qu'on me résiste.

— Cela serait difficile, répondit Merle.

— Tenons conseil, reprit mademoiselle de Verneuil. Vous avez ici des troupes fraîches, elles m'accompagneront à Mayenne, où je puis arriver ce soir. Pouvons-nous y trouver de nouveaux soldats pour en repartir sans nous y arrêter ? Les Chouans ignorent notre petite expédition. En voyageant ainsi nuitamment, nous aurions bien du malheur si nous les rencontrions en assez grand nombre pour être attaqués. Voyons, dites, croyez-vous que ce soit possible ?

— Oui, mademoiselle.

— Comment est le chemin de Mayenne à Fougères ?

— Rude. Il faut toujours monter et descendre, un vrai pays d'écureuil.

— Partons, partons, dit-elle ; et comme nous n'avons pas de dangers à redouter en sortant d'Alençon, allez en avant ; nous vous rejoindrons bien.

— On dirait qu'elle a dix ans de grade, se dit Merle en sortant. Hulot se trompe, cette jeune fille-là n'est pas de celles qui se font des rentes avec un lit de plume. Et, mille cartouches ! si le capitaine Merle veut devenir adjudant-major, je ne lui conseille pas de prendre saint Michel pour le diable.

Pendant la conférence de mademoiselle de Verneuil avec le capitaine, Francine était sortie dans l'intention d'examiner par une fenêtre du corridor un point de la cour vers lequel une irrésistible curiosité l'entraînait depuis son arrivée dans l'auberge. Elle contemplait la paille de l'écurie avec une attention si profonde qu'on l'aurait pu croire en prières devant une bonne vierge. Bientôt elle aperçut madame du Gua se dirigeant vers Marche-à-terre avec les précautions d'un chat qui ne veut pas se mouiller les pattes. En voyant cette dame, le Chouan se leva et garda devant elle l'attitude du plus profond respect. Cette étrange circonstance éveilla la curiosité de Francine, qui s'élança dans la cour, se glissa le long des murs, de manière à ne point être vue par madame du Gua, et tâcha de se cacher derrière la porte de l'écurie; elle marcha sur la pointe du pied, retint son haleine, évita de faire le moindre bruit, et réussit à se poser près de Marche-à-terre sans avoir excité son attention.

— Et si, après toutes ces informations, disait l'inconnue au Chouan, ce n'était pas son nom, tu tirerais dessus sans pitié, comme sur une chienne enragée.

— Entendu, répondit Marche-à-terre.

La dame s'éloigna. Le Chouan remit son bonnet de laine rouge sur la tête, resta debout, et se grattait l'oreille à la manière des gens embarrassés, lorsqu'il vit Francine lui apparaître comme par magie.

— Sainte Anne d'Auray! s'écria-t-il. Tout à coup il laissa tomber son fouet, joignit les mains et demeura en extase. Une faible rougeur illumina son visage grossier, et ses yeux brillèrent comme des diamants perdus dans de la fange. — Est-ce bien la garce à Cottin? dit-il d'une voix si sourde que lui seul pouvait s'entendre. — Êtes-vous *godaine!* reprit-il après une pause.

Ce mot assez bizarre de *godain*, *godaine*, est un superlatif du patois de ces contrées qui sert aux amoureux à exprimer l'accord d'une riche toilette et de la beauté.

— Je n'oserais point vous toucher, ajouta Marche-à-terre en avançant néanmoins sa large main vers Francine comme pour s'assurer du poids d'une grosse chaîne d'or qui tournait autour de son cou et descendait jusqu'à sa taille.

— Et *vous* feriez bien, Pierre, répondit Francine inspirée par cet instinct de la femme qui la rend despote quand elle n'est pas opprimée. Elle se recula avec hauteur après avoir joui de la surprise du Chouan; mais elle compensa la dureté de ses paroles par un regard plein de douceur, et se rapprocha de lui. — Pierre, reprit-elle, cette dame-là *te* parlait de la jeune demoiselle que je sers ? n'est-ce pas ?

Marche-à-terre resta muet et sa figure lutta comme l'aurore entre les ténèbres et la lumière. Il regarda tour à tour Francine, le gros fouet qu'il avait laissé tomber et la chaîne d'or qui paraissait exercer sur lui des séductions aussi puissantes que le visage de la Bretonne ; puis, comme pour mettre un terme à son inquiétude, il ramassa son fouet et garda le silence.

— Oh ! il n'est pas difficile de deviner que cette dame t'a ordonné de tuer ma maîtresse, reprit Francine, qui connaissait la discrète fidélité du gars et voulut en dissiper les scrupules.

Marche-à-terre baissa la tête d'une manière significative ; et, pour la garce à Cottin, ce fut une réponse.

— Eh ! bien, Pierre, s'il lui arrive le moindre malheur, si un seul cheveu de sa tête est arraché, nous nous serons vus ici pour la dernière fois et pour l'éternité, car je serai dans le paradis, moi ! et toi, tu iras en enfer.

Le possédé que l'Église allait jadis exorciser en grande pompe n'était pas plus agité que Marche-à-terre ne le fut sous cette prédiction prononcée avec une croyance qui lui donnait une sorte de certitude. Ses regards, d'abord empreints d'une tendresse sauvage, puis combattus par les devoirs d'un fanatisme aussi exigeant que celui de l'amour, devinrent tout à coup farouches quand il aperçut l'air impérieux de l'innocente maîtresse qu'il s'était jadis donnée. Francine interpréta le silence du Chouan à sa manière.

— Tu ne veux donc rien faire pour moi ? lui dit-elle d'un ton de reproche.

A ces mots, le Chouan jeta sur sa maîtresse un coup d'œil aussi noir que l'aile d'un corbeau.

— Es-tu libre ? demanda-t-il par un grognement que Francine seule pouvait entendre.

— Serais-je là ?... répondit-elle avec indignation. Mais toi, que fais-tu ici ? Tu chouannes encore, tu cours par les chemins comme une bête enragée qui cherche à mordre. Oh ! Pierre, si tu étais sage, tu viendrais avec moi. Cette belle demoiselle qui, je puis te le dire, a été jadis nourrie chez nous, a eu soin de moi. J'ai maintenant deux cents livres de bonnes rentes. Enfin mademoiselle m'a acheté pour cinq cents écus la grande maison à mon oncle Thomas, et j'ai deux mille livres d'économies.

Mais son sourire et l'énumération de ses trésors échouèrent devant l'impénétrable expression de Marche-à-terre.

— Les Recteurs ont dit de se mettre en guerre, répondit-il. Chaque Bleu jeté par terre vaut une indulgence.

— Mais les Bleus te tueront peut-être.

Il répondit en laissant aller ses bras comme pour regretter la modicité de l'offrande qu'il faisait à Dieu et au Roi.

— Et que deviendrais-je, moi? demanda douloureusement la jeune fille.

Marche-à-terre regarda Francine avec stupidité; ses yeux semblèrent s'agrandir, il s'en échappa deux larmes qui roulèrent parallèlement de ses joues velues sur les peaux de chèvre dont il était couvert, et un sourd gémissement sortit de sa poitrine.

— Sainte Anne d'Auray!... Pierre, voilà donc tout ce que tu me diras après une séparation de sept ans. Tu as bien changé.

— Je t'aime toujours, répondit le Chouan d'une voix brusque.

— Non, lui dit-elle à l'oreille, le Roi passe avant moi.

— Si tu me regardes ainsi, reprit-il, je m'en vais.

— Eh! bien, adieu, reprit-elle avec tristesse.

— Adieu, répéta Marche-à-terre.

Il saisit la main de Francine, la serra, la baisa, fit un signe de croix, et se sauva dans l'écurie, comme un chien qui vient de dérober un os.

— Pille-miche, dit-il à son camarade, je n'y vois goutte. As-tu ta *chinchoire?*

— Oh! *cré bleu!...* la belle chaîne, répondit Pille-miche en fouillant dans une poche pratiquée sous sa peau de bique.

Il tendit à Marche-à-terre ce petit cône en corne de bœuf dans lequel les Bretons mettent le tabac fin qu'ils lévigent eux-mêmes pendant les longues soirées d'hiver. Le Chouan leva le pouce de manière à former dans son poignet gauche ce creux où les invalides se mesurent leurs prises de tabac, il y secoua fortement la chinchoire dont la pointe avait été dévissée par Pille-miche. Une poussière impalpable tomba lentement par le petit trou qui terminait le cône de ce meuble breton. Marche-à-terre recommença sept ou huit fois ce manège silencieux, comme si cette poudre eût possédé le pouvoir de changer la nature de ses pensées. Tout à coup, il laissa échapper un geste désespéré, jeta la chinchoire à Pille-miche et ramassa une carabine cachée dans la paille.

— Sept à huit *chinchées* comme ça de suite, ça ne vaut *rin*, dit l'avare Pille-miche.

— En route, s'écria Marche-à-terre d'une voix rauque. Nous avons de la besogne.

Une trentaine de Chouans qui dormaient sous les râteliers et dans la paille, levèrent la tête, virent Marche-à-terre debout, et disparurent aussitôt par une porte qui donnait sur des jardins et d'où l'on pouvait gagner les champs. Lorsque Francine sortit de l'écurie, elle trouva la malle en état de partir. Mademoiselle de Verneuil et ses deux compagnons de voyage y étaient déjà montés. La Bretonne frémit en voyant sa maîtresse au fond de la voiture à côté de la femme qui venait d'en ordonner la mort. Le jeune officier se mit en avant de Marie, et aussitôt que Francine se fut assise, la lourde voiture partit au grand trot. Le soleil avait dissipé les nuages gris de l'automne, et ses rayons animaient la mélancolie des champs par un certain air de fête et de jeunesse. Beaucoup d'amants prennent ces hasards du ciel pour des présages. Francine fut étrangement surprise du silence qui régna d'abord entre les voyageurs. Mademoiselle de Verneuil avait repris son air froid, et se tenait les yeux baissés, la tête doucement inclinée, et les mains cachées sous une espèce de mante dans laquelle elle s'enveloppa. Si elle leva les yeux, ce fut pour voir les paysages qui s'enfuyaient en tournoyant avec rapidité. Certaine d'être admirée, elle se refusait à l'admiration ; mais son apparente insouciance accusait plus de coquetterie que de candeur. La touchante pureté qui donne tant d'harmonie aux diverses expressions par lesquelles se révèlent les âmes faibles, semblait ne pas pouvoir prêter son charme à une créature que ces vives impressions destinaient aux orages de l'amour. En proie au plaisir que donnent les commencements d'une intrigue, l'inconnu ne cherchait pas encore à s'expliquer la discordance qui existait entre la coquetterie et l'exaltation de cette singulière fille. Cette candeur jouée ne lui permettait-elle pas de contempler à son aise une figure que le calme embellissait alors autant qu'elle venait de l'être par l'agitation. Nous n'accusons guère la source de nos jouissances.

Il est difficile à une jolie femme de se soustraire, en voiture, aux regard de ses compagnons, dont les yeux s'attachent sur elle comme pour y chercher une distraction de plus à la monotonie du voyage. Aussi, très-heureux de pouvoir satisfaire l'avidité de sa passion naissante, sans que l'inconnue évitât son regard ou s'offensât de sa persistance, le jeune officier se plut-il à étudier les lignes pures et brillantes qui dessinaient les contours de ce visage. Ce fut pour lui comme un tableau. Tantôt le jour faisait ressortir la transparence rose des narines, et le double arc qui unissait le nez à la lèvre supérieure ; tantôt un pâle rayon de soleil mettait en lumière les nuances du teint, nacrées sous les yeux et autour de la bouche, rosées sur les joues, mates vers les tempes et sur le cou. Il admira les oppositions de clair et d'ombre produites par des cheveux dont les rouleaux noirs environnaient la figure, en y imprimant une grâce éphémère ; car tout est si fugitif chez la femme ! sa beauté d'aujourd'hui n'est souvent pas celle d'hier, heureusement pour elle peut-être ! Encore dans l'âge où l'homme peut jouir de ces riens qui sont tout l'amour, le soi-disant marin attendait avec bonheur le mouvement répété des paupières et les jeux séduisants que la respiration donnait au corsage. Parfois, au gré de ses pensées, il épiait un accord entre l'expression des yeux et l'imperceptible inflexion des lèvres. Chaque geste lui livrait une âme, chaque mouvement une face nouvelle de cette jeune fille. Si quelques idées venaient agiter ces traits mobiles, si quelque soudaine rougeur s'y infusait, si le sourire y répandait la vie, il savourait mille délices en cherchant à deviner les secrets de cette femme mystérieuse. Tout était piège pour l'âme, piège pour les sens. Enfin le silence, loin d'élever des obstacles à l'entente des cœurs, devenait un lien commun pour les pensées. Plusieurs regards où ses yeux rencontrèrent ceux de l'étranger apprirent à Marie de Verneuil que ce silence allait la compromettre ; elle fit alors à madame du Gua quelques-unes de ces demandes insignifiantes qui préludent aux conversations, mais elle ne put s'empêcher d'y mêler le fils.

— Madame, comment avez-vous pu, disait-elle, vous décider à mettre monsieur votre fils dans la marine ? N'est-ce pas vous condamner à de perpétuelles inquiétudes ?

— Mademoiselle, le destin des femmes, des mères, veux-je dire, est de toujours trembler pour leurs plus chers trésors.

— Monsieur vous ressemble beaucoup.

— Vous trouvez, mademoiselle.

Cette innocente *légitimation* de l'âge que madame du Gua s'était donné, fit sourire le jeune homme et inspira à sa prétendue mère un nouveau dépit. La haine de cette femme grandissait à chaque regard passionné que jetait son fils sur Marie. Le silence, le discours, tout allumait en elle une effroyable rage déguisée sous les manières les plus affectueuses.

— Mademoiselle, dit alors l'inconnu, vous êtes dans l'erreur. Les marins ne sont pas plus exposés que ne le sont les autres militaires. Les femmes ne devraient pas haïr la marine : n'avons-nous pas sur les troupes de terre l'immense avantage de rester fidèles à nos maîtresses ?

— Oh ! de force, répondit en riant mademoiselle de Verneuil.

— C'est toujours de la fidélité, répliqua madame du Gua d'un ton presque sombre.

La conversation s'anima, se porta sur des sujets qui n'étaient intéressants que pour les trois voyageurs ; car, en ces sortes de circonstances, les gens d'esprit donnent aux banalités des significations neuves ; mais l'entretien, frivole en apparence, par lequel ces inconnus se plurent à s'interroger mutuellement, cacha les désirs, les passions et les espérances qui les agitaient. La finesse et la malice de Marie, qui fut constamment sur ses gardes, apprirent à madame du Gua que la calomnie et la trahison pourraient seules la faire triompher d'une rivale aussi redoutable par son esprit que par sa beauté. Les voyageurs atteignirent l'escorte, et la voiture alla moins rapidement. Le jeune marin aperçut une longue côte à monter et proposa une promenade à mademoiselle de Verneuil. Le bon goût, l'affectueuse politesse du jeune homme semblèrent décider la Parisienne, et son consentement le flatta.

— Madame est-elle de notre avis ? demanda-t-elle à madame du Gua. Veut-elle aussi se promener ?

— La coquette ! dit la dame en descendant de voiture.

Marie et l'inconnu marchèrent ensemble mais séparés. Le marin, déjà saisi par de violents désirs, fut jaloux de faire tomber la réserve qu'on lui opposait, et de laquelle il n'était pas la dupe. Il crut pouvoir y réussir en badinant avec l'inconnue à la faveur de cette amabilité française, de cet esprit parfois léger, parfois sérieux, toujours chevaleresque, souvent moqueur qui distinguait les hommes remarquables de l'aristocratie exilée. Mais la rieuse Parisienne plaisanta si malicieusement le jeune Républicain, sut lui reprocher ses intentions de frivolité si dédaigneusement en s'attachant de préférence aux idées fortes et à l'exaltation qui perçaient malgré lui dans ses discours, qu'il devina facilement le secret de lui plaire. La conversation changea donc. L'étranger réalisa dès lors les espérances que donnait sa figure expressive. De moment en moment, il éprouvait de nouvelles difficultés en voulant apprécier la sirène de laquelle il s'éprenait de plus en plus, et fut forcé de suspendre ses jugements sur une fille qui se faisait un jeu de les infirmer tous. Après avoir été séduit par la contemplation de la beauté, il fut donc entraîné vers cette âme inconnue par une curiosité que Marie se plut à exciter. Cet entretien prit insensiblement un caractère d'intimité très-étranger au ton d'indifférence que mademoiselle de Verneuil s'efforça d'y imprimer sans pouvoir y parvenir.

Quoique madame du Gua eût suivi les deux amoureux, ils avaient insensiblement marché plus vite qu'elle, et ils s'en trouvèrent bientôt séparés par une centaine de pas environ. Ces deux charmants êtres foulaient le sable fin de la route, emportés par le charme enfantin d'unir le léger retentissement de leurs pas, heureux de se voir enveloppés par un même rayon de lumière qui paraissait appartenir au soleil du printemps, et de respirer ensemble ces parfums d'automne chargés de tant de dépouilles végétales, qu'ils semblent une nourriture apportée par les airs à la mélancolie de l'amour naissant. Quoiqu'ils ne parussent voir l'un et l'autre qu'une aventure ordinaire dans leur union momentanée, le ciel, le site et la saison communiquèrent donc à leurs sentiments une teinte de gravité qui leur donna l'apparence de la passion. Ils commencèrent à faire l'éloge de la journée, de sa beauté; puis ils parlèrent de leur étrange rencontre, de la rupture prochaine d'une liaison si douce et de la facilité qu'on met à s'épancher avec les personnes aussitôt perdues qu'entrevues, en voyage. A cette dernière observation, le jeune homme profita de la permission tacite qui semblait l'autoriser à faire quelques douces confidences, et essaya de risquer des aveux indirects, en homme accoutumé à de semblables situations.

— Remarquez-vous, mademoiselle, lui dit-il, combien les sentiments suivent peu la route commune, dans les temps de terreur où nous vivons? Autour de nous, tout n'est-il pas frappé d'une inexplicable soudaineté. Aujourd'hui, nous aimons, nous haïssons sur la foi d'un regard. L'on s'unit pour la vie ou l'on se quitte avec la célérité dont on marche à la mort. On se dépêche en toute chose, comme la Nation dans ses tumultes. Au milieu des dangers, les étreintes doivent être plus vives que dans le train ordinaire de la vie. A Paris, dernièrement, chacun a su, comme sur un champ de bataille, tout ce que pouvait dire une poignée de main.

— On sentait la nécessité de vivre vite et beaucoup, répondit-elle, parce qu'on avait alors peu de temps à vivre. Et après avoir lancé à son jeune compagnon un regard qui semblait lui montrer le terme de leur court voyage, elle ajouta malicieusement : — Vous êtes bien instruit des choses de la vie, pour un jeune homme qui sort de l'École ?

— Que pensez-vous de moi ? demanda-t-il après un moment de silence. Dites-moi votre opinion sans ménagements.

— Vous voulez sans doute acquérir ainsi le droit de me parler de moi ?... répliqua-t-elle en riant.

— Vous ne répondez pas, reprit-il après une légère pause. Prenez garde, le silence est souvent une réponse.

— Ne deviné-je pas tout ce que vous voudriez pouvoir me dire ? Hé ! mon Dieu, vous avez déjà trop parlé.

— Oh ! si nous nous entendons, reprit-il en riant, j'obtiens plus que je n'osais espérer.

Elle se mit à sourire si gracieusement qu'elle parut accepter la lutte courtoise de laquelle tout homme se plaît à menacer une femme. Ils se persuadèrent alors, autant sérieusement que par plaisanterie, qu'il leur était impossible d'être jamais l'un pour l'autre autre chose que ce qu'ils étaient en ce moment. Le jeune homme pouvait se livrer à une passion qui n'avait point d'avenir, et Marie pouvait en rire. Puis quand ils eurent élevé ainsi entre eux une barrière imaginaire, ils parurent l'un et l'autre fort empressés de mettre à profit la dangereuse liberté qu'ils venaient de stipuler.

Marie heurta tout à coup une pierre et fit un faux pas.

— Prenez mon bras, dit l'inconnu.

— Il le faut bien, étourdi ! Vous seriez trop fier si je refusais. N'aurais-je pas l'air de vous craindre ?

— Ah ! mademoiselle, répondit-il en lui pressant le bras pour lui faire sentir les battements de son cœur, vous allez me rendre fier de cette faveur.

— Eh ! bien, ma facilité vous ôtera vos illusions.

— Voulez-vous déjà me défendre contre le danger des émotions que vous causez ?

— Cessez, je vous prie, dit-elle, de m'entortiller dans ces petites idées de boudoir, dans ces logogriphes de ruelle. Je n'aime pas à rencontrer chez un homme de votre caractère, l'esprit que les sots peuvent avoir. Voyez?... nous sommes sous un beau ciel, en pleine campagne ; devant nous, au-dessus de nous, tout est grand. Vous voulez me dire que je suis belle, n'est-ce pas ? mais vos yeux me le prouvent, et d'ailleurs, je le sais ; mais je ne suis pas une femme que des compliments puissent flatter. Voudriez-vous, par hasard, me parler de vos *sentiments ?* dit-elle avec une emphase sardonique. Me supposeriez-vous donc la simplicité de croire à des sympathies soudaines assez fortes pour dominer une vie entière par le souvenir d'une matinée.

— Non pas d'une matinée, répondit-il, mais d'une belle femme qui s'est montrée généreuse.

— Vous oubliez, reprit-elle en riant, de bien plus grands attraits, une femme inconnue, et chez laquelle tout doit sembler bizarre, le nom, la qualité, la situation, la liberté d'esprit et de manières.

— Vous ne m'êtes point inconnue, s'écria-t-il, j'ai su vous deviner, et ne voudrais rien ajouter à vos perfections, si ce n'est un peu plus de foi dans l'amour que vous inspirez tout d'abord.

— Ah ! mon pauvre enfant de dix-sept ans, vous parlez déjà d'amour ? dit-elle en souriant. Eh ! bien, soit, reprit-elle. C'est là un sujet de conversation entre deux personnes, comme la pluie et le beau temps quand nous faisons une visite, prenons-le ? Vous ne trouverez en moi, ni fausse modestie, ni petitesse. Je puis écouter ce mot sans rougir, il m'a été tant de fois prononcé sans l'accent du cœur, qu'il est devenu presque insignifiant pour moi. Il m'a été répété au théâtre, dans les livres, dans le monde, partout ; mais je n'ai jamais rien rencontré qui ressemblât à ce magnifique sentiment.

L'avez-vous cherché ?

— Oui.

Ce mot fut prononcé avec tant de laisser-aller, que le jeune homme fit un geste de surprise et regarda fixement Marie comme s'il eût tout à coup changé d'opinion sur son caractère et sa véritable situation.

— Mademoiselle, dit-il avec une émotion mal déguisée, êtes-vous fille ou femme, ange ou démon ?

— Je suis l'un et l'autre, reprit-elle en riant. N'y a-t-il pas toujours quelque chose de diabolique et d'angélique chez une jeune fille qui n'a point aimé, qui n'aime pas, et qui n'aimera peut-être jamais ?

— Et vous trouvez-vous heureuse ainsi ?... dit-il en prenant un ton et des manières libres, comme s'il eût déjà conçu moins d'estime pour sa libératrice.

— Oh ! heureuse, reprit-elle, non. Si je viens à penser que je suis seule, dominée par des conventions sociales qui me rendent nécessairement artificieuse, j'envie les priviléges de l'homme. Mais, si je songe à tous les moyens que la nature nous a donnés pour vous envelopper, vous autres, pour vous enlacer dans les filets invisibles d'une puissance à laquelle aucun de vous ne peut résister, alors mon rôle ici-bas me sourit ; puis, tout à coup, il me semble petit, et je sens que je mépriserais un homme, s'il était la dupe de séductions vulgaires. Enfin tantôt j'aperçois notre joug, et il me plaît, puis il me semble horrible, et je m'y refuse ; tantôt je sens en moi ce désir de dévouement qui rend la femme si noblement belle, puis j'éprouve un désir de domination qui me dévore. Peut-être, est-ce le combat naturel du bon et du mauvais principe qui fait vivre toute créature ici-bas. Ange et démon, vous l'avez dit. Ah ! ce n'est pas d'aujourd'hui que je reconnais ma double nature. Mais, nous autres femmes, nous comprenons encore mieux que vous notre insuffisance. N'avons-nous pas un instinct qui nous fait pressentir en toute chose une perfection à laquelle il est sans doute impossible d'atteindre. Mais, ajouta-t-elle en regardant le ciel et jetant un soupir, ce qui nous grandit à vos yeux...

— C'est ?... dit-il.

— Hé ! bien, répondit-elle, c'est que nous luttons toutes, plus ou moins, contre une destinée incomplète.

— Mademoiselle, pourquoi donc nous quittons-nous ce soir ?

— Ah ! dit-elle en souriant au regard passionné que lui lança le jeune homme, remontons en voiture, le grand air ne nous vaut rien.

Marie se retourna brusquement, l'inconnu la suivit, et lui serra le bras par un mouvement peu respectueux, mais qui exprima tout à la fois d'impérieux désirs et de l'admiration. Elle marcha plus vite ; le marin devina qu'elle voulait fuir une déclaration peut-être importune, il n'en devint que plus ardent, risqua tout pour arracher une première faveur à cette femme, et il lui dit en la regardant avec finesse : — Voulez-vous que je vous apprenne un secret?

— Oh ! dites promptement, s'il vous concerne ?

— Je ne suis point au service de la République. Où allez-vous ? j'irai.

A cette phrase, Marie trembla violemment, elle retira son bras, et se couvrit le visage de ses deux mains pour dérober la rougeur ou la pâleur peut-être qui en altéra les traits; mais elle dégagea tout à coup sa figure, et dit d'une voix attendrie : — Vous avez donc débuté comme vous auriez fini, vous m'avez trompée ?

— Oui, dit-il.

A cette réponse, elle tourna le dos à la grosse malle vers laquelle ils se dirigeaient, et se mit à courir presque.

— Mais, reprit l'inconnu, l'air ne vous valait rien ?...

— Oh ! il a changé, dit-elle avec un son de voix grave en continuant à marcher en proie à des pensées orageuses.

— Vous vous taisez, demanda l'étranger, dont le cœur se remplit de cette douce appréhension que donne l'attente du plaisir.

— Oh ! dit-elle d'un accent bref, la tragédie a bien promptement commencé.

— De quelle tragédie parlez-vous ? demanda-t-il.

Elle s'arrêta, toisa l'élève d'abord d'un air empreint d'une double expression de crainte et de curiosité; puis elle cacha sous un calme impénétrable les sentiments qui l'agitaient, et montra que, pour une jeune fille, elle avait une grande habitude de la vie.

— Qui êtes-vous ? reprit-elle ; mais je le sais ! En vous voyant, je m'en étais doutée, vous êtes le chef royaliste nommé le Gars ? L'ex-évêque d'Autun a bien raison, en nous disant de toujours croire aux pressentiments qui annoncent des malheurs.

— Quel intérêt avez-vous donc à connaître ce garçon-là ?

— Quel intérêt aurait-il donc à se cacher de moi, si je lui ai déjà sauvé la vie ? Elle se mit à rire, mais forcément. — J'ai sagement fait de vous empêcher de me dire que vous m'aimez. Sachez-le bien, monsieur, je vous abhorre. Je suis républicaine, vous êtes royaliste, et je vous livrerais si vous n'aviez ma parole, si je ne vous avais déjà sauvé une fois, et si... Elle s'arrêta. Ces violents retours sur elle-même, ces combats qu'elle ne se donnait plus la peine de déguiser, inquiétèrent l'inconnu, qui tâcha, mais vainement, de l'observer. — Quittons-nous à l'instant, je le veux, adieu, dit-elle. Elle se retourna vivement, fit quelques pas et revint. — Mais non, j'ai un immense intérêt à apprendre qui vous êtes, reprit-elle. Ne me cachez rien, et dites-moi la vérité. Qui êtes-vous, car vous n'êtes pas plus un élève de l'École que vous n'avez dix-sept ans...

— Je suis un marin, tout prêt à quitter l'Océan pour vous suivre partout où votre imagination voudra me guider. Si j'ai le bonheur de vous offrir quelque mystère, je me garderai bien de détruire votre curiosité. Pourquoi mêler les graves intérêts de la vie réelle à la vie du cœur, où nous commencions à si bien nous comprendre.

— Nos âmes auraient pu s'entendre, dit-elle d'un ton grave. Mais, monsieur, je n'ai pas le droit d'exiger votre confiance. Vous ne connaîtrez jamais l'étendue de vos obligations envers moi : je me tairai.

Ils avancèrent de quelques pas dans le plus profond silence.

— Combien ma vie vous intéresse! reprit l'inconnu.

— Monsieur, dit-elle, de grâce, votre nom, ou taisez-vous. Vous êtes un enfant, ajouta-t-elle en haussant les épaules, et vous me faites pitié.

L'obstination que la voyageuse mettait à connaître son secret fit hésiter le prétendu marin entre la prudence et ses désirs. Le dépit d'une femme souhaitée a de bien puissants attraits; sa soumission comme sa colère est si impérieuse, elle attaque tant de fibres dans le cœur de l'homme, elle le pénètre et le subjugue. Était-ce chez mademoiselle de Verneuil une coquetterie de plus? Malgré sa passion, l'étranger eut la force de se défier d'une femme qui voulait lui violemment arracher un secret de vie ou de mort.

— Pourquoi, lui dit-il en lui prenant la main qu'elle laissa prendre par distraction, pourquoi mon indiscrétion, qui donnait un avenir à cette journée, en a-t-elle détruit le charme?

Mademoiselle de Verneuil, qui paraissait souffrante, garda le silence.

— En quoi puis-je vous affliger, reprit-il, et que puis-je faire pour vous apaiser?

— Dites-moi votre nom.

A son tour il marcha en silence, et ils avancèrent de quelques pas. Tout à coup mademoiselle de Verneuil s'arrêta, comme une personne qui a pris une importante détermination.

— Monsieur le marquis de Montauran, dit-elle avec dignité sans pouvoir entièrement déguiser une agitation qui donnait une sorte de tremblement nerveux à ses traits, quoi qu'il puisse m'en coûter, je suis heureuse de vous rendre un bon office. Ici nous allons nous séparer. L'escorte et la malle sont trop nécessaires à votre sûreté pour que vous n'acceptiez pas l'une et l'autre. Ne craignez rien des Républicains ; tous ces soldats, voyez-vous, sont des hommes d'honneur, et je vais donner au capitaine Merle des ordres qu'il exécutera fidèlement. Quant à moi, je puis regagner Alençon à pied avec ma femme de chambre, quelques soldats nous accompagneront. Écoutez-moi bien, car il s'agit de votre tête. Si vous rencontriez, avant d'être en sûreté, l'horrible muscadin que vous avez vu dans l'auberge, fuyez, car il vous livrerait aussitôt. Quant à moi... — Elle fit une pause. — Quant à moi, je me rejette avec orgueil dans les misères de la vie, reprit-elle à voix basse en retenant ses pleurs. Adieu, monsieur. Puissiez-vous être heureux ! Adieu.

Et elle fit un signe au capitaine Merle qui atteignait alors le haut de la colline. Le jeune homme ne s'attendait pas à un si brusque dénoûment.

— Attendez ! cria-t-il avec une sorte de désespoir assez bien joué.

Ce singulier caprice d'une fille pour laquelle il aurait alors sacrifié sa vie surprit tellement l'inconnu, qu'il inventa une déplorable ruse pour tout à la fois cacher son nom et satisfaire la curiosité de mademoiselle de Verneuil.

— Vous avez presque deviné, dit-il, je suis émigré, condamné à mort, et je me nomme le vicomte de Bauvan. L'amour de mon pays m'a ramené en France, près de mon frère. J'espère être radié de la liste par l'influence de madame de Beauharnais, aujourd'hui la femme du premier Consul ; mais si j'échoue, alors je veux mourir sur la terre de mon pays en combattant auprès de Montauran, mon ami. Je vais d'abord en secret, à l'aide d'un passe-port qu'il m'a fait parvenir, savoir s'il me reste quelques propriétés en Bretagne.

Pendant que le jeune chef parlait, mademoiselle de Verneuil l'examinait d'un œil perçant. Elle essaya de douter de la vérité de ces paroles, mais crédule et confiante, elle reprit lentement une expression de sérénité, et s'écria : — Monsieur, ce que vous me dites en ce moment est-il vrai?

— Parfaitement vrai, répéta l'inconnu, qui paraissait mettre peu de probité dans ses relations avec les femmes.

Mademoiselle de Verneuil soupira fortement comme une personne qui revient à la vie.

— Ha! s'écria-t-elle, je suis bien heureuse.

— Vous haïssez donc bien mon pauvre Montauran.

— Non, dit-elle, vous ne sauriez me comprendre. Je n'aurais pas voulu que *vous* fussiez menacé des dangers contre lesquels je vais tâcher de le défendre, puisqu'il est votre ami.

— Qui vous a dit que Montauran fût en danger?

— Hé! monsieur, si je ne venais pas de Paris, où il n'est question que de son entreprise, le commandant d'Alençon nous en a dit assez sur lui, je pense.

— Je vous demanderai alors comment vous pourriez le préserver de tout danger.

— Et si je ne voulais pas répondre? dit-elle avec cet air dédaigneux sous lequel les femmes savent si bien cacher leurs émotions. De quel droit voulez-vous connaître mes secrets?

— Du droit que doit avoir un homme qui vous aime.

— Déjà?... dit-elle. Non, vous ne m'aimez pas, monsieur, vous voyez en moi l'objet d'une galanterie passagère, voilà tout. Ne vous ai-je pas sur-le-champ deviné? Une personne qui a quelque habitude de la bonne compagnie peut-elle, par les mœurs qui courent, se tromper en entendant un élève de l'École Polytechnique se servir d'expressions choisies, et déguiser, aussi mal que vous l'avez fait, les manières d'un grand seigneur sous l'écorce des républicains; mais vos cheveux ont un reste de poudre, et vous avez un parfum de gentilhomme que doit sentir tout d'abord une femme du monde. Aussi, tremblant pour vous que mon surveillant, qui a toute la finesse d'une femme, ne vous reconnût, l'ai-je promptement congédié. Monsieur, un véritable officier républicain sorti de l'École ne se croirait pas près de moi en bonne fortune, et ne me prendrait pas pour une jolie intrigante. Permettez-moi, monsieur de Bauvan, de vous soumettre à ce propos un léger raisonnement de femme. Êtes-vous si jeune, que vous ne sachiez pas que, de toutes les créatures de notre sexe, la plus difficile à soumettre est celle dont la valeur est chiffrée et qui s'ennuie du plaisir. Cette sorte de femme exige, m'a-t-on dit, d'immenses séductions, ne cède qu'à ses caprices; et, prétendre lui plaire, est chez un homme la plus grande des fatuités,

Mettons à part cette classe de femmes dans laquelle vous me faites la galanterie de me ranger, car elles sont tenues toutes d'être belles, vous devez comprendre qu'une jeune femme noble, belle, spirituelle (vous m'accordez ces avantages), ne se vend pas, et ne peut s'obtenir que d'une seule façon, quand elle est aimée. Vous m'entendez ! Si elle aime, et qu'elle veuille faire une folie, elle doi être justifiée par quelque grandeur. Pardonnez-moi ce luxe de logique, si rare chez les personnes de notre sexe ; mais, pour votre honneur et... le mien, dit-elle en s'inclinant, je ne voudrais pas que nous nous trompassions sur notre mérite, ou que vous crussiez mademoiselle de Verneuil, ange ou démon, fille ou femme, capable de se laisser prendre à de banales galanteries.

— Mademoiselle, dit le marquis, dont la surprise quoique dissimulée fut extrême et qui redevint tout à coup homme de grande compagnie, je vous supplie de croire que je vous accepte comme une très-noble personne, pleine de cœur et de sentiments élevés ou... comme une bonne fille, à votre choix !

— Je ne vous demande pas tant, monsieur, dit-elle en riant. Laissez-moi mon incognito. D'ailleurs, mon masque est mieux mis que le vôtre, et il me plaît à moi de le garder, ne fût-ce que pour savoir si les gens qui me parlent d'amour sont sincères... Ne vous hasardez donc pas légèrement près de moi. — Monsieur, écoutez, lui dit-elle en lui saisissant le bras avec force, si vous pouviez me prouver un véritable amour, aucune puissance humaine ne nous séparerait. Oui, je voudrais m'associer à quelque grande existence d'homme, épouser une vaste ambition, de belles pensées. Les nobles cœurs ne sont pas infidèles, car la constance est une force qui leur va ; je serais donc toujours aimée, toujours heureuse ; mais aussi, ne serais-je pas toujours prête à faire de mon corps une marche pour élever l'homme qui aurait mes affections, à me sacrifier pour lui, à tout supporter de lui, à l'aimer toujours, même quand il ne m'aimerait plus. Je n'ai jamais osé confier à un autre cœur ni les souhaits du mien, ni les élans passionnés de l'exaltation qui me dévore ; mais je puis bien vous en dire quelque chose, puisque nous allons nous quitter aussitôt que vous serez en sûreté.

— Nous quitter ?... jamais ! dit-il électrisé par les sons que rendait cette âme vigoureuse qui semblait se débattre contre quelque immense pensée.

— Êtes-vous libre ? reprit-elle en lui jetant un regard dédaigneux qui le rapetissa.

— Oh ! pour libre... oui, sauf la condamnation à mort.

Elle lui dit alors d'une voix pleine de sentiments amers : — Si tout ceci n'était pas un songe, quelle belle vie serait la vôtre ?... Mais si j'ai dit des folies, n'en faisons pas. Quand je pense à tout ce que vous devriez être pour m'apprécier à ma juste valeur, je doute de tout.

— Et moi je ne douterais de rien, si vous vouliez m'appar...

— Chut ! s'écria-t-elle en entendant cette phrase dite avec un véritable accent de passion, l'air ne vous vaut décidément plus rien, allons retrouver nos chaperons.

La malle ne tarda pas à rejoindre ces deux personnages, qui reprirent leurs places et firent quelques lieues dans le plus profond silence ; s'ils avaient l'un et l'autre trouvé matière à d'amples réflexions, leurs yeux ne craignirent plus désormais de se rencontrer. Tous deux, ils semblaient avoir un égal intérêt à s'observer et à se cacher un secret important ; mais ils se sentaient entraînés l'un vers l'autre par un même désir qui, depuis leur entretien, contractait l'étendue de la passion ; car ils avaient réciproquement reconnu chez eux des qualités qui rehaussaient encore à leurs yeux les plaisirs qu'ils se promettaient de leur lutte ou de leur union. Peut-être chacun d'eux, embarqué dans une vie aventureuse, était-il arrivé à cette singulière situation morale où, soit par lassitude, soit pour défier le sort, on se refuse à des réflexions sérieuses, et où l'on se livre aux chances du hasard en poursuivant une entreprise, précisément parce qu'elle n'offre aucune issue et qu'on veut en voir le dénoûment nécessaire. La nature morale n'a-t-elle pas, comme la nature physique, ses gouffres ou ses abîmes où les caractères forts aiment à se plonger en risquant leur vie, comme un joueur aime à jouer sa fortune ? Le marquis et mademoiselle de Verneuil eurent en quelque sorte une révélation de ces idées qui leur furent communes après l'entretien dont elles étaient la conséquence, et ils firent ainsi tout à coup un pas immense, car la sympathie des âmes suivit celle de leurs sens. Néanmoins plus ils se sentirent fatalement entraînés l'un vers l'autre, plus ils furent intéressés à s'étudier, ne fût-ce que pour augmenter, par un involontaire calcul, la somme de leurs jouissances futures. Le marquis, encore étonné de la profondeur des idées de cette fille bizarre, se demanda tout d'abord comment elle pouvait allier tant de connaissances acquises à tant de fraîcheur et de jeunesse. Il crut découvrir alors un extrême désir de paraître chaste, dans l'extrême chasteté que Marie cherchait à donner à ses attitudes; il la soupçonna de feinte, se querella sur son plaisir, et ne voulut plus voir dans cette inconnue qu'une habile comédienne : il avait raison. Mademoiselle de Verneuil, comme toutes les filles du monde, devenue d'autant plus modeste qu'elle ressentait plus d'ardeur, prenait fort naturellement cette contenance de pruderie sous laquelle les femmes savent si bien voiler leurs excessifs désirs. Toutes voudraient s'offrir vierges à l'amour; et, si elles ne le sont pas, leur dissimulation est toujours un hommage qu'elles rendent à leur amant. Ces réflexions passèrent rapidement dans l'âme du marquis, et lui firent plaisir. En effet, pour tous deux, cet examen devait être un progrès, et l'amant en vint bientôt à cette phase de la passion où un homme trouve dans les défauts de sa maîtresse des raisons pour l'aimer davantage. Mademoiselle de Verneuil resta plus longtemps pensive que ne le fut le marquis; peut-être son imagination lui faisait-elle franchir une plus grande étendue de l'avenir : Montauran obéissait à quelqu'un des mille sentiments qu'il devait éprouver dans sa vie d'homme, tandis que Marie apercevait toute une vie; elle se plut à l'arranger belle, à la remplir de bonheur, de grands et de nobles sentiments, elle se vit heureuse en idée, et s'éprit autant de ces chimères que de la réalité, autant de l'avenir que du présent. Puis Marie essaya de revenir sur ses pas pour mieux établir son pouvoir sur le marquis. Elle agissait en cela instinctivement, comme agissent toutes les femmes. Après être convenue avec elle-même de se donner tout entière, elle désirait, pour ainsi dire, se disputer en détail. Elle aurait voulu pouvoir reprendre dans le passé toutes ses actions, ses paroles, ses regards pour les mettre en harmonie avec la dignité de la femme aimée. Aussi, ses yeux exprimèrent-ils parfois une sorte de terreur, quand elle songeait à l'entretien qu'elle venait d'avoir et où elle s'était montrée si agressive. Mais elle se disait, en contemplant cette figure empreinte de force, qu'un être si puissant devait être généreux, et elle s'applaudissait de rencontrer une part plus belle que celle de beaucoup d'autres femmes, en trouvant dans son amant un homme de caractère, un homme condamné à mort qui venait jouer lui-même sa tête et faire la guerre à la République. La pensée de pouvoir occuper sans partage l'âme de ce jeune homme prêta bientôt à toutes les choses une physionomie différente. Entre le moment où, cinq heures auparavant, elle composa son visage et sa voix pour agacer le marquis, et le moment actuel où elle pouvait le bouleverser d'un regard, il y avait la différence de l'univers mort à un vivant univers. De bons rires, de joyeuses coquetteries cachèrent une immense passion qui se présenta comme le malheur, en souriant. Dans les dispositions d'âme où se trouvait mademoiselle de Verneuil, la vie extérieure prit donc pour elle le caractère d'une fantasmagorie. La calèche passa par des villages, par des vallons, par des montagnes dont aucune image ne s'imprima dans sa mémoire. Elle arriva dans Mayenne, les soldats de l'escorte changèrent, Merle lui parla, elle répondit, traversa toute une ville, et se remit en route; mais les figures, les maisons, les rues, les paysages, les hommes furent emportés comme les formes indistinctes d'un rêve. La nuit vint. Marie voyagea sous un ciel de diamants, enveloppée d'une douce lumière, et sur la route de Fougères, sans qu'il lui vînt dans la pensée que le ciel eût changé d'aspect, sans savoir ce qu'était ni Mayenne ni Fougères, ni où elle allait. Qu'elle pût quitter dans peu d'heures l'homme de son choix et par qui elle se croyait choisie, n'était pas, pour elle, une chose possible. L'amour est la seule passion qui ne souffre ni passé ni avenir. Si parfois sa pensée se trahissait par des paroles, elle laissait échapper des phrases presque dénuées de sens, mais qui résonnaient dans le cœur de son amant comme des promesses de plaisir. Aux yeux des deux témoins de cette passion naissante, elle prenait une marche effrayante. Francine connaissait Marie aussi bien que l'étrangère connaissait le marquis, et cette expérience du passé leur faisait attendre en silence quelque terrible dénoûment. En effet, elles ne tardèrent pas à voir finir ce drame que mademoiselle de Verneuil avait si tristement, sans le savoir peut-être, nommé une tragédie.

Quand les quatre voyageurs eurent fait environ une lieue hors de Mayenne, ils entendirent un homme à cheval qui se dirigeait vers eux avec une excessive rapidité; lorsqu'il atteignit la voiture, il se pencha pour y regarder mademoiselle de Verneuil, qui reconnut Corentin; ce sinistre personnage se permit de lui adresser un signe d'intelligence dont la familiarité eut quelque chose de flétrissant pour elle, et il s'enfuit après l'avoir glacée par ce signe empreint de bassesse. L'inconnu parut désagréablement affecté de cette circonstance qui n'échappa certes point à sa prétendue mère. Mais Marie pressa légèrement le marquis, et sembla se réfugier par un regard dans son cœur, comme dans le seul asile qu'elle eût sur terre. Le front du jeune homme s'éclaircit alors en savourant l'émotion que lui fit éprouver le geste par lequel sa maîtresse lui avait révélé, comme par mégarde, l'étendue de son attachement. Une inexplicable peur avait fait évanouir toute coquetterie, et l'amour se montra pendant un moment sans voile. Ils se turent comme pour prolonger la douceur de ce moment. Malheureusement au milieu d'eux madame du Gua voyait tout ; et, comme un avare qui donne un festin, elle paraissait leur compter les morceaux et leur mesurer la vie. En proie à leur bonheur, les deux amants arrivèrent, sans se douter du chemin qu'ils avaient fait, à la partie de la route qui se trouve au fond de la vallée d'Ernée, et qui forme le premier des trois bassins à travers lesquels se sont passés les événements qui servent d'exposition à cette histoire. Là, Francine aperçut et montra d'étranges figures qui semblaient se mouvoir comme des ombres à travers les arbres et dans les ajoncs dont les champs étaient entourés. Quand la voiture arriva dans la direction de ces ombres, une décharge générale, dont les balles passèrent en sifflant au-dessus des têtes, apprit aux voyageurs que tout était positif dans cette apparition. L'escorte tombait dans une embuscade.

A cette vive fusillade, le capitaine Merle regretta vivement d'avoir partagé l'erreur de mademoiselle de Verneuil, qui, croyant à la sécurité d'un voyage nocturne et rapide, ne lui avait laissé prendre qu'une soixantaine d'hommes. Aussitôt le capitaine, commandé par Gérard, divisa la petite troupe en deux colonnes pour tenir les deux côtés de la route, et chacun des officiers se dirigea vivement au pas de course à travers les champs de genêts et d'ajoncs, en cherchant à combattre les assaillants avant de les compter. Les Bleus se mirent à battre à droite et à gauche ces épais buissons avec une intrépidité pleine d'imprudence, et répondirent à l'attaque des Chouans par un feu soutenu dans les genêts, d'où partaient les coups de fusil. Le premier mouvement de mademoiselle de Verneuil avait été de sauter hors de la calèche et de courir assez loin en arrière pour s'éloigner du champ de bataille ; mais, honteuse de sa peur, et mue par ce sentiment qui porte à se grandir aux yeux de l'être aimé, elle demeura immobile et tâcha d'examiner froidement le combat.

L'inconnu la suivit, lui prit la main et la plaça sur son cœur.

— J'ai eu peur, dit-elle en souriant ; mais maintenant...

En ce moment sa femme de chambre effrayée lui cria : — Marie, prenez garde ! Mais Francine, qui voulait s'élancer hors de la voiture, s'y sentit arrêtée par une main vigoureuse. Le poids de cette main énorme lui arracha un cri violent, elle se retourna et garda le silence en reconnaissant la figure de Marche-à-terre.

— Je devrai donc à vos terreurs, disait l'étranger à mademoiselle de Verneuil, la révélation des plus doux secrets du cœur. Grâce à Francine, j'apprends que vous portez le nom gracieux de Marie. Marie, le nom que j'ai prononcé dans toutes mes angoisses! Marie, le nom que je prononcerai désormais dans la joie, et que je ne dirai plus maintenant sans faire un sacrilége, en confondant la religion et l'amour. Mais serait-ce donc un crime que de prier et d'aimer tout ensemble?

A ces mots, ils se serrèrent fortement la main, se regardèrent en silence, et l'excès de leurs sensations leur ôta la force et le pouvoir de les exprimer.

— *Ce n'est pas pour vous autres qu'il y a du danger!* dit brutalement Marche-à-terre à Francine en donnant aux sons rauques et gutturaux de sa voix une sinistre expression de reproche et appuyant sur chaque mot de manière à jeter l'innocente paysanne dans la stupeur.

Pour la première fois la pauvre fille apercevait de la férocité dans les regards de Marche-à-terre. La lueur de la lune semblait être la seule qui convînt à cette figure. Ce sauvage Breton tenant son bonnet d'une main, sa lourde carabine de l'autre, ramassé comme un gnome et enveloppé par cette blanche lumière dont les flots donnent aux formes de si bizarres aspects, appartenait ainsi plutôt à la féerie qu'à la vérité. Cette apparition et son reproche eurent quelque chose de la rapidité des fantômes. Il se tourna brusquement vers madame du Gua, avec laquelle il échangea de vives paroles, et Francine, qui avait un peu oublié le bas-breton, ne put y rien comprendre. La dame paraissait donner à Marche-à-terre des ordres multipliés. Cette courte conférence fut terminée par un geste impérieux de cette femme qui désignait au Chouan les deux amants. Avant d'obéir, Marche-à-terre jeta un dernier regard à Francine, qu'il semblait plaindre, il aurait voulu lui parler : mais la Bretonne sut que le silence de son amant était imposé. La peau rude et tannée de cet homme parvint à se plisser sur son front, et ses sourcils se rapprochèrent violemment. Résistait-il à l'ordre renouvelé de tuer mademoiselle de Verneuil ? Cette grimace le rendit sans doute plus hideux à madame du Gua, mais l'éclair de ses yeux devint presque doux pour Francine, qui, devinant par ce regard qu'elle pourrait faire plier l'énergie de ce sauvage sous sa volonté de femme, espéra régner encore, après Dieu, sur ce cœur grossier.

Le doux entretien de Marie et du marquis fut interrompu par madame du Gua qui vint prendre Marie en criant comme si quelque danger la menaçait, afin de laisser un cavalier, qu'elle reconnut, libre de parler au Gars.

— Défiez-vous de la fille que vous avez rencontrée à l'hôtel des Trois-Mores, dit tout bas au Gars le chevalier de Valois, l'un des membres du comité royaliste d'Alençon qui sortit du genêt, monté sur un petit cheval breton.

Et le chevalier disparut. En ce moment, le feu de l'escarmouche roulait avec une étonnante vivacité, mais sans que les deux partis en vinssent aux mains.

— Mon adjudant, ne serait-ce pas une fausse attaque pour enlever nos voyageurs et leur imposer une rançon ?... dit La-clef-des-cœurs.

— Tu as les pieds dans leurs souliers ou le diable m'emporte, répondit Gérard en volant sur la route.

En ce moment le feu des Chouans se ralentit, car leur but était atteint par la communication du chevalier ; Merle, qui les vit se sauvant en petit nombre à travers les haies, ne jugea pas à propos de s'engager dans une lutte inutilement dangereuse. Gérard, en deux mots, fit reprendre à l'escorte sa position sur le chemin, et se remit en marche sans avoir essuyé de perte.

Le capitaine put offrir la main à mademoiselle de Verneuil pour remonter en voiture, car le marquis resta comme frappé de la foudre. La Parisienne étonnée monta sans accepter la politesse du Républicain ; elle tourna la tête vers son amant, le vit immobile, et fut stupéfaite du changement subit que les mystérieuses paroles du cavalier venaient d'opérer en lui. Le jeune émigré revint lentement, le visage baissé, et son attitude décelait un profond sentiment de dégoût.

— N'avais-je pas raison ? dit à l'oreille du chef madame du Gua en le ramenant à la voiture, nous sommes certes entre les mains d'une créature avec laquelle on a trafiqué de votre tête ; mais puisqu'elle est assez sotte pour s'amouracher de vous, au lieu de faire son métier, n'allez pas vous conduire en enfant, et feignez de l'aimer jusqu'à ce que nous ayons gagné la Vivetière... Une fois là !...

— Mais l'aimerait-il donc déjà ?... se dit-elle en voyant le marquis à sa place dans la voiture, dans l'attitude d'un homme endormi.

La calèche roula sourdement sur le sable de la route. Au premier regard que mademoiselle de Verneuil jeta autour d'elle, tout lui parut avoir changé. La mort se glissait déjà dans son amour. Ce n'était peut-être que des nuances ; mais aux yeux de toute femme qui aime, ces nuances sont aussi tranchées que de vives couleurs. Francine avait compris, par le regard de Marche-à-terre, que le destin de mademoiselle de Verneuil sur laquelle elle lui avait ordonné de veiller, était entre d'autres mains que les siennes, et offrait un visage pâle, sans pouvoir retenir ses larmes quand sa maîtresse la regardait. La dame inconnue cachait mal sous de faux sourires la malice d'une vengeance féminine, et le subit changement que son obséquieuse bonté pour mademoiselle de Verneuil introduisit dans son maintien, dans sa voix et sa physionomie, était de nature à donner des craintes à une personne perspicace.

Aussi mademoiselle de Verneuil frissonna-t-elle par instinct en se demandant : — Pourquoi frissonné-je ?... C'est sa mère. Mais elle trembla de tous ses membres en se disant tout à coup : — Est-ce bien sa mère ? Elle vit un abîme qu'un dernier coup d'œil jeté sur l'inconnu acheva d'éclairer. — Cette femme l'aime ! pensa-t-elle. Mais pourquoi m'accabler de prévenances, après m'avoir témoigné tant de froideur ? Suis-je perdue ? Aurait-elle peur de moi ?

Quant au marquis, il pâlissait, rougissait tour à tour, et gardait une attitude calme en baissant les yeux pour dérober les étranges émotions qui l'agitaient. Une compression violente détruisait la gracieuse courbure de ses lèvres, et son teint jaunissait sous les efforts d'une orageuse pensée. Mademoiselle de Verneuil ne pouvait même plus deviner s'il y avait encore de l'amour dans sa fureur. Le chemin, flanqué de bois en cet endroit, devint sombre et empêcha ces muets acteurs de s'interroger des yeux. Le murmure du vent, le bruissement des touffes d'arbres, le bruit des pas mesurés de l'escorte, donnèrent à cette scène ce caractère solennel qui accélère les battements du cœur. Mademoiselle de Verneuil ne pouvait pas chercher en vain la cause de ce changement. Le souvenir de

Corentin passa comme un éclair, et lui apporta l'image de sa véritable destinée qui lui apparut tout à coup. Pour la première fois depuis la matinée, elle réfléchit sérieusement à sa situation. Jusqu'en ce moment, elle s'était laissée aller au bonheur d'aimer, sans penser ni à elle, ni à l'avenir. Incapable de supporter plus longtemps ses angoisses, elle chercha, elle attendit, avec la douce patience de l'amour, un des regards du marquis, et le supplia si vivement, sa pâleur et son frisson eurent une éloquence si pénétrante, que le jeune homme chancela; mais la chute n'en fut que plus complète.

— Souffririez-vous, mademoiselle? demanda-t-il.

Cette voix dépouillée de douceur, la demande elle-même, le regard, le geste, tout servit à convaincre la pauvre fille que les événements de cette journée appartenaient à un mirage de l'âme qui se dissipait alors comme ces nuages à demi formés que le vent emporte.

— Si je souffre?... reprit-elle en riant forcément, j'allais vous faire la même question.

— Je croyais que vous vous entendiez, dit madame du Gua avec une fausse bonhomie.

Ni le marquis ni mademoiselle de Verneuil ne répondirent. La jeune fille, doublement outragée, se dépita de voir sa puissante beauté sans puissance. Elle savait pouvoir apprendre au moment où elle le voudrait la cause de cette situation ; mais, peu curieuse de la pénétrer, pour la première fois, peut-être, une femme recula devant un secret. La vie humaine est tristement fertile en situations où, par suite, soit d'une méditation trop forte, soit d'une catastrophe, nos idées ne tiennent plus à rien, sont sans substance, sans point de départ, où le présent ne trouve plus de liens pour se rattacher au passé, ni dans l'avenir. Tel fut l'état de mademoiselle de Verneuil. Penchée dans le fond de la voiture, elle y resta comme un arbuste déraciné. Muette et souffrante, elle ne regarda plus personne, s'enveloppa de sa douleur, et demeura avec tant de volonté dans le monde inconnu où se réfugient les malheureux, qu'elle ne vit plus rien. Des corbeaux passèrent en croassant au-dessus d'eux; mais quoique, semblable à toutes les âmes fortes, elle eût un coin du cœur pour les superstitions, elle n'y fit aucune attention. Les voyageurs cheminèrent quelque temps en silence.

— Déjà séparés, se disait mademoiselle de Verneuil. Cependant rien autour de moi n'a parlé. Serait-ce Corentin? Ce n'est pas son intérêt. Qui donc a pu se lever pour m'accuser? A peine aimée, voici déjà l'horreur de l'abandon. Je sème l'amour et je recueille le mépris. Il sera donc toujours dans ma destinée de toujours voir le bonheur et de toujours le perdre!

Elle sentit alors dans son cœur des troubles inconnus, car elle aimait réellement et pour la première fois. Cependant elle ne s'était pas tellement livrée qu'elle ne pût trouver des ressources contre sa douleur dans la fierté naturelle à une femme jeune et belle. Le secret de son amour, ce secret souvent gardé dans les tortures, ne lui était pas échappé. Elle se releva, et honteuse de donner la mesure de sa passion par sa silencieuse souffrance, elle secoua la tête par un mouvement de gaieté, montra un visage ou plutôt un masque riant, puis elle força sa voix pour en déguiser l'altération.

— Où sommes-nous? demanda-t-elle au capitaine Merle, qui se tenait toujours à une certaine distance de la voiture.

— A trois lieues et demie de Fougères, mademoiselle.

— Nous allons donc y arriver bientôt? lui dit-elle pour l'encourager à lier une conversation où elle se promettait bien de témoigner quelque estime au jeune capitaine.

— Ces lieues-là, reprit Merle tout joyeux, ne sont pas larges, seulement elles se permettent dans ce pays-ci de ne jamais finir. Lorsque vous serez sur le plateau de la côte que nous gravissons, vous apercevrez une vallée semblable à celle que nous allons quitter, et à l'horizon vous pourrez alors voir le sommet de la Pèlerine. Plaise à Dieu que les Chouans ne veuillent pas y prendre leur revanche! Or, vous concevez qu'à monter et descendre ainsi l'on n'avance guère. De la Pèlerine, vous découvrirez encore!...

A ce mot l'inconnu tressaillit pour la seconde fois, mais si légèrement, que mademoiselle de Verneuil fut seule à remarquer ce tressaillement.

— Qu'est-ce donc que cette Pèlerine? demanda vivement la jeune fille en interrompant le capitaine engagé dans sa topographie bretonne.

— C'est, reprit Merle, le sommet d'une montagne qui donne son nom à la vallée du Maine dans laquelle nous allons entrer, et qui sépare cette province de la vallée du Couësnon, à l'extrémité de laquelle est située Fougères, la première ville de Bretagne. Nous nous y sommes battus à la fin de vendémiaire avec le Gars et ses brigands. Nous emmenions des conscrits qui, pour ne pas quitter leur pays, ont voulu nous tuer sur la limite; mais Hulot est un rude chrétien qui leur a donné...

— Alors vous avez dû voir le Gars? demanda-t-elle. Quel homme est-ce?...

Ses yeux perçants et malicieux ne quittèrent pas la figure du marquis.

— Oh! mon Dieu! mademoiselle, répondit Merle toujours interrompu, il ressemble tellement au citoyen du Gua, que, s'il ne portait pas l'uniforme de l'École Polytechnique, je gagerais que c'est lui.

Mademoiselle de Verneuil regarda fixement le froid et immobile jeune homme qui la dédaignait, mais elle ne vit rien en lui qui pût trahir un sentiment de crainte; elle l'instruisit par un sourire amer de la découverte qu'elle faisait en ce moment du secret si traîtreusement gardé par lui; puis d'une voix railleuse, les narines enflées de joie, la tête de côté pour examiner le marquis et voir Merle tout à la fois, elle dit au Républicain : — Ce chef-là, capitaine, donne bien des inquiétudes au premier Consul. Il a de la hardiesse, dit-on; seulement il s'aventure dans certaines entreprises comme un étourneau, surtout auprès des femmes.

— Nous comptons bien là-dessus, reprit le capitaine, pour solder notre compte avec lui. Si nous le tenons seulement deux heures, nous lui mettrons un peu de plomb dans la tête. S'il nous rencontrait, le drôle en ferait autant de nous, et nous mettrait à l'ombre; ainsi, *par pari...*

— Oh! dit le Gars, nous n'avons rien à craindre! Vos soldats n'iront pas jusqu'à la Pèlerine, ils sont trop fatigués, et si vous y consentez, ils pourront se reposer à deux pas d'ici. Ma mère descend à la Vivetière, et en voici le chemin, à quelques portées de fusil. Ces deux dames voudront s'y reposer, elles doivent être lasses d'être venues d'une seule traite d'Alençon, ici. — Et puisque mademoiselle, dit-il avec une politesse forcée en se tournant vers sa maîtresse, a eu la générosité de donner à notre voyage autant de sécurité que d'agrément, elle daignera peut-être accepter à souper chez ma mère. — Enfin, capitaine, ajouta-t-il en s'adressant à Merle, les temps ne sont pas si malheureux qu'il ne puisse se trouver encore à la Vivetière une pièce de cidre à défoncer pour vos hommes. Allez, le Gars n'y aura pas tout pris; du moins, ma mère le croit...

— Votre mère?... reprit mademoiselle de Verneuil en interrompant avec ironie et sans répondre à la singulière invitation qu'on lui faisait.

— Mon âge ne vous semble donc plus croyable ce soir, mademoiselle, répondit madame du Gua. J'ai eu le malheur d'être mariée fort jeune, j'ai eu mon fils à quinze ans...

— Ne vous trompez-vous pas, madame; ne serait-ce pas à trente?

Madame du Gua pâlit en dévorant le sarcasme par lequel la jeune fille se vengeait de celui qu'elle avait essuyé naguère; elle aurait voulu pouvoir la déchirer, et se trouvait forcée de lui sourire, car elle désira reconnaître à tout prix, même à ses épigrammes, le sentiment dont la jeune fille était animée; aussi feignit-elle de ne l'avoir pas comprise.

— Jamais les Chouans n'ont eu de chef plus cruel que celui-là, s'il faut ajouter foi aux bruits qui courent sur lui, dit-elle en s'adressant à la fois à Francine et à sa maîtresse.

— Oh! pour cruel, je ne crois pas, répondit mademoiselle de Verneuil; mais il sait mentir et me semble fort crédule : un chef de parti ne doit être le jouet de personne.

— Vous le connaissez? demanda froidement le marquis.

— Non, répliqua-t-elle en lui lançant un regard de mépris, je croyais le connaître...

— Oh! mademoiselle, c'est décidément un *malin*, reprit le capitaine en hochant la tête, et donnant par un geste expressif la physionomie particulière que ce mot avait alors et qu'il a perdue depuis. Ces vieilles familles poussent quelquefois de vigoureux rejetons. Il revient d'un pays où les ci-devant n'ont pas eu, dit-on, toutes leurs aises, et les hommes, voyez-vous, sont comme les nèfles, ils mûrissent sur la paille. Si ce garçon-là est habile, il pourra nous faire courir longtemps. Il a bien su opposer des compagnies légères à nos compagnies franches et neutraliser les efforts du gouvernement. Si l'on brûle un village aux Royalistes, il en fait brûler deux aux Républicains. Il se développe sur une immense étendue, et nous force ainsi à employer un nombre considérable de troupes dans un moment où nous n'en avons pas de trop! Oh! il entend les affaires.

— Il assassine sa patrie, dit Gérard d'une voix forte en interrompant le capitaine.

— Mais, répliqua le marquis, si sa mort délivre le pays, fusillez-le donc bien vite.

Puis il sonda par un regard l'âme de mademoiselle de Verneuil, et il se passa entre eux une de ces scènes muettes dont le langage ne peut reproduire que très-imparfaitement la vivacité dramatique et la fugitive finesse. Le danger rend intéressant. Quand il s'agit de mort, le criminel le plus vil excite toujours un peu de pitié. Or, quoique mademoiselle de Verneuil fût alors certaine que l'amant qui la dédaignait était ce chef dangereux, elle ne voulait pas encore s'en assurer par son supplice ; elle avait une toute autre curiosité à satisfaire. Elle préféra donc douter ou croire selon sa passion, et se mit à jouer avec le péril. Son regard, empreint d'une perfidie moqueuse, montrait les soldats au marquis d'un air de triomphe ; en lui présentant ainsi l'image de son danger, elle se plaisait à lui faire durement sentir que sa vie dépendait d'un seul mot, et déjà ses lèvres paraissaient se mouvoir pour le prononcer. Semblable à un sauvage d'Amérique, elle interrogeait les fibres du visage de son ennemi lié au poteau, et brandissait le *casse-tête* avec grâce, savourant une vengeance toute innocente, et punissant comme une maîtresse qui aime encore.

— Si j'avais un fils comme le vôtre, madame, dit-elle à l'étrangère visiblement épouvantée, je porterais son deuil le jour où je l'aurais livré aux dangers.

Elle ne reçut point de réponse. Elle tourna vingt fois la tête vers les officiers et la retourna brusquement vers madame du Gua, sans surprendre entre elle et le marquis aucun signe secret qui pût lui confirmer une intimité qu'elle soupçonnait et dont elle voulait douter. Une femme aime tant à hésiter dans une lutte de vie et de mort, quand elle tient l'arrêt. Le jeune général souriait de l'air le plus calme, et soutenait sans trembler la torture que mademoiselle de Verneuil lui faisait subir ; son attitude et l'expression de sa physionomie annonçaient un homme nonchalant des dangers auxquels il s'était soumis, et parfois il semblait lui dire : — « Voici l'occasion de venger votre vanité blessée, saisissez-la ! Je serais au désespoir de revenir de mon mépris pour vous. » Mademoiselle de Verneuil se mit à examiner le chef de toute la hauteur de sa position avec une impertinence et une dignité apparente, car, au fond de son cœur, elle en admirait le courage et la tranquillité. Joyeuse de découvrir que son amant portait un vieux titre, dont les priviléges plaisent à toutes les femmes, elle éprouvait quelque plaisir à le rencontrer dans une situation où, champion d'une cause ennoblie par le malheur, il luttait avec toutes les facultés d'une âme forte contre une république tant de fois victorieuse, et de le voir aux prises avec le danger, déployant cette bravoure si puissante sur le cœur des femmes; elle le mit vingt fois à l'épreuve, en obéissant peut-être à cet instinct qui porte la femme à jouer avec sa proie comme le chat joue avec la souris qu'il a prise.

— En vertu de quelle loi condamnez-vous donc les Chouans à mort? demanda-t-elle à Merle.

— Mais, celle du 14 fructidor dernier, qui met hors la loi les départements insurgés et y institue des conseils de guerre, répondit le républicain.

— A quoi dois-je maintenant l'honneur d'attirer vos regards? dit-elle à Montauran qui l'examinait attentivement.

— A un sentiment qu'un galant homme ne saurait exprimer à quelque femme que ce puisse être, répondit-il à voix basse en se penchant vers elle. Il fallait, dit-il à haute voix, vivre en ce temps pour voir des filles faisant l'office du bourreau, et enchérissant sur lui par la manière dont elles jouent avec la hache...

Elle regarda Montauran fixement; puis, ravie d'être insultée par cet homme au moment où elle en tenait la vie entre ses mains, elle lui dit à l'oreille, en riant avec une douce malice : — Vous avez une trop mauvaise tête, les bourreaux n'en voudront pas, je la garde.

Le marquis stupéfait contempla pendant un moment cette inexplicable fille dont l'amour triomphait de tout, même des plus piquantes injures, et qui se vengeait par le pardon d'une offense que les femmes ne pardonnent jamais. Ses yeux furent moins sévères, moins froids, et même une expression de mélancolie se glissa dans ses traits. Sa passion était déjà plus forte qu'il ne le croyait lui-même. Mademoiselle de Verneuil, satisfaite de ce faible gage d'une réconciliation cherchée, regarda le chef tendrement, lui jeta un sourire qui ressemblait à un baiser; puis elle se pencha dans le fond de la voiture, et ne voulut plus risquer l'avenir de ce drame de bonheur, croyant en avoir rattaché le nœud par ce sourire. Elle était si belle! Elle savait si bien triompher des obstacles en amour! Elle était si fort habituée à se jouer de tout, à marcher au hasard! Elle aimait tant l'imprévu et les orages de la vie!

Bientôt, par l'ordre du marquis, la voiture quitta la grande route et se dirigea vers la Vivetière, à travers un chemin creux encaissé de hauts talus plantés de pommiers qui en faisaient plutôt un fossé qu'une route. Les voyageurs laissèrent les soldats gagner lentement à leur suite le manoir dont les faîtes grisâtres apparaissaient et disparaissaient tour à tour entre les arbres de cette route argileuse où plusieurs des gens de l'escorte restèrent occupés à en retirer leurs souliers.

— Cela ressemble furieusement au chemin du paradis, s'écria Beau-pied.

Grâce à l'expérience que le postillon avait de ces chemins, mademoiselle de Verneuil ne tarda pas à voir le château de la Vivetière. Cette maison, située sur la croupe d'une espèce de promontoire, était défendue et enveloppée par deux étangs profonds qui ne permettaient d'y arriver qu'en suivant une étroite chaussée. La partie de cette péninsule où se trouvaient les habitations et les jardins était protégée à une certaine distance derrière le château, par un large fossé où se déchargeait l'eau superflue des étangs avec lesquels il communiquait, et formait ainsi réellement une île presque inexpugnable, retraite précieuse pour un chef qui ne pouvait être surpris que par trahison. En entendant crier les gonds rouillés de la porte et en passant sous la voûte en ogive d'un portail ruiné par la guerre précédente, mademoiselle de Verneuil avança la tête. Les couleurs sinistres du tableau qui s'offrit à ses regards effacèrent presque les pensées d'amour et de coquetterie entre lesquelles elle se berçait. La voiture entra dans une grande cour presque carrée et fermée par les rives abruptes des étangs. Ces berges sauvages, baignées par des eaux couvertes de grandes taches vertes, avaient pour tout ornement des arbres aquatiques dépouillés de feuilles, dont les troncs rabougris, les têtes énormes et chenues, élevées au-dessus des roseaux et des broussailles, ressemblaient à des marmousets grotesques. Ces haies disgracieuses parurent s'animer et parler quand les grenouilles les désertèrent en coassant, et que des poules d'eau, réveillées par le bruit de la voiture, volèrent en barbotant sur la surface des étangs. La cour entourée d'herbes hautes et flétries, d'ajoncs, d'arbustes nains ou parasites, excluait toute idée d'ordre et de splendeur. Le château semblait abandonné depuis longtemps. Les toits paraissaient plier sous le poids des végétations qui y croissaient. Les murs, quoique construits de ces pierres schisteuses et solides dont abonde le sol, offraient de nombreuses lézardes où le lierre attachait ses griffes. Deux corps de bâtiments réunis en équerre à une haute tour et qui faisaient face à l'étang, composaient tout le château, dont les portes et les volets pendants et pourris, les balustrades rouillées, les fenêtres ruinées, paraissaient devoir tomber au premier souffle d'une tempête. La bise sifflait alors à travers ces ruines auxquelles la lune prêtait, par sa lumière indécise, le caractère et la physionomie d'un grand spectre. Il faut avoir vu les couleurs de ces pierres granitiques grises et bleues, mariées aux schistes noirs et fauves, pour savoir combien est vraie l'image que suggérait la vue de cette carcasse vide et sombre. Ses pierres disjointes, ses croisées sans vitres, sa tour à créneaux, ses toits à jour lui donnaient tout à fait l'air d'un squelette; et les oiseaux de proie qui s'envolèrent en criant ajoutaient un trait de plus à cette vague ressemblance. Quelques hauts sapins plantés derrière la maison balançaient au-dessus des toits leur feuillage sombre, et quelques ifs, taillés pour en décorer les angles, l'encadraient de tristes festons, semblables aux tentures d'un convoi. Enfin, la forme des portes, la grossièreté des ornements, le peu d'ensemble des constructions, tout annonçait un de ces manoirs féodaux dont s'enorgueillit la Bretagne, avec raison peut-être, car ils forment sur cette terre gaélique une espèce d'histoire monumentale des temps nébuleux qui précèdent l'établissement de la monarchie.

Mademoiselle de Verneuil, dans l'imagination de laquelle le mot de château réveillait toujours les formes d'un type convenu, frappée de la physionomie funèbre de ce tableau, sauta légèrement hors de la calèche, et le contempla toute seule avec terreur, en songeant au parti qu'elle devait prendre. Francine entendit pousser à madame du Gua un soupir de joie en se trouvant hors de l'atteinte des Bleus, et une exclamation involontaire lui échappa quand le portail fut fermé et qu'elle se vit dans cette espèce de forteresse naturelle.

Montauran s'était vivement élancé vers mademoiselle de Verneuil en devinant les pensées qui la préoccupaient.

— Ce château, dit-il avec une légère tristesse, a été ruiné par la guerre, comme les projets que j'élevais pour notre bonheur l'ont été par vous.

— Et comment, demanda-t-elle toute surprise ?

— Êtes-vous une *jeune femme belle*, NOBLE *et spirituelle*, dit-il avec un accent d'ironie en lui répétant les paroles qu'elle lui avait si coquettement prononcées dans leur conversation sur la route.

— Qui vous a dit le contraire ?

— Des amis dignes de foi qui s'intéressent à ma sûreté et veillent à déjouer les trahisons.

— Des trahisons! dit-elle d'un air moqueur. Alençon et Hulot sont-ils donc déjà si loin? Vous n'avez pas de mémoire, un défaut dangereux pour un chef de parti! — Mais du moment où des amis, ajouta-t-elle avec une rare impertinence, règnent si puissamment dans votre cœur, gardez vos amis. Rien n'est comparable aux plaisirs de l'amitié. Adieu, ni moi, ni les soldats de la République nous n'entrerons ici.

Elle s'élança vers le portail par un mouvement de fierté blessée et de dédain, mais elle déploya dans sa démarche une noblesse et un désespoir qui changèrent toutes les idées du marquis, à qui il en coûtait trop de renoncer à ses désirs pour qu'il ne fût pas imprudent et crédule. Lui aussi aimait déjà. Ces deux amants n'avaient donc envie ni l'un ni l'autre de se quereller longtemps.

— Ajoutez un mot et je vous crois, dit-il d'une voix suppliante.

— Un mot, reprit-elle avec ironie en serrant ses lèvres, un mot? pas seulement un geste.

— Au moins grondez-moi, demanda-t-il en essayant de prendre une main qu'elle retira; si toutefois vous osez bouder un chef de rebelles, maintenant aussi défiant et sombre qu'il était joyeux et confiant naguère.

Marie ayant regardé le marquis sans colère, il ajouta : — Vous avez mon secret, et je n'ai pas le vôtre.

A ces mots, le front d'albâtre sembla devenu brun, Marie jeta un regard d'humeur au chef et répondit : — Mon secret? jamais.

En amour, chaque parole, chaque coup d'œil, ont leur éloquence du moment; mais là mademoiselle de Verneuil n'exprima rien de précis, et quelque habile que fût Montauran, le secret de cette exclamation resta impénétrable, quoique la voix de cette femme eût trahi des émotions peu ordinaires, qui durent vivement piquer sa curiosité.

— Vous avez, reprit-il, une plaisante manière de dissiper les soupçons.

— En conservez-vous donc? demanda-t-elle en le toisant des yeux comme si elle lui eût dit : — Avez-vous quelques droits sur moi?

— Mademoiselle, répondit le jeune homme d'un air soumis et ferme, le pouvoir que vous exercez sur les troupes républicaines, cette escorte...

— Ah! vous m'y faites penser. Mon escorte et moi, lui demanda-t-elle avec une légère ironie, vos protecteurs enfin, seront-ils en sûreté ici?

— Oui, foi de gentilhomme! Qui que vous soyez, vous et les vôtres, vous n'avez rien à craindre chez moi.

Ce serment fut prononcé par un mouvement si loyal et si généreux, que mademoiselle de Verneuil dut avoir une entière sécurité sur le sort des Républicains. Elle allait parler, quand l'arrivée de madame du Gua lui imposa silence. Cette dame avait pu entendre ou deviner une partie de la conversation des deux amants, et ne concevait pas de médiocres inquiétudes en les apercevant dans une position qui n'accusait plus la moindre inimitié. En voyant cette femme, le marquis offrit la main à mademoiselle de Verneuil, et s'avança vers la maison avec vivacité comme pour se défaire d'une importune compagnie.

— Je le gêne, se dit l'inconnue en restant immobile à sa place. Elle regarda les deux amants réconciliés s'en allant lentement vers le perron, où ils s'arrêtèrent pour causer aussitôt qu'ils eurent mis entre elle et eux un certain espace. — Oui, oui, je les gêne, reprit-elle en se parlant à elle-même, mais dans peu cette créature-là ne me gênera plus; l'étang sera, par Dieu, son tombeau! Ne tiendrai-je pas bien ta parole de gentilhomme? une fois sous cette eau, qu'a-t-on à craindre? n'y sera-t-elle pas en sûreté?

Elle regardait d'un œil fixe le miroir calme du petit lac de droite, quand tout à coup elle entendit bruire les ronces de la berge et aperçut au clair de la lune la figure de Marche-à-terre qui se dressa par-dessus la noueuse écorce d'un vieux saule. Il fallait connaître le Chouan pour le distinguer au milieu de cette assemblée de troisses ébranchées parmi lesquelles la sienne se confondait si facilement. Madame du Gua jeta d'abord autour d'elle un regard de défiance; elle vit le postillon conduisant ses chevaux à une écurie située dans celle des deux ailes du château qui faisait face à la rive où Marche-à-terre était caché; Francine allait vers les deux amants qui, dans ce moment, oubliaient toute la terre; alors, l'inconnue s'avança, mettant un doigt sur ses lèvres pour réclamer un profond silence; puis, le Chouan comprit plutôt qu'il n'entendit les paroles suivantes : — Combien êtes-vous, ici?

— Quatre-vingt-sept.

— Ils ne sont que soixante-cinq, je les ai comptés.

— Bien, reprit le sauvage avec une satisfaction farouche.

Attentif aux moindres gestes de Francine, le Chouan disparut dans l'écorce du saule en la voyant se retourner pour chercher des yeux l'ennemie sur laquelle elle veillait par instinct.

Sept ou huit personnes, attirées par le bruit de la voiture, se montrèrent en haut du principal perron et s'écrièrent : — C'est le Gars! c'est lui, le voici! A ces exclamations, d'autres hommes accoururent, et leur présence interrompit la conversation des deux amants. Le marquis de Montauran s'avança précipitamment vers les gentilshommes, leur fit un signe impératif pour leur imposer silence, et leur indiqua le haut de l'avenue par laquelle débouchaient les soldats républicains. A l'aspect de ces uniformes bleus à revers rouges si connus, et de ces baïonnettes luisantes, les conspirateurs étonnés s'écrièrent : — Seriez-vous donc venu pour nous trahir?

— Je ne vous avertirais pas du danger, répondit le marquis en souriant avec amertume. — Ces Bleus, reprit-il après une pause, forment l'escorte de cette jeune dame dont la générosité nous a miraculeusement délivrés d'un péril auquel nous avons failli succomber dans une auberge d'Alençon. Nous vous conterons cette aventure. Mademoiselle et son escorte sont ici sur ma parole, et doivent être reçus en amis.

Madame du Gua et Francine étaient arrivées jusqu'au perron, le marquis présenta galamment la main à mademoiselle de Verneuil, le groupe de gentilshommes se partagea en deux haies pour les laisser passer, et tous essayèrent d'apercevoir les traits de l'inconnue ; car madame du Gua avait déjà rendu leur curiosité plus vive en leur faisant quelques signes à la dérobée. Mademoiselle de Verneuil vit dans la première salle une grande table parfaitement servie, et préparée pour une vingtaine de convives. Cette salle à manger communiquait à un vaste salon où l'assemblée se trouva bientôt réunie. Ces deux pièces étaient en harmonie avec le spectacle de destruction qu'offraient les dehors du château. Les boiseries de noyer poli, mais de formes rudes et grossières, saillantes, mal travaillées, étaient disjointes et semblaient près de tomber. Leur couleur sombre ajoutait encore à la tristesse de ces salles sans glaces ni rideaux, où quelques meubles séculaires et en ruine s'harmoniaient avec cet ensemble de débris. Marie aperçut des cartes géographiques, et des plans déroulés sur une grande table ; puis, dans les angles de l'appartement, des armes et des carabines amoncelées. Tout témoignait d'une conférence importante entre les chefs des Vendéens et ceux des Chouans. Le marquis conduisit mademoiselle de Verneuil à un immense fauteuil vermoulu qui se trouvait auprès de la cheminée, et Francine vint se placer derrière sa maîtresse en s'appuyant sur le dossier de ce meuble antique.

— Vous me permettrez bien de faire un moment le maître de maison, dit le marquis en quittant les deux étrangères pour se mêler aux groupes formés par ses hôtes.

Francine vit tous les chefs, sur quelques mots de Montauran, s'empressant de cacher leurs armes, les cartes et tout ce qui pouvait éveiller les soupçons des officiers républicains ; quelques-uns quittèrent de larges ceintures de peau contenant des pistolets et des couteaux de chasse. Le marquis recommanda la plus grande discrétion, et sortit en s'excusant sur la nécessité de pourvoir à la réception des hôtes gênants que le hasard lui donnait. Mademoiselle de Verneuil, qui avait levé ses pieds vers le feu en s'occupant à les chauffer, laissa partir Montauran sans retourner la tête, et trompa l'attente des assistants, qui tous désiraient la voir. Francine fut donc seule témoin du changement que produisit dans l'assemblée le départ du jeune chef. Les gentilshommes se groupèrent autour de la dame inconnue, et, pendant la sourde conversation qu'elle tint avec eux, il n'y en eut pas un qui ne regardât à plusieurs reprises les deux étrangères.

— Vous connaissez Montauran, leur disait-elle, il s'est amouraché en un moment de cette fille, et vous comprenez bien que, dans ma bouche, les meilleurs avis lui ont été suspects. Les amis que nous avons à Paris, messieurs de Valois et d'Esgrignon d'Alençon, tous l'ont prévenu du piège qu'on veut lui tendre en lui jetant à la tête une créature, et il se coiffe de la première qu'il rencontre ; d'une fille qui, suivant les renseignements que j'ai fait prendre, s'empare d'un grand nom pour le souiller, qui, etc., etc.

Cette dame, dans laquelle on a pu reconnaître la femme qui décida l'attaque de la turgotine, conservera désormais dans cette histoire le nom qui lui servit à échapper aux dangers de son passage par Alençon. La publication du vrai nom ne pourrait qu'offenser une noble famille, déjà profondément affligée par les écarts de cette jeune dame, dont la destinée a d'ailleurs été le sujet d'une autre Scène. Bientôt l'attitude de curiosité que prit l'assemblée devint impertinente et presque hostile. Quelques exclamations assez dures parvinrent à l'oreille de Francine, qui, après avoir dit un mot à sa maîtresse, se réfugia dans l'embrasure d'une croisée. Marie se leva, se tourna vers le groupe insolent, y jeta quelques regards pleins de dignité, de mépris même. Sa beauté, l'élégance de ses manières et sa fierté, changèrent tout à coup les dispositions de ses ennemis et lui valurent un murmure flatteur qui leur échappa. Deux ou trois hommes, dont l'extérieur trahissait les habitudes de politesse et de galanterie qui s'acquièrent dans la sphère élevée des cours, s'approchèrent de Marie avec bonne grâce; sa décence leur imposa le respect, aucun d'eux n'osa lui adresser la parole, et loin d'être accusée par eux, ce fut elle qui sembla les juger.

Les chefs de cette guerre entreprise pour Dieu et le Roi ressemblaient bien peu aux portraits de fantaisie qu'elle s'était plu à tracer. Cette lutte, véritablement grande, se rétrécit et prit des proportions mesquines, quand elle vit, sauf deux ou trois figures vigoureuses, ces gentilshommes de province, tous dénués d'expression et de vie. Après avoir fait de la poésie, Marie tomba tout à coup dans le vrai. Ces physionomies paraissaient annoncer d'abord plutôt un besoin d'intrigue que l'amour de la gloire, l'intérêt mettait bien réellement à tous ces gentilshommes les armes à la main; mais s'ils devenaient héroïques dans l'action, là ils se montraient à nu. La perte de ses illusions rendit mademoiselle de Verneuil injuste et l'empêcha de reconnaître le dévouement vrai qui rendit plusieurs de ces hommes si remarquables. Cependant la plupart d'entre eux montraient des manières communes. Si quelques têtes originales se faisaient distinguer entre les autres, elles étaient rapetissées par les formules et par l'étiquette de l'aristocratie. Si Marie accorda généralement de la finesse et de l'esprit à ces hommes, elle trouva chez eux une absence complète de cette simplicité, de ce grandiose auquel les triomphes et les hommes de la République l'habituaient. Cette assemblée nocturne, au milieu de ce vieux castel en ruine et sous ces ornements contournés assez bien assortis aux figures, la fit sourire, elle voulut y voir un tableau symbolique de la monarchie. Elle pensa bientôt avec délices qu'au moins le marquis jouait le premier rôle parmi ces gens dont le seul mérite, pour elle, était de se dévouer à une cause perdue. Elle dessina la figure de son amant sur cette masse, se plut à l'en faire ressortir, et ne vit plus dans ces figures maigres et grêles que les instruments de ses nobles desseins. En ce moment, les pas du marquis retentirent dans la salle voisine. Tout à coup les conspirateurs se séparèrent en plusieurs groupes, et les chuchotements cessèrent. Semblables à des écoliers qui ont comploté quelque malice en l'absence de leur maître, ils s'empressèrent d'affecter l'ordre et le silence. Montauran entra, Marie eut le bonheur de l'admirer au milieu de ces gens parmi lesquels il était le plus jeune, le plus beau, le premier. Comme un roi dans sa cour, il alla de groupe en groupe, distribua de légers coups de tête, des serrements de main, des regards, des paroles d'intelligence ou de reproche, en faisant son métier de chef de parti avec une grâce et un aplomb difficiles à supposer dans ce jeune homme d'abord accusé par elle d'étourderie. La présence du marquis mit un terme à la curiosité qui s'était attachée à mademoiselle de Verneuil; mais, bientôt, les méchancetés de madame du Gua produisirent leur effet. Le baron du Guénic, surnommé l'*Intimé*, qui, parmi tous ces hommes rassemblés par de graves intérêts, paraissait autorisé par son nom et par son rang à traiter familièrement Montauran, le prit par le bras et l'emmena dans un coin.

— Écoute, mon cher marquis, lui dit-il, nous te voyons tous avec peine sur le point de faire une insigne folie.

— Qu'entends-tu par ces paroles?

— Mais sais-tu bien d'où vient cette fille, qui elle est réellement, et quels sont ses desseins sur toi?

— Mon cher l'Intimé, entre nous soit dit, demain matin, ma fantaisie sera passée.

— D'accord, mais si cette créature te livre avant le jour?...

— Je te répondrai quand tu m'auras dit pourquoi elle ne l'a pas déjà fait, répliqua Montauran, qui prit par badinage un air de fatuité.

— Oui, mais si tu lui plais, elle ne veut peut-être pas te trahir avant que sa fantaisie, à elle, soit passée.

— Mon cher, regarde cette charmante fille, étudie ses manières, et ose dire que ce n'est pas une femme de distinction? Si elle jetait sur toi des regards favorables, ne sentirais-tu pas, au fond de ton âme, quelque respect pour elle. Une dame vous a déjà prévenus contre cette personne; mais, après ce que nous nous sommes dit l'un à l'autre, si c'était une de ces créatures perdues dont nous ont parlé nos amis, je la tuerais...

— Croyez-vous, dit madame du Gua, qui intervint, Fouché assez bête pour vous envoyer une fille prise au coin d'une rue ? il a proportionné les séductions à votre mérite. Mais si vous êtes aveugle, vos amis auront les yeux ouverts pour veiller sur vous.

— Madame, répondit le Gars en lui dardant des regards de colère, songez à ne rien entreprendre contre cette personne, ni contre son escorte, ou rien ne vous garantirait de ma vengeance. Je veux que mademoiselle soit traitée avec les plus grands égards et comme une femme qui m'appartient. Nous sommes, je crois, alliés aux Verneuil.

L'opposition que rencontrait le marquis produisit l'effet ordinaire que font sur les jeunes gens de semblables obstacles. Quoiqu'il eût en apparence traité fort légèrement mademoiselle de Verneuil et fait croire que sa passion pour elle était un caprice, il venait, par un sentiment d'orgueil, de franchir un espace immense. En avouant cette femme, il trouva son honneur intéressé à ce qu'elle fût respectée ; il alla donc, de groupe en groupe, assurant, en homme qu'il eût été dangereux de froisser, que cette inconnue était réellement mademoiselle de Verneuil. Aussitôt, toutes les rumeurs s'apaisèrent. Lorsque Montauran eut établi une espèce d'harmonie dans le salon et satisfait à toutes les exigences, il se rapprocha de sa maîtresse avec empressement et lui dit à voix basse :

— Ces gens-là m'ont volé un moment de bonheur.

— Je suis bien contente de vous avoir près de moi, répondit-elle en riant. Je vous préviens que je suis curieuse ; ainsi, ne vous fatiguez pas trop de mes questions. Dites-moi d'abord quel est ce bonhomme qui porte une veste de drap vert.

— C'est le fameux major Brigaut, un homme du Marais, compagnon de feu Mercier, dit La-Vendée.

— Mais quel est le gros ecclésiastique à face rubiconde avec lequel il cause maintenant de moi ? reprit mademoiselle de Verneuil.

— Savez-vous ce qu'ils disent ?

— Si je veux le savoir ?... Est-ce une question ?

— Mais je ne pourrais vous en instruire sans vous offenser.

— Du moment où vous me laisser offenser sans tirer vengeance des injures que je reçois chez vous, adieu, marquis ! Je ne veux pas rester un moment ici. J'ai déjà quelques remords de tromper ces pauvres Républicains, si loyaux et si confiants.

Elle fit quelques pas, et le marquis la suivit.

— Ma chère Marie, écoutez-moi. Sur mon honneur, j'ai imposé silence à leurs méchants propos avant de savoir s'ils étaient faux ou vrais. Néanmoins dans ma situation, quand les amis que nous avons dans les ministères à Paris m'ont averti de me défier de toute espèce de femme qui se trouverait sur mon chemin en m'annonçant que Fouché voulait employer contre moi une Judith des rues, il est permis à mes meilleurs amis de penser que vous êtes trop belle pour être une honnête femme...

En parlant, le marquis plongeait son regard dans les yeux de mademoiselle de Verneuil qui rougit, et ne put retenir quelques pleurs.

— J'ai mérité ces injures, dit-elle. Je voudrais vous voir persuadé que je suis une méprisable créature et me savoir aimée... alors je ne douterais plus de vous. Moi je vous ai cru quand vous me trompiez, et vous ne me croyez pas quand je suis vraie. Brisons là, monsieur, dit-elle en fronçant le sourcil et pâlissant comme une femme qui va mourir. Adieu.

— Elle s'élança hors de la salle à manger par un mouvement de désespoir.

— Marie, ma vie est à vous, lui dit le jeune marquis à l'oreille.

Elle s'arrêta, le regarda.

— Non, non, dit-elle, je serai généreuse. Adieu. Je ne pensais, en vous suivant, ni à mon passé, ni à votre avenir, j'étais folle.

— Comment, vous me quittez au moment où je vous offre ma vie!...

— Vous l'offrez dans un moment de passion, de désir.

— Sans regret, et pour toujours, dit-il.

Elle rentra. Pour cacher ses émotions, le marquis continua l'entretien.

— Ce gros homme de qui vous me demandiez le nom est un homme redoutable, l'abbé Gudin, un de ces jésuites assez obstinés, assez dévoués peut-être pour rester en France malgré l'édit de 1763 qui les en a bannis. Il est le boute-feu de la guerre dans ces contrées et le propagateur de l'association religieuse dite du Sacré-Cœur. Habitué à se servir de la religion comme d'un instrument, il persuade à ses affiliés qu'ils ressusciteront, et sait entretenir leur fanatisme par d'adroites prédications. Vous le voyez : il faut employer les intérêts particuliers de chacun pour arriver à un grand but. Là sont tous les secrets de la politique.

— Et ce vieillard encore vert, tout musculeux, dont la figure est si repoussante ? Tenez, là, l'homme habillé avec les lambeaux d'une robe d'avocat.

— Avocat ? il prétend au grade de maréchal de camp. N'avez-vous pas entendu parler de Longuy ?

— Ce serait lui ! dit mademoiselle de Verneuil effrayée. Vous vous servez de ces hommes !

— Chut ! il peut vous entendre. Voyez-vous cet autre en conversation criminelle avec madame du Gua...

— Cet homme en noir qui ressemble à un juge ?

— C'est un de nos négociateurs, la Billardière, fils d'un conseiller au parlement de Bretagne, dont le nom est quelque chose comme Flamet ; mais il a la confiance des princes.

— Et son voisin, celui qui serre en ce moment sa pipe de terre blanche, et qui appuie tous les doigts de sa main droite sur le panneau comme un pacant ? dit mademoiselle de Verneuil en riant.

— Vous l'avez, pardieu, deviné, c'est l'ancien garde-chasse du défunt mari de cette dame. Il commande une des compagnies que j'oppose aux bataillons mobiles. Lui et Marche-à-terre sont peut-être les plus consciencieux serviteurs que le Roi ait ici.

— Mais elle, qui est-elle ?

— Elle, reprit le marquis, elle est la dernière maîtresse qu'ait eue Charrette. Elle possède une grande influence sur tout ce monde.

— Lui est-elle restée fidèle ?

Pour toute réponse le marquis fit une petite moue dubitative.

— Et l'estimez-vous ?

— Vous êtes effectivement bien curieuse.

— Elle est mon ennemie parce qu'elle ne peut plus être ma rivale, dit en riant mademoiselle de Verneuil, je lui pardonne ses erreurs passées, qu'elle me pardonne les miennes. Et cet officier à moustaches ?

— Permettez-moi de ne pas le nommer. Il veut se défaire du premier Consul en l'attaquant à main armée ? Qu'il réussisse ou non, vous le connaîtrez, il deviendra célèbre.

— Et vous êtes venu commander à de pareilles gens ?... dit-elle avec horreur. Voilà les défenseurs du Roi ! Où sont donc les gentilshommes et les seigneurs ?

— Mais, dit le marquis avec impertinence, ils sont répandus dans toutes les cours de l'Europe. Qui donc enrôle les rois, leurs cabinets, leurs armées, au service de la maison de Bourbon, et les lance sur cette République qui menace de mort toutes les monarchies et l'ordre social d'une destruction complète?...

— Ah ! répondit-elle avec une généreuse émotion, soyez désormais la source pure où je puiserai les idées que je dois encore acquérir... j'y consens. Mais laissez-moi penser que vous êtes le seul noble qui fasse son devoir en attaquant la France avec des Français, et non à l'aide de l'étranger. Je suis femme, et sens que si mon enfant me frappait dans sa colère, je pourrais lui pardonner ; mais s'il me voyait de sang-froid déchirée par un inconnu, je le regarderais comme un monstre.

— Vous serez toujours Républicaine, dit le marquis en proie à une délicieuse ivresse excitée par les généreux accents qui le confirmaient dans ses présomptions.

— Républicaine ? Non, je ne le suis plus. Je ne vous estimerais pas si vous vous soumettiez au premier Consul, reprit-elle ; mais je ne voudrais pas non plus vous voir à la tête de gens qui pillent un coin de la France au lieu d'assaillir toute la République. Pour qui vous battez-vous ? Qu'attendez-vous d'un roi rétabli sur le trône par vos mains ? Une femme a déjà entrepris ce beau chef-d'œuvre, le roi libéré l'a laissé brûler vive. Ces hommes-là sont les oints du Seigneur, et il y a du danger à toucher aux choses consacrées. Laissez Dieu seul les placer, les déplacer, les replacer sur leurs tabourets de pourpre. Si vous avez pesé la récompense qui vous en reviendra, vous êtes à mes yeux dix fois plus grand que je ne vous croyais ; foulez-moi alors si vous le voulez aux pieds, je vous le permets, je serai heureuse.

— Vous êtes ravissante ! N'essayez pas d'endoctriner ces messieurs, je serais sans soldats.

— Ah ! si vous vouliez me laisser vous convertir, nous irions à mille lieues d'ici.

— Ces hommes que vous paraissez mépriser sauront périr dans la lutte, répliqua le marquis d'un ton plus grave, et leurs torts seront oubliés. D'ailleurs, si mes efforts sont couronnés de quelques succès, les lauriers du triomphe ne cacheront-ils pas tout ?

— Il n'y a que vous ici à qui je voie risquer quelque chose.

— Je ne suis pas le seul, reprit-il avec une modestie vraie. Voici là-bas deux nouveaux chefs de la Vendée. Le premier, que vous avez entendu nommer le Grand-Jacques, est le comte de Fontaine, et l'autre la Billardière, que je vous ai déjà montré.

— Et oubliez-vous Quiberon, où la Billardière a joué le rôle le plus singulier?... répondit-elle frappée d'un souvenir.

— La Billardière a beaucoup pris sur lui, croyez-moi. Ce n'est pas être sur des roses que de servir les princes...

— Ah! vous me faites frémir! s'écria Marie. Marquis, reprit-elle d'un ton qui semblait annoncer une réticence dont le mystère lui était personnel, il suffit d'un instant pour détruire une illusion et dévoiler des secrets d'où dépendent la vie et le bonheur de bien des gens... Elle s'arrêta comme si elle eût craint d'en trop dire, et ajouta : — Je voudrais savoir les soldats de la République en sûreté.

— Je serai prudent, dit-il en souriant pour déguiser son émotion, mais ne me parlez plus de vos soldats, je vous en ai répondu sur ma foi de gentilhomme.

— Et après tout, de quel droit voudrais-je vous conduire? reprit-elle. Entre nous soyez toujours le maître. Ne vous ai-je pas dit que je serais au désespoir de régner sur un esclave?

— Monsieur le marquis, dit respectueusement le major Brigaut en interrompant cette conversation, les Bleus resteront-ils donc longtemps ici?

Ils partiront aussitôt qu'ils se seront reposés, s'écria Marie.

Le marquis lança des regards scrutateurs sur l'assemblée, y remarqua de l'agitation, quitta mademoiselle de Verneuil, et laissa madame du Gua venir le remplacer auprès d'elle. Cette femme apportait un masque riant et perfide que le sourire amer du jeune chef ne déconcerta point. En ce moment Francine jeta un cri promptement étouffé. Mademoiselle de Verneuil, qui vit avec étonnement sa fidèle campagnarde s'élançant vers la salle à manger, regarda madame du Gua, et sa surprise augmenta à l'aspect de la pâleur répandue sur le visage de son ennemie. Curieuse de pénétrer le secret de ce brusque départ, elle s'avança vers l'embrasure de la fenêtre où sa rivale la suivit afin de détruire les soupçons qu'une imprudence pouvait avoir éveillés et lui sourit avec une indéfinissable malice quand, après avoir jeté toutes deux un regard sur le paysage du lac, elles revinrent ensemble à la cheminée, Marie sans avoir rien aperçu qui justifiât la fuite de Francine, madame du Gua satisfaite d'être obéie. Le lac au bord duquel Marche-à-terre avait comparu dans la cour à l'évocation de cette femme, allait rejoindre le fossé d'enceinte qui protégeait les jardins, en décrivant de vaporeuses sinuosités, tantôt larges comme des étangs, tantôt resserrées comme les rivières artificielles d'un parc. Le rivage rapide et incliné que baignaient ces eaux claires passait à quelques toises de la croisée. Occupée à contempler, sur la surface des eaux, les lignes noires qu'y projetaient les têtes de quelques vieux saules, Francine observait assez insouciamment l'uniformité de courbure qu'une brise légère imprimait à leurs branchages. Tout à coup elle crut apercevoir une de leurs figures remuant sur le miroir des eaux par quelques-uns de ces mouvements irréguliers et spontanés qui trahissent la vie. Cette figure, quelque vague qu'elle fût, semblait être celle d'un homme. Francine attribua d'abord sa vision aux imparfaites configurations que produisait la lumière de la lune, à travers les feuillages ; mais bientôt une seconde tête se montra ; puis d'autres apparurent encore dans le lointain. Les petits arbustes de la berge se courbèrent et se relevèrent avec violence. Francine vit alors cette longue haie insensiblement agitée comme un de ces grands serpents indiens aux formes fabuleuses. Puis, çà et là, dans les genêts et les hautes épines, plusieurs points lumineux brillèrent et se déplacèrent. En redoublant d'attention, l'amante de Marche-à-terre crut reconnaître la première des figures noires qui allaient au sein de ce mouvant rivage. Quelque indistinctes que fussent les formes de cet homme, le battement de son cœur lui persuada qu'elle voyait en lui Marche-à-terre. Éclairée par un geste, et impatiente de savoir si cette marche mystérieuse ne cachait pas quelque perfidie, elle s'élança vers la cour. Arrivée au milieu de ce plateau de verdure, elle regarda tour à tour les deux corps de logis et les deux berges sans découvrir dans celle qui faisait face à l'aile inhabitée aucune trace de ce sourd mouvement. Elle prêta une oreille attentive, et entendit un léger bruissement semblable à celui que peuvent produire les pas d'une bête fauve dans le silence des forêts ; elle tressaillit et ne trembla pas. Quoique jeune et innocente encore, la curiosité lui inspira promptement une ruse. Elle aperçut la voiture, courut s'y blottir, et ne leva sa tête qu'avec la précaution du lièvre aux oreilles duquel résonne le bruit d'une chasse lointaine. Elle vit Pille-miche qui sortit de l'écurie. Ce Chouan était accompagné de deux paysans, et tous trois portaient des bottes de paille ; ils les étalèrent de manière à former une longue litière devant le corps de bâtiment inhabité parallèle à la berge bordée d'arbres nains, où les Chouans marchaient avec un silence qui trahissait les apprêts de quelque horrible stratagème.

— Tu leur donnes de la paille comme s'ils devaient réellement dormir là. Assez, Pille-miche, assez, dit une voix rauque et sourde que Francine reconnut.

— N'y dormiront-ils pas? reprit Pille-miche en laissant échapper un gros rire bête. Mais ne crains-tu pas que le Gars ne se fâche? ajouta-t-il si bas que Francine n'entendit rien.

— Eh ! bien, il se fâchera, répondit à demi-voix Marche-à-terre ; mais nous aurons tué les Bleus, tout de même. — Voilà, reprit-il, une voiture qu'il faut rentrer à nous deux.

Pille-miche tira la voiture par le timon, et Marche-à-terre la poussa par une des roues avec une telle prestesse que Francine se trouva dans la grange et sur le point d'y rester enfermée, avant d'avoir eu le temps de réfléchir à sa situation. Pille-miche sortit pour aider à amener la pièce de cidre que le marquis avait ordonné de distribuer aux soldats de l'escorte. Marche-à-terre passait le long de la calèche pour se retirer et fermer la porte, quand il se sentit arrêté par une main qui saisit les longs crins de sa peau de chèvre. Il reconnut des yeux dont la douceur exerçait sur lui la puissance du magnétisme, et demeura pendant un moment comme *charmé*. Francine sauta vivement hors de la voiture, et lui dit de cette voix agressive qui va merveilleusement à une femme irritée :

— Pierre, quelles nouvelles as-tu donc apportées sur le chemin à cette dame et à son fils? Que fait-on ici? Pourquoi te caches-tu? je veux tout savoir. Ces mots donnèrent au visage du Chouan une expression que Francine ne lui connaissait pas. Le Breton amena son innocente maîtresse sur le seuil de la porte ; là, il la tourna vers la lueur blanchissante de la lune, et lui répondit en la regardant avec des yeux terribles : — Oui, par ma damnation ! Francine, je te le dirai, mais quand tu m'auras juré sur ce chapelet... Et il tira un vieux chapelet de dessous sa peau de bique. — Sur cette relique que tu connais, reprit-il, de me répondre vérité à une seule demande. Francine rougit en regardant ce chapelet qui, sans doute, était un gage de leur amour. — C'est là-dessus, reprit le Chouan tout ému, que tu as juré...

Il n'acheva pas. La paysanne appliqua sa main sur les lèvres de son sauvage amant pour lui imposer silence.

— Ai-je donc besoin de jurer? dit-elle.

— Il prit sa maîtresse doucement par la main, la contempla pendant un instant, et reprit : — La demoiselle que tu sers se nomme-t-elle réellement mademoiselle de Verneuil?

Francine demeura les bras pendants, les paupières baissées, la tête inclinée, pâle, interdite.

— C'est une cataud! reprit Marche-à-terre d'une voix terrible.

A ce mot, la jolie main lui couvrit encore les lèvres, mais cette fois il se recula violemment. La petite Bretonne ne vit plus d'amant, mais bien une bête féroce dans toute l'horreur de sa nature. Les sourcils du Chouan étaient violemment serrés, ses lèvres se contractèrent, et il montra les dents comme un chien qui défend son maître.

— Je t'ai laissée fleur et je te retrouve fumier. Ah! pourquoi t'ai-je abandonnée! Vous venez pour nous trahir, pour livrer le Gars.

Ces phrases furent plutôt des rugissements que des paroles. Quoique Francine eût peur, à ce dernier reproche, elle osa contempler ce visage farouche, leva sur lui des yeux angéliques et répondit avec calme : — Je gage mon salut que cela est faux. C'est des idées de ta dame.

A son tour il baissa la tête; puis elle lui prit la main, se tourna vers lui par un mouvement mignon, et lui dit : — Pierre, pourquoi sommes-nous dans tout ça? Écoute, je ne sais pas comment toi tu peux y comprendre quelque chose, car je n'y entends rien! Mais souviens-toi que cette belle et noble demoiselle est ma bienfaitrice; elle est aussi la tienne, et nous vivons quasiment comme deux sœurs. Il ne doit jamais lui arriver rien de mal là où nous serons avec elle, de notre vivant du moins. Jure-le moi donc! Ici je n'ai confiance qu'en toi.

— Je ne commande pas ici, répondit le Chouan d'un ton bourru.

Son visage devint sombre. Elle lui prit ses grosses oreilles pendantes, et les lui tordit doucement, comme si elle caressait un chat.

— Eh! bien, promets-moi, reprit-elle en le voyant moins sévère, d'employer à la sûreté de notre bienfaitrice tout le pouvoir que tu as.

Il remua la tête comme s'il doutait du succès, et ce geste fit frémir la Bretonne. En ce moment critique, l'escorte était parvenue à la chaussée. Le pas des soldats et le bruit de leurs armes réveillèrent les échos de la cour et parurent mettre un terme à l'indécision de Marche-à-terre.

— Je la sauverai peut-être, dit-il à sa maîtresse, si tu peux la faire demeurer dans la maison. — Et, ajouta-t-il, quoi qu'il puisse arriver, restes-y avec elle et garde le silence le plus profond ; sans quoi, rin.

— Je te le promets, répondit-elle dans son effroi.

— Eh ! bien, rentre. Rentre à l'instant et cache ta peur à tout le monde, même à ta maîtresse.

— Oui.

Elle serra la main du Chouan, qui la regarda d'un air paternel, courant avec la légèreté d'un oiseau vers le perron ; puis il se coula dans sa haie, comme un acteur qui se sauve vers la coulisse au moment où se lève le rideau tragique.

— Sais-tu, Merle, que cet endroit-ci m'a l'air d'une véritable souricière, dit Gérard en arrivant au château.

— Je le vois bien, répondit le capitaine soucieux.

Les deux officiers s'empressèrent de placer des sentinelles pour s'assurer de la chaussée et du portail, puis ils jetèrent des regards de défiance sur les berges et les alentours du paysage.

— Bah ! dit Merle, il faut nous livrer à cette baraque-là en toute confiance ou ne pas y entrer.

— Entrons, répondit Gérard.

Les soldats, rendus à la liberté par un mot de leur chef, se hâtèrent de déposer leurs fusils en faisceaux coniques et formèrent un petit front de bandière devant la litière de paille, au milieu de laquelle figurait la pièce de cidre. Ils se divisèrent en groupes auxquels deux paysans commencèrent à distribuer du beurre et du pain de seigle. Le marquis vint au-devant des deux officiers et les emmena au salon. Quand Gérard eut monté le perron, et qu'il regarda les deux ailes où les vieux mélèzes étendaient leurs branches noires, il appela Beau-pied et La-clef-des-cœurs.

— Vous allez, à vous deux, faire une reconnaissance dans les jardins et fouiller les haies, entendez-vous ? Puis, vous placerez une sentinelle devant votre front de bandière...

— Pouvons-nous allumer notre feu avant de nous mettre en chasse, mon adjudant? dit La-clef-des-cœurs.

Gérard inclina la tête.

— Tu le vois bien, La-clef-des-cœurs, dit Beau-pied, l'adjudant a tort de se fourrer dans ce guêpier. Si Hulot nous commandait, il ne se serait jamais acculé ici; nous sommes là comme dans une marmite.

— Es-tu bête! répondit La-clef-des-cœurs, comment, toi, le roi des malins, tu ne devines pas que cette guérite est le château de l'aimable particulière auprès de laquelle siffle notre joyeux Merle, le plus fini des capitaines, et il l'épousera, cela est clair comme une baïonnette bien fourbie. Ça fera honneur à la demi-brigade, une femme comme ça.

— C'est vrai, reprit Beau-pied. Tu peux encore ajouter que voilà de bon cidre, mais je ne le bois pas avec plaisir devant ces chiennes de haies-là. Il me semble toujours voir dégringoler Larose et Vieux-chapeau dans le fossé de la Pèlerine. Je me souviendrai toute ma vie de la queue de ce pauvre Larose, elle allait comme un marteau de grande porte.

— Beau-pied, mon ami, tu as trop d'*émagination* pour un soldat. Tu devrais faire des chansons à l'Institut national.

— Si j'ai trop d'imagination, lui répliqua Beau-pied, tu n'en as guère, toi, et il te faudra du temps pour passer consul.

Le rire de la troupe mit fin à la discussion, car La-clef-des-cœurs ne trouva rien dans sa giberne pour riposter à son antagoniste.

— Viens-tu faire ta ronde? Je vais prendre à droite, moi, lui dit Beau-pied.

— Eh! bien, je prendrai la gauche, répondit son camarade. Mais avant, minute! je veux boire un verre de cidre, mon gosier s'est collé comme le taffetas gommé qui enveloppe le beau chapeau de Hulot.

Le côté gauche des jardins que La-clef-des-cœurs négligeait d'aller explorer immédiatement était par malheur la berge dangereuse où Francine avait observé un mouvement d'hommes. Tout est hasard à la guerre. En entrant dans le salon et en saluant la compagnie, Gérard jeta un regard pénétrant sur les hommes qui la composaient. Le soupçon revint avec plus de force dans son âme, il alla tout à coup vers mademoiselle de Verneuil et lui dit à voix basse:

— Je crois qu'il faut vous retirer promptement, nous ne sommes pas en sûreté ici.

— Craindriez-vous quelque chose chez moi ? demanda-t-elle en riant. Vous êtes plus en sûreté ici, que vous ne le seriez à Mayenne.

Une femme répond toujours de son amant avec assurance. Les deux officiers furent rassurés. En ce moment la compagnie passa dans la salle à manger, malgré quelques phrases insignifiantes relatives à un convive assez important qui se faisait attendre. Mademoiselle de Verneuil put, à la faveur du silence qui règne toujours au commencement des repas, donner quelque attention à cette réunion curieuse dans les circonstances présentes, et de laquelle elle était en quelque sorte la cause par suite de cette ignorance que les femmes, accoutumées à se jouer de tout, portent dans les actions les plus critiques de la vie. Un fait la surprit soudain. Les deux officiers républicains dominaient cette assemblée par le caractère imposant de leurs physionomies. Leurs longs cheveux, tirés des tempes et réunis dans une queue énorme derrière le cou, dessinaient sur leurs fronts ces lignes qui donnent tant de candeur et de noblesse à de jeunes têtes. Leurs uniformes bleus râpés, à parements rouges usés, tout, jusqu'à leurs épaulettes rejetées en arrière par les marches et qui accusaient dans toute l'armée, même chez les chefs, le manque de capotes, faisait ressortir ces deux militaires, des hommes au milieu desquels ils se trouvaient.

— Oh ! là est la nation, la liberté, se dit-elle. Puis, jetant un regard sur les royalistes : — Et, là est un homme, un roi, des priviléges.

Elle ne put se refuser à admirer la figure de Merle, tant ce gai soldat répondait complétement aux idées qu'on peut avoir de ces troupiers français, qui savent siffler un air au milieu des balles et n'oublient pas de faire un lazzi sur le camarade qui tombe mal. Gérard imposait. Grave et plein de sang-froid, il paraissait avoir une de ces âmes vraiment républicaines qui, à cette époque, se rencontrèrent en foule dans les armées françaises auxquelles des dévouements noblement obscurs imprimaient une énergie jusqu'alors inconnue.

— Voilà un de mes hommes à grandes vues, se dit mademoiselle de Verneuil. Appuyés sur le présent qu'ils dominent, ils ruinent le passé, mais au profit de l'avenir...

Cette pensée l'attrista, parce qu'elle ne se rapportait pas à son amant, vers lequel elle se tourna pour se venger, par une autre admiration, de la République qu'elle haïssait déjà. En voyant le marquis entouré de ces hommes assez hardis, assez fanatiques, assez calculateurs de l'avenir, pour attaquer une République victorieuse dans l'espoir de relever une monarchie morte, une religion mise en interdit, des princes errants et des priviléges expirés :

— Celui-ci, se dit-elle, n'a pas moins de portée que l'autre ; car, accroupi sur des décombres, il veut faire du passé, l'avenir.

Son esprit nourri d'images hésitait alors entre les jeunes et les vieilles ruines. Sa conscience lui criait bien que l'un se battait pour un homme, l'autre pour un pays ; mais elle était arrivée par le sentiment au point où l'on arrive par la raison, à reconnaître que le roi, c'est le pays.

En entendant retentir dans le salon les pas d'un homme, le marquis se leva pour aller à sa rencontre. Il reconnut le convive attendu qui, surpris de la compagnie, voulut parler ; mais le Gars déroba aux Républicains le signe qu'il lui fit pour l'engager à se taire et à prendre place au festin. A mesure que les deux officiers républicains analysaient les physionomies de leurs hôtes, les soupçons qu'ils avaient conçus d'abord renaissaient. Le vêtement ecclésiastique de l'abbé Gudin et la bizarrerie des costumes chouans éveillèrent leur prudence ; ils redoublèrent alors d'attention et découvrirent de plaisants contrastes entre les manières des convives et leurs discours. Autant le républicanisme manifesté par quelques-uns d'entre eux était exagéré, autant les façons de quelques autres étaient aristocratiques. Certains coups d'œil surpris entre le marquis et ses hôtes, certains mots à double sens imprudemment prononcés, mais surtout la ceinture de barbe dont le cou de quelques convives était garni et qu'ils cachaient assez mal dans leurs cravates, finirent par apprendre aux deux officiers une vérité qui les frappa en même temps. Ils se révélèrent leurs communes pensées par un même regard, car madame du Gua les avait habilement séparés et ils en étaient réduits au langage de leurs yeux. Leur situation commandait d'agir avec adresse, ils ne savaient s'ils étaient les maîtres du château, ou s'ils y avaient été attirés dans une embûche ; si mademoiselle de Verneuil était la dupe ou la complice de cette inexplicable aventure ; mais un événement imprévu précipita la crise, avant qu'ils pussent en connaître toute la gravité.

Le nouveau convive était un de ces hommes carrés de base

comme de hauteur, dont le teint est fortement coloré, qui se penchent en arrière quand ils marchent, qui semblent déplacer beaucoup d'air autour d'eux, et croient qu'il faut à tout le monde plus d'un regard pour les voir. Malgré sa noblesse, il avait pris la vie comme une plaisanterie dont on doit tirer le meilleur parti possible ; mais, tout en s'agenouillant devant lui-même, il était bon, poli et spirituel à la manière de ces gentilshommes qui, après avoir fini leur éducation à la cour, reviennent dans leurs terres, et ne veulent jamais supposer qu'ils ont pu, au bout de vingt ans, s'y rouiller. Ces sortes de gens manquent de tact avec un aplomb imperturbable, disent spirituellement une sottise, se défient du bien avec beaucoup d'adresse, et prennent d'incroyables peines pour donner dans un piége. Lorsque par un jeu de fourchette qui annonçait un grand mangeur, il eut regagné le temps perdu, il leva les yeux sur la compagnie. Son étonnement redoubla en voyant les deux officiers, et il interrogea d'un regard madame du Gua, qui, pour toute réponse, lui montra mademoiselle de Verneuil. En apercevant la sirène dont la beauté commençait à imposer silence aux sentiments d'abord excités par madame du Gua dans l'âme des convives, le gros inconnu laissa échapper un de ces sourires impertinents et moqueurs qui semblent contenir toute une histoire graveleuse. Il se pencha à l'oreille de son voisin auquel il dit deux ou trois mots, et ces mots, qui restèrent un secret pour les officiers et pour Marie, voyagèrent d'oreille en oreille, de bouche en bouche, jusqu'au cœur de celui qu'ils devaient frapper à mort. Les chefs des Vendéens et des Chouans tournèrent leurs regards sur le marquis de Montauran avec une curiosité cruelle. Les yeux de madame du Gua allèrent du marquis à mademoiselle de Verneuil étonnée, en lançant des éclairs de joie. Les officiers inquiets se consultèrent en attendant le résultat de cette scène bizarre. Puis, en un moment, les fourchettes demeurèrent inactives dans toutes les mains, le silence régna dans la salle, et tous les regards se concentrèrent sur le Gars. Une effroyable rage éclata sur ce visage colère et sanguin, qui prit une teinte de cire. Le jeune chef se tourna vers le convive d'où ce serpenteau était parti, et d'une voix qui sembla couverte d'un crêpe : — Mort de mon âme, comte, cela est-il vrai ? demanda-t-il.

— Sur mon honneur, répondit le comte en s'inclinant avec gravité.

Le marquis baissa les yeux un moment, et il les releva bientôt pour les reporter sur Marie, qui, attentive à ce débat, recueillit ce regard plein de mort.

— Je donnerais ma vie, dit-il à voix basse pour me venger sur l'heure.

Madame du Gua comprit cette phrase au mouvement seul des lèvres et sourit au jeune homme, comme on sourit à un ami dont le désespoir va cesser. Le mépris général pour mademoiselle de Verneuil, peint sur toutes les figures, mit le comble à l'indignation des deux Républicains, qui se levèrent brusquement.

— Que désirez-vous, citoyens? demanda madame du Gua.

— Nos épées, *citoyenne*, répondit ironiquement Gérard.

— Vous n'en avez pas besoin à table, dit le marquis froidement.

— Non, mais nous allons jouer à un jeu que vous connaissez, répondit Gérard en reparaissant. Nous nous verrons ici d'un peu plus près qu'à la Pèlerine.

L'assemblée resta stupéfaite. En ce moment une décharge faite avec un ensemble terrible pour les oreilles des deux officiers, retentit dans la cour. Les deux officiers s'élancèrent sur le perron; là, ils virent une centaine de Chouans qui ajustaient quelques soldats survivant à leur première décharge, et qui tiraient sur eux comme sur des lièvres. Ces Bretons sortaient de la rive où Marche-à-terre les avait postés au péril de leur vie; car, dans cette évolution et après les derniers coups de fusil, on entendit, à travers les cris des mourants, quelques Chouans tombant dans les eaux où ils roulèrent comme des pierres dans un gouffre. Pille-miche visait Gérard, Marche-à-terre tenait Merle en respect.

— Capitaine, dit froidement le marquis à Merle en lui répétant les paroles que le Républicain avait dites de lui, *voyez-vous, les hommes sont comme les nèfles, ils mûrissent sur la paille.* Et, par un geste de main, il montra l'escorte entière des Bleus couchée sur la litière ensanglantée, où les Chouans achevaient les vivants, et dépouillaient les morts avec une incroyable célérité. — J'avais bien raison de vous dire que vos soldats n'iraient pas jusqu'à la Pèlerine, ajouta le marquis. Je crois aussi que votre tête sera pleine de plomb avant la mienne, qu'en dites-vous?

Montauran éprouvait un horrible besoin de satisfaire sa rage. Son ironie envers le vaincu, la férocité, la perfidie même de cette exécution militaire faite sans son ordre et qu'il avouait alors, répondaient aux vœux secrets de son cœur. Dans sa fureur, il aurait voulu anéantir la France. Les Bleus égorgés, les deux officiers vivants, tous innocents du crime dont il demandait vengeance, étaient entre ses mains comme les cartes que dévore un joueur au désespoir.

— J'aime mieux périr ainsi que de triompher comme vous, dit Gérard. Puis, en voyant ses soldats nus et sanglants, il s'écria : — Les avoir assassinés lâchement, froidement !

— Comme le fut Louis XVI, monsieur, répondit vivement le marquis.

— Monsieur, répliqua Gérard avec hauteur, il existe dans le procès d'un roi des mystères que vous ne comprendrez jamais.

— Accuser le roi ! s'écria le marquis hors de lui.

— Combattre la France ! répondit Gérard d'un ton de mépris.

— Niaiserie, dit le marquis.

— Parricide ! reprit le Républicain.

— Régicide !

— Eh ! bien, vas-tu prendre le moment de ta mort pour te disputer ? s'écria gaiement Merle.

— C'est vrai, dit froidement Gérard en se retournant vers le marquis. Monsieur, si votre intention est de nous donner la mort, reprit-il, faites-nous au moins la grâce de nous fusiller sur-le-champ.

— Te voilà bien ! reprit le capitaine, toujours pressé d'en finir. Mais, mon ami, quand on va loin et qu'on ne pourra pas déjeuner le lendemain, on soupe.

Gérard s'élança fièrement et sans mot dire vers la muraille ; Pille-miche l'ajusta en regardant le marquis immobile, prit le silence de son chef pour un ordre, et l'adjudant-major tomba comme un arbre. Marche-à-terre courut partager cette nouvelle dépouille avec Pille-miche. Comme deux corbeaux affamés, ils eurent un débat et grognèrent sur le cadavre encore chaud.

— Si vous voulez achever de souper, capitaine, vous êtes libre de venir avec moi, dit le marquis à Merle, qu'il voulut garder pour faire des échanges.

Le capitaine rentra machinalement avec le marquis, en disant à voix basse, comme s'il s'adressait un reproche : — C'est cette diablesse de fille qui est cause de ça. Que dira Hulot ?

— Cette fille! s'écria le marquis d'un ton sourd. C'est donc bien décidément une fille.

Le capitaine semblait avoir tué Montauran, qui le suivait tout pâle, défait, morne, et d'un pas chancelant. Il s'était passé dans la salle à manger une autre scène qui, par l'absence du marquis, prit un caractère tellement sinistre, que Marie, se trouvant sans son protecteur, put croire à l'arrêt de mort écrit dans les yeux de sa rivale. Au bruit de la décharge, tous les convives s'étaient levés, moins madame du Gua.

— Rasseyez-vous, dit-elle, ce n'est rien, nos gens tuent les Bleus. Lorsqu'elle vit le marquis dehors, elle se leva. — Mademoiselle que voici, s'écria-t-elle avec le calme d'une sourde rage, venait nous enlever le Gars! Elle venait essayer de le livrer à la République.

— Depuis ce matin je l'aurais pu livrer vingt fois, et je lui ai sauvé la vie, répliqua mademoiselle de Verneuil.

Madame du Gua s'élança sur sa rivale avec la rapidité de l'éclair; elle brisa, dans son aveugle emportement, les faibles brandebourgs du spencer de la jeune fille surprise par cette soudaine irruption, viola d'une main brutale l'asile sacré où la lettre était cachée, déchira l'étoffe, les broderies, le corset, la chemise; puis elle profita de cette recherche pour assouvir sa jalousie, et sut froisser avec tant d'adresse et de fureur la gorge palpitante de sa rivale, qu'elle y laissa les traces sanglantes de ses ongles, en éprouvant un sombre plaisir à lui faire subir une si odieuse prostitution. Dans la faible lutte que Marie opposa à cette femme furieuse, sa capote dénouée tomba, ses cheveux rompirent leurs liens et s'échappèrent en boucles ondoyantes; son visage rayonna de pudeur, puis deux larmes tracèrent un chemin humide et brûlant le long de ses joues et rendirent le feu de ses yeux plus vif; enfin, le tressaillement de la honte la livra frémissante aux regards des convives. Des juges même endurcis auraient cru à son innocence en voyant sa douleur.

La haine calcule si mal, que madame du Gua ne s'aperçut pas qu'elle n'était écoutée de personne pendant que, triomphante, elle s'écriait : — Voyez, messieurs, ai-je donc calomnié cette horrible créature?

— Pas si horrible, dit à voix basse le gros convive auteur du désastre. J'aime prodigieusement ces horreurs-là, moi.

— Voici, reprit la cruelle Vendéenne, un ordre signé Laplace et contre-signé Dubois. A ces noms quelques personnes levèrent la tête. — Et en voici la teneur, dit en continuant madame du Gua :

« *Les citoyens commandants militaires de tout grade, administrateurs de district, les procureurs-syndics, etc., des départements insurgés, et particulièrement ceux des localités où se trouvera le ci-devant marquis de Montauran, chef de brigands et surnommé le Gars, devront prêter secours et assistance à la citoyenne Marie Verneuil et se conformer aux ordres qu'elle pourra leur donner, chacun en ce qui le concerne, etc.* »

— Une fille d'Opéra prendre un nom illustre pour le souiller de cette infamie! ajouta-t-elle.

Un mouvement de surprise se manifesta dans l'assemblée.

— La partie n'est pas égale si la République emploie de si jolies femmes contre nous, dit gaiement le baron du Guénic.

— Surtout des filles qui ne mettent rien au jeu, répliqua madame du Gua.

— Rien? dit Brigaut, mademoiselle a cependant un domaine qui doit lui rapporter de bien grosses rentes!

— La République aime donc bien à rire, pour nous envoyer des filles de joie en ambassade, s'écria l'abbé Gudin.

— Mais mademoiselle recherche malheureusement des plaisirs qui tuent, reprit madame du Gua avec une horrible expression de joie qui indiquait le terme de ces plaisanteries.

— Comment donc vivez-vous encore, madame? dit la victime en se relevant après avoir réparé le désordre de sa toilette.

Cette sanglante épigramme imprima une sorte de respect pour une si fière victime et imposa silence à l'assemblée. Madame du Gua vit errer sur les lèvres des chefs un sourire dont l'ironie la mit en fureur; et alors, sans apercevoir le marquis ni le capitaine qui survinrent : — Pille-miche, emporte-la, dit-elle au Chouan en lui désignant mademoiselle de Verneuil, c'est ma part du butin, je te la donne, fais-en tout ce que tu voudras.

A ce mot *tout* prononcé par cette femme, l'assemblée entière frissonna, car les têtes hideuses de Marche-à-terre et de Pille-miche se montrèrent derrière le marquis, et le supplice apparut dans toute son horreur.

Francine debout, les mains jointes, les yeux pleins de larmes, restait comme frappée de la foudre. Mademoiselle de Verneuil, qui recouvra dans le danger toute sa présence d'esprit, jeta sur l'assemblée un regard de mépris, ressaisit la lettre que tenait madame du Gua, leva la tête, et l'œil sec, mais fulgurant, elle s'élança vers la porte où l'épée de Merle était restée. Là elle rencontra le marquis froid et immobile comme une statue. Rien ne plaidait pour elle sur ce visage dont tous les traits étaient fixes et fermes. Blessée dans son cœur, la vie lui devint odieuse. L'homme qui lui avait témoigné tant d'amour avait donc entendu les plaisanteries dont elle venait d'être accablée, et restait le témoin glacé de la prostitution qu'elle venait d'endurer lorsque les beautés qu'une femme réserve à l'amour essuyèrent tous les regards ! Peut-être aurait-elle pardonné à Montauran ses sentiments de mépris, mais elle s'indigna d'avoir été vue par lui dans une infâme situation ; elle lui lança un regard stupide et plein de haine, car elle sentit naître dans son cœur d'effroyables désirs de vengeance. En voyant la mort derrière elle, son impuissance l'étouffa. Il s'éleva dans sa tête comme un tourbillon de folie ; son sang bouillonnant lui fit voir le monde comme un incendie ; alors, au lieu de se tuer, elle saisit l'épée, la brandit sur le marquis, la lui enfonça jusqu'à la garde ; mais l'épée ayant glissé entre le bras et le flanc, le Gars arrêta Marie par le poignet et l'entraîna hors de la salle, aidé par Pille-miche, qui se jeta sur cette créature furieuse au moment où elle essaya de tuer le marquis. A ce spectacle, Francine jeta des cris perçants.

— Pierre ! Pierre ! Pierre ! s'écria-t-elle avec des accents lamentables.

Et tout en criant elle suivit sa maîtresse. Le marquis laissa l'assemblée stupéfaite, et sortit en fermant la porte de la salle. Quand il arriva sur le perron, il tenait encore le poignet de cette femme et le serrait par un mouvement convulsif, tandis que les doigts nerveux de Pille-miche en brisaient presque l'os du bras ; mais elle ne sentait que la main brûlante du jeune chef, qu'elle regarda froidement.

— Monsieur, vous me faites mal !

Pour toute réponse, il la contempla pendant un moment.

— Avez-vous donc quelque chose à venger bassement comme cette femme a fait? dit-elle. Puis, apercevant les cadavres étendus sur la paille, elle s'écria en frissonnant : — La foi d'un gentilhomme ! ah ! ah ! ah! Après ce rire, qui fut affreux, elle ajouta : — La belle journée !

— Oui, belle, répéta-t-il, et sans lendemain.

Il abandonna la main de mademoiselle de Verneuil, après avoir contemplé d'un dernier, d'un long regard, cette ravissante créature à laquelle il lui était presque impossible de renoncer. Aucun de ces deux esprits altiers ne voulut fléchir. Le marquis attendait peut-être une larme ; mais les yeux de la jeune fille restèrent secs et fiers. Il se retourna vivement en laissant à Pille-miche sa victime.

— Dieu m'entendra, marquis, je lui demanderai pour vous une belle journée sans lendemain!

Pille-miche, embarrassé d'une si belle proie, l'entraîna avec une douceur mêlée de respect et d'ironie. Le marquis poussa un soupir, rentra dans la salle, et offrit à ses hôtes un visage semblable à celui d'un mort dont les yeux n'auraient pas été fermés.

La présence du capitaine Merle était inexplicable pour les acteurs de cette tragédie; aussi tous le contemplèrent-ils avec surprise en s'interrogeant du regard. Merle s'aperçut de l'étonnement des Chouans, et, sans sortir de son caractère, il leur dit en souriant tristement : — Je ne crois pas, messieurs, que vous refusiez un verre de vin à un homme qui va faire sa dernière étape.

Ce fut au moment où l'assemblée était calmée par ces paroles prononcées avec une étourderie française qui devait plaire aux Vendéens, que Montauran reparut, et sa figure pâle, son regard fixe, glacèrent tous les convives.

— Vous allez voir, dit le capitaine, que le mort va mettre les vivants en train.

— Ah! dit le marquis en laissant échapper le geste d'un homme qui s'éveille, vous voilà, mon cher conseil de guerre!

Et il lui tendit une bouteille de vin de Grave, comme pour lui verser à boire.

— Oh! merci, citoyen marquis, je pourrais m'étourdir, voyez-vous.

A cette saillie, madame du Gua dit aux convives en souriant : — Allons, épargnons-lui le dessert.

— Vous êtes bien cruelle dans vos vengeances, madame, répondit le capitaine. Vous oubliez mon ami assassiné, qui m'attend, et je ne manque pas à mes rendez-vous.

— Capitaine, dit alors le marquis en lui jetant son gant, vous êtes libre! Tenez, voilà un passe-port. Les Chasseurs du Roi savent qu'on ne doit pas tuer tout le gibier.

— Va pour la vie! répondit Merle, mais vous avez tort, je vous réponds de jouer serré avec vous, je ne vous ferai pas de grâce. Vous pouvez être très-habile, mais vous ne valez pas Gérard. Quoique votre tête ne puisse jamais me payer la sienne, il me la faudra, et je l'aurai.

— Il était donc bien pressé, reprit le marquis.

— Adieu! je pouvais trinquer avec mes bourreaux, je ne reste pas avec les assassins de mon ami, dit le capitaine qui disparut en laissant les convives étonnés.

— Hé! bien, messieurs, que dites-vous des échevins, des chirurgiens et des avocats qui dirigent la République? demanda froidement le Gars.

— Par la mort-dieu, marquis, répondit le comte de Beauvan, ils sont en tout cas bien mal élevés. Celui-ci nous a fait, je crois, une impertinence.

La brusque retraite du capitaine avait un secret motif. La créature si dédaignée, si humiliée, et qui succombait peut-être en ce moment, lui avait offert dans cette scène des beautés si difficiles à oublier qu'il se disait en sortant : — Si c'est une fille, ce n'est pas une fille ordinaire, et j'en ferai certes bien ma femme... Il désespérait si peu de la sauver de la main de ces sauvages, que sa première pensée, en ayant la vie sauve, avait été de la prendre désormais sous sa protection. Malheureusement en arrivant sur le perron, le capitaine trouva la cour déserte. Il jeta les yeux autour de lui, écouta le silence et n'entendit rien que les rires bruyants et lointains des Chouans qui buvaient dans les jardins, en partageant leur butin. Il se hasarda à tourner l'aile fatale devant laquelle ses soldats avaient été fusillés; et, de ce coin, à la faible lueur de quelques chandelles, il distingua les différents groupes que formaient les Chasseurs du Roi. Ni Pille-miche, ni Marche-à-terre, ni la jeune fille ne s'y trouvaient; mais en ce moment, il se sentit doucement tiré par le pan de son uniforme, se retourna et vit Francine à genoux.

— Où est-elle ? demanda-t-il.

— Je ne sais pas, Pierre m'a chassée en m'ordonnant de ne pas bouger.

— Par où sont-ils allés?

— Par là, répondit-elle en montrant la chaussée.

Le capitaine et Francine aperçurent alors dans cette direction quelques ombres projetées sur les eaux du lac par la lumière de la lune, et reconnurent des formes féminines dont la finesse quoique indistincte leur fit battre le cœur.

— Oh! c'est elle, dit la Bretonne.

Mademoiselle de Verneuil paraissait être debout, et résignée au milieu de quelques figures dont les mouvements accusaient un débat.

— Ils sont plusieurs, s'écria le capitaine. C'est égal, marchons!

— Vous allez vous faire tuer inutilement, dit Francine.

— Je l'ai déjà été une fois aujourd'hui, répondit-il gaiement.

Et tous deux s'acheminèrent vers le portail sombre derrière lequel la scène se passait. Au milieu de la route, Francine s'arrêta.

— Non, je n'irai pas plus loin! s'écria-t-elle doucement, Pierre m'a dit de ne pas m'en mêler; je le connais, nous allons tout gâter. Faites ce que vous voudrez, monsieur l'officier, mais éloignez-vous. Si Pierre vous voyait auprès de moi, il vous tuerait.

En ce moment, Pille-miche se montra hors du portail, appela le postillon resté dans l'écurie, aperçut le capitaine et s'écria en dirigeant son fusil sur lui : — Sainte Anne d'Auray! le recteur d'Antrain avait bien raison de nous dire que les Bleus signent des pactes avec le diable. Attends, attends, je m'en vais te faire ressusciter, moi!

— Hé! j'ai la vie sauve, lui cria Merle en se voyant menacé. Voici le gant de ton chef.

— Oui, voilà bien les esprits, reprit le Chouan. Je ne te la donne pas, moi, la vie, *Ave Maria!*

Il tira. Le coup de feu atteignit à la tête le capitaine, qui tomba. Quand Francine s'approcha de Merle, elle l'entendit prononcer indistinctement ces paroles : — J'aime encore mieux rester avec eux que de revenir sans eux, dit-il.

Le Chouan s'élança sur le Bleu pour le dépouiller en disant : — Il y a cela de bon chez ces revenants, qu'ils ressuscitent avec leurs habits. En voyant dans la main du capitaine qui avait fait le geste de montrer le gant du Gars, cette sauve-garde sacrée, il resta stupéfait. — Je ne voudrais pas être dans la peau du fils de ma mère, s'écria-t-il. Puis il disparut avec la rapidité d'un oiseau.

Pour comprendre cette rencontre si fatale au capitaine, il est nécessaire de suivre mademoiselle de Verneuil quand le marquis, en proie au désespoir et à la rage, l'eut quittée en l'abandonnant à Pille-miche. Francine saisit alors, par un mouvement convulsif, le bras de Marche-à-terre, et réclama, les yeux pleins de larmes, la promesse qu'il lui avait faite. A quelques pas d'eux, Pille-miche entraînait sa victime comme s'il eût tiré après lui quelque fardeau grossier. Marie, les cheveux épars, la tête penchée, tourna les yeux vers le lac; mais, retenue par un poignet d'acier, elle fut forcée de suivre lentement le Chouan, qui se retourna plusieurs fois pour la regarder ou pour lui faire hâter sa marche, et chaque fois une pensée joviale dessina sur cette figure un épouvantable sourire.

— Est-elle godaine !... s'écria-t-il avec une grossière emphase.

En entendant ces mots, Francine recouvra la parole.

— Pierre?

— Hé! bien.

— Il va donc la tuer.

— Pas toute de suite, répondit Marche-à-terre.

— Mais elle ne se laissera pas faire, et je mourrai si elle meurt.

— Ha! *ben*, tu l'aimes trop, qu'elle meure! dit Marche-à-terre.

— Si nous sommes riches et heureux, c'est à elle que nous devrons notre bonheur; mais qu'importe, n'as-tu pas promis de la sauver de tout malheur?

— Je vais essayer, mais reste là, ne bouge pas.

Sur-le-champ le bras de Marche-à-terre resta libre, et Francine, en proie à la plus horrible inquiétude, attendit dans la cour. Marche-à-terre rejoignit son camarade au moment où ce dernier, après être entré dans la grange, avait contraint sa victime à monter en voiture. Pille-miche réclama le secours de son compagnon pour sortir la calèche.

— Que veux-tu faire de tout cela? lui demanda Marche-à-terre.

— *Ben*! la grande garce m'a donné la femme, et tout ce qui est à elle est à *mé*.

— Bon pour la voiture, tu en feras des sous; mais la femme? alle te sautera au visage comme un chat.

Pille-miche partit d'un éclat de rire bruyant et répondit : — Quien, je l'emporte *itou* chez *mé*, je l'attacherai.

— Hé! *ben*, attelons les chevaux, dit Marche-à-terre.

Un moment après, Marche-à-terre, qui avait laissé son camarade gardant sa proie, mena la calèche hors du portail, sur la chaussée, et Pille-miche monta près de mademoiselle de Verneuil, sans s'apercevoir qu'elle prenait son élan pour se précipiter dans l'étang.

— Ho! Pille-miche, cria Marche-à-terre.

— Quoi?

— Je t'achète tout ton butin.

— Gausses-tu ? demanda le Chouan en tirant sa prisonnière par les jupons comme un boucher ferait d'un veau qui s'échappe.

— Laisse-la moi voir, je te dirai un prix.

L'infortunée fut contrainte de descendre et demeura entre les deux Chouans, qui la tinrent chacun par une main, en la contemplant comme les deux vieillards durent regarder Suzanne dans son bain.

— Veux-tu, dit Marche-à-terre en poussant un soupir, veux-tu cinquante livres de bonne rente ?

— *Ben* vrai.

— Tope, lui dit Marche-à-terre en lui tendant la main.

— Oh ! je tope, il y a de quoi avoir des Bretonnes avec ça, et des godaines ! Mais la voiture, à qui qué sera ? reprit Pille-miche en se ravisant.

— A moi, s'écria Marche-à-terre d'un son de voix terrible qui annonça l'espèce de supériorité que son caractère féroce lui donnait sur tous ses compagnons.

— Mais s'il y avait de l'or dans la voiture ?

— N'as-tu pas topé ?

— Oui, j'ai topé.

— Eh ! bien, va chercher le postillon qui est garrotté dans l'écurie.

— Mais s'il y avait de l'or dans...

— Y en a-t-il ? demanda brutalement Marche-à-terre à Marie en lui secouant le bras.

— J'ai une centaine d'écus, répondit mademoiselle de Verneuil.

A ces mots les deux Chouans se regardèrent.

— Eh ! mon bon ami, ne nous brouillons pas pour une Bleue, dit Pille-miche à l'oreille de Marche-à-terre, *boutons-la* dans l'étang avec une pierre au cou, et partageons les cent écus.

— Je te donne les cent écus dans ma part de la rançon de d'Orgemont, s'écria Marche-à-terre en étouffant un grognement causé par ce sacrifice.

Pille-miche poussa une espèce de cri rauque, alla chercher le postillon, et sa joie porta malheur au capitaine qu'il rencontra. En entendant le coup de feu, Marche-à-terre s'élança vivement à l'endroit où Francine, encore épouvantée, priait à genoux, les mains jointes auprès du pauvre capitaine, tant le spectacle d'un meurtre l'avait vivement frappée.

— Cours à ta maîtresse, lui dit brusquement le Chouan, elle est sauvée !

Il courut chercher lui-même le postillon, revint avec la rapidité de l'éclair, et, en passant de nouveau devant le corps de Merle, il aperçut le gant du Gars que la main morte serrait convulsivement encore.

— Oh ! oh ! s'écria-t-il, Pille-miche a fait là un traître coup ! il n'est pas sûr de vivre de ses rentes.

Il arracha le gant et dit à mademoiselle de Verneuil, qui s'était déjà placée dans la calèche avec Francine : — Tenez, prenez ce gant. Si dans la route nos hommes vous attaquaient, criez : — Oh ! le Gars ! Montrez ce passeport-là, rien de mal ne vous arrivera. — Francine, dit-il en se tournant vers elle et lui saisissant fortement la main, nous sommes quittes avec cette femme-là, viens avec moi et que le diable l'emporte.

— Tu veux que je l'abandonne en ce moment ! répondit Francine d'une voix douloureuse.

Marche-à-terre se gratta l'oreille et le front ; puis, il leva la tête, et fit voir des yeux armés d'une expression féroce : — C'est juste, dit-il. Je te laisse à elle huit jours ; si passé ce terme, tu ne viens pas avec moi... Il n'acheva pas, mais il donna un violent coup du plat de sa main sur l'embouchure de sa carabine. Après avoir fait le geste d'ajuster sa maîtresse, il s'échappa sans vouloir entendre de réponse.

Aussitôt que le Chouan fut parti, une voix qui semblait sortir de l'étang cria sourdement : — Madame, madame.

Le postillon et les deux femmes tressaillirent d'horreur, car quelques cadavres avaient flotté jusque-là. Un Bleu caché derrière un arbre se montra.

— Laissez-moi monter sur la giberne de votre fourgon, ou je suis un homme mort. Le damné verre de cidre que La-clef-des-cœurs a voulu boire a coûté plus d'une pinte de sang ! s'il m'avait imité et fait sa ronde, les pauvres camarades ne seraient pas là, flottant comme des galiotes.

Pendant que ces événements se passaient au dehors, les chefs envoyés de la Vendée et ceux des Chouans délibéraient, le verre à la main, sous la présidence du marquis de Montauran. De fréquentes libations de vin de Bordeaux animèrent cette discussion, qui devint importante et grave à la fin du repas. Au dessert, au moment où la ligne commune des opérations militaires était décidée, les royalistes portèrent une santé aux Bourbons. Là, le coup de feu de Pille-miche retentit comme un écho de la guerre désastreuse que ces gais et ces nobles conspirateurs voulaient faire à la République. Madame du Gua tressaillit ; et, au mouvement que lui causa le plaisir de se savoir débarrassée de sa rivale, les convives se regardèrent en silence. Le marquis se leva de table et sortit.

— Il l'aimait pourtant ! dit ironiquement madame du Gua. Allez donc lui tenir compagnie, monsieur de Fontaine, il sera ennuyeux comme les mouches, si on lui laisse broyer du noir.

Elle alla à la fenêtre qui donnait sur la cour, pour tâcher de voir le cadavre de Marie. De là, elle put distinguer, aux derniers rayons de la lune qui se couchait, la calèche gravissant l'avenue de pommiers avec une célérité incroyable. Le voile de mademoiselle de Verneuil, emporté par le vent, flottait hors de la calèche. A cet aspect, madame du Gua furieuse quitta l'assemblée. Le marquis, appuyé sur le perron et plongé dans une sombre méditation, contemplait cent cinquante Chouans environ qui, après avoir procédé dans les jardins au partage du butin, étaient revenus achever la pièce de cidre et le pain promis aux Bleus. Ces soldats de nouvelle espèce et sur lesquels se fondaient les espérances de la monarchie, buvaient par groupes, tandis que, sur la berge qui faisait face au perron, sept ou huit d'entre eux s'amusaient à lancer dans les eaux les cadavres des Bleus auxquels ils attachaient des pierres. Ce spectacle, joint aux différents tableaux que présentaient les bizarres costumes et les sauvages expressions de ces gars insouciants et barbares, était si extraordinaire et si nouveau pour monsieur de Fontaine, à qui les troupes vendéennes avaient offert quelque chose de noble et de régulier, qu'il saisit cette occasion pour dire au marquis de Montauran : — Qu'espérez-vous pouvoir faire avec de semblables bêtes ?

— Pas grand'chose, n'est-ce pas, cher comte ! répondit le Gars.

— Sauront-ils jamais manœuvrer en présence des Républicains ?

— Jamais.

— Pourront-ils seulement comprendre et exécuter vos ordres ?

— Jamais.

— A quoi donc vous seront-ils bons ?

— A plonger mon épée dans le ventre de la République, reprit le marquis d'une voix tonnante, à me donner Fougères en trois jours et toute la Bretagne en dix ! Allez, monsieur, dit-il d'une voix plus douce, partez pour la Vendée ; que d'Autichamp, Suzannet, l'abbé Bernier, marchent seulement aussi rapidement que moi ; qu'ils ne traitent pas avec le premier Consul, comme on me le fait craindre (là il serra fortement la main du Vendéen), nous serons alors dans vingt jours à trente lieues de Paris.

— Mais la République envoie contre nous soixante mille hommes et le général Brune.

— Soixante mille hommes ! vraiment ? reprit le marquis avec un rire moqueur. Et avec quoi Bonaparte ferait-il la campagne d'Italie ? Quant au général Brune, il ne viendra pas, Bonaparte l'a dirigé contre les Anglais en Hollande, et le général Hédouville, l'ami de notre ami Barras, le remplace ici. Me comprenez-vous ?

En l'entendant parler ainsi, M. de Fontaine regarda le marquis de Montauran d'un air fin et spirituel qui semblait lui reprocher de ne pas comprendre lui-même le sens des paroles mystérieuses qui lui étaient adressées. Les deux gentilshommes s'entendirent alors parfaitement, mais le jeune chef répondit avec un indéfinissable sourire aux pensées qu'ils s'exprimèrent des yeux :
— Monsieur de Fontaine, connaissez-vous mes armes ? ma devise est : *Persévérer jusqu'à la mort.*

Le comte de Fontaine prit la main de Montauran et la lui serra en disant : — J'ai été laissé pour mort aux Quatre-Chemins, ainsi vous ne doutez pas de moi ; mais croyez à mon expérience, les temps sont changés.

— Oh ! oui, dit La Billardière, qui survint. Vous êtes jeune, marquis : écoutez-moi ? vos biens n'ont pas tous été vendus...

— Ah ! concevez-vous le dévouement sans sacrifice ! dit Montauran.

— Connaissez-vous bien le Roi ? dit La Billardière.

— Oui !

— Je vous admire.

— Le Roi, répondit le jeune chef, c'est le prêtre, et je me bats pour la Foi !

Ils se séparèrent, le Vendéen convaincu de la nécessité de se résigner aux événements en gardant sa foi dans son cœur, La Billardière pour retourner en Angleterre, Montauran pour combattre avec acharnement et forcer par les triomphes qu'il rêvait les Vendéens à coopérer à son entreprise.

Ces événements avaient excité tant d'émotions dans l'âme de

mademoiselle de Verneuil, qu'elle se pencha tout abattue, et comme morte, au fond de la voiture, en donnant l'ordre d'aller à Fougères. Francine imita le silence de sa maîtresse. Le postillon, qui craignit quelque nouvelle aventure, se hâta de gagner la grande route, et arriva bientôt au sommet de la Pèlerine.

Marie de Verneuil traversa, dans le brouillard épais et blanchâtre du matin, la belle et large vallée du Couësnon, où cette histoire a commencé, et entrevit à peine, du haut de la Pèlerine, le rocher de schiste sur lequel est bâtie la ville de Fougères. Les trois voyageurs en étaient encore séparés d'environ deux lieues. En se sentant transie de froid, mademoiselle de Verneuil pensa au pauvre fantassin qui se trouvait derrière la voiture, et voulut absolument, malgré ses refus, qu'il montât près de Francine. La vue de Fougères la tira pour un moment de ses réflexions. D'ailleurs, le poste placé à la porte Saint-Léonard ayant refusé l'entrée de la ville à des inconnus, elle fut obligée d'exhiber sa lettre ministérielle ; elle se vit alors à l'abri de toute entreprise hostile en entrant dans cette place, dont, pour le moment, les habitants étaient les seuls défenseurs. Le postillon ne lui trouva pas d'autre asile que l'auberge de la Poste.

— Madame, dit le Bleu qu'elle avait sauvé, si vous avez jamais besoin d'administrer un coup de sabre à un particulier, ma vie est à vous. Je suis bon là. Je me nomme Jean Falcon, dit Beau-pied, sergent à la première compagnie des lapins de Hulot, soixante-douzième demi-brigade, surnommée la *Mayençaise*. Faites excuse de ma condescendance et de ma vanité ; mais je ne puis vous offrir que l'âme d'un sergent, je n'ai que ça, pour le quart d'heure, à votre service.

Il tourna sur ses talons et s'en alla en sifflant.

— Plus bas on descend dans la société, dit amèrement Marie, plus on y trouve de sentiments généreux sans ostentation. Un marquis me donne la mort pour la vie, et un sergent... Enfin, laissons cela.

Lorsque la belle Parisienne fut couchée dans un lit bien chaud, sa fidèle Francine attendit en vain le mot affectueux auquel elle était habituée ; mais en la voyant inquiète et debout, sa maîtresse fit un signe empreint de tristesse.

— On nomme cela une journée, Francine, dit-elle. Je suis de dix ans plus vieille.

Le lendemain matin, à son lever, Corentin se présenta pour voir Marie, qui lui permit d'entrer.

— Francine, dit-elle, mon malheur est donc immense, la vue de Corentin ne m'est pas trop désagréable.

Néanmoins, en revoyant cet homme, elle éprouva pour la millième fois une répugnance instinctive que deux ans de connaissance n'avaient pu adoucir.

— Eh ! bien, dit-il en souriant, j'ai cru à la réussite. Ce n'était donc pas lui que vous teniez ?

— Corentin, répondit-elle avec une lente expression de douleur, ne me parlez de cette affaire que quand j'en parlerai moi-même.

Cet homme se promena dans la chambre et jeta sur mademoiselle de Verneuil des regards obliques, en essayant de deviner les pensées secrètes de cette singulière fille, dont le coup d'œil avait assez de portée pour déconcerter, par instants, les hommes les plus habiles.

— J'ai prévu cet échec, reprit-il après un moment de silence. S'il vous plaisait d'établir votre quartier général dans cette ville, j'ai déjà pris des informations. Nous sommes au cœur de la chouannerie. Voulez-vous y rester? Elle répondit par un signe de tête affirmatif qui donna lieu à Corentin d'établir des conjectures, en partie vraies, sur les événements de la veille. — J'ai loué pour vous une maison nationale invendue. Ils sont bien peu avancés dans ce pays-ci. Personne n'a osé acheter cette baraque, parce qu'elle appartient à un émigré qui passe pour brutal. Elle est située auprès de l'église Saint-Léonard : et *ma paole d'hôneur*, on y jouit d'une vue ravissante. On peut tirer parti de ce chenil, il est logeable, voulez-vous y venir?

— A l'instant, s'écria-t-elle.

— Mais il me faut encore quelques heures pour y mettre de l'ordre et de la propreté, afin que vous y trouviez tout à votre goût.

— Qu'importe, dit-elle, j'habiterais un cloître, une prison sans peine. Néanmoins, faites en sorte que, ce soir, je puisse y reposer dans la plus profonde solitude. Allez, laissez-moi. Votre présence m'est insupportable. Je veux rester seule avec Francine, je m'entendrai mieux avec elle qu'avec moi-même peut-être... Adieu. Allez ! allez donc.

Ces paroles, prononcées avec volubilité, et tour à tour empreintes de coquetterie, de despotisme ou de passion, annoncèrent en elle une tranquillité parfaite. Le sommeil avait sans doute lentement classé les impressions de la journée précédente, et la réflexion lui avait conseillé la vengeance. Si quelques sombres expressions se peignaient encore parfois sur son visage, elles semblaient attester la faculté que possèdent certaines femmes d'ensevelir dans leur âme les sentiments les plus exaltés, et cette dissimulation qui leur permet de sourire avec grâce en calculant la perte de leur victime. Elle demeura seule occupée à chercher comment elle pourrait amener entre ses mains le marquis tout vivant. Pour la première fois, cette femme avait vécu selon ses desirs; mais, de cette vie, il ne lui restait qu'un sentiment, celui de la vengeance, d'une vengeance infinie, complète. C'était sa seule pensée, son unique passion. Les paroles et les attentions de Francine trouvèrent Marie muette, elle sembla dormir les yeux ouverts; et cette longue journée s'écoula sans qu'un geste ou une action indiquassent cette vie extérieure qui rend témoignage de nos pensées. Elle resta couchée sur une ottomane qu'elle avait faite avec des chaises et des oreillers. Le soir, seulement, elle laissa tomber négligemment ces mots, en regardant Francine.

— Mon enfant, j'ai compris hier qu'on vécût pour aimer, et je comprends aujourd'hui qu'on puisse mourir pour se venger. Oui, pour l'aller chercher là où il sera, pour de nouveau le rencontrer, le séduire et l'avoir à moi, je donnerais ma vie; mais si je n'ai pas, dans peu de jours, sous mes pieds, humble et soumis, cet homme qui m'a méprisée, si je n'en fais pas mon valet; mais je serai au-dessous de tout, je ne serai plus une femme, je ne serai plus moi!...

La maison que Corentin avait proposée à mademoiselle de Verneuil lui offrit assez de ressources pour satisfaire le goût de luxe et d'élégance inné dans cette fille; il rassembla tout ce qu'il savait devoir lui plaire avec l'empressement d'un amant pour sa maîtresse, ou mieux encore avec la servilité d'un homme puissant qui cherche à courtiser quelque subalterne dont il a besoin. Le lendemain il vint proposer à mademoiselle de Verneuil de se rendre à cet hôtel improvisé.

Bien qu'elle ne fît que passer de sa mauvaise ottomane sur un antique sopha que Corentin avait su lui trouver, la fantasque Parisienne prit possession de cette maison comme d'une chose qui lui aurait appartenu. Ce fut une insouciance royale pour tout ce qu'elle y vit, une sympathie soudaine pour les moindres meubles qu'elle s'appropria tout à coup comme s'ils lui eussent été connus depuis long-temps; détails vulgaires, mais qui ne sont pas indifférents à la peinture de ces caractères exceptionnels. Il semblait qu'un rêve l'eût familiarisée par avance avec cette demeure où elle vécut de sa haine comme elle y aurait vécu de son amour.

— Je n'ai pas du moins, se disait-elle, excité en lui cette insultante pitié qui tue, je ne lui dois pas la vie. O mon premier, mon seul et mon dernier amour, quel dénoûment! Elle s'élança d'un bond sur Francine effrayée : — Aimes-tu? Oh! oui, tu aimes, je m'en souviens. Ah! je suis bien heureuse d'avoir auprès de moi une femme qui me comprenne. Eh! bien, ma pauvre Francette, l'homme ne te semble-t-il pas une effroyable créature? Hein, il disait m'aimer, et il n'a pas résisté à la plus légère des épreuves. Mais si le monde entier l'avait repoussé, pour lui mon âme eût été un asile; si l'univers l'avait accusé, je l'aurais défendu. Autrefois, je voyais le monde rempli d'êtres qui allaient et venaient, ils ne m'étaient qu'indifférents; le monde était triste et non pas horrible; mais maintenant, qu'est le monde sans lui? Il va donc vivre sans que je sois près de lui, sans que je le voie, que je lui parle, que je le sente, que je le tienne, que je le serre... Ah! je l'égorgerai plutôt moi-même dans son sommeil.

Francine épouvantée la contempla un moment en silence.

— Tuer celui qu'on aime?... dit-elle d'une voix douce.

— Ah! certes, quand il n'aime plus.

Mais après ces épouvantables paroles elle se cacha le visage dans ses mains, se rassit et garda le silence.

Le lendemain, un homme se présenta brusquement devant elle sans être annoncé. Il avait un visage sévère. C'était Hulot. Elle leva les yeux et frémit.

— Vous venez, dit-elle, me demander compte de vos amis? Ils sont morts.

— Je le sais, répondit-il. Ce n'est pas au service de la République.

— Pour moi et par moi, reprit-elle. Vous allez me parler de la patrie! La patrie rend-elle la vie à ceux qui meurent pour elle, les venge-t-elle seulement? Moi, je les vengerai, s'écria-t-elle. Les lugubres images de la catastrophe dont elle avait été la victime s'étant tout à coup développées à son imagination, cet être gracieux qui mettait la pudeur en premier dans les artifices de la femme, eut un mouvement de folie et marcha d'un pas saccadé vers le commandant stupéfait.

— Pour quelques soldats égorgés, j'amènerai sous la hache de vos échafauds une tête qui vaut des milliers de têtes, dit-elle. Les femmes font rarement la guerre, mais vous pourrez, quelque vieux que vous soyez, apprendre à mon école de bons stratagèmes. Je livrerai à vos baïonnettes une famille entière : ses aïeux, et lui, son avenir, son passé. Autant j'ai été bonne et vraie pour lui, autant je serai perfide et fausse. Oui, commandant, je veux l'amener dans mon lit ; ce chef en sortira pour marcher à la mort. C'est cela, je n'aurai jamais de rivale... Il a prononcé pardieu lui-même son arrêt : *un jour sans lendemain !* Votre république et moi nous serons vengées. La République ! reprit-elle d'une voix dont les intonations bizarres effrayèrent Hulot, mais il mourra donc pour avoir porté les armes contre son pays ? La France me volerait donc ma vengeance ! Ah ! qu'une vie est peu de chose, une mort n'expie qu'un crime ! Mais s'il n'a qu'une tête à donner, j'aurai une nuit pour lui faire penser qu'il perd plus d'une vie. Sur toute chose, commandant, vous qui le tuerez (elle laissa échapper un soupir), faites en sorte que rien ne trahisse ma trahison, et qu'il meure convaincu de ma fidélité. Je ne vous demande que cela. Qu'il ne voie que moi, moi et mes caresses !

Là, elle se tut ; mais à travers la pourpre de son visage, Hulot et Corentin s'aperçurent que la colère et le délire n'étouffaient pas entièrement la pudeur. Marie frissonna violemment en disant les derniers mots ; elle les écouta de nouveau comme si elle eût douté de les avoir prononcés, et tressaillit naïvement en faisant les gestes involontaires d'une femme à laquelle un voile échappe.

— Mais vous l'avez eu entre les mains, dit Corentin.

— Probablement, répondit-elle avec amertume.

— Pourquoi m'avoir arrêté quand je le tenais, reprit Hulot.

— Eh ! commandant, nous ne savions pas que ce serait *lui*. Tout à coup, cette femme agitée, qui se promenait à pas précipités en jetant des regards dévorants aux deux spectateurs de cet orage, se calma. — Je ne me reconnais pas, dit-elle d'un ton d'homme. Pourquoi parler, il faut l'aller chercher !

— L'aller chercher, dit Hulot ; mais, ma chère enfant, prenez-y garde, nous ne sommes pas maîtres des campagnes, et, si vous

vous hasardiez à sortir de la ville, vous seriez prise ou tuée à cent pas.

— Il n'y a jamais de dangers pour ceux qui veulent se venger, répondit-elle en faisant un geste de dédain pour bannir de sa presence ces deux hommes qu'elle avait honte de voir.

— Quelle femme ! s'écria Hulot en se retirant avec Corentin. Quelle idée ils ont eue à Paris, ces gens de police ! Mais elle ne nous le livrera jamais, ajouta-t-il en hochant la tête.

— Oh ! si ! répliqua Corentin.

— Ne voyez-vous pas qu'elle l'aime ? reprit Hulot.

— C'est précisément pour cela. D'ailleurs, dit Corentin en regardant le commandant étonné, je suis là pour l'empêcher de faire des sottises, car, selon moi, camarade, il n'y a pas d'amour qui vaille trois cent mille francs.

Quand ce diplomate de l'intérieur quitta le soldat, ce dernier le suivit des yeux ; et, lorsqu'il n'entendit plus le bruit de ses pas, il poussa un soupir en se disant à lui-même : — Il y a donc quelquefois du bonheur à n'être qu'une bête comme moi ! Tonnerre de Dieu, si je rencontre le Gars, nous nous battrons corps à corps, ou je ne me nomme pas Hulot, car si ce renard-là me l'amenait à juger, maintenant qu'ils ont créé des conseils de guerre, je croirais ma conscience aussi sale que la chemise d'un jeune troupier qui entend le feu pour la première fois.

Le massacre de la Vivetière et le désir de venger ses deux amis avaient autant contribué à faire reprendre à Hulot le commandement de sa demi-brigade, que la réponse par laquelle un nouveau ministre, Berthier, lui déclarait que sa démission n'était pas acceptable dans les circonstances présentes. A la dépêche ministérielle était jointe une lettre confidentielle où, sans l'instruire de la mission dont était chargée mademoiselle de Verneuil, il lui écrivait que cet incident, complétement en dehors de la guerre, n'en devait pas arrêter les opérations. La participation des chefs militaires devait, disait-il, se borner, dans cette affaire, à seconder *cette honorable citoyenne, s'il y avait lieu.* En apprenant par ses rapports que les mouvements des Chouans annonçaient une concentration de leurs forces vers Fougères, Hulot avait secrètement ramené, par une marche forcée, deux bataillons de sa demi-brigade sur cette place importante. Le danger de la patrie, la haine de l'aristocratie, dont les partisans menaçaient une étendue de pays considérable, l'amitié, tout avait contribué à rendre au vieux militaire le feu de sa jeunesse.

— Voilà donc cette vie que je désirais, s'écria mademoiselle de Verneuil quand elle se trouva seule avec Francine, quelque rapides que soient les heures, elles sont pour moi comme des siècles de pensées.

Elle prit tout à coup la main de Francine, et sa voix, comme celle du premier rouge-gorge qui chante après l'orage, laissa échapper lentement ces paroles :

— J'ai beau faire, mon enfant, je vois toujours ces deux lèvres délicieuses, ce menton court et légèrement relevé, ces yeux de feu, et j'entends encore le — hue! — du postillon. Enfin, je rêve... et pourquoi donc tant de haine au réveil!

Elle poussa un long soupir, se leva; puis, pour la première fois elle se mit à regarder le pays livré à la guerre civile par ce cruel gentilhomme qu'elle voulait attaquer, à elle seule. Séduite par la vue du paysage, elle sortit pour respirer plus à l'aise sous le ciel, et si elle suivit son chemin à l'aventure, elle fut certes conduite vers *la Promenade* de la ville par ce maléfice de notre âme qui nous fait chercher des espérances dans l'absurde. Les pensées conçues sous l'empire de ce charme se réalisent souvent; mais on en attribue alors la prévision à cette puissance appelée le pressentiment; pouvoir inexpliqué, mais réel, que les passions trouvent toujours complaisant comme un flatteur qui, à travers ses mensonges, dit parfois la vérité.

CHAPITRE III.

UN JOUR SANS LENDEMAIN.

Les derniers événements de cette histoire ayant dépendu de la disposition des lieux où ils se passèrent, il est indispensable d'en donner ici une minutieuse description, sans laquelle le dénoûment serait d'une compréhension difficile.

La ville de Fougères est assise en partie sur un rocher de schiste que l'on dirait tombé en avant des montagnes qui ferment au couchant la grande vallée du Gouësnon, et prennent différents noms suivant les localités. A cette exposition, la ville est séparée de ces montagnes par une gorge au fond de laquelle coule une petite rivière appelée le Nançon. La portion du rocher qui regarde l'est a pour point de vue le paysage dont on jouit au sommet de la Pèlerine, et celle qui regarde l'ouest a pour toute vue la tortueuse vallée du Nançon ; mais il existe un endroit d'où l'on peut embrasser à la fois un segment du cercle formé par la grande vallée, et les jolis détours de la petite qui vient s'y fondre. Ce lieu, choisi par les habitants pour leur promenade, et où allait se rendre mademoiselle de Verneuil, fut précisément le théâtre où devait se dénouer le drame commencé à la Vivetière. Ainsi, quelque pittoresques que soient les autres parties de Fougères, l'attention doit être exclusivement portée sur les accidents du pays que l'on découvre en haut de la Promenade.

Pour donner une idée de l'aspect que présente le rocher de Fougères vu de ce côté, on peut le comparer à l'une de ces immenses tours en dehors desquelles les architectes sarrasins ont fait tourner d'étage en étage de larges balcons joints entre eux par des escaliers en spirale. En effet, cette roche est terminée par une église gothique dont les petites flèches, le clocher, les arcs-boutants achèvent de lui donner la forme d'un pain de sucre. Devant la porte de cette église, dédiée à saint Léonard, se trouve une petite place irrégulière dont les terres sont soutenues par un mur exhaussé en forme de balustrade, et qui communique par une rampe à la Promenade. Semblable à une seconde corniche, cette esplanade se développe circulairement autour du rocher, à quelques toises en dessous de la place Saint-Léonard, et offre un large terrain planté d'arbres, qui vient aboutir aux fortifications de la ville. Puis, à dix toises des murailles et des roches qui supportent cette terrasse due à une heureuse disposition des schistes et à une patiente industrie, il existe un chemin tournant nommé *l'Escalier de la Reine*, pratiqué dans le roc, et qui conduit à un pont bâti sur le Nançon par Anne de Bretagne. Enfin, sous ce chemin, qui figure une troisième corniche, des jardins descendent de terrasse en terrasse jusqu'à la rivière, et ressemblent à des gradins chargés de fleurs.

Parallèlement à la Promenade, de hautes roches qui prennent le nom du faubourg de la ville où elles s'élèvent, et qu'on appelle les montagnes de Saint-Sulpice, s'étendent le long de la rivière et s'abaissent en pentes douces dans la grande vallée, où elles décrivent un brusque contour vers le nord. Ces roches droites, incultes et sombres, semblent toucher aux schistes de la Promenade;

en quelques endroits, elles en sont à une portée de fusil, et garantissent contre les vents du nord une étroite vallée, profonde de cent toises, où le Nançon se partage en trois bras qui arrosent une prairie chargée de fabriques et délicieusement plantée.

Vers le sud, à l'endroit où finit la ville proprement dite, et où commence le faubourg Saint-Léonard, le rocher de Fougères fait un pli, s'adoucit, diminue de hauteur et tourne dans la grande vallée en suivant la rivière, qu'il serre ainsi contre les montagnes de Saint-Sulpice, en formant un col d'où elle s'échappe en deux ruisseaux vers le Couësnon, où elle va se jeter. Ce joli groupe de collines rocailleuses est appelé le *Nid-aux-crocs*, la vallée qu'elles dessinent se nomme *le val de Gibarry*, et ses grasses prairies fournissent une grande partie du beurre connu des gourmets sous le nom de beurre de la Prée-Valaye.

A l'endroit où la Promenade aboutit aux fortifications s'élève une tour nommée *la tour du Papegaut*. A partir de cette construction carrée, sur laquelle était bâtie la maison où logeait mademoiselle de Verneuil, règne tantôt une muraille, tantôt le roc quand il offre des tables droites; et la partie de la ville assise sur cette haute base inexpugnable décrit une vaste demi-lune, au bout de laquelle les roches s'inclinent et se creusent pour laisser passage au Nançon. Là, est située la porte qui mène au faubourg de Saint-Sulpice, dont le nom est commun à la porte et au faubourg. Puis, sur un mamelon de granit qui domine trois vallons dans lesquels se réunissent plusieurs routes, surgissent les vieux créneaux et les tours féodales du château de Fougères, l'une des plus immenses constructions faites par les ducs de Bretagne, murailles hautes de quinze toises, épaisses de quinze pieds; fortifiée à l'est par un étang d'où sort le Nançon qui coule dans ses fossés et fait tourner des moulins entre la porte Saint-Sulpice et les ponts-levis de la forteresse; défendue à l'ouest par la roideur des blocs de granit sur lesquels elle repose.

Ainsi, depuis la Promenade jusqu'à ce magnifique débris du moyen âge, enveloppé de ses manteaux de lierre, paré de ses tours carrées ou rondes, où peut se loger dans chacune un régiment entier, le château, la ville et son rocher, protégés par des murailles à pans droits, ou par des escarpements taillés à pic, forment un vaste fer à cheval garni de précipices sur lesquels, à l'aide du temps, les Bretons ont tracé quelques étroits sentiers. Çà et là, des blocs s'avancent comme des ornements. Ici, les eaux suintent par des cassures d'où sortent des arbres rachitiques. Plus loin, quelques tables de granit moins droites que les autres nourrissent de la verdure qui attire les chèvres. Puis, partout des bruyères, venues entre plusieurs fentes humides, tapissent de leurs guirlandes roses de noires anfractuosités. Au fond de cet immense entonnoir, la petite rivière serpente dans une prairie toujours fraîche et mollement posée comme un tapis.

Au pied du château et entre plusieurs masses de granit, s'élève l'église dédiée à saint Sulpice, qui donne son nom à un faubourg situé par delà le Nançon. Ce faubourg, comme jeté au fond d'un abîme, et son église dont le clocher pointu n'arrive pas à la hauteur des roches qui semblent près de tomber sur elle et sur les chaumières qui l'entourent, sont pittoresquement baignés par quelques affluents du Nançon, ombragés par des arbres et décorés par des jardins ; ils coupent irrégulièrement la demi-lune que décrivent la Promenade, la ville et le château, et produisent, par leurs détails, de naïves oppositions avec les graves spectacles de l'amphithéâtre, auquel ils font face. Enfin Fougères tout entier, ses faubourgs et ses églises, les montagnes même de Saint-Sulpice, sont encadrés par les hauteurs de Rillé, qui font partie de l'enceinte générale de la grande vallée du Couësnon.

Tels sont les traits les plus saillants de cette nature dont le principal caractère est une âpreté sauvage, adoucie par de riants motifs, par un heureux mélange des travaux les plus magnifiques de l'homme, avec les caprices d'un sol tourmenté par des oppositions inattendues, par je ne sais quoi d'imprévu qui surprend, étonne et confond. Nulle part en France le voyageur ne rencontre de contrastes aussi grandioses que ceux offerts par le grand bassin du Couësnon et par les vallées perdues entre les rochers de Fougères et les hauteurs de Rillé. C'est de ces beautés inouïes où le hasard triomphe, et auxquelles ne manquent aucunes des harmonies de la nature. Là des eaux claires, limpides, courantes ; des montagnes vêtues par la puissante végétation de ces contrées ; des rochers sombres et des fabriques élégantes ; des fortifications élevées par la nature et des tours de granit bâties par les hommes ; puis, tous les artifices de la lumière et de l'ombre, toutes les oppositions entre les différents feuillages, tant prisées par les dessinateurs ; des groupes de maisons où foisonne une population active, et des places désertes, où le granit ne souffre pas même les mousses blanches qui s'accrochent aux pierres ; enfin toutes les idées qu'on demande à un paysage : de la grâce et de l'horreur, un poëme plein de renaissantes magies, de tableaux sublimes, de délicieuses rusticités ! La Bretagne est là dans sa fleur.

La tour dite du Papegaut, sur laquelle est bâtie la maison occupée par mademoiselle de Verneuil, a sa base au fond même du précipice, et s'élève jusqu'à l'esplanade pratiquée en corniche devant l'église de Saint-Léonard. De cette maison isolée sur trois côtés, on embrasse à la fois le grand fer à cheval qui commence à la tour même, la vallée tortueuse du Nançon, et la place Saint-Léonard. Elle fait partie d'une rangée de logis trois fois séculaires, et construits en bois, situés sur une ligne parallèle au flanc septentrional de l'église avec laquelle ils forment une impasse dont la sortie donne dans une rue en pente qui longe l'église et mène à la porte Saint-Léonard, vers laquelle descendait mademoiselle de Verneuil. Marie négligea naturellement d'entrer sur la place de l'église au-dessous de laquelle elle était, et se dirigea vers la Promenade.

Lorsqu'elle eut franchi la petite barrière de poteaux peints en vert qui se trouve devant le poste alors établi dans la tour de la porte Saint-Léonard, la magnificence du spectacle rendit un instant ses passions muettes. Elle admira la vaste portion de la grande vallée du Couësnon que ses yeux embrassaient depuis le sommet de la Pèlerine jusqu'au plateau par où passe le chemin de Vitré : puis ses yeux se reposèrent sur le Nid-aux-crocs et sur les sinuosités du val de Gibarry, dont les crêtes étaient baignées par les lueurs vaporeuses du soleil couchant. Elle fut presque effrayée par la profondeur de la vallée du Nançon dont les plus hauts peupliers atteignaient à peine aux murs des jardins situés au-dessous de l'Escalier de la Reine. Enfin, elle marcha de surprise en surprise jusqu'au point d'où elle put apercevoir et la grande vallée, à travers le val de Gibarry, et le délicieux paysage encadré par le fer à cheval de la ville, par les rochers de Saint-Sulpice et par les hauteurs de Rillé.

A cette heure du jour, la fumée des maisons du faubourg et des vallées formait dans les airs un nuage qui ne laissait poindre les objets qu'à travers un dais bleuâtre ; les teintes trop vives du jour commençaient à s'abolir ; le firmament prenait un ton gris de perle ; la lune jetait ses voiles de lumière sur ce bel abîme ; tout enfin tendait à plonger l'âme dans la rêverie et l'aider à évoquer les êtres chers.

Tout à coup, ni les toits en bardeau du faubourg Saint-Sulpice, ni son église, dont la flèche audacieuse se perd dans la profondeur de la vallée, ni les manteaux séculaires de lierre et de clématite dont s'enveloppent les murailles de la vieille forteresse à travers laquelle le Nançon bouillonne sous la roue des moulins, enfin rien dans ce paysage ne l'intéressa plus. En vain le soleil couchant jeta-t-il sa poussière d'or et ses nappes rouges sur les gracieuses habitations semées dans les rochers, au fond des eaux et sur les prés, elle resta immobile devant les roches de Saint-Sulpice. L'espérance insensée qui l'avait amenée sur la promenade s'était miraculeusement réalisée. A travers les ajoncs et les genêts qui croissent sur les sommets opposés, elle crut reconnaître, malgré la peau de bique dont ils étaient vêtus, plusieurs convives de la Vivetière, parmi lesquels se distinguait le Gars, dont les moindres mouvements se dessinèrent dans la lumière adoucie du soleil couchant. A quelques pas en arrière du groupe principal, elle vit sa redoutable ennemie, madame du Gua. Pendant un moment mademoiselle de Verneuil put penser qu'elle rêvait; mais la haine de sa rivale lui prouva bientôt que tout vivait dans ce rêve. L'attention profonde qu'excitait en elle le plus petit geste du marquis l'empêcha de remarquer le soin avec lequel madame du Gua la mirait avec un long fusil. Bientôt un coup de feu réveilla les échos des montagnes, et la balle qui siffla près de Marie lui révéla l'adresse de sa rivale.

— Elle m'envoie sa carte! se dit-elle en souriant.

A l'instant de nombreux *qui vive* retentirent, de sentinelle en sentinelle, depuis le château jusqu'à la porte Saint-Léonard, et trahirent aux Chouans la prudence des Fougerais, puisque la partie la moins vulnérable de leurs remparts était si bien gardée.

— C'est elle et c'est lui, se dit Marie. Aller à la recherche du marquis, le suivre, le surprendre, fut une idée conçue avec la rapidité de l'éclair. — Je suis sans arme, s'écria-t-elle.

Elle songea qu'au moment de son départ à Paris, elle avait jeté, dans un de ses cartons, un élégant poignard, jadis porté par une sultane et dont elle voulut se munir en venant sur le théâtre de la guerre, comme ces plaisants qui s'approvisionnent d'albums pour les idées qu'ils auront en voyage; mais elle fut alors moins séduite par la perspective d'avoir du sang à répandre, que par le plaisir de porter un joli *cangiar* orné de pierreries, et de jouer avec cette lame pure comme un regard. Trois jours auparavant elle avait bien vivement regretté d'avoir laissé cette arme dans ses cartons, quand, pour se soustraire à l'odieux supplice que lui réservait sa rivale, elle avait souhaité de se tuer. En un instant elle retourna chez elle, trouva le poignard, le mit à sa ceinture, serra autour de ses épaules et de sa taille un grand châle, enveloppa ses cheveux d'une dentelle noire, se couvrit la tête d'un de ces chapeaux à larges bords que portaient les Chouans et qui appartenait à un domestique de sa maison, et avec cette présence d'esprit que prêtent parfois les passions, elle prit le gant du marquis donné par Marche-à-terre comme un passe-port ; puis, après avoir répondu à Francine effrayée : — Que veux-tu? j'irais *le* chercher dans l'enfer! elle revint sur la Promenade.

Le Gars était encore à la même place, mais seul. D'après la direction de sa longue-vue, il paraissait examiner, avec l'attention scrupuleuse d'un homme de guerre, les différents passages du Nançon, l'Escalier de la Reine, et le chemin qui, de la porte Saint-Sulpice, tourne entre cette église et va rejoindre les grandes routes sous le feu du château. Mademoiselle de Verneuil s'élança dans les petits sentiers tracés par les chèvres et leurs pâtres sur le versant de la Promenade, gagna l'Escalier de la Reine, arriva au fond du précipice, passa le Nançon, traversa le faubourg, devina, comme l'oiseau dans le désert, sa route au milieu des dangereux escarpements des roches de Saint-Sulpice, atteignit bientôt une route glissante tracée sur des blocs de granit, et, malgré les genêts, les ajoncs piquants, les rocailles qui la hérissaient, elle se mit à la gravir avec ce degré d'énergie inconnu peut-être à l'homme, mais que la femme entraînée par la passion possède momentanément. La nuit surprit Marie à l'instant où, parvenue sur les sommets, elle tâchait de reconnaître, à la faveur des pâles rayons de la lune, le chemin qu'avait dû prendre le marquis ; une recherche obstinée faite sans aucun succès, et le silence qui régnait dans la campagne, lui apprirent la retraite des Chouans et de leur chef. Cet effort de passion tomba tout à coup avec l'espoir qui l'avait inspiré. En se trouvant seule, pendant la nuit, au milieu d'un pays inconnu, en proie à la guerre, elle se mit à réfléchir, et les recommandations de Hulot, le coup de feu de madame du Gua, la firent frissonner de peur. Le calme de la nuit, si profond sur les montagnes, lui permit d'entendre la moindre feuille errante, même à de grandes distances, et ces bruits légers vibraient dans les airs comme pour donner une triste mesure de la solitude ou du silence. Le vent agissait sur la haute région et emportait les nuages avec violence, en produisant des alternatives d'ombre et de lumière dont les effets augmentèrent sa terreur, en donnant des apparences fantastiques et terribles aux objets les plus inoffensifs. Elle tourna les yeux vers les maisons de Fougères dont les lueurs domestiques brillaient comme autant d'étoiles terrestres, et tout à coup elle vit distinctement la tour du Papegaut. Elle n'avait qu'une faible distance à parcourir pour retourner chez elle, mais cette distance était un précipice. Elle se souvenait assez des abîmes qui bordaient l'étroit sentier par où elle était venue, pour savoir qu'elle courait plus de risques en voulant revenir à Fougères qu'en poursuivant son entreprise. Elle pensa que le gant du marquis écarterait tous les périls de sa promenade nocturne, si les Chouans tenaient la campagne. Madame du Gua seule pouvait être redoutable. A cette idée, Marie pressa son poignard, et tâcha de se diriger vers une maison de campagne dont elle avait entrevu les toits en arrivant sur les rochers de Saint-Sulpice; mais elle marcha lentement, car elle avait jusqu'alors ignoré la sombre majesté qui pèse sur un être solitaire pendant la nuit, au milieu d'un site sauvage où de toutes parts de hautes montagnes penchent leurs têtes comme des géants assemblés. Le frôlement de sa robe, arrêtée par des ajoncs, la fit tressaillir plus d'une fois, et plus d'une fois elle hâta le pas pour le ralentir encore en croyant sa dernière heure venue. Mais bientôt les circonstances prirent un caractère auquel les hommes les plus intrépides n'eussent peut-être pas résisté, et plongèrent mademoiselle de Verneuil dans une de ces terreurs qui pressent tellement les ressorts de la vie, qu'alors tout est extrême chez les individus, la force comme la faiblesse. Les êtres les plus faibles font alors des actes d'une force inouïe, et les plus forts deviennent fous de peur. Marie entendit à une faible distance des bruits étranges ; distincts et vagues tout à la fois, comme la nuit était tour à tour sombre et lumineuse, ils annonçaient de la confusion, du tumulte, et l'oreille se fatiguait à les percevoir; ils sortaient du sein de la terre, qui semblait ébranlée sous les pieds d'une immense multitude d'hommes en marche. Un moment de clarté permit à mademoiselle de Verneuil d'apercevoir à quelques pas d'elle une longue file de hideuses figures qui s'agitaient comme les épis d'un champ et glissaient à la manière des fantômes; mais elle les vit à peine, car aussitôt l'obscurité retomba comme un rideau noir, et lui déroba cet épouvantable tableau plein d'yeux jaunes et brillants. Elle se recula vivement et courut sur le haut d'un talus, pour échapper à trois de ces horribles figures qui venaient à elle.

— L'as-tu vu? demanda l'un.

— J'ai senti un vent froid quand il a passé près de moi, répondit une voix rauque.

— Et moi j'ai respiré l'air humide et l'odeur des cimetières, dit le troisième.

— Est-il blanc? reprit le premier.

— Pourquoi, dit le second, est-il *revenu* seul de tous ceux qui sont morts à la Pèlerine?

— Ah! pourquoi, répondit le troisième. Pourquoi fait-on des préférences à ceux qui sont du *Sacré-Cœur*? Au surplus, j'aime mieux mourir sans confession, que d'errer comme lui, sans boire ni manger, sans avoir ni sang dans les veines, ni chair sur les os.

— Ah!...

Cette exclamation, ou plutôt ce cri terrible partit du groupe, quand un des trois Chouans montra du doigt les formes sveltes et le visage pâle de mademoiselle de Verneuil qui se sauvait avec une effrayante rapidité, sans qu'ils entendissent le moindre bruit.

— Le voilà. — Le voici. — Où est-il? — Là. — Ici. — *Il est parti.* — Non. — Si. — le vois-tu?

Ces phrases retentirent comme le murmure monotone des vagues sur la grève.

Mademoiselle de Verneuil marcha courageusement dans la direction de la maison, et vit les figures indistinctes d'une multitude qui fuyait à son approche en donnant les signes d'une frayeur panique. Elle était comme emportée par une puissance inconnue dont l'influence la matait; la légèreté de son corps, qui lui semblait inexplicable, devenait un nouveau sujet d'effroi pour elle-même. Ces figures, qui se levaient par masses à son approche et comme de dessous terre où elles lui paraissaient couchées, laissaient échapper des gémissements qui n'avaient rien d'humain. Enfin elle arriva, non sans peine, dans un jardin dévasté dont les haies et les barrières étaient brisées. Arrêtée par une sentinelle, elle lui montra son gant. La lune ayant alors éclairé sa figure, la carabine échappa des mains du Chouan qui déjà mettait Marie en joue, mais qui, à son aspect, jeta le cri rauque dont retentissait la campagne. Elle aperçut de grands bâtiments où quelques lueurs indiquaient des pièces habitées, et parvint auprès des murs sans rencontrer d'obstacles. Par la première fenêtre vers laquelle elle se dirigea, elle vit madame du Gua avec les chefs convoqués à la Vivetière. Étourdie et par cet aspect et par le sentiment de son danger, elle se rejeta violemment sur une petite ouverture défendue par de gros barreaux de fer, et distingua, dans une longue salle voûtée, le marquis seul et triste, à deux pas d'elle. Les reflets du feu, devant lequel il occupait une chaise grossière, illuminaient son visage de teintes rougeâtres et vacillantes qui imprimaient à cette scène le caractère d'une vision ; immobile et tremblante, la pauvre fille se colla aux barreaux, et, par le silence profond qui régnait, elle espéra l'entendre s'il parlait ; en le voyant abattu, découragé, pâle, elle se flatta d'être une des causes de sa tristesse ; puis sa colère se changea en commisération, sa commisération en tendresse, et elle sentit soudain qu'elle n'avait pas été amenée jusque-là par la vengeance seulement. Le marquis se leva, tourna la tête, et resta stupéfait en apercevant, comme dans un nuage, la figure de mademoiselle de Verneuil ; il laissa échapper un geste d'impatience et de dédain en s'écriant : — Je vois donc partout cette diablesse, même quand je veille !

Ce profond mépris, conçu pour elle, arracha à la pauvre fille un rire d'égarement qui fit tressaillir le jeune chef, et il s'élança vers la croisée. Mademoiselle de Verneuil se sauva. Elle entendit près d'elle les pas d'un homme qu'elle crut être Montauran ; et, pour le fuir, elle ne connut plus d'obstacles, elle eût traversé les murs et volé dans les airs, elle aurait trouvé le chemin de l'enfer pour éviter de relire en traits de flamme ces mots : *Il te méprise !* écrits sur le front de cet homme, et qu'une voix intérieure lui criait alors avec l'éclat d'une trompette. Après avoir marché sans savoir par où elle passait, elle s'arrêta en se sentant pénétrée par un air humide. Effrayée par le bruit des pas de plusieurs personnes, et poussée par la peur, elle descendit un escalier qui la mena au fond d'une cave. Arrivée à la dernière marche, elle prêta l'oreille pour tâcher de reconnaître la direction que prenaient ceux qui la poursuivaient ; mais, malgré des rumeurs extérieures assez vives, elle entendit les lugubres gémissements d'une voix humaine qui ajoutèrent à son horreur. Un jet de lumière parti du haut de l'escalier lui fit craindre que sa retraite ne fût connue de ses persécuteurs ; et, pour leur échapper, elle trouva de nouvelles forces. Il lui fut très-difficile de s'expliquer, quelques instants après et quand elle recueillit ses idées, par quels moyens elle avait pu grimper sur le petit mur où elle s'était cachée. Elle ne s'aperçut pas même d'abord de la gêne que la position de son corps lui fit éprouver ; mais cette gêne finit par devenir intolérable, car elle ressemblait, sous l'arceau d'une voûte, à la Vénus accroupie qu'un amateur aurait placée dans une niche trop étroite. Ce mur assez large et construit en granit formait une séparation entre le passage d'un escalier et un caveau d'où partaient les gémissements. Elle vit bientôt un inconnu couvert de peaux de chèvre descendant au-dessous d'elle et tournant sous la voûte sans faire le moindre mouvement qui annonçât une recherche empressée. Impatiente de savoir s'il se présenterait quelque chance de salut pour elle, mademoiselle de Verneuil attendit avec anxiété que la lumière portée par l'inconnu éclairât le caveau où elle apercevait à terre une masse informe, mais animée, qui essayait d'atteindre à une certaine partie de la muraille par des mouvements violents et répétés, semblables aux brusques contorsions d'une carpe mise hors de l'eau sur la rive.

Une petite torche de résine répandit bientôt sa lueur bleuâtre et incertaine dans le caveau. Malgré la sombre poésie que l'imagination de mademoiselle de Verneuil répandait sur ces voûtes qui répercutaient les sons d'une prière douloureuse, elle fut obligée de reconnaître qu'elle se trouvait dans une cuisine souterraine, abandonnée depuis longtemps. Éclairée, la masse informe devint un petit homme très-gros dont tous les membres avaient été attachés avec précaution, mais qui semblait avoir été laissé sur les dalles humides sans aucun soin par ceux qui s'en étaient emparés. A l'aspect de l'étranger tenant d'une main la torche, et de l'autre un fagot, le captif poussa un gémissement profond qui attaqua si vivement la sensibilité de mademoiselle de Verneuil, qu'elle oublia sa propre terreur, son désespoir, la gêne horrible de tous ses membres pliés qui s'engourdissaient ; elle tâcha de rester immobile. Le Chouan jeta son fagot dans la cheminée après s'être assuré de la solidité d'une vieille crémaillère qui pendait le long d'une haute plaque en fonte, et mit le feu au bois avec sa torche. Mademoiselle de Verneuil ne reconnut pas alors sans effroi ce rusé Pille-miche auquel sa rivale l'avait livrée, et dont la figure, illuminée par la flamme, ressemblait à celle de ces petits hommes de buis, grotesquement sculptés en Allemagne. La plainte échappée à son prisonnier produisit un rire immense sur ce visage sillonné de rides et brûlé par le soleil.

— Tu vois, dit-il au patient, que nous autres chrétiens nous ne manquons pas comme toi à notre parole. Ce feu-là va te dégourdir les jambes, la langue et les mains. Quien ! quien ! je ne vois point de lèchefrite à te mettre sous les pieds, ils sont si dodus, que la graisse pourrait éteindre le feu. Ta maison est donc bien mal montée qu'on n'y trouve pas de quoi donner au maître toutes ses aises quand il se chauffe.

La victime jeta un cri aigu, comme si elle eût espéré se faire entendre par delà les voûtes et attirer un libérateur.

— Oh ! vous pouvez chanter à gogo, monsieur d'Orgemont ! ils sont tous couchés là-haut, et Marche-à-terre me suit, il fermera la porte de la cave.

Tout en parlant, Pille-miche sondait, du bout de sa carabine, le manteau de la cheminée, les dalles qui pavaient la cuisine, les murs et les fourneaux, pour essayer de découvrir la cachette où l'avare avait mis son or. Cette recherche se faisait avec une telle habileté que d'Orgemont demeura silencieux, comme s'il eût craint d'avoir été trahi par quelque serviteur effrayé ; car, quoiqu'il ne se fût confié à personne, ses habitudes auraient pu donner lieu à des inductions vraies. Pille-miche se retournait parfois brusquement en regardant sa victime comme dans ce jeu où les enfants essaient de deviner, par l'expression naïve de celui qui a caché un objet convenu, s'ils s'en approchent ou s'ils s'en éloignent. D'Orgemont feignit quelque terreur en voyant le Chouan frappant les fourneaux qui rendirent un son creux, et parut vouloir amuser ainsi pendant quelque temps l'avide crédulité de Pille-miche. En ce moment, trois autres Chouans, qui se précipitèrent dans l'escalier, entrèrent tout à coup dans la cuisine. A l'aspect de Marche-à-terre, Pille-miche discontinua sa recherche, après avoir jeté sur d'Orgemont un regard empreint de toute la férocité que réveillait son avarice trompée.

— Marie Lambrequin est ressuscité, dit Marche-à-terre en gardant une attitude qui annonçait que tout autre intérêt pâlissait devant une si grave nouvelle.

— Ça ne m'étonne pas, répondit Pille-miche, il communiait si souvent ! le bon Dieu semblait n'être qu'à lui.

— Ah ! ah ! rep'it Mène-à-bien, ça lui a servi comme des souliers à un mort. Voilà t-il pas qu'il n'avait pas reçu l'absolution avant cette affaire de la Pèlerine ; il a margaudé la fille à Goguelu, et s'est trouvé sous le coup d'un péché mortel. Donc l'abbé Gudin dit comme ça qu'il va rester deux mois comme un esprit avant de revenir tout à fait ! Nous l'avons vu *tretous* passer devant nous, il est pâle, il est froid, il est léger, il sent le cimetière.

— Et Sa Révérence a bien dit que si l'esprit pouvait s'emparer de quelqu'un, il s'en ferait un compagnon, reprit le quatrième Chouan.

La figure grotesque de ce dernier interlocuteur tira Marche-à-terre de la rêverie religieuse où l'avait plongé l'accomplissement d'un miracle que la ferveur pouvait, selon l'abbé Gudin, renouveler chez tout pieux défenseur de la Religion et du Roi.

— Tu vois, Galope-chopine, dit-il au néophyte avec une certaine gravité, à quoi nous mènent les plus légères omissions des devoirs commandés par notre sainte religion. C'est un avis que nous donne sainte Anne d'Auray, d'être inexorable entre nous pour les moindres fautes. Ton cousin Pille-miche a demandé pour toi la *surveillance* de Fougères, le Gars consent à te la confier, et tu seras bien payé ; mais tu sais de quelle farine nous pétrissons la galette des traîtres ?

— Oui, monsieur Marche-à-terre.

— Tu sais pourquoi je te dis cela. Quelques-uns prétendent que tu aimes le cidre et les gros sous ; mais il ne s'agit pas ici de tondre sur les œufs, il faut n'être qu'à nous.

— Révérence parler, monsieur Marche-à-terre, le cidre et les sous sont deux bonnes *chouses* qui n'empêchent point le salut.

— Si le cousin fait quelque sottise, dit Pille-miche, ce sera par ignorance.

— De quelque manière qu'un malheur vienne, s'écria Marche-à-terre d'un son de voix qui fit trembler la voûte, je ne le manquerai pas. — Tu m'en réponds, ajouta-t-il en se tournant vers Pille-miche, car s'il tombe en faute, je m'en prendrai à ce qui double ta peau de bique.

— Mais, sous votre respect, monsieur Marche-à-terre, reprit Galope-chopine, est-ce qu'il ne vous est pas souvent arrivé de croire que les *contre-chuins* étaient des *chuins*.

— Mon ami, répliqua Marche-à-terre d'un ton sec, que ça ne t'arrive plus, ou je te couperais en deux comme un navet. Quant aux envoyés du Gars, ils auront son gant. Mais, depuis cette affaire de la Vivetière, la Grande Garce y boute un ruban vert.

Pille-miche poussa vivement le coude de son camarade en lui montrant d'Orgemont qui feignait de dormir ; mais Marche-à-terre et Pille-Miche savaient par expérience que personne n'avait encore sommeillé au coin de leur feu ; et, quoique les dernières paroles dites à Galope-chopine eussent été prononcées à voix basse, comme elles pouvaient avoir été comprises par le patient, les quatre Chouans le regardèrent tous pendant un moment et pensèrent sans doute que la peur lui avait ôté l'usage de ses sens. Tout à coup, sur un léger signe de Marche-à-terre, Pille-miche ôta les souliers et les bas de d'Orgemont, Mène-à-bien et Galope-chopine le saisirent à bras-le-corps, le portèrent au feu ; puis Marche-à-terre prit un des liens du fagot, et attacha les pieds de l'avare à la crémaillère. L'ensemble de ces mouvements et leur incroyable célérité firent pousser à la victime des cris qui devinrent déchirants quand Pille-miche eut rassemblé des charbons sous les jambes.

— Mes amis, mes bons amis, s'écria d'Orgemont, vous allez me faire mal, je suis chrétien comme vous.

— Tu mens par ta gorge, lui répondit Marche-à-terre. Ton frère a renié Dieu. Quant à toi, tu as acheté l'abbaye de Juvigny. L'abbé Gudin dit que l'on peut, sans scrupule, rôtir les apostats.

— Mais, mes frères en Dieu, je ne refuse pas de vous payer.

— Nous t'avions donné quinze jours, deux mois se sont passés, et voilà Galope-Chopine qui n'a rien reçu.

— Tu n'as donc rien reçu, Galope-chopine? demanda l'avare avec désespoir.

— Rin! monsieur d'Orgemont, répondit Galope-chopine effrayé.

Les cris, qui s'étaient convertis en un grognement, continu comme le râle d'un mourant, recommencèrent avec une violence inouïe. Aussi habitués à ce spectacle qu'à voir marcher leurs chiens sans sabots, les quatre Chouans contemplaient si froidement d'Orgemont qui se tortillait et hurlait, qu'ils ressemblaient à des voyageurs attendant devant la cheminée d'une auberge si le rôt est assez cuit pour être mangé.

— Je meurs ! je meurs ! cria la victime... et vous n'aurez pas mon argent.

Malgré la violence de ces cris, Pille-miche s'aperçut que le feu ne mordait pas encore la peau ; l'on attisa donc très-artistement les charbons de manière à faire légèrement flamber le feu, d'Orgemont dit alors d'une voix abattue : — Mes amis, déliez-moi. Que voulez-vous? cent écus, mille écus, dix mille écus, cent mille écus, je vous offre deux cents écus...

Cette voix était si lamentable que mademoiselle de Verneuil oublia son propre danger, et laissa échapper une exclamation.

— Qui a parlé? demanda Marche-à-terre.

Les Chouans jetèrent autour d'eux des regards effarés. Ces hommes, si braves sous la bouche meurtrière des canons, ne tenaient pas devant un *esprit*. Pille-miche seul écoutait sans distraction la confession que des douleurs croissantes arrachaient à sa victime.

— Cinq cents écus, oui, je les donne, disait l'avare.

— Bah! Où sont-ils? lui répondit tranquillement Pille-miche.

— Hein, ils sont sous le premier pommier. Sainte Vierge! au fond du jardin, à gauche... Vous êtes des brigands... des voleurs... Ah! je meurs... il y a là dix mille francs.

— Je ne veux pas des francs, reprit Marche-à-terre, il nous faut des livres. Les écus de ta République ont des figures païennes qui n'auront jamais cours.

— Ils sont en livres, en bons louis d'or. Mais déliez-moi, déliez-moi... vous savez où est ma vie... mon trésor.

Les quatre Chouans se regardèrent en cherchant celui d'entre eux auquel ils pouvaient se fier pour l'envoyer déterrer la somme. En ce moment, cette cruauté de cannibales fit tellement horreur à mademoiselle de Verneuil, que, sans savoir si le rôle que lui assignait sa figure pâle la préserverait encore de tout danger, elle s'écria courageusement d'un son de voix grave : — Ne craignez-vous pas la colère de Dieu? Détachez-le, barbares!

Les Chouans levèrent la tête, ils aperçurent dans les airs des yeux qui brillaient comme deux étoiles, et s'enfuirent épouvantés. Mademoiselle de Verneuil sauta dans la cuisine, courut à d'Orgemont, le tira si violemment du feu, que les liens du fagot cédèrent ; puis, du tranchant de son poignard, elle coupa les cordes avec lesquelles il avait été garotté. Quand l'avare fut libre et debout, la première expression de son visage fut un rire douloureux, mais sardonique.

— Allez, allez au pommier, brigands! dit-il. Oh! oh! voilà deux fois que je les leurre; aussi ne me reprendront-ils pas une troisième!

En ce moment, une voix de femme retentit au dehors,

— *Un esprit! un esprit!* criait madame du Gua, imbéciles, c'est *elle*. Mille écus à qui m'apportera la tête de cette catin!

Mademoiselle de Verneuil pâlit; mais l'avare sourit, lui prit la main, l'attira sous le manteau de la cheminée, l'empêcha de laisser les traces de son passage en la conduisant de manière à ne pas déranger le feu qui n'occupait qu'un très-petit espace; il fit partir un ressort, la plaque de fonte s'enleva; et quand leurs ennemis communs rentrèrent dans le caveau, la lourde porte de la cachette était déjà retombée sans bruit. La Parisienne comprit alors le but des mouvements de carpe qu'elle avait vu faire au malheureux banquier.

— Voyez-vous, madame, s'écria Marche-à-terre, l'esprit a pris le Bleu pour compagnon.

L'effroi dut être grand, car ces paroles furent suivies d'un si profond silence, que d'Orgemont et sa compagne entendirent les Chouans prononçant à voix basse : — *Ave Sancta Anna* Auriaca *gratiâ plena, Dominus tecum*, etc.

— Ils prient, les imbéciles, s'écria d'Orgemont.

— N'avez-vous pas peur, dit mademoiselle de Verneuil en interrompant son compagnon, de faire découvrir notre...

Un rire du vieil avare dissipa les craintes de la jeune Parisienne.

— La plaque est dans une table de granit qui a dix pouces de profondeur. Nous les entendons, et ils ne nous entendent pas.

Puis il prit doucement la main de sa libératrice, la plaça vers une fissure par où sortaient des bouffées de vens frais, et elle devina que cette ouverture avait été pratiquée dans le tuyau de la cheminée.

— Ah! ah! reprit d'Orgemont. Diable! les jambes me cuisent un peu! Cette *Jument de Charrette*, comme on l'appelle à Nantes, n'est pas assez sotte pour contredire ses fidèles : elle sait bien que, s'ils n'étaient pas si brutes, ils ne se battraient pas contre leurs intérêts. La voilà qui prie aussi. Elle doit être bonne à voir en disant son *ave* à sainte Anne d'Auray. Elle ferait mieux de détrousser quelque diligence pour me rembourser les quatre mille francs qu'elle me doit. Avec les intérêts, les frais, ça va bien à quatre mille sept cent quatre-vingts francs et des centimes...

La prière finie, les Chouans se levèrent et partirent. Le vieux d'Orgemont serra la main de mademoiselle de Verneuil, comme pour la prévenir que néanmoins le danger existait toujours.

— Non, madame, s'écria Pille-miche après quelques minutes de silence, vous resteriez là dix ans, ils ne reviendront pas.

— Mais elle n'est pas sortie, elle doit être ici, dit obstinément la *Jument de Charrette*.

— Non, madame, non, ils se sont envolés à travers les murs. Le diable n'a-t-il pas déjà emporté là, devant nous, un assermenté ?

— Comment ! toi, Pille-miche, avare comme lui, ne devines-tu pas que le vieux cancre aura bien pu dépenser quelques milliers de livres pour construire dans les fondations de cette voûte un réduit dont l'entrée est cachée par un secret ?

L'avare et la jeune fille entendirent un gros rire échappé à Pille-miche.

— Ben vrai, dit-il.

— Reste ici, reprit madame du Gua. Attends-les à la sortie. Pour un seul coup de fusil je te donnerai tout ce que tu trouveras dans le trésor de notre usurier. Si tu veux que je te pardonne d'avoir vendu cette fille quand je t'avais dit de la tuer, obéis-moi.

— Usurier ! dit le vieux d'Orgemont, je ne lui ai pourtant prêté qu'à neuf pour cent. Il est vrai que j'ai une caution hypothécaire ! Mais enfin, voyez comme elle est reconnaissante ! Allez, madame, si Dieu nous punit du mal, le diable est là pour nous punir du bien, et l'homme placé entre ces deux termes-là, sans rien savoir de l'avenir, m'a toujours fait l'effet d'une règle de trois dont l'X est introuvable.

Il laissa échapper un soupir creux qui lui était particulier, car, en passant par son larynx, l'air semblait y rencontrer et attaquer deux vieilles cordes détendues. Le bruit que firent Pille-miche et madame du Gua en sondant de nouveau les murs, les voûtes et les dalles, parut rassurer d'Orgemont, qui saisit la main de sa libératrice pour l'aider à monter une étroite vis saint-gilles, pratiquée dans l'épaisseur d'un mur en granit. Après avoir gravi une vingtaine de marches, la lueur d'une lampe éclaira faiblement leurs têtes. L'avare s'arrêta, se tourna vers sa compagne, en examina le visage comme s'il eût regardé, manié et remanié une lettre de change douteuse à escompter, et poussa son terrible soupir.

— En vous mettant ici, dit-il après un moment de silence, je vous ai remboursé intégralement le service que vous m'avez rendu ; donc, je ne vois pas pourquoi je vous donnerais...

— Monsieur, laissez-moi là, je ne vous demande rien, dit-elle.

Ces derniers mots, et peut-être le dédain qu'exprima cette belle figure, rassurèrent le petit vieillard, car il répondit, non sans un soupir : Ah! en vous conduisant ici, j'en ai trop fait pour ne pas continuer...

Il aida poliment Marie à monter quelques marches assez singulièrement disposées, et l'introduisit moitié de bonne grâce, moitié rechignant, dans un petit cabinet de quatre pieds carrés, éclairé par une lampe suspendue à la voûte. Il était facile de voir que l'avare avait pris toutes ses précautions pour passer plus d'un jour dans cette retraite, si les événements de la guerre civile l'eussent contraint à y rester longtemps.

— N'approchez pas du mur, vous pourriez vous blanchir, dit tout à coup d'Orgemont.

Et il mit avec assez de précipitation sa main entre le châle de la jeune fille et la muraille, qui semblait fraîchement recrépie. Le geste du vieil avare produisit un effet tout contraire à celui qu'il en attendait. Mademoiselle de Verneuil regarda soudain devant elle, et vit dans un angle une sorte de construction dont la forme lui arracha un cri de terreur, car elle devina qu'une créature humaine avait été enduite de mortier et placée là debout; d'Orgemont lui fit un signe effrayant pour l'engager à se taire, et ses petits yeux d'un bleu de faïence annoncèrent autant d'effroi que ceux de sa compagne.

— Sotte, croyez-vous que je l'aie assassiné?... C'est mon frère, dit-il en variant son soupir d'une manière lugubre. C'est le premier recteur qui se soit assermenté. Voilà le seul asile où il ait été en sûreté contre la fureur des Chouans et des autres prêtres. Poursuivre un digne homme qui avait tant d'ordre! C'était mon aîné, lui seul a eu la patience de m'apprendre le calcul décimal. Oh! c'était un bon prêtre! Il avait de l'économie et savait amasser. Il y a quatre ans qu'il est mort, je ne sais pas de quelle maladie; mais voyez-vous, ces prêtres, ça a l'habitude de s'agenouiller de temps en temps pour prier, et il n'a peut-être pas pu s'accoutumer à rester ici debout comme moi... Je l'ai mis là, autre part *ils* l'auraient déterré. Un jour je pourrai l'ensevelir en terre sainte, comme disait ce pauvre homme, qui ne s'est *assermenté* que par peur.

Une larme roula dans les yeux secs du petit vieillard, dont alors la perruque rousse parut moins laide à la jeune fille, qui détourna les yeux par un secret respect pour cette douleur; mais, malgré cet attendrissement, d'Orgemont lui dit encore : — N'approchez pas du mur, vous...

Et ses yeux ne quittèrent pas ceux de mademoiselle de Verneuil, en espérant ainsi l'empêcher d'examiner plus attentivement les parois de ce cabinet, où l'air trop raréfié ne suffisait pas au jeu des poumons. Cependant Marie réussit à dérober un coup d'œil à son argus, et, d'après les bizarres proéminences des murs, elle supposa que l'avare les avait bâtis lui-même avec des sacs d'argent ou d'or. Depuis un moment, d'Orgemont était plongé dans un ravissement grotesque. La douleur que la cuisson lui faisait souffrir aux jambes, et sa terreur en voyant un être humain au milieu de ses trésors, se lisaient dans chacune de ses rides ; mais en même temps ses yeux arides exprimaient, par un feu inaccoutumé, la généreuse émotion qu'excitait en lui le périlleux voisinage de sa libératrice, dont la joue rose et blanche attirait le baiser, dont le regard noir et velouté lui amenait au cœur des vagues de sang si chaudes, qu'il ne savait plus si c'était signe de vie ou de mort.

— Êtes-vous mariée? lui demanda-t-il d'une voix tremblante.

— Non, dit-elle en souriant.

— J'ai quelque chose, reprit-il en poussant son soupir, quoique je ne sois pas aussi riche qu'ils le disent tous. Une jeune fille comme vous doit aimer les diamants, les bijoux, les équipages, l'or, ajouta-t-il en regardant d'un air effaré autour de lui. J'ai tout cela à donner, après ma mort. Hé! si vous vouliez...

L'œil du vieillard décelait tant de calcul, même dans cet amour éphémère, qu'en agitant sa tête par un mouvement négatif, mademoiselle de Verneuil ne put s'empêcher de penser que l'avare ne songeait à l'épouser que pour enterrer son secret dans le cœur d'un autre lui-même.

— L'argent, dit-elle en jetant à d'Orgemont un regard plein d'ironie qui le rendit à la fois heureux et fâché, l'argent n'est rien pour moi. Vous seriez trois fois plus riche que vous ne l'êtes, si tout l'or que j'ai refusé était là.

— N'approchez pas du m...

— Et l'on ne me demandait cependant qu'un regard, ajouta-t-elle avec une incroyable fierté.

— Vous avez eu tort, c'était une excellente spéculation. Mais songez donc...

— Songez, reprit mademoiselle de Verneuil, que je viens d'entendre retentir là une voix dont un seul accent a pour moi plus de prix que toutes vos richesses.

— Vous ne les connaissez pas...

Avant que l'avare n'eût pu l'en empêcher, Marie fit mouvoir, en la touchant du doigt, une petite gravure enluminée qui représentait Louis XV à cheval, et vit tout à coup au-dessous d'elle le marquis occupé à charger un tromblon. L'ouverture cachée par le petit panneau sur lequel l'estampe était collée semblait répondre à quelque ornement dans le plafond de la chambre voisine, où sans doute couchait le général royaliste. D'Orgemont repoussa avec la plus grande précaution la vieille estampe, et regarda la jeune fille d'un air sévère.

— Ne dites pas un mot, si vous aimez la vie. Vous n'avez pas jeté, lui dit-il à l'oreille après une pause, votre grapin sur un petit bâtiment. Savez-vous que le marquis de Montauran possède pour cent mille livres de revenus en terres affermées qui n'ont pas encore été vendues. Or, un décret des Consuls, que j'ai lu dans *le Primidi de l'Ille-et-Vilaine*, vient d'arrêter les séquestres. Ah! ah! vous trouvez ce gars-là maintenant plus joli homme, n'est-ce pas? Vos yeux brillent comme deux louis d'or tout neufs.

Les regards de mademoiselle de Verneuil s'étaient fortement animés en entendant résonner de nouveau une voix bien connue. Depuis qu'elle était là, debout, comme enfouie dans une mine d'argent, le ressort de son âme courbée sous ces événements s'était redressé. Elle semblait avoir pris une résolution sinistre et entrevoir les moyens de la mettre à exécution.

— On ne revient pas d'un tel mépris, se dit-elle, et s'il ne doit plus m'aimer, je veux le tuer, aucune femme ne l'aura.

— Non, l'abbé, non, s'écriait le jeune chef dont la voix se fit entendre, il faut que cela soit ainsi.

— Monsieur le marquis, reprit l'abbé Gudin avec hauteur, vous scandaliserez toute la Bretagne en donnant ce bal à Saint-James. C'est des prédicateurs, et non des danseurs qui remueront nos villages. Ayez des fusils et non des violons.

— L'abbé, vous avez assez d'esprit pour savoir que ce n'est que dans une assemblée générale de tous nos partisans que je verrai ce que je puis entreprendre avec eux. Un dîner me semble plus favorable pour examiner leurs physionomies et connaître leurs intentions que tous les espionnages possibles, dont, au surplus, j'ai horreur ; nous les ferons causer le verre en main.

Marie tressaillit en entendant ces paroles, car elle conçut le projet d'aller à ce bal, et de s'y venger.

— Me prenez-vous pour un idiot avec votre sermon sur la danse? reprit Montauran. Ne figureriez-vous pas de bon cœur dans une chaconne pour vous retrouver rétablis sous votre nouveau nom de Pères de la Foi!... Ignorez-vous que les Bretons sortent de la messe pour aller danser? Ignorez-vous aussi que messieurs Hyde de Neuville et d'Andigné ont eu il y a cinq jours une conférence avec le premier Consul sur la question de rétablir Sa Majesté Louis XVIII. Si je m'apprête en ce moment pour aller risquer un coup de main si téméraire, c'est uniquement pour ajouter à ces négociations le poids de nos souliers ferrés. Ignorez-vous que tous les chefs de la Vendée et même Fontaine parlent de se soumettre. Ah! monsieur, l'on a évidemment trompé les princes sur l'état de la France. Les dévouements dont on les entretient sont des dévouements de position. L'abbé, si j'ai mis le pied dans le sang, je ne veux m'y mettre jusqu'à la ceinture qu'à bon escient. Je me suis dévoué au Roi et non pas à quatre cerveaux brûlés, à des hommes perdus de dettes comme Rifoël, à des chauffeurs, à...

— Dites tout de suite, monsieur, à des abbés qui perçoivent des contributions sur le grand chemin pour soutenir la guerre, reprit l'abbé Gudin.

— Pourquoi ne le dirais-je pas? répondit aigrement le marquis. Je dirai plus, les temps héroïques de la Vendée sont passés...

— Monsieur le marquis, nous saurons faire des miracles sans vous.

— Oui, comme celui de Marie Lambrequin, répondit en riant le marquis. Allons, sans rancune, l'abbé! Je sais que vous payez de votre personne, et tirez un Bleu aussi bien que vous dites un *oremus*. Dieu aidant, j'espère vous faire assister, une mître en tête, au sacre du Roi.

Cette dernière phrase eut sans doute un pouvoir magique sur l'abbé, car on entendit sonner une carabine, et il s'écria : — J'ai cinquante cartouches dans mes poches, monsieur le marquis, et ma vie est au Roi.

— Voilà encore un de mes débiteurs, dit l'avare à mademoiselle de Verneuil. Je ne parle pas de cinq à six cents malheureux écus qu'il m'a empruntés, mais d'une dette de sang qui, j'espère, s'acquittera. Il ne lui arrivera jamais autant de mal que je lui en souhaite, à ce sacré jésuite; il avait juré la mort de mon frère, et soulevait le pays contre lui. Pourquoi? parce que le pauvre homme avait eu peur des nouvelles lois. Après avoir appliqué son oreille à un certain endroit de sa cachette : — Les voilà qui décampent, tous ces brigands-là, dit-il. Ils vont faire encore quelque miracle! Pourvu qu'ils n'essaient pas de me dire adieu comme la dernière fois, en mettant le feu à la maison.

Après environ une demi-heure, pendant laquelle mademoiselle de Verneuil et d'Orgemont se regardèrent comme si chacun d'eux eût regardé un tableau, la voix rude et grossière de Galope-chopine cria doucement : — Il n'y a plus de danger, monsieur d'Orgemont. Mais, cette fois-ci, j'ai bien gagné mes trente écus.

— Mon enfant, dit l'avare, jurez-moi de fermer les yeux.

Mademoiselle de Verneuil plaça une de ses mains sur ses paupières; mais, pour plus de secret, le vieillard souffla la lampe, prit sa libératrice par la main, l'aida à faire sept ou huit pas dans un passage difficile; au bout de quelques minutes, il lui dérangea doucement la main, elle se vit dans la chambre que le marquis de Montauran venait de quitter et qui était celle de l'avare.

— Ma chère enfant, lui dit le vieillard, vous pouvez partir. Ne regardez pas ainsi autour de vous. Vous n'avez sans doute pas d'argent? Tenez, voici dix écus : il y en a de rognés, mais ils passeront. En sortant du jardin, vous trouverez un sentier qui conduit à la ville, ou, comme on dit maintenant, au District. Mais les Chouans sont à Fougères, il n'est pas présumable que vous puissiez y rentrer de sitôt; ainsi, vous pourrez avoir besoin d'un sûr asile. Retenez bien ce que je vais vous dire, et n'en profitez que dans un extrême danger. Vous verrez sur le chemin qui mène au Nid-aux-crocs par le val de Gibarry une ferme où demeure le Grand-Cibot, dit Galope-chopine, entrez-y en disant à sa femme : — *bonjour, Bécanière!* et Barbette vous cachera. Si Galope-chopine vous découvrait, ou il vous prendra pour l'esprit, s'il fait nuit; ou dix écus l'attendriront, s'il fait jour. Adieu! nos comptes sont soldés. Si vous vouliez, dit-il en montrant par un geste les champs qui entouraient sa maison, tout cela serait à vous!

Mademoiselle de Verneuil jeta un regard de remerciment à cet être singulier, et réussit à lui arracher un soupir dont les tons furent très-variés.

— Vous me rendrez sans doute mes dix écus, remarquez bien que je ne parle pas d'intérêts, vous les remettrez à mon crédit chez maître Patrat, le notaire de Fougères qui, si vous le vouliez, ferait notre contrat, beau trésor. Adieu.

— Adieu, dit-elle en souriant et le saluant de la main.

— S'il vous faut de l'argent, lui cria-t-il, je vous en prêterai à cinq ! Oui, à cinq seulement. Ai-je dit cinq? Elle était partie. — Ça m'a l'air d'être une bonne fille ; cependant, je changerai le secret de ma cheminée. Puis il prit un pain de douze livres, un jambon et rentra dans sa cachette.

Lorsque mademoiselle de Verneuil marcha dans la campagne, elle crut renaître, la fraîcheur du matin ranima son visage qui depuis quelques heures lui semblait frappé par une atmosphère brûlante. Elle essaya de trouver le sentier indiqué par l'avare; mais, depuis le coucher de la lune, l'obscurité était devenue si forte, qu'elle fut forcée d'aller au hasard. Bientôt la crainte de tomber dans les précipices la prit au cœur, et lui sauva la vie ; car elle s'arrêta tout à coup en pressentant que la terre lui manquerait si elle faisait un pas de plus. Un vent plus frais qui caressait ses cheveux, le murmure des eaux, l'instinct, tout servit à lui indiquer qu'elle se trouvait au bout des rochers de Saint-Sulpice. Elle passa les bras autour d'un arbre, et attendit l'aurore en de vives anxiétés, car elle entendait un bruit d'armes, de chevaux et de voix humaines. Elle rendit grâces à la nuit qui la préservait du danger de tomber entre les mains des Chouans, si, comme le lui avait dit l'avare, ils entouraient Fougères.

Semblables à des feux nuitamment allumés pour un signal de liberté, quelques lueurs légèrement pourprées passèrent par-dessus les montagnes dont les bases conservèrent des teintes bleuâtres qui contrastèrent avec les nuages de rosée flottant sur les vallons. Bientôt un disque de rubis s'éleva lentement à l'horizon, les cieux le reconnurent ; les accidents du paysage, le clocher de Saint-Léonard, les rochers, les prés ensevelis dans l'ombre reparurent insensiblement, et les arbres situés sur les cimes se dessinèrent dans ses feux naissants. Le soleil se dégagea par un gracieux élan du milieu de ses rubans de feu, d'ocre et saphir. Sa vive lumière s'harmonia par lignes égales, de colline en colline, déborda de vallons en vallons. Les ténèbres se dissipèrent, le jour accabla la nature. Une brise piquante frissonna dans l'air, les oiseaux chantèrent, la vie se réveilla partout. Mais à peine la jeune fille avait-elle eu le temps d'abaisser ses regards sur les masses de ce paysage si curieux, que, par un phénomène assez fréquent dans ces fraîches contrées, des vapeurs s'étendirent en nappes, comblèrent les vallées, montèrent jusqu'aux plus hautes collines, ensevelirent ce riche bassin sous un manteau de neige. Bientôt mademoiselle de Verneuil crut revoir une de ces mers de glace qui meublent les Alpes. Puis cette nuageuse atmosphère roula des vagues comme l'Océan, souleva des lames impénétrables qui se balancèrent avec mollesse, ondoyèrent, tourbillonnèrent violemment, contractèrent aux rayons du soleil des teintes d'un rose vif, en offrant çà et là les transparences d'un lac d'argent fluide. Tout à coup le vent du nord souffla sur cette fantasmagorie et dissipa les brouillards qui déposèrent une rosée pleine d'oxyde sur les gazons. Mademoiselle de Verneuil put alors apercevoir une immense masse brune placée sur les rochers de Fougères. Sept à huit cents Chouans armés s'agitaient dans le faubourg Saint-Sulpice comme des fourmis dans une fourmilière. Les environs du château occupés par trois mille hommes arrivés comme par magie furent attaqués avec fureur. Cette ville endormie, malgré ses remparts verdoyants et ses vieilles tours grises, aurait succombé, si Hulot n'eût pas veillé. Une batterie cachée sur une éminence qui se trouve au fond de la cuvette que forment les remparts, répondit au premier feu des Chouans en les prenant en écharpe sur le chemin du château. La mitraille nettoya la route, et la balaya. Puis, une compagnie sortit de la porte Saint-Sulpice, profita de l'étonnement des Chouans, se mit en bataille sur le chemin et commença sur eux un feu meurtrier. Les Chouans n'essayèrent pas de résister, en voyant les remparts du château se couvrir de soldats comme si l'art du machiniste y eût appliqué des lignes bleues, et le feu de la forteresse protéger celui des tirailleurs républicains. Cependant d'autres Chouans, maîtres de la petite vallée du Nançon, avaient gravi les galeries du rocher et parvenaient à la Promenade, où ils montèrent; elle fut couverte de peaux de bique qui lui donnèrent l'apparence d'un toit de chaume bruni par le temps. Au même moment, de violentes détonations se firent entendre dans la partie de la ville qui regardait la vallée du Couësnon. Évidemment Fougères, attaqué sur tous les points, était entièrement cerné. Le feu qui se manifesta sur le revers oriental du rocher prouvait même que les Chouans incendiaient les faubourgs. Cependant les flammèches qui s'élevaient des toits de genêt ou de bardeau cessèrent bientôt, et quelques colonnes de fumée noire indiquèrent que l'incendie s'éteignait. Des nuages blancs et bruns dérobèrent encore une fois cette scène à mademoiselle de Verneuil, mais le vent dissipa bientôt ce brouillard de poudre. Déjà, le commandant républicain avait fait changer la direction de sa batterie de manière à pouvoir prendre successivement en file la vallée du Nançon, le sentier de la Reine et le rocher, quand du haut de la Promenade, il vit ses premiers ordres admirablement bien exécutés. Deux pièces placées au poste de la porte Saint-Léonard abattirent la fourmilière de Chouans qui s'étaient emparés de cette position ; tandis que les gardes nationaux de Fougères, accourus en hâte sur la place de l'Église, achevèrent de chasser l'ennemi.

Ce combat ne dura pas une demi-heure et ne coûta pas cent hommes aux Bleus. Déjà, dans toutes les directions, les Chouans battus et écrasés se retiraient d'après les ordres réitérés du Gars, dont le hardi coup de main échouait, sans qu'il le sût, par suite de l'affaire de la Vivetière qui avait si secrètement ramené Hulot à Fougères. L'artillerie n'y était arrivée que pendant cette nuit, car la seule nouvelle d'un transport de munitions aurait suffi pour faire abandonner par Montauran cette entreprise qui, éventée, ne pouvait avoir qu'une mauvaise issue. En effet, Hulot désirait autant donner une leçon sévère au Gars, que le Gars pouvait souhaiter de réussir dans sa pointe pour influer sur les déterminations du premier Consul. Au premier coup de canon, le marquis comprit donc qu'il y aurait de la folie à poursuivre par amour-propre une surprise manquée. Aussi, pour ne pas faire tuer inutilement ses Chouans, se hâta-t-il d'envoyer sept ou huit émissaires porter des instructions pour opérer promptement la retraite sur tous les points. Le commandant, ayant aperçu son adversaire entouré d'un nombreux conseil au milieu duquel était madame du Gua, essaya de tirer sur eux une volée sur le rocher de Saint-Sulpice ; mais la place avait été trop habilement choisie pour que le jeune chef n'y fût pas en sûreté. Hulot changea de rôle tout à coup, et d'attaqué devint agresseur. Aux premiers mouvements qui indiquèrent les intentions du marquis, la compagnie placée sous les murs du château se mit en devoir de couper la retraite aux Chouans en s'emparant des issues supérieures de la vallée du Nançon.

Malgré sa haine, mademoiselle de Verneuil épousa la cause des hommes que commandait son amant, et se tourna vivement vers l'autre issue pour voir si elle était libre ; mais elle aperçut les Bleus, sans doute vainqueurs de l'autre côté de Fougères, qui revenaient de la vallée du Couësnon par le Val-de-Gibarry pour s'emparer du Nid-aux-Crocs et de la partie des rochers Saint-Sulpice où se trouvaient les issues inférieures de la vallée du Nançon. Ainsi les Chouans, renfermés dans l'étroite prairie de cette gorge, semblaient devoir périr jusqu'au dernier, tant les prévisions du vieux commandant républicain avaient été justes et ses mesures habilement prises. Mais sur ces deux points, les canons qui avaient si bien servi Hulot furent impuissants, il s'y établit des luttes acharnées, et la ville de Fougères une fois préservée, l'affaire prit le caractère d'un engagement auquel les Chouans étaient habitués. Mademoiselle de Verneuil comprit alors la présence des masses d'hommes qu'elle avait aperçues dans la campagne, la réunion des chefs chez d'Orgemont et tous les événements de cette nuit, sans savoir comment elle avait pu échapper à tant de dangers. Cette entreprise, dictée par le désespoir, l'intéressa si vivement qu'elle resta immobile à contempler les tableaux animés qui s'offrirent à ses regards. Bientôt, le combat qui avait lieu au bas des montagnes de Saint-Sulpice eut, pour elle, un intérêt de plus. En voyant les Bleus presque maîtres des Chouans, le marquis et ses amis s'élancèrent dans la vallée du Nançon afin de leur porter du secours. Le pied des roches fut couvert d'une multitude de groupes furieux où se décidèrent des questions de vie et de mort sur un terrain et avec des armes plus favorables aux Peaux-de-bique. Insensiblement, cette arène mouvante s'étendit dans l'espace. Les Chouans, en s'égaillant, envahirent les rochers à l'aide des arbustes qui croissent çà et là. Mademoiselle de Verneuil eut un moment d'effroi en voyant un peu tard ses ennemis remontés sur les sommets, où ils défendirent avec fureur les sentiers dangereux par lesquels on y arrivait. Toutes les issues de cette montagne étant occupées par les deux partis, elle eut peur de se trouver au milieu d'eux, elle quitta le gros arbre derrière lequel elle s'était tenue, et se mit à fuir en pensant à mettre à profit les recommandations du vieil avare. Après avoir couru pendant longtemps sur le versant des montagnes de Saint-Sulpice qui regarde la grande vallée du Couësnon, elle aperçut de loin une étable et jugea qu'elle dépendait de la maison de Galope-chopine, qui devait avoir laissé sa femme toute seule pendant le combat. Encouragée par ces suppositions, mademoiselle de Verneuil espéra être bien reçue dans cette habitation, et pouvoir y passer quelques heures, jusqu'à ce qu'il lui fût possible de retourner sans danger à Fougères. Selon toute apparence, Hulot allait triompher. Les Chouans fuyaient si rapidement qu'elle entendit des coups de feu tout autour d'elle, et la peur d'être atteinte par quelques balles lui fit promptement gagner la chaumière dont la cheminée lui servait de jalon. Le sentier qu'elle avait suivi aboutissait à une espèce de hangar dont le toit, couvert en genêt, était soutenu par quatre gros arbres encore garnis de leurs écorces. Un mur en torchis formait le fond de ce hangar, sous lequel se trouvaient un pressoir à cidre, une aire à battre le sarrasin, et quelques instruments aratoires. Elle s'arrêta contre l'un de ces poteaux sans se décider à franchir le marais fangeux qui servait de cour à cette maison que, de loin, en véritable Parisienne, elle avait prise pour une étable.

Cette cabane, garantie des vents du nord par une éminence qui s'élevait au-dessus du toit et à laquelle elle s'appuyait, ne manquait pas de poésie, car des pousses d'ormes, des bruyères et les fleurs du rocher la couronnaient de leurs guirlandes. Un escalier champêtre pratiqué entre le hangar et la maison permettait aux habitants d'aller respirer un air pur sur le haut de cette roche. A gauche de la cabane, l'éminence s'abaissait brusquement, et laissait voir une suite de champs dont le premier dépendait sans doute de cette ferme. Ces champs dessinaient de gracieux bocages séparés par des haies en terre, plantées d'arbres, et dont la première achevait l'enceinte de la cour. Le chemin qui conduisait à ces champs était fermé par un gros tronc d'arbre à moitié pourri, clôture bretonne dont le nom fournira plus tard une digression qui achèvera de caractériser ce pays. Entre l'escalier creusé dans les schistes et le sentier fermé par ce gros arbre, devant le marais et sous cette roche pendante, quelques pierres de granit grossièrement taillées, superposées les unes aux autres, formaient les quatre angles de cette chaumière, et maintenaient le mauvais pisé, les planches et les cailloux dont étaient bâties les murailles. Une moitié du toit couverte de genêt en guise de paille, et l'autre en bardeau, espèce de merrain taillé en forme d'ardoise annonçaient deux divisions ; et, en effet, l'une close par une méchante claie servait d'étable, et les maîtres habitaient l'autre. Quoique cette cabane dût au voisinage de la ville quelques améliorations complétement perdues à deux lieues plus loin, elle expliquait bien l'instabilité de la vie à laquelle les guerres et les usages de la Féodalité avaient si fortement subordonné les mœurs du serf, qu'aujourd'hui beaucoup de paysans appellent encore en ces contrées une *demeure*, le château habité par leurs seigneurs. Enfin, en examinant ces lieux avec un étonnement assez facile à concevoir, mademoiselle de Verneuil remarqua çà et là dans la fange de la cour, des fragments de granit disposés de manière à tracer vers l'habitation un chemin qui présentait plus d'un danger; mais en entendant le bruit de la mousqueterie qui se rapprochait sensiblement, elle sauta de pierre en pierre, comme si elle traversait un ruisseau, pour demander un asile. Cette maison était fermée par une de ces portes qui se composent de deux parties séparées, dont l'inférieure est en bois plein et massif, et dont la supérieure est défendue par un volet qui sert de fenêtre. Dans plusieurs boutiques de certaines petites villes en France, on voit le type de cette porte, mais beaucoup plus orné et armé à la partie inférieure d'une sonnette d'alarme; celle-ci s'ouvrait au moyen d'un loquet de bois digne de l'âge d'or, et la partie supérieure ne se fermait que pendant la nuit, car le jour ne pouvait pénétrer dans la chambre que par cette ouverture. Il existait bien une grossière croisée, mais ses vitres ressemblaient à des fonds de bouteille, et les massives branches de plomb qui les retenaient prenaient tant de place qu'elle semblait plutôt destinée à intercepter qu'à laisser passer la lumière.

Quand mademoiselle de Verneuil fit tourner la porte sur ses gonds criards, elle sentit d'effroyables vapeurs alcalines sorties par bouffées de cette chaumière, et vit que les quadrupèdes avaient ruiné à coups de pieds le mur intérieur qui les séparait de la chambre. Ainsi l'intérieur de la ferme, car c'était une ferme, n'en démentait pas l'extérieur. Mademoiselle de Verneuil se demandait s'il était possible que des êtres humains vécussent dans cette fange organisée, quand un petit gars en haillons et qui paraissait avoir huit ou neuf ans, lui présenta tout à coup sa figure fraîche, blanche et rose, des joues bouffies, des yeux vifs, des dents d'ivoire et une chevelure blonde qui tombait par écheveaux sur ses épaules demi-nues; ses membres étaient vigoureux, et son attitude avait cette grâce d'étonnement, cette naïveté sauvage qui agrandit les yeux des enfants. Ce petit gars était sublime de beauté.

— Où est ta mère ? dit Marie d'une voix douce et en se baissant pour lui baiser les yeux.

Après avoir reçu le baiser, l'enfant glissa comme une anguille, et disparut derrière un tas de fumier qui se trouvait entre le sentier et la maison, sur la croupe de l'éminence. En effet, comme beaucoup de cultivateurs bretons, Galope-chopine mettait, par un système d'agriculture qui leur est particulier, ses engrais dans des lieux élevés, en sorte que quand ils s'en servent, les eaux pluviales les ont dépouillés de toutes leurs qualités. Maîtresse du logis pour quelques instants, Marie en eut promptement fait l'inventaire. La chambre où elle attendait Barbette composait toute la maison. L'objet le plus apparent et le plus pompeux était une immense cheminée dont *le manteau* était formé par une pierre de granit bleu. L'étymologie de ce mot avait sa preuve dans un lambeau de serge verte bordée d'un ruban vert pâle, découpée en rond, qui pendait le long de cette tablette au milieu de laquelle s'élevait une bonne vierge en plâtre colorié. Sur le socle de la statue, mademoiselle de Verneuil lut deux vers d'une poésie religieuse fort répandue dans le pays :

> Je suis la Mère de Dieu,
> Protectrice de ce lieu.

Derrière la vierge une effroyable image tachée de rouge et de bleu, sous prétexte de peinture, représentait saint Labre. Un lit de serge verte, dit en tombeau, une informe couchette d'enfant, un rouet, des chaises grossières, un bahut sculpté garni de quelques ustensiles, complétaient, à peu de chose près, le mobilier de Galope-chopine. Devant la croisée se trouvait une longue table de châtaignier accompagnée de deux bancs en même bois, auxquels le jour des vitres donnait les sombres teintes de l'acajou vieux. Une immense pièce de cidre, sous le bondon de laquelle mademoiselle de Verneuil remarqua une boue jaunâtre dont l'humidité décomposait le plancher quoiqu'il fût formé de morceaux de granit assemblés par un argile roux, prouvait que le maître du logis n'avait pas volé son surnom de Chouan. Mademoiselle de Verneuil leva les yeux comme pour fuir ce spectacle, et alors, il lui sembla avoir vu toutes les chauves-souris de la terre, tant étaient nombreuses les toiles d'araignées qui pendaient au plancher. Deux énormes *pichés*, pleins de cidre, se trouvaient sur la longue table. Ces ustensiles sont des espèces de cruches en terre brune, dont le modèle existe dans plusieurs pays de la France, et qu'un Parisien peut se figurer en supposant aux pots dans lesquels les gourmets servent le beurre de Bretagne, un ventre plus arrondi, verni par places inégales et nuancé de taches fauves comme celles de quelques coquillages. Cette cruche est terminée par une espèce de gueule, assez semblable à la tête d'une grenouille prenant l'air hors de l'eau. L'attention de Marie avait fini par se porter sur ces deux pichés ; mais le bruit du combat, qui devint tout à coup plus distinct, la força de chercher un endroit propre à se cacher sans attendre Barbette, quand cette femme se montra tout à coup.

— Bonjour, Bécanière, lui dit-elle en retenant un sourire involontaire à l'aspect d'une figure qui ressemblait assez aux têtes que les architectes placent comme ornement aux clefs des croisées.

— Ah! ah! vous venez d'Orgemont, répondit Barbette d'un air peu empressé.

— Où allez-vous me mettre? car voici les Chouans...

— Là, reprit Barbette, aussi stupéfaite de la beauté que de l'étrange accoutrement d'une créature qu'elle n'osait comprendre parmi celles de son sexe. Là! dans la cachette du prêtre.

Elle la conduisit à la tête de son lit, la fit entrer dans la ruelle : mais elles furent tout interdites, en croyant entendre un inconnu qui sauta dans le marais. Barbette eut à peine le temps de détacher un rideau du lit et d'y envelopper Marie, qu'elle se trouva face à face avec un Chouan fugitif.

— La vieille, où peut-on se cacher ici? Je suis le comte de Bauvan.

Mademoiselle de Verneuil tressaillit en reconnaissant la voix du convive dont quelques paroles, restées un secret pour elle, avaient causé la catastrophe de la Vivetière.

— Hélas! vous voyez, monseigneur. Il n'y a *rin* ici! Ce que je peux faire de mieux est de sortir, je veillerai. Si les Bleus viennent, j'avertirai. Si je restais et qu'ils me trouvassent avec vous, ils brûleraient ma maison.

Et Barbette sortit, car elle n'avait pas assez d'intelligence pour concilier les intérêts de deux ennemis ayant un droit égal à la cahette, en vertu du double rôle que jouait son mari.

— J'ai deux coups à tirer, dit le comte avec désespoir ; mais ils m'ont déjà dépassé. Bah ! j'aurai bien du malheur si, en revenant par ici, il leur prenait fantaisie de regarder sous le lit.

Il déposa légèrement son fusil auprès de la colonne où Marie se tenait debout enveloppée dans la serge verte, et il se baissa pour s'assurer s'il pouvait passer sous le lit. Il allait infailliblement voir les pieds de la réfugiée, qui, dans ce moment désespéré, saisit le fusil, sauta vivement dans la chaumière, et menaça le comte ; mais il partit d'un éclat de rire en la reconnaissant ; car, pour se cacher, Marie avait quitté son vaste chapeau de Chouan, et ses cheveux s'échappaient en grosses touffes de dessous une espèce de résille en dentelle.

— Ne riez pas, comte, vous êtes mon prisonnier. Si vous faites un geste, vous saurez ce dont est capable une femme offensée.

Au moment où le comte et Marie se regardaient avec de bien diverses émotions, des voix confuses criaient dans les rochers : — Sauvez le Gars ! Égaillez-vous ! sauvez le Gars ! Égaillez-vous !...

La voix de Barbette domina le tumulte extérieur et fut entendue dans la chaumière avec des sensations bien différentes par les deux ennemis, car elle parlait moins à son fils qu'à eux.

— Ne vois-tu pas les Bleus ? s'écria aigrement Barbette. Viens-tu ici, petit méchant gars, ou je vais à toi ! Veux-tu donc attraper des coups de fusil. Allons, sauve-toi vitement.

Pendant tous ces petits événements qui se passèrent rapidement, un Bleu sauta dans le marais.

— Beaupied ! lui cria mademoiselle de Verneuil.

Beaupied accourut à cette voix et ajusta le comte un peu mieux que ne le faisait sa libératrice.

— Aristocrate, dit le malin soldat, ne bouge pas ou je te démolis comme la Bastille, en deux temps.

— Monsieur Beaupied, reprit mademoiselle de Verneuil d'une voix caressante, vous me répondez de ce prisonnier. Faites comme vous voudrez, mais il faudra me le rendre sain et sauf à Fougères.

— Suffit, madame.

— La route jusqu'à Fougères est-elle libre maintenant ?

— Elle est sûre, à moins que les Chouans ne ressuscitent.

Mademoiselle de Verneuil s'arma gaiement du léger fusil de chasse, sourit avec ironie en disant à son prisonnier : — Adieu, monsieur le comte, au revoir! et s'élança dans le sentier après avoir repris son large chapeau.

— J'apprends un peu trop tard, dit amèrement le comte de Bauvan, qu'il ne faut jamais plaisanter avec l'honneur de celles qui n'en ont plus.

— Aristocrate, s'écria durement Beaupied, si tu ne veux pas que je t'envoie dans ton ci-devant paradis, ne dis rien contre cette belle dame.

Mademoiselle de Verneuil revint à Fougères par les sentiers qui joignent les roches de Saint-Sulpice au Nid-aux-crocs. Quand elle atteignit cette dernière éminence et qu'elle courut à travers le chemin tortueux pratiqué sur les aspérités du granit, elle admira cette jolie petite vallée du Nançon naguère si turbulente, alors parfaitement tranquille. Vu de là, le vallon ressemblait à une rue de verdure. Mademoiselle de Verneuil rentra par la porte Saint-Léonard, à laquelle aboutissait ce petit sentier. Les habitants, encore inquiets du combat qui, d'après les coups de fusil entendus dans le lointain, semblait devoir durer pendant la journée, y attendaient le retour de la garde nationale pour reconnaître l'étendue de leurs pertes. En voyant cette fille dans son bizarre costume, les cheveux en désordre, un fusil à la main, son châle et sa robe frottés contre les murs, souillés par la boue et mouillés de rosée, la curiosité des Fougerais fut d'autant plus vivement excitée, que le pouvoir, la beauté, la singularité de cette Parisienne, défrayaient déjà toutes leurs conversations.

Francine, en proie à d'horribles inquiétudes, avait attendu sa maîtresse pendant toute la nuit; et quand elle la revit, elle voulut parler, mais un geste amical lui imposa silence.

— Je ne suis pas morte, mon enfant, dit Marie. Ah! je voulais des émotions en partant de Paris?... j'en ai eu, ajouta-t-elle après une pause.

Francine voulut sortir pour commander un repas, en faisant observer à sa maîtresse qu'elle devait en avoir grand besoin.

— Oh! dit mademoiselle de Verneuil, un bain, un bain! La toilette avant tout.

Francine ne fut pas médiocrement surprise d'entendre sa maîtresse lui demandant les modes les plus élégantes de celles qu'elle avait emballées. Après avoir déjeuné, Marie fit sa toilette avec la recherche et les soins minutieux qu'une femme met à cette œuvre capitale, quand elle doit se montrer aux yeux d'une personne chère, au milieu d'un bal. Francine ne s'expliquait point la gaieté moqueuse de sa maîtresse. Ce n'était pas la joie de l'amour, une femme ne se trompe pas à cette expression, c'était une malice concentrée d'assez mauvaise augure.

Marie drapa elle-même les rideaux de la fenêtre par où les yeux plongeaient sur un riche panorama, puis elle approcha le canapé de la cheminée, le mit dans un jour favorable à sa figure, et dit à Francine de se procurer des fleurs, afin de donner à sa chambre un air de fête. Lorsque Francine eut apporté des fleurs, Marie en dirigea l'emploi de la manière la plus pittoresque. Quand elle eut jeté un dernier regard de satisfaction sur son appartement, elle dit à Francine d'envoyer réclamer son prisonnier chez le commandant. Elle se coucha voluptueusement sur le canapé autant pour se reposer que pour prendre une attitude de grâce et de faiblesse dont le pouvoir est irrésistible chez certaines femmes. Une molle langueur, la pose provoquante de ses pieds, dont la pointe perçait à peine sous les plis de la robe, l'abandon du corps, la courbure du col, tout, jusqu'à l'inclinaison des doigts effilés de sa main, qui pendait d'un oreiller comme les clochettes d'une touffe de jasmin, tout s'accordait avec son regard pour exciter des séductions. Elle brûla des parfums afin de répandre dans l'air ces douces émanations qui attaquent si puissamment les fibres de l'homme, et préparent souvent les triomphes que les femmes veulent obtenir sans les solliciter. Quelques instants après, les pas pesants du vieux militaire retentirent dans le salon qui précédait la chambre.

— Eh! bien, commandant, où est mon captif?

— Je viens de commander un piquet de douze hommes pour le fusiller comme pris les armes à la main.

— Vous avez disposé de mon prisonnier! dit-elle. Écoutez, commandant. La mort d'un homme ne doit pas être, après le combat, quelque chose de bien satisfaisant pour vous, si j'en crois votre physionomie. Eh! bien, rendez-moi mon Chouan, et mettez à sa mort un sursis que je prends sur mon compte. Je vous déclare que cet aristocrate m'est devenu très-essentiel, et va coopérer à l'accomplissement de nos projets. Au surplus, fusiller cet amateur de chouannerie serait commettre un acte aussi absurde que de tirer sur un ballon quand il ne faut qu'un coup d'épingle pour le désenfler. Pour Dieu, laissez les cruautés à l'aristocratie. Les républiques doivent être généreuses. N'auriez-vous pas pardonné, vous, aux victimes de Quiberon et à tant d'autres. Allons, envoyez vos douze hommes faire une ronde, et venez dîner chez moi avec mon prisonnier. Il n'y a plus qu'une heure de jour, et voyez-vous, ajouta-t-elle en souriant, si vous tardiez, ma toilette manquerait tout son effet.

— Mais, mademoiselle, dit le commandant surpris...

— Eh! bien, quoi? Je vous entends. Allez, le comte ne vous échappera point. Tôt ou tard, ce gros papillon-là viendra se brûler à vos feux de peloton.

Le commandant haussa légèrement les épaules comme un homme forcé d'obéir, malgré tout, aux désirs d'une jolie femme, et il revint une demi-heure après, suivi du comte de Bauvan.

Mademoiselle de Verneuil feignit d'être surprise par ses deux convives, et parut confuse d'avoir été vue par le comte si négligemment couchée; mais après avoir lu dans les yeux du gentilhomme que le premier effet était produit, elle se leva et s'occupa d'eux avec une grâce, avec une politesse parfaites. Rien d'étudié ni de forcé dans les poses, le sourire, la démarche ou la voix, ne trahissait sa préméditation ou ses desseins. Tout était en harmonie, et aucun trait trop saillant ne donnait à penser qu'elle affectât les manières d'un monde où elle n'eût pas vécu. Quand le Royaliste et le Républicain furent assis, elle regarda le comte d'un air sévère. Le gentilhomme connaissait assez les femmes pour savoir que l'offense commise envers celle-ci lui vaudrait un arrêt de mort. Malgré ce soupçon, sans être ni gai, ni triste, il eut l'air d'un homme qui ne comptait pas sur de si brusques dénoûments. Bientôt, il lui sembla ridicule d'avoir peur de la mort devant une jolie femme. Enfin l'air sévère de Marie lui donna *des idées*.

— Et qui sait, pensait-il, si une couronne de comte à prendre ne lui plaira pas mieux qu'une couronne de marquis perdue? Montauran est sec comme un clou, et moi... Il se regarda d'un air satisfait. Or, le moins qui puisse m'arriver est de sauver ma tête.

Ces réflexions diplomatiques furent bien inutiles. Le désir que le comte se promettait de feindre pour mademoiselle de Verneuil devint un violent caprice que cette dangereuse créature se plut à entretenir.

— Monsieur le comte, dit-elle, vous êtes mon prisonnier, et j'ai le droit de disposer de vous. Votre exécution n'aura lieu que de mon consentement, et j'ai trop de curiosité pour vous laisser fusiller maintenant.

— Et si j'allais m'entêter à garder le silence, répondit-il gaiement.

— Avec une femme honnête, peut-être, mais avec une fille ! allons donc, monsieur le comte, impossible. Ces mots, remplis d'une ironie amère, furent sifflés, comme dit Sully en parlant de la duchesse de Beaufort, d'un bec si affilé, que le gentilhomme, étonné, se contenta de regarder sa cruelle antagoniste. — Tenez, reprit-elle d'un air moqueur, pour ne pas vous démentir, je vais être comme ces créatures-là, *bonne fille*. Voici d'abord votre carabine. Et elle lui présenta son arme par un geste doucement moqueur.

— Foi de gentilhomme, vous agissez, mademoiselle...

— Ah ! dit-elle en l'interrompant, j'ai assez de la foi des gentilshommes. C'est sur cette parole que je suis entrée à la Vivetière. Votre chef m'avait juré que moi et mes gens nous y serions en sûreté.

— Quelle infamie ! s'écria Hulot en fronçant les sourcils.

— La faute en est à M. le comte, reprit-elle en montrant le gentilhomme à Hulot. Certes, le Gars avait bonne envie de tenir sa parole ; mais monsieur a répandu sur moi je ne sais quelle calomnie qui a confirmé toutes celles qu'il avait plu à la *Jument de Charrette* de supposer...

— Mademoiselle, dit le comte tout troublé, la tête sous la hache, j'affirmerais n'avoir dit que la vérité...

— En disant quoi ?

— Que vous aviez été la...

— Dites le mot, la maîtresse...

— Du marquis de Lenoncourt, aujourd'hui le duc, l'un de mes amis, répondit le comte.

— Maintenant je pourrais vous laisser aller au supplice, reprit-elle sans paraître émue de l'accusation consciencieuse du comte, qui resta stupéfait de l'insouciance apparente ou feinte qu'elle montrait pour ce reproche. Mais, reprit-elle en riant, écartez pour toujours la sinistre image de ces morceaux de plomb, car vous ne m'avez pas plus offensée que cet ami de qui vous voulez que j'aie été... fi donc ! Écoutez, monsieur le comte, n'êtes-vous pas venu chez mon père, le duc de Verneuil ? Eh ! bien ?

Jugeant sans doute que Hulot était de trop pour une confidence aussi importante que celle qu'elle avait à faire, mademoiselle de Verneuil attira le comte à elle par un geste, et lui dit quelques mots à l'oreille. M. de Bauvan laissa échapper une sourde exclamation de surprise, et regarda d'un air hébété Marie, qui tout à coup compléta le souvenir qu'elle venait d'évoquer en s'appuyant à la cheminée dans l'attitude d'innocence et de naïveté d'un enfant. Le comte fléchit un genou.

— Mademoiselle, s'écria-t-il, je vous supplie de m'accorder mon pardon, quelque indigne que j'en suis.

— Je n'ai rien à pardonner, dit-elle. Vous n'avez pas plus raison maintenant dans votre repentir que dans votre insolente supposition à la Vivetière. Mais ces mystères sont au-dessus de votre intelligence. Sachez seulement, monsieur le comte, reprit-elle gravement, que la fille du duc de Verneuil a trop d'élévation dans l'âme pour ne pas vivement s'intéresser à vous.

— Même après une insulte, dit le comte avec une sorte de regret.

— Certaines personnes ne sont-elles pas trop haut situées pour que l'insulte les atteigne? monsieur le comte, je suis du nombre.

En prononçant ces paroles, la jeune fille prit une attitude de noblesse et de fierté qui imposa au prisonnier et rendit toute cette intrigue beaucoup moins claire pour Hulot. Le commandant mit la main à sa moustache pour la retrousser, et regarda d'un air inquiet mademoiselle de Verneuil, qui lui fit un signe d'intelligence comme pour avertir qu'elle ne s'écartait pas de son plan.

— Maintenant, reprit-elle après une pause, causons. Francine, donne-nous des lumières, ma fille.

Elle amena fort adroitement la conversation sur le temps qui était, en si peu d'années, devenu *l'ancien régime*. Elle reporta si bien le comte à cette époque par la vivacité de ses observations et de ses tableaux ; elle donna tant d'occasions au gentilhomme d'avoir de l'esprit, par la complaisante finesse avec laquelle elle lui ménagea des reparties, que le comte finit par trouver qu'il n'avait jamais été si aimable, et cette idée l'ayant rajeuni, il essaya de faire partager à cette séduisante personne la bonne opinion qu'il avait de lui-même. Cette malicieuse fille se plut à essayer sur le comte tous les ressorts de sa coquetterie, elle put y mettre d'autant plus d'adresse que c'était un jeu pour elle. Ainsi, tantôt elle laissait croire à de rapides progrès, et tantôt, comme étonnée de la vivacité du sentiment qu'elle éprouvait, elle manifestait une froideur qui charmait le comte, et qui servait à augmenter insensiblement cette passion impromptue. Elle ressemblait parfaitement à un pêcheur qui de temps en temps lève sa ligne pour reconnaître si le poisson mord à l'appât. Le pauvre comte se laissa prendre à la manière innocente dont sa libératrice avait accepté deux ou trois compliments assez bien tournés. L'émigration, la République, la Bretagne et les Chouans se trouvèrent alors à mille lieues de sa pensée. Hulot se tenait droit, immobile et silencieux comme le dieu Terme. Son défaut d'instruction le rendait tout à fait inhabile à ce genre de conversation, il se doutait bien que les deux interlocuteurs devaient être très-spirituels ; mais tous les efforts de son intelligence ne tendaient qu'à les comprendre, afin de savoir s'ils ne complotaient pas à mots couverts contre la République.

— Montauran, mademoiselle, disait le comte, a de la naissance, il est bien élevé, joli garçon ; mais il ne connaît pas du tout la galanterie. Il est trop jeune pour avoir vu Versailles. Son éducation a été manquée, et, au lieu de faire des noirceurs, il donnera des coups de couteau. Il peut aimer violemment, mais il n'aura jamais cette fine fleur de manières qui distinguait Lauzun, Adhémar, Coigny, comme tant d'autres !... Il n'a point l'art aimable de dire aux femmes de ces jolis riens qui, après tout, leur conviennent mieux que ces élans de passion par lesquels on les a bientôt fatiguées. Oui, quoique ce soit un homme à bonnes fortunes, il n'en a ni le laissez-aller, ni la grâce.

— Je m'en suis bien aperçue, répondit Marie.

— Ah ! se dit le comte, elle a eu une inflexion de voix et un regard qui prouvent que je ne tarderai pas à être *du dernier bien* avec elle ; et ma foi, pour lui appartenir, je croirai tout ce qu'elle voudra que je croie.

Il lui offrit la main, le dîner était servi. Mademoiselle de Verneuil fit les honneurs du repas avec une politesse et un tact qui ne pouvaient avoir été acquis que par l'éducation et dans la vie recherchée de la cour.

— Allez-vous-en, dit-elle à Hulot en sortant de table, vous lui feriez peur, tandis que si je suis seule avec lui, je saurai bientôt tout ce que j'ai besoin d'apprendre ; il en est au point où un homme me dit tout ce qu'il pense et ne voit plus que par mes yeux.

— Et après? demanda le commandant en ayant l'air de réclamer le prisonnier.

— Oh! libre, répondit-elle, il sera libre comme l'air.

— Il a cependant été pris les armes à la main.

— Non, dit-elle par une de ces plaisanteries sophistiques que les femmes se plaisent à opposer à une raison péremptoire, je l'avais désarmé. — Comte, dit-elle au gentilhomme en rentrant, je viens d'obtenir votre liberté; mais rien pour rien, ajouta-t-elle en souriant et mettant sa tête de côté comme pour l'interroger.

— Demandez-moi tout, même mon nom et mon honneur! s'écria-t-il dans son ivresse, je mets tout à vos pieds.

Et il s'avança pour lui saisir la main, en essayant de lui faire prendre ses désirs pour de la reconnaissance; mais mademoiselle de Verneuil n'était pas fille à s'y méprendre. Aussi, tout en souriant de manière à donner quelque espérance à ce nouvel amant :
— Me feriez-vous repentir de ma confiance? dit-elle en se reculant de quelques pas.

— L'imagination d'une jeune fille va plus vite que celle d'une femme répondit-il en riant.

— Une jeune fille a plus à perdre que la femme.

— C'est vrai, l'on doit être défiant quand on porte un trésor.

— Quittons ce langage-là, reprit-elle, et parlons sérieusement. Vous donnez un bal à Saint-James. J'ai entendu dire que vous aviez établi là vos magasins, vos arsenaux et le siége de votre gouvernement. A quand le bal?

— A demain soir.

— Vous ne vous étonnerez pas, monsieur, qu'une femme calomniée veuille, avec l'obstination d'une femme, obtenir une éclatante réparation des injures qu'elle a subies en présence de ceux qui en furent les témoins. J'irai donc à votre bal. Je vous demande de m'accorder votre protection du moment où j'y paraîtrai jusqu'au moment où j'en sortirai. — Je ne veux pas de votre parole, dit-elle en lui voyant mettre la main sur le cœur. J'abhorre les serments, ils ont trop l'air d'une précaution. Dites-moi simplement que vous vous engagez à garantir ma personne de toute entreprise criminelle ou honteuse. Promettez-moi de réparer votre tort en proclamant que je suis bien la fille du duc de Verneuil, mais en taisant tous les malheurs que j'ai dus à un défaut de protection paternelle : nous serons quittes. Hé! deux heures de protection accordées à une femme au milieu d'un bal, est-ce une rançon chère ?... Allez, vous ne valez pas une obole de plus... Et, par un sourire, elle ôta toute amertume à ses paroles.

— Que demanderez-vous pour la carabine ? dit le comte en riant.
— Oh ! plus que pour vous.
— Quoi ?
— Le secret. Croyez-moi, Bauvan, la femme ne peut être devinée que par une femme. Je suis certaine que si vous dites un mot, je puis périr en chemin. Hier quelques balles m'ont avertie des dangers que j'ai à courir sur la route. Oh ! cette dame est aussi habile à la chasse que leste à la toilette. Jamais femme de chambre ne m'a si promptement déshabillée. Ah ! de grâce, dit-elle, faites en sorte que je n'aie rien de semblable à craindre au bal...

— Vous y serez sous ma protection, répondit le comte avec orgueil. Mais viendrez-vous donc à Saint-James pour Montauran ? demanda-t-il d'un air triste.

— Vous voulez être plus instruit que je ne le suis, dit-elle en riant. Maintenant, sortez, ajouta-t-elle après une pause. Je vais vous conduire moi-même hors de la ville, car vous vous faites ici une guerre de cannibales.

— Vous vous intéressez donc un peu à moi ? s'écria le comte. Ah ! mademoiselle, permettez-moi d'espérer que vous ne serez pas insensible à mon amitié ; car il faut se contenter de ce sentiment, n'est-ce pas ? ajouta-t-il d'un air de fatuité.

— Allez, devin ! dit-elle avec cette joyeuse expression que prend une femme pour faire un aveu qui ne compromet ni sa dignité ni son secret.

Puis, elle mit une pelisse et accompagna le comte jusqu'au Nid-aux-crocs. Arrivée au bout du sentier, elle lui dit : — Monsieur, soyez absolument discret, même avec le marquis. Et elle mit un doigt sur ses deux lèvres.

Le comte, enhardi par l'air de bonté de mademoiselle de Verneuil, lui prit la main, elle la lui laissa prendre comme une grande faveur, et il la lui baisa tendrement.

— Oh ! mademoiselle, comptez sur moi à la vie, à la mort, s'écria-t-il en se voyant hors de tout danger. Quoique je vous doive une reconnaissance presque égale à celle que je dois à ma mère, il me sera bien difficile de n'avoir pour vous que du respect...

Il s'élança dans le sentier ; après l'avoir vu gagnant les rochers de Saint-Sulpice, Marie remua la tête en signe de satisfaction et se dit à elle-même à voix basse : — Ce gros garçon-là m'a livré plus que sa vie pour sa vie ! j'en ferais ma créature à bien peu de frais ! Une créature ou un créateur, voilà donc toute la différence qui existe entre un homme et un autre !

Elle n'acheva pas, jeta un regard de désespoir vers le ciel, et regagna lentement la porte Saint-Léonard, où l'attendaient Hulot et Corentin.

— Encore deux jours, s'écria-t-elle, et... Elle s'arrêta en voyant qu'ils n'étaient pas seuls, et il tombera sous vos fusils, dit-elle à l'oreille de Hulot.

Le commandant recula d'un pas et regarda d'un air de goguenarderie difficile à rendre cette fille dont la contenance et le visage n'accusaient aucun remords. Il y a cela d'admirable chez les femmes qu'elles ne raisonnent jamais leurs actions les plus blâmables, le sentiment les entraîne ; il y a du naturel même dans leur dissimulation, et c'est chez elles seules que le crime se rencontre sans bassesse, la plupart du temps *elles ne savent pas comment cela s'est fait.*

— Je vais à Saint-James, au bal donné par les Chouans, et...

— Mais, dit Corentin en interrompant, il y a cinq lieues, voulez-vous que je vous y accompagne?

— Vous vous occupez beaucoup, lui dit-elle, d'une chose à laquelle je ne pense jamais... de vous.

Le mépris que Marie témoignait à Corentin plut singulièrement à Hulot, qui fit sa grimace en la voyant disparaître vers Saint-Léonard ; Corentin la suivit des yeux en laissant éclater sur sa figure une sourde conscience de la fatale supériorité qu'il croyait pouvoir exercer sur cette charmante créature, en en gouvernant les passions sur lesquelles il comptait pour la trouver un jour à lui. Mademoiselle de Verneuil, de retour chez elle, s'empressa de délibérer sur ses parures de bal. Francine, habituée à obéir sans jamais comprendre les fins de sa maîtresse, fouilla les cartons et proposa une parure grecque. Tout subissait alors le système grec. La toilette agréée par Marie put tenir dans un carton facile à porter.

—Francine, mon enfant, je vais courir les champs ; vois si tu veux rester ici ou me suivre.

— Rester, s'écria Francine ; et qui vous habillerait ?

— Où as-tu mis le gant que je t'ai rendu ce matin ?

— Le voici.

— Couds à ce gant-là un ruban vert, et surtout prends de l'argent. En s'apercevant que Francine tenait des pièces nouvellement frappées, elle s'écria : — Il ne faut que cela pour nous faire assassiner. Envoie Jérémie éveiller Corentin. Non, le misérable nous suivrait ! Envoie plutôt chez le commandant demander de ma part des écus de six francs.

Avec cette sagacité féminine qui embrasse les plus petits détails, elle pensait à tout. Pendant que Francine achevait les préparatifs de son inconcevable départ, elle se mit à essayer de contrefaire le cri de la chouette, et parvint à imiter le signal de Marche-à-terre de manière à pouvoir faire illusion. A l'heure de minuit, elle sortit par la porte Saint-Léonard, gagna le petit sentier du Nid-aux-crocs, et s'aventura suivie de Francine à travers le val de Gibarry, en allant d'un pas ferme, car elle était animée par cette volonté forte qui donne à la démarche et au corps je ne sais quel caractère de puissance. Sortir d'un bal de manière à éviter un rhume, est pour les femmes une affaire importante ; mais qu'elles aient une passion dans le cœur, leur corps devient de bronze. Cette entreprise aurait long-temps flotté dans l'âme d'un homme audacieux ; et à peine avait-elle souri à mademoiselle de Verneuil que les dangers devenaient pour elle autant d'attraits.

— Vous partez sans vous recommander à Dieu, dit Francine qui s'était retournée pour contempler le clocher de Saint-Léonard.

La pieuse Bretonne s'arrêta, joignit les mains, et dit un *Ave* à sainte Anne d'Auray, en la suppliant de rendre ce voyage heureux, tandis que sa maîtresse resta pensive en regardant tour à tour et la pose naïve de sa femme de chambre qui priait avec ferveur, et les effets de la nuageuse lumière de la lune qui, en se glissant à travers les découpures de l'église, donnait au granit la légèreté d'un ouvrage en filigrane. Les deux voyageuses arrivèrent promptement à la chaumière de Galope-chopine. Quelque léger que fût le bruit de leurs pas, il éveilla l'un de ces gros chiens à la fidélité desquels les Bretons confient la garde du simple loquet de bois qui ferme leurs portes. Le chien accourut vers les deux étrangères, et ses aboiements devinrent si menaçants qu'elles furent forcées d'appeler au secours en rétrogradant de quelques pas ; mais rien ne bougea. Mademoiselle de Verneuil siffla le cri de la chouette, aussitôt les gonds rouillés de la porte du logis rendirent un son aigu, et Galope-chopine, levé en toute hâte, montra sa mine ténébreuse.

— Il faut, dit Marie en présentant au Surveillant de Fougères le gant du marquis de Montauran, que je me rende promptement à Saint-James. M. le comte de Bauvan m'a dit que ce serait toi qui m'y conduirais et qui me servirais de défenseur. Ainsi, mon cher Galope-chopine, procure-nous deux ânes pour monture, et prépare-toi à nous accompagner. Le temps est précieux, car si nous n'arrivons pas avant demain soir à Saint-James, nous ne verrons ni le Gars, ni le bal.

Galope-chopine, tout ébaubi, prit le gant, le tourna, le retourna, et alluma une chandelle en résine, grosse comme le petit doigt et de la couleur du pain d'épice. Cette marchandise importée en Bretagne du nord de l'Europe accuse, comme tout ce qui se présente aux regards dans ce singulier pays, une ignorance de tous les principes commerciaux, même les plus vulgaires. Après avoir vu le ruban vert, et regardé mademoiselle de Verneuil, s'être gratté l'oreille, avoir bu un piché de cidre en en offrant un verre à la belle dame, Galope-chopine la laissa devant la table sur le banc de châtaignier poli, et alla chercher deux ânes. La lueur violette que jetait la chandelle exotique, n'était pas assez forte pour dominer les jets capricieux de la lune qui nuançaient par des points lumineux les tons noirs du plancher et des meubles de la chaumière enfumée. Le petit gars avait levé sa jolie tête étonnée, et au-dessus de ses beaux cheveux, deux vaches montraient, à travers les trous du mur de l'étable, leurs mufles roses et leurs gros yeux brillants. Le grand chien, dont la physionomie n'était pas la moins intelligente de la famille, semblait examiner les deux étrangères avec autant de curiosité qu'en annonçait l'enfant. Un peintre aurait admiré long-temps les effets de nuit de ce tableau; mais, peu curieuse d'entrer en conversation avec Barbette qui se dressait sur son séant comme un spectre et commençait à ouvrir de grands yeux en la reconnaissant, Marie sortit pour échapper à l'air empesté de ce taudis et aux questions que la Bécanière allait lui faire. Elle monta lestement l'escalier du rocher qui abritait la hutte de Galope-chopine, et y admira les immenses détails de ce paysage, dont les points de vue subissaient autant de changements que l'on faisait de pas en avant ou en arrière, vers le haut des sommets ou le bas des vallées. La lumière de la lune enveloppait alors, comme d'une brume lumineuse, la vallée de Couësnon. Certes, une femme qui portait en son cœur un amour méconnu devait savourer la mélancolie que cette lueur douce fait naître dans l'âme, par les apparences fantastiques imprimées aux masses, et par les couleurs dont elle nuance les eaux. En ce moment le silence fut troublé par le cri des ânes ; Marie redescendit promptement à la cabane du Chouan, et ils partirent aussitôt. Galope-chopine, armé d'un fusil de chasse à deux coups, portait une longue peau de bique qui lui donnait l'air de Robinson Crusoé. Son visage bourgeonné et plein de rides se voyait à peine sous le large chapeau que les paysans conservent encore comme une tradition des anciens temps, orgueilleux d'avoir conquis à travers leur servitude l'antique ornement des têtes seigneuriales. Cette nocturne caravane, protégée par ce guide dont le costume, l'attitude et la figure avaient quelque chose de patriarcal, ressemblait à cette scène de la fuite en Égypte due aux sombres pinceaux de Rembrandt. Galope-chopine évita soigneusement la grande route, et guida les deux étrangères à travers l'immense dédale de chemins de traverse de la Bretagne.

Mademoiselle de Verneuil comprit alors la guerre des Chouans. En parcourant ces routes elle put mieux apprécier l'état de ces campagnes qui, vues d'un point élevé, lui avaient paru si ravissantes ; mais dans lesquelles il faut s'enfoncer pour en concevoir et les dangers et les inextricables difficultés. Autour de chaque champ, et depuis un temps immémorial, les paysans ont élevé un mur en terre, haut de six pieds, de forme prismatique, sur le faîte duquel croissent des châtaigniers, des chênes, ou des hêtres. Ce mur, ainsi planté, s'appelle une *haie* (la haie normande), et les longues branches des arbres qui la couronnent, presque toujours rejetées sur le chemin, décrivent au-dessus un immense berceau. Les chemins, tristement encaissés par ces murs tirés d'un sol argileux, ressemblent aux fossés des places fortes, et lorsque le granit qui, dans ces contrées, arrive presque toujours à fleur de terre, n'y fait pas une espèce de pavé raboteux, ils deviennent alors tellement impraticables que la moindre charrette ne peut y rouler qu'à l'aide de deux paires de bœufs et de deux chevaux petits, mais généralement vigoureux. Ces chemins sont si habituellement marécageux, que l'usage a forcément établi pour les piétons dans le champ et le long de la haie un sentier nommé une *rote*, qui commence et finit avec chaque pièce de terre. Pour passer d'un champ dans un autre, il faut donc remonter la haie au moyen de plusieurs marches que la pluie rend souvent glissantes.

Les voyageurs avaient encore bien d'autres obstacles à vaincre dans ces routes tortueuses. Ainsi fortifié, chaque morceau de terre a son entrée qui, large de dix pieds environ, est fermée par ce qu'on nomme dans l'Ouest un *échalier*. L'échalier est un tronc ou une forte branche d'arbre dont l'un des bouts, percé de part en part, s'emmanche dans une autre pièce de bois informe qui lui sert de pivot. L'extrémité de l'échalier se prolonge un peu au delà de ce pivot, de manière à recevoir une charge assez pesante pour former un contre-poids et permettre à un enfant de manœuvrer cette singulière fermeture champêtre dont l'autre extrémité repose dans un trou fait à la partie intérieure de la haie. Quelquefois les paysans économisent la pierre du contre-poids en laissant dépasser le gros bout du tronc de l'arbre ou de la branche.

Cette clôture varie suivant le génie de chaque propriétaire. Souvent l'échalier consiste en une seule branche d'arbre dont les deux bouts sont scellés par de la terre dans la haie. Souvent il a l'apparence d'une porte carrée, composée de plusieurs menues branches d'arbres, placées de distance en distance, comme les bâtons d'une échelle mise en travers. Cette porte tourne alors comme un échalier et roule à l'autre bout sur une petite roue pleine.

Ces haies et ces échaliers donnent au sol la physionomie d'un immense échiquier dont chaque champ forme une case parfaitement isolée des autres, close comme une forteresse, protégée comme elle par des remparts. La porte, facile à défendre, offre à des assaillants la plus périlleuse de toutes les conquêtes. En effet, le paysan breton croit engraisser la terre qui se repose, en y encourageant la venue de genêts immenses, arbuste si bien traité dans ces contrées qu'il y arrive en peu de temps à hauteur d'homme. Ce préjugé, digne de gens qui placent leurs fumiers dans la partie la plus élevée de leurs cours, entretient sur le sol et dans la proportion d'un champ sur quatre, des forêts de genêts, au milieu desquelles on peut dresser mille embûches. Enfin il n'existe peut-être pas de champ où il ne se trouve quelques vieux pommiers à cidre qui y abaissent leurs branches basses et par conséquent mortelles aux productions du sol qu'elles couvrent; or, si vous venez à songer au peu d'étendue des champs dont toutes les haies supportent d'immenses arbres à racines gourmandes qui prennent le quart du terrain, vous aurez une idée de la culture et de la physionomie du pays que parcourait alors mademoiselle de Verneuil.

On ne sait si le besoin d'éviter les contestations a, plus que l'usage si favorable à la paresse d'enfermer les bestiaux sans les garder, conseillé de construire ces clôtures formidables dont les permanents obstacles rendent le pays impénétrable, et la guerre des masses impossible. Quand on a, pas à pas, analysé cette disposition du terrain, alors se révèle l'insuccès nécessaire d'une lutte entre des troupes régulières et des partisans; car cinq cents hommes peuvent défier les troupes d'un royaume. Là était tout le secret de la guerre des Chouans. Mademoiselle de Verneuil comprit alors la nécessité où se trouvait la République d'étouffer la discorde plutôt par des moyens de police et de diplomatie, que par l'inutile emploi de la force militaire. Que faire en effet contre des gens assez habiles pour mépriser la possession des villes et s'assurer celle de ces campagnes à fortifications indestructibles? Comment ne pas négocier lorsque toute la force de ces paysans aveuglés résidait dans un chef habile et entreprenant? Elle admira le génie du ministre qui devinait du fond d'un cabinet le secret de la paix. Elle crut entrevoir les considérations qui agissent sur les hommes assez puissants pour voir tout un empire d'un regard, et dont les actions, criminelles aux yeux de la foule, ne sont que des jeux d'une pensée immense. Il y a chez ces âmes terribles, on ne sait quel partage entre le pouvoir de la fatalité et celui du destin, on ne sait quelle prescience dont les signes les élèvent tout à coup; la foule les cherche un moment parmi elle, elle lève les yeux et les voit planant. Ces pensées semblaient justifier et même ennoblir les désirs de vengeance formés par mademoiselle de Verneuil; puis, ce travail de son âme et ses espérances lui communiquaient assez d'énergie pour lui faire supporter les étranges fatigues de son voyage.

Au bout de chaque héritage, Galope-chopine était forcé de faire descendre les deux voyageuses pour les aider à gravir les passages difficiles, et lorsque les rotes cessaient, elles étaient obligées de reprendre leurs montures et de se hasarder dans ces chemins fangeux qui se ressentaient de l'approche de l'hiver. La combinaison de ces grands arbres, des chemins creux et des clôtures, entretenait dans les bas-fonds une humidité qui souvent enveloppait les trois voyageurs d'un manteau de glace. Après de pénibles fatigues, ils atteignirent, au lever du soleil, les bois de Marignay. Le voyage devint alors moins difficile dans le large sentier de la forêt. La voûte formée par les branches, l'épaisseur des arbres, mirent les voyageurs à l'abri de l'inclémence du ciel, et les difficultés multipliées qu'ils avaient eu à surmonter d'abord ne se représentèrent plus.

A peine avaient-ils fait une lieue environ à travers ces bois, qu'ils entendirent dans le lointain un murmure confus de voix et le bruit d'une sonnette dont les sons argentins n'avaient pas cette monotonie que leur imprime la marche des bestiaux. Tout en cheminant, Galope-chopine écouta cette mélodie avec beaucoup d'attention, bientôt une bouffée de vent lui apporta quelques mots psalmodiés dont l'harmonie parut agir fortement sur lui, car il dirigea les montures fatiguées dans un sentier qui devait écarter les voyageurs du chemin de Saint-James, et il fit la sourde oreille aux représentations de mademoiselle de Verneuil, dont les appréhensions s'accrurent en raison de la sombre disposition des lieux. A droite et à gauche, d'énormes rochers de granit, posés les uns sur les autres, offraient de bizarres configurations. A travers ces blocs, d'immenses racines semblables à de gros serpents se glissaient pour aller chercher au loin les sucs nourriciers de quelques hêtres séculaires. Les deux côtés de la route ressemblaient à ces grottes souterraines, célèbres par leurs stalactites. D'énormes festons de pierre où la sombre verdure du houx et des fougères s'alliait aux taches verdâtres ou blanchâtres des mousses, cachaient des précipices et l'entrée de quelques profondes cavernes. Quand les trois voyageurs eurent fait quelques pas dans un étroit sentier, le plus étonnant des spectacles vint tout à coup s'offrir aux regards de mademoiselle de Verneuil, et lui fit concevoir l'obstination de Galope-chopine.

Un bassin demi-circulaire, entièrement composé de quartiers de granit, formait un amphithéâtre dans les informes gradins duquel de hauts sapins noirs et des châtaigniers jaunis s'élevaient les uns sur les autres en présentant l'aspect d'un grand cirque, où le soleil de l'hiver semblait plutôt verser de pâles couleurs qu'épancher sa lumière et où l'automne avait partout jeté le tapis fauve de ses feuilles séchées. Au centre de cette salle qui semblait avoir eu le déluge pour architecte, s'élevaient trois énormes pierres druidiques, vaste autel sur lequel était fixée une ancienne bannière d'église. Une centaine d'hommes agenouillés, et la tête nue, priaient avec ferveur dans cette enceinte où un prêtre, assisté de deux autres ecclésiastiques, disait la messe. La pauvreté des vêtements sacerdotaux, la faible voix du prêtre qui retentissait comme un murmure dans l'espace, ces hommes pleins de conviction, unis par un même sentiment et prosternés devant un autel sans pompe, la nudité de la croix, l'agreste énergie du temple, l'heure, le lieu, tout donnait à cette scène le caractère de naïveté qui distingua les premières époques du christianisme. Mademoiselle de Verneuil resta frappée d'admiration. Cette messe dite au fond des bois, ce culte renvoyé par la persécution vers sa source, la poésie des anciens temps hardiment jetée au milieu d'une nature capricieuse et bizarre, ces Chouans armés et désarmés, cruels et priant, à la fois hommes et enfants, tout cela ne ressemblait à rien de ce qu'elle avait encore vu ou imaginé. Elle se souvenait bien d'avoir admiré dans son enfance les pompes de cette église romaine si flatteuses pour les sens; mais elle ne connaissait pas encore Dieu tout seul, sa croix sur l'autel, son autel sur la terre; au lieu des feuillages découpés qui dans les cathédrales couronnent les arceaux gothiques, les arbres de l'automne soutenant le dôme du ciel; au lieu des mille couleurs projetées par les vitraux, le soleil glissant à peine ses rayons rougeâtres et ses reflets assombris sur l'autel, sur le prêtre et sur les assistants. Les hommes n'étaient plus là qu'un fait et non un système, c'était une prière et non une religion. Mais les passions humaines, dont la compression momentanée laissait à ce tableau toutes ses harmonies, apparurent bientôt dans cette scène mystérieuse et l'animèrent puissamment.

A l'arrivée de mademoiselle de Verneuil, l'évangile s'achevait. Elle reconnut en l'officiant, non sans quelque effroi, l'abbé Gudin, et se déroba précipitamment à ses regards en profitant d'un immense fragment de granit qui lui fit une cachette où elle attira vivement Francine; mais elle essaya vainement d'arracher Galope-chopine de la place qu'il avait choisie pour participer aux bienfaits de cette cérémonie. Elle espéra pouvoir échapper au danger qui la menaçait en remarquant que la nature du terrain lui permettrait de se retirer avant tous les assistants. A la faveur d'une large fissure du rocher, elle vit l'abbé Gudin montant sur un quartier de granit qui lui servit de chaire, et il y commença son prône en ces termes : *In nomine Patris et Filii, et Spiritûs Sancti.*

A ces mots, les assistants firent tous et pieusement le signe de la croix.

— Mes chers frères, reprit l'abbé d'une voix forte, nous prierons

Cette prédication, soutenue par l'éclat d'un organe emphatique et par des gestes multipliés qui mirent l'orateur tout en eau, produisit en apparence peu d'effet. Les paysans immobiles et debout, les yeux attachés sur l'orateur, ressemblaient à des statues ; mais mademoiselle de Verneuil remarqua bientôt que cette attitude générale était le résultat d'un charme jeté par l'abbé sur cette foule. Il avait, à la manière de grands acteurs, manié tout son public comme un seul homme, en parlant aux intérêts et aux passions. N'avait-il pas absous d'avance les excès, et délié les seuls liens qui retinssent ces hommes grossiers dans l'observation des préceptes religieux et sociaux. Il avait prostitué le sacerdoce aux intérêts politiques ; mais, dans ces temps de révolution, chacun faisait, au profit de son parti, une arme de ce qu'il possédait, et la croix pacifique de Jésus devenait un instrument de guerre aussi bien que le soc nourricier des charrues. Ne rencontrant aucun être avec lequel elle pût s'entendre, mademoiselle de Verneuil se retourna pour regarder Francine, et ne fut pas médiocrement surprise de lui voir partager cet enthousiasme, car elle disait dévotieusement son chapelet sur celui de Galope-chopine qui le lui avait sans doute abandonné pendant la prédication.

— Francine ! lui dit-elle à voix basse, tu as donc peur d'être une Mahumétische ?

— Oh ! mademoiselle, répliqua la Bretonne, voyez donc là-bas la mère de Pierre qui marche...

L'attitude de Francine annonçait une conviction si profonde, que Marie comprit alors tout le secret de ce prône, l'influence du clergé sur les campagnes, et les prodigieux effets de la scène qui commença.

Les paysans les plus voisins de l'autel s'avancèrent un à un, et s'agenouillèrent en offrant leurs fusils au prédicateur qui les remettait sur l'autel. Galope-chopine se hâta d'aller présenter sa vieille canardière. Les trois prêtres chantèrent l'hymne du *Veni Creator* tandis que le célébrant enveloppait ces instruments de mort dans un nuage de fumée bleuâtre, en décrivant des dessins qui semblaient s'entrelacer. Lorsque la brise eut dissipé la vapeur de l'encens, les fusils furent distribués par ordre. Chaque homme reçut le sien à genoux, de la main des prêtres qui récitaient une prière latine en les leur rendant. Lorsque les hommes armés revinrent à leurs places, le profond enthousiasme de l'assistance, jusque-là muette, éclata d'une manière formidable, mais attendrissante.

— *Domine, salvum fac regem!...*

Telle était la prière que le prédicateur entonna d'une voix retentissante et qui fut par deux fois violemment chantée.

Ces cris eurent quelque chose de sauvage et de guerrier. Les deux notes du mot *regem*, facilement traduit par ces paysans, furent attaquées avec tant d'énergie, que mademoiselle de Verneuil ne put s'empêcher de reporter ses pensées avec attendrissement sur la famille des Bourbons exilés. Ces souvenirs éveillèrent ceux de sa vie passée. Sa mémoire lui retraça les fêtes de cette cour maintenant dispersée, et au sein desquelles elle avait brillé. La figure du marquis s'introduisit dans cette rêverie. Avec cette mobilité naturelle à l'esprit d'une femme, elle oublia le tableau qui s'offrait à ses regards, et revint alors à ses projets de vengeance où il s'en allait de sa vie, mais qui pouvaient échouer devant un regard. En pensant à paraître belle, dans ce moment le plus décisif de son existence, elle songea qu'elle n'avait pas d'ornements pour parer sa tête au bal, et fut séduite par l'idée de se coiffer avec une branche de houx, dont les feuilles crispées et les baies rouges attiraient en ce moment son attention.

— Oh! oh! mon fusil pourra rater si je tire sur des oiseaux, mais sur des Bleus... jamais! dit Galope-chopine en hochant la tête en signe de satisfaction.

Marie examina plus attentivement le visage de son guide, et y trouva le type de tous ceux qu'elle venait de voir. Ce vieux Chouan ne trahissait certes pas autant d'idées qu'il y en aurait eu chez un enfant. Une joie naïve ridait ses joues et son front quand il regardait son fusil; mais une religieuse conviction jetait alors dans l'expression de sa joie une teinte de fanatisme qui, pour un moment, laissait éclater sur cette sauvage figure les vices de la civilisation. Ils atteignirent bientôt un village, c'est-à-dire la réunion de quatre ou cinq habitations semblables à celle de Galope-chopine, où les Chouans nouvellement recrutés arrivèrent, pendant que mademoiselle de Verneuil achevait un repas dont le beurre, le pain et le laitage firent tous les frais. Cette troupe irrégulière était conduite par le recteur, qui tenait à la main une croix grossière transformée en drapeau, et que suivait un gars tout fier de porter la bannière de la paroisse. Mademoiselle de Verneuil se trouva forcément

MADEMOISELLE DE VERNEUIL.

Je suis horrible.. . . J'ai l'air d'une statue de la liberté.

(LES CHOUANS.)

à leur faire former derrière la tête ce cône imparfait et aplati qui donne tant de grâce à la figure de quelques statues antiques par une prolongation factice de la tête, et quelques boucles réservées au-dessus du front retombèrent de chaque côté de son visage en longs rouleaux brillants. Ainsi vêtue, ainsi coiffée, elle offrit une ressemblance parfaite avec les plus illustres chefs-d'œuvre du ciseau grec. Quand elle eut, par un sourire, donné son approbation à cette coiffure dont les moindres dispositions faisaient ressortir les beautés de son visage, elle y posa la couronne de houx qu'elle avait préparée et dont les nombreuses baies rouges répétèrent heureusement dans ses cheveux la couleur de la tunique. Tout en tortillant quelques feuilles pour produire des oppositions capricieuses entre leur sens et le revers, mademoiselle de Verneuil regarda dans une glace l'ensemble de sa toilette pour juger de son effet.

— Je suis horrible ce soir! dit-elle comme si elle eût été entourée de flatteurs. J'ai l'air d'une statue de la Liberté.

Elle plaça soigneusement son poignard au milieu de son corset en laissant passer les rubis qui en ornaient le bout et dont les reflets rougeâtres devaient attirer les yeux sur les trésors que sa rivale avait si indignement prostitués.

Francine ne put se résoudre à quitter sa maîtresse. Quand elle la vit près de partir, elle sut trouver, pour l'accompagner, des prétextes dans tous les obstacles que les femmes ont à surmonter en allant à une fête dans une petite ville de la Basse-Bretagne. Ne fallait-il pas qu'elle débarrassât mademoiselle de Verneuil de son manteau, de la double chaussure que la boue et le fumier de la rue l'avaient obligée à mettre, quoiqu'on l'eût fait sabler, et du voile de gaze sous lequel elle cachait sa tête aux regards des Chouans que la curiosité attirait autour de la maison où la fête avait lieu. La foule était si nombreuse, qu'elles marchèrent entre deux haies de Chouans. Francine n'essaya plus de retenir sa maîtresse, mais après lui avoir rendu les derniers services exigés par une toilette dont le mérite consistait dans une extrême fraîcheur, elle resta dans la cour pour ne pas l'abandonner aux hasards de sa destinée sans être à même de voler à son secours, car la pauvre Bretonne ne prévoyait que des malheurs.

Une scène assez étrange avait lieu dans l'appartement de Montauran, au moment où Marie de Verneuil se rendait à la fête. Le jeune marquis achevait sa toilette et passait le large ruban rouge qui devait servir à le faire reconnaître comme le premier personnage de cette assemblée, lorsque l'abbé Gudin entra d'un air inquiet.

— Monsieur le marquis, venez vite, lui dit-il. Vous seul pourrez calmer l'orage qui s'est élevé, je ne sais à quel propos, entre les chefs. Ils parlent de quitter le service du Roi. Je crois que ce diable de Rifoël est cause de tout le tumulte. Ces querelles-là sont toujours causées par une niaiserie. Madame du Gua lui a reproché, m'a-t-on dit, d'arriver très-mal mis au bal.

— Il faut que cette femme soit folle, s'écria le marquis, pour vouloir...

— Le chevalier du Vissard, reprit l'abbé en interrompant le chef, a répliqué que si vous lui aviez donné l'argent promis au nom du Roi...

— Assez, assez, monsieur l'abbé. Je comprends tout, maintenant. Cette scène a été convenue, n'est-ce pas, et vous êtes l'ambassadeur...

— Moi, monsieur le marquis! reprit l'abbé en interrompant encore, je vais vous appuyer vigoureusement, et vous me rendrez, j'espère, la justice de croire que le rétablissement de nos autels en France, celui du Roi sur le trône de ses pères, sont pour mes humbles travaux de bien plus puissants attraits que cet évêché de Rennes que vous...

L'abbé n'osa poursuivre, car à ces mots le marquis s'était mis à sourire avec amertume. Mais le jeune chef réprima aussitôt la tristesse des réflexions qu'il faisait, son front prit une expression sévère, et il suivit l'abbé Gudin dans une salle où retentissaient de violentes clameurs.

— Je ne reconnais ici l'autorité de personne, s'écriait Rifoël en jetant des regards enflammés à tous ceux qui l'entouraient et en portant la main à la poignée de son sabre.

— Reconnaissez-vous celle du bon sens? lui demanda froidement le marquis.

Le jeune chevalier du Vissard, plus connu sous son nom patronymique de Rifoël, garda le silence devant le général des armées catholiques.

— Qu'y a-t-il donc, messieurs? dit le jeune chef en examinant tous les visages.

— Il y a, monsieur le marquis, reprit un célèbre contrebandier embarrassé comme un homme du peuple qui reste d'abord sous le joug du préjugé devant un grand seigneur, mais qui ne connaît plus de bornes aussitôt qu'il a franchi la barrière qui l'en sépare, parce qu'il ne voit alors en lui qu'un égal; il y a, dit-il, que vous venez fort à propos. Je ne sais pas dire des paroles dorées, aussi m'expliquerai-je rondement. J'ai commandé cinq cents hommes pendant tout le temps de la dernière guerre. Depuis que nous avons repris les armes, j'ai su trouver pour le service du Roi mille têtes aussi dures que la mienne. Voici sept ans que je risque ma vie pour la bonne cause, je ne vous le reproche pas, mais toute peine mérite salaire. Or, pour commencer, je veux qu'on m'appelle monsieur de Cottereau. Je veux que le grade de colonel me soit reconnu, sinon je traite de ma soumission avec le premier Consul. Voyez-vous, monsieur le marquis, mes hommes et moi nous avons un créancier diablement importun et qu'il faut toujours satisfaire! — Le voilà! ajouta-t-il en se frappant le ventre.

— Les violons sont-ils venus? demanda le marquis à madame du Gua avec un accent moqueur.

Mais le contrebandier avait traité brutalement un sujet trop important, et ces esprits aussi calculateurs qu'ambitieux étaient depuis trop longtemps en suspens sur ce qu'ils avaient à espérer du Roi, pour que le dédain du jeune chef pût mettre un terme à cette scène.

Le jeune et ardent chevalier du Vissard se plaça vivement devant Montauran, et lui prit la main pour l'obliger à rester.

— Prenez garde, monsieur le marquis, lui dit-il, vous traitez trop légèrement des hommes qui ont quelque droit à la reconnaissance de celui que vous représentez ici. Nous savons que Sa Majesté vous a donné tout pouvoir pour attester nos services, qui doivent trouver leur récompense dans ce monde ou dans l'autre, car chaque jour l'échafaud est dressé pour nous. Je sais, quant à moi, que le grade de maréchal de camp...

— Vous voulez dire colonel...

— Non, monsieur le marquis, Charrette m'a nommé colonel. Le grade dont je parle ne pouvant pas m'être contesté, je ne plaide point en ce moment pour moi, mais pour tous mes intrépides frères d'armes dont les services ont besoin d'être constatés. Votre signature et vos promesses leur suffiront aujourd'hui, et, dit-il tout bas, j'avoue qu'ils se contentent de peu de chose. Mais, reprit-il en haussant la voix, quand le soleil se lèvera dans le château de Versailles pour éclairer les jours heureux de la monarchie, alors les fidèles qui auront aidé le Roi à conquérir la France, en France, pourront-ils facilement obtenir des grâces pour leurs familles, des pensions pour les veuves, et la restitution des biens qu'on leur a si mal à propos confisqués. J'en doute. Aussi, monsieur le marquis, les preuves des services rendus ne seront-ils pas alors inutiles. Je ne me défierai jamais du Roi, mais bien de ces cormorans de ministres et de courtisans qui lui corneront aux oreilles des considérations sur le bien public, l'honneur de la France, les intérêts de la couronne, et mille autres billevesées. Puis l'on se moquera d'un loyal Vendéen ou d'un brave Chouan, parce qu'il sera vieux, et que la brette qu'il aura tirée pour la bonne cause lui battra dans des jambes amaigries par les souffrances... Trouvez-vous que nous ayons tort?

— Vous parlez admirablement bien, monsieur du Vissard, mais un peu trop tôt, répondit le marquis.

— Écoutez donc, marquis, lui dit le comte de Bauvan à voix basse, Rifoël a, par ma foi, débité de fort bonnes choses. Vous êtes sûr, vous, de toujours avoir l'oreille du Roi ; mais nous autres, nous n'irons voir le maître que de loin en loin ; et je vous avoue que si vous ne me donniez pas votre parole de gentilhomme de me faire obtenir en temps et lieu la charge de Grand-maître des Eaux-et-forêts de France, du diable si je risquerais mon cou. Conquérir la Normandie au Roi, ce n'est pas une petite tâche, aussi espéré-je bien avoir l'Ordre. — Mais, ajouta-t-il en rougissant, nous avons le temps de penser à cela. Dieu me préserve d'imiter ces pauvres hères et de vous harceler. Vous parlerez de moi au Roi, et tout sera dit.

Chacun des chefs trouva le moyen de faire savoir au marquis, d'une manière plus ou moins ingénieuse, le prix exagéré qu'il attendait de ses services. L'un demandait modestement le gouvernement de Bretagne, l'autre une baronnie, celui-ci un grade, celui-là un commandement ; tous voulaient des pensions.

— Eh ! bien, baron, dit le marquis à monsieur du Guénic, vous ne voulez donc rien?

— Ma foi, marquis, ces messieurs ne me laissent que la couronne de France, mais je pourrais bien m'en accommoder...

— Eh! messieurs, dit l'abbé Gudin d'une voix tonnante, songez donc que si vous êtes si empressés, vous gâterez tout au jour de la victoire. Le Roi ne sera-t-il pas obligé de faire des concessions aux révolutionnaires?

— Aux jacobins, s'écria le contrebandier. Ah! que le Roi me laisse faire, je réponds d'employer mes mille hommes à les pendre, et nous en serons bientôt débarrassés.

— Monsieur *de* Cottereau, reprit le marquis, je vois entrer quelques personnes invitées à se rendre ici. Nous devons rivaliser de zèle et de soins pour les décider à coopérer à notre sainte entreprise, et vous comprenez que ce n'est pas le moment de nous occuper de vos demandes, fussent-elles justes.

En parlant ainsi, le marquis s'avançait vers la porte, comme pour aller au-devant de quelques nobles des pays voisins qu'il avait entrevus; mais le hardi contrebandier lui barra le passage d'un air soumis et respectueux.

— Non, non, monsieur le marquis, excusez-moi; mais les jacobins nous ont trop bien appris, en 1793, que ce n'est pas celui qui fait la moisson qui mange la galette. Signez-moi ce chiffon de papier, et demain je vous amène quinze cents gars; sinon, je traite avec le premier Consul.

Après avoir regardé fièrement autour de lui, le marquis vit que la hardiesse du vieux partisan et son air résolu ne déplaisaient à aucun des spectateurs de ce débat. Un seul homme assis dans un coin semblait ne prendre aucune part à la scène, et s'occupait à charger de tabac une pipe en terre blanche. L'air de mépris qu'il témoignait pour les orateurs, son attitude modeste, et le regard compatissant que le marquis rencontra dans ses yeux, lui firent examiner ce serviteur généreux, dans lequel il reconnut le major Brigaut; le chef alla brusquement à lui.

— Et toi, lui dit-il, que demandes-tu?

— Oh! monsieur le marquis, si le Roi revient, je suis content.

— Mais toi?

— Oh! moi... Monseigneur veut rire.

Le marquis serra la main calleuse du Breton, et dit à madame du Gua, dont il s'était rapproché: — Madame, je puis périr dans mon entreprise avant d'avoir eu le temps de faire parvenir au Roi un rapport fidèle sur les armées catholiques de la Bretagne. Si vous voyez la Restauration, n'oubliez ni ce brave homme ni le baron du Guénic. Il y a plus de dévouement en eux que dans tous ces gens-là.

Et il montra les chefs qui attendaient avec une certaine impatience que le jeune marquis fît droit à leurs demandes. Tous tenaient à la main des papiers déployés, où leurs services avaient sans doute été constatés par les généraux royalistes des guerres précédentes, et tous commençaient à murmurer. Au milieu d'eux, l'abbé Gudin, le comte de Bauvan, le baron du Guénic se consultaient pour aider le marquis à repousser des prétentions si exagérées, car ils trouvaient la position du jeune chef très-délicate.

Tout à coup le marquis promena ses yeux bleus, brillants d'ironie, sur cette assemblée, et dit d'une voix claire? — Messieurs, je ne sais pas si les pouvoirs que le Roi a daigné me confier sont assez étendus pour que je puisse satisfaire à vos demandes. Il n'a peut-être pas prévu tant de zèle, ni tant de dévouement. Vous allez juger vous-mêmes de mes devoirs, et peut-être saurai-je les accomplir.

Il disparut et revint promptement en tenant à la main une lettre déployée, revêtue du sceau et de la signature royale.

— Voici les lettres patentes en vertu desquelles vous devez m'obéir, dit-il. Elles m'autorisent à gouverner les provinces de Bretagne, de Normandie, du Maine et de l'Anjou, au nom du Roi, et à reconnaître les services des officiers qui se seront distingués dans ses armées.

Un mouvement de satisfaction éclata dans l'assemblée. Les Chouans s'avancèrent vers le marquis, en décrivant autour de lui un cercle respectueux. Tous les yeux étaient attachés sur la signature du Roi. Le jeune chef, qui se tenait debout devant la cheminée, jeta les lettres dans le feu, où elles furent consumées en un clin d'œil.

— Je ne veux plus commander, s'écria le jeune homme, qu'à ceux qui verront un Roi dans le Roi, et non une proie à dévorer. Vous êtes libres, messieurs, de m'abandonner...

Madame de Gua, l'abbé Gudin, le major Brigaut, le chevalier du Vissard, le baron du Guénic, le comte de Beauvan enthousiasmé, firent entendre le cri de *vive le Roi !* Si d'abord les autres chefs hésitèrent un moment à répéter ce cri, bientôt entraînés par la noble action du marquis, ils le prièrent d'oublier ce qui venait de se passer, en l'assurant que, sans lettres patentes, il serait toujours leur chef.

— Allons danser, s'écria le comte de Bauvan, et advienne que pourra ! Après tout, ajouta-t-il gaiement, il vaut mieux, mes amis, s'adresser à Dieu qu'à ses saints. Battons-nous d'abord, et nous verrons après.

— Ah ! c'est vrai, ça. Sauf votre respect, monsieur le baron, dit Brigaut à voix basse en s'adressant au loyal du Guénic, je n'ai jamais vu réclamer dès le matin le prix de la journée.

L'assemblée se dispersa dans les salons où quelques personnes étaient déjà réunies. Le marquis essaya vainement de quitter l'air sombre qui altéra son visage, les chefs aperçurent aisément les impressions défavorables que cette scène avait produites sur un homme dont le dévouement était encore accompagné des belles illusions de la jeunesse, et ils en furent honteux.

Une joie enivrante éclatait dans cette réunion composée des personnes les plus exaltées du parti royaliste, qui, n'ayant jamais pu juger, du fond d'une province insoumise, les événements de la Révolution, devaient prendre les espérances les plus hypothétiques pour des réalités. Les opérations hardies commencées par Montauran, son nom, sa fortune, sa capacité relevaient tous les courages, et causaient cette ivresse politique, la plus dangereuse de toutes, en ce qu'elle ne se refroidit que dans des torrents de sang presque toujours inutilement versés. Pour toutes les personnes présentes, la Révolution n'était qu'un trouble passager dans le royaume de France, où pour elles, rien ne paraissait changé. Ces campagnes appartenaient toujours à la maison de Bourbon. Les royalistes y régnaient si complétement que quatre années auparavant, Hoche y obtint moins la paix qu'un armistice. Les nobles traitaient donc fort légèrement les Révolutionnaires : pour eux, Bonaparte était un Marceau plus heureux que son devancier. Aussi les femmes se disposaient-elles fort gaiement à danser. Quelques-uns des chefs qui s'étaient battus avec les Bleus connaissaient seuls la gravité de la crise actuelle, et sachant que s'ils parlaient du premier Consul et de sa puissance à leurs compatriotes arriérés, ils n'en seraient pas compris, tous causaient entre eux en regardant les femmes avec une insouciance dont elles se vengeaient en se critiquant entre elles. Madame du Gua, qui semblait faire les honneurs du bal, essayait de tromper l'impatience des danseuses en adressant successivement à chacune d'elles les flatteries d'usage. Déjà l'on entendait les sons criards des instruments que l'on mettait d'accord, lorsque madame du Gua aperçut le marquis dont la figure conservait encore une expression de tristesse; elle alla brusquement à lui.

— Ce n'est pas, j'ose l'espérer, la scène très-ordinairee que vous avez eue avec ces manants qui peut vous accabler, lui dit-elle.

Elle n'obtint pas de réponse, le marquis absorbé dans sa rêverie croyait entendre quelques-unes des raisons que, d'une voix prophétique, Marie lui avait données au milieu de ces mêmes chefs à la Vivetière, pour l'engager à abandonner la lutte des rois contre les peuples. Mais ce jeune homme avait trop d'élévation dans l'âme, trop d'orgueil, trop de conviction peut-être pour délaisser l'œuvre commencée, et il se décidait en ce moment à la poursuivre courageusement malgré les obstacles. Il releva la tête avec fierté, et alors il comprit ce qui lui disait madame du Gua.

— Vous êtes sans doute à Fougères, disait-elle avec une amertume qui révélait l'inutilité des efforts qu'elle avait tentés pour distraire le marquis. Ah! monsieur, je donnerais mon sang pour vous *la* mettre entre les mains et vous voir heureux avec elle.

— Pourquoi donc avoir tiré sur elle avec tant d'adresse?

— Parce que je la voudrais morte ou dans vos bras. Oui, monsieur, j'ai pu aimer le marquis de Montauran le jour où j'ai cru voir en lui un héros. Maintenant je n'ai plus pour lui qu'une douloureuse amitié, je le vois séparé de la gloire par le cœur nomade d'une fille d'Opéra.

— Pour de l'amour, reprit le marquis avec l'accent de l'ironie, vous me jugez bien mal? Si j'aimais cette fille-là, madame, je la désirerais moins... et, sans vous, peut-être, n'y penserais-je déjà plus.

— La voici! dit brusquement madame du Gua.

La précipitation que mit le marquis à tourner la tête fit un mal affreux à cette pauvre femme; mais la vive lumière des bougies lui permettant de bien apercevoir les plus légers changements qui se firent dans les traits de cet homme si violemment aimé, elle crut y découvrir quelques espérances de retour, lorsqu'il ramena sa tête vers elle, en souriant de cette ruse de femme.

— De quoi riez-vous donc? demanda le comte de Bauvan.

— D'une bulle de savon qui s'évapore! répondit madame du Gua joyeuse. Le marquis, s'il faut l'en croire, s'étonne aujourd'hui d'avoir senti son cœur battre un instant pour cette fille qui se disait mademoiselle de Verneuil. Vous savez?

— Cette fille?... reprit le comte avec un accent de reproche. Madame, c'est à l'auteur du mal à le réparer, et je vous donne ma parole d'honneur qu'elle est bien réellement la fille du duc de Verneuil.

— Monsieur le comte, dit le marquis d'une voix profondément altérée, laquelle de vos deux paroles croire, celle de la Vivetière ou celle de Saint-James?

Une voix éclatante annonça mademoiselle de Verneuil. Le comte s'élança vers la porte, offrit la main à la belle inconnue avec les marques du plus profond respect; et, la présentant à travers la foule curieuse au marquis et à madame du Gua : — Ne croire que celle d'aujourd'hui, répondit-il au jeune chef stupéfait.

Madame du Gua pâlit à l'aspect de cette malencontreuse fille, qui resta debout un moment en jetant des regards orgueilleux sur cette assemblée où elle chercha les convives de la Vivetière. Elle attendit la salutation forcée de sa rivale, et, sans regarder le marquis, se laissa conduire à une place d'honneur par le comte qui la fit asseoir près de madame du Gua, à laquelle elle rendit un léger salut de protection, mais qui, par un instinct de femme, ne s'en fâcha point et prit aussitôt un air riant et amical. La mise extraordinaire et la beauté de mademoiselle de Verneuil excitèrent un moment les murmures de l'assemblée. Lorsque le marquis et madame du Gua tournèrent leurs regards sur les convives de la Vivetière, ils les trouvèrent dans une attitude de respect qui ne paraissait pas être jouée, chacun d'eux semblait chercher les moyens de rentrer en grâce auprès de la jeune Parisienne méconnue. Les ennemis étaient donc en présence.

— Mais c'est une magie, mademoiselle! Il n'y a que vous au monde pour surprendre ainsi les gens. Comment, venir toute seule? disait madame du Gua.

— Toute seule, répéta mademoiselle de Verneuil; ainsi, madame, vous n'aurez que moi, ce soir, à tuer.

— Soyez indulgente, reprit madame du Gua. Je ne puis vous exprimer combien j'éprouve de plaisir à vous revoir. Vraiment j'étais accablée par le souvenir de mes torts envers vous, et je cherchais une occasion qui me permît de les réparer.

— Quand à vos torts, madame, je vous pardonne facilement ceux que vous avez eus envers moi : mais j'ai sur le cœur la mort des Bleus que vous avez assassinés. Je pourrais peut-être encore me plaindre de la roideur de votre correspondance... Hé! bien, j'excuse tout, grâce au service que vous m'avez rendu.

Madame du Gua perdit contenance en se sentant presser la main par sa belle rivale qui lui souriait avec une grâce insultante. Le marquis était resté immobile, mais en ce moment il saisit fortement le bras du comte.

— Vous m'avez indignement trompé, lui dit-il, et vous avez compromis jusqu'à mon honneur ; je ne suis pas un Géronte de comédie, et il me faut votre vie ou vous aurez la mienne.

— Marquis, reprit le comte avec hauteur, je suis prêt à vous donner toutes les explications que vous désirerez.

Et ils se dirigèrent vers la pièce voisine. Les personnes les moins initiées au secret de cette scène commençaient à en comprendre l'intérêt, en sorte que quand les violons donnèrent le signal de la danse, personne ne bougea.

— Mademoiselle, quel service assez important ai-je donc eu l'honneur de vous rendre, pour mériter... reprit madame du Gua en se pinçant les lèvres avec une sorte de rage.

— Madame, ne m'avez-vous pas éclairée sur le vrai caractère du marquis de Montauran. Avec quelle impassibilité cet homme affreux me laissait périr, je vous l'abandonne bien volontiers.

— Que venez-vous donc chercher ici? dit vivement madame du Gua.

— L'estime et la considération que vous m'aviez enlevées à la Vivetière, madame. Quant au reste, soyez bien tranquille. Si le marquis revenait à moi, vous devez savoir qu'un retour n'est jamais de l'amour.

Madame du Gua prit alors la main de mademoiselle de Verneuil avec cette affectueuse gentillesse de mouvement que les femmes déploient volontiers entre elles surtout en présence des hommes.

— Eh! bien, ma pauvre petite, je suis enchantée de vous voir si raisonnable. Si le service que je vous ai rendu a été d'abord bien rude, dit-elle en pressant la main qu'elle tenait quoiqu'elle éprouvât l'envie de la déchirer lorsque ses doigts lui en révélèrent la moelleuse finesse, il sera du moins complet. Écoutez, je connais le caractère du Gars, dit-elle avec un sourire perfide, eh! bien, il vous aurait trompée, il ne veut et ne peut épouser personne.

— Ah !...

— Oui, mademoiselle, il n'a accepté sa dangereuse mission que pour mériter la main de mademoiselle d'Uxelles, alliance pour laquelle Sa Majesté lui a promis tout son appui.

— Ah! ah!...

Mademoiselle de Verneuil n'ajouta pas un mot à cette railleuse exclamation. Le jeune et beau chevalier du Vissard, impatient de se faire pardonner la plaisanterie qui avait donné le signal des injures à la Vivetière, s'avança vers elle en l'invitant respectueusement à danser, elle lui tendit la main et s'élança pour prendre place au quadrille où figurait madame du Gua. La mise de ces femmes dont les toilettes rappelaient les modes de la cour exilée, qui toutes avaient de la poudre ou les cheveux crêpés, sembla ridicule aussitôt qu'on put la comparer au costume à la fois élégant, riche et sévère que la mode autorisait mademoiselle de Verneuil à porter, qui fut proscrit à haute voix, mais envié *in petto* par les femmes. Les hommes ne se lassaient pas d'admirer la beauté d'une chevelure naturelle, et les détails d'un ajustement dont la grâce était toute dans celle des proportions qu'il révélait.

En ce moment le marquis et le comte rentrèrent dans la salle de bal et arrivèrent derrière mademoiselle de Verneuil qui ne se retourna pas. Si une glace, placée vis-à-vis d'elle, ne lui eût pas appris la présence du marquis, elle l'eût devinée par la contenance de madame du Gua qui cachait mal, sous un air indifférent en apparence, l'impatience avec laquelle elle attendait la lutte qui, tôt ou tard, devait se déclarer entre les deux amants. Quoique le marquis s'entretînt avec le comte et deux autres personnes, il put néanmoins entendre les propos des cavaliers et des danseuses qui, selon les caprices de la contredanse, venaient occuper momentanément la place de mademoiselle de Verneuil et de ses voisins.

— Oh! mon Dieu, oui, madame, elle est venue seule, disait l'un.

— Il faut être bien hardie, répondit la danseuse.

— Mais si j'étais habillée ainsi, je me croirais nue, dit une autre dame.

— Oh! ce n'est pas un costume décent, répliquait le cavalier, mais elle est si belle, et il lui va si bien!

— Voyez, je suis honteuse pour elle de la perfection de sa danse. Ne trouvez-vous pas qu'elle a tout à fait l'air d'une fille d'Opéra? répliqua la dame jalouse.

— Croyez-vous qu'elle vienne ici pour traiter au nom du premier consul? demandait une troisième dame.

— Quelle plaisanterie ! répondit le cavalier.

— Elle n'apportera guère d'innocence en dot, dit en riant la danseuse.

Le Gars se retourna brusquement pour voir la femme qui se permettait cette épigramme, et alors madame du Gua le regarda d'un air qui disait évidemment : — Vous voyez ce qu'on en pense !

— Madame, dit en riant le comte à l'ennemie de Marie, il n'y a encore que les dames qui la lui ont ôtée...

Le marquis pardonna intérieurement au comte tous ses torts. Lorsqu'il se hasarda à jeter un regard sur sa maîtresse dont les grâces étaient, comme celles de presque toutes les femmes, mises en relief par la lumière des bougies, elle lui tourna le dos en revenant à sa place, et s'entretint avec son cavalier en laissant parvenir à l'oreille du marquis les sons les plus caressants de sa voix.

— Le premier Consul nous envoie des ambassadeurs bien dangereux, lui disait son danseur.

— Monsieur, reprit-elle, on a déjà dit cela à la Vivetière.

— Mais vous avez autant de mémoire que le Roi, repartit le gentilhomme mécontent de sa maladresse.

— Pour pardonner les injures, il faut bien s'en souvenir, reprit-elle vivement en le tirant d'embarras par un sourire.

— Sommes-nous tous compris dans cette amnistie ? lui demanda le marquis.

Mais elle s'élança pour danser avec une ivresse enfantine en le laissant interdit et sans réponse ; il la contempla avec une froide mélancolie, elle s'en aperçut, et alors elle pencha la tête par une de ces coquettes attitudes que lui permettait la gracieuse proportion de son col, et n'oublia certes aucun des mouvements qui pouvaient attester la rare perfection de son corps. Marie attirait comme l'espoir, elle échappait comme un souvenir. La voir ainsi, c'était vouloir la posséder à tout prix. Elle le savait, et la conscience qu'elle eut alors de sa beauté répandit sur sa figure un charme inexprimable. Le marquis sentit s'élever dans son cœur un tourbillon d'amour, de rage et de folie, il serra violemment la main du comte et s'éloigna.

— Eh ! bien, il est donc parti ? demanda mademoiselle de Verneuil en revenant à sa place.

Le comte s'élança dans la salle voisine, et fit à sa protégée un signe d'intelligence en lui ramenant le Gars.

— Il est à moi, se dit-elle en examinant dans la glace le marquis dont la figure doucement agitée rayonnait d'espérance.

Elle reçut le jeune chef en boudant et sans mot dire, mais elle le quitta en souriant; elle le voyait si supérieur, qu'elle se sentit fière de pouvoir le tyranniser, et voulut lui faire acheter chèrement quelques douces paroles pour lui en apprendre tout le prix, suivant un instinct de femme auquel toutes obéissent plus ou moins. La contredanse finie, tous les gentilshommes de la Vivetière vinrent entourer Marie, et chacun d'eux sollicita le pardon de son erreur par des flatteries plus ou moins bien débitées; mais celui qu'elle aurait voulu voir à ses pieds n'approcha pas du groupe où elle régnait.

— Il se croit encore aimé, se dit-elle, il ne veut pas être confondu avec les indifférents.

Elle refusa de danser. Puis, comme si cette fête eût été donnée pour elle, elle alla de quadrille en quadrille, appuyée sur le bras du comte de Bauvan, auquel elle se plut à témoigner quelque familiarité. L'aventure de la Vivetière était alors connue de toute l'assemblée dans ses moindres détails, grâce aux soins de madame du Gua qui espérait, en affichant ainsi mademoiselle de Verneuil et le marquis, mettre un obstacle de plus à leur réunion; aussi les deux amants brouillés étaient-ils devenus l'objet de l'attention générale. Montauran n'osait aborder sa maîtresse, car le sentiment de ses torts et la violence de ses désirs rallumés la lui rendait presque terrible; et, de son côté, la jeune fille en épiait la figure faussement calme, tout en paraissant contempler le bal.

— Il fait horriblement chaud ici, dit-elle à son cavalier. Je vois le front de M. de Montauran tout humide. Menez-moi de l'autre côté, que je puisse respirer, j'étouffe.

Et, d'un geste de tête, elle désigna au comte le salon voisin où se trouvaient quelques joueurs. Le marquis y suivit sa maîtresse, dont les paroles avaient été devinées au seul mouvement des lèvres. Il osa espérer qu'elle ne s'éloignait de la foule que pour le revoir, et cette faveur supposée rendit à sa passion une violence inconnue; car son amour avait grandi de toutes les résistances qu'il croyait devoir lui opposer depuis quelques jours. Mademoiselle de Verneuil se plut à tourmenter le jeune chef, son regard, si doux, si velouté pour le comte, devenait sec et sombre quand par hasard il rencontrait les yeux du marquis. Montauran parut faire un effort pénible, et dit d'une voix sourde : — Ne me pardonnerez-vous donc pas?

— L'amour, lui répondit-elle avec froideur, ne pardonne rien, ou pardonne tout. Mais, reprit-elle, en lui voyant faire un mouvement de joie, il faut aimer.

Elle avait repris le bras du comte et s'était élancée dans une espèce de boudoir attenant à la salle de jeu. Le marquis y suivit Marie.

— Vous m'écouterez, s'écria-t-il.

— Vous feriez croire, monsieur, répondit-elle, que je suis venue ici pour vous et non par respect pour moi-même. Si vous ne cessez cette odieuse poursuite, je me retire.

— Eh! bien, dit-il en se souvenant d'une des plus folles actions du dernier duc de Lorraine, laissez-moi vous parler seulement pendant le temps que je pourrai garder dans la main ce charbon.

Il se baissa vers le foyer, saisit un bout de tison et le serra violemment. Mademoiselle de Verneuil rougit, dégagea vivement son bras de celui du comte et regarda le marquis avec étonnement. Le comte s'éloigna doucement et laissa les deux amants seuls. Une si folle action avait ébranlé le cœur de Marie, car, en amour, il n'y a rien de plus persuasif qu'une courageuse bêtise.

— Vous me prouvez là, dit-elle en essayant de lui faire jeter le charbon, que vous me livreriez au plus cruel de tous les supplices. Vous êtes extrême en tout. Sur la foi d'un sot et les calomnies d'une femme, vous avez soupçonné celle qui venait de vous sauver la vie d'être capable de vous vendre.

— Oui, dit-il en souriant, j'ai été cruel envers vous; mais oubliez-le toujours, je ne l'oublierai jamais. Écoutez-moi. J'ai été indignement trompé, mais tant de circonstances dans cette fatale journée se sont trouvées contre vous.

— Et ces circonstances suffisaient pour éteindre votre amour?

Il hésitait à répondre, elle fit un geste de dédain et se leva.

— Oh! Marie, maintenant je ne veux plus croire que vous...

— Mais jetez donc ce feu! Vous êtes fou. Ouvrez votre main, je le veux.

Il se plut à opposer une molle résistance aux doux efforts de sa maîtresse, pour prolonger le plaisir aigu qu'il éprouvait à être fortement pressé par ses doigts mignons et caressants; mais elle réussit enfin à ouvrir cette main qu'elle aurait voulu pouvoir baiser. Le sang avait éteint le charbon.

— Eh! bien, à quoi cela vous a-t-il servi?... dit-elle.

Elle fit de la charpie avec son mouchoir, et en garnit une plaie peu profonde que le marquis couvrit bientôt de son gant. Madame du Gua arriva sur la pointe du pied dans le salon de jeu, et jeta de furtifs regards sur les deux amants, aux yeux desquels elle échappa avec adresse en se penchant en arrière à leurs moindres mouvements ; mais il lui était certes difficile de s'expliquer les propos des deux amants par ce qu'elle leur voyait faire.

— Si tout ce qu'on vous a dit de moi était vrai, avouez qu'en ce moment je serais bien vengée, dit Marie avec une expression de malignité qui fit pâlir le marquis.

— Et par quel sentiment avez-vous donc été amenée ici ?

— Mais, mon cher enfant, vous êtes un bien grand fat. Vous croyez donc pouvoir impunément mépriser une femme comme moi ?

— Je venais et pour vous et pour moi, reprit-elle après une pause en mettant la main sur la touffe de rubis qui se trouvait au milieu de sa poitrine, et lui montrant la lame de son poignard.

— Qu'est-ce que tout cela signifie ? pensait madame du Gua.

— Mais, dit-elle en continuant, vous m'aimez encore ! Vous me désirez toujours du moins, et la sottise que vous venez de faire, ajouta-t-elle en lui prenant la main, m'en a donné la preuve. Je suis redevenue ce que je voulais être, et je pars heureuse. Qui nous aime est toujours absous. Quant à moi, je suis aimée, j'ai reconquis l'estime de l'homme qui représente à mes yeux le monde entier, je puis mourir.

— Vous m'aimez donc encore ? dit le marquis.

— Ai-je dit cela ? répondit-elle d'un air moqueur en suivant avec joie les progrès de l'affreuse torture que dès son arrivée elle avait commencé à faire subir au marquis. N'ai-je pas dû faire des sacrifices pour venir ici ! J'ai sauvé M. de Bauvan de la mort, et, plus reconnaissant, il m'a offert, en échange de ma protection, sa fortune et son nom. Vous n'avez jamais eu cette pensée.

Le marquis, étourdi par ces derniers mots, réprima la plus violente colère à laquelle il eût encore été en proie, en se croyant joué par le comte, et il ne répondit pas.

— Ha ! vous réfléchissez ? reprit-elle avec un sourire amer.

— Mademoiselle, reprit le jeune homme, votre doute justifie le mien.

— Monsieur, sortons d'ici, s'écria mademoiselle de Verneuil en

apercevant un coin de la robe de madame du Gua, et elle se leva ;
mais le désir de désespérer sa rivale la fit hésiter à s'en aller.

— Voulez-vous donc me plonger dans l'enfer ? reprit le marquis
en lui prenant la main et la pressant avec force.

— Ne m'y avez-vous pas jetée depuis cinq jours ? En ce moment
même, ne me laissez-vous pas dans la plus cruelle incertitude sur
la sincérité de votre amour ?

— Mais sais-je si vous ne poussez pas votre vengeance jusqu'à
vous emparer de toute ma vie, pour la ternir, au lieu de vouloir ma
mort...

— Ah! vous ne m'aimez pas, vous pensez à vous et non à moi,
dit-elle avec rage en versant quelques larmes.

La coquette connaissait bien la puissance de ses yeux quand ils
étaient noyés de pleurs.

— Eh! bien, dit-il hors de lui, prends ma vie, mais sèche tes
larmes !

— Oh! mon amour, s'écria-t-elle d'une voix étouffée, voici les
paroles, l'accent et le regard que j'attendais, pour préférer ton bonheur au mien ! Mais, monsieur, reprit-elle, je vous demande une
dernière preuve de votre affection, que vous dites si grande. Je ne
veux rester ici que le temps nécessaire pour y bien faire savoir que
vous êtes à moi. Je ne prendrais pas même un verre d'eau dans la
maison où demeure une femme qui deux fois a tenté de me tuer,
qui complote peut-être encore quelque trahison contre nous, et qui
dans ce moment nous écoute, ajouta-t-elle en montrant du doigt au
marquis les plis flottants de la robe de madame du Gua. Puis, elle
essuya ses larmes, se pencha jusqu'à l'oreille du jeune chef qui tressaillit en se sentant caresser par la douce moiteur de son haleine.

— Préparez tout pour notre départ, dit-elle, vous me reconduirez
à Fougères, et là seulement vous saurez bien si je vous aime ! Pour
la seconde fois, je me fie à vous. Vous fierez-vous une seconde fois
à moi ?

— Ah! Marie, vous m'avez amené au point de ne plus savoir ce
que je fais ! je suis enivré par vos paroles, par vos regards, par vous
enfin, et suis prêt à vous satisfaire.

— Hé! bien, rendez-moi pendant un moment, bien heureuse !
Faites-moi jouir du seul triomphe que j'aie désiré. Je veux respirer
en plein air, dans la vie que j'ai rêvée, et me repaître de mes illusions
avant qu'elles ne se dissipent. Allons, venez, et dansez avec moi,

Ils revinrent ensemble dans la salle de bal, et quoique mademoiselle de Verneuil fût aussi complétement flattée dans son cœur et dans sa vanité que puisse l'être une femme, l'impénétrable douceur de ses yeux, le fin sourire de ses lèvres, la rapidité des mouvements d'une danse animée, gardèrent le secret de ses pensées, comme la mer celui du criminel qui lui confie un pesant cadavre. Néanmoins l'assemblée laissa échapper un murmure d'admiration quand elle se roula dans les bras de son amant pour valser, et que, l'œil sous le sien, tous deux voluptueusement entrelacés, les yeux mourants, la tête lourde, ils tournoyèrent en se serrant l'un l'autre avec une sorte de frénésie, et révélant ainsi tous les plaisirs qu'ils espéraient d'une plus intime union.

— Comte, dit madame du Gua à monsieur de Bauvan, allez savoir si Pille-miche est au camp, amenez-le-moi; et soyez certain d'obtenir de moi, pour ce léger service, tout ce que vous voudrez, même ma main. — Ma vengeance me coûtera cher, dit-elle en le voyant s'éloigner; mais, pour cette fois, je ne la manquerai pas.

Quelques moments après cette scène, mademoiselle de Verneuil et le marquis étaient au fond d'une berline attelée de quatre chevaux vigoureux. Surprise de voir ces deux prétendus ennemis les mains entrelacées et de les trouver en si bon accord, Francine restait muette, sans oser se demander si, chez sa maîtresse, c'était de la perfidie ou de l'amour.

Grâce au silence et à l'obscurité de la nuit, le marquis ne put remarquer l'agitation de mademoiselle de Verneuil à mesure qu'elle approchait de Fougères. Les faibles teintes du crépuscule permirent d'apercevoir dans le lointain le clocher de Saint-Léonard. En ce moment Marie se dit : — Je vais mourir ! A la première montagne, les deux amants eurent à la fois la même pensée, ils descendirent de voiture et gravirent à pied la colline, comme en souvenir de leur première rencontre. Lorsque Marie eut pris le bras du marquis et fait quelques pas, elle remercia le jeune homme par un sourire, de ce qu'il avait respecté son silence; puis, en arrivant sur le sommet du plateau, d'où l'on découvrait Fougères, elle sortit tout à fait de sa rêverie.

— N'allez pas plus avant, dit-elle, mon pouvoir ne vous sauverait plus des Bleus aujourd'hui.

Montauran lui marqua quelque surprise, elle sourit tristement, lui montra du doigt un quartier de roche, comme pour lui ordonner de s'asseoir, et resta debout dans une attitude de mélancolie. Les déchirantes émotions de son âme ne lui permettaient plus de déployer ces artifices qu'elle avait prodigués. En ce moment, elle se serait agenouillée sur des charbons ardents, sans les plus sentir que le marquis n'avait senti le tison dont il s'était saisi pour attester la violence de sa passion. Ce fut après avoir contemplé son amant par un regard empreint de la plus profonde douleur, qu'elle lui dit ces affreuses paroles : — Tout ce que vous avez soupçonné de moi est vrai ! Le marquis laissa échapper un geste. — Ah ! par grâce, dit-elle en joignant les mains, écoutez-moi sans m'interrompre. — Je suis réellement, reprit-elle d'une voix émue, la fille du duc de Verneuil, mais sa fille naturelle. Ma mère, une demoiselle de Casteran, qui s'est faite religieuse pour échapper aux tortures qu'on lui préparait dans sa famille, expia sa faute par quinze années de larmes et mourut à Séez. A son lit de mort seulement, cette chère abbesse implora pour moi l'homme qui l'avait abandonnée, car elle me savait sans amis, sans fortune, sans avenir... Cet homme, toujours présent sous le toit de la mère de Francine, aux soins de qui je fus remise, avait oublié son enfant. Néanmoins le duc m'accueillit avec plaisir, et me reconnut parce que j'étais belle, et que peut-être il se revoyait jeune en moi. C'était un de ces seigneurs qui, sous le règne précédent, mirent leur gloire à montrer comment on pouvait se faire pardonner un crime en le commettant avec grâce. Je n'ajouterai rien, il fut mon père ! Cependant laissez-moi vous expliquer comment mon séjour à Paris a dû me gâter l'âme. La société du duc de Verneuil et celle où il m'introduisit étaient engouées de cette philosophie moqueuse dont s'enthousiasmait la France, parce qu'on l'y professait partout avec esprit. Les brillantes conversations qui flattèrent mon oreille se recommandaient par la finesse des aperçus, ou par un mépris spirituellement formulé pour ce qui était religieux et vrai. Les hommes, en se moquant des sentiments, les peignaient d'autant mieux qu'ils ne les éprouvaient pas; et ils séduisaient autant par leurs expressions épigrammatiques que par la bonhomie avec laquelle ils savaient mettre toute une aventure dans un mot; mais souvent ils péchaient par trop d'esprit, et fatiguaient les femmes en faisant de l'amour un art plutôt qu'une affaire de cœur. J'ai faiblement résisté à ce torrent. Cependant mon âme, pardonnez-moi cet orgueil, était assez passionnée pour sentir que l'esprit avait desséché tous les cœurs;

mais la vie que j'ai menée alors a eu pour résultat d'établir une lutte perpétuelle entre mes sentiments naturels et les habitudes vicieuses que j'y ai contractées. Quelques gens supérieurs s'étaient plu à développer en moi cette liberté de pensée, ce mépris de l'opinion publique qui ravissent à la femme une certaine modestie d'âme sans laquelle elle perd de son charme. Hélas! le malheur n'a pas eu le pouvoir de détruire les défauts que me donna l'opulence. — Mon père, poursuivit-elle après avoir laissé échapper un soupir, le duc de Verneuil, mourut après m'avoir reconnue et avantagée par un testament qui diminuait considérablement la fortune de mon frère, son fils légitime. Je me trouvai un matin sans asile ni protecteur. Mon frère attaquait le testament qui me faisait riche. Trois années passées auprès d'une famille opulente avaient développé ma vanité. En satisfaisant à toutes mes fantaisies, mon père m'avait créé des besoins de luxe, des habitudes desquelles mon âme encore jeune et naïve ne s'expliquait ni les dangers, ni la tyrannie. Un ami de mon père, le maréchal duc de Lenoncourt, âgé de soixante-dix ans, s'offrit à me servir de tuteur. J'acceptai ; je me retrouvai, quelques jours après le commencement de cet odieux procès, dans une maison brillante où je jouissais de tous les avantages que la cruauté d'un frère me refusait sur le cercueil de notre père. Tous les soirs le vieux maréchal venait passer auprès de moi quelques heures, pendant lesquelles ce vieillard ne me faisait entendre que des paroles douces et consolantes. Ses cheveux blancs, et toutes les preuves touchantes qu'il me donnait d'une tendresse paternelle, m'engageaient à reporter sur son cœur les sentiments du mien, et je me plus à me croire sa fille. J'acceptais les parures qu'il m'offrait, et je ne lui cachais aucun de mes caprices, en le voyant si heureux de les satisfaire. Un soir, j'appris que tout Paris me croyait la maîtresse de ce pauvre vieillard. On me prouva qu'il était hors de mon pouvoir de reconquérir une innocence de laquelle chacun me dépouillait gratuitement. L'homme qui avait abusé de mon inexpérience ne pouvait pas être un amant, et ne voulait pas être mon mari. Dans la semaine où je fis cette horrible découverte, la veille du jour fixé pour mon union avec celui de qui je sus exiger le nom, seule réparation qu'il me pût offrir, il partit pour Coblentz. Je fus honteusement chassée de la petite maison où le maréchal m'avait mise, et qui ne lui appartenait pas. Jusqu'à présent, je vous ai dit la vérité comme si j'étais devant Dieu ; mais maintenant, ne demandez pas à une infortunée le compte des souffrances ensevelies dans sa mémoire. Un jour, monsieur, je me trouvai mariée à Danton. Quelques jours plus tard, l'ouragan renversait le chêne immense autour duquel j'avais tourné mes bras. En me revoyant plongée dans la plus profonde misère, je résolus cette fois de mourir. Je ne sais si l'amour de la vie, si l'espoir de fatiguer le malheur et de trouver au fond de cet abîme sans fin un bonheur qui me fuyait, furent à mon insu mes conseillers, ou si je fus séduite par les raisonnements d'un jeune homme de Vendôme qui, depuis deux ans, s'est attaché à moi comme un serpent à un arbre, en croyant sans doute qu'un extrême malheur peut me donner à lui; enfin, j'ignore comment j'ai accepté l'odieuse mission d'aller, pour trois cent mille francs, me faire aimer d'un inconnu que je devais livrer. Je vous ai vu, monsieur, et vous ai reconnu tout d'abord par un de ces pressentiments qui ne nous trompent jamais; cependant je me plaisais à douter, car plus je vous aimais, plus la certitude m'était affreuse. En vous sauvant des mains du commandant Hulot, j'abjurai donc mon rôle, et résolus de tromper les bourreaux au lieu de tromper leur victime. J'ai eu tort de me jouer ainsi des hommes, de leur vie, de leur politique et de moi-même avec l'insouciance d'une fille qui ne voit que des sentiments dans le monde. Je me suis crue aimée, et me suis laissé aller à l'espoir de recommencer ma vie; mais tout, et jusqu'à moi-même peut-être, a trahi mes désordres passés, car vous avez dû vous défier d'une femme aussi passionnée que je le suis. Hélas! qui n'excuserait pas et mon amour et ma dissimulation? Oui, monsieur, il me sembla que j'avais fait un pénible sommeil, et qu'en me réveillant je me retrouvais à seize ans. N'étais-je pas dans Alençon, où mon enfance me livrait ses chastes et purs souvenirs? J'ai eu la folle simplicité de croire que l'amour me donnerait un baptême d'innocence. Pendant un moment j'ai pensé que j'étais vierge encore puisque je n'avais pas encore aimé. Mais hier au soir votre passion m'a paru vraie, et une voix m'a crié : Pourquoi le tromper? — Sachez-le donc, monsieur le marquis, reprit-elle d'une voix gutturale qui sollicitait une réprobation avec fierté, sachez-le bien, je ne suis qu'une créature déshonorée, indigne de vous. Dès ce moment, je reprends mon rôle de fille perdue, fatiguée que je suis de jouer celui d'une femme qui vous aviez rendue à toutes les saintetés du cœur. La vertu me pèse. Je vous mépriserais si vous aviez la faiblesse de m'épouser. C'est une sottise que peut faire un comte de Bauvan ; mais vous, monsieur, soyez digne de votre avenir et quittez-moi sans regret. La courtisane, voyez-vous, serait trop exigeante, elle vous aimerait tout autrement que la jeune enfant simple et naïve qui s'est senti au cœur pendant un moment la délicieuse espérance de pouvoir être votre compagne, de vous rendre toujours heureux, de vous faire honneur, de devenir une noble, une grande épouse, et qui a puisé dans ce sentiment le courage de ranimer sa mauvaise nature de vice et d'infamie, afin de mettre entre elle et vous une éternelle barrière. Je vous sacrifie honneur et fortune. L'orgueil que me donne ce sacrifice me soutiendra dans ma misère, et le destin peut disposer de mon sort à son gré. Je ne vous livrerai jamais. Je retourne à Paris. Là, votre nom sera pour moi tout un autre moi-même, et la magnifique valeur que vous saurez lui imprimer me consolera de tous mes chagrins. Quant à vous, vous êtes homme, vous m'oublierez. Adieu.

Elle s'élança dans la direction des vallées de Saint-Sulpice, et disparut avant que le marquis se fût levé pour la retenir ; mais elle revint sur ses pas, profita des cavités d'une roche pour se cacher, leva la tête, examina le marquis avec une curiosité mêlée de doute, et le vit marchant sans savoir où il allait, comme un homme accablé.

— Serait-ce donc une tête faible ?... se dit-elle lorsqu'il eut disparu et qu'elle se sentit séparée de lui. Me comprendra-t-il ?

Elle tressaillit. Puis tout à coup elle se dirigea seule vers Fougères à grands pas, comme si elle eût craint d'être suivi par le marquis dans cette ville où il aurait trouvé la mort.

— Eh ! bien, Francine, que t'a-t-il dit ?.. demanda-t-elle à sa fidèle Bretonne lorsqu'elles furent réunies.

— Hélas ! Marie, il m'a fait pitié. Vous autres grandes dames, vous poignardez un homme à coups de langue.

— Comment donc était-il en t'abordant ?

— Est-ce qu'il m'a vue ? Oh ! Marie, il t'aime !

— Oh ! il m'aime ou il ne m'aime pas ! répondit-elle, deux mots qui pour moi sont le paradis ou l'enfer. Entre ces deux extrêmes, je ne trouve pas une place où je puisse poser mon pied.

Après avoir ainsi accompli son terrible destin, Marie put s'abandonner à toute sa douleur, et sa figure, jusque-là soutenue par tant de sentiments divers, s'altéra si rapidement, qu'après une journée pendant laquelle elle flotta sans cesse entre un pressentiment de bonheur et le désespoir, elle perdit l'éclat de sa beauté et cette fraîcheur dont le principe est dans l'absence de toute passion ou dans l'ivresse de la félicité. Curieux de connaître le résultat de sa folle entreprise, Hulot et Corentin étaient venus voir Marie peu de temps après son arrivée : elle les reçut d'un air riant.

— Eh ! bien, dit-elle au commandant, dont la figure soucieuse avait une expression très-interrogative, le renard revient à portée de vos fusils, et vous allez bientôt remporter une bien glorieuse victoire.

— Qu'est-il donc arrivé? demanda négligemment Corentin en jetant à mademoiselle de Verneuil un de ces regards obliques par lesquels ces espèces de diplomates espionnent la pensée.

— Ah ! répondit-elle, le Gars est plus que jamais épris de ma personne, et je l'ai contraint à nous accompagner jusqu'aux portes de Fougères.

— Il paraît que votre pouvoir a cessé là, reprit Corentin, et que la peur du ci-devant surpasse encore l'amour que vous lui inspirez.

Mademoiselle de Verneuil jeta un regard de mépris à Corentin.

— Vous le jugez d'après vous-même, lui répondit-elle.

— Eh ! bien, dit-il sans s'émouvoir, pourquoi ne l'avez-vous pas amené jusque chez vous?

— S'il m'aimait véritablement, commandant, dit-elle à Hulot en lui jetant un regard plein de malice, m'en voudriez-vous beaucoup de le sauver, en l'emmenant hors de France?

Le vieux soldat s'avança vivement vers elle et lui prit la main pour la baiser, avec une sorte d'enthousiasme; puis il la regarda fixement et lui dit d'un air sombre : — Vous oubliez mes deux amis et mes soixante-trois hommes.

— Ah ! commandant, dit-elle avec toute la naïveté de la passion, il n'en est pas comptable, il a été joué par une mauvaise femme, la maîtresse de Charette, qui boirait, je crois, le sang des Bleus...

— Allons, Marie, reprit Corentin, ne vous moquez pas du commandant, il n'est pas encore au fait de vos plaisanteries.

— Taisez-vous, lui répondit-elle, et sachez que le jour où vous m'aurez un peu trop déplu, n'aura pas de lendemain pour vous.

— Je vois, mademoiselle, dit Hulot, sans amertume, que je dois m'apprêter à combattre.

— Vous n'êtes pas en mesure, cher colonel. Je leur ai vu plus de six mille hommes à Saint-James, des troupes régulières, de l'artillerie et des officiers anglais. Mais que deviendraient ces gens-là sans lui? Je pense comme Fouché, sa tête est tout.

— Eh! bien, l'aurons-nous? demanda Corentin impatienté.

— Je ne sais pas, répondit-elle avec insouciance.

— Des Anglais! cria Hulot en colère, il ne lui manquait plus que ça pour être un brigand fini! Ah! je vais t'en donner, moi, des Anglais!...

— Il paraît, citoyen diplomate, que tu te laisses périodiquement mettre en déroute par cette fille-là, dit Hulot à Corentin quand ils se trouvèrent à quelques pas de la maison.

— Il est tout naturel, citoyen commandant, répliqua Corentin d'un air pensif, que dans tout ce qu'elle nous a dit, tu n'aies vu que du feu. Vous autres troupiers, vous ne savez pas qu'il existe plusieurs manières de guerroyer. Employer habilement les passions des hommes ou des femmes comme des ressorts que l'on fait mouvoir au profit de l'État, mettre les rouages à leur place dans cette grande machine que nous appelons un gouvernement, et se plaire à y renfermer les plus indomptables sentiments comme des détentes que l'on s'amuse à surveiller, n'est-ce pas créer, et, comme Dieu, se placer au centre de l'univers?...

— Tu me permettras de préférer mon métier au tien, répliqua sèchement le militaire. Ainsi, vous ferez tout ce que vous voudrez avec vos rouages; mais je ne connais d'autre supérieur que le ministre de la guerre, j'ai mes ordres, je vais me mettre en campagne avec des lapins qui ne boudent pas, et prendre en face l'ennemi que tu veux saisir par derrière.

— Oh! tu peux te préparer à marcher, reprit Corentin. D'après ce que cette fille m'a laissé deviner, quelque impénétrable qu'elle te semble, tu vas avoir à t'escarmoucher, et je te procurerai avant peu le plaisir d'un tête-à-tête avec le chef de ces brigands.

— Comment ça? demanda Hulot en reculant pour mieux regarder cet étrange personnage.

— Mademoiselle de Verneuil aime le Gars, reprit Corentin d'une voix sourde, et peut-être en est-elle aimée! Un marquis, cordon-rouge, jeune et spirituel, qui sait même s'il n'est pas riche encore, combien de tentations! Elle serait bien sotte de ne pas agir pour son compte, en tâchant de l'épouser plutôt que de nous le livrer! Elle cherche à nous amuser. Mais j'ai lu dans les yeux de cette fille quelque incertitude. Les deux amants auront vraisemblablement un rendez-vous, et peut-être est-il déjà donné. Eh! bien, demain je tiendrai mon homme par les deux oreilles. Jusqu'à présent, il n'était que l'ennemi de la République, mais il est devenu le mien depuis quelques instants ; or, ceux qui se sont avisés de se mettre entre cette fille et moi sont tous morts sur l'échafaud.

En achevant ces paroles, Corentin retomba dans des réflexions qui ne lui permirent pas de voir le profond dégoût qui se peignit sur le visage du loyal militaire au moment où il découvrit la profondeur de cette intrigue et le mécanisme des ressorts employés par Fouché. Aussi, Hulot résolut-il de contrarier Corentin en tout ce qui ne nuirait pas essentiellement aux succès et aux vœux du gouvernement, et de laisser à l'ennemi de la République les moyens de périr avec honneur les armes à la main, avant d'être la proie du bourreau de qui ce sbire de la haute police s'avouait être le pourvoyeur.

— Si le premier Consul m'écoutait, dit-il en tournant le dos à Corentin, il laisserait ces renards-là combattre les aristocrates, ils sont dignes les uns des autres, et il emploierait les soldats à toute autre chose.

Corentin regarda froidement le militaire, dont la pensée avait éclairé le visage, et alors ses yeux reprirent une expression sardonique qui révéla la supériorité de ce Machiavel subalterne.

— Donnez trois aunes de drap bleu à ces animaux-là, et mettez-leur un morceau de fer au côté, se dit-il, ils s'imaginent qu'en politique on ne doit tuer les hommes que d'une façon. Puis, il se promena lentement pendant quelques minutes, et se dit tout à coup :

— Oui, le moment est venu, cette femme sera donc à moi ! depuis cinq ans le cercle que je trace autour d'elle s'est insensiblement rétréci, je la tiens, et avec elle j'arriverai dans le gouvernement aussi haut que Fouché. — Oui, si elle perd le seul homme qu'elle ait aimé, la douleur me la livrera corps et âme. Il ne s'agit plus que de veiller nuit et jour pour surprendre son secret.

Un moment après, un observateur aurait distingué la figure pâle de cet homme, à travers la fenêtre d'une maison d'où il pouvait apercevoir tout ce qui entrait dans l'impasse formée par la rangée de maisons parallèle à Saint-Léonard. Avec la patience du chat qui guette la souris, Corentin était encore, le lendemain matin, attentif au moindre bruit et occupé à soumettre chaque passant au plus sévère examen. La journée qui commençait était un jour de marché.

Quoique, dans ce temps calamiteux, les paysans se hasardassent difficilement à venir en ville, Corentin vit un petit homme à figure ténébreuse, couvert d'une peau de bique, et qui portait à son bras un petit panier rond de forme écrasée, se dirigeant vers la maison de mademoiselle de Verneuil, après avoir jeté autour de lui des regards assez insouciants. Corentin descendit dans l'intention d'attendre le paysan à sa sortie ; mais, tout à coup, il sentit que s'il pouvait arriver à l'improviste chez mademoiselle de Verneuil, il surprendrait peut-être d'un seul regard les secrets cachés dans le panier de cet émissaire. D'ailleurs la renommée lui avait appris qu'il était presque impossible de lutter avec succès contre les impénétrables réponses des Bretons et des Normands.

— Galope-chopine! s'écria mademoiselle de Verneuil lorsque Francine introduisit le Chouan. — Serais-je donc aimée ? se dit-elle à voix basse.

Un espoir instinctif répandit les plus brillantes couleurs sur son teint et la joie dans son cœur. Galope-chopine regarda alternativement la maîtresse du logis et Francine, en jetant sur cette dernière des yeux de méfiance ; mais un signe de mademoiselle de Verneuil le rassura.

— Madame, dit-il, approchant deux heures, *il* sera chez moi, et vous y attendra.

L'émotion ne permit pas à mademoiselle de Verneuil de faire d'autre réponse qu'un signe de tête: mais un Samoïède en eût compris toute la portée. En ce moment, les pas de Corentin retentirent dans le salon. Galope-chopine ne se troubla pas le moins du monde lorsque le regard autant que le tressaillement de mademoiselle de Verneuil lui indiquèrent un danger, et dès que l'espion montra sa face rusée, le Chouan éleva la voix de manière à fendre la tête.

— Ah! ah! disait-il à Francine, il y a beurre de Bretagne et beurre de Bretagne. Vous voulez du Gibarry et vous ne donnez que onze sous de la livre? il ne fallait pas m'envoyer quérir! C'est de bon beurre ça, dit-il en découvrant son panier pour montrer deux petites mottes de beurre façonnées par Barbette. — Faut être juste, ma bonne dame, allons, mettez un sou de plus.

Sa voix caverneuse ne trahit aucune émotion, et ses yeux verts, ombragés de gros sourcils grisonnants, soutinrent sans faiblir le regard perçant de Corentin.

— Allons, tais-toi, bon homme, tu n'es pas venu ici vendre du beurre, car tu as affaire à une femme qui n'a jamais rien marchandé de sa vie. Le métier que tu fais, mon vieux, te rendra quelque jour plus court de la tête. Et Corentin le frappant amicalement sur l'épaule, ajouta : — On ne ne peut pas être longtemps à la fois l'homme des Chouans et l'homme des Bleus.

Galope-chopine eut besoin de toute sa présence d'esprit pour dévorer sa rage et ne pas repousser cette accusation que son avarice rendait juste. Il se contenta de répondre : — Monsieur veut se gausser de moi.

Corentin avait tourné le dos au Chouan ; mais, tout en saluant mademoiselle de Verneuil dont le cœur se serra, il pouvait facilement l'examiner dans la glace. Galope-chopine, qui ne se crut plus vu par l'espion, consulta par un regard Francine, et Francine lui indiqua la porte en disant : — Venez avec moi, mon bon homme, nous nous arrangerons toujours bien.

Rien n'avait échappé à Corentin, ni la contraction que le sourire de mademoiselle de Verneuil déguisait mal, ni sa rougeur et le changement de ses traits, ni l'inquiétude du Chouan, ni le geste de Francine, il avait tout aperçu. Convaincu que Galope-chopine était un émissaire du marquis, il l'arrêta par les longs poils de sa peau de chèvre au moment où il sortait, le ramena devant lui, et le regarda fixement en lui disant : — Où demeures-tu, mon cher ami ? j'ai besoin de beurre...

— Mon bon monsieur, répondait le Chouan, tout Fougères sait où je demeure, je suis quasiment de...

— Corentin ! s'écria mademoiselle de Verneuil en interrompant la réponse de Galope-chopine, vous êtes bien hardi de venir chez moi à cette heure, et de me surprendre ainsi ? A peine suis-je habillée... Laissez ce paysan tranquille, il ne comprend pas plus vos ruses que je n'en conçois les motifs. Allez, brave homme !

Galope-chopine hésita un instant à partir. L'indécision naturelle ou jouée d'un pauvre diable qui ne savait à qui obéir, trompait déjà Corentin, lorsque le Chouan, sur un geste impératif de la jeune fille, s'éloigna à pas pesants. En ce moment, mademoiselle de Verneuil et Corentin se contemplèrent en silence. Cette fois, les yeux limpides de Marie ne purent soutenir l'éclat du feu sec que distillait le regard de cet homme. L'air résolu avec lequel l'espion pénétra dans la chambre, une expression de visage que Marie ne lui connaissait pas, le son mat de sa voix grêle, sa démarche, tout l'effraya ; elle comprit qu'une lutte secrète commençait entre eux, et qu'il déployait contre elle tous les pouvoirs de sa sinistre influence ; mais si elle eut en ce moment une vue distincte et complète de l'abîme au fond duquel elle se précipitait, elle puisa des forces dans son amour pour secouer le froid glacial de ses pressentiments.

— Corentin, reprit-elle avec une sorte de gaieté, j'espère que vous allez me laisser faire ma toilette.

— Marie, dit-il, oui, permettez-moi de vous nommer ainsi. Vous ne me connaissez pas encore! Ecoutez, un homme moins perspicace que je ne le suis aurait déjà découvert votre amour pour le marquis de Montauran. Je vous ai à plusieurs reprises offert et mon cœur et ma main. Vous ne m'avez pas trouvé digne de vous, et peut-être avez-vous raison ; mais si vous vous trouvez trop haut placée, trop belle, ou trop grande pour moi, je saurai bien vous faire descendre jusqu'à moi. Mon ambition et mes maximes vous ont donné peu d'estime pour moi ; et, franchement, vous avez tort. Les hommes ne valent pas ce que je les estime, presque rien. J'arriverai certes à une haute position dont les honneurs vous flatteront. Qui pourra mieux vous aimer, qui vous laissera plus souverainement maîtresse de lui, si ce n'est l'homme par qui vous êtes aimée depuis cinq ans? Quoique je risque de vous voir prendre de moi une idée qui me sera défavorable, car vous ne concevez pas qu'on puisse renoncer par excès d'amour à la personne qu'on idolâtre, je vais vous donner la mesure du désintéressement avec lequel je vous adore. N'agitez pas ainsi votre jolie tête. Si le marquis vous aime, épousez-le ; mais auparavant, assurez-vous bien de sa sincérité. Je serais au désespoir de vous savoir trompée, car je préfère votre bonheur au mien. Ma résolution peut vous étonner, mais ne l'attribuez qu'à la prudence d'un homme qui n'est pas assez niais pour vouloir posséder une femme malgré elle. Aussi est-ce moi et non vous que j'accuse de l'inutilité de mes efforts. J'ai espéré vous conquérir à force de soumission et de dévouement, car depuis longtemps, vous le savez, je cherche à vous rendre heureuse suivant mes principes ; mais vous n'avez voulu me récompenser de rien.

— Je vous ai souffert près de moi, dit-elle avec hauteur.

— Ajoutez que vous vous en repentez.

— Après l'infâme entreprise dans laquelle vous m'avez engagée, dois-je encore vous remercier...

— En vous proposant une entreprise qui n'était pas exempte de blâme pour des esprits timorés, reprit-il audacieusement, je n'avais que votre fortune en vue. Pour moi, que je réussisse ou que j'échoue, je saurai faire servir maintenant toute espèce de résultat au succès de mes desseins. Si vous épousiez Montauran, je serais charmé de servir utilement la cause des Bourbons, à Paris, où je suis membre du club de Clichy. Or, une circonstance qui me mettrait en correspondance avec les princes, me déciderait à abandonner les intérêts d'une République qui marche à sa décadence. Le général Bonaparte est trop habile pour ne pas sentir qu'il lui est impossible d'être à la fois en Allemagne, en Italie, et ici où la Révolution succombe. Il n'a fait sans doute le Dix-Huit Brumaire que pour obtenir des Bourbons de plus forts avantages en traitant de la France avec eux, car c'est un garçon très-spirituel et qui ne manque pas de portée ; mais les hommes politiques doivent le devancer dans la voie où il s'engage. Trahir la France est encore un de ces scrupules que, nous autres gens supérieurs, laissons aux sots. Je ne vous cache pas que j'ai les pouvoirs nécessaires pour entamer des négociations avec les chefs des Chouans, aussi bien que pour les faire périr ; car mon protecteur Fouché est un homme assez profond, il a toujours joué un double jeu, il était à la fois pour Robespierre et pour Danton.

— Que vous avez lâchement abandonné, dit-elle.

— Niaiserie, répondit Corentin ; il est mort, oubliez-le. Allons, parlez-moi à cœur ouvert, je vous en donne l'exemple. Ce chef de demi-brigade est plus rusé qu'il ne le paraît, et, si vous vouliez tromper sa surveillance, je ne vous serais pas inutile. Songez qu'il a infesté les vallées de Contre-Chouans et surprendrait bien promptement vos rendez-vous! En restant ici, sous ses yeux, vous êtes à la merci de sa police. Voyez avec quelle rapidité il a su que ce Chouan était chez vous! Sa sagacité militaire ne doit-elle pas lui faire comprendre que vos moindres mouvements lui indiqueront ceux du marquis, si vous en êtes aimée?

Mademoiselle de Verneuil n'avait jamais entendu de voix si doucement affectueuse. Corentin était tout bonne foi, et paraissait plein de confiance. Le cœur de la pauvre fille recevait si facilement des impressions généreuses qu'elle allait livrer son secret au serpent qui l'enveloppait dans ses replis ; cependant, elle pensa que rien ne prouvait la sincérité de cet artificieux langage, elle ne se fit donc aucun scrupule de tromper son surveillant.

— Eh! bien, répondit-elle, vous avez deviné, Corentin. Oui, j'aime le marquis ; mais je n'en suis pas aimé ! du moins je le crains ; aussi, le rendez-vous qu'il me donne me semble-t-il cacher quelque piége.

— Mais, répliqua Corentin, vous nous avez dit hier qu'il vous avait accompagnée jusqu'à Fougères... S'il eût voulu exercer des violences contre vous, vous ne seriez pas ici.

— Vous avez le cœur sec, Corentin. Vous pouvez établir de savantes combinaisons sur les événements de la vie humaine, et non sur ceux d'une passion. Voilà peut-être d'où vient la constante répugnance que vous m'inspirez. Puisque vous êtes si clairvoyant, cherchez à comprendre comment un homme de qui je me suis séparée violemment avant-hier, m'attend avec impatience aujourd'hui sur la route de Mayenne, dans une maison de Florigny, vers le soir...

A cet aveu qui semblait échappé dans un emportement assez naturel à cette créature franche et passionnée, Corentin rougit, car il était encore jeune ; mais il jeta sur elle et à la dérobée un de ces regards perçants qui vont chercher l'âme. La naïveté de mademoiselle de Verneuil était si bien jouée qu'elle trompa l'espion, et il répondit avec une bonhomie factice : — Voulez-vous que je vous accompagne de loin ? j'aurais avec moi des soldats déguisés, et nous serions prêts à vous obéir.

— J'y consens, dit-elle ; mais promettez-moi, sur votre honneur... Oh! non, je n'y crois pas ! par votre salut, mais vous ne croyez pas en Dieu ! par votre âme, vous n'en avez peut-être pas. Quelle assurance pouvez-vous donc me donner de votre fidélité ? Et je me fie à vous, cependant, et je remets en vos mains plus que ma vie, ou mon amour ou ma vengeance.

Le léger sourire qui apparut sur la figure blafarde de Corentin fit connaître à mademoiselle de Verneuil le danger qu'elle venait d'éviter. Le sbire, dont les narines se contractaient au lieu de se dilater, prit la main de sa victime, la baisa avec les marques du respect le plus profond, et la quitta en lui faisant un salut qui n'était pas dénué de grâce.

Trois heures après cette scène, mademoiselle de Verneuil, qui craignait le retour de Corentin, sortit furtivement par la porte Saint-Léonard, et gagna le petit sentier du Nid-aux-Crocs qui conduisait dans la vallée du Nançon. Elle se crut sauvée en marchant sans témoins à travers le dédale des sentiers qui menaient à la cabane de Galope-chopine où elle allait gaiement, conduite par l'espoir de trouver enfin le bonheur, et par le désir de soustraire son amant au sort qui le menaçait. Pendant ce temps, Corentin était à la recherche du commandant. Il eut de la peine à reconnaître Hulot, en le trouvant sur une petite place où il s'occupait de quelques préparatifs militaires. En effet, le brave vétéran avait fait un sacrifice dont le mérite sera difficilement apprécié. Sa queue et ses moustaches était coupées, et ses cheveux, soumis au régime ecclésiastique, avaient un œil de poudre. Chaussé de gros souliers ferrés, ayant troqué son vieil uniforme bleu et son épé contre une peau de bique, armé d'une ceinture de pistolets et d'une lourde carabine, il passait en revue deux cents habitants de Fougères, dont les costumes auraient pu tromper l'œil du Chouan le plus exercé. L'esprit belliqueux de cette petite ville et le caractère breton se déployaient dans cette scène, qui n'était pas nouvelle. Çà et là, quelques mères, quelques sœurs, apportaient à leurs fils, à leurs frères, une gourde d'eau-de-vie ou des pistolets oubliés. Plusieurs vieillards s'enquéraient du nombre et de la bonté des cartouches de ces gardes nationaux déguisés en Contre-Chouans, et dont la gaieté annonçait plutôt une partie de chasse qu'une expédition dangereuse. Pour eux, les rencontres de la chouannerie, où les Bretons des villes se battaient avec les Bretons des campagnes, semblaient avoir remplacé les tournois de la chevalerie. Cet enthousiasme patriotique avait peut-être pour principe quelques acquisitions de biens nationaux. Néanmoins les bienfaits de la Révolution mieux appréciés dans les villes, l'esprit de parti, un certain amour national pour la guerre entraient aussi pour beaucoup dans cette ardeur. Hulot émerveillé parcourait les rangs en demandant des renseignements à Gudin, sur lequel il avait reporté tous les sentiments d'amitié jadis voués à Merle et à Gérard. Un grand nombre d'habitants examinaient les préparatifs de l'expédition, en comparant la tenue de leurs tumultueux compatriotes à celle d'un bataillon de la demi-brigade de Hulot. Tous immobiles et silencieusement alignés, les Bleus attendaient, sous la conduite de leurs officiers, les ordres du commandant, que les yeux de chaque soldat suivaient de groupe en groupe. En parvenant auprès du vieux chef de demi-brigade, Corentin ne put s'empêcher de sourire du changement opéré sur la figure de Hulot. Il avait l'air d'un portrait qui ne ressemble plus à l'original.

— Qu'y a-t-il donc de nouveau? lui demanda Corentin.

— Viens faire avec nous le coup de fusil et tu le sauras, lui répondit le commandant.

— Oh! je ne suis pas de Fougères, répliqua Corentin.

— Cela se voit bien, citoyen, lui dit Gudin.

Quelques rires moqueurs partirent de tous les groupes voisins.

— Crois-tu, reprit Corentin, qu'on ne puisse servir la France qu'avec des baïonnettes?...

Puis il tourna le dos aux rieurs, et s'adressa à une femme pour apprendre le but et la destination de cette expédition.

— Hélas! mon bon homme, les Chouans sont déjà à Florigny! On dit qu'ils sont plus de trois mille et s'avancent pour prendre Fougères.

— Florigny, s'écria Corentin pâlissant. Le rendez-vous n'est pas là! Est-ce bien, reprit-il, Florigny sur la route de Mayenne?

— Il n'y a pas deux Florigny, lui répondit la femme en lui montrant le chemin terminé par le sommet de la Pèlerine.

— Est-ce le marquis de Montauran que vous cherchez? demanda Corentin au commandant.

— Un peu, répondit brusquement Hulot.

— Il n'est pas à Florigny, répliqua Corentin. Dirigez sur ce point votre bataillon et la garde nationale, mais gardez avec vous quelques-uns de vos Contre-Chouans et attendez-moi.

— Il est trop malin pour être fou, s'écria le commandant en voyant Corentin s'éloigner à grands pas. C'est bien le roi des espions!

En ce moment, Hulot donna l'ordre du départ à son bataillon. Les soldats républicains marchèrent sans tambour et silencieusement le long du faubourg étroit qui mène à la route de Mayenne, en dessinant une longue ligne bleue et rouge à travers les arbres et les maisons; les gardes nationaux déguisés les suivaient; mais Hulot resta sur la petite place avec Gudin et une vingtaine des plus adroits jeunes gens de la ville, en attendant Corentin dont l'air mystérieux avait piqué sa curiosité. Francine apprit elle-même le départ de mademoiselle de Verneuil à cet espion sagace, dont tous les soupçons se changèrent en certitude, et qui sortit aussitôt pour recueillir des lumières sur une fuite à bon droit suspecte. Instruit par les soldats de garde au poste Saint-Léonard, du passage de la belle inconnue par le Nid-aux-Crocs, Corentin courut sur la promenade, et y arriva malheureusement assez à propos pour apercevoir de là les moindres mouvements de Marie. Quoiqu'elle eût mis une robe et une capote vertes pour être vue moins facilement, les soubresauts de sa marche presque folle faisaient reconnaître, à travers les haies dépouillées de feuilles et blanches de givre, le point vers lequel ses pas se dirigeaient.

— Ah! s'écria-t-il, tu dois aller à Florigny et tu descends dans le val de Gibarry! Je ne suis qu'un sot, elle m'a joué. Mais patience, j'allume ma lampe le jour aussi bien que la nuit.

Corentin, devinant alors à peu près le lieu du rendez-vous des deux amants, accourut sur la place au moment où Hulot allait la quitter et rejoindre ses troupes.

— Halte, mon général! cria-t-il au commandant qui se retourna.

En un instant, Corentin instruisit le soldat des événements dont la trame, quoique cachée, laissait voir quelques-unes de ses fils, et Hulot, frappé par la perspicacité du diplomate, lui saisit vivement le bras.

— Mille tonnerres! citoyen curieux, tu as raison. Les brigands font là-bas une fausse attaque! Les deux colonnes mobiles que j'ai envoyées inspecter les environs, entre la route d'Antrain et de Vitré, ne sont pas encore revenues; ainsi, nous trouverons dans la campagne des renforts qui ne nous seront sans doute pas inutiles, car le Gars n'est pas assez niais pour se risquer sans avoir avec lui ses sacrées chouettes.

— Gudin, dit-il au jeune Fougerais, cours avertir le capitaine Lebrun qu'il peut se passer de moi à Florigny pour y frotter les brigands, et reviens plus vite que ça. Tu connais les sentiers, je t'attends pour aller à la chasse du ci-devant et venger les assassinats de la Vivetière. — Tonnerre de Dieu, comme il court! reprit-il en voyant partir Gudin qui disparut comme par enchantement. Gérard aurait-il aimé ce garçon-là!

A son retour, Gudin trouva la petite troupe de Hulot augmentée de quelques soldats pris aux différents postes de la ville. Le commandant dit au jeune Fougerais de choisir une douzaine de ses compatriotes les mieux dressés au difficile métier de Contre-Chouan, et lui ordonna de se diriger par la porte Saint-Léonard, afin de longer le revers des montagnes de Saint-Sulpice qui regardait la grande vallée du Couësnon, et sur lequel était située la cabane de Galope-chopine ; puis il se mit lui-même à la tête du reste de la troupe, et sortit par la porte Saint-Sulpice pour aborder les montagnes à leur sommet, où, suivant ses calculs, il devait rencontrer les gens de Beau-pied qu'il se proposait d'employer à renforcer un cordon de sentinelles chargées de garder les rochers, depuis le faubourg Saint-Sulpice jusqu'au Nid-aux-crocs.

Corentin, certain d'avoir remis la destinée du chef des Chouans entre les mains de ses plus implacables ennemis, se rendit promptement sur la Promenade pour mieux saisir l'ensemble des dispositions militaires de Hulot. Il ne tarda pas à voir la petite escouade de Gudin débouchant par la vallée du Nançon et suivant les rochers du côté de la grande vallée du Couësnon, tandis que Hulot, débusquant le long du château de Fougères, gravissait le sentier périlleux qui conduisait sur le sommet des montagnes de Saint-Sulpice. Ainsi, les deux troupes se déployaient sur deux lignes parallèles. Tous les arbres et les buissons, décorés par le givre de riches arabesques, jetaient sur la campagne un reflet blanchâtre qui permettait de bien voir, comme des lignes grises, ces deux petits corps d'armée en mouvement. Arrivé sur le plateau des rochers, Hulot détacha de sa troupe tous les soldats qui étaient en uniforme, et Corentin les vit établissant, par les ordres de l'habile commandant, une ligne de sentinelles ambulantes séparées chacune par un espace convenable, dont la première devait correspondre avec Gudin et la dernière avec Hulot, de manière qu'aucun buisson ne devait échapper aux baïonnettes de ces trois lignes mouvantes qui allaient traquer le Gars à travers les montagnes et les champs.

— Il est rusé, ce vieux loup de guérite, s'écria Corentin en perdant de vue les dernières pointes de fusil qui brillèrent dans les ajoncs, le Gars est cuit. Si Marie avait livré ce damné marquis, nous eussions, elle et moi, été unis par le plus fort des liens, une infamie... Mais elle sera bien à moi !...

Les douze jeunes Fougerais conduits par le sous-lieutenant Gudin atteignirent bientôt le versant que forment les rochers de Saint-Sulpice, en s'abaissant par petites collines dans la vallée de Gibarry. Gudin, lui, quitta les chemins, sauta lestement l'échalier du premier champ de genêts qu'il rencontra, et où il fut suivi par six de ses compatriotes ; les six autres se dirigèrent, d'après ses ordres, dans les champs de droite, afin d'opérer les recherches de chaque côté des chemins. Gudin s'élança vivement vers un pommier qui se trouvait au milieu du genêt. Au bruissement produit par la marche des six Contre-Chouans qu'il conduisait à travers cette forêt de genêts en tachant de ne pas en agiter les touffes givrées, sept ou huit hommes à la tête desquels était Beau-pied, se cachèrent derrière quelques châtaigniers par lesquels la haie de ce champ était couronnée. Malgré le reflet blanc qui éclairait la campagne et malgré leur vue exercée, les Fougerais n'aperçurent pas d'abord leurs adversaires qui s'étaient fait un rempart des arbres.

— Chut ! les voici, dit Beau-pied qui le premier leva la tête. Les brigands nous ont excédés, mais, puisque nous les avons au bout de nos fusils, ne les manquons pas, ou, nom d'une pipe ! nous ne serions pas susceptibles d'être soldats du pape !

Cependant les yeux perçants de Gudin avaient fini par découvrir quelques canons de fusil dirigés vers sa petite escouade. En ce moment, par une amère dérision, huit grosses voix crièrent *qui vive!* et huit coups de fusil partirent aussitôt. Les balles sifflèrent autour des Contre-Chouans. L'un d'eux en reçut une dans le bras et un autre tomba. Les cinq Fougerais qui restaient sains et saufs ripostèrent par une décharge en répondant : — Amis ! Puis, ils marchèrent rapidement sur les ennemis, afin de les atteindre avant qu'ils n'eussent rechargé leurs armes.

— Nous ne savions pas si bien dire, s'écria le jeune sous-lieutenant en reconnaissant les uniformes et les vieux chapeaux de sa demi-brigade. Nous avons agi en vrais Bretons, nous nous sommes battus avant de nous expliquer.

Les huit soldats restèrent stupéfaits en reconnaissant Gudin.

— Dame ! mon officier, qui diable ne vous prendrait pas pour des brigands sous vos peaux de bique, s'écria douloureusement Beau-pied.

— C'est un malheur, et nous en sommes tous innocents, puisque vous n'étiez pas prévenus de la sortie de nos Contre-Chouans. Mais où en êtes-vous ? lui demanda Gudin.

— Mon officier, nous sommes à la recherche d'une douzaine de Chouans qui s'amusent à nous éreinter. Nous courons comme des rats empoisonnés ; mais, à force de sauter ces échaliers et ces haies que le tonnerre confonde, nos compas s'étaient rouillés et nous

nous reposions. Je crois que les brigands doivent être maintenant dans les environs de cette grande baraque d'où vous voyez sortir de la fumée.

— Bon ! s'écria Gudin. Vous autres, dit-il aux huit soldats et à Beau-pied, vous allez vous replier sur les rochers de Saint-Sulpice, à travers les champs, et vous y appuierez la ligne de sentinelles que le commandant y a établie. Il ne faut pas que vous restiez avec nous autres, puisque vous êtes en uniforme. Nous voulons, mille cartouches ! venir à bout de ces chiens-là, le Gars est avec eux ! Les camarades vous en diront plus long que je ne vous en dis. Filez sur la droite, et n'administrez pas de coups de fusil à six de nos peaux de bique que vous pourrez rencontrer. Vous reconnaîtrez nos Contre-Chouans à leurs cravates qui sont roulées en corde sans nœud.

Gudin laissa ses deux blessés sous le pommier, en se dirigeant vers la maison de Galope-chopine, que Beau-pied venait de lui indiquer et dont la fumée lui servit de boussole. Pendant que le jeune officier était mis sur la piste des Chouans par une rencontre assez commune dans cette guerre, mais qui aurait pu devenir plus meurtrière, le petit détachement que commandait Hulot avait atteint sur sa ligne d'opérations un point parallèle à celui où Gudin était parvenu sur la sienne. Le vieux militaire, à la tête de ses Contre-Chouans, se glissait silencieusement le long des haies avec toute l'ardeur d'un jeune homme, il sautait les échaliers encore assez légèrement en jetant ses yeux fauves sur toutes les hauteurs, et prêtant, comme un chasseur, l'oreille au moindre bruit. Au troisième champ dans lequel il entra, il aperçut une femme d'une trentaine d'années, occupée à labourer la terre à la houe, et qui, toute courbée, travaillait avec courage ; tandis qu'un petit garçon âgé d'environ sept à huit ans, armé d'une serpe, secouait le givre de quelques ajoncs qui avaient poussé çà et là, les coupait et les mettait en tas. Au bruit que fit Hulot en retombant lourdement de l'autre côté de l'échalier, le petit gars et sa mère levèrent la tête. Hulot prit facilement cette jeune femme pour une vieille. Des rides venues avant le temps sillonnaient le front et la peau du cou de la Bretonne, elle était si grotesquement vêtue d'une peau de bique usée, que sans une robe de toile jaune et sale, marque distinctive de son sexe, Hulot n'aurait su à quel sexe la paysanne appartenait, car les longues mèches de ses cheveux noirs étaient cachées sous un bonnet de laine rouge. Les haillons dont le petit gars était à peine couvert en laissaient voir la peau.

— Ho! la vieille, cria Hulot d'un ton bas à cette femme en s'approchant d'elle, où est le Gars?

En ce moment les vingt Contre-Chouans qui suivaient Hulot franchirent les enceintes du champ.

— Ah! pour aller au Gars, faut que vous retourniez d'où vous venez, répondit la femme après avoir jeté un regard de défiance sur la troupe.

— Est-ce que je te demande le chemin du faubourg du Gars à Fougères, vieille carcasse? répliqua brutalement Hulot. Par sainte Anne d'Auray, as-tu vu passer le Gars?

— Je ne sais pas ce que vous voulez dire, répondit la femme en se courbant pour reprendre son travail.

— Garce damnée, veux-tu donc nous faire avaler par les Bleus qui nous poursuivent? s'écria Hulot.

A ces paroles la femme releva la tête et jeta un nouveau regard de méfiance sur les Contre-Chouans en leur répondant : — Comment les Bleus peuvent-ils être à vos trousses? j'en viens de voir passer sept à huit qui regagnent Fougères par le chemin d'en bas.

— Ne dirait-on pas qu'elle va nous mordre avec son nez? reprit Hulot. Tiens, regarde, vieille bique.

Et le commandant lui montra du doigt, à une cinquantaine de pas en arrière, trois ou quatre de ses sentinelles dont les chapeaux, les uniformes et les fusils étaient faciles à reconnaître.

— Veux-tu laisser égorger ceux que Marche-à-terre envoie au secours du Gars que les Fougerais veulent prendre? reprit-il avec colère.

— Ah! excusez, reprit la femme; mais il est si facile d'être trompé! De quelle paroisse êtes-vous donc! demanda-t-elle.

— De Saint-Georges, s'écrièrent deux ou trois Fougerais en bas-breton, et nous mourons de faim.

— Eh! bien, tenez, répondit la femme, voyez-vous cette fumée, là-bas? c'est ma maison. En suivant les routins de droite, vous y arriverez par en haut. Vous trouverez peut-être mon homme en route. Galope-chopine doit faire le guet pour avertir le Gars, puisque vous savez qu'il vient aujourd'hui chez nous, ajouta-t-elle avec orgueil.

— Merci, bonne femme, répondit Hulot. — En avant, vous autres, tonnerre de Dieu ! ajouta-t-il en parlant à ses hommes, nous le tenons !

A ces mots, le détachement suivit au pas de course le commandant, qui s'engagea dans les sentiers indiqués. En entendant le juron si peu catholique du soi-disant Chouan, la femme de Galope-chopine palit. Elle regarda les guêtres et les peaux de bique des jeunes Fougerais, s'assit par terre, serra son enfant dans ses bras et dit : — Que la sainte Vierge d'Auray et le bienheureux saint Labre aient pitié de nous ! Je ne crois pas que ce soient nos gens, leurs souliers sont sans clous. Cours par le chemin d'en bas prévenir ton père, il s'agit de sa tête, dit-elle au petit garçon, qui disparut comme un daim à travers les genêts et les ajoncs.

Cependant mademoiselle de Verneuil n'avait rencontré sur sa route aucun des partis Bleus ou Chouans qui se pourchassaient les uns les autres dans le labyrinthe de champs situés autour de la cabane de Galope-chopine. En apercevant une colonne bleuâtre s'élevant du tuyau à demi détruit de la cheminée de cette triste habitation, son cœur éprouva une de ces violentes palpitations dont les coups précipités et sonores semblent monter dans le cou comme par flots. Elle s'arrêta, s'appuya de la main sur une branche d'arbre, et contempla cette fumée qui devait également servir de fanal aux amis et aux ennemis du jeune chef. Jamais elle n'avait ressenti d'émotion si écrasante.

— Ah ! je l'aime trop, se dit-elle avec une sorte de désespoir ; aujourd'hui je ne serai peut-être plus maîtresse de moi...

Tout à coup elle franchit l'espace qui la séparait de la chaumière, et se trouva dans la cour, dont la fange avait été durcie par la gelée. Le gros chien s'élança encore contre elle en aboyant ; mais sur un seul mot prononcé par Galope-chopine, il remua la queue et se tut. En entrant dans la chaumine, mademoiselle de Verneuil y jeta un de ces regards qui embrassent tout. Le marquis n'y était pas. Marie respira plus librement. Elle reconnut avec plaisir que le Chouan s'était efforcé de restituer quelque propreté à la sale et unique chambre de sa tanière. Galope-chopine saisit sa canardière, salua silencieusement son hôtesse et sortit avec son chien ; elle le suivit jusque sur le seuil, et le vit s'en allant par le sentier qui commençait à droite de sa cabane, et dont l'entrée était défendue par un gros arbre pourri en y formant un échalier presque ruiné. De là, elle put apercevoir une suite de champs dont les échaliers présentaient à l'œil comme une enfilade de portes, car la nudité des arbres et des haies permettait de bien voir les moindres accidents du paysage. Quand le large chapeau de Galope-chopine eut tout à fait disparu, mademoiselle de Verneuil se retourna vers la gauche pour voir l'église de Fougères; mais le hangar la lui cachait entièrement. Elle jeta les yeux sur la vallée du Couësnon qui s'offrait à ses regards, comme une vaste nappe de mousseline dont la blancheur rendait plus terne encore un ciel gris et chargé de neige. C'était une de ces journées où la nature semble muette, et où les bruits sont absorbés par l'atmosphère. Aussi, quoique les Bleus et leurs Contre-Chouans marchassent dans la campagne sur trois lignes, en formant un triangle qu'ils resserraient en s'approchant de la cabane, le silence était si profond que mademoiselle de Verneuil se sentit émue par des circonstances qui ajoutaient à ses angoisses une sorte de tristesse physique. Il y avait du malheur dans l'air. Enfin, à l'endroit où un petit rideau de bois terminait l'enfilade d'échaliers, elle vit un jeune homme sautant les barrières comme un écureuil, et courant avec une étonnante rapidité.

— C'est lui, dit-elle.

Simplement vêtu comme un Chouan, le Gars portait son tromblon en bandoulière derrière sa peau de bique, et, sans la grâce de ses mouvements, il aurait été méconnaissable. Marie se retira précipitamment dans la cabane, en obéissant à l'une de ces déterminations instinctives aussi peu explicables que l'est la peur; mais bientôt le jeune chef fut à deux pas d'elle devant la cheminée, où brillait un feu clair et animé. Tous deux se trouvèrent sans voix, craignirent de se regarder, ou de faire un mouvement. Une même espérance unissait leur pensée, un même doute les séparait, c'était une angoisse, c'était une volupté.

— Monsieur, dit enfin mademoiselle de Verneuil d'une voix émue, le soin de votre sûreté m'a seul amenée ici.

— Ma sûreté! reprit-il avec amertume.

— Oui, répondit-elle, tant que je resterai à Fougères votre vie est compromise, et je vous aime trop pour n'en pas partir ce soir; ne m'y cherchez donc plus.

— Partir, cher ange! je vous suivrai.

— Me suivre! y pensez-vous? et les Bleus?

— Eh! ma chère Marie, qu'y a-t-il de commun entre les Bleus et notre amour?

— Mais il me semble qu'il est difficile que vous restiez en France, près de moi, et plus difficile encore que vous la quittiez avec moi.

— Y a-t-il donc quelque chose d'impossible à qui aime bien?

— Ah! oui, je crois que tout est possible. N'ai-je pas eu le courage de renoncer à vous, pour vous!

— Quoi! vous vous êtes donnée à un être affreux que vous n'aimiez pas, et vous ne voulez pas faire le bonheur d'un homme qui vous adore, de qui vous remplirez la vie, et qui jure de n'être jamais qu'à vous? Écoute-moi, Marie, m'aimes-tu?

— Oui, dit-elle.

— Eh! bien, sois à moi.

— Avez-vous oublié que j'ai repris le rôle infâme d'une courtisane, et que c'est vous qui devez être à moi? Si je veux vous fuir, c'est pour ne pas laisser retomber sur votre tête le mépris que je pourrais encourir; sans cette crainte, peut-être...

— Mais si je ne redoute rien...

— Et qui m'en assurera? Je suis défiante. Dans ma situation, qui ne le serait pas?... Si l'amour que nous inspirons ne dure pas, au moins doit-il être complet, et nous faire supporter avec joie l'injustice du monde. Qu'avez-vous fait pour moi?... Vous me désirez. Croyez-vous vous être élevé par là bien au-dessus de ceux qui m'ont vue jusqu'à présent? Avez-vous risqué, pour une heure de plaisir, vos Chouans, sans plus vous en soucier que je ne m'inquiétais des Bleus massacrés quand tout fut perdu pour moi? Et si je vous ordonnais de renoncer à toutes vos idées, à vos espérances, à votre Roi qui m'offusque et qui peut-être se moquera de vous quand vous périrez pour lui; tandis que je saurais mourir pour vous avec un saint respect! Enfin, si je voulais que vous envoyassiez votre soumission au premier Consul pour que vous pussiez me suivre à Paris?... si j'exigeais que nous allassions en Amérique y vivre loin d'un monde où tout est vanité, afin de savoir si vous m'aimez bien pour moi-même, comme en ce moment je vous aime! Pour tout dire en un mot, si je voulais, au lieu de m'élever à vous, que vous tombassiez jusqu'à moi, que feriez-vous?

— Tais-toi, Marie, ne te calomnie pas. Pauvre enfant, je t'ai devinée! Va, si mon premier désir est devenu de la passion, ma passion est maintenant de l'amour. Chère âme de mon âme, je le sais, tu es aussi noble que ton nom, aussi grande que belle; je suis assez noble et me sens assez grand moi-même pour t'imposer au monde. Est-ce parce que je pressens en toi des voluptés inouïes et incessantes? est-ce parce que je crois rencontrer en ton âme ces précieuses qualités qui nous font toujours aimer la même femme? j'en ignore la cause, mais mon amour est sans bornes, et il me semble que je ne puis plus me passer de toi. Oui, ma vie serait pleine de dégoût si tu n'étais toujours près de moi...

— Comment près de vous?

— Oh! Marie, tu ne veux donc pas deviner ton Alphonse?

— Ah! croiriez-vous me flatter beaucoup en m'offrant votre nom, votre main? dit-elle avec un apparent dédain, mais en regardant fixement le marquis pour en surprendre les moindres pensées. Et savez-vous si vous m'aimerez dans six mois, et alors quel serait mon avenir?... Non, non, une maîtresse est la seule femme qui soit sûre des sentiments qu'un homme lui témoigne ; car le devoir, les lois, le monde, l'intérêt des enfants, n'en sont pas les tristes auxiliaires, et si son pouvoir est durable, elle y trouve des flatteries et un bonheur qui font accepter les plus grands chagrins du monde. Être votre femme et avoir la chance de vous peser un jour!... A cette crainte je préfère un amour passager, mais vrai, quand même la mort et la misère en seraient la fin. Oui, je pourrais être, mieux que toute autre, une mère vertueuse, une épouse dévouée ; mais pour entretenir de tels sentiments dans l'âme d'une femme, il ne faut pas qu'un homme l'épouse dans un accès de passion. D'ailleurs, sais-je moi-même si vous me plairez demain? Non, je ne veux pas faire votre malheur, je quitte la Bretagne, dit-elle en apercevant de l'hésitation dans son regard, je retourne à Fougères, et vous ne viendrez pas me chercher là...

— Eh! bien, après demain, si dès le matin tu vois de la fumée sur les roches de Saint-Sulpice, le soir je serai chez toi, amant, époux, ce que tu voudras que je sois. J'aurai tout bravé!

— Mais, Alphonse, tu m'aimes donc bien, dit-elle avec ivresse, pour risquer ainsi ta vie avant de me la donner?

Il ne répondit pas, il la regarda, elle baissa les yeux ; mais il lut sur l'ardent visage de sa maîtresse un délire égal au sien, et alors il lui tendit les bras. Une sorte de folie entraîna Marie, qui alla tomber mollement sur le sein du marquis, décidée à s'abandonner à lui pour faire de cette faute le plus grand des bonheurs, en y risquant tout son avenir, qu'elle rendait plus certain si elle sortait d'abord pour les trépassés : Jean Cochegrue, Nicolas Laferté, Joseph Brouet, François Parquoi, Sulpice Coupiau, tous de cette paroisse et morts des blessures qu'ils ont reçues au combat de la Pèlerine et au siége de Fougères. *De profundis*, etc.

Ce psaume fut récité, suivant l'usage, par les assistants et par les prêtres, qui disaient alternativement un verset avec une ferveur de bon augure pour le succès de la prédication. Lorsque le psaume des morts fut achevé, l'abbé Gudin continua d'une voix dont la violence alla toujours en croissant, car l'ancien jésuite n'ignorait pas que la véhémence du débit était le plus puissant des arguments pour persuader ses sauvages auditeurs.

— Ces défenseurs de Dieu, chrétiens, vous ont donné l'exemple du devoir, dit-il. N'êtes-vous pas honteux de ce qu'on peut dire de vous dans le paradis? Sans ces bienheureux qui ont dû y être reçus à bras ouverts par tous les saints, Notre-Seigneur pourrait croire que votre paroisse est habitée par des *Mahumétisches!*... Savez-vous, mes gars, ce qu'on dit de vous dans la Bretagne, et chez le roi?... Vous ne le savez point, n'est-ce pas? Je vais vous le dire : — « Comment, les Bleus ont renversé les autels, ils ont tué les recteurs, ils ont assassiné le roi et la reine, ils veulent prendre tous les paroissiens de Bretagne pour en faire des Bleus comme eux et les envoyer se battre hors de leurs paroisses, dans des pays bien éloignés où l'on court risque de mourir sans confession et d'aller ainsi pour l'éternité dans l'enfer, et les gars de Marignay, à qui l'on a brûlé leur église, sont restés les bras ballants? Oh! oh! Cette République de damnés a vendu à l'encan les biens de Dieu et ceux des seigneurs, elle en a partagé le prix entre ses Bleus; puis, pour se nourrir d'argent comme elle se nourrit de sang, elle vient de décréter de prendre trois livres sur les écus de six francs, comme elle veut emmener trois hommes sur six, et les gars de Marignay n'ont pas pris leurs fusils pour chasser les Bleus de Bretagne? Ah! ah!... le paradis leur sera refusé, et ils ne pourront jamais faire leur salut! » Voilà ce qu'on dit de vous. C'est donc de votre salut, chrétiens, qu'il s'agit. C'est votre âme que vous sauverez en combattant pour la religion et pour le roi. Sainte Anne d'Auray elle-même m'est apparue avant-hier à deux heures et demie. Elle m'a dit comme je vous le dis : — « Tu es un prêtre de Marignay? — Oui, madame, prêt à vous servir. — Eh! bien, je suis sainte Anne d'Auray, tante de Dieu, à la mode de Bretagne. Je

suis toujours à Auray et encore ici, parce que je suis venue pour
que tu dises aux gars de Marignay qu'il n'y a pas de salut à espérer pour eux s'ils ne s'arment pas. Aussi, leur refuseras-tu l'absolution de leurs péchés, à moins qu'ils ne servent Dieu. Tu béniras
leurs fusils, et les gars qui seront sans péché ne manqueront pas
les Bleus, parce que leurs fusils seront consacrés!... » Elle a disparu en laissant sous le chêne de la Patte-d'oie, une odeur
d'encens. J'ai marqué l'endroit. Une belle vierge de bois y a été
placée par M. le recteur de Saint-James. Or, la mère de Pierre
Leroi dit Marche-à-terre, y étant venue prier, le soir a été guérie de ses douleurs, à cause des bonnes œuvres de son fils. La
voilà au milieu de vous et vous la verrez de vos yeux marchant
toute seule. C'est un miracle fait, comme la résurrection du bienheureux Marie Lambrequin, pour vous prouver que Dieu n'abandonnera jamais la cause des Bretons quand ils combattront pour
ses serviteurs et pour le roi. Ainsi, mes chers frères, si vous voulez faire votre salut et vous montrer les défenseurs du Roi notre
seigneur, vous devez obéir à tout ce que vous commandera celui
que le roi a envoyé et que nous nommons le Gars. Alors vous ne
serez plus comme des Mahumétisches, et vous vous trouverez avec
tous les gars de toute la Bretagne, sous la bannière de Dieu. Vous
pourrez reprendre dans les poches des Bleus tout l'argent qu'ils
auront volé; car, si pendant que vous faites la guerre vos champs
ne sont pas semés, le Seigneur et le Roi vous abandonnent les
dépouilles de ses ennemis. Voulez-vous, chrétiens, qu'il soit dit
que les gars du Marignay sont en arrière des gars du Morbihan,
des gars de Saint-Georges, de ceux de Vitré, d'Antrain, qui tous
sont au service de Dieu et du Roi? Leur laisserez-vous tout prendre?
Resterez-vous comme des hérétiques, les bras croisés, quand tant
de Bretons font leur salut et sauvent leur Roi? — Vous abandonnerez tout pour moi! a dit l'Évangile. N'avons-nous pas déjà abandonné les dîmes, nous autres! Abandonnez donc tout pour faire
cette guerre sainte! Vous serez comme les Machabées. Enfin tout
vous sera pardonné. Vous trouverez au milieu de vous les recteurs et
leurs curés, et vous triompherez! Faites attention à ceci, chrétiens,
dit-il en terminant, pour aujourd'hui seulement nous avons le pouvoir de bénir vos fusils. Ceux qui ne profiteront pas de cette faveur,
ne retrouveront plus la sainte d'Auray aussi miséricordieuse, et elle
ne les écouterait plus comme elle l'a fait dans la guerre précédente.

réunie à ce détachement qui se rendait comme elle à Saint-James, et qui la protégea naturellement contre toute espèce de danger, du moment où Galope-chopine eut fait l'heureuse indiscrétion de dire au chef de cette troupe, que la belle garce à laquelle il servait de guide était la bonne amie du Gars.

Vers le coucher du soleil, les trois voyageurs arrivèrent à Saint-James, petite ville qui doit son nom aux Anglais, par lesquels elle fut bâtie au quatorzième siècle, pendant leur domination en Bretagne. Avant d'y entrer, mademoiselle de Verneuil fut témoin d'une étrange scène de guerre à laquelle elle ne donna pas beaucoup d'attention, elle craignit d'être reconnue par quelques-uns de ses ennemis, et cette peur lui fit hâter sa marche. Cinq à six mille paysans étaient campés dans un champ. Leurs costumes, assez semblables à ceux des réquisitionnaires de la Pèlerine, excluaient toute idée de guerre. Cette tumultueuse réunion d'hommes ressemblait à celle d'une grande foire. Il fallait même quelque attention pour découvrir que ces Bretons étaient armés, car leurs peaux de bique si diversement façonnées cachaient presque leurs fusils, et l'arme la plus visible était la faux par laquelle quelques-uns remplaçaient les fusils qu'on devait leur distribuer. Les uns buvaient et mangeaient, les autres se battaient ou se disputaient à haute voix ; mais la plupart dormaient couchés par terre. Il n'y avait aucune apparence d'ordre et de discipline. Un officier, portant un uniforme rouge, attira l'attention de mademoiselle de Verneuil, elle le supposa devoir être au service d'Angleterre. Plus loin, deux autres officiers paraissaient vouloir apprendre à quelques Chouans, plus intelligents que les autres, à manœuvrer deux pièces de canon qui semblaient former toute l'artillerie de la future armée royaliste. Des hurlements accueillirent l'arrivée des gars de Marignay qui furent reconnus à leur bannière. A la faveur du mouvement que cette troupe et les recteurs excitèrent dans le camp, mademoiselle de Verneuil put le traverser sans danger et s'introduisit dans la ville. Elle atteignit une auberge de peu d'apparence et qui n'était pas très-éloignée de la maison où se donnait le bal. La ville était envahie par tant de monde, qu'après toutes les peines imaginables, elle n'obtint qu'une mauvaise petite chambre. Lorsqu'elle y fut installée, et que Galope-chopine eut remis à Francine les cartons qui contenaient la toilette de sa maîtresse, il resta debout dans une attitude d'attente et d'irrésolution indescriptible. En tout autre moment, mademoiselle de

Verneuil se serait amusée à voir ce qu'est un paysan breton sorti de sa paroisse ; mais elle rompit le charme en tirant de sa bourse quatre écus de six francs qu'elle lui présenta.

— Prends donc ! dit-elle à Galope-chopine ; et, si tu veux m'obliger, tu retourneras sur-le-champ à Fougères, sans passer par le camp et sans goûter au cidre.

Le Chouan, étonné d'une telle libéralité, regardait tour à tour les quatre écus qu'il avait pris et mademoiselle de Verneuil ; mais elle fit un geste de main, et il disparut.

— Comment pouvez-vous le renvoyer, mademoiselle ! demanda Francine. N'avez-vous pas vu comme la ville est entourée, comment la quitterons-nous, et qui vous protégera ici ?...

— N'as-tu pas ton protecteur ? dit mademoiselle de Verneuil en sifflant sourdement d'une manière moqueuse à la manière de Marche-à-terre, de qui elle essaya de contrefaire l'attitude.

Francine rougit et sourit tristement de la gaieté de sa maîtresse.

— Mais où est le vôtre ? demanda-t-elle.

Mademoiselle de Verneuil tira brusquement son poignard, et le montra à la Bretonne effrayée qui se laissa aller sur une chaise, en joignant les mains.

— Qu'êtes-vous donc venue chercher ici, Marie ! s'écria-t-elle d'une voix suppliante qui ne demandait pas de réponse.

Mademoiselle de Verneuil était occupée à contourner les branches de houx qu'elle avait cueillies, et disait : — Je ne sais pas si ce houx sera bien joli dans les cheveux. Un visage aussi éclatant que le mien peut seul supporter une si sombre coiffure, qu'en dis-tu, Francine ?

Plusieurs propos semblables annoncèrent la plus grande liberté d'esprit chez cette singulière fille pendant qu'elle fit sa toilette. Qui l'eût écoutée, aurait difficilement cru à la gravité de ce moment où elle jouait sa vie. Une robe de mousseline des Indes, assez courte et semblable à un linge mouillé, révéla les contours délicats de ses formes ; puis elle mit un pardessus rouge dont les plis nombreux et graduellement plus allongés à mesure qu'ils tombaient sur le côté, dessinèrent le cintre gracieux des tuniques grecques. Ce voluptueux vêtement des prêtresses païennes rendit moins indécent ce costume que la mode de cette époque permettait aux femmes de porter. Pour atténuer l'impudeur de la mode, Marie couvrit d'une gaze ses blanches épaules que la tunique laissait à nu beaucoup trop bas. Elle tourna les longues nattes de ses cheveux de manière victorieuse de cette dernière épreuve. Mais à peine sa tête s'était-elle posée sur l'épaule de son amant, qu'un léger bruit retentit au dehors. Elle s'arracha de ses bras comme si elle se fût réveillée, et s'élança hors de la chaumière. Elle put alors recouvrer un peu de sang-froid et penser à sa situation.

— Il m'aurait acceptée et se serait moqué de moi, peut-être, se dit-elle. Ah! si je pouvais le croire, je le tuerais. — Ah! pas encore cependant, reprit-elle en apercevant Beau-pied, à qui elle fit un signe que le soldat comprit à merveille.

Le pauvre garçon tourna brusquement sur ses talons, en feignant de n'avoir rien vu. Tout à coup, mademoiselle de Verneuil rentra dans le salon en invitant le jeune chef à garder le plus profond silence, par la manière dont elle se pressa les lèvres sous l'index de sa main droite.

— Ils sont là, dit-elle avec terreur et d'une voix sourde.
— Qui?
— Les Bleus.
— Ah! je ne mourrai pas sans avoir...
— Oui, prends...

Il la saisit froide et sans défense, et cueillit sur ses lèvres un baiser plein d'horreur et de plaisir, car il pouvait être à la fois le premier et le dernier. Puis ils allèrent ensemble sur le seuil de la porte, en y plaçant leurs têtes de manière à tout examiner sans être vus. Le marquis aperçut Gudin à la tête d'une douzaine d'hommes qui tenaient le bas de la vallée du Couësnon. Il se tourna vers l'enfilade des échaliers, le gros tronc d'arbre pourri était gardé par sept soldats. Il monta sur la pièce de cidre, enfonça le toit de bardeau pour sauter sur l'éminence; mais il retira précipitamment sa tête du trou qu'il venait de faire : Hulot couronnait la hauteur et lui coupait le chemin de Fougères. En ce moment, il regarda sa maîtresse qui jeta un cri de désespoir : elle entendait les trépignements des trois détachements réunis autour de la maison.

— Sors la première, lui dit-il, tu me préserveras.

En entendant ce mot, pour elle sublime, elle se plaça toute heureuse en face de la porte, pendant que le marquis armait son tromblon. Après avoir mesuré l'espace qui existait entre le seuil de la cabane et le gros tronc d'arbre, le Gars se jeta devant les sept Bleus, les cribla de sa mitraille et se fit un passage au milieu d'eux. Les trois troupes se précipitèrent autour de l'échalier que le chef avait sauté, et le virent alors courant dans le champ avec une incroyable célérité.

— Feu, feu, mille noms d'un diable! Vous n'êtes pas Français, feu donc, mâtins! cria Hulot d'une voix tonnante.

Au moment où il prononçait ces paroles du haut de l'éminence, ses hommes et ceux de Gudin firent une décharge générale qui heureusement fut mal dirigée. Déjà le marquis arrivait à l'échalier qui terminait le premier champ; mais au moment où il passait dans le second, il faillit être atteint par Gudin qui s'était élancé sur ses pas avec violence. En entendant ce redoutable adversaire à quelques toises, le Gars redoubla de vitesse. Néanmoins, Gudin et le marquis arrivèrent presque en même temps à l'échalier; mais Montauran lança si adroitement son tromblon à la tête de Gudin, qu'il le frappa et en retarda la marche. Il est impossible de dépeindre l'anxiété de Marie et l'intérêt que manifestaient à ce spectacle Hulot et sa troupe. Tous, ils répétaient silencieusement, à leur insu, les gestes des deux coureurs. Le Gars et Gudin parvinrent ensemble au rideau blanc de givre formé par le petit bois; mais l'officier rétrograda tout à coup et s'effaça derrière un pommier. Une vingtaine de Chouans, qui n'avaient pas tiré de peur de tuer leur chef, se montrèrent et criblèrent l'arbre de balles. Toute la petite troupe de Hulot s'élança au pas de course pour sauver Gudin, qui, se trouvant sans armes, revenait de pommier en pommier, en saisissant, pour courir, le moment où les Chasseurs du Roi chargeaient leurs armes. Son danger dura peu. Les Contre-Chouans mêlés aux Bleus, et Hulot à leur tête, vinrent soutenir le jeune officier à la place où le marquis avait jeté son tromblon. En ce moment, Gudin aperçut son adversaire tout épuisé, assis sous un des arbres du petit bouquet de bois; il laissa ses camarades se canardant avec les Chouans retranchés derrière une haie latérale du champ, il les tourna et se dirigea vers le marquis avec la vivacité d'une bête fauve. En voyant cette manœuvre, les Chasseurs du Roi poussèrent d'effroyables cris pour avertir leur chef; puis, après avoir tiré sur les Contre-Chouans avec le bonheur qu'ont les braconniers, ils essayèrent de leur tenir tête; mais ceux-ci gravirent courageusement la haie qui servait de rempart à leurs ennemis, et y prirent une sanglante revanche. Les Chouans gagnèrent alors le chemin qui longeait le champ dans l'enceinte duquel cette scène avait lieu, et s'emparèrent des hauteurs que Hulot avait commis la faute d'abandonner. Avant que les Bleus eussent eu le temps de se reconnaître, les Chouans avaient pris pour retranchements les brisures que formaient les arêtes de ces rochers à l'abri desquels ils pouvaient tirer sans danger sur les soldats de Hulot, si ceux-ci faisaient quelque démonstration de vouloir venir les y combattre.

Pendant que Hulot, suivi de quelques soldats, allait lentement vers le petit bois pour y chercher Gudin, les Fougerais demeurèrent pour dépouiller les Chouans morts et achever les vivants. Dans cette épouvantable guerre, les deux partis ne faisaient pas de prisonniers. Le marquis sauvé, les Chouans et les Bleus reconnurent mutuellement la force de leurs positions respectives et l'inutilité de la lutte, en sorte que chacun ne songea qu'à se retirer.

— Si je prends ce jeune homme-là, s'écria Hulot en regardant le bois avec attention, je ne veux plus faire d'amis !

— Ah ! ah ! dit un des jeunes gens de Fougères occupé à dépouiller les morts, voilà un oiseau qui a des plumes jaunes.

Et il montrait à ses compatriotes une bourse pleine de pièces d'or qu'il venait de trouver dans la poche d'un gros homme vêtu de noir.

— Mais qu'a-t-il donc là ? reprit un autre qui tira un bréviaire de la redingote du défunt.

— C'est pain bénit, c'est un prêtre ! s'écria-t-il en jetant le bréviaire à terre.

— Le voleur, il nous fait banqueroute, dit un troisième en ne trouvant que deux écus de six francs dans les poches du Chouan qu'il déshabillait.

— Oui, mais il a une fameuse paire de souliers, répondit un soldat qui se mit en devoir de les prendre.

— Tu les auras s'ils tombent dans ton lot, lui répliqua l'un des Fougerais, en les arrachant des pieds du mort et les lançant au tas des effets déjà rassemblés.

Un quatrième Contre-Chouan recevait l'argent, afin de faire les parts lorsque tous les soldats de l'expédition seraient réunis. Quand Hulot revint avec le jeune officier, dont la dernière entreprise pour joindre le Gars avait été aussi périlleuse qu'inutile, il trouva une vingtaine de ses soldats et une trentaine de Contre-Chouans devant onze ennemis morts dont les corps avaient été jetés dans un sillon tracé au bas de la haie.

— Soldats, s'écria Hulot d'une voix sévère, je vous défends

de partager ces haillons. Formez vos rangs, et plus vite que ça.

— Mon commandant, dit un soldat en montrant à Hulot ses souliers, au bout desquels les cinq doigts de ses pieds se voyaient à nu, bon pour l'argent; mais cette chaussure-là, ajouta-t-il en montrant avec la crosse de son fusil la paire de souliers ferrés, cette chaussure-là, mon commandant, m'irait comme un gant.

— Tu veux à tes pieds des souliers anglais! lui répliqua Hulot.

— Comment, dit respectueusement un des Fougerais, nous avons, depuis la guerre, toujours partagé le butin.

— Je ne vous empêche pas, vous autres, de suivre vos usages, répliqua durement Hulot en l'interrompant.

— Tiens, Gudin, voilà une bourse là qui contient trois louis, tu as eu de la peine, ton chef ne s'opposera pas à ce que tu la prennes, dit à l'officier l'un de ses anciens camarades.

Hulot regarda Gudin de travers, et le vit pâlissant.

— C'est la bourse de mon oncle, s'écria le jeune homme.

Tout épuisé qu'il était par la fatigue, il fit quelques pas vers le monceau de cadavres, et le premier corps qui s'offrit à ses regards fut précisément celui de son oncle; mais à peine en vit-il le visage rubicond sillonné de bandes bleuâtres, les bras roidis, et la plaie faite par le coup de feu, qu'il jeta un cri étouffé et s'écria : — Marchons, mon commandant.

La troupe de Bleus se mit en route. Hulot soutenait son jeune ami en lui donnant le bras.

— Tonnerre de Dieu, cela ne sera rien, lui disait le vieux soldat.

— Mais il est mort, répondit Gudin, mort! C'était mon seul parent, et, malgré ses malédictions, il m'aimait. Le Roi revenu, tout le pays aurait voulu ma tête, le bonhomme m'aurait caché sous sa soutane.

— Est-il bête! disaient les gardes nationaux restés à se partager les dépouilles; le bonhomme est riche, et comme ça, il n'a pas eu le temps de faire un testament par lequel il l'aurait deshérité.

Le partage fait, les Contre-Chouans rejoignirent le petit bataillon de Bleus et le suivirent de loin.

Une horrible inquiétude se glissa, vers la nuit, dans la chaumière de Galope-chopine, où jusqu'alors la vie avait été si naïvement insoucieuse. Barbette et son petit gars portant tous deux sur leur dos, l'une sa pesante charge d'ajoncs, l'autre une provision d'herbes pour les bestiaux, revinrent à l'heure où la famille prenait le repas du soir. En entrant au logis, la mère et le fils cherchèrent en vain Galope-chopine; et jamais cette misérable chambre ne leur parut si grande, tant elle était vide. Le foyer sans feu, l'obscurité, le silence, tout leur prédisait quelque malheur. Quand la nuit fut venue, Barbette s'empressa d'allumer un feu clair et deux *oribus*, nom donné aux chandelles de résine dans le pays compris entre les rivages de l'Armorique jusqu'en haut de la Loire, et encore usité en deçà d'Amboise dans les campagnes du Vendômois. Barbette mettait à ces apprêts la lenteur dont sont frappées les actions quand un sentiment profond les domine ; elle écoutait le moindre bruit ; mais souvent trompée par le sifflement des rafales, elle allait sur la porte de sa misérable hutte et en revenait toute triste. Elle nettoya deux pichés, les remplit de cidre et les posa sur la longue table de noyer. A plusieurs reprises, elle regarda son garçon qui surveillait la cuisson des galettes de sarrasin, mais sans pouvoir lui parler. Un instant les yeux du petit gars s'arrêtèrent sur les deux clous qui servaient à supporter la canardière de son père, et Barbette frissonna en voyant comme lui cette place vide. Le silence n'était interrompu que par les mugissements des vaches, ou par les gouttes de cidre qui tombaient périodiquement de la bonde du tonneau. La pauvre femme soupira en apprêtant dans trois écuelles de terre brune une espèce de soupe composée de lait, de galette coupée par petits morceaux et de châtaignes cuites.

— Ils se sont battus dans la pièce qui dépend de la Béraudière, dit le petit gars.

— Vas-y donc voir, répondit la mère.

Le gars y courut, reconnut au clair de la lune le monceau de cadavres, n'y trouva point son père, et revint tout joyeux en sifflant ; il avait ramassé quelques pièces de cent sous foulées aux pieds par les vainqueurs et oubliées dans la boue. Il trouva sa mère assise sur une escabelle et occupée à filer du chanvre au coin du feu. Il fit un signe négatif à Barbette, qui n'osa croire à quelque chose d'heureux ; puis, dix heures ayant sonné à Saint-Léonard, le petit gars se coucha après avoir marmotté une prière à la sainte Vierge d'Auray. Au jour, Barbette, qui n'avait pas dormi, poussa un cri de joie, en entendant retentir dans le lointain un bruit de gros souliers ferrés qu'elle reconnut, et Galope-chopine montra bientôt sa mine renfrognée.

— Grâces à saint Labre à qui j'ai promis un beau cierge, le Gars a été sauvé! N'oublie pas que nous devons maintenant trois cierges au saint.

Puis, Galope-chopine saisit un piché et l'avala tout entier sans reprendre haleine. Lorsque sa femme lui eut servi sa soupe, l'eut débarrassé de sa canardière et qu'il se fut assis sur le banc de noyer, il dit en s'approchant du feu : — Comment les Bleus et les Contre-Chouans sont-ils donc venus ici ? On se battait à Florigny. Quel diable a pu leur dire que le Gars était chez nous ? car il n'y avait que lui, sa belle garce et nous qui le savions.

La femme pâlit.

— Les Contre-Chouans m'ont persuadé qu'ils étaient des gars de Saint-Georges, répondit-elle en tremblant, et c'est moi qui leur ai dit où était le Gars.

Galope-chopine pâlit à son tour, et laissa son écuelle sur le bord de la table.

— Je t'ai envoyé not' gars pour te prévenir, reprit Barbette effrayée, il ne t'a pas rencontré.

Le Chouan se leva, et frappa si violemment sa femme, qu'elle alla tomber pâle comme un mort sur le lit.

— Garce maudite, tu m'as tué, dit-il. Mais saisi d'épouvante, il prit sa femme dans ses bras : — Barbette ? s'écria-t-il, Barbette ? Sainte Vierge ! j'ai eu la main trop lourde.

— Crois-tu, lui dit-elle en ouvrant les yeux, que Marche-à-terre vienne à le savoir ?

— Le Gars, répondit le Chouan, a dit de s'enquérir d'où venait cette trahison.

— L'a-t-il dit à Marche-à-terre ?

— Pille-miche et Marche-à-terre étaient à Florigny.

Barbette respira plus librement.

— S'ils touchent à un seul cheveu de ta tête, dit-elle, je rincerai leurs verres avec du vinaigre.

— Ah! je n'ai plus faim, s'écria tristement Galope-chopine.

Sa femme poussa devant lui un autre piché plein, il n'y fit pas même attention. Deux grosses larmes sillonnèrent alors les joues de Barbette et humectèrent les rides de son visage fané.

— Écoute, ma femme, il faudra demain matin amasser des fagots au *dret* de Saint-Léonard sur les rochers de Saint-Sulpice et y mettre le feu. C'est le signal convenu entre le Gars et le vieux recteur de Saint-Georges qui viendra lui dire une messe.

— Il ira donc à Fougères ?

— Oui, chez sa belle garce. J'ai à courir aujourd'hui à cause de ça ! Je crois bien qu'il va l'épouser et l'enlever, car il m'a dit d'aller louer des chevaux et de les égailler sur la route de Saint-Malo.

Là-dessus, Galoppe-chopine fatigué se coucha pour quelques heures et se remit en course. Le lendemain matin il rentra après s'être soigneusement acquitté des commissions que le marquis lui avait confiées. En apprenant que Marche-à-terre et Pille-miche ne s'étaient pas présentés, il dissipa les inquiétudes de sa femme, qui partit presque rassurée pour les roches de Saint-Sulpice, où la veille elle avait préparé sur le mamelon qui faisait face à Saint-Léonard quelques fagots couverts de givre. Elle emmena par la main son petit gars qui portait du feu dans un sabot cassé. A peine son fils et sa femme avaient-ils disparu derrière le toit du hangar, que Galope-chopine entendit deux hommes sautant le dernier des échaliers en enfilade, et insensiblement il vit à travers un brouillard assez épais des formes anguleuses se dessinant comme des ombres indistinctes. — C'est Pille-miche et Marche-à-terre, se dit-il mentalement. Et il tressaillit. Les deux Chouans montrèrent dans la petite cour leurs visages ténébreux qui ressemblaient assez, sous leurs grands chapeaux usés, à ces figures que des graveurs ont faites avec des paysages.

— Bonjour, Galope-chopine, dit gravement Marche-à-terre.

— Bonjour, monsieur Marche-à-terre, répondit humblement le mari de Barbette. Voulez-vous entrer ici et vider quelques pichés? J'ai de la galette froide et du beurre fraîchement battu.

— Ce n'est pas de refus, mon cousin, dit Pille-miche.

Les deux Chouans entrèrent. Ce début n'avait rien d'effrayant pour le maître du logis, qui s'empressa d'aller à sa grosse tonne emplir trois pichés, pendant que Marche-à-terre et Pille-miche, assis de chaque côté de la longue table sur un des bancs luisants, se coupèrent des galettes et les garnirent d'un beurre gras et jaunâtre qui, sous le couteau, laisser jaillir de petites bulles de lait. Galope-chopine posa les pichés pleins de cidre et couronnés de mousse devant ses hôtes, et les trois Chouans se mirent à manger ; mais de temps en temps le maître du logis jetait un regard de côté sur Marche-à-terre en s'empressant de satisfaire sa soif.

— Donne-moi ta chinchoire, dit Marche-à-terre à Pille-miche.

Et après en avoir secoué fortement plusieurs chinchées dans le creux de sa main, le Breton aspira son tabac en homme qui voulait se préparer à quelque action grave.

— Il fait froid dit Pille-miche en se levant pour aller fermer la partie supérieure de la porte.

Le jour terni par le brouillard ne pénétra plus dans la chambre que par la petite fenêtre, et n'éclaira que faiblement la table et les deux bancs; mais le feu y répandit des lueurs rougeâtres. En ce moment, Galope-chopine, qui avait achevé de remplir une seconde fois les pichés de ses hôtes, les mettait devant eux; mais ils refusèrent de boire, jetèrent leurs larges chapeaux et prirent tout à coup un air solennel. Leurs gestes et le regard par lequel ils se consultèrent firent frissonner Galope-chopine, qui crut apercevoir du sang sous les bonnets de laine rouge dont ils étaient coiffés.

— Apporte-nous ton couperet, dit Marche-à-terre.

— Mais, monsieur Marche-à-terre, qu'en voulez-vous donc faire?

— Allons, cousin, tu le sais bien, dit Pille-miche en serrant sa chinchoire que lui rendit Marche-à-terre, tu es jugé.

Les deux Chouans se levèrent ensemble en saisissant leurs carabines.

— Monsieur Marche-à-terre, je n'ai *rin* dit sur le Gars...

— Je te dis d'aller chercher ton couperet, répondit le Chouan.

Le malheureux Galope-chopine heurta le bois grossier de la couche de son garçon, et trois pièces de cent sous roulèrent sur le plancher; Pille-miche les ramassa.

— Oh! oh! les Bleus t'ont donné des pièces neuves, s'écria Marche-à-terre.

— Aussi vrai que voilà l'image de saint Labre, reprit Galope-chopine, je n'ai *rin* dit. Barbette a pris les Contre-Chouans pour les gars de Saint-Georges, voilà tout.

— Pourquoi parles-tu d'affaires à ta femme, répondit brutalement Marche-à-terre.

— D'ailleurs, cousin, nous ne te demandons pas de raisons, mais ton couperet. Tu es jugé.

A un signe de son compagnon, Pille-miche l'aida à saisir la victime. En se trouvant entre les mains des deux Chouans, Galope-chopine perdit toute force, tomba sur ses genoux, et leva vers ses bourreaux des mains désespérées : — Mes bons amis, mon cousin, que voulez-vous que devienne mon petit gars?

> Capitaine plus sage,
> Se jette à la nage,
> Le ramène à bord.
>
> Allons, partons, belle,
> Partons pour la guerre,
> Partons, il est temps.
>
> A la première ville, etc.

Au moment où Barbette se retrouvait en chantant à la reprise de la ballade par où avait commencé Pille-miche, elle était arrivée dans sa cour, sa langue se glaça, elle resta immobile, et un grand cri, soudain réprimé, sortit de sa bouche béante.

— Qu'as-tu donc, ma chère mère ? demanda l'enfant.

— Marche tout seul, s'écria sourdement Barbette en lui retirant la main et le poussant avec une incroyable rudesse, tu n'as plus ni père ni mère.

L'enfant, qui se frottait l'épaule en criant, vit la tête clouée, et son frais visage garda silencieusement la convulsion nerveuse que les pleurs donnent aux traits. Il ouvrit de grands yeux, regarda longtemps la tête de son père avec un air stupide qui ne trahissait aucune émotion ; puis sa figure, abrutie par l'ignorance, arriva jusqu'à exprimer une curiosité sauvage. Tout à coup Barbette reprit la main de son enfant, la serra violemment, et l'entraîna d'un pas rapide dans la maison. Pendant que Pille-miche et Marche-à-terre couchaient Galope-chopine sur le banc, un de ses souliers était tombé sous son cou de manière à se remplir de sang, et ce fut le premier objet que vit sa veuve.

— Ote ton sabot, dit la mère à son fils. Mets ton pied là-dedans. Bien. Souviens-toi toujours, s'écria-t-elle d'un son de voix lugubre, du soulier de ton père, et ne t'en mets jamais un aux pieds sans te rappeler celui qui était plein du sang versé par les *Chuins*, et tue les *Chuins*.

En ce moment, elle agita sa tête par un mouvement si convulsif, que les mèches de ses cheveux noirs retombèrent sur son cou et donnèrent à sa figure une expression sinistre.

— J'atteste saint Labre, reprit-elle, que je te voue aux Bleus. Tu seras soldat pour venger ton père. Tue, tue les *Chuins*, et fais comme moi. Ah ! ils ont pris la tête de mon homme, je vais donner celle du Gars aux Bleus.

Elle sauta d'un seul bond sur le lit, s'empara d'un petit sac d'argent dans une cachette, reprit la main de son fils étonné, l'entraîna violemment sans lui laisser le temps de reprendre son sabot, et ils marchèrent tous deux d'un pas rapide vers Fougères, sans que l'un ou l'autre retournât la tête vers la chaumière qu'ils abandonnaient. Quand ils arrivèrent sur le sommet des rochers de Saint-Sulpice, Barbette attisa le feu des fagots, et son gars l'aida à les couvrir de genêts verts chargés de givre, afin d'en rendre la fumée plus forte.

— Ça durera plus que ton père, plus que moi et plus que le Gars, dit Barbette d'un air farouche en montrant le feu à son fils.

Au moment où la veuve de Galope-chopine et son fils au pied sanglant regardaient, avec une sombre expression de vengeance et de curiosité, tourbillonner la fumée, mademoiselle de Verneuil avait les yeux attachés sur cette roche, et tâchait, mais en vain, d'y découvrir le signal annoncé par le marquis. Le brouillard, qui s'était insensiblement accru, ensevelissait toute la région sous un voile dont les teintes grises cachaient les masses du paysage les plus près de la ville. Elle contemplait tour à tour, avec une douce anxiété, les rochers, le château, les édifices, qui ressemblaient dans ce brouillard à des brouillards plus noirs encore. Auprès de sa fenêtre, quelques arbres se détachaient de ce fond bleuâtre comme ces madrépores que la mer laisse entrevoir quand elle est calme. Le soleil donnait au ciel la couleur blafarde de l'argent terni, ses rayons coloraient d'une rougeur douteuse les branches nues des arbres, où se balançaient encore quelques dernières feuilles. Mais des sentiments trop délicieux agitaient l'âme de Marie, pour qu'elle vît de mauvais présages dans ce spectacle, en désaccord avec le bonheur dont elle se repaissait par avance. Depuis deux jours, ses idées s'étaient étrangement modifiées. L'âpreté, les éclats désordonnés de ses passions avaient lentement subi l'influence de l'égale température que donne à la vie un véritable amour. La certitude d'être aimée, qu'elle était allée chercher à travers tant de périls, avait fait naître en elle le désir de rentrer dans les conditions sociales qui sanctionnent le bonheur, et d'où elle n'était sortie que par désespoir. N'aimer que pendant un moment lui sembla de l'impuissance. Puis elle se vit soudain reportée, du fond de la société où le malheur l'avait plongée, dans le haut rang où son père l'avait un moment placée. Sa vanité, comprimée par les cruelles alternatives d'une passion tour à tour heureuse ou méconnue, s'éveilla, lui fit voir tous les bénéfices d'une grande position. En quelque sorte née marquise, épouser Montauran, n'était-ce pas pour elle agir et vivre dans la sphère qui lui était propre? Après avoir connu les hasards d'une vie tout aventureuse, elle pouvait mieux qu'une autre femme apprécier la grandeur des sentiments qui font la famille. Puis le mariage, la maternité et ses soins, étaient pour elle moins une tâche qu'un repos. Elle aimait cette vie vertueuse et calme entrevue à travers ce dernier orage, comme une femme lasse de la vertu peut jeter un regard de convoitise sur une passion illicite. La vertu était pour elle une nouvelle séduction.

— Peut-être, dit-elle en revenant de la croisée sans avoir vu de feu sur la roche de Saint-Sulpice, ai-je été bien coquette avec lui? Mais aussi n'ai-je pas su combien je suis aimée!... Francine, ce n'est plus un songe, je serai ce soir la marquise de Montauran. Qu'ai-je donc fait pour mériter un si complet bonheur? Oh! je l'aime, et l'amour seul peut payer l'amour. Néanmoins, Dieu veut sans doute me récompenser d'avoir conservé tant de cœur malgré tant de misères et me faire oublier mes souffrances; car, tu le sais, mon enfant, j'ai bien souffert.

— Ce soir, marquise de Montauran, vous, Marie! Ah! tant que ce ne sera pas fait, moi je croirai rêver. Qui donc lui a dit tout ce que vous valez?

— Mais, ma chère enfant, il n'a pas seulement de beaux yeux, il a aussi une âme. Si tu l'avais vu comme moi dans le danger! Oh! il doit bien savoir aimer, il est si courageux!

— Si vous l'aimez tant, pourquoi souffrez-vous donc qu'il vienne à Fougères?

— Est-ce que nous avons eu le temps de nous dire un mot quand nous avons été surpris. D'ailleurs, n'est-ce pas une preuve d'amour? Et en a-t-on jamais assez! En attendant coiffe-moi.

Mais elle dérangea cent fois, par des mouvements comme électriques, les heureuses combinaisons de sa coiffure, en mêlant des pensées encore orageuses à tous les soins de la coquetterie. En crêpant les cheveux d'une boucle, ou en rendant ses nattes plus brillantes, elle se demandait, par un reste de défiance, si le marquis ne la trompait pas, et alors elle pensait qu'une semblable rouerie devait être impénétrable, puisqu'il s'exposait audacieusement à une vengeance immédiate en venant la trouver à Fougères. En étudiant malicieusement à son miroir les effets d'un regard oblique, d'un sourire, d'un léger pli du front, d'une attitude de colère, d'amour ou de dédain, elle cherchait une ruse de femme pour sonder jusqu'au dernier moment le cœur du jeune chef.

— Tu as raison! Francine, dit-elle, je voudrais comme toi que ce mariage fût fait. Ce jour est le dernier de mes jours nébuleux, il est gros de ma mort ou de notre bonheur. Le brouillard est odieux, ajouta-t-elle en regardant de nouveau vers les sommets de Saint-Sulpice toujours voilés.

Elle se mit à draper elle-même les rideaux de soie et de mousseline qui décoraient la fenêtre, en se plaisant à intercepter le jour de manière à produire dans la chambre un voluptueux clair-obscur.

— Francine, dit-elle, ôte ces babioles qui encombrent la cheminée, et n'y laisse que la pendule et les deux vases de Saxe dans lesquels j'arrangerai moi-même les fleurs d'hiver que Corentin m'a trouvées... Sors toutes les chaises, je ne veux voir ici que le canapé et un fauteuil. Quand tu auras fini, mon enfant, tu brosseras le tapis de manière à en ranimer les couleurs, puis tu garniras de bougies les bras de cheminée et les flambeaux...

Marie regarda longtemps et avec attention la vieille tapisserie tendue sur les murs de cette chambre. Guidée par un goût inné, elle sut trouver, parmi les brillantes nuances de la haute-lisse, les teintes qui pouvaient servir à lier cette antique décoration aux meubles et aux accessoires de ce boudoir par l'harmonie des couleurs ou par le charme des oppositions. La même pensée dirigea l'arrangement des fleurs dont elle chargea les vases contournés qui ornaient la chambre. Le canapé fut placé près du feu. De chaque côté du lit, qui occupait la paroi parrallèle à celle où était la cheminée, elle mit, sur deux petites tables dorées, de grands vases de Saxe remplis de feuillages et de fleurs qui exhalèrent les plus doux parfums. Elle tressaillit plus d'une fois en disposant les plis onduleux du lampas vert au-dessus du lit, et en étudiant les sinuosités de la draperie à fleurs sous laquelle elle le cacha. De semblables préparatifs ont toujours un indéfinissable secret de bonheur, et amènent une irritation si délicieuse, que souvent, au milieu de ces voluptueux apprêts, une femme oublie tous ses doutes, comme mademoiselle de Verneuil oubliait alors les siens. N'existe-t-il pas un sentiment religieux dans cette multitude de soins pris pour un être aimé qui n'est pas là pour les voir et les récompenser, mais qui doit les payer plus tard par ce sourire approbateur qu'obtiennent ces gracieux préparatifs, toujours si bien compris. Les femmes se livrent alors pour ainsi dire par avance à l'amour, et il n'en est pas une seule qui ne se dise, comme mademoiselle de Verneuil le pensait : — Ce soir je serai bien heureuse ! La plus innocente d'entre elles inscrit alors cette suave espérance dans les plis les moins saillants de la soie ou de la mousseline ; puis, insensiblement, l'harmonie qu'elle établit autour d'elle imprime à tout une physionomie où respire l'amour. Au sein de cette sphère voluptueuse, pour elle, les choses deviennent des êtres, des témoins ; et déjà elle en fait les complices de toutes ses joies futures. A chaque mouvement, à chaque pensée, elle s'enhardit à voler l'avenir. Bientôt elle n'attend plus, elle n'espère pas, mais elle accuse le silence, et le moindre bruit lui doit un présage ; enfin le doute vient poser sur son cœur une main crochue, elle brûle, elle s'agite, elle se sent tordue par une pensée qui se déploie comme une force purement physique ; c'est tour à tour un triomphe et un supplice, que sans l'espoir du plaisir elle ne supporterait point. Vingt fois, mademoiselle de Verneuil avait soulevé les rideaux, dans l'espérance de voir une colonne de fumée s'élevant au-dessus des rochers ; mais le brouillard semblait de moment en moment prendre de nouvelles teintes grises dans lesquelles son imagination finit par lui montrer de sinistres présages. Enfin, dans un moment d'impatience, elle laissa tomber le rideau, en se promettant bien de ne plus venir le relever. Elle regarda d'un air boudeur cette chambre à laquelle elle avait donné une âme et une voix, se demanda si ce serait en vain, et cette pensée la fit songer à tout.

— Ma petite, dit-elle à Francine en l'attirant dans un cabinet de toilette contigu à sa chambre et qui était éclairé par un œil de bœuf donnant sur l'angle obscur où les fortifications de la ville se joignaient aux rochers de la promenade, range-moi cela, que tout soit propre ! Quand au salon, tu le laisseras, si tu veux, en désordre, ajouta-t-elle en accompagnant ces mots d'un de ces sourires que les femmes réservent pour leur intimité, et dont jamais les hommes ne peuvent connaître la piquante finesse.

— Ah ! combien vous êtes jolie ! s'écria la petite Bretonne.

— Eh ! folles que nous sommes toutes, notre amant ne sera-t-il pas toujours notre plus belle parure ?

Francine la laissa mollement couchée sur l'ottomane, et se retira pas à pas, en devinant que, aimée ou non, sa maîtresse ne livrerait jamais Montauran.

— Es-tu sûre de ce que tu me débites là, ma vieille? disait Hulot à Barbette qui l'avait reconnu en entrant à Fougères.

— Avez-vous des yeux ? Tenez, regardez les rochers de Saint-Sulpice, là, mon bon homme, au drct de Saint-Léonard.

Corentin tourna les yeux vers le sommet, dans la direction indiquée par le doigt de Barbette; et, comme le brouillard commençait à se dissiper, il put voir assez distinctement la colonne de fumée blanchâtre dont avait parlé la femme de Galope-chopine.

— Mais quand viendra-t-il, hé! la vieille? Sera-ce ce soir ou cette nuit?

— Mon bon homme, reprit Barbette, je n'en sais *rin*.

— Pourquoi trahis-tu ton parti? dit vivement Hulot après avoir attiré la paysanne à quelques pas de Corentin.

— Ah! monseigneur le général, voyez le pied de mon gars! hé! bien, il est trempé dans le sang de mon homme tué par les Chuins, sous votre respect, comme un veau, pour le punir des trois mots que vous m'avez arrachés, avant-hier, quand je labourais. Prenez mon gars, puisque vous lui avez ôté son père et sa mère, mais faites-en un vrai Bleu, mon bon homme, et qu'il puisse tuer beaucoup de Chuins. Tenez, voilà deux cents écus, gardez-les-lui ; en les ménageant il ira loin avec ça, puisque son père a été douze ans à les amasser.

Hulot regarda avec étonnement cette paysanne pâle et ridée dont les yeux étaient secs.

— Mais toi, dit-il, toi, la mère, que vas-tu devenir ? Il vaut mieux que tu conserves cet argent.

— Moi, répondit-elle en branlant la tête avec tristesse, je n'ai plus besoin de rin! Vous me *clancheriez* au fin fond de la tour de Mélusine (et elle montra une des tours du château), que les Chuins sauraient ben m'y venir tuer!

Elle embrassa son gars avec une sombre expression de douleur, le regarda, versa deux larmes, le regarda encore, et d'sparut.

— Commandant, dit Corentin, voici une de ces occasions qui, pour être mises à profit, demandent plutôt deux bonnes têtes qu'une. Nous savons tout et nous ne savons rien. Faire cerner, dès à présent, la maison de mademoiselle de Verneuil, ce serait la mettre contre nous. Nous ne sommes pas, toi, moi, tes Contre-Chouans et tes deux bataillons, de force à lutter contre cette fille-là, si elle se met en tête de sauver son ci-devant. Ce garçon est homme de cour, et par conséquent rusé ; c'est un jeune homme, et il a du cœur. Nous ne pourrons jamais nous en emparer à son entrée à Fougères. Il s'y trouve d'ailleurs peut-être déjà. Faire des visites domiciliaires ? Absurdité ! Ça n'apprend rien, ça donne l'éveil, et ça tourmente les habitants.

— Je m'en vais, dit Hulot impatienté, donner au factionnaire du poste Saint-Léonard la consigne d'avancer sa promenade de trois pas de plus, et il arrivera ainsi en face de la maison de mademoiselle de Verneuil. Je conviendrai d'un signe avec chaque sentinelle, je me tiendrai au corps-de-garde, et quand on m'aura signalé l'entrée d'un jeune homme quelconque, je prends un caporal et quatre hommes, et...

— Et, reprit Corentin en interrompant l'impétueux soldat, si le jeune homme n'est pas le marquis, si le marquis n'entre pas par la porte, s'il est déjà chez mademoiselle de Verneuil, si, si...

Là, Corentin regarda le commandant avec un air de supériorité qui avait quelque chose de si insultant, que le vieux militaire s'écria : — Mille tonnerres de Dieu ! va te promener, citoyen de l'enfer. Est-ce que tout cela me regarde ? Si ce hanneton-là vient tomber dans un de mes corps-de-garde, il faudra bien que je le fusille ; si j'apprends qu'il est dans une maison, il faudra bien aussi que j'aille le cerner, le prendre et le fusiller ! Mais, du diable si je me creuse la cervelle pour mettre de la boue sur mon uniforme.

— Commandant, la lettre des trois ministres t'ordonne d'obéir à mademoiselle de Verneuil.

— Citoyen, qu'elle vienne elle-même, je verrai ce que j'aurai à faire.

— Eh ! bien, citoyen, répliqua Corentin avec hauteur, elle ne tardera pas. Elle te dira, elle-même, l'heure et le moment où le ci-devant sera entré. Peut-être, même, ne sera-t-elle tranquille que quand elle t'aura vu posant les sentinelles et cernant sa maison ?

— Le diable s'est fait homme, se dit douloureusement le vieux chef de demi-brigade en voyant Corentin qui remontait à grands pas l'escalier de la Reine où cette scène avait eu lieu et qui regagnait la porte Saint-Léonard. — Il me livrera le citoyen Montauran, pieds et poings liés, reprit Hulot en se parlant à lui-même, et je me trouverai embêté d'un conseil de guerre à présider. — Après tout, dit-il en haussant les épaules, le Gars est un ennemi de la République, il m'a tué mon pauvre Gérard, et ce sera toujours un noble de moins. Au diable !

Il tourna lestement sur les talons de ses bottes, et alla visiter tous les postes de la ville en sifflant la *Marseillaise*.

Mademoiselle de Verneuil était plongée dans une de ces méditations dont les mystères restent comme ensevelis dans les abîmes de l'âme, et dont les mille sentiments contradictoires ont souvent prouvé à ceux qui en ont été la proie qu'on peut avoir une vie orageuse et passionnée entre quatre murs, sans même quitter l'ottomane sur laquelle se consume alors l'existence. Arrivée au dénoûment du drame qu'elle était venue chercher, cette fille en faisait tour à tour passer devant elle les scènes d'amour et de colère qui avaient si puissamment animé sa vie pendant les dix jours écoulés depuis sa première rencontre avec le marquis. En ce moment le bruit d'un pas d'homme retentit dans le salon qui précédait sa chambre, elle tressaillit ; la porte s'ouvrit, elle tourna vivement la tête, et vit Corentin.

— Petite tricheuse ! dit en riant l'agent supérieur de la police, l'envie de me tromper vous prendra-t-elle encore ? Ah ! Marie ! Marie ! vous jouez un jeu bien dangereux en ne m'intéressant pas à votre partie, en en décidant les coups sans me consulter. Si le marquis a échappé à son sort...

— Cela n'a pas été votre faute, n'est-ce pas ? répondit mademoiselle de Verneuil avec une ironie profonde. Monsieur, reprit-elle d'une voix grave, de quel droit venez-vous encore chez moi ?

— Chez vous ? demanda-t-il d'un ton amer.

— Vous m'y faites songer, répliqua-t-elle avec noblesse, je ne suis pas chez moi. Vous avez peut-être sciemment choisi cette maison pour y commettre plus sûrement vos assassinats, je vais en sortir. J'irais dans un désert pour ne plus voir des...

— Des espions, dites, reprit Corentin. Mais cette maison n'est ni à vous ni à moi, elle est au gouvernement ; et, quant à en sortir, vous n'en feriez rien, ajouta-t-il en lui lançant un regard diabolique.

Mademoiselle de Verneuil se leva par un mouvement d'indignation, s'avança de quelques pas ; mais tout à coup elle s'arrêta en voyant Corentin qui releva le rideau de la fenêtre et se prit à sourire en l'invitant à venir près de lui.

— Voyez-vous cette colonne de fumée? dit-il avec le calme profond qu'il savait conserver sur sa figure blême quelque profondes que fussent ses émotions.

— Quel rapport peut-il exister entre mon départ et de mauvaises herbes auxquelles on a mis le feu? demanda-t-elle.

— Pourquoi votre voix est-elle si altérée? reprit Corentin. Pauvre petite! ajouta-t-il d'une voix douce, je sais tout. Le marquis vient aujourd'hui à Fougères, et ce n'est pas dans l'intention de nous le livrer que vous avez arrangé si voluptueusement ce boudoir, ces fleurs et ces bougies.

Mademoiselle de Verneuil pâlit en voyant la mort du marquis écrite dans les yeux de ce tigre à face humaine, et ressentit pour son amant un amour qui tenait du délire. Chacun de ses cheveux lui versa dans la tête une atroce douleur qu'elle ne put soutenir, et elle tomba sur l'ottomane. Corentin resta un moment les bras croisés sur la poitrine, moitié content d'une torture qui le vengeait de tous les sarcasmes et du dédain par lesquels cette femme l'avait accablé, moitié chagrin de voir souffrir une créature dont le joug lui plaisait toujours, quelque lourd qu'il fût.

— Elle l'aime, se dit-il d'une voix sourde.

— L'aimer, s'écria-t-elle, eh! qu'est-ce que signifie ce mot? Corentin! il est ma vie, mon âme, mon souffle. Elle se jeta aux pieds de cet homme dont le calme l'épouvantait. — Ame de boue, lui dit-elle, j'aime mieux m'avilir pour lui obtenir la vie, que de m'avilir pour la lui ôter. Je veux le sauver au prix de tout mon sang. Parle, que te faut-il?

Corentin tressaillit.

— Je venais prendre vos ordres, Marie, dit-il d'un son de voix plein de douceur et en la relevant avec une gracieuse politesse. Oui, Marie, vos injures ne m'empêcheront pas d'être tout à vous, pourvu que vous ne me trompiez plus. Vous savez, Marie, qu'on ne me dupe jamais impunément.

— Ah! si vous voulez que je vous aime, Corentin, aidez-moi à le sauver.

— Eh! bien, à quelle heure vient le marquis? dit-il en s'efforçant le faire cette demande d'un ton calme.

— Hélas! je n'en sais rien.

Ils se regardèrent tous deux en silence.

— Je suis perdue, se disait mademoiselle de Verneuil.

— Elle me trompe, pensait Corentin. — Marie, reprit-il, j'ai deux maximes. L'une, de ne jamais croire un mot de ce que disent les femmes, c'est le moyen de ne pas être leur dupe ; l'autre, de toujours chercher si elles n'ont pas quelque intérêt à faire le contraire de ce qu'elles ont dit et à se conduire en sens inverse des actions dont elles veulent bien nous confier le secret. Je crois que nous nous entendons maintenant.

— A merveille, répliqua mademoiselle de Verneuil. Vous voulez des preuves de ma bonne foi ; mais je les réserve pour le moment où vous m'en aurez donné de la vôtre.

— Adieu, mademoiselle, dit sèchement Corentin.

— Allons, reprit la jeune fille en souriant, asseyez-vous, mettez-vous là et ne boudez pas, sinon je saurais bien me passer de vous pour sauver le marquis. Quant aux trois cent mille francs que vous voyez toujours étalés devant vous, je puis vous les mettre en or, là, sur cette cheminée, à l'instant où le marquis sera en sûreté.

Corentin se leva, recula de quelques pas et regarda mademoiselle de Verneuil.

— Vous êtes devenue riche en peu de temps, dit-il d'un ton dont l'amertume était mal déguisée.

— Montauran, reprit-elle en souriant de pitié, pourra vous offrir lui-même bien davantage pour sa rançon. Ainsi, prouvez-moi que vous avez les moyens de le garantir de tout danger, et...

— Ne pouvez-vous pas, s'écria tout à coup Corentin, le faire évader au moment même de son arrivée, puisque Hulot en ignore l'heure et... Il s'arrêta comme s'il se reprochait à lui-même d'en trop dire. — Mais est-ce bien vous qui me demandez une ruse, reprit-il en souriant de la manière la plus naturelle ? Écoutez, Marie, je suis certain de votre loyauté. Promettez-moi de me dédommager de tout ce que je perds en vous servant, et j'endormirai si bien cette buse de commandant, que le marquis sera libre à Fougères comme à Saint-James.

— Je vous le promets, répondit la jeune fille avec une sorte de solennité.

— Non pas ainsi, reprit-il, jurez-le-moi par votre mère.

Mademoiselle de Verneuil tressaillit ; et, levant une main tremblante, elle fit le serment demandé par cet homme, dont les manières venaient de changer subitement.

— Vous pouvez disposer de moi, dit Corentin. Ne me trompez pas, et vous me bénirez ce soir.

— Je vous crois, Corentin, s'écria mademoiselle de Verneuil tout attendrie. Elle le salua par une douce inclination de tête, et lui sourit avec une bonté mêlée de surprise en lui voyant sur la figure une expression de tendresse mélancolique.

— Quelle ravissante créature! s'écria Corentin en s'éloignant. Ne l'aurai-je donc jamais, pour en faire à la fois, l'instrument de ma fortune et la source de mes plaisirs? Se mettre à mes pieds, elle!... Oh! oui, le marquis périra. Et si je ne puis obtenir cette femme qu'en la plongeant dans un bourbier, je l'y plongerai. — Enfin, se dit-il à lui-même en arrivant sur la place où ses pas le conduisirent à son insu, elle ne se défie peut-être plus de moi. Cent mille écus à l'instant! Elle me croit avare. C'est une ruse, ou elle l'a épousé. Corentin, perdu dans ses pensées, n'osait prendre une résolution. Le brouillard que le soleil avait dissipé vers le milieu du jour, reprenait insensiblement toute sa force et devint si épais que Corentin n'apercevait plus les arbres même à une faible distance. — Voilà un nouveau malheur, se dit-il en rentrant à pas lents chez lui. Il est impossible d'y voir à six pas. Le temps protège nos amants. Surveillez donc une maison gardée par un tel brouillard. — Qui vive! s'écria-t-il en saisissant le bras d'un inconnu qui semblait avoir grimpé sur la promenade à travers les roches les plus périlleuses.

— C'est moi, répondit naïvement une voix enfantine.

— Ah! c'est le petit gars au pied rouge. Ne veux-tu pas venger ton père? lui demanda Corentin.

— Oui! dit l'enfant.

— C'est bien. Connais-tu le Gars?

— Oui.

— C'est encore mieux. Eh! bien, ne me quitte pas, sois exact à faire tout ce que je te dirai, tu achèveras l'ouvrage de ta mère, et tu gagneras des gros sous. Aimes-tu les gros sous?

— Oui.

— Tu aimes les gros sous et tu veux tuer le Gars, je prendrai soin de toi. — Allons, se dit en lui-même Corentin après une pause, Marie, tu nous le livreras toi-même! Elle est trop violente pour juger

le coup que je m'en vais lui porter ; d'ailleurs, la passion ne réflé
chit jamais. Elle ne connaît pas l'écriture du marquis, voici donc
le moment de tendre le piége dans lequel son caractère la fera donner tête baissée. Mais pour assurer le succès de ma ruse, Hulot
m'est nécessaire, et je cours le voir.

En ce moment, mademoiselle de Verneuil et Francine délibéraient sur les moyens de soustraire le marquis à la douteuse générosité de Corentin et aux baïonnettes de Hulot.

— Je vais aller le prévenir, s'écriait la petite Bretonne.

— Folle, sais-tu donc où il est ? Moi-même, aidée par tout l'instinct du cœur, je pourrais bien le chercher longtemps sans le rencontrer.

Après avoir inventé bon nombre de ces projets insensés, si faciles à exécuter au coin du feu, mademoiselle de Verneuil s'écria :
— Quand je le verrai, son danger m'inspirera.

Puis elle se plut, comme tous les esprits ardents, à ne vouloir
prendre son parti qu'au dernier moment, se fiant à son étoile ou
à cet instinct d'adresse qui abandonne rarement les femmes. Jamais peut-être son cœur n'avait subi de si fortes contractions.
Tantôt elle restait comme stupide, les yeux fixes, et tantôt, au
moindre bruit, elle tressaillait comme ces arbres presque déraci-
nés que les bûcherons agitent fortement avec une corde pour en
hâter la chute. Tout à coup une détonation violente, produite par
la décharge d'une douzaine de fusils, retentit dans le lointain. Mademoiselle de Verneuil pâlit, saisit la main de Francine, et lui dit :
— Je meurs, ils me l'ont tué.

Le pas pesant d'un soldat se fit entendre dans le salon. Francine épouvantée se leva et introduisit un caporal. Le Républicain,
après avoir fait un salut militaire à mademoiselle de Verneuil, lui
présenta des lettres dont le papier n'était pas très-propre. Le soldat, ne recevant aucune réponse de la jeune fille, lui dit en se retirant : — Madame, c'est de la part du commandant.

Mademoiselle de Verneuil, en proie à de sinistres pressentiments, lisait une lettre écrite probablement à la hâte par
Hulot.

« Mademoiselle, mes Contre-Chouans viennent de s'emparer
« d'un des messagers du Gars qui vient d'être fusillé. Parmi les let-
« tres interceptées, celle que je vous transmets peut vous être de
« quelque utilité, etc. »

— Grâce au ciel, ce n'est pas lui qu'ils viennent de tuer, s'écria-t-elle en jetant cette lettre au feu.

Elle respira plus librement et lut avec avidité le billet qu'on venait de lui envoyer ; il était du marquis et semblait adressé à madame du Gua.

« Non, mon ange, je n'irai pas ce soir à la Vivetière. Ce soir,
« vous perdez votre gageure avec le comte et je triomphe de la Ré-
« publique en la personne de cette fille délicieuse, qui vaut certes
« bien une nuit, convenez-en. Ce sera le seul avantage réel que je
« remporterai dans cette campagne, car la Vendée se soumet. Il n'y a
« plus rien à faire en France, et nous repartirons sans doute ensem-
« ble pour l'Angleterre. Mais à demain les affaires sérieuses. »

Le billet lui échappa des mains, elle ferma les yeux, garda un profond silence, et resta penchée en arrière, la tête appuyée sur un coussin. Après une longue pause, elle leva les yeux sur la pendule qui alors marquait quatre heures.

— Et monsieur se fait attendre, dit-elle avec une cruelle ironie.

— Oh ! s'il pouvait ne pas venir, reprit Francine.

— S'il ne venait pas, dit Marie d'une voix sourde, j'irais au-devant de lui, moi ! Mais non, il ne peut tarder maintenant, Francine, suis-je bien belle ?

— Vous êtes bien pâle !

— Vois, reprit mademoiselle de Verneuil, cette chambre parfumée, ces fleurs, ces lumières, cette vapeur enivrante, tout ici pourra-t-il bien donner l'idée d'une vie céleste à celui que je veux plonger cette nuit dans les délices de l'amour.

— Qu'y a-t-il donc, mademoiselle ?

— Je suis trahie, trompée, abusée, jouée, rouée, perdue, et je veux le tuer, le déchirer. Mais oui, il y avait toujours dans ses manières un mépris qu'il cachait mal, et que je ne voulais pas voir ! Oh ! j'en mourrai ! — Sotte que je suis, dit-elle en riant, il vient, j'ai la nuit pour lui apprendre que, mariée ou non, un homme qui m'a possédée ne peut plus m'abandonner. Je lui mesurerai la vengeance à l'offense, et il périra désespéré. Je lui croyais quelque grandeur dans l'âme, mais c'est sans doute le fils d'un laquais ! Il m'a certes bien habilement trompée, car j'ai peine à croire encore que l'homme capable de me livrer à Pille-miche sans pitié puisse descendre à des fourberies dignes de Scapin. Il est si facile de se jouer d'une femme aimante, que c'est la dernière des lâchetés.

Qu'il me tue, bien ; mais mentir, lui que j'avais tant grandi ! A l'échafaud ! à l'échafaud ! Ah ! je voudrais le voir guillotiner. Suis-je donc si cruelle ? Il ira mourir couvert de caresses, de baisers qui lui auront valu vingt ans de vie...

— Marie, reprit Francine avec une douceur angélique, comme tant d'autres, soyez victime de votre amant, mais ne vous faites ni sa maîtresse ni son bourreau. Gardez son image au fond de votre cœur, sans vous la rendre à vous-même cruelle. S'il n'y avait aucune joie dans un amour sans espoir, que deviendrions-nous, pauvres femmes que nous sommes ! Ce Dieu, Marie, auquel vous ne pensez jamais, nous récompensera d'avoir obéi à notre vocation sur la terre : aimer et souffrir !

— Petite chatte, répondit mademoiselle de Verneuil en caressant la main de Francine, ta voix est bien douce et bien séduisante ! La raison a bien des attraits sous ta forme ! Je voudrais bien t'obéir...

— Vous lui pardonnez, vous ne le livrerez pas !

— Tais-toi, ne me parle plus de cet homme-là. Comparé à lui, Corentin est une noble créature. Me comprends-tu ?

Elle se leva en cachant sous une figure horriblement calme, et l'égarement qui la saisit et une soif inextinguible de vengeance. Sa démarche lente et mesurée annonçait je ne sais quoi d'irrévocable dans ses résolutions. En proie à ses pensées, dévorant son injure, et trop fière pour avouer le moindre de ses tourments, elle alla au poste de la porte Saint-Léonard pour y demander la demeure du commandant. A peine était-elle sortie de sa maison que Corentin y entra.

— Oh ! monsieur Corentin, s'écria Francine, si vous vous intéressez à ce jeune homme, sauvez-le, mademoiselle va le livrer. Ce misérable papier a tout détruit.

Corentin prit négligemment la lettre en demandant : — Et où est-elle allée ?

— Je ne sais.

— Je cours, dit-il, la sauver de son propre désespoir.

Il disparut en emportant la lettre, franchit la maison avec rapidité, et dit au petit gars qui jouait devant la porte : — Par où s'est dirigée la dame qui vient de sortir ?

Le fils de Galope-chopine fit quelques pas avec Corentin pour lui montrer la rue en pente qui menait à la porte Saint-Léonard,

— C'est par là, dit-il, sans hésiter en obéissant à la vengeance que sa mère lui avait soufflée au cœur.

En ce moment, quatre hommes déguisés entrèrent chez mademoiselle de Verneuil sans avoir été vus ni par le petit gars, ni par Corentin.

— Retourne à ton poste, répondit l'espion. Aie l'air de t'amuser à faire tourner le loqueteau des persiennes, mais veille bien, et regarde partout, même sur les toits.

Corentin s'élança rapidement dans la direction indiquée par le petit gars, crut reconnaître mademoiselle de Verneuil au milieu du brouillard, et la rejoignit effectivement au moment où elle atteignait le poste Saint-Léonard.

— Où allez-vous? dit-elle en lui offrant le bras, vous êtes pâle, qu'est-il donc arrivé? Est-il convenable de sortir ainsi toute seule, prenez mon bras.

— Où est le commandant, lui demanda-t-elle?

A peine mademoiselle de Verneuil avait-elle achevé sa phrase, qu'elle entendit le mouvement d'une reconnaissance militaire en dehors de la porte Saint-Léonard, et distingua bientôt la grosse voix de Hulot au milieu du tumulte.

— Tonnerre de Dieu! s'écria-t-il, jamais je n'ai vu moins clair qu'en ce moment à faire la ronde. Ce ci-devant a commandé le temps.

— De quoi vous plaignez-vous, répondit mademoiselle de Verneuil en lui serrant fortement le bras, ce brouillard peut cacher la vengeance aussi bien que la perfidie. Commandant, ajouta-t-elle à voix basse, il s'agit de prendre avec moi des mesures telles que le Gars ne puisse pas échapper aujourd'hui.

— Est-il chez vous? lui demanda-t-il d'une voix dont l'émotion accusait son étonnement.

— Non, répondit-elle, mais vous me donnerez un homme sûr, et je l'enverrai vous avertir de l'arrivée de ce marquis.

— Qu'allez-vous faire? dit Corentin avec empressement à Marie, un soldat chez vous l'effaroucherait, mais un enfant, et j'en trouverai un, n'inspirera pas de défiance...

— Commandant, reprit mademoiselle de Verneuil, grâce à ce brouillard que vous maudissez, vous pouvez, dès à présent, cerner ma maison. Mettez des soldats partout. Placez un poste dans l'église Saint-Léonard pour vous assurer de l'esplanade sur laquelle donnent les fenêtres de mon salon. Apostez des hommes sur la Promenade; car, quoique la fenêtre de ma chambre soit à vingt pieds du sol, le désespoir prête quelquefois la force de franchir les distances les plus périlleuses. Écoutez! Je ferai probablement sortir ce monsieur par la porte de ma maison; ainsi, ne donnez qu'à un homme courageux la mission de la surveiller; car, dit-elle en poussant un soupir, on ne peut pas lui refuser de la bravoure, et il se défendra!

— Gudin! s'écria le commandant.

Aussitôt le jeune Fougerais s'élança du milieu de la troupe revenue avec Hulot et qui avait gardé ses rangs à une certaine distance.

— Écoute, mon garçon, lui dit le vieux militaire à voix basse, ce tonnerre de fille nous livre le Gars sans que je sache pourquoi; c'est égal, ça n'est pas notre affaire. Tu prendras dix hommes avec toi et tu te placeras de manière à garder le cul-de-sac au fond duquel est la maison de cette fille; mais arrange-toi pour qu'on ne voie ni toi ni tes hommes.

— Oui, mon commandant, je connais le terrain.

— Eh! bien, mon enfant, reprit Hulot, Beau-pied viendra t'avertir de ma part du moment où il faudra jouer du bancal. Tâche de joindre toi-même le marquis, et si tu peux le tuer, afin que je n'aie pas à le fusiller juridiquement, tu seras lieutenant dans quinze jours, ou je ne me nomme pas Hulot. — Tenez, mademoiselle, voici un lapin qui ne boudera pas, dit-il à la jeune fille en lui montrant Gudin. Il fera bonne garde devant votre maison, et si le ci-devant en sort ou veut y entrer, il ne le manquera pas.

Gudin partit avec une dizaine de soldats.

— Savez-vous bien ce que vous faites? disait tout bas Corentin à mademoiselle de Verneuil.

Elle ne lui répondit pas, et vit partir avec une sorte de contentement les hommes qui, sous les ordres du sous-lieutenant, allèrent se placer sur la Promenade, et ceux qui, suivant les instructions de Hulot, se postèrent le long des flancs obscurs de l'église Saint-Léonard.

— Il y a des maisons qui tiennent à la mienne, dit-elle au commandant, cernez-les aussi. Ne nous préparons pas de repentir en négligeant une seule des précautions à prendre.

— Elle est enragée, pensa Hulot.

— Ne suis-je pas prophète, lui dit Corentin à l'oreille. Quant à celui que je vais mettre chez elle, c'est le petit gars au pied sanglant ; ainsi...

Il n'acheva pas. Mademoiselle de Verneuil s'était par un mouvement soudain élancée vers sa maison, où il la suivit en sifflant comme un homme heureux ; quand il la rejoignit, elle avait déjà atteint le seuil de la porte où Corentin retrouva le fils de Galope-chopine.

— Mademoiselle, lui dit-il, prenez avec vous ce petit garçon, vous ne pouvez pas avoir d'émissaire plus innocent et plus actif que lui. — Quand tu auras vu le Gars entré, quelque chose qu'on te dise, sauve-toi, viens me trouver au corps de garde, je te donnerai de quoi manger de la galette pendant toute ta vie.

A ces mots, soufflés pour ainsi dire dans l'oreille du petit gars, Corentin se sentit presser fortement la main par le jeune Breton, qui suivit mademoiselle de Verneuil.

— Maintenant, mes bons amis, expliquez-vous quand vous voudrez ! s'écria Corentin lorsque la porte se ferma, si tu fais l'amour, mon petit marquis, ce sera sur ton suaire.

Mais Corentin, qui ne put se résoudre à quitter de vue cette maison fatale, se rendit sur la Promenade, où il trouva le commandant occupé à donner quelques ordres. Bientôt la nuit vint. Deux heures s'écoulèrent sans que les différentes sentinelles placées de distance en distance, eussent rien aperçu qui pût faire soupçonner que le marquis avait franchi la triple enceinte d'hommes attentifs et cachés qui cernaient les trois côtés par lesquels la tour du Papegaut était accessible. Vingt fois Corentin était allé de la Promenade au corps de garde, vingt fois son attente avait été trompée, et son jeune émissaire n'était pas encore venu le trouver. Abîmé dans ses pensées, l'espion marchait lentement sur la Promenade en éprouvant le martyre que lui faisaient subir trois passions terribles dans leur choc : l'amour, l'avarice, l'ambition. Huit heures sonnèrent à toutes les horloges. La lune se levait fort tard. Le brouillard et la nuit enveloppaient donc dans d'effroyables ténèbres les lieux où le drame conçu par cet homme allait se dénouer. L'agent supérieur de la police sut imposer silence à ses passions, il se croisa fortement les bras sur la poitrine, et ne quitta pas des yeux la fenêtre qui s'élevait comme un fantôme lumineux au-dessus de cette tour. Quand sa marche le conduisait du côté des vallées au bord des précipices, il épiait machinalement le brouillard sillonné par les lueurs pâles de quelques lumières qui brillaient çà et là dans les maisons de la ville ou des faubourgs, au-dessus et au-dessous du rempart. Le silence profond qui régnait n'était troublé que par le murmure du Nançon, par les coups lugubres et périodiques du beffroi, par les pas lourds des sentinelles, ou par le bruit des armes, quand on venait d'heure en heure relever les postes. Tout était devenu solennel, les hommes et la Nature.

— Il fait noir comme dans la gueule d'un loup, dit en ce moment Pille-miche.

— Va toujours, répondit Marche-à-terre, et ne parle pas plus qu'un chien mort.

— J'ose à peine respirer, répliqua le Chouan.

— Si celui qui vient de laisser rouler une pierre veut que son cœur serve de gaîne à mon couteau, il n'a qu'à recommencer, dit Marche-à-terre d'une voix si basse qu'elle se confondait avec le frissonnement des eaux du Nançon.

— Mais c'est moi, dit Pille-miche.

— Eh! bien, vieux sac à sous, reprit le chef, glisse sur ton ventre comme une anguille de haie, sinon nous allons laisser là nos carcasses plus tôt qu'il ne le faudra.

— Hé! Marche-à-terre, dit en continuant l'incorrigible Pille-miche, qui s'aida de ses mains pour se hisser sur le ventre et arriva sur la ligne où se trouvait son camarade à l'oreille duquel il parla d'une voix si étouffée que les Chouans par lesquels ils étaient suivis n'entendirent pas une syllabe. — Hé! Marche-à-terre, s'il faut en croire notre Grande Garce, il doit y avoir un fier butin là-haut. Veux-tu faire part à nous deux ?

— Écoute, Pille-miche! dit Marche-à-terre en s'arrêtant à plat ventre.

Toute la troupe imita ce mouvement, tant les Chouans étaient excédés par les difficultés que le précipice opposait à leur marche.

— Je te connais, reprit Marche-à-terre, pour être un de ces bons Jean-prend-tout, qui aiment autant donner des coups que d'en recevoir, quand il n'y a que cela à choisir. Nous ne venons pas ici pour chausser les souliers des morts, nous sommes diables contre diables, et malheur à ceux qui auront les griffes courtes. La Grande Garce nous envoie ici pour sauver le Gars. Il est là, tiens, lève ton nez de chien et regarde cette fenêtre, au-dessus de la tour ?

En ce moment minuit sonna. La lune se leva et donna au brouillard l'apparence d'une fumée blanche. Pille-miche serra violemment le bras de Marche-à-terre et lui montra silencieusement à dix pieds au-dessus d'eux, le fer triangulaire de quelques baïonnettes luisantes.

— Les Bleus y sont déjà, dit Pille-miche, nous n'aurons rien de force.

— Patience, répondit Marche-à-terre, si j'ai bien tout examiné ce matin, nous devons trouver au bas de la tour du Papegaut, entre les remparts et la Promenade, une petite place où l'on met toujours du fumier, et l'on peut se laisser tomber là-dessus comme sur un lit.

— Si saint Labre, dit Pille-miche, voulait changer en bon cidre le sang qui va couler, les Fougerais en trouveraient demain une terrible provision.

Marche-à-terre couvrit de sa large main la bouche de son ami ; puis, un avis sourdement donné par lui courut de rang en rang jusqu'au dernier des Chouans suspendus dans les airs sur les bruyères des schistes. En effet, Corentin avait une oreille trop exercée pour n'avoir pas entendu le froissement de quelques arbustes tourmentés par les Chouans, ou le bruit léger des cailloux qui roulèrent au bas du précipice, et il était au bord de l'esplanade. Marche-à-terre, qui semblait posséder le don de voir dans l'obscurité, ou dont les sens continuellement en mouvement devaient avoir acquis la finesse de ceux des Sauvages, avait entrevu Corentin ; comme un chien bien dressé, peut-être l'avait-il senti. Le diplomate de la police eut beau écouter le silence et regarder le mur naturel formé par les chistes, il n'y put rien découvrir. Si la lueur douteuse du brouillard lui permit d'apercevoir quelques Chouans, il les prit pour des fragments du rocher, tant ces corps humains gardèrent bien l'apparence d'une nature inerte. Le danger de la troupe dura peu. Corentin fut attiré par un bruit très-distinct qui se fit entendre à l'autre extrémité de la Promenade, au point où cessait le mur de soutenement et où commençait la pente rapide du rocher. Un sentier tracé sur le bord des schistes et qui communiquait à l'escalier de la Reine aboutissait précisément à ce point d'intersection. Au moment où Corentin y arriva, il vit une figure s'élevant comme par enchantement, et quand il avança la main pour s'emparer de cet être fantastique ou réel auquel il ne supposait pas de bonnes intentions, il rencontra les formes ronde et moelleuses d'une femme.

— Que le diable vous emporte, ma bonne ! dit-il en murmurant. Si vous n'aviez pas eu affaire à moi, vous auriez pu attraper une balle dans la tête... Mais d'où venez-vous et où allez-vous à cette heure-ci ? Êtes-vous muette ? — C'est cependant bien une femme, se dit-il à lui-même.

Le silence devenant suspect, l'inconnue répondit d'une voix qui annonçait un grand effroi : — Ah ! mon bon homme, je revenons de la veillée.

— C'est la prétendue mère du marquis, se dit Corentin. Voyons ce qu'elle va faire.

— Eh ! bien, allez par là, la vieille, reprit-il à haute voix en feignant de ne pas la reconnaître. A gauche donc, si vous ne voulez pas être fusillée !

Il resta immobile ; mais en voyant madame du Gua qui se dirigea vers la tour du Papegaut, il la suivit de loin avec une adresse diabolique. Pendant cette fatale rencontre, les Chouans s'étaient très-habilement postés sur les tas de fumier vers lesquels Marche-à-terre les avait guidés.

— Voilà la Grande Garce ! se dit tout bas Marche-à-terre en se dressant sur ses pieds le long de la tour comme aurait pu faire un ours.

— Nous sommes là, dit-il à la dame.

— Bien ! répondit madame du Gua. Si tu peux trouver une échelle dans la maison dont le jardin aboutit à six pieds au-dessous du fumier, le Gars serait sauvé. Vois-tu cet œil-de-bœuf là-haut ? il donne dans un cabinet de toilette attenant à la chambre à coucher, c'est là qu'il faut arriver. Ce pan de la tour au bas duquel vous êtes, est le seul qui ne soit pas cerné. Les chevaux sont prêts, et si tu as gardé le passage du Nançon, en un quart d'heure nous devons le mettre hors de danger, malgré sa folie. Mais si cette catin veut le suivre, poignardez-la.

Corentin, apercevant dans l'ombre quelques-unes des formes indistinctes qu'il avait d'abord prises pour des pierres, se mouvoir avec adresse, alla sur-le-champ au poste de la porte Saint-Léonard, où il trouva le commandant dormant tout habillé sur le lit de camp.

— Laissez-le donc, dit brutalement Beau-pied à Corentin, il ne fait que de se poser là.

— Les Chouans sont ici, cria Corentin dans l'oreille de Hulot.

— Impossible, mais tant mieux ! s'écria le commandant tout endormi qu'il était, au moins l'on se battra.

Lorsque Hulot arriva sur la Promenade, Corentin lui montra dans l'ombre la singulière position occupée par les Chouans.

— Ils auront trompé ou étouffé les sentinelles que j'ai placées entre l'escalier de la Reine et le château, s'écria le commandant. Ah ! quel tonnerre de brouillard. Mais patience ! je vais envoyer, au pied du rocher, une cinquantaine d'hommes, sous la conduite d'un lieutenant. Il ne faut pas les attaquer là, car ces animaux-là sont si durs qu'ils se laisseraient rouler jusqu'en bas du précipice comme des pierres, sans se casser un membre.

La cloche fêlée du beffroi sonna deux heures lorsque le commandant revint sur la Promenade, après avoir pris les précautions militaires les plus sévères, afin de saisir des Chouans commandés par Marche-à-terre. En ce moment, tous les postes ayant été doublés, la maison de mademoiselle de Verneuil était devenue le centre d'une petite armée. Le commandant trouva Corentin absorbé dans la contemplation de la fenêtre qui dominait la tour du Papegaut.

— Citoyen, lui dit Hulot, je crois que le ci-devant nous embête, car rien n'a encore bougé.

— Il est là, s'écria Corentin en montrant la fenêtre. J'ai vu l'ombre d'un homme sur les rideaux? Je ne comprends pas ce qu'est devenu mon petit gars. Ils l'auront tué ou séduit. Tiens, commandant, vois-tu ? voici un homme ! marchons !

— Je n'irai pas le saisir au lit, tonnerre de Dieu ! Il sortira, s'il est entré ; Gudin ne le manquera pas, s'écria Hulot, qui avait ses raisons pour attendre.

— Allons, commandant, je t'enjoins, au nom de la loi, de marcher à l'instant sur cette maison.

— Tu es encore un joli coco pour vouloir me faire aller.

Sans s'émouvoir de la colère du commandant, Corentin lui dit froidement : — Tu m'obéiras ! Voici un ordre en bonne forme, signé du ministre de la guerre, qui t'y forcera, reprit-il, en tirant de sa poche un papier. Est-ce que tu t'imagines que nous sommes assez simples pour laisser cette fille agir comme elle l'entend. C'est la guerre civile que nous étouffons, et la grandeur du résultat absout la petitesse des moyens.

— Je prends la liberté, citoyen, de t'envoyer faire... tu me comprends? Suffit. Pars du pied gauche, laisse-moi tranquille et plu vite que ça.

— Mais lis, dit Corentin.

— Ne m'embête pas de tes fonctions, s'écria Hulot indigné de recevoir des ordres d'un être qu'il trouvait si méprisable.

En ce moment, le fils de Galope-chopine se trouva au milieu d'eux comme un rat qui serait sorti de terre.

— Le Gars est en route, s'écria-t-il.

— Par où...

— Par la rue Saint-Léonard.

— Beau-pied, dit Hulot à l'oreille du caporal qui se trouvait auprès de lui, cours prévenir ton lieutenant de s'avancer sur la maison et de faire un joli petit feu de file, tu m'entends ! — Par file à gauche, en avant sur la tour, vous autres, s'écria le commandant.

Pour la parfaite intelligence du dénoûment, il est nécessaire de rentrer dans la maison de mademoiselle de Verneuil avec elle.

Quand les passions arrivent à une catastrophe, elles nous soumettent à une puissance d'enivrement bien supérieure aux mesquines irritations du vin ou de l'opium. La lucidité que contractent alors les idées, la délicatesse des sens trop exaltés, produisent les effets les plus étranges et les plus inattendus. En se trouvant sous la tyrannie d'une même pensée, certaines personnes aperçoivent clairement les objets les moins perceptibles, tandis que les choses les plus palpables sont pour elles comme si elles n'existaient pas. Mademoiselle de Verneuil était en proie à cette espèce d'ivresse qui fait de la vie réelle une vie semblable à celle des somnambules, lorsqu'après avoir lu la lettre du marquis elle s'empressa de tout ordonner pour qu'il ne pût échapper à sa vengeance, comme naguère elle avait tout préparé pour la première fête de son amour. Mais quand elle vit sa maison soigneusement entourée par ses ordres d'un triple rang de baïonnettes, une lueur soudaine brilla dans son âme. Elle jugea sa propre conduite et pensa avec une sorte d'horreur qu'elle venait de commettre un crime. Dans un premier mouvement d'anxiété, elle s'élança vivement vers le seuil de sa porte, et y resta pendant un moment immobile, en s'efforçant de réfléchir sans pouvoir achever un raisonnement. Elle doutait si complétement de ce qu'elle venait de faire, qu'elle chercha pourquoi elle se trouvait dans l'antichambre de sa maison, en tenant un enfant inconnu par la main. Devant elle, des milliers d'étincelles nageaient en l'air comme des langues de feu. Elle se mit à marcher pour secouer l'horrible torpeur dont elle était enveloppée, mais, semblable à une personne qui sommeille, aucun objet ne lui apparaissait avec sa forme ou sous ses couleurs vraies. Elle serrait la main du petit garçon avec une violence qui ne lui était pas ordinaire, et l'entraînait par une marche si précipitée, qu'elle semblait avoir l'activité d'une folle. Elle ne vit rien de tout ce qui était dans le salon quand elle le traversa, et cependant elle y fut saluée par trois hommes qui se séparèrent pour lui donner passage.

— La voici, dit l'un d'eux.

— Elle est bien belle, s'écria le prêtre.

— Oui, répondit le premier ; mais comme elle est pâle et agitée...

— Et distraite, ajouta le troisième, elle ne nous voit pas.

A la porte de sa chambre, mademoiselle de Verneuil aperçut la figure douce et joyeuse de Francine qui lui dit à l'oreille : — Il est là, Marie.

Mademoiselle de Verneuil se réveilla, put réfléchir, regarda l'enfant qu'elle tenait, le reconnut et répondit à Francine : — Enferme ce petit garçon, et, si tu veux que je vive, garde-toi bien de le laisser s'évader.

En prononçant ces paroles avec lenteur, elle avait fixé les yeux sur la porte de sa chambre, où ils restèrent attachés avec une si effrayante immobilité, qu'on eût dit qu'elle voyait sa victime à travers l'épaisseur des panneaux. Elle poussa doucement la porte, et la ferma sans se retourner, car elle aperçut le marquis debout devant la cheminée. Sans être trop recherchée, la toilette du gentilhomme avait un certain air de fête et de parure qui ajoutait encore à l'éclat que toutes les femmes trouvent à leurs amants. A cet aspect, mademoiselle de Verneuil retrouva toute sa présence d'esprit. Ses lèvres, fortement contractées quoique entr'ouvertes, laissèrent voir l'émail de ses dents blanches et dessinèrent un sourire arrêté dont l'expression était plus terrible que voluptueuse. Elle marcha d'un pas lent vers le jeune homme, et lui montrant du doigt la pendule :

— Un homme digne d'amour vaut bien la peine qu'on l'attende, dit-elle avec une fausse gaieté.

Mais, abattue par la violence de ses sentiments, elle tomba sur le sopha qui se trouvait auprès de la cheminée.

— Ma chère Marie, vous êtes bien séduisante quand vous êtes en colère! dit le marquis en s'asseyant auprès d'elle, lui prenant une main qu'elle laissa prendre et implorant un regard qu'elle refusait. J'espère, continua-t-il d'une voix tendre et caressante, que Marie sera dans un instant bien chagrine d'avoir dérobé sa tête à son heureux mari.

En entendant ces mots, elle se tourna brusquement et le regarda dans les yeux.

— Que signifie ce regard terrible? reprit-il en riant. Mais ta main est brûlante! mon amour, qu'as-tu?

— Mon amour! répondit-elle d'une voix sourde et altérée.

— Oui, dit-il en se mettant à genoux devant elle et lui prenant les deux mains qu'il couvrit de baisers, oui, mon amour, je suis à toi pour la vie.

Elle le poussa violemment et se leva. Ses traits se contractèrent, elle rit comme rient les fous et lui dit : — Tu n'en crois pas un mot, homme plus fourbe que le plus ignoble scélérat. Elle sauta vivement sur le poignard qui se trouvait auprès d'un vase de fleurs, et le fit briller à deux doigts de la poitrine du jeune homme surpris.

— Bah! dit-elle en jetant cette arme, je ne t'estime pas assez pour te tuer! Ton sang est même trop vil pour être versé par des soldats, et je ne vois pour toi que le bourreau.

Ces paroles furent péniblement prononcées d'un ton bas, et elle trépignait des pieds comme un enfant gâté qui s'impatiente. Le marquis s'approcha d'elle en cherchant à la saisir.

— Ne me touchez pas! s'écria-t-elle en se reculant par un mouvement d'horreur.

— Elle est folle, se dit le marquis au désespoir.

— Oui, folle, répéta-t-elle, mais pas encore assez pour être ton jouet. Que ne pardonnerais-je pas à la passion; mais vouloir me posséder sans amour, et l'écrire à cette...

— A qui donc ai-je écrit? demanda-t-il avec un étonnement qui certes n'était pas joué.

— A cette femme chaste qui voulait me tuer.

Là, le marquis pâlit, serra le dos du fauteuil qu'il tenait, de manière à le briser, et s'écria : — Si madame du Gua a été capable de quelque noirceur...

Mademoiselle de Verneuil chercha la lettre, ne la retrouva plus, appela Francine, et la Bretonne vint.

— Où est cette lettre ?

— M. Corentin l'a prise.

— Corentin ! Ah ! je comprends tout, il a fait la lettre, et m'a trompée comme il trompe, avec un art diabolique.

Après avoir jeté un cri perçant, elle alla tomber sur le sopha, et un déluge de larmes sortit de ses yeux. Le doute comme la certitude était horrible. Le marquis se précipita aux pieds de sa maîtresse, la serra contre son cœur en lui répétant dix fois ces mots, les seuls qu'il pût prononcer : — Pourquoi pleurer, mon ange ? où est le mal ? Tes injures sont pleines d'amour. Ne pleure donc pas, je t'aime ! je t'aime toujours.

Tout à coup il se sentit presser par elle avec une force surnaturelle, et, au milieu de ses sanglots : — Tu m'aimes encore ?... dit-elle.

— Tu en doutes, répondit-il d'un ton presque mélancolique.

Elle se dégagea brusquement de ses bras et se sauva, comme effrayée et confuse, à deux pas de lui.

— Si j'en doute ?... s'écria-t-elle.

Elle vit le marquis souriant avec une si douce ironie, que les paroles expirèrent sur ses lèvres. Elle se laissa prendre par la main et conduire jusque sur le seuil de la porte. Marie aperçut au fond du salon un autel dressé à la hâte pendant son absence. Le prêtre était en ce moment revêtu de son costume sacerdotal. Des cierges allumés jetaient sur le plafond un éclat aussi doux que l'espérance. Elle reconnut, dans les deux hommes qui l'avaient saluée, le comte de Bauvan et le baron du Guénic, deux témoins choisis par Montauran.

— Me refuseras-tu toujours ? lui dit tout bas le marquis.

A cet aspect elle fit tout à coup un pas en arrière pour regagner sa chambre, tomba sur les genoux, leva les mains vers le marquis et lui cria : — Ah ! pardon ! pardon ! pardon !

Sa voix s'éteignit, sa tête se pencha en arrière, ses yeux se fermèrent, et elle resta entre les bras du marquis et de Francine comme si elle eût expiré. Quand elle ouvrit les yeux, elle rencontra le regard du jeune chef, un regard plein d'une amoureuse bonté.

— Marie, patience ! cet orage est le dernier, dit-il.

— Le dernier ! répéta-t-elle.

Francine et le marquis se regardèrent avec surprise, mais elle leur imposa silence par un geste.

— Appelez le prêtre, dit-elle, et laissez-moi seule avec lui.
Ils se retirèrent.

— Mon père, dit-elle au prêtre qui apparut soudain devant elle, mon père, dans mon enfance, un vieillard à cheveux blancs, semblable à vous, me répétait souvent qu'avec une foi bien vive on obtenait tout de Dieu, est-ce vrai ?

— C'est vrai, répondit le prêtre. Tout est possible à celui qui a tout créé.

Mademoiselle de Verneuil se précipita à genoux avec un incroyable enthousiasme : — O mon Dieu ! dit-elle dans son extase, ma foi en toi est égale à mon amour pour lui ! inspire-moi ! Fais ici un miracle, ou prends ma vie

— Vous serez exaucée, dit le prêtre.

Mademoiselle de Verneuil vint s'offrir à tous les regards en s'appuyant sur le bras de ce vieux prêtre à cheveux blancs. Une émotion profonde et secrète la livrait à l'amour d'un amant, plus brillante qu'en aucun jour passé, car une sérénité pareille à celle que les peintres se plaisent à donner aux martyrs imprimait à sa figure un caractère imposant. Elle tendit la main au marquis, et ils s'avancèrent ensemble vers l'autel, où ils s'agenouillèrent. Ce mariage qui allait être béni à deux pas du lit nuptial, cet autel élevé à la hâte, cette croix, ces vases, ce calice apportés secrètement par un prêtre, cette fumée d'encens répandue sous des corniches qui n'avaient encore vu que la fumée des repas; ce prêtre qui ne portait qu'une étole par-dessus sa soutane ; ces cierges dans un salon, tout formait une scène touchante et bizarre qui achève de peindre ces temps de triste mémoire où la discorde civile avait renversé les institutions les plus saintes. Les cérémonies religieuses avaient alors toute la grâce des mystères. Les enfants étaient ondoyés dans les chambres où gémissaient encore les mères. Comme autrefois, le Seigneur allait, simple et pauvre, consoler les mourants. Enfin les jeunes filles recevaient pour la première fois le pain sacré dans le lieu même où elles jouaient la veille. L'union du marquis et de mademoiselle de Verneuil allait être consacrée, comme tant d'autres unions, par un acte contraire à la législation nouvelle ; mais plus tard, ces mariages, bénis pour la plupart au pied des chênes, furent tous scrupuleusement reconnus. Le prêtre qui conservait ainsi les anciens usages jusqu'au dernier moment, était un de ces hommes fidèles à leurs principes aux fort des orages. Sa voix, pure du serment exigé par la République, ne répandait à travers la tempête que des paroles de paix. Il n'attisait pas, comme l'avait fait l'abbé Gudin, le feu de l'incendie; mais il s'était, avec beaucoup d'autres, voué à la dangereuse mission d'accomplir les devoirs du sacerdoce pour les âmes restées catholiques. Afin de réussir dans ce périlleux ministère, il usait de tous les pieux artifices nécessités par la persécution, et le marquis n'avait pu le trouver que dans une de ces excavations qui, de nos jours encore, portent le nom de *la cachette du prêtre*. La vue de cette figure pâle et souffrante inspirait si bien la prière et le respect, qu'elle suffisait pour donner à cette salle mondaine l'aspect d'un saint lieu. L'acte de malheur et de joie était tout prêt. Avant de commencer la cérémonie, le prêtre demanda, au milieu d'un profond silence, les noms de la fiancée.

— Marie-Nathalie, fille de mademoiselle Blanche de Castéran, décédée abbesse de Notre-Dame de Séez et de Victor-Amédée, duc de Verneuil.

— Née?

— A la Chasterie, près d'Alençon.

— Je ne croyais pas, dit tout bas le baron au comte, que Montauran ferait la sottise de l'épouser! La fille naturelle d'un duc, fi donc!

— Si c'était du roi, encore passe, répondit le comte de Bauvan en souriant, mais ce n'est pas moi qui le blâmerai; l'autre me plaît, et ce sera sur cette *Jument de Charrette* que je vais maintenant faire la guerre. Elle ne roucoule pas, celle-là!...

Les noms du marquis avaient été remplis à l'avance, les deux amants signèrent et les témoins après. La cérémonie commença. En ce moment, Marie entendit seule le bruit des fusils et celui de la marche lourde et régulière des soldats qui venaient sans doute relever le poste de Bleus qu'elle avait fait placer dans l'église. Elle tressaillit et leva les yeux sur la croix de l'autel.

— La voilà une sainte, dit tout bas Francine.

— Qu'on me donne de ces saintes-là, et je serai diablement dévot, ajouta le comte à voix basse.

Lorsque le prêtre fit à mademoiselle de Verneuil la question d'usage, elle répondit par un oui accompagné d'un soupir profond. Elle se pencha à l'oreille de son mari et lui dit : — Dans peu vous saurez pourquoi je manque au serment que j'avais fait de ne jamais vous épouser.

Lorsqu'après la cérémonie, l'assemblée passa dans une salle où le dîner avait été servi, et au moment où les convives s'assirent, Jérémie arriva tout épouvanté. La pauvre mariée se leva brusquement, alla au-devant de lui, suivie de Francine, et, sur un de ces prétextes que les femmes savent si bien trouver, elle pria le marquis de faire tout seul pendant un moment les honneurs du repas, et emmena le domestique avant qu'il eût commis une indiscrétion qui serait devenue fatale.

— Ah! Francine, se sentir mourir, et ne pas pouvoir dire : Je meurs!... s'écria mademoiselle de Verneuil qui ne reparut plus.

Cette absence pouvait trouver sa justification dans la cérémonie qui venait d'avoir lieu. A la fin du repas, et au moment où l'inquiétude du marquis était au comble, Marie revint dans tout l'éclat du vêtement des mariées. Sa figure était joyeuse et calme, tandis que Francine qui l'accompagnait avait une terreur si profonde empreinte sur tous les traits, qu'il semblait aux convives voir dans ces deux figures un tableau bizarre où l'extravagant pinceau de Salvator Rosa aurait représenté la vie et la mort se tenant par la main.

— Messieurs, dit-elle au prêtre, au baron, au comte, vous serez mes hôtes pour ce soir, car il y aurait trop de dangers pour vous à sortir de Fougères. Cette bonne fille a mes instructions et conduira chacun de vous dans son appartement.

— Pas de rébellion, dit-elle au prêtre qui allait parler, j'espère que vous ne désobéirez pas à une femme le jour de ses noces.

Une heure après, elle se trouva seule avec son amant dans la chambre voluptueuse qu'elle avait si gracieusement disposée. Ils arrivèrent enfin à ce lit fatal où, comme dans un tombeau, se brisent tant d'espérances, où le réveil à une belle vie est si incertain, où meurt, où naît l'amour, suivant la portée des caractères qui ne s'éprouvent que là. Marie regarda la pendule, et se dit : Six heures à vivre.

— J'ai donc pu dormir, s'écria-t-elle vers le matin réveillée en sursaut par un de ces mouvements soudains qui nous font tressaillir lorsqu'on a fait la veille un pacte en soi-même afin de s'éveiller le lendemain à une certaine heure. — Oui, j'ai dormi, répéta-t-elle en voyant à la lueur des bougies que l'aiguille de la pendule allait bientôt marquer deux heures du matin. Elle se retourna et contempla le marquis endormi, la tête appuyée sur une de ses mains, à la manière des enfants, et de l'autre serrant celle de sa femme en souriant à demi, comme s'il se fût endormi au milieu d'un baiser.

— Ah! se dit-elle à voix basse, il a le sommeil d'un enfant! Mais pouvait-il se défier de moi, de moi qui lui dois un bonheur sans nom?

Elle le poussa légèrement, il se réveilla et acheva de sourire. Il baisa la main qu'il tenait, et regarda cette malheureuse femme avec des yeux si étincelants, que, n'en pouvant soutenir le voluptueux éclat, elle déroula lentement ses larges paupières, comme pour s'interdire à elle-même une dangereuse contemplation; mais en voilant ainsi le feu de ses regards, elle excitait si bien le désir en paraissant s'y refuser, que si elle n'avait pas eu de profondes terreurs à cacher, son mari aurait pu l'accuser d'une trop grande coquetterie. Ils relevèrent ensemble leurs têtes charmantes, et se firent mutuellement un signe de reconnaissance plein des plaisirs qu'ils avaient goûtés; mais après un rapide examen du délicieux tableau que lui offrait la figure de sa femme, le marquis, attribuant à un sentiment de mélancolie les nuages répandus sur le front de Marie, lui dit d'une voix douce : — Pourquoi cette ombre de tristesse, mon amour?

— Pauvre Alphonse, où crois-tu donc que je t'aie mené? demanda-t-elle en tremblant.

— Au bonheur.

— A la mort.

Et tressaillant d'horreur, elle s'élança hors du lit; le marquis étonné la suivit, sa femme l'amena près de la fenêtre. Après un geste délirant qui lui échappa, Marie releva les rideaux de la croisée, et lui montra du doigt sur la place une vingtaine de soldats. La lune, ayant dissipé le brouillard, éclairait de sa blanche lumière les habits, les fusils, l'impassible Corentin qui allait et venait comme un chacal attendant sa proie, et le commandant, les bras croisés, immobile, le nez en l'air, les lèvres retroussées, attentif et chagrin.

— Eh! laissons-les, Marie, et reviens.

— Pourquoi ris-tu, Alphonse? c'est moi qui les ai placés là.

— Tu rêves?

— Non!

Ils se regardèrent un moment, le marquis devina tout, et la serrant dans ses bras : — Va! je t'aime toujours, dit-il.

— Tout n'est donc pas perdu, s'écria Marie. — Alphonse, dit elle après une pause, il y a de l'espoir.

En ce moment, ils entendirent distinctement le cri sourd de la chouette, et Francine sortit tout à coup du cabinet de toilette.

— Pierre est là, dit-elle avec une joie qui tenait du délire.

La marquise et Francine revêtirent Montauran d'un costume de Chouan, avec cette étonnante promptitude qui n'appartient qu'aux femmes. Lorsque la marquise vit son mari occupé à charger les armes que Francine apporta, elle s'esquiva lestement après avoir fait un signe d'intelligence à sa fidèle Bretonne. Francine conduisit alors le marquis dans le cabinet de toilette attenant à la chambre. Le jeune chef, en voyant une grande quantité de draps fortement attachés, put se convaincre de l'active sollicitude avec laquelle la Bretonne avait travaillé à tromper la vigilance des soldats.

— Jamais je ne pourrai passer par là, dit le marquis en examinant l'étroite baie de l'œil-de-bœuf.

En ce moment une grosse figure noire en remplit entièrement l'ovale, et une voix rauque, bien connue de Francine, cria doucement : — Dépêchez-vous, mon général, ces crapauds de Bleus se remuent.

— Oh ! encore un baiser, dit une voix tremblante et douce.

Le marquis, dont les pieds atteignaient l'échelle libératrice, mais qui avait encore une partie du corps engagée dans l'œil-de-bœuf, se sentit pressé par une étreinte de désespoir. Il jeta un cri en reconnaissant ainsi que sa femme avait pris ses habits ; il voulut la retenir, mais elle s'arracha brusquement de ses bras, et il se trouva forcé de descendre. Il gardait à la main un lambeau d'étoffe, et la lueur de la lune venant à l'éclairer soudain, il s'aperçut que ce lambeau devait appartenir au gilet qu'il avait porté la veille.

— Halte ! feu de peloton.

Ces mots, prononcés par Hulot au milieu d'un silence qui avait quelque chose d'horrible, rompirent le charme sous l'empire duquel semblaient être les hommes et les lieux. Une salve de balles arrivant du fond de la vallée jusqu'au pied de la tour succéda aux décharges que firent les Bleus placés sur la Promenade. Le feu des Républicains n'offrit aucune interruption et fut continuel, impitoyable. Les victimes ne jetèrent pas un cri. Entre chaque décharge le silence était effrayant.

Cependant Corentin, ayant entendu tomber du haut de l'échelle un des personnages aériens qu'il avait signalés au commandant, soupçonna quelque piége.

— Pas un de ces animaux-là ne chante, dit-il à Hulot, nos deux amants sont bien capables de nous amuser ici par quelque ruse, tandis qu'ils se sauvent peut-être par un autre côté...

L'espion, impatient d'éclaircir le mystère, envoya le fils de Galope-Chopine chercher des torches. La supposition de Corentin avait été si bien comprise de Hulot, que le vieux soldat, préoccupé par le bruit d'un engagement très-sérieux qui avait lieu devant le poste de Saint-Léonard, s'écria : — C'est vrai, ils ne peuvent pas être deux.

Et il s'élança vers le corps de garde.

— On lui a lavé la tête avec du plomb, mon commandant, lui dit Beau-pied qui venait à la rencontre de Hulot ; mais il a tué Gudin et blessé deux hommes. Ah ! l'enragé ! il avait enfoncé trois rangées de nos lapins, et aurait gagné les champs sans le factionnaire de la porte Saint-Léonard qui l'a embroché avec sa baïonnette.

En entendant ces paroles, le commandant se précipita dans le corps de garde, et vit sur le lit de camp un corps ensanglanté que l'on venait d'y placer ; il s'approcha du prétendu marquis, leva le chapeau qui en couvrait la figure, et tomba sur une chaise.

— Je m'en doutais, s'écria-t-il en se croisant les bras avec force ; elle l'avait, sacré tonnerre, gardé trop longtemps.

Tous les soldats restèrent immobiles. Le commandant avait fait dérouler les longs cheveux noirs d'une femme. Tout à coup le silence fut interrompu par le bruit d'une multitude armée. Corentin entra dans le corps de garde en précédant quatre soldats qui, sur leurs fusils placés en forme de civière, portaient Montauran, auquel plusieurs coups de feu avaient cassé les deux cuisses et les bras. Le marquis fut déposé sur le lit de camp auprès de sa femme, il l'aperçut et trouva la force de lui prendre la main par un geste convulsif. La mourante tourna péniblement la tête, reconnut son mari, frissonna par une secousse horrible à voir, et murmura ces paroles d'une voix presque éteinte : — Un jour sans lendemain !... Dieu m'a trop bien exaucée.

— Commandant, dit le marquis en rassemblant toutes ses forces et sans quitter la main de Marie, je compte sur votre probité pour annoncer ma mort à mon jeune frère qui se trouve à Londres, écrivez-lui que s'il veut obéir à mes dernières paroles, il ne portera pas les armes contre la France, sans néanmoins abandonner le service du roi.

— Ce sera fait, dit Hulot en serrant la main du mourant.

— Portez-les à l'hôpital voisin, s'écria Corentin.

Hulot prit l'espion par le bras, de manière à lui laisser l'empreinte de ses ongles dans la chair, et lui dit : — Puisque ta besogne est finie par ici, fiche-moi le camp, et regarde bien la figure du commandant Hulot, pour ne jamais te trouver sur son passage, si tu ne veux pas qu'il fasse de ton ventre le fourreau de son bancal.

Et déjà le vieux soldat tirait son sabre.

— Voilà encore un de mes honnêtes gens qui ne feront jamais fortune, se dit Corentin quand il fut loin du corps de garde.

Le marquis put encore remercier par un signe de tête son adversaire, en lui témoignant cette estime que les soldats ont pour de loyaux ennemis.

En 1827, un vieil homme accompagné de sa femme marchandait des bestiaux sur le marché de Fougères, et personne ne lui disait rien quoiqu'il eût tué plus de cent personnes, on ne lui rappelait même point son surnom de Marche-à-terre ; la personne à qui l'on doit de précieux renseignements sur tous les personnages de cette Scène, le vit emmenant une vache et allant de cet air simple, ingénu qui fait dire : — Voilà un bien brave homme !

Quant à Cibot, dit Pille-miche, on a déjà vu comment il a fini. Peut-être Marche-à-terre essaya-t-il, mais vainement, d'arracher son compagnon à l'échafaud, et se trouvait-il sur la place d'Alençon, lors de l'effroyable tumulte qui fut un des événements du fameux procès Rifoël, Briond et La Chanterie.

Fougères, août 1827.

UNE PASSION DANS LE DÉSERT

— Ce spectacle est effrayant ! s'écria-t-elle en sortant de la ménagerie de monsieur Martin.

Elle venait de contempler ce hardi spéculateur *travaillant* avec sa hyène, pour parler en style d'affiche.

— Par quels moyens, dit-elle en continuant, peut-il avoir apprivoisé ses animaux au point d'être assez certain de leur affection pour...

— Ce fait qui vous semble un problème, répondis-je en l'interrompant, est cependant une chose naturelle...

— Oh ! s'écria-t-elle en laissant errer sur ses lèvres un sourire d'incrédulité.

— Vous croyez donc les bêtes entièrement dépourvues de passions ? lui demandai-je, apprenez que nous pouvons leur donner tous les vices dus à notre état de civilisation.

Elle me regarda d'un air étonné.

— Mais, repris-je, en voyant monsieur Martin pour la première fois, j'avoue qu'il m'est échappé, comme à vous, une exclamation de surprise. Je me trouvais alors près d'un ancien militaire amputé de la jambe droite entré avec moi. Cette figure m'avait frappé. C'était une de ces têtes intrépides, marquées du sceau de la guerre et sur lesquelles sont écrites les batailles de Napoléon. Ce vieux soldat avait surtout un air de franchise et de gaieté qui me prévient toujours favorablement. C'était sans doute un de ces troupiers que rien ne surprend, qui trouvent matière à rire dans la dernière grimace d'un camarade, l'ensevelissent ou le dépouillent gaiement, interpellent les boulets avec autorité, dont enfin les délibérations sont courtes, et qui fraterniseraient avec le diable. Après avoir regardé fort attentivement le propriétaire de la ménagerie au moment où il sortait de la loge, mon compagnon plissa ses lèvres de manière à formuler un dédain moqueur par cette espèce de mouc significative que se permettent les hommes supérieurs pour se faire distinguer des dupes. Aussi, quand je me récriai sur le courage de monsieur Martin, sourit-il, et me dit-il d'un air capable en hochant la tête : — Connu !

— Comment, connu ? lui répondis-je. Si vous voulez m'expliquer ce mystère, je vous serai très-obligé.

Après quelques instants pendant lesquels nous fîmes connaissance, nous allâmes dîner chez le premier restaurateur dont la boutique s'offrit à nos regards. Au dessert, une bouteille de vin de Champagne rendit aux souvenirs de ce curieux soldat toute leur clarté. Il me raconta son histoire et je vis qu'il avait eu raison de s'écrier : — *Connu !*

Rentré chez elle, elle me fit tant d'agaceries, tant de promesses, que je consentis à lui rédiger la confidence du soldat. Le lendemain elle reçut donc cet épisode d'une épopée qu'on pourrait intituler : Les Français en Égypte.

●

―――――

Lors de l'expédition entreprise dans la Haute-Égypte par le général Desaix, un soldat provençal, étant tombé au pouvoir des Maugrabins, fut emmené par ces Arabes dans les déserts situés au delà des cataractes du Nil. Afin de mettre entre eux et l'armée française un espace suffisant pour leur tranquillité, les Maugrabins firent une marche forcée, et ne s'arrêtèrent qu'à la nuit. Ils campèrent autour d'un puits masqué par des palmiers, auprès desquels ils avaient précédemment enterré quelques provisions. Ne supposant pas que l'idée de fuir pût venir à leur prisonnier, ils se contentèrent de lui attacher les mains, et s'endormirent tous après avoir mangé quelques dattes et donné de l'orge à leurs chevaux. Quand le hardi Provençal vit ses ennemis hors d'état de le surveiller, il se servit de ses dents pour s'emparer d'un cimeterre, puis, s'aidant de ses genoux pour en fixer la lame, il trancha les cordes qui lui ôtaient l'usage de ses mains et se trouva libre. Aussitôt il se saisit d'une carabine et d'un poignard, se précautionna d'une provision de dattes sèches, d'un petit sac d'orge, de poudre et de balles ; ceignit un cimeterre, monta sur un cheval, et piqua vivement dans la direction où il supposa que devait être l'armée française. Impatient de revoir un bivouac, il pressa tellement le coursier déjà fatigué, que le pauvre animal expira, les flancs déchirés, laissant le Français au milieu du désert.

Après avoir marché pendant quelque temps dans le sable avec tout le courage d'un forçat qui s'évade, le soldat fut forcé de s'arrêter, le jour finissait. Malgré la beauté du ciel pendant les nuits en Orient, il ne se sentit pas la force de continuer son chemin. Il avait heureusement pu gagner une éminence sur le haut de laquelle s'élançaient quelques palmiers, dont les feuillages aperçus depuis longtemps avaient réveillé dans son cœur les plus douces espérances. Sa lassitude était si grande qu'il se coucha sur une pierre de granit, capricieusement taillée en lit de camp, et s'y endormit sans prendre aucune précaution pour sa défense pendant son sommeil. Il avait fait le sacrifice de sa vie. Sa dernière pensée fut même un regret. Il se repentait déjà d'avoir quitté les Maugrabins dont la vie errante commençait à lui sourire, depuis qu'il était loin d'eux et sans secours. Il fut réveillé par le soleil, dont les impitoyables rayons, tombant d'aplomb sur le granit, y produisaient une chaleur intolérable. Or, le Provençal avait eu la maladresse de se placer en sens inverse de l'ombre projetée par les têtes verdoyantes et majestueuses des palmiers... Il regarda ces arbres solitaires, et tressaillit ! ils lui rappelèrent les fûts élégants et couronnés de longues feuilles qui distinguent les colonnes sarrasines de la cathédrale d'Arles. Mais quand, après avoir compté les palmiers, il jeta les yeux autour de lui, le plus affreux désespoir fondit sur son âme. Il voyait un océan sans bornes. Les sables noirâtres du désert s'étendaient à perte de vue dans toutes les directions, et ils étincelaient comme une lame d'acier frappée par une vive lumière. Il ne savait pas si c'était une mer de glaces ou des lacs unis comme un miroir. Emportée par lames, une vapeur de feu tourbillonnait au-dessus de cette terre mouvante. Le ciel avait un éclat oriental d'une pureté désespérante, car il ne laisse alors rien à désirer à l'imagination. Le ciel et la terre étaient en feu. Le silence effrayait par sa majesté sauvage et terrible. L'infini, l'immensité, pressaient l'âme de toutes parts : pas un nuage au ciel, pas un souffle dans l'air, pas un accident au sein du sable agité par petites vagues menues ; enfin l'horizon finissait, comme en mer, quand il fait beau, par une ligne de lumière aussi déliée que le tranchant d'un sabre. Le Provençal serra le tronc d'un des palmiers, comme si c'eût été le corps d'un ami ; puis, à l'abri de l'ombre grêle et droite que l'arbre dessinait sur le granit, il pleura, s'assit et resta là, contemplant avec une tristesse profonde la scène implacable qui s'offrait à ses regards. Il cria comme pour tenter la solitude. Sa voix, perdue dans les cavités de l'éminence, rendit au loin un son maigre qui ne réveilla point d'écho; l'écho était dans son cœur : le Provençal avait vingt-deux ans, il arma sa carabine.

— Il sera toujours bien temps ! se dit-il en posant à terre l'arme libératrice.

Regardant tour à tour l'espace noirâtre et l'espace bleu, le soldat rêvait à la France. Il sentait avec délice les ruisseaux de Paris, il se rappelait les villes par lesquelles il avait passé, les figures de ses camarades, et les plus légères circonstances de sa vie. Enfin, son imagination méridionale lui fit bientôt entrevoir les cailloux de sa chère Provence dans les jeux de la chaleur qui ondoyait au-dessus de la nappe étendue dans le désert. Craignant tous les dangers de ce cruel mirage, il descendit le revers opposé à celui par lequel il était monté, la veille, sur la colline. Sa joie fut grande en découvrant une espèce de grotte, naturellement taillée dans les immenses fragments de granit qui formaient la base de ce monticule. Les débris d'une natte annonçaient que cet asile avait été jadis habité. Puis à quelques pas il aperçut des palmiers chargés de dattes. Alors l'instinct qui nous attache à la vie se réveilla dans son cœur. Il espéra vivre assez pour attendre le passage de quelques Maugrabins, ou peut-être ! entendrait-il bientôt le bruit des canons; car, en ce moment, Bonaparte parcourait l'Égypte. Ranimé par cette pensée, le Français abattit quelques régimes de fruits mûrs sous le poids desquels les dattiers semblaient fléchir, et il s'assura en goûtant cette manne inespérée, que l'habitant de la grotte avait cultivé les palmiers. La chair savoureuse et fraîche de la datte accusait en effet les soins de son prédécesseur. Le Provençal passa subitement d'un sombre désespoir à une joie preque folle. Il remonta sur le haut de la colline, et s'occupa pendant le reste du jour à couper un des palmiers inféconds qui, la veille, lui avaient servi de toit. Un vague souvenir lui fit penser aux animaux du désert ; et, prévoyant qu'ils pourraient venir boire à la source perdue dans les sables qui apparaissait au bas des quartiers de roche, il résolut de se garantir de leurs visites en mettant une barrière à la porte de son ermitage. Malgré son ardeur, malgré les forces que lui donna la peur d'être dévoré pendant son sommeil, il lui fut impossible de couper le palmier en plusieurs morceaux dans cette journée ; mais il réussit à l'abattre. Quand, vers le soir, ce roi du désert tomba, le bruit de sa chute retentit au loin, et ce fut comme un gémissement poussé par la solitude ; le soldat en frémit comme s'il eût entendu quelque voix lui prédire un malheur. Mais, comme un héritier qui ne s'apitoie pas longtemps sur la mort d'un parent, il dépouilla ce bel arbre des larges et hautes feuilles vertes qui en sont le poétique ornement, et s'en servit pour réparer la natte sur laquelle il allait se coucher. Fatigué par la chaleur et le travail, il s'endormit sous les lambris rouges de sa grotte humide. Au milieu de la nuit son sommeil fut troublé par un bruit extraordinaire. Il se dressa sur son séant, et le silence profond qui régnait lui permit de reconnaître l'accent alternatif d'une respiration dont la sauvage énergie ne pouvait appartenir à une créature humaine. Une profonde peur, encore augmentée par l'obscurité, par le silence et par les fantaisies du réveil lui glaça le cœur. Il sentit même à peine la douloureuse contraction de sa chevelure quand, à force de dilater les pupilles de ses yeux, il aperçut dans l'ombre deux lueurs faibles et jaunes. D'abord il attribua ces lumières à quelque reflet de ses prunelles ; mais bientôt, le vif éclat de la nuit l'aidant par degrés à distinguer les objets qui se trouvaient dans la grotte, il aperçut un énorme animal couché à deux pas de lui. Était-ce un lion, un tigre, ou un crocodile ? Le Provençal n'avait pas assez d'instruction pour savoir dans quel sous-genre était classé son ennemi ; mais son effroi fut d'autant plus violent que son ignorance lui fit supposer tous les malheurs ensemble. Il endura le cruel supplice d'écouter, de saisir les caprices de cette respiration, sans en rien perdre, et sans oser se permettre le moindre mouvement. Une odeur aussi forte que celle exhalée par les renards, mais plus pénétrante, plus grave pour ainsi dire, remplissait la grotte ; et quand le Provençal l'eut dégustée du nez, sa terreur fut au comble, car il ne pouvait plus révoquer en doute l'existence du terrible compagnon, dont l'antre royal lui servait de bivouac. Bientôt les reflets de la lune qui se précipitait vers l'horizon éclairant la tanière firent insensiblement resplendir la peau tachetée d'une panthère. Ce lion d'Égypte dormait, roulé comme un gros chien, paisible possesseur d'une niche somptueuse à la porte d'un hôtel ; ses yeux, ouverts pendant un moment, s'étaient refermés. Il avait la face tournée vers le Français. Mille pensées confuses passèrent dans l'âme du prisonnier de la panthère ; d'abord il vou-

lut la tuer d'un coup de fusil; mais il s'aperçut qu'il n'y avait pa
assez d'espace entre elle et lui pour l'ajuster, le canon aurait dépassé l'animal. Et s'il l'éveillait? Cette hypothèse le rendit immobile. En écoutant battre son cœur au milieu du silence, il maudissait
les pulsations trop fortes que l'affluence du sang y produisait, redoutant de troubler ce sommeil qui lui permettait de chercher un expédient salutaire. Il mit la main deux fois sur son cimeterre dans le
dessein de trancher la tête à son ennemi; mais la difficulté de couper un poil ras et dur l'obligea de renoncer à ce hardi projet. —
La manquer? ce serait mourir sûrement, pensa-t-il. Il préféra les
chances d'un combat, et résolut d'attendre le jour. Et le jour ne se
fit pas longtemps désirer. Le Français put alors examiner la panthère; elle avait le museau teint de sang. —Elle a bien mangé!...
pensa-t-il sans s'inquiéter si le festin avait été composé de chair
humaine, elle n'aura pas faim à son réveil.

C'était une femelle. La fourrure du ventre et des cuisses étincelait de blancheur. Plusieurs petites taches, semblables à du velours,
formaient de jolis bracelets autour des pattes. La queue musculeuse était également blanche, mais terminée par des anneaux
noirs. Le dessus de la robe, jaune comme de l'or mat, mais bien
lisse et doux, portait ces mouchetures caractéristiques, nuancées
en forme de roses, qui servent à distinguer les panthères des autres
espèces de *felis*. Cette tranquille et redoutable hôtesse ronflait
dans une pause aussi gracieuse que celle d'une chatte couchée sur
le coussin d'une ottomane. Ses sanglantes pattes, nerveuses et bien
armées, étaient en avant de sa tête qui reposait dessus, et de laquelle partaient ces barbes rares et droites, semblables à des fils
d'argent. Si elle avait été ainsi dans une cage, le Provençal aurait
certes admiré la grâce de cette bête et les vigoureux contrastes des
couleurs vives qui donnaient à sa simarre un éclat impérial; mais
en ce moment il sentait sa vue troublée par cet aspect sinistre. La
présence de la panthère, même endormie, lui faisait éprouver l'effet que les yeux magnétiques du serpent produisent, dit-on, sur le
rossignol. Le courage du soldat finit par s'évanouir un moment
devant ce danger, tandis qu'il se serait sans doute exalté sous la
bouche des canons vomissant la mitraille. Cependant, une pensée
intrépide se fit jour en son âme, et tarit, dans sa source, la sueur
froide qui lui découlait du front. Agissant comme les hommes qui,
poussés à bout par le malheur, arrivent à défier la mort et s'offrent

à ses coups, il vit sans s'en rendre compte une tragédie dans cette aventure, et résolut d'y jouer son rôle avec honneur jusqu'à la dernière scène.

— Avant-hier, les Arabes m'auraient peut-être tué?... se dit-il. Se considérant comme mort, il attendit bravement et avec une inquiète curiosité le réveil de son ennemi. Quand le soleil parut, la panthère ouvrit subitement les yeux ; puis elle étendit violemment ses pattes, comme pour les dégourdir et dissiper des crampes. Enfin elle bâilla, montrant ainsi l'épouvantable appareil de ses dents et sa langue fourchue, aussi dure qu'une râpe. — C'est comme une petite maîtresse!... pensa le Français en la voyant se rouler et faire les mouvements les plus doux et les plus coquets. Elle lécha le sang qui teignait ses pattes, son museau, et se gratta la tête par des gestes réitérés pleins de gentillesse. — Bien!... Fais un petit bout de toilette!... dit en lui-même le Français qui retrouva sa gaieté en reprenant du courage, nous allons nous souhaiter le bonjour. Et il saisit le petit poignard court dont il avait débarrassé les Maugrabins.

En ce moment, la panthère retourna la tête vers le Français, et le regarda fixement sans avancer. La rigidité de ses yeux métalliques et leur insupportable clarté firent tressaillir le Provençal, surtout quand la bête marcha vers lui; mais il la contempla d'un air caressant, et la guignant comme pour la magnétiser, il la laissa venir près de lui ; puis, par un mouvement aussi doux, aussi amoureux que s'il avait voulu caresser la plus jolie femme, il lui passa la main sur tout le corps, de la tête à la queue, en irritant avec ses ongles les flexibles vertèbres qui partageaient le dos jaune de la panthère. La bête redressa voluptueusement sa queue, ses yeux s'adoucirent ; et quand, pour la troisième fois, le Français accomplit cette flatterie intéressée, elle fit entendre un de ces *rourou* par lesquels nos chats expriment leur plaisir; mais ce murmure partait d'un gosier si puissant et si profond, qu'il retentit dans la grotte comme les derniers ronflements des orgues dans une église. Le Provençal, comprenant l'importance de ses caresses, les redoubla de manière à étourdir, à stupéfier cette courtisane impérieuse. Quand il se crut sûr d'avoir éteint la férocité de sa capricieuse compagne, dont la faim avait été si heureusement assouvie la veille, il se leva et voulut sortir de la grotte; la panthère le laissa bien partir, mais quand il eut gravi la colline, elle bondit avec la légèreté des moineaux sautant d'une branche à une autre, et vint se frotter contre les jambes du soldat en faisant le gros dos à la manière des chattes. Puis, regardant son hôte d'un œil dont l'éclat était devenu moins inflexible, elle jeta ce cri sauvage que les naturalistes comparent au bruit d'une scie.

— Elle est exigeante ! s'écria le Français en souriant. Il essaya de jouer avec les oreilles, de lui caresser le ventre et lui gratter fortement la tête avec ses ongles. Et, s'apercevant de ses succès, il lui chatouilla le crâne avec la pointe de son poignard, en épiant l'heure de la tuer ; mais la dureté des os le fit trembler de ne pas réussir.

La sultane du désert agréa les talents de son esclave en levant la tête, en tendant le cou, en accusant son ivresse par la tranquillité de son attitude. Le Français songea soudain que, pour assassiner d'un seul coup cette farouche princesse, il fallait la poignarder dans la gorge, et il levait la lame, quand la panthère, rassasiée sans doute, se coucha gracieusement à ses pieds en jetant de temps en temps des regards où, malgré une rigueur native, se peignait confusément de la bienveillance. Le pauvre Provençal mangea ses dattes, en s'appuyant sur un des palmiers ; mais il lançait tour à tour un œil investigateur sur le désert pour y chercher des libérateurs, et sur sa terrible compagne pour en épier la clémence incertaine. La panthère regardait l'endroit où les noyaux de datte tombaient, chaque fois qu'il en jetait un, et ses yeux exprimaient alors une incroyable méfiance. Elle examinait le Français avec une prudence commerciale ; mais cet examen lui fut favorable, car lorsqu'il eut achevé son maigre repas, elle lui lécha ses souliers, et, d'une langue rude et forte, elle en enleva miraculeusement la poussière incrustée dans les plis.

— Mais quand elle aura faim ?... pensa le Provençal. Malgré le frisson que lui causa son idée, le soldat se mit à mesurer curieusement les proportions de la panthère, certainement un des plus beaux individus de l'espèce, car elle avait trois pieds de hauteur et quatre pieds de longueur, sans y comprendre la queue. Cette arme puissante, ronde comme un gourdin, était haute de près de trois pieds. La tête, aussi grosse que celle d'une lionne, se distinguait par une rare expression de finesse ; la froide cruauté des tigres y dominait bien, mais il y avait aussi une vague ressemblance avec la physionomie d'une femme artificieuse. Enfin la figure de cette reine solitaire révélait en ce moment une sorte de gaieté semblable à celle de Néron ivre : elle s'était désaltérée dans le sang et voulait jouer. Le soldat essaya d'aller et de venir, la panthère le laissa libre, se contentant de le suivre des yeux, ressemblant ainsi moins à un chien fidèle qu'à un gros angora inquiet de tout, même des mouvements de son maître. Quand il se retourna, il aperçut du côté de la fontaine les restes de son cheval, la panthère en avait traîné jusque-là le cadavre. Les deux tiers environ étaient dévorés. Ce spectacle rassura le Français. Il lui fut facile alors d'expliquer l'absence de la panthère, et le respect qu'elle avait eu pour lui pendant son sommeil. Ce premier bonheur l'enhardissant à tenter l'avenir, il conçut le fol espoir de faire bon ménage avec la panthère pendant toute la journée, en ne négligeant aucun moyen de l'apprivoiser et de se concilier ses bonnes grâces. Il revint près d'elle et eut l'ineffable bonheur de lui voir remuer la queue par un mouvement presque insensible. Il s'assit alors sans crainte auprès d'elle, et ils se mirent à jouer tous les deux, il lui prit les pattes, le museau, lui tournilla les oreilles, la renversa sur le dos, et gratta fortement ses flancs chauds et soyeux. Elle se laissa faire, et quand le soldat essaya de lui lisser le poil des pattes, elle rentra soigneusement ses ongles recourbés comme des damas. Le Français, qui gardait une main sur son poignard, pensait encore à le plonger dans le ventre de la trop confiante panthère; mais il craignit d'être immédiatement étranglé dans la dernière convulsion qui l'agiterait. Et d'ailleurs, il entendit dans son cœur une sorte de remords qui lui criait de respecter une créature inoffensive. Il lui semblait avoir trouvé une amie dans ce désert sans bornes. Il songea involontairement à sa première maîtresse, qu'il avait surnommée *Mignonne* par antiphrase, parce qu'elle était d'une si atroce jalousie, que pendant tout le temps que dura leur passion, il eut à craindre le couteau dont elle l'avait toujours menacé. Ce souvenir de son jeune âge lui suggéra d'essayer de faire répondre à ce nom la jeune panthère de laquelle il admirait, maintenant avec moins d'effroi, l'agilité, la grâce et la mollesse.

Vers la fin de la journée, il s'était familiarisé avec sa situation périlleuse, et il en aimait presque les angoisses. Enfin sa compagne avait fini par prendre l'habitude de le regarder quand il criait en voix de fausset : « *Mignonne*. » Au coucher du soleil, Mignonne fit entendre à plusieurs reprises un cri profond et mélancolique.

— Elle est bien élevée !... pensa le gai soldat ; elle dit ses prières !...

Mais cette plaisanterie mentale ne lui vint en l'esprit que quand il eut remarqué l'attitude pacifique dans laquelle restait sa camarade.

— Va, ma petite blonde, je te laisserai coucher la première, lui dit-il en comptant bien sur l'activité de ses jambes pour s'évader au plus vite quand elle serait endormie, afin d'aller chercher un autre gîte pendant la nuit. Le soldat attendit avec impatience l'heure de sa fuite, et quand elle fut arrivée, il marcha vigoureusement dans la direction du Nil; mais à peine eut-il fait un quart de lieue dans les sables qu'il entendit la panthère bondissant derrière lui, et jetant par intervalles ce cri de scie, plus effrayant encore que le bruit lourd de ces bonds.

— Allons! se dit-il, elle m'a pris en amitié!... Cette jeune panthère n'a peut-être encore rencontré personne, il est flatteur d'avoir son premier amour! En ce moment le Français tomba dans un de ces sables mouvants si redoutables pour les voyageurs, et d'où il est impossible de se sauver. En se sentant pris, il poussa un cri d'alarme, la panthère le saisit avec ses dents par le collet; et, sautant avec vigueur en arrière, elle le tira du gouffre, comme par magie. — Ah! Mignonne, s'écria le soldat, en la caressant avec enthousiasme, c'est entre nous maintenant à la vie à la mort. Mais pas de farces? Et il revint sur ses pas.

Le désert fut dès lors comme peuplé. Il renfermait un être auquel le Français pouvait parler, et dont la férocité s'était adoucie pour lui, sans qu'il s'expliquât les raisons de cette incroyable amitié. Quelque puissant que fût le désir du soldat de rester debout et sur ses gardes, il dormit. A son réveil, il ne vit plus Mignonne; il monta sur la colline, et dans le lointain, il l'aperçut accourant par bonds, suivant l'habitude de ces animaux, auxquels la course est interdite par l'extrême flexibilité de leur colonne vertébrale. Mignonne arriva les babines sanglantes, elle reçut les caresses nécessaires que lui fit son compagnon, en témoignant même par plusieurs *rourou* graves combien elle en était heureuse. Ses yeux pleins de mollesse se tournèrent avec encore plus de douceur que la veille sur le Provençal, qui lui parlait comme à un animal domestique.

— Ah! ah! mademoiselle, car vous êtes une honnête fille, n'est-ce pas? Voyez-vous ça?... Nous aimons à être câlinée. N'avez-vous pas honte? Vous avez mangé quelque Maugrabin? — Bien! C'est pourtant des animaux comme vous!... Mais n'allez pas gruger les Français au moins... Je ne vous aimerais plus!

Elle joua comme un jeune chien joue avec son maître, se laissant rouler, battre et flatter tour à tour ; et parfois elle provoquait le soldat en avançant la patte sur lui, par un geste de solliciteur.

Quelques jours se passèrent ainsi. Cette compagnie permit au Provençal d'admirer les sublimes beautés du désert. Du moment où il y trouvait des heures de crainte et de tranquillité, des aliments, et une créature à laquelle il pensait, il eut l'âme agitée par des contrastes... C'était une vie pleine d'oppositions. La solitude lui révéla tous ses secrets, l'enveloppa de ses charmes. Il découvrit dans le lever et le coucher du soleil des spectacles inconnus au monde. Il sut tressaillir en entendant au-dessus de sa tête le doux sifflement des ailes d'un oiseau, — rare passager ! — en voyant les nuages se confondre, — voyageurs changeants et colorés ! Il étudia pendant la nuit les effets de la lune sur l'océan des sables où le simoün produisait des vagues, des ondulations et de rapides changements. Il vécut avec le jour de l'Orient, il en admira les pompes merveilleuses ; et souvent, après avoir joui du terrible spectacle d'un ouragan dans cette plaine où les sables soulevés produisaient des brouillards rouges et secs, des nuées mortelles, il voyait venir la nuit avec délices, car alors tombait la bienfaisante fraîcheur des étoiles. Il écouta des musiques imaginaires dans les cieux. Puis la solitude lui apprit à déployer les trésors de la rêverie. Il passait des heures entières à se rappeler des riens, à comparer sa vie passée à sa vie présente. Enfin il se passionna pour sa panthère ; car il lui fallait bien une affection. Soit que sa volonté, puissamment projetée, eût modifié le caractère de sa compagne, soit qu'elle trouvât une nourriture abondante, grâce aux combats qui se livraient alors dans ces déserts, elle respecta la vie du Français, qui finit par ne plus s'en défier en la voyant si bien apprivoisée. Il employait la plus grande partie du temps à dormir ; mais il était obligé de veiller, comme une araignée au sein de sa toile, pour ne pas laisser échapper le moment de sa délivrance, si quelqu'un passait dans la sphère décrite par l'horizon. Il avait sacrifié sa chemise pour en faire un drapeau, arboré sur le haut d'un palmier dépouillé de feuillage. Conseillé par la nécessité, il sut trouver le moyen de le garder déployé en le tendant avec des baguettes, car le vent aurait pu ne pas l'agiter au moment où le voyageur attendu regarderait dans le désert...

C'était pendant les longues heures où l'abandonnait l'espérance qu'il s'amusait avec la panthère. Il avait fini par connaître les différentes inflexions de sa voix, l'expression de ses regards, il avait étudié les caprices de toutes les taches qui nuançaient l'or de sa robe. Mignonne ne grondait même plus quand il lui prenait la touffe par laquelle sa redoutable queue était terminée, pour en compter les anneaux noirs et blancs, ornement gracieux, qui brillait de loin au soleil comme des pierreries. Il avait plaisir à contempler les lignes moelleuses et fines des contours, la blancheur du ventre, la grâce de la tête. Mais c'était surtout quand elle folâtrait qu'il la contemplait complaisamment, et l'agilité, la jeunesse de ses mouvements, le surprenaient toujours ; il admirait sa souplesse quand elle se mettait à bondir, à ramper, à se glisser, à se fourrer, à s'accrocher, se rouler, se blottir, s'élancer partout. Quelque rapide que fût son élan, quelque glissant que fût un bloc de granit, elle s'y arrêtait tout court, au mot de « Mignonne... »

Un jour, par un soleil éclatant, un immense oiseau plana dans les airs. Le Provençal quitta sa panthère pour examiner ce nouvel hôte ; mais après un moment d'attente, la sultane délaissée gronda sourdement. — Je crois, Dieu m'emporte, qu'elle est jalouse, s'écria-t-il en voyant ses yeux redevenus rigides. L'âme de Virginie aura passé dans ce corps-là, c'est sûr!... L'aigle disparut dans les airs pendant que le soldat admirait la croupe rebondie de la panthère. Mais il y avait tant de grâce et de jeunesse dans ses contours ! C'était joli comme une femme. La blonde fourrure de la robe se mariait par des teintes fines aux tons du blanc mat qui distinguait les cuisses. La lumière profusément jetée par le soleil faisait briller cet or vivant, ces taches brunes, de manière à leur donner d'indéfinissables attraits. Le Provençal et la panthère se regardèrent l'un et l'autre d'un air intelligent, la coquette tressaillit quand elle sentit les ongles de son ami lui gratter le crâne, ses yeux brillèrent comme deux éclairs, puis elle les ferma fortement.

— Elle a une âme... dit-il en étudiant la tranquillité de cette reine des sables, dorée comme eux, blanche comme eux, solitaire et brûlante comme eux...

— Eh ! bien, me dit-elle, j'ai lu votre plaidoyer en faveur des bêtes ; mais comment deux personnes si bien faites pour se comprendre ont-elles fini ?...

— Ah ! voilà !... Elles ont fini comme finissent toutes les grandes passions, par un mal-entendu ? On croit de part et d'autre à quelque trahison, l'on ne s'explique point par fierté, l'on se brouille par entêtement.

— Et quelquefois dans les plus beaux moments, dit-elle ; un regard, une exclamation suffisent. Eh ! bien, alors, achevez l'histoire ?
— C'est horriblement difficile, mais vous comprendrez ce que m'avait déjà confié le vieux grognard quand, en finissant sa bouteille de vin de Champagne, il s'est écrié : — Je ne sais pas quel mal je lui ai fait, mais elle se retourna comme si elle eût été enragée ; et, de ses dents aiguës, elle m'entama la cuisse, faiblement sans doute. Moi, croyant qu'elle voulait me dévorer, je lui plongeai mon poignard dans le cou. Elle roula en jetant un cri qui me glaça le cœur, je la vis se débattant en me regardant sans colère. J'aurais voulu pour tout au monde, pour ma croix, que je n'avais pas encore, la rendre à la vie. C'était comme si j'eusse assassiné une personne véritable. Et les soldats qui avaient vu mon drapeau, et qui accoururent à mon secours, me trouvèrent tout en larmes... — Eh ! bien, monsieur, reprit-il après un moment de silence, j'ai fait depuis la guerre en Allemagne, en Espagne, en Russie, en France ; j'ai bien promené mon cadavre, je n'ai rien vu de semblable au désert... Ah ! c'est que cela est bien beau. — Qu'y sentiez-vous ?... lui ai-je demandé. — Oh ! cela ne se dit pas jeune homme. D'ailleurs je ne regrette pas toujours mon bouquet de palmiers et ma panthère... il faut que je sois triste pour cela. Dans le désert, voyez-vous, il y a tout, et il n'y a rien... — Mais encore expliquez-moi ? — Eh ! bien, reprit-il en laissant échapper un geste d'impatience, c'est Dieu sans les hommes. . . . .

Paris, 1832.

FIN DU CINQUIÈME LIVRE.

SIXIÈME LIVRE,

SCÈNES DE LA VIE DE CAMPAGNE.

LE MÉDECIN DE CAMPAGNE.

Aux cœurs blessés, l'ombre et le silence.

A MA MÈRE.

CHAPITRE PREMIER.

LE PAYS ET L'HOMME.

En 1829, par une jolie matinée de printemps, un homme âgé d'environ cinquante ans suivait à cheval le chemin montagneux qui mène à un gros bourg situé près de la Grande-Chartreuse. Ce bourg est le chef-lieu d'un canton populeux circonscrit par une longue vallée. Un torrent à lit pierreux souvent à sec, alors rempli par la fonte des neiges, arrose cette vallée serrée entre deux montagnes parallèles, que dominent de toutes parts les pics de la Savoie et ceux du Dauphiné. Quoique les paysages compris entre la chaîne des deux Mauriennes aient un air de famille, le canton à travers lequel cheminait l'étranger présente des mouvements de terrain et des accidents de lumière qu'on chercherait vainement ailleurs. Tantôt la vallée subitement élargie offre un irrégulier tapis de cette verdure que les constantes irrigations dues aux montagnes entretiennent si fraîche et si douce à l'œil pendant toutes les saisons ; tantôt un moulin à scie montre ses humbles constructions pittoresquement placées, sa provision de longs sapins sans écorce, et son cours d'eau pris au torrent et conduit par de grands tuyaux de bois carrément creusés, d'où s'échappe par les fentes une nappe de filets humides. Çà et là, des chaumières entourées de jardins pleins d'arbres fruitiers couverts de fleurs réveillent les idées qu'inspire une misère laborieuse ; plus loin, des maisons à toitures rouges, composées de tuiles plates et rondes semblables à des écailles de poisson, annoncent l'aisance due à de longs travaux ; puis au-dessus de chaque porte se voit le panier suspendu dans lequel sèchent les fromages. Partout les haies, les enclos sont égayés par des vignes mariées, comme en Italie, à de petits ormes dont le feuillage se donne aux bestiaux. Par un caprice de la nature, les collines sont si rapprochées en quelques endroits qu'il ne se trouve plus ni fabriques, ni champs, ni chaumières. Séparées seulement par le torrent qui rugit dans ses cascades, les deux hautes murailles granitiques s'élèvent tapissées de sapins à noir feuillage et de hêtres hauts de cent pieds. Tous droits, tous bizarrement colorés par des taches de mousse, tous divers de feuillage, ces arbres forment de magnifiques colonnades bordées au-dessous et au-dessus du chemin par d'informes haies d'arbousier, de viornes, de buis, d'épine rose. Les vives senteurs de ces arbustes se mêlaient alors aux sauvages parfums de la nature montagnarde, aux pénétrantes odeurs des jeunes pousses du mélèze, des peupliers et des pins gommeux. Quelques nuages couraient parmi les rochers en en voilant, en en découvrant tour à tour les cimes grisâtres, souvent aussi vaporeuses que les nuées dont les moelleux flocons s'y déchiraient. A tout moment le pays changeait d'aspect et le ciel de lumière ; les montagnes changeaient de couleur, les versants de nuances, les vallons de formes : images multipliées que des oppositions inattendues, soit un rayon de soleil à travers les troncs d'arbres, soit une clairière naturelle où quelques éboulis, rendaient délicieuses à voir au milieu du silence, dans la saison où tout est jeune, où le soleil enflamme un ciel pur. Enfin c'était un beau pays, c'était la France !

Homme de haute taille, le voyageur était entièrement vêtu de drap bleu aussi soigneusement brossé que devait l'être chaque matin son cheval au poil lisse, sur lequel il se tenait droit et vissé comme un vieil officier de cavalerie. Si déjà sa cravate noire et ses gants de daim, si les pistolets qui grossissaient ses fontes, et le portemanteau bien attaché sur la croupe de son cheval, n'eussent indiqué le militaire, sa figure brune marquée de petite-vérole, mais régulière et empreinte d'une insouciance apparente, ses manières décidées, la sécurité de son regard, le port de sa tête, tout aurait trahi ces habitudes régimentaires qu'il est impossible au soldat de jamais dépouiller, même après être rentré dans la vie domestique. Tout autre se serait émerveillé des beautés de cette nature alpestre, si riante au lieu où elle se fond dans les grands bassins de la France; mais l'officier, qui sans doute avait parcouru les pays où les armées françaises furent emportées par les guerres impériales, jouissait de ce paysage sans paraître surpris de ces accidents multipliés. L'étonnement est une sensation que Napoléon semble avoir détruite dans l'âme de ses soldats. Aussi le calme de la figure est-il un signe certain auquel un observateur peut reconnaître les hommes jadis enrégimentés sous les aigles éphémères mais impérissables du grand empereur. Cet homme était en effet un des militaires, maintenant assez rares, que le boulet a respectés, quoiqu'ils aient labouré tous les champs de bataille où commanda Napoléon. Sa vie n'avait rien d'extraordinaire. Il s'était bien battu en simple et loyal soldat, faisant son devoir pendant la nuit aussi bien que pendant le jour, loin comme près du maître, ne donnant pas un coup de sabre inutile, et incapable d'en donner un de trop. S'il portait à sa boutonnière la rosette appartenant aux officiers de la Légion d'honneur, c'est qu'après la bataille de la Moskowa, la voix unanime de son régiment l'avait désigné comme le plus digne de la recevoir dans cette grande journée. Il était du petit nombre de ces hommes froids en apparence, timides, toujours en paix avec eux-mêmes, de qui la conscience est humiliée par la seule pensée d'une sollicitation à faire, de quelque nature qu'elle soit. Aussi tous ses grades lui furent-ils conférés en vertu des lentes lois de l'ancienneté. Devenu sous-lieutenant en 1802, il se trouvait seulement chef d'escadron en 1829, malgré ses moustaches grises; mais sa vie était si pure, que nul homme de l'armée, fût-il général, ne l'abordait sans éprouver un sentiment de respect involontaire, avantage incontesté que peut-être ses supérieurs ne lui pardonnaient point. En récompense, les simples soldats lui vouaient tous un peu de ce sentiment que les enfants portent à une bonne mère; car, pour eux, il savait être à la fois indulgent et sévère. Jadis soldat comme eux, il connaissait les joies malheureuses et les joyeuses misères, les écarts pardonnables ou punissables des soldats qu'il appelait toujours *ses enfants*, et auxquels il laissait volontiers prendre en campagne des vivres ou des fourrages chez les bourgeois. Quant à son histoire intime, elle était ensevelie dans le plus profond silence. Comme presque tous les militaires de l'époque, il n'avait vu le monde qu'à travers la fumée des canons, ou pendant les moments de paix si rares au milieu de la lutte européenne soutenue par l'empereur. S'était-il ou non soucié du mariage? la question restait indécise. Quoique personne ne mît en doute que le commandant Genestas n'eût eu des bonnes fortunes en séjournant de ville en ville, de pays en pays, en assistant aux fêtes données et reçues par les régiments, cependant personne n'en avait la moindre certitude. Sans être prude, sans refuser une partie de plaisir, sans froisser les mœurs militaires, il se taisait ou répondait en riant lorsqu'il était questionné sur ses amours. A ces mots : — Et vous, mon commandant? adressés par un officier après boire, il répliquait : — Buvons, messieurs!

Espèce de Bayard sans faste, monsieur Pierre-Joseph Genestas n'offrait donc en lui rien de poétique ni rien de romanesque, tant il paraissait vulgaire. Sa tenue était celle d'un homme cossu. Quoiqu'il n'eût que sa solde pour fortune, et que sa retraite fût tout son avenir, néanmoins, semblable aux vieux loups du commerce auxquels les malheurs ont fait une expérience qui avoisine l'entêtement, le chef d'escadron gardait toujours devant lui deux années de solde et ne dépensait jamais ses appointements. Il était si peu joueur, qu'il regardait sa botte quand en compagnie on demandait un rentrant ou quelque supplément de pari pour l'écarté. Mais s'il ne se permettait rien d'extraordinaire, il ne manquait à aucune chose d'usage. Ses uniformes lui duraient plus longtemps qu'à tout autre officier du régiment, par suite des soins qu'inspire la médiocrité de fortune, et dont l'habitude était devenue chez lui machinale. Peut-être l'eût-on soupçonné d'avarice sans l'admirable désintéressement, sans la facilité fraternelle avec lesquels il ouvrait sa bourse à quelque jeune étourdi ruiné par un coup de carte ou par toute autre folie. Il semblait avoir perdu jadis de grosses sommes au jeu, tant il mettait de délicatesse à obliger; il ne se croyait point le droit de contrôler les actions de son débiteur et ne lui parlait jamais de sa créance. Enfant de troupe, seul dans le monde, il s'était fait une patrie de l'armée et de son régiment une famille. Aussi, rarement recherchait-on le motif de sa respectable économie, on se plaisait à l'attribuer au désir assez naturel d'augmenter la somme de son bien-être pendant ses vieux jours. A la veille de devenir lieutenant-colonel de cavalerie, il était présumable que son ambition consistait à se retirer dans quelque campagne avec la retraite et les épaulettes de colonel. Après la manœuvre, si les jeunes officiers causaient de Genestas, ils le rangeaient dans la classe des hommes qui ont obtenu au collége les prix d'excellence, et qui durant leur vie restent exacts, probes, sans passions, utiles et fades comme le pain blanc; mais les gens sérieux le jugeaient bien différemment. Souvent quelque regard, souvent une expression pleine de sens comme l'est la parole du Sauvage, échappaient à cet homme et attestaient en lui les orages de l'âme. Bien étudié, son front calme accusait le pouvoir d'imposer silence aux passions et de les refouler au fond de son cœur, pouvoir chèrement conquis par l'habitude des dangers et des malheurs imprévus de la guerre. Le fils d'un pair de France, nouveau venu au régiment, ayant dit un jour, en parlant de Genestas, qu'il eût été le plus consciencieux de prêtres ou le plus honnête des épiciers. — Ajoutez, le moins courtisan des marquis! répondit-il en toisant le jeune fat qui ne se croyait pas entendu par son commandant. Les auditeurs éclatèrent de rire, le père du lieutenant était le flatteur de tous les pouvoirs, un homme élastique habitué à rebondir au-dessus des révolutions, et le fils tenait du père. Il s'est rencontré dans les armées françaises quelques-uns de ces caractères, tout bonnement grands dans l'occurrence, redevenant simples après l'action, insouciants de gloire, oublieux du danger; il s'en est rencontré peut-être beaucoup plus que les défauts de notre nature ne permettraient de le supposer. Cependant l'on se tromperait étrangement en croyant que Genestas fût parfait. Défiant, enclin à de violents accès de colère, taquin dans les discussions et voulant surtout avoir raison quand il avait tort, il était plein de préjugés nationaux. Il avait conservé de sa vie soldatesque un penchant pour le bon vin. S'il sortait d'un repas dans tout le décorum de son grade, il paraissait sérieux, méditatif, et il ne voulait alors mettre personne dans le secret de ses pensées. Enfin, s'il connaissait assez bien les mœurs du monde et les lois de la politesse, espèce de consigne qu'il observait avec la roideur militaire; s'il avait de l'esprit naturel et acquis, s'il possédait la tactique, la ma-

nœuvre, la théorie de l'escrime à cheval et les difficultés de l'art
vétérinaire, ses études furent prodigieusement négligées. Il savait,
mais vaguement, que César était un consul ou un empereur romain ;
Alexandre, un Grec ou un Macédonien ; il vous eût accordé l'une ou
l'autre origine ou qualité sans discussion. Aussi, dans les conversations scientifiques ou historiques, devenait-il grave, en se bornant
à y participer par des petits coups de tête approbatifs, comme un
homme profond arrivé au pyrrhonisme. Quand Napoléon écrivit à
Schœnbrunn, le 13 mai 1809, dans le bulletin adressé à la Grande
Armée, maîtresse de Vienne, que, *comme Médée, les princes autrichiens avaient de leurs propres mains égorgé leurs enfants*,
Genestas, nouvellement nommé capitaine, ne voulut pas compromettre la dignité de son grade en demandant ce qu'était Médée, il
s'en reposa sur le génie de Napoléon, certain que l'empereur ne
devait dire que des choses officielles à la Grande Armée et à la
maison d'Autriche ; il pensa que Médée était une archiduchesse de
conduite équivoque. Néanmoins, comme la chose pouvait concerner l'art militaire, il fut inquiet de la Médée du bulletin, jusqu'au
jour où mademoiselle Raucourt fit reprendre Médée. Après avoir
lu l'affiche, le capitaine ne manqua pas de se rendre le soir au
Théâtre-Français pour voir la célèbre actrice dans ce rôle mythologique dont il s'enquit à ses voisins. Cependant un homme qui,
simple soldat, avait eu assez d'énergie pour apprendre à lire, écrire
et compter, devait comprendre que, capitaine, il fallait s'instruire.
Aussi, depuis cette époque, lut-il avec ardeur les romans et les livres nouveaux qui lui donnèrent des demi-connaissances desquelles
il tirait un assez bon parti. Dans sa gratitude envers ses professeurs, il allait jusqu'à prendre la défense de Pigault-Lebrun, en
disant qu'il le trouvait instructif et souvent profond.

Cet officier, auquel une prudence acquise ne laissait faire aucune
démarche inutile, venait de quitter Grenoble et se dirigeait vers la
Grande-Chartreuse, après avoir obtenu la veille de son colonel un
congé de huit jours. Il ne comptait pas faire une longue traite ;
mais, trompé de lieue en lieue par les dires mensongers des paysans
qu'il interrogeait, il crut prudent de ne pas s'engager plus loin
sans se réconforter l'estomac. Quoiqu'il eût peu de chances de
rencontrer une ménagère en son logis par un temps où chacun s'occupe aux champs, il s'arrêta devant quelques chaumières qui
aboutissaient à un espace commun, en décrivant une place carrée

assez informe, ouverte à tout venant. Le sol de ce territoire de famille était ferme et bien balayé, mais coupé par des fosses à fumier. Des rosiers, des lierres, de hautes herbes s'élevaient le long des murs lézardés. A l'entrée du carrefour se trouvait un méchant groseiller sur lequel séchaient des guenilles. Le premier habitant que rencontra Genestas fut un pourceau vautré dans un tas de paille, lequel, au bruit des pas du cheval, grogna, leva la tête, et fit enfuir un gros chat noir. Une jeune paysanne, portant sur sa tête un gros paquet d'herbes, se montra tout à coup, suivie à distance par quatre marmots en haillons, mais hardis, tapageurs, aux yeux effrontés, jolis, bruns de teint, de vrais diables qui ressemblaient à des anges. Le soleil pétillait et donnait je ne sais quoi de pur à l'air, aux chaumières, aux fumiers, à la troupe ébouriffée. Le soldat demanda s'il était possible d'avoir une tasse de lait. Pour toute réponse, la fille jeta un cri rauque. Une vieille femme apparut soudain sur le seuil d'une cabane, et la jeune paysanne passa dans une étable, après avoir indiqué par un geste la vieille, vers laquelle Genestas se dirigea, non sans bien tenir son cheval afin de ne pas blesser les enfants qui déjà lui trottaient dans les jambes. Il réitéra sa demande, que la bonne femme se refusa nettement à satisfaire. Elle ne voulait pas, disait-elle, enlever la crème des potées de lait destinées à faire le beurre. L'officier répondit à cette objection en promettant de bien payer le dégât, il attacha son cheval au montant d'une porte, et entra dans la chaumière. Les quatre enfants, qui appartenaient à cette femme, paraissaient avoir tous le même âge, circonstance bizarre qui frappa le commandant. La vieille en avait un cinquième presque pendu à son jupon, et qui, faible, pâle, maladif, réclamait sans doute les plus grands soins; partant il était le bien-aimé, le Benjamin.

Genestas s'assit au coin d'une haute cheminée sans feu, sur le manteau de laquelle se voyait une Vierge en plâtre colorié, tenant dans ses bras l'enfant Jésus. Enseigne sublime! Le sol servait de plancher à la maison. A la longue, la terre primitivement battue était devenue raboteuse, et, quoique propre, elle offrait en grand les callosités d'une écorce d'orange. Dans la cheminée étaient accrochés un sabot plein de sel, une poêle à frire, un chaudron. Le fond de la pièce se trouvait rempli par un lit à colonnes garni de sa pente découpée. Puis, çà et là, des escabelles à trois pieds, formées par des bâtons fichés dans une simple planche de fayard, une huche au pain, une grosse cuiller en bois pour puiser de l'eau, un seau et des poteries pour le lait, un rouet sur la huche, quelques clayons à fromages, des murs noirs, une porte vermoulue ayant une imposte à claire-voie ; tels étaient la décoration et le mobilier de cette pauvre demeure. Maintenant, voici le drame auquel assista l'officier, qui s'amusait à fouetter le sol avec sa cravache sans se douter que là se déroulerait un drame. Quand la vieille femme, suivie de son Benjamin teigneux, eut disparu par une porte qui donnait dans sa laiterie, les quatre enfants, après avoir suffisamment examiné le militaire, commencèrent par se délivrer du pourceau. L'animal, avec lequel ils jouaient habituellement, était venu sur le seuil de la porte ; les marmots se ruèrent sur lui si vigoureusement et lui appliquèrent des gifles si caractéristiques, qu'il fut forcé de faire prompte retraite. L'ennemi dehors, les enfants attaquèrent une porte dont le loquet, cédant à leurs efforts, s'échappa de la gâche usée qui le retenait ; puis ils se jetèrent dans une espèce de fruitier où le commandant, que cette scène amusait, les vit bientôt occupés à ronger des pruneaux secs. La vieille au visage de parchemin et aux guenilles sales rentra dans ce moment, en tenant à la main un pot de lait pour son hôte. — Ah ! les vauriens, dit-elle. Elle alla vers les enfants, empoigna chacun d'eux par le bras, le jeta dans la chambre, mais sans lui ôter ses pruneaux, et ferma soigneusement la porte de son grenier d'abondance. — Là, là, mes mignons, soyez donc sages. — Si l'on n'y prenait garde, ils mangeraient le tas de prunes, les enragés ! dit-elle en regardant Genestas. Puis elle s'assit sur une escabelle, prit le teigneux entre ses jambes, et se mit à le peigner en lui lavant la tête avec une dextérité féminine et des attentions maternelles. Les quatre petits voleurs restaient, les uns debout, les autres accotés contre le lit ou la huche, tous morveux et sales, bien portants d'ailleurs, grugeant leurs prunes sans rien dire, mais regardant l'étranger d'un air sournois et narquois.

— C'est vos enfants ? demanda le soldat à la vieille.

— Faites excuse, monsieur, c'est les enfants de l'hospice. On me donne trois francs par mois et une livre de savon pour chacun d'eux.

— Mais, ma bonne femme, ils doivent vous coûter deux fois plus.

— Monsieur, voilà bien ce que nous dit monsieur Benassis ; mais si d'autres prennent les enfants au même prix, faut bien en passer par là. N'en a pas qui veut des enfants ! On a encore besoin de la croix et de la bannière pour en obtenir. Quand nous leur donnerions notre lait pour rien, il ne nous coûte guère. D'ailleurs, monsieur, trois francs, c'est une somme. Voilà quinze francs de trouvés sans les cinq livres de savon. Dans nos cantons, combien faut-il donc s'exterminer le tempérament avant d'avoir gagné dix sous par jour.

— Vous avez donc des terres à vous ? demanda le commandant.

— Non, monsieur. J'en ai eu du temps de défunt mon homme ; mais depuis sa mort j'ai été si malheureuse que j'ai été forcée de les vendre.

— Hé ! bien, reprit Genestas, comment pouvez-vous arriver sans dettes au bout de l'année en faisant le métier de nourrir, de blanchir et d'élever des enfants à deux sous par jour ?

— Mais reprit-elle en peignant toujours son petit teigneux, nous n'arrivons point sans dettes à la Saint-Sylvestre, mon cher monsieur. Que voulez-vous ? le bon Dieu s'y prête. J'ai deux vaches. Puis ma fille et moi nous glanons pendant la moisson, en hiver nous allons au bois ; enfin, le soir nous filons. Ah ! par exemple, il ne faudrait pas toujours un hiver comme le dernier. Je dois soixante-quinze francs au meunier pour de la farine. Heureusement c'est le meunier de monsieur Benassis. Monsieur Benassis, voilà un ami du pauvre ! Il n'a jamais demandé son dû à qui que ce soit, il ne commencera point par nous. D'ailleurs notre vache a un veau, ça nous acquittera toujours un brin.

Les quatre orphelins, pour qui toutes les protections humaines se résumaient dans l'affection de cette vieille paysanne, avaient fini leurs prunes. Ils profitèrent de l'attention avec laquelle leur mère regardait l'officier en causant, et se réunirent en colonne serrée pour faire encore une fois sauter le loquet de la porte qui les séparait du bon tas de prunes. Ils y allèrent, non comme les soldats français vont à l'assaut, mais silencieux comme des Allemands, poussés qu'ils étaient par une gourmandise naïve et brutale.

— Ah ! les petits drôles. Voulez-vous bien finir ?

La vieille se leva, prit le plus fort des quatre, lui appliqua légèrement une tape sur le derrière et le jeta dehors ; il ne pleura point, les autres demeurèrent tout pantois.

— Ils vous donnent bien du mal.

— Oh ! non, monsieur, mais ils sentent mes prunes, les mignons, Si je les laissais seuls pendant un moment, ils se crèveraient.

— Vous les aimez ?

A cette demande la vieille leva la tête, regarda le soldat d'un air doucement goguenard, et répondit : — Si je les aime! J'en ai déjà rendu trois, ajouta-t-elle en soupirant, je ne les garde que jusqu'à six ans.

— Mais où est le vôtre?

— Je l'ai perdu.

— Quel âge avez-vous donc, demanda Genestas pour détruire l'effet de sa précédente question.

— Trente-huit ans, monsieur. A la Saint-Jean prochaine, il y aura deux ans que mon homme est mort.

Elle achevait d'habiller le petit souffreteux, qui semblait la remercier par un regard pâle et tendre.

— Quelle vie d'abnégation et de travail! pensa le cavalier.

Sous ce toit, digne de l'étable où Jésus-Christ prit naissance, s'accomplissaient gaiement et sans orgueil les devoirs le plus difficiles de la maternité. Quels cœurs ensevelis dans l'oubli le plus profond! Quelle richesse et quelle pauvreté! Les soldats, mieux que les autres hommes, savent apprécier ce qu'il y a de magnifique dans le sublime en sabots, dans l'Évangile en haillons. Ailleurs se trouve le Livre, le texte historié, brodé, découpé, couvert en moire, en tabis, en satin; mais là certes était l'esprit du Livre. Il eût été impossible de ne pas croire à quelque religieuse intention du ciel, en voyant cette femme qui s'était faite mère comme Jésus-Christ s'est fait homme, qui glanait, souffrait, s'endettait pour des enfants abandonnés, et se trompait dans ses calculs, sans vouloir reconnaître qu'elle se ruinait à être mère. A l'aspect de cette femme il fallait nécessairement admettre quelques sympathies entre les bons d'ici-bas et les intelligences d'en-haut; aussi le commandant Genestas la regarda-t-il en hochant la tête.

— Monsieur Benassis est-il un bon médecin? demanda-t-il enfin.

— Je ne sais pas, mon cher monsieur, mais il guérit les pauvres pour rien.

— Il paraît, reprit-il en se parlant à lui-même, que cet homme est décidément un homme.

— Oh! oui, monsieur, et un brave homme! aussi n'est-il guère de gens ici qui ne le mettent dans leurs prières du soir et du matin!

— Voilà pour vous, la mère, dit le soldat en lui donnant quelques pièces de monnaie. Et voici pour les enfants, reprit-il en ajoutant un écu. — Suis-je encore bien loin de chez monsieur Benassis? demanda-t-il quand il fut à cheval.

— Oh! non, mon cher monsieur, tout au plus une petite lieue.

Le commandant partit, convaincu qu'il lui restait deux lieues à faire. Néanmoins il aperçut bientôt à travers quelques arbres un premier groupe de maisons, puis enfin les toits du bourg ramassés autour d'un clocher qui s'élève en cône et dont les ardoises sont arrêtées sur les angles de la charpente par des lames de fer-blanc étincelant au soleil. Cette toiture, d'un effet original, annonce les frontières de la Savoie, où elle est en usage. En cet endroit la vallée est large. Plusieurs maisons agréablement situées dans la petite plaine ou le long du torrent animent ce pays bien cultivé, fortifié de tous côtés par les montagnes, et sans issue apparente. A quelques pas de ce bourg assis à mi-côte, au midi, Genestas arrêta son cheval sous une avenue d'ormes, devant une troupe d'enfants, et leur demanda la maison de monsieur Benassis. Les enfants commencèrent par se regarder les uns les autres, et par examiner l'étranger de l'air dont ils observent tout ce qui s'offre pour la première fois à leurs yeux : autant de physionomies, autant de curiosités, autant de pensées différentes. Puis le plus effronté, le plus rieur de la bande, un petit gars aux yeux vifs, aux pieds nus et crottés lui répéta, selon la coutume des enfants : — La maison de monsieur Benassis, monsieur? Et il ajouta : Je vais vous y mener. Il marcha devant le cheval autant pour conquérir une sorte d'importance en accompagnant un étranger, que par une enfantine obligeance, ou pour obéir à l'impérieux besoin de mouvement qui gouverne à cet âge l'esprit et le corps. L'officier suivit dans sa longueur la principale rue du bourg, rue caillouteuse, à sinuosités, bordée de maisons construites au gré des propriétaires. Là un four s'avance au milieu de la voie publique, ici un pignon s'y présente de profil et la barre en partie, puis un ruisseau venu de la montagne la traverse par ses rigoles. Genestas aperçut plusieurs couvertures en bardeau noir, plus encore en chaume, quelques-unes en tuiles, sept ou huit en ardoises, sans doute celles du curé, du juge de paix et des bourgeois du lieu. C'était toute la négligence d'un village au delà duquel il n'y aurait plus eu de terre, qui semblait n'aboutir et ne tenir à rien; ses habitants paraissaient former une même famille en dehors du mouvement social, et ne s'y rattacher que par le collecteur d'impôts ou par d'imperceptibles ramifica-

tions. Quand Genestas eut fait quelques pas de plus, il vit en haut
de la montagne une large rue qui domine ce village. Il existait
sans doute un vieux et un nouveau bourg. En effet, par une échappée de vue, et dans un endroit où le commandant modéra le pas de
son cheval, il put facilement examiner des maisons bien bâties dont
les toits neufs égaient l'ancien village. Dans ces habitations nouvelles que couronne une avenue de jeunes arbres, il entendit les
chants particuliers aux ouvriers occupés, le murmure de quelques
ateliers, un grognement de limes, le bruit des marteaux, les cris
confus de plusieurs industries. Il remarqua la maigre fumée des
cheminées ménagères et celle plus abondante des forges du charron, du serrurier, du maréchal. Enfin, à l'extrémité du village vers
laquelle son guide le dirigeait, Genestas aperçut des fermes éparses,
des champs bien cultivés, des plantations parfaitement entendues,
et comme un petit coin de la Brie perdu dans un vaste pli du terrain dont, à la première vue, il n'eût pas soupçonné l'existence
entre le bourg et les montagnes qui terminent le pays. Bientôt
l'enfant s'arrêta. — Voilà la porte de *sa* maison, dit-il. L'officier
descendit de cheval, en passa la bride dans son bras ; puis, pensant
que toute peine mérite salaire, il tira quelques sous de son gous-
set et les offrit à l'enfant qui les prit d'un air étonné, ouvrit de
grands yeux, ne remercia pas, et resta là pour voir. — En cet endroit la civilisation est peu avancée, les religions du travail y sont en
pleine vigueur, et la mendicité n'y a pas encore pénétré, pensa Genestas. Plus curieux qu'intéressé, le guide du militaire s'accota sur
un mur à hauteur d'appui qui sert à clore la cour de la maison, et
dans lequel est fixée une grille en bois noirci, de chaque côté des
pilastres de la porte.

Cette porte, pleine dans sa partie inférieure et jadis peinte en
gris, est terminée par des barreaux jaunes taillés en fer de lance.
Ces ornements, dont la couleur a passé, décrivent un croissant
dans le haut de chaque vantail, et se réunissent en formant
une grosse pomme de pin figurée par le haut des montants quand
la porte est fermée. Ce portail, rongé par les vers, tacheté par le
velours des mousses, est presque détruit par l'action alternative du
soleil et de la pluie. Surmontés de quelques aloès et de pariétaires
venues au hasard, les pilastres cachent les tiges de deux acacias
inermis plantés dans la cour, et dont les touffes vertes s'élèvent en
forme de houppes à poudrer. L'état de ce portail trahissait chez le

propriétaire une insouciance qui parut déplaire à l'officier, il fronça les sourcils en homme contraint de renoncer à quelque illusion. Nous sommes habitués à juger les autres d'après nous, et si nous les absolvons complaisamment de nos défauts, nous les condamnons sévèrement de ne pas avoir nos qualités. Si le commandant voulait que monsieur Benassis fût un homme soigneux ou méthodique, certes, la porte de sa maison annonçait une complète indifférence en matière de propriété. Un soldat amoureux de l'économie domestique autant que l'était Genestas devait donc conclure promptement du portail à la vie et au caractère de l'inconnu ; ce à quoi, malgré sa circonspection, il ne manqua point. La porte était entrebâillée, autre insouciance ! Sur la foi de cette confiance rustique, l'officier s'introduisit sans façon dans la cour, attacha son cheval aux barreaux de la grille, et pendant qu'il y nouait la bride, un hennissement partit d'une écurie vers laquelle le cheval et le cavalier tournèrent involontairement les yeux ; un vieux domestique en ouvrit la porte, montra sa tête coiffée du bonnet de laine rouge en usage dans le pays, et qui ressemble parfaitement au bonnet phrygien dont on affuble la Liberté. Comme il y avait place pour plusieurs chevaux, le bonhomme, après avoir demandé à Genestas s'il venait voir monsieur Benassis, lui offrit pour son cheval l'hospitalité de l'écurie, en regardant avec une expression de tendresse et d'admiration l'animal qui était fort beau. Le commandant suivit son cheval, pour voir comment il allait se trouver. L'écurie était propre, la litière y abondait, et les deux chevaux de Benassis avaient cet air heureux qui fait reconnaître entre tous les chevaux un cheval de curé. Une servante, arrivée de l'intérieur de la maison sur le perron, semblait attendre officiellement les interrogations de l'étranger, à qui déjà le valet d'écurie avait appris que monsieur Benassis était sorti.

— Notre maître est allé au moulin à blé, dit-il. Si vous voulez l'y rejoindre, vous n'avez qu'à suivre le sentier qui mène à la prairie, le moulin est au bout.

Genestas aima mieux voir le pays que d'attendre indéfiniment le retour de Benassis, et s'engagea dans le chemin du moulin à blé. Quand il eut dépassé la ligne inégale que trace le bourg sur le flanc de la montagne, il aperçut la vallée, le moulin, et l'un des plus délicieux paysages qu'il eût encore vus.

Arrêtés par la base des montagnes, la rivière forme un petit lac au-dessus duquel les pics s'élèvent d'étage en étage, en laissant deviner leurs nombreuses vallées par les différentes teintes de la lumière ou par la pureté plus ou moins vive de leurs arêtes chargées toutes de sapins noirs. Le moulin, construit récemment à la chute du torrent dans le petit lac, a le charme d'une maison isolée qui se cache au milieu des eaux, entre les têtes de plusieurs arbres aquatiques. De l'autre côté de la rivière, au bas d'une montagne alors faiblement éclairée à son sommet par les rayons rouges du soleil couchant, Genestas entrevit une douzaine de chaumières abandonnées, sans fenêtres ni portes ; leurs toitures dégradées laissaient voir d'assez fortes trouées, les terres d'alentour formaient des champs parfaitement labourés et semés ; leurs anciens jardins convertis en prairies étaient arrosés par des irrigations disposées avec autant d'art que dans le Limousin. Le commandant s'arrêta machinalement pour contempler les débris de ce village.

Pourquoi les hommes ne regardent-ils point sans une émotion profonde toutes les ruines, même les plus humbles ? sans doute elles sont pour eux une image du malheur dont le poids est senti par eux si diversement. Les cimetières font penser à la mort, un village abandonné fait songer aux peines de la vie ; la mort est un malheur prévu, les peines de la vie sont infinies. L'infini n'est-il pas le secret des grandes mélancolies ? L'officier avait atteint la chaussée pierreuse du moulin sans avoir pu s'expliquer l'abandon de ce village, il demanda Benassis à un garçon meunier assis sur des sacs de blé à la porte de la maison.

— Monsieur Benassis est allé là, dit le meunier en montrant une des chaumières ruinées.

— Ce village a donc été brûlé ? dit le commandant.

— Non, monsieur.

— Pourquoi donc alors est-il ainsi ? demanda Genestas.

— Ah ! pourquoi ? répondit le meunier en levant les épaules et rentrant chez lui, monsieur Benassis vous le dira.

L'officier passa sur une espèce de pont fait avec de grosses pierres entre lesquelles coule le torrent, et arriva bientôt à la maison désignée. Le chaume de cette habitation était encore entier, couvert de mousse, mais sans trous, et les fermetures semblaient être en bon état. En y entrant, Genestas vit du feu dans la cheminée au coin de laquelle se tenaient une vieille femme agenouillée devant un malade assis sur une chaise, et un homme debout le visage tourné vers le foyer. L'intérieur de cette maison formait une seule chambre éclairée par un mauvais châssis garni de toile. Le sol était en terre battue. La chaise, une table et un grabat composaient tout le mobilier. Jamais le commandant n'avait rien vu de si simple ni de si nu, même en Russie où les cabanes des Mougiks ressemblent à des tanières. Là, rien n'attestait les choses de la vie, il ne s'y trouvait même pas le moindre ustensile nécessaire à la préparation des aliments les plus grossiers. Vous eussiez dit la niche d'un chien sans son écuelle. N'était le grabat, une souquenille pendue à un clou et des sabots garnis de paille, seuls vêtements du malade, cette chaumière eût paru déserte comme les autres. La femme agenouillée, paysanne fort vieille, s'efforçait de maintenir les pieds du malade dans un baquet plein d'une eau brune. En distinguant un pas que le bruit des éperons rendait insolite pour des oreilles accoutumées au marcher monotone des gens de la campagne, l'homme se tourna vers Genestas en manifestant une sorte de surprise, partagée par la vieille.

— Je n'ai pas besoin, dit le militaire, de demander si vous êtes monsieur Benassis. Étranger, impatient de vous voir, vous m'excuserez, monsieur, d'être venu vous chercher sur votre champ de bataille au lieu de vous avoir attendu chez vous. Ne vous dérangez pas, faites vos affaires. Quand vous aurez fini, je vous dirai l'objet de ma visite.

Genestas s'assit à demi sur le bord de la table et garda le silence. Le feu répandait dans la chaumière une clarté plus vive que celle du soleil dont les rayons, brisés par le sommet des montagnes, ne peuvent jamais arriver dans cette partie de la vallée. A la lueur de ce feu, fait avec quelques branches de sapin résineux qui entretenaient une flamme brillante, le militaire aperçut la figure de l'homme qu'un secret intérêt le contraignait à chercher, à étudier, à parfaitement connaître. Monsieur Benassis, le médecin du canton, resta les bras croisés, écouta froidement Genestas, lui rendit son salut, et se retourna vers le malade sans se croire l'objet d'un examen aussi sérieux que le fut celui du militaire.

Benassis était un homme de taille ordinaire, mais large des épaules et large de poitrine. Une ample redingote verte, boutonnée jusqu'au cou, empêcha l'officier de saisir les détails si caractéristiques de ce personnage ou de son maintien ; mais l'ombre et l'immobilité dans laquelle resta le corps servirent à faire ressortir la figure, alors fortement éclairée par un reflet des flammes. Cet homme avait un visage semblable à celui d'un satyre : même front légèrement cambré, mais plein de proéminences toutes plus ou moins significatives ; même nez retroussé, spirituellement fendu dans le bout ; mêmes pommettes saillantes. La bouche était sinueuse, les lèvres étaient épaisses et rouges. Le menton se relevait brusquement. Les yeux bruns et animés par un regard vif auquel la couleur nacrée du blanc de l'œil donnait un grand éclat, exprimaient des passions amorties. Les cheveux jadis noirs et maintenant gris, les rides profondes de son visage et ses gros sourcils déjà blanchis, son nez devenu bulbeux et veiné, son teint jaune et marbré par des taches rouges, tout annonçait en lui l'âge de cinquante ans et les rudes travaux de sa profession. L'officier ne put que présumer la capacité de la tête, alors couverte d'une casquette ; mais quoique cachée par cette coiffure, elle lui parut être une de ces têtes proverbialement nommées *têtes carrées*. Habitué, par les rapports qu'il avait eus avec les hommes d'énergie que rechercha Napoléon, à distinguer les traits des personnes destinées aux grandes choses, Genestas devina quelque mystère dans cette vie obscure, et se dit en voyant ce visage extraordinaire : — Par quel hasard est-il resté médecin de campagne ? Après avoir sérieusement observé cette physionomie qui, malgré ses analogies avec les autres figures humaines, trahissait une secrète existence en désaccord avec ses apparentes vulgarités, il partagea nécessairement l'attention que le médecin donnait au malade, et la vue de ce malade changea complétement le cours de ses réflexions.

Malgré les innombrables spectacles de sa vie militaire, le vieux cavalier ressentit un mouvement de surprise accompagné d'horreur en apercevant une face humaine où la pensée ne devait jamais avoir brillé, face livide où la souffrance apparaissait naïve et silencieuse, comme sur le visage d'un enfant qui ne sait pas encore parler et qui ne peut plus crier, enfin la face tout animale d'un vieux crétin mourant. Le crétin était la seule variété de l'espèce humaine que le chef d'escadron n'eût pas encore vue. A l'aspect d'un front dont la peau formait un gros pli rond, de deux yeux semblables à ceux d'un poisson cuit, d'une tête couverte de petits cheveux rabougris auxquels la nourriture manquait, tête toute déprimée et dénuée d'organes sensitifs, qui n'eût pas éprouvé, comme Genestas, un sentiment de dégoût involontaire pour une créature qui n'avait ni les grâces de l'animal ni les priviléges de l'homme, qui n'avait jamais eu ni raison ni instinct, et n'avait jamais entendu ni parlé aucune espèce de langage. En voyant arriver ce pauvre être au terme d'une carrière qui n'était point la vie, il semblait difficile de lui accorder un regret; cependant la vieille femme le contemplait avec une touchante inquiétude, et passait ses mains sur la partie des jambes que l'eau brûlante n'avait pas baignée, avec autant d'affection que si c'eût été son mari. Benassis lui-même, après avoir étudié cette face morte et ces yeux sans lumière, vint prendre doucement la main du crétin et lui tâta le pouls.

— Le bain n'agit pas, dit-il en hochant la tête, recouchons-le.

Il prit lui-même cette masse de chair, la transporta sur le grabat d'où il venait sans doute de la tirer, l'y étendit soigneusement en allongeant les jambes déjà presque froides, en plaçant la main et la tête avec les attentions que pourrait avoir une mère pour son enfant.

— Tout est dit, il va mourir, ajouta Benassis qui resta debout au bord du lit.

La vieille femme, les mains sur ses hanches, regarda le mourant en laissant échapper quelques larmes. Genestas lui-même demeura silencieux, sans pouvoir s'expliquer comment la mort d'un être si peu intéressant lui causait déjà tant d'impression. Il partageait instinctivement déjà la pitié sans bornes que ces malheureuses créatures inspirent dans les vallées privées de soleil où la nature les a jetées. Ce sentiment, dégénéré en superstition religieuse chez les familles auxquelles les crétins appartiennent, ne dérive-t-il pas de la plus belle des vertus chrétiennes, la charité, et de la foi le plus fermement utile à l'ordre social, l'idée des récompenses futures, la seule qui nous fasse accepter nos misères. L'espoir de mériter les félicités éternelles aide les parents de ces pauvres êtres et ceux qui les entourent à exercer en grand les soins de la maternité dans sa sublime protection incessamment donnée à une créature inerte qui d'abord ne la comprend pas, et qui plus tard l'oublie. Admirable religion! elle a placé les secours d'une bienfaisance aveugle près d'une aveugle infortune. Là où se trouvent des crétins, la population croit que la présence d'un être de cette espèce porte bonheur à la famille. Cette croyance sert à rendre douce une vie qui, dans le sein des villes, serait condamnée aux rigueurs d'une fausse philanthropie et à la discipline d'un hospice. Dans la vallée supérieure de l'Isère, où ils abondent, les crétins vivent en plein air avec les troupeaux qu'ils sont dressés à garder. Au moins sont-ils libres et respectés comme doit l'être le malheur.

Depuis un moment la cloche du village tintait des coups éloignés par intervalles égaux, pour apprendre aux fidèles la mort de l'un d'eux. En voyageant dans l'espace, cette pensée religieuse arrivait affaiblie à la chaumière, où elle répandait une double mélancolie. Des pas nombreux retentirent dans le chemin et annoncèrent une foule, mais une foule silencieuse. Puis les chants de l'Église détonnèrent tout à coup en réveillant les idées confuses qui saisissent les âmes les plus incrédules, forcées de céder aux touchantes harmonies de la voix humaine. L'Église venait au secours de cette créature qui ne la connaissait point. Le curé parut, précédé de la croix tenue par un enfant de chœur, suivi du sacristain portant le bénitier, et d'une cinquantaine de femmes, de vieillards, d'enfants, tous venus pour joindre leurs prières à celles de l'Église. Le médecin et le militaire se regardèrent en silence et se retirèrent dans un coin pour faire place à la foule, qui s'agenouilla au dedans et au dehors de la chaumière. Pendant la consolante cérémonie du viatique, célébrée pour cet être qui n'avait jamais péché mais à qui le monde chrétien disait adieu, la plupart de ces visages grossiers furent sincèrement attendris. Quelques larmes coulèrent sur de rudes joues crevassées par le soleil et brunies par les travaux en plein air. Ce sentiment de parenté volontaire était tout simple. Il n'y avait personne dans la Commune qui n'eût plaint ce pauvre être, qui ne lui eût donné son pain quotidien; n'avait-il pas rencontré un père en chaque enfant, une mère chez la plus rieuse petite fille?

— Il est mort, dit le curé.

Ce mot excita la consternation la plus vraie. Les cierges furent allumés. Plusieurs personnes voulurent passer la nuit auprès du corps. Benassis et le militaire sortirent. A la porte quelques paysans arrêtèrent le médecin pour lui dire : — Ah! monsieur le maire, si vous ne l'avez pas sauvé, Dieu voulait sans doute le rappeler à lui.

— J'ai fait de mon mieux, mes enfants, répondit le docteur. Vous ne sauriez croire, monsieur, dit-il à Genestas quand ils furent à quelques pas du village abandonné dont le dernier habitant venait de mourir, combien de consolations vraies la parole de ces

— J'en prendrai soin, dit Marche-à-terre.

— Mes chers camarades, reprit Galope-chopine devenu blême, je ne suis pas en état de mourir. Me laisserez-vous partir sans confession ? Vous avez le droit de prendre ma vie, mais non celui de me faire perdre la bienheureuse éternité.

— C'est juste, dit Marche-à-terre en regardant Pille-miche.

Les deux Chouans restèrent un moment dans le plus grand embarras et sans pouvoir résoudre ce cas de conscience. Galope-chopine écouta le moindre bruit causé par le vent, comme s'il eût conservé quelque espérance. Le son de la goutte de cidre qui tombait périodiquement du tonneau lui fit jeter un regard machinal sur la pièce et soupirer tristement. Tout à coup, Pille-Miche prit le patient par un bras, l'entraîna dans un coin et lui dit : — Confesse-moi tous tes péchés, je les redirai à un prêtre de la véritable Église, il me donnera l'absolution ; et s'il y a des pénitences à faire, je les ferai pour toi.

Galope-chopine obtint quelque répit, par sa manière d'accuser ses péchés ; mais, malgré le nombre et les circonstances des crimes, il finit par atteindre au bout de son chapelet.

— Hélas ! dit-il en terminant, après tout, mon cousin, puisque je te parle comme à un confesseur, je t'assure par le saint nom de Dieu, que je n'ai guère à me reprocher que d'avoir, par-ci par-là, un peu trop beurré mon pain, et j'atteste saint Labre que voici au-dessus de la cheminée, que je n'ai *rin* dit sur le Gars. Non, mes bons amis, je n'ai pas trahi.

— Allons, c'est bon, cousin, relève-toi, tu entendras sur tout cela avec le bon Dieu, dans le temps comme dans le temps.

— Mais laissez-moi dire un petit brin d'adieu à Barbe...

— Allons, répondit Marche-à-terre, si tu veux qu'on ne t'en veuille pas plus qu'il ne faut, comporte-toi en Breton, et finis proprement.

Les deux Chouans saisirent de nouveau Galope-chopine, le couchèrent sur le banc, où il ne donna plus d'autres signes de résistance que ces mouvements convulsifs produits par l'instinct de l'animal ; enfin il poussa quelques hurlements sourds qui cessèrent aussitôt que le son lourd du couperet eut retenti. La tête fut tranchée d'un seul coup. Marche-à-terre prit cette tête par une touffe de cheveux, sortit de la chaumière, chercha et trouva dans le grossier chambranle de la porte un grand clou autour duquel il tortilla les cheveux qu'il tenait, et y laissa pendre cette tête sanglante à laquelle il ne ferma seulement pas les yeux. Les deux Chouans se lavèrent les mains sans aucune précipitation, dans une grande terrine pleine d'eau, reprirent leurs chapeaux, leurs carabines, et franchirent l'échalier en sifflant l'air de la ballade du Capitaine. Pille-miche entonna d'une voix enrouée, au bout du champ, ces strophes prises au hasard dans cette naïve chanson dont les rustiques cadences furent emportés par le vent.

> A la première ville,
> Son amant l'habille
> Tout en satin blanc;
>
> A la seconde ville,
> Son amant l'habille
> En or, en argent.
>
> Elle était si belle
> Qu'on lui tendait les voiles
> Dans tout le régiment.

Cette mélodie devint insensiblement confuse à mesure que les deux Chouans s'éloignaient; mais le silence de la campagne était si profond, que plusieurs notes parvinrent à l'oreille de Barbette, qui revenait alors au logis en tenant son petit gars par la main. Une paysanne n'entend jamais froidement ce chant, si populaire dans l'ouest de la France; aussi Barbette commença-t-elle involontairement les premières strophes de la ballade.

> Allons, partons, belle,
> Partons pour la guerre,
> Partons, il est temps.
>
> Brave capitaine,
> Que ça ne te fasse pas de peine,
> Ma fille n'est pas pour toi.
>
> Tu ne l'auras sur terre,
> Tu ne l'auras sur mer,
> Si ce n'est par trahison.
>
> Le père prend sa fille
> Qui la déshabille
> E tla jette à l'eau.

paysans renferme pour moi. Il y a dix ans, j'ai failli être lapidé dans ce village aujourd'hui désert, mais alors habité par trente familles.

Genestas mit une interrogation si visible dans l'air de sa physionomie et dans son geste, que le médecin lui raconta, tout en marchant, l'histoire annoncée par ce début.

— Monsieur, quand je vins m'établir ici, je trouvai dans cette partie du canton une douzaine de crétins, dit le médecin en se retournant pour montrer à l'officier les maisons ruinées. La situation de ce hameau dans un fond sans courant d'air, près du torrent dont l'eau provient des neiges fondues, privé des bienfaits du soleil, qui n'éclaire que le sommet de la montagne, tout y favorise la propagation de cette affreuse maladie. Les lois ne défendent pas l'accouplement de ces malheureux, protégés ici par une superstition dont la puissance m'était inconnue, que j'ai d'abord condamnée, puis admirée. Le crétinisme se serait donc étendu depuis cet endroit jusqu'à la vallée. N'était-ce pas rendre un grand service au pays que d'arrêter cette contagion physique et intellectuelle ? Malgré sa grave urgence, ce bienfait pouvait coûter la vie à celui qui entreprendrait de l'opérer. Ici, comme dans les autres sphères sociales, pour accomplir le bien, il fallait froisser, non pas des intérêts, mais, chose plus dangereuse à manier, des idées religieuses converties en superstition, la forme la plus indestructible des idées humaines. Je ne m'effrayai de rien. Je sollicitai d'abord la place de maire du canton, et l'obtins; puis, après avoir reçu l'approbation verbale du préfet, je fis nuitamment transporter à prix d'argent quelques-unes de ces malheureuses créatures du côté d'Aiguebelle, en Savoie, où il s'en trouve beaucoup et où elles devaient être très-bien traitées. Aussitôt que cet acte d'humanité fut connu, je devins en horreur à toute la population. Le curé prêcha contre moi. Malgré mes efforts pour expliquer aux meilleures têtes du bourg combien était importante l'expulsion de ces crétins, malgré les soins gratuits que je rendais aux malades du pays, on me tira un coup de fusil au coin d'un bois. J'allai voir l'évêque de Grenoble et lui demandai le changement du curé. Monseigneur fut assez bon pour me permettre de choisir un prêtre qui pût s'associer à mes œuvres, et j'eus le bonheur de rencontrer un de ces êtres qui semblent tombés du ciel. Je poursuivis mon entreprise. Après avoir travaillé les esprits, je déportai nuitamment six autres crétins. A cette seconde tentative, j'eus pour défenseurs quelques-uns de mes obligés et les membres du conseil de la Commune de qui j'intéressai l'avarice en leur prouvant combien l'entretien de ces pauvres êtres était coûteux, combien il serait profitable pour le bourg de convertir les terres possédées sans titre par eux en communaux qui manquaient au bourg. J'eus pour moi les riches; mais les pauvres, les vieilles femmes, les enfants et quelques entêtés me demeurèrent hostiles. Par malheur, mon dernier enlèvement se fit incomplétement. Le crétin que vous venez de voir n'était pas rentré chez lui, n'avait point été pris, et se retrouva le lendemain, seul de son espèce, dans le village où habitaient encore quelques familles dont les individus, presque imbéciles, étaient encore exempts de crétinisme. Je voulus achever mon ouvrage et vins de jour, en costume, pour arracher ce malheureux de sa maison. Mon intention fut connue aussitôt que je sortis de chez moi, les amis du crétin me devancèrent, et je trouvai devant sa chaumière un rassemblement de femmes, d'enfants, de vieillards qui tous me saluèrent par des injures accompagnées d'une grêle de pierres. Dans ce tumulte, au milieu duquel j'allais peut-être périr victime de l'enivrement réel qui saisit une foule exaltée par les cris et l'agitation de sentiments exprimés en commun, je fus sauvé par le crétin! Ce pauvre être sortit de sa cabane, fit entendre son gloussement, et apparut comme le chef suprême de ces fanatiques. A cette apparition, les cris cessèrent. J'eus l'idée de proposer une transaction, et je pus l'expliquer à la faveur du calme si heureusement survenu. Mes approbateurs n'oseraient sans doute pas me soutenir dans cette circonstance, leur secours devait être purement passif, ces gens superstitieux allaient veiller avec la plus grande activité à la conservation de leur dernière idole, il me parut impossible de la leur ôter. Je promis donc de laisser le crétin en paix dans sa maison, à la condition que personne n'en approcherait, que les familles de ce village passeraient l'eau et viendraient loger au bourg dans des maisons neuves que je me chargeai de construire en y joignant des terres dont le prix plus tard devait m'être remboursé par la Commune. Eh! bien, mon cher monsieur, il me fallut six mois pour vaincre les résistances que rencontra l'exécution de ce marché, quelque avantageux qu'il fût aux familles de ce village. L'affection des gens de la campagne pour leurs masures est un fait inexplicable. Quelque insalubre que puisse être sa chaumière, un paysan s'y attache beaucoup plus qu'un banquier ne tient à son hôtel. Pourquoi? Je ne sais. Peut-être la force des sentiments est-elle en raison de leur rareté. Peut-être l'homme qui vit peu par la pensée vit-il beaucoup par les choses? et moins il en possède, plus sans doute il les aime. Peut-être en est-il du paysan comme du prisonnier?... il n'éparpille point les forces de son âme, il les concentre sur une seule idée, et arrive alors à une grande énergie de sentiment. Pardonnez ces réflexions à un homme qui échange rarement ses pensées. D'ailleurs ne croyez pas, monsieur, que je me sois beaucoup occupé d'idées creuses. Ici, tout doit être pratique et action. Hélas! moins ces pauvres gens ont d'idées, plus il est difficile de leur faire entendre leurs véritables intérêts. Aussi me suis-je résigné à toutes les minuties de mon entreprise. Chacun d'eux me disait la même chose, une de ces choses pleines de bon sens et qui ne souffrent pas de réponse : — Ah! monsieur, vos maisons ne sont point encore bâties! — Eh! bien, leur disais-je, promettez-moi de venir les habiter aussitôt qu'elles seront achevées. Heureusement, monsieur, je fis décider que notre bourg est propriétaire de toute la montagne au pied de laquelle se trouve le village maintenant abandonné. La valeur des bois situés sur les hauteurs put suffire à payer le prix des terres et celui des maisons promises qui se construisirent. Quand un seul de mes ménages récalcitrants y fut logé, les autres ne tardèrent pas à le suivre. Le bienêtre qui résulta de ce changement fut trop sensible pour ne pas être apprécié par ceux qui tenaient le plus superstitieusement à leur village sans soleil, autant dire sans âme. La conclusion de cette affaire, la conquête des biens communaux dont la possession nous fut confirmée par le Conseil-d'État, me firent acquérir une grande importance dans le canton. Mais, monsieur, combien de soins! dit le médecin en s'arrêtant et en levant une main qu'il laissa retomber par un mouvement plein d'éloquence. Moi seul connais la distance du bourg à la Préfecture d'où rien ne sort, et de la Préfecture au Conseil-d'État où rien n'entre. Enfin, reprit-il, paix aux puissances de la terre, elles ont cédé à mes importunités, c'est beaucoup. Si vous saviez le bien produit par une signature insouciamment donnée?.. Monsieur, deux ans après avoir tenté de si grandes petites choses et les avoir mises à fin, tous les pauvres ménages de ma commune possédaient au moins deux vaches, et les envoyaient pâturer dans la montagne où, sans attendre l'autorisation du Conseil-d'État, j'avais pratiqué des irrigations transversales semblables à celles de la Suisse, de l'Auvergne et du Limousin. A leur grande surprise, les gens du bourg y virent poindre d'excellentes prairies, et obtinrent une plus grande quantité de lait, grâce à la meilleure qualité des pâturages. Les résultats de cette conquête furent immenses. Chacun imita mes irrigations. Les prairies, les bestiaux, toutes les productions se multiplièrent. Dès lors je pus sans crainte entreprendre d'améliorer ce coin de terre encore inculte et de civiliser ses habitants jusqu'alors dépourvus d'intelligence. Enfin, monsieur, nous autres solitaires nous sommes très-causeurs; si l'on nous fait une question, l'on ne sait jamais où s'arrêtera la réponse; lorsque j'arrivai dans cette vallée, la population était de sept cents âmes; maintenant on en compte deux mille. L'affaire du dernier crétin m'a obtenu l'estime de tout le monde. Après avoir montré constamment à mes administrés de la mansuétude et de la fermeté tout à la fois, je devins l'oracle du canton. Je fis tout pour mériter la confiance sans la solliciter ni sans paraître la désirer; seulement, je tâchai d'inspirer à tous le plus grand respect pour ma personne par la religion avec laquelle je sus remplir tous mes engagements, même les plus frivoles. Après avoir promis de prendre soin du pauvre être que vous venez de voir mourir, je veillai sur lui mieux que ses précédents protecteurs ne l'avaient fait. Il a été nourri, soigné comme l'enfant adoptif de la Commune. Plus tard, les habitants ont fini par comprendre le service que je leur avais rendu malgré eux. Néanmoins ils conservent encore un reste de leur ancienne superstition; je suis loin de les en blâmer, leur culte envers le crétin ne m'a-t-il pas souvent servi de texte pour engager ceux qui avaient de l'intelligence à aider les malheureux. Mais nous sommes arrivés, reprit après une pause Benassis en apercevant le toit de sa maison.

Loin d'attendre de celui qui l'écoutait la moindre phrase d'éloge ou de remerciement, en racontant cet épisode de sa vie administrative, il semblait avoir cédé à ce naïf besoin d'expansion auquel obéissent les gens retirés du monde.

— Monsieur, lui dit le commandant, j'ai pris la liberté de mettre mon cheval dans votre écurie, et vous aurez la bonté de m'excuser quand je vous aurai appris le but de mon voyage.

— Ah! quel est-il? lui demanda Benassis en ayant l'air de quitter une préoccupation et de se souvenir que son compagnon était un étranger.

Par suite de son caractère franc et communicatif, il avait accueilli Genestas comme un homme de connaissance.

— Monsieur, répondit le militaire, j'ai entendu parler de la guérison presque miraculeuse de monsieur Gravier de Grenoble, que vous avez pris chez vous. Je viens dans l'espoir d'obtenir les mêmes soins, sans avoir les mêmes titres à votre bienveillance : cependant, peut-être la mérité-je ! Je suis un vieux militaire auquel d'anciennes blessures ne laissent pas de repos. Il vous faudra bien au moins huit jours pour examiner l'état dans lequel je suis, car mes douleurs ne se réveillent que de temps à autre, etc...

— Eh ! bien, monsieur, dit Benassis en l'interrompant, la chambre de monsieur Gravier est toujours prête, venez... Ils entrèrent dans la maison, dont la porte fut alors poussée par le médecin avec une vivacité que Genestas attribua au plaisir d'avoir un pensionnaire. — Jacquotte, cria Benassis, monsieur va dîner ici.

— Mais, monsieur, reprit le soldat, ne serait-il pas convenable de nous arranger pour le prix...

— Le prix de quoi ? dit le médecin.

— D'une pension. Vous ne pouvez pas me nourrir, moi et mon cheval, sans...

— Si vous êtes riche, répondit Benassis, vous paierez bien ; sinon, je ne veux rien.

— Rien, dit Genestas, me semble trop cher. Mais riche ou pauvre, dix francs par jour, sans compter le prix de vos soins, vous seront-ils agréables ?

— Rien ne m'est plus désagréable que de recevoir un prix quelconque pour le plaisir d'exercer l'hospitalité, reprit le médecin en fronçant les sourcils. Quant à mes soins, vous ne les aurez que si vous me plaisez. Les riches ne sauraient acheter mon temps, il appartient aux gens de cette vallée. Je ne veux ni gloire ni fortune, je ne demande à mes malades ni louanges ni reconnaissance. L'argent que vous me remettrez ira chez les pharmaciens de Grenoble pour payer les médicaments indispensables aux pauvres du canton.

Qui eût entendu ces paroles, jetées brusquement mais sans amertume, se serait intérieurement dit, comme Genestas : — Voilà une bonne pâte d'homme.

— Monsieur, répondit le militaire avec sa ténacité accoutumée, je vous donnerai donc dix francs par jour, et vous en ferez ce que vous voudrez. Cela posé, nous nous entendrons mieux, ajouta-t-il en prenant la main du médecin et la lui serrant avec une cordialité pénétrante. Malgré mes dix francs, vous verrez bien que je ne suis pas un Arabe.

Après ce combat, dans lequel il n'y eut pas chez Benassis le moindre désir de paraître ni généreux ni philanthrope, le prétendu malade entra dans la maison de son médecin où tout se trouva conforme au délabrement de la porte et aux vêtements du possesseur. Les moindres choses y attestaient l'insouciance la plus profonde pour ce qui n'était pas d'une essentielle utilité. Benassis fit passer Genestas par la cuisine, le chemin le plus court pour aller à la salle à manger. Si cette cuisine, enfumée comme celle d'une auberge, était garnie d'ustensiles en nombre suffisant, ce luxe était l'œuvre de Jacquotte, ancienne servante du curé, qui disait *nous*, et régnait en souveraine sur le ménage du médecin. S'il y avait en travers du manteau de la cheminée une bassinoire bien claire, probablement Jacquotte aimait à se coucher chaudement en hiver, et par ricochet bassinait les draps de son maître, qui, disait-elle, ne songeait à rien; mais Benassis l'avait prise à cause de ce qui eût été pour tout autre un intolérable défaut. Jacquotte voulait dominer au logis, et le médecin avait désiré rencontrer une femme qui dominât chez lui. Jacquotte achetait, vendait, accommodait, changeait, plaçait et déplaçait, arrangeait et dérangeait tout selon son bon plaisir; jamais son maître ne lui avait fait une seule observation. Aussi Jacquotte administrait-elle sans contrôle la cour, l'écurie, le valet, la cuisine, la maison, le jardin et le maître. De sa propre autorité se changeait le linge, se faisait la lessive et s'emmagasinaient les provisions. Elle décidait de l'entrée au logis et de la mort des cochons, grondait le jardinier, arrêtait le menu du déjeuner et du dîner, allait de la cave au grenier, du grenier dans la cave, en y balayant tout à sa fantaisie sans rien trouver qui lui résistât. Benassis n'avait voulu que deux choses : dîner à six heures, et ne dépenser qu'une certaine somme par mois. Une femme à laquelle tout obéit chante toujours; aussi Jacquotte riait-elle, rossignolait-elle par les escaliers, toujours fredonnant quand elle ne chantait point, et chantant quand elle ne fredonnait pas. Naturellement propre, elle tenait la maison proprement. Si son goût eût été différent, monsieur Benassis eût été bien malheureux, disait-elle, car le pauvre homme était si peu regardant qu'on pouvait lui

JACQUOTTE. MONSIEUR BENASSIS.

Ce geste annonçait quelque longue remontrance.

(LE MÉDECIN DE CAMPAGNE.)

faire manger des choux pour des perdrix ; sans elle, il eût gardé bien souvent la même chemise pendant huit jours. Mais Jacquotte était une infatigable plieuse de linge, par caractère frotteuse de meubles, amoureuse d'une propreté tout ecclésiastique, la plus minutieuse, la plus reluisante, la plus douce des propretés. Ennemie de la poussière, elle époussetait, lavait, blanchissait sans cesse. L'état de la porte extérieure lui causait une vive peine. Depuis dix ans elle tirait de son maître, tous les premiers du mois, la promesse de faire mettre cette porte à neuf, de rechampir les murs de la maison, et de tout arranger *gentiment*, et monsieur n'avait pas encore tenu sa parole. Aussi, quand elle venait à déplorer la profonde insouciance de Benassis, manquait-elle rarement à prononcer cette phrase sacramentale par laquelle se terminaient tous les éloges de son maître : — « On ne peut pas dire qu'il soit bête, puisqu'il fait quasiment des miracles dans l'endroit ; mais il est quelquefois bête tout de même, mais bête qu'il faut tout lui mettre dans la main comme à un enfant ! » Jacquotte aimait la maison comme une chose à elle. D'ailleurs, après y avoir demeuré pendant vingt-deux ans, peut-être avait-elle le droit de se faire illusion ? En venant dans le pays, Benassis, ayant trouvé cette maison en vente par suite de la mort du curé, avait tout acheté, murs et terrain, meubles, vaisselle, vin, poules, le vieux cartel à figures, le cheval et la servante. Jacquotte, le modèle du genre cuisinière, montrait un corsage épais, invariablement enveloppé d'une indienne brune semée de pois rouges, ficelé, serré de manière à faire croire que l'étoffe allait craquer au moindre mouvement. Elle portait un bonnet rond plissé, sous lequel sa figure un peu blafarde et à double menton paraissait encore plus blanche qu'elle ne l'était. Petite, agile, la main leste et potelée, Jacquotte parlait haut et continuellement. Si elle se taisait un instant, et prenait le coin de son tablier pour le relever triangulairement, ce geste annonçait quelque longue remontrance adressée au maître ou au valet. De toutes les cuisinières du royaume, Jacquotte était certes la plus heureuse. Pour rendre son bonheur aussi complet qu'un bonheur peut .'être ici-bas, sa vanité se trouvait sans cesse satisfaite, le bourg l'acceptait comme une autorité mixte placée entre le maire et le garde champêtre.

En entrant dans la cuisine, le maître n'y trouva personne. — Où diable sont-ils donc allés ? dit-il. Pardonnez-moi, reprit-il en se tournant vers Genestas, de vous introduire ici. L'entrée d'honneur est par le jardin, mais je suis si peu habitué à recevoir du monde, que... Jacquotte!

A ce nom, proféré presque impérieusement, une voix de femme répondit dans l'intérieur de la maison. Un moment après, Jacquotte prit l'offensive en appelant à son tour Benassis, qui vint promptement dans la salle à manger.

— Vous voilà bien, monsieur! dit-elle, vous n'en faites jamais d'autres. Vous invitez toujours du monde à dîner sans m'en prévenir, et vous croyez que tout est troussé quand vous avez crié : Jacquotte! Allez-vous pas recevoir ce monsieur dans la cuisine? Ne fallait-il pas ouvrir le salon, y allumer du feu? Nicolle y est et va tout arranger. Maintenant promenez votre monsieur pendant un moment dans le jardin; ça l'amusera, cet homme, s'il aime les jolies choses, montrez-lui la charmille de défunt monsieur, j'aurai le temps de tout apprêter, le dîner, le couvert et le salon.

— Oui. Mais, Jacquotte, reprit Benassis, ce monsieur va rester ici. N'oublie pas de donner un coup d'œil à la chambre de monsieur Gravier, de voir aux draps et à tout, de...

— N'allez-vous pas vous mêler des draps, à présent? répliqua Jacquotte. S'il couche ici, je sais bien ce qu'il faudra lui faire. Vous n'êtes seulement pas entré dans la chambre de monsieur Gravier depuis dix mois. Il n'y a rien à y voir, elle est propre comme mon œil. Il va donc demeurer ici, ce monsieur? ajouta-t-elle d'un ton radouci.

— Oui.

— Pour longtemps?

— Ma foi, je ne sais pas. Mais qu'est-ce que cela te fait!

— Ah! qu'est-ce que cela me fait, monsieur? Ah! bien, qu'est-ce que cela me fait! En voilà bien d'une autre! Et les provisions, et tout, et...

Sans achever le flux de paroles par lequel, en toute autre occasion, elle eût assailli son maître pour lui reprocher son manque de confiance, elle le suivit dans la cuisine. En devinant qu'il s'agissait d'un pensionnaire, elle fut impatiente de voir Genestas, à qui elle fit une révérence obséquieuse en l'examinant de la tête aux pieds. La physionomie du militaire avait alors une expression triste et songeuse qui lui donnait un air rude, le colloque de la servante et du maître lui semblait révéler en ce dernier une nullité qui lui faisait rabattre, quoique à regret, de la haute opinion qu'il avait prise en admirant sa persistance à sauver ce petit pays des malheurs du crétinisme.

— Il ne me revient pas du tout ce particulier, dit Jacquotte.

— Si vous n'êtes pas fatigué, monsieur, dit le médecin à son prétendu malade, nous ferons un tour de jardin avant le dîner.

— Volontiers, répondit le commandant.

Ils traversèrent la salle à manger, et entrèrent dans le jardin par une espèce d'antichambre ménagée au bas de l'escalier, et qui séparait la salle à manger du salon. Cette pièce, fermée par une grande porte-fenêtre, était contiguë au perron de pierre, ornement de la façade sur le jardin. Divisé en quatre grands carrés égaux par des allées bordées de buis qui dessinaient une croix, ce jardin était terminé par une épaisse charmille, bonheur du précédent propriétaire. Le militaire s'assit sur un banc de bois vermoulu, sans voir ni les treilles, ni les espaliers, ni les légumes desquels Jacquotte prenait grand soin par suite des traditions du gourmand ecclésiastique auquel était dû ce jardin précieux, assez indifférent à Benassis.

Quittant la conversation banale qu'il avait engagée, le commandant dit au médecin : — Comment avez-vous fait, monsieur, pour tripler en dix ans la population de cette vallée où vous aviez trouvé sept cents âmes, et qui, dites-vous, en compte aujourd'hui plus de deux mille ?

— Vous êtes la première personne qui m'ait fait cette question, répondit le médecin. Si j'ai eu pour but de mettre en plein rapport ce petit coin de terre, l'entraînement de ma vie occupée ne m'a pas laissé le loisir de songer à la manière dont j'ai fait en grand, comme le frère quêteur, une espèce de *soupe au caillou*. Monsieur Gravier lui-même, un de nos bienfaiteurs et à qui j'ai pu rendre le service de le guérir, n'a pas pensé à la théorie en courant avec moi à travers nos montagnes pour y voir le résultat de la pratique.

Il y eut un moment de silence, pendant lequel Benassis se mit à réfléchir sans prendre garde au regard perçant par lequel son hôte essayait de le pénétrer.

— Comment cela s'est fait, mon cher monsieur ? reprit-il, mais naturellement et en vertu d'une loi sociale d'attraction entre les nécessités que nous nous créons et les moyens de les satisfaire. Tout t là. Les peuples sans besoins sont pauvres. Quand je vins m'établir dans ce bourg, on y comptait cent trente familles de paysans, et, dans la vallée, deux cents feux environ. Les autorités du pays, en harmonie avec la misère publique, se composaient d'un maire qui ne savait pas écrire, et d'un adjoint, métayer domicilié loin de la Commune ; d'un juge de paix, pauvre diable vivant de ses appointements, et laissant tenir par force les actes de l'État Civil à son greffier, autre malheureux à peine en état de comprendre son métier. L'ancien curé mort à l'âge de soixante-dix ans, son vicaire, homme sans instruction, venait de lui succéder. Ces gens résumaient l'intelligence du pays et le régissaient. Au milieu de cette belle nature, les habitants croupissaient dans la fange et vivaient de pommes de terre et de laitage ; les fromages que la plupart d'entre eux portaient sur de petits paniers à Grenoble ou aux environs constituaient les seuls produits desquels ils tiraient quelque argent. Les plus riches ou les moins paresseux semaient du sarrasin pour la consommation du bourg, quelquefois de l'orge ou de l'avoine, mais point de blé. Le seul industriel du pays était le maire qui possédait une scierie et achetait à bas prix les coupes de bois pour les débiter. Faute de chemins, il transportait ses arbres un à un dans la belle saison en les traînant à grand'peine au moyen d'une chaîne attachée au licou de ses chevaux, et terminée par un crampon de fer enfoncé dans le bois. Pour aller à Grenoble, soit à cheval, soit à pied, il fallait passer par un large sentier situé en haut de la montagne, la vallée était impraticable. D'ici au premier village que vous avez vu en arrivant dans le canton, la jolie route, par laquelle vous êtes sans doute venu, ne formait en tout temps qu'un bourbier. Aucun événement politique, aucune révolution n'était arrivée dans ce pays inaccessible et complétement en dehors du mouvement social. Napoléon seul y avait jeté son nom, il y est une religion, grâce à deux ou trois vieux soldats du pays revenus dans leurs foyers, et qui, pendant les veillées, racontent fabuleusement à ces gens simples les aventures de cet homme et de ses armées. Ce retour est d'ailleurs un phénomène inexplicable. Avant mon arrivée, les jeunes gens partis à l'armée y restaient tous. Ce fait accuse assez la misère du pays pour me dispenser de vous la peindre. Voilà, monsieur, dans quel état j'ai pris ce canton duquel dépendent, au delà des montagnes, plusieurs Communes bien cultivées, assez heureuses et presque riches. Je ne vous parle pas des chaumières du bourg, véritables écuries où bêtes et gens s'entassaient alors pêle-mêle.

Je passai par ici en revenant de la Grande-Chartreuse. N'y trouvant pas d'auberge, je fus forcé de coucher chez le vicaire, qui habitait provisoirement cette maison, alors en vente. De questions en questions, j'obtins une connaissance superficielle de la déplorable situation de ce pays, dont la belle température, le sol excellent et les productions naturelles m'avaient émerveillé. Monsieur, je cherchais alors à me faire une vie autre que celle dont les peines m'avaient lassé. Il me vint au cœur une de ces pensées que Dieu nous envoie pour nous faire accepter nos malheurs. Je résolus d'élever ce pays comme un précepteur élève un enfant. Ne me sachez pas gré de ma bienfaisance, j'y étais trop intéressé par le besoin de distraction que j'éprouvais. Je tâchais alors d'user le reste de mes jours dans quelque entreprise ardue. Les changements à introduire dans ce canton, que la nature faisait si riche et que l'homme rendait si pauvre, devaient occuper toute une vie; ils me tentèrent par la difficulté même de les opérer. Dès que je fus certain d'avoir la maison curiale et beaucoup de terres vaines et vagues à bon marché, je me vouai religieusement à l'état de chirurgien de campagne, le dernier de tous ceux qu'un homme pense à prendre dans son pays. Je voulus devenir l'ami des pauvres sans attendre d'eux la moindre récompense. Oh! je ne me suis abandonné à aucune illusion, ni sur le caractère des gens de la campagne, ni sur les obstacles que l'on rencontre en essayant d'améliorer les hommes ou les choses. Je n'ai point fait des idylles sur mes gens, je les ai acceptés pour ce qu'ils sont, de pauvres paysans, ni entièrement bons ni entièrement méchants, auxquels un travail constant ne permet point de se livrer aux sentiments, mais qui parfois peuvent sentir vivement. Enfin, j'ai surtout compris que je n'agirais sur eux que par des calculs d'intérêt et de bien-être immédiats. Tous les paysans sont fils de saint Thomas, l'apôtre incrédule, ils veulent toujours des faits à l'appui des paroles.

— Vous allez peut-être rire de mon début, monsieur, reprit le médecin après une pause. J'ai commencé cette œuvre difficile par une fabrique de paniers. Ces pauvres gens achetaient à Grenoble leurs clayons à fromages et les vanneries indispensables à leur misérable commerce. Je donnai l'idée à un jeune homme intelligent de prendre à ferme, le long du torrent, une grande portion de terrain que les alluvions enrichissent annuellement, et où l'osier devait très-bien venir. Après avoir supputé la quantité de vanneries consommées par le canton, j'allai dénicher à Grenoble quelque jeune ouvrier sans ressource pécuniaire, habile travailleur. Quand je l'eus trouvé, je le décidai facilement à s'établir ici en lui promettant de lui avancer le prix de l'osier nécessaire à ses fabrications jusqu'à ce que mon planteur d'oseraies pût lui en fournir. Je lui persuadai de vendre ses paniers au-dessous des prix de Grenoble, tout en les fabriquant mieux. Il me comprit. L'oseraie et la vannerie constituaient une spéculation dont les résultats ne seraient appréciés qu'après quatre années. Vous le savez sans doute, l'osier n'est bon à couper qu'à trois ans. Pendant sa première campagne, mon vannier vécut et trouva ses provisions en bénéfice. Il épousa bientôt une femme de Saint-Laurent-du-Pont qui avait quelque argent. Il se fit alors bâtir une maison saine, bien aérée, dont l'emplacement fut choisi, dont les distributions se firent d'après mes conseils. Quel triomphe, monsieur! J'avais créé dans ce bourg une industrie, j'y avais amené un producteur et quelques travailleurs. Vous traiterez ma joie d'enfantillage?... Pendant les premiers jours de l'établissement de mon vannier, je ne passais point devant sa boutique sans que les battements de mon cœur ne s'accélérassent. Lorsque dans cette maison neuve, à volets peints en vert, et à la porte de laquelle étaient un banc, une vigne et des bottes d'osier, je vis une femme propre, bien vêtue, allaitant un gros enfant rose et blanc au milieu d'ouvriers tous gais, chantant, façonnant avec activité leurs vanneries, et commandés par un homme qui, naguère pauvre et hâve, respirait alors le bonheur; je vous l'avoue, monsieur, je ne pouvais résister au plaisir de me faire vannier pendant un moment en entrant dans la boutique pour m'informer de leurs affaires, et je m'y laissais aller à un contentement que je ne saurais peindre. J'étais joyeux de la joie de ces gens et de la mienne. La maison de cet homme, le premier qui crût fermement en moi, devenait toute mon espérance. N'était-ce pas l'avenir de ce pauvre pays, monsieur, que déjà je portais en mon cœur, comme la femme du vannier portait dans le sien son premier nourrisson?... J'avais à mener bien des choses de front, je heurtais bien des idées. Je rencontrai une violente opposition fomentée par le maire ignorant, à qui j'avais pris sa place, dont l'influence s'évanouissait devant la mienne; je voulus en faire mon adjoint et le complice de ma bienfaisance. Oui, monsieur, ce fut dans cette tête, la plus dure de toutes, que je tentai de répandre les premières lumières. Je pris mon homme et par l'amour-propre et par son intérêt. Pendant six mois nous dînâmes ensemble, et je le mis de moitié dans mes plans d'amélioration. Beaucoup de gens verraient dans cette amitié nécessaire les plus cruels ennuis de ma tâche; mais cet homme n'était-il pas un instrument, et le plus précieux de tous? Malheur à qui méprise sa cognée ou la jette même avec insouciance! N'aurais-je pas été d'ailleurs fort inconséquent si, voulant améliorer le pays, j'eusse reculé devant l'idée d'améliorer un homme? Le plus urgent moyen de fortune était une route. Si nous obtenions du conseil municipal l'autorisation de construire un bon chemin d'ici à la route de Grenoble, mon adjoint était le premier à en profiter; car, au lieu de traîner coûteusement ses arbres à travers de mauvais sentiers, il pourrait, au moyen d'une bonne route cantonnale, les transporter facilement, entreprendre un gros commerce de bois de toute nature, et gagner, non plus six cents malheureux francs par an, mais de belles sommes qui lui donneraient un jour une certaine fortune. Enfin convaincu, cet homme devint mon prosélyte. Pendant tout un hiver, mon ancien maire alla trinquer au cabaret avec ses amis, et sut démontrer à nos administrés qu'un bon chemin de voiture serait une source de fortune pour le pays en permettant à chacun de commercer avec Grenoble. Lorsque le conseil municipal eut voté le chemin, j'obtins du préfet quelque argent sur les fonds de charité du Département, afin de payer les transports que la Commune était hors d'état d'entreprendre, faute de charrettes. Enfin, pour terminer plus promptement ce grand ouvrage et en faire apprécier immédiatement les résultats aux ignorants qui murmuraient contre moi en disant que je voulais rétablir les corvées; j'ai, pendant tous les dimanches de la première année de mon administration, constamment entraîné, de gré ou de force, la population du bourg, les femmes, les enfants, et même les vieillards, en haut de la montagne où j'avais tracé moi-même sur un excellent fonds le grand chemin qui mène de notre village à la route de Grenoble. Des matériaux abondants bordaient fort heureusement l'emplacement du chemin. Cette longue entreprise me demanda beaucoup de patience. Tantôt les uns, ignorant les lois, se refusaient à la prestation en nature; tantôt les autres, qui manquaient de pain, ne pouvaient réellement pas perdre une journée; il fallait donc distribuer du blé à ceux-ci, puis aller calmer ceux-là par des paroles amicales. Néanmoins, quand nous eûmes achevé les deux tiers de ce chemin, qui a deux lieues de pays environ, les habitants en avaient si bien reconnu les avantages, que le dernier tiers s'acheva avec une ardeur qui me surprit. J'enrichis l'avenir de la Commune en plantant une double rangée de peupliers le long de chaque fossé latéral. Aujourd'hui ces arbres sont déjà presque une fortune et donnent l'aspect d'une route royale à notre chemin, toujours sec par la nature de sa situation, et si bien confectionné d'ailleurs, qu'il coûte à peine deux cents francs d'entretien par an ; je vous le montrerai, car vous n'avez pu le voir : pour venir, vous avez sans doute pris le joli chemin du bas, une autre route que les habitants ont voulu faire eux-mêmes, il y a trois ans, afin d'ouvrir des communications aux établissements qui se formaient alors dans la vallée. Ainsi, monsieur, il y a trois ans, le bon sens public de ce bourg, naguère sans intelligence, avait acquis les idées que cinq ans auparavant un voyageur aurait peut-être désespéré de pouvoir lui inculquer. Poursuivons. L'établissement de mon vannier était un exemple donné fructueusement à cette pauvre population. Si le chemin devait être la cause la plus directe de la prospérité future du bourg, il fallait exciter toutes les industries premières afin de féconder ces deux germes de bien-être. Tout en aidant le planteur d'oseraies et le faiseur de paniers, tout en construisant ma route, je continuais insensiblement mon œuvre. J'eus deux chevaux, le marchand de bois, mon adjoint, en avait trois, il ne pouvait les faire ferrer qu'à Grenoble quand il y allait, j'engageai donc un maréchal-ferrant, qui connaissait un peu l'art vétérinaire, à venir ici en lui promettant beaucoup d'ouvrage. Je rencontrai le même jour un vieux soldat assez embarrassé de son sort qui possédait pour tout bien cent francs de retraite, qui savait lire et écrire ; je lui donnai la place de secrétaire de la mairie ; par un heureux hasard, je lui trouvai une femme, et ses rêves de bonheur furent accomplis. Monsieur, il fallut des maisons à ces deux nouveaux ménages, à celui de mon vannier et aux vingt-deux familles qui abandonnèrent le village des crétins. Alors vinrent s'établir ici douze autres ménages dont les chefs étaient travailleurs, producteurs et consommateurs : maçons, charpentiers, couvreurs, menuisiers, serruriers, vitriers qui avaient de la besogne pour long-temps ; ne devaient-ils pas se construire leurs maisons après avoir bâti celles des autres ? n'amenaient-ils pas des ouvriers avec eux ? Pendant la seconde année de mon administration, soixante-dix maisons s'élevèrent dans la Commune. Une production en exigeait une autre. En peuplant le bourg, j'y créais des nécessités nouvelles, inconnues jusqu'alors à ces pauvres gens. Le besoin engendrait l'industrie, l'industrie le commerce, le commerce un gain, le gain un bien-être, et le bien-être des idées utiles. Ces différents ouvriers voulurent du pain tout cuit, nous eûmes un boulanger. Mais le sarrasin ne pouvait plus être la nourriture de cette population tirée de sa dégradante inertie et devenue essentiellement active ; je l'avais trouvée mangeant du blé noir, je désirais la faire passer d'abord au régime du seigle ou du méteil, puis voir un jour aux plus pauvres gens un morceau de pain blanc. Pour moi les progrès intellectuels étaient tout entiers dans les progrès sanitaires. Un boucher annonce dans un pays autant d'intelligence que de richesses. Qui travaille mange, et qui mange pense. En prévoyant le jour où la production du froment serait nécessaire, j'avais soigneusement examiné la qualité des terres ; j'étais sûr de lancer le bourg dans une grande prospérité agricole, et de doubler sa population dès qu'elle se serait mise au travail. Le moment était venu. Monsieur Gravier de Grenoble possédait dans la Commune des terres dont il ne tirait aucun revenu, mais qui pouvaient être converties en terres à blé. Il est, comme vous le savez, chef de division à la Préfecture. Autant par attachement pour son pays que vaincu par mes importunités, il s'était déjà prêté fort complaisamment à mes exigences ; je réussis à lui faire comprendre qu'il avait à son insu travaillé pour lui-même. Après plusieurs jours de sollicitations, de conférences, de devis débattus ; après avoir engagé ma fortune pour le garantir contre les risques d'une entreprise de laquelle sa femme, cervelle étroite, essayait de l'épouvanter, il consentit à bâtir ici quatre fermes de cent arpents chacune, et promit d'avancer les sommes nécessaires aux défrichements, à l'achat des semences, des instruments aratoires, des bestiaux, et à la confection des chemins d'exploitation. De mon côté, je construisis deux fermes, autant pour mettre en culture mes terres vaines et vagues que pour enseigner par l'exemple les utiles méthodes de l'agriculture moderne. En six semaines, le bourg s'accrut de trois cents habitants. Six fermes où devaient se loger plusieurs ménages, des défrichements énormes à opérer, des labours à faire, appelaient des ouvriers. Les charrons, les terrassiers, les compagnons, les manouvriers affluaient. Le chemin de Grenoble était couvert de charrettes, d'allants et venants. Ce fut un mouvement général dans le pays. La circulation de l'argent faisait naître chez tout le monde le désir d'en gagner, l'apathie avait cessé, le bourg s'était réveillé. Je finis en deux mots l'histoire de monsieur Gravier, l'un des bienfaiteurs de ce canton. Malgré la défiance assez naturelle à un citadin de province, à un homme de bureau, il a, sur la foi de mes promesses, avancé plus de quarante mille francs sans savoir s'il les recouvrerait. Chacune de ses fermes est louée aujourd'hui mille francs, ses fermiers ont si bien fait leurs affaires que chacun d'eux possède au moins cent arpents de terre, trois cents moutons, vingt vaches, dix bœufs, cinq chevaux, et emploie plus de vingt personnes. Je reprends. Dans le cours de la quatrième année nos fermes furent achevées. Nous eûmes une récolte en blé qui parut miraculeuse aux gens du pays, abondante comme elle devait l'être dans un terrain vierge. J'ai bien souvent tremblé pour mon œuvre pendant cette année! La pluie ou la sécheresse pouvait ruiner mon ouvrage en amoindrissant la confiance que j'inspirais déjà. La culture du blé nécessita le moulin que vous avez vu, et qui me rapporte environ cinq cents francs par an. Aussi les paysans disent-ils dans leur langage que *j'ai la chance*, et croient-ils en moi comme en leurs reliques. Ces constructions nouvelles, les fermes, le moulin, les plantations, les chemins ont donné de l'ouvrage à tous les gens de métier que j'avais attirés ici. Quoique nos bâtiments représentent bien les soixante mille francs que nous avons jetés dans le pays, cet argent nous fut amplement rendu par les revenus que créent les consommateurs. Mes efforts ne cessaient d'animer cette naissante industrie. Par mon avis un jardinier pépiniériste vint s'établir dans le bourg, où je prêchais aux plus pauvres de cultiver les arbres fruitiers afin de pouvoir un jour conquérir à Grenoble le monopole de la vente des fruits. « — Vous y portez des fromages, leur disais-je, pourquoi ne pas y porter des volailles, des œufs, des légumes, du gibier, du foin, de la paille, etc.? » Chacun de mes conseils était la source d'une fortune, ce fut à qui les suivrait. Il se forma donc une multitude de petits établissements dont les progrès, lents d'abord, ont été de jour en jour plus rapides. Tous les lundis il part maintenant du bourg pour Grenoble plus de soixante charrettes pleines de nos divers produits, et il se récolte plus de sarrasin pour nourrir les volailles qu'il ne s'en semait autrefois pour nourrir les hommes. Devenu trop considérable, le commerce des bois s'est subdivisé. Dès la quatrième année de notre ère industrielle, nous avons eu des marchands de bois de chauffage, de bois carrés, de planches, d'écorces, puis des charbonniers. Enfin il s'est établi quatre nouvelles scieries de planches et de madriers. En acquérant quelques idées commerciales, l'ancien maire a éprouvé le besoin de savoir lire et écrire. Il a comparé le prix des bois dans les diverses localités, il a remarqué de telles différences à l'avantage de son exploitation, qu'il s'est procuré de place en place de nouvelles pratiques, et il fournit aujourd'hui le tiers du Département. Nos transports ont si subitement augmenté que nous occupons trois charrons, deux bourreliers, et chacun d'eux n'a pas moins de trois garçons. Enfin nous consommons tant de fer, qu'un taillandier s'est transporté dans le bourg et s'en est très-bien trouvé. Le désir du gain développe une ambition qui dès lors a poussé mes industriels à réagir du bourg sur le Canton et du Canton sur le Département, afin d'augmenter leurs profits en augmentant leur vente. Je n'eus qu'un mot à dire pour leur indiquer des débouchés nouveaux, leur bon sens faisait le reste. Quatre années avaient suffi pour changer la face de ce bourg. Quand j'y étais passé, je n'y avais pas entendu le moindre cri; mais au commencement de la cinquième année, tout y était vivant et animé. Les chants joyeux, le bruit des ateliers, et les cris sourds ou aigus des outils retentissaient agréablement à mes oreilles. Je voyais aller et venir une active population agglomérée dans un bourg nouveau, propre, assaini, bien planté d'arbres. Chaque habitant avait la conscience de son bien-être, et toutes les figures respiraient le contentement que donne une vie utilement occupée.

— Ces cinq années forment à mes yeux le premier âge de la vie prospère de notre bourg, reprit le médecin après une pause. Pendant ce temps j'avais tout défriché, tout mis en germe dans les têtes et dans les terres. Le mouvement progressif de la population et des industries ne pouvait plus s'arrêter désormais. Un second âge se préparait. Bientôt ce petit monde désira se mieux habiller. Il nous vint un mercier, avec lui le cordonnier, le tailleur et le chapelier. Ce commencement de luxe nous valut un boucher, un épicier; puis une sage-femme, qui me devenait bien nécessaire, je perdais un temps considérable aux accouchements. Les *défrichis* donnèrent d'excellentes récoltes. Puis la qualité supérieure de nos produits agricoles fut maintenue par les engrais et par les fumiers dus à l'accroissement de la population. Mon entreprise put alors se développer dans toutes ses conséquences. Après avoir assaini les maisons et graduellement amené les habitants à se mieux nourrir, à se mieux vêtir, je voulus que les animaux se ressentissent de ce commencement de civilisation. Des soins accordés aux bestiaux dépend la beauté des races et des individus, partant celle des produits; je prêchai donc l'assainissement des étables. Par la comparaison du profit que rend une bête bien logée, bien pansée, avec le maigre rapport d'un bétail mal soigné, je fis insensiblement changer le régime des bestiaux de la commune : pas une bête ne souffrit. Les vaches et les bœufs furent pansés comme ils le sont en Suisse et en Auvergne. Les bergeries, les écuries, les vacheries, les laiteries, les granges se rebâtirent sur le modèle de mes constructions et de celles de monsieur Gravier qui sont vastes, bien aérées, par conséquent salubres. Nos fermiers étaient mes apôtres, ils convertissaient promptement les incrédules en leur démontrant la bonté de mes préceptes par de prompts résultats. Quant aux gens qui manquaient d'argent, je leur en prêtais en favorisant surtout les pauvres industrieux; ils servaient d'exemple. D'après mes conseils, les bêtes défectueuses, malingres ou médiocres furent promptement vendues et remplacées par de beaux sujets. Ainsi nos produits, en un temps donné, l'emportèrent dans les marchés sur ceux des autres Communes. Nous eûmes de magnifiques troupeaux, et partant de bons cuirs. Ce progrès était d'une haute importance. Voici comment. Rien n'est futile en économie rurale. Autrefois nos écorces se vendaient à vil prix, et nos cuirs n'avaient pas une grande valeur; mais nos écorces et nos cuirs une fois bonifiés, la rivière nous permit de construire des moulins à tan, il nous vint des tanneurs dont le commerce s'accrut rapidement. Le vin, jadis inconnu dans le bourg, où l'on ne buvait que des piquettes, y devint naturellement un besoin : des cabarets sont établis. Puis le plus ancien des cabarets s'est agrandi, s'est changé en auberge et fournit des mulets aux voyageurs qui commencent à prendre notre chemin pour aller à la Grande-Chartreuse. Depuis deux ans nous avons un mouvement commercial assez important pour faire vivre deux aubergistes. Au commencement du second âge de notre prospérité, le juge de paix mourut. Fort heureusement pour nous, son successeur fut un ancien notaire de Grenoble ruiné par une fausse spéculation, mais auquel il restait encore assez d'argent pour être riche au village ; monsieur Gravier sut le déterminer à venir ici ; il a bâti une jolie maison, il a secondé mes efforts en y joignant les siens; il a construit une ferme et défriché des bruyères, il possède aujourd'hui trois chalets dans la montagne. Sa famille est nombreuse. Il a renvoyé l'ancien greffier, l'ancien huissier, et les a remplacés par des hommes beaucoup plus instruits et surtout plus industrieux que leurs prédécesseurs. Ces deux nouveaux ménages ont créé une distillerie de pommes de terre et un lavoir de laines, deux établissements fort utiles que les chefs de ces deux familles conduisent tout en exerçant leurs professions. Après avoir constitué des revenus à la Commune, je les employai sans opposition à bâtir une Mairie dans laquelle je mis une école gratuite et le logement d'un instituteur primaire. J'ai choisi pour remplir cette importante fonction un pauvre prêtre assermenté rejeté par tout le Département, et qui a trouvé parmi nous un asile pour ses vieux jours. La maîtresse d'école est une digne femme ruinée qui ne savait où donner de la tête, et à laquelle nous avons arrangé une petite fortune ; elle vient de fonder un pensionnat de jeunes personnes où les riches fermiers des environs commencent à envoyer leurs filles. Monsieur, si j'ai eu le droit de vous raconter jusqu'ici l'histoire de ce petit coin de terre en mon nom, il est un moment où monsieur Janvier, le nouveau curé, vrai Fénelon réduit aux proportions d'une Cure, a été pour moitié dans cette œuvre de régénération : il a su donner aux mœurs du bourg un esprit doux et fraternel qui semble faire de la population une seule famille. Monsieur Dufau, le juge de paix, quoique venu plus tard, mérite également la reconnaissance des habitants. Pour vous résumer notre situation par des chiffres plus significatifs que mes discours, la Commune possède aujourd'hui deux cents arpents de bois et cent soixante arpents de prairies. Sans recourir à des centimes additionnels, elle donne cent écus de traitement supplémentaire au curé, deux cents francs au garde champêtre, autant au maître et à la maîtresse d'école; elle a cinq cents francs pour ses chemins, autant pour les réparations de la mairie, du presbytère, de l'église, et pour quelques autres frais. Dans quinze ans d'ici elle aura pour cent mille francs de bois à abattre, et pourra payer ses contributions sans qu'il en coûte un denier aux habitants; elle sera certes l'une des plus riches Communes de France. Mais, monsieur, je vous ennuie peut-être, dit Benassis à Genestas en surprenant son auditeur dans une attitude si pensive qu'elle devait être prise pour celle d'un homme inattentif.

— Oh! non, dit le commandant.

— Monsieur, reprit le médecin, le commerce, l'industrie, l'agriculture et notre consommation n'étaient que locales. A un certain degré, notre prospérité se fût arrêtée. Je demandai bien un bureau de poste, un débit de tabac, de poudre et de cartes; je forçai bien, par les agréments du séjour et de notre nouvelle société, le percepteur des contributions à quitter la commune de laquelle il avait jusqu'alors préféré l'habitation à celle du Chef-lieu de canton ; j'appelai bien, en temps et lieu, chaque production quand j'avais éveillé le besoin; je fis bien venir des ménages et des gens industrieux, je leur donnai bien à tous le sentiment de la propriété ; ainsi, à mesure qu'ils avaient de l'argent, les terres se défrichaient ; la petite culture, les petits propriétaires, envahissaient et mettaient graduellement en valeur la montagne. Les malheureux que j'avais trouvés ici portant à pied quelques fromages à Grenoble y allaient bien en charrette, menant des fruits, des œufs, des poulets, des dindons. Tous avaient insensiblement grandi. Le plus mal partagé était celui qui n'avait que son jardin, ses légumes, ses fruits, ses primeurs à cultiver. Enfin, signe de prospérité, personne ne cuisait plus son pain, afin de ne point perdre de temps, et les enfants gardaient les troupeaux. Mais, monsieur, il fallait faire durer ce foyer industriel en y jetant sans cesse des aliments nouveaux. Le bourg n'avait pas encore une renaissante industrie qui pût entretenir cette production commerciale et nécessiter de grandes transactions, un entrepôt, un marché. Il ne suffit pas à un pays de ne rien perdre sur la masse d'argent qu'il possède et qui forme son capital, vous n'augmenterez point son bien-être en faisant passer avec plus ou moins d'habileté, par le jeu de la production et de la consommation, cette somme dans le plus grand nombre possible de mains. Là n'est pas le problème. Quand un pays est en plein rapport, et que ses produits sont en équilibre avec sa consommation, il faut, pour créer de nouvelles fortunes et accroître la richesse publique, faire à l'extérieur des échanges qui puissent amener un constant actif dans sa balance commerciale. Cette pensée a toujours déterminé les États sans base territoriale, comme

Tyr, Carthage, Venise, la Hollande et l'Angleterre, à s'emparer du commerce de transport. Je cherchai pour notre petite sphère une pensée analogue, afin d'y créer un troisième âge commercial. Notre prospérité, sensible à peine aux yeux d'un passant, car notre Chef-lieu de canton ressemble à tous les autres, fut étonnante pour moi seul. Les habitants, agglomérés insensiblement, n'ont pu juger de l'ensemble en participant au mouvement. Au bout de sept ans, je rencontrai deux étrangers, les vrais bienfaiteurs de ce bourg, qu'ils métamorphoseront peut-être en une ville. L'un est un Tyrolien d'une adresse incroyable, et qui confectionne les souliers pour les gens de la campagne, les bottes pour les élégants de Grenoble, comme aucun ouvrier de Paris ne les fabriquerait. Pauvre musicien ambulant, un de ces Allemands industrieux qui font et l'œuvre et l'outil, la musique et l'instrument, il s'arrêta dans le bourg en venant de l'Italie qu'il avait traversée en chantant et travaillant. Il demanda si quelqu'un n'avait pas besoin de souliers, on l'envoya chez moi, je lui commandai deux paires de bottes dont les formes furent façonnées par lui. Surpris de l'adresse de cet étranger, je le questionnai, je le trouvai précis dans ses réponses ; ses manières, sa figure, tout me confirma dans la bonne opinion que j'avais prise de lui ; je lui proposai de se fixer dans le bourg en lui promettant de favoriser son industrie de tous mes moyens, et je mis en effet à sa disposition une assez forte somme d'argent. Il accepta. J'avais mes idées. Nos cuirs s'étaient améliorés, nous pouvions dans un certain temps les consommer nous-mêmes en fabriquant des chaussures à des prix modérés. J'allais recommencer sur une plus grande échelle l'affaire des paniers. Le hasard m'offrait un homme éminemment habile et industrieux que je devais embaucher pour donner au bourg un commerce productif et stable. La chaussure est une de ces consommations qui ne s'arrêtent jamais, une fabrication dont le moindre avantage est promptement apprécié par le consommateur. J'ai eu le bonheur de ne pas me tromper, monsieur. Aujourd'hui nous avons cinq tanneries, elles emploient tous les cuirs du Département, elles en vont chercher quelquefois jusqu'en Provence, et chacune possède son moulin à tan. Eh ! bien, monsieur, ces tanneries ne suffisent pas à fournir le cuir nécessaire au Tyrolien, qui n'a pas moins de quarante ouvriers !... L'autre homme, dont l'aventure n'est pas moins curieuse, mais qui serait peut-être pour vous fastidieuse à entendre, est un simple paysan qui a trouvé les moyens de fabriquer à meilleur marché que partout ailleurs les chapeaux à grands bords en usage dans le pays ; il les exporte dans tous les départements voisins, jusqu'en Suisse et en Savoie. Ces deux industries, sources intarissables de prospérité, si le canton peut maintenir la qualité des produits et leur bas prix, m'ont suggéré l'idée de fonder ici trois foires par an ; le préfet, étonné des progrès industriels de ce canton, m'a secondé pour obtenir l'ordonnance royale qui les a instituées. L'année dernière nos trois foires ont eu lieu ; elles sont déjà connues jusque dans la Savoie sous le nom de la foire aux souliers et aux chapeaux. En apprenant ces changements, le principal clerc d'un notaire de Grenoble, jeune homme pauvre mais instruit, grand travailleur, et auquel mademoiselle Gravier est promise, est allé solliciter à Paris l'établissement d'un office de notaire ; sa demande lui fut accordée. Sa charge ne lui coûtant rien, il a pu se faire bâtir une maison en face de celle du juge de paix, sur la place du nouveau bourg. Nous avons maintenant un marché par semaine, il s'y conclut des affaires assez considérables en bestiaux et en blé. L'année prochaine il nous viendra sans doute un pharmacien, puis un horloger, un marchand de meubles et un libraire, enfin les superfluités nécessaires à la vie. Peut-être finirons-nous par prendre tournure de petite ville et par avoir des maisons bourgeoises. L'instruction a tellement gagné, que je n'ai pas rencontré dans le conseil municipal la plus légère opposition quand j'ai proposé de réparer, d'orner l'église, de bâtir un presbytère, de tracer un beau champ de foire, d'y planter des arbres, et de déterminer un alignement pour obtenir plus tard des rues saines, aérées et bien percées. Voilà, monsieur, comment nous sommes arrivés à avoir dix-neuf cents feux au lieu de cent trente-sept, trois mille bêtes à cornes au lieu de huit cents, et, au lieu de sept cents âmes, deux mille personnes dans le bourg, trois mille en comptant les habitants de la vallée. Il existe dans la Commune douze maisons riches, cent familles aisées, deux cents qui prospèrent. Le reste travaille. Tout le monde sait lire et écrire. Enfin nous avons dix-sept abonnements à différents journaux. Vous rencontrerez bien encore des malheureux dans notre canton, j'en vois certes beaucoup trop ; mais personne n'y mendie, il s'y trouve de l'ouvrage pour tout le monde. Je lasse maintenant deux chevaux par jour à courir pour soigner les malades ; je puis me promener sans danger à toute heure dans un rayon de cinq lieues, et qui voudrait me tirer un coup de fusil ne resterait pas dix minutes en vie. L'affection tacite des habitants est tout ce que j'ai personnellement gagné à ces changements, outre le plaisir de m'entendre dire par tout le monde d'un air joyeux, quand je passe : Bonjour, monsieur Benassis! Vous comprenez bien que la fortune involontairement acquise dans mes fermes modèles est, entre mes mains, un moyen et non un résultat.

— Si dans toutes les localités chacun vous imitait, monsieur, la France serait grande et pourrait se moquer de l'Europe, s'écria Genestas exalté.

— Mais il y a une demi-heure que je vous tiens là, dit Benassis, il est presque nuit, allons nous mettre à table.

Du côté du jardin, la maison du médecin présente une façade de cinq fenêtres à chaque étage. Elle est composée d'un rez-de-chaussée surmonté d'un premier étage, et couverte d'un toit en tuiles percé de mansardes saillantes. Les volets peints en vert tranchent sur le ton grisâtre de la muraille, où pour ornement une vigne règne entre les deux étages, d'un bout à l'autre, en forme de frise. Au bas, le long du mur, quelques rosiers du Bengale végètent tristement, à demi noyés par l'eau du toit, qui n'a pas de gouttières. En entrant par le grand palier qui forme antichambre, il se trouve à droite un salon à quatre fenêtres donnant les unes sur la cour, les autres sur le jardin. Ce salon, sans doute l'objet de bien des économies et de bien des espérances pour le pauvre défunt, est planchéié, boisé par en bas, et garni de tapisseries de l'avant-dernier siècle. Les grands et larges fauteuils couverts en lampas à fleurs, les vieilles girandoles dorées qui ornent la cheminée et les rideaux à gros glands, annonçaient l'opulence dont avait joui le curé. Benassis avait complété cet ameublement, qui ne manquait pas de caractère, par deux consoles de bois à guirlandes sculptées, placées en face l'une de l'autre dans l'entre-deux des fenêtres, et par un cartel d'écaille incrustée de cuivre qui décorait la cheminée. Le médecin habitait rarement cette pièce, qui exhale l'odeur humide des salles toujours fermées. L'on y respirait encore le défunt curé, la senteur particulière de son tabac semblait même sortir du coin de la cheminée où il avait l'habitude de s'asseoir. Les deux grandes bergères étaient symétriquement posées de chaque côté du foyer, où il n'y avait pas eu de feu depuis le séjour de monsieur Gravier, mais où brillaient alors les flammes claires du sapin.

— Il fait encore froid le soir, dit Benassis, le feu se voit avec plaisir.

Genestas, devenu pensif, commençait à s'expliquer l'insouciance du médecin pour les choses ordinaires de la vie.

— Monsieur, lui dit-il, vous avez une âme vraiment citoyenne, et je m'étonne qu'après avoir accompli tant de choses, vous n'ayez pas tenté d'éclairer le gouvernement.

Benassis se mit à rire, mais doucement et d'un air triste.

— Écrire quelque mémoire sur les moyens de civiliser la France, n'est-ce pas? Avant vous, monsieur Gravier me l'avait dit, monsieur. Hélas! on n'éclaire pas un gouvernement, et, de tous les gouvernements, le moins susceptible d'être éclairé est celui qui croit répandre des lumières. Sans doute ce que nous avons fait pour ce Canton, tous les maires devraient le faire pour le leur, le magistrat municipal pour sa ville, le Sous-préfet pour l'Arrondissement, le Préfet pour le Département, le ministre pour la France, chacun dans la sphère d'intérêt où il agit. Là où j'ai persuadé de construire un chemin de deux lieues, l'un achèverait une route, l'autre un canal; là où j'ai encouragé la fabrication des chapeaux de paysan, le ministre soustrairait la France au joug industriel de l'étranger, en encourageant quelques manufactures d'horlogerie, en aidant à perfectionner nos fers, nos aciers, nos limes ou nos creusets, à cultiver la soie ou le pastel. En fait de commerce, encouragement ne signifie pas protection. La vraie politique d'un pays doit tendre à l'affranchir de tout tribut envers l'étranger, mais sans le secours honteux des douanes et des prohibitions. L'industrie ne peut être sauvée que par elle-même, la concurrence est sa vie. Protégée, elle s'endort; elle meurt par le monopole comme sous le tarif. Le pays qui rendra tous les autres ses tributaires sera celui qui proclamera la liberté commerciale, il se sentira la puissance manufacturière de tenir ses produits à des prix inférieurs à ceux de ses concurrents. La France peut atteindre à ce but beaucoup mieux que l'Angleterre, car elle seule possède un territoire assez étendu pour maintenir les productions agricoles à des prix qui maintiennent l'abaissement du salaire industriel : là devrait tendre l'administration en France, car là est toute la question moderne. Mon cher monsieur, cette étude n'a pas été le but de ma vie, la tâche que je me suis tardivement donnée est accidentelle. Puis de telles choses sont trop simples pour qu'on en compose une science, elles n'ont rien d'éclatant ni de théorique, elles ont le malheur d'être tout bonnement utiles. Enfin l'on ne va pas vite en besogne. Pour obtenir un succès en ce genre, il faut trouver tous les matins en soi la même dose du courage le plus rare et en apparence le plus aisé, le courage du professeur répétant sans cesse les mêmes choses, courage peu récompensé. Si nous saluons avec respect l'homme qui, comme vous, a versé son sang sur un champ de bataille, nous nous moquons de celui qui use lentement le feu de sa vie à dire les mêmes paroles à des enfants du même âge. Le bien obscurément fait ne tente personne. Nous manquons essentiellement de la vertu civique avec laquelle les grands hommes des anciens jours rendaient service à la patrie, en se mettant au dernier rang quand ils ne commandaient pas. La maladie de notre temps est la supériorité. Il y a plus de saints que de niches. Voici pourquoi. Avec la monarchie nous avons perdu *l'honneur*, avec la religion de nos pères *la vertu chrétienne*, avec nos infructueux essais du gouvernement *le patriotisme*. Ces principes n'existent plus que partiellement, au lieu d'animer les masses, car les idées ne périssent jamais. Maintenant, pour étayer la société, nous n'avons d'autre soutien que *l'égoïsme*. Les individus croient en eux. L'avenir, c'est l'homme social ; nous ne voyons plus rien au delà. Le grand homme qui nous sauvera du naufrage vers lequel nous courons se servira sans doute de l'individualisme pour refaire la nation ; mais en attendant cette régénération, nous sommes dans le siècle des intérêts matériels et du positif. Ce dernier mot est celui de tout le monde. Nous sommes tous chiffrés, non d'après ce que nous valons, mais d'après ce que nous pesons. S'il est en veste, l'homme d'énergie obtient à peine un regard. Ce sentiment a passé dans le gouvernement. Le ministre envoie une chétive médaille au marin qui sauve au péril de ses jours une douzaine d'hommes, il donne la croix d'honneur au député qui lui vend sa voix. Malheur au pays ainsi constitué ! Les nations, de même que les individus, ne doivent leur énergie qu'à de grands sentiments. Les sentiments d'un peuple sont ses croyances. Au lieu d'avoir des croyances, nous avons des intérêts. Si chacun ne pense qu'à soi et n'a de foi qu'en lui-même, comment voulez-vous rencontrer beaucoup de courage civil, quand la condition de cette vertu consiste dans le renoncement à soi-même ? Le courage civil et le courage militaire procèdent du même principe. Vous êtes appelés à donner votre vie d'un seul coup, la nôtre s'en va goutte à goutte. De chaque côté, mêmes combats sous d'autres formes. Il ne suffit pas d'être homme de bien pour civiliser le plus humble coin de terre, il faut encore être instruit ; puis l'instruction, la probité, le patriotisme, ne sont rien sans la volonté ferme avec laquelle un homme doit se détacher de tout intérêt personnel pour se vouer à une pensée sociale. Certes, la France renferme plus d'un homme instruit, plus d'un patriote par Commune ; mais je suis certain qu'il n'existe pas dans chaque Canton un homme qui, à ces précieuses qualités, joigne le vouloir continu, la pertinacité du maréchal battant son fer. L'homme qui détruit et l'homme qui construit sont deux phénomènes de volonté ; l'un prépare, l'autre achève l'œuvre. Le premier apparaît comme le génie du mal, et le second semble être le génie du bien. A l'un la gloire, à l'autre l'oubli. Le mal possède une voix éclatante qui réveille les âmes vulgaires et les remplit d'admiration, tandis que le bien est longtemps muet. L'amour-propre humain a bientôt choisi le rôle le plus brillant. Une œuvre de paix, accomplie sans arrière-pensée individuelle, ne sera donc jamais qu'un accident, jusqu'à ce que l'éducation ait changé les mœurs de la France. Quand ces mœurs seront changées, quand nous serons tous de grands citoyens, ne deviendrons-nous pas, malgré les aises d'une vie triviale, le peuple le plus ennuyeux, le plus ennuyé, le moins artiste, le plus malheureux qu'il y aura sur la terre? Ces grandes questions, il ne m'appartient pas de les décider, je ne suis pas à la tête du pays. A part ces considérations, d'autres difficultés s'opposent encore à ce que l'administration ait des principes exacts. En fait de civilisation, monsieur, rien n'est absolu. Les idées qui conviennent à une contrée sont mortelles dans une autre, et il en est des intelligences comme des terrains. Si nous avons tant de mauvais administrateurs, c'est que l'administration, comme le goût, procède d'un sentiment très-élevé, très-pur. En ceci le génie vient d'une tendance de l'âme et non d'une science. Personne ne peut apprécier ni les actes ni les pensées d'un administrateur, ses véritables juges sont loin de lui, les résultats plus éloignés encore. Chacun peut donc se dire sans péril administrateur. En France, l'espèce de séduction qu'exerce l'esprit nous inspire une grande estime pour les gens à idée ; mais les idées sont peu de chose là où il ne faut qu'une volonté. Enfin l'administration ne consiste pas à imposer aux masses des idées ou des méthodes plus ou moins justes, mais à imprimer aux idées mauvaises ou bonnes de ces masses une direction utile qui les fasse concorder au bien général. Si les préjugés et les routines d'une contrée aboutissent à une mauvaise voie, les habitants abandonnent d'eux-mêmes leurs erreurs. Toute erreur en économie rurale, politique ou domestique, ne constitue-t-elle pas des pertes que l'intérêt rectifie à la longue ? Ici j'ai rencontré fort heureusement table rase. Par mes conseils, la terre s'y est bien cultivée ; mais il n'y avait aucun errement en agriculture, et les terres y étaient bonnes : il m'a donc été facile d'introduire la culture en cinq assolements, les prairies artificielles et la pomme de terre. Mon système agronomique ne heurtait aucun préjugé. L'on ne s'y servait pas déjà de mauvais coutres, comme en certaines parties de la France, et la houe suffisait au peu de labours qui s'y faisaient. Le charron était intéressé à vanter mes charrues à roues pour débiter son charronnage, j'avais en lui un compère. Mais là, comme ailleurs, j'ai toujours tâché de faire converger les intérêts des uns vers ceux des autres. Puis je suis allé des productions qui intéressaient directement ces pauvres gens, à celles qui augmentaient leur bien-être. Je n'ai rien amené du dehors au dedans, j'ai seulement secondé les exportations qui devaient les enrichir, et dont les bénéfices se comprenaient directement. Ces gens-là étaient mes apôtres par leurs œuvres et sans s'en douter. Autre considération ! Nous ne sommes ici qu'à cinq lieues de Grenoble, et près d'une grande ville se trouvent bien des débouchés pour les productions. Toutes les communes ne sont pas à la porte des grandes villes. En chaque affaire de ce genre, il faut consulter l'esprit du pays, sa situation, ses ressources, étudier le terrain, les hommes et les choses, et ne pas vouloir planter des vignes en Normandie. Ainsi donc, rien n'est plus variable que l'administration, elle a peu de principes généraux. La loi est uniforme, les mœurs, les terres, les intelligences ne le sont pas ; or, l'administration est l'art d'appliquer les lois sans blesser les intérêts, tout y est donc local. De l'autre côté de la montagne au pied de laquelle gît notre village abandonné, il est impossible de labourer avec des charrues à roues, les terres n'ont pas assez de fond ; eh ! bien, si le maire de cette Commune voulait imiter notre allure, il ruinerait ses administrés, je lui ai conseillé de faire des vignobles ; et l'année dernière, ce petit pays a eu des récoltes excellentes, il échange son vin contre notre blé. Enfin j'avais quelque crédit sur les gens que je prêchais, nous étions sans cesse en rapport. Je guérissais mes paysans de leurs maladies, si faciles à guérir, il ne s'agit jamais en effet que de leur rendre des forces par une nourriture substantielle. Soit économie, soit misère, les gens de la campagne se nourrissent si mal, que leurs maladies ne viennent que de leur indigence, et généralement ils se portent assez bien. Quand je me décidai religieusement à cette vie d'obscure résignation, j'ai longtemps hésité à me faire curé, médecin de campagne ou juge de paix. Ce n'est pas sans raison, mon cher monsieur, que l'on assemble proverbialement les trois robes noires, le prêtre, l'homme de loi, le médecin : l'un panse les plaies de l'âme, l'autre celles de la bourse, le dernier celles du corps ; ils représentent la société dans ses trois principaux termes d'existence : la conscience, le domaine, la santé. Jadis le premier, puis le second, furent tout l'État. Ceux qui nous ont précédés sur la terre pensaient, avec raison peut-être, que le prêtre, disposant des idées, devait être tout le gouvernement : il fut alors roi, pontife et juge ; mais alors tout était croyance et conscience. Aujourd'hui tout est changé, prenons notre époque telle qu'elle est. Eh ! bien, je crois que le progrès de la civilisation et le bien-être des masses dépendent de ces trois hommes, ils sont les trois pouvoirs qui font immédiatement sentir au peuple l'action des Faits, des Intérêts et des Principes, les trois grands résultats produits chez une nation par les Événements, par les Propriétés et par les Idées. Le temps marche et amène les changements, les propriétés augmentent ou diminuent, il faut tout régulariser suivant ces diverses mutations : de là des principes d'ordre. Pour civiliser, pour créer des productions, il faut faire comprendre aux masses en quoi l'intérêt particulier s'accorde avec les intérêts nationaux, qui se résolvent par les faits, les intérêts et les principes. Ces trois professions, en touchant nécessairement à ces résultats humains, m'ont donc semblé devoir être aujourd'hui les plus grands leviers de la civilisation ; ils peuvent seuls offrir constamment à un homme de bien les moyens efficaces d'améliorer le sort des classes pauvres, avec lesquelles ils ont des rapports perpétuels. Mais le paysan écoute plus volontiers l'homme qui lui prescrit une ordonnance pour lui sauver le corps, que le prêtre qui discourt sur le salut de l'âme : l'un peut lui parler de la terre qu'il cultive, l'autre est obligé de l'entretenir du ciel, dont il se soucie aujourd'hui malheureusement fort peu ; je dis malheureusement, car le dogme de la vie à venir est non-seulement une consolation, mais encore un instrument propre à gouverner. La religion n'est-elle pas la seule puissance qui sanctionne les lois sociales? Nous avons récemment justifié Dieu. En l'absence de la religion, le gouvernement fut forcé d'inventer LA TERREUR pour rendre ses lois exécutoires; mais c'était une terreur humaine, elle a passé. Hé! bien, monsieur, quand un paysan est malade, cloué sur un grabat ou convalescent, il est forcé d'écouter des raisonnements suivis, et il les comprend bien quand ils lui sont clairement présentés. Cette pensée m'a fait médecin. Je calculais avec mes paysans, pour eux ; je ne leur donnais que des conseils d'un effet certain qui les contraignaient à reconnaître la justesse de mes vues. Avec le peuple, il faut toujours être infaillible. L'infaillibilité a fait Napoléon, elle en eût fait un Dieu, si l'univers ne l'avait entendu tomber à Waterloo. Si Mahomet a créé une religion après avoir conquis un tiers du globe, c'est en dérobant au monde le spectacle de sa mort. Au maire de village et au conquérant, mêmes principes : la Nation et la Commune sont un même troupeau. Partout la masse est la même. Enfin, je me suis montré rigoureux avec ceux que j'obligeais de ma bourse. Sans cette fermeté, tous se seraient moqués de moi. Les paysans, aussi bien que les gens du monde, finissent par mésestimer l'homme qu'ils trompent. Être dupé, n'est-ce pas avoir fait un acte de faiblesse? la force seule gouverne. Je n'ai jamais demandé un denier à personne pour mes soins, excepté à ceux qui sont visiblement riches ; mais je n'ai point laissé ignorer le prix de mes peines. Je ne fais point grâce des médicaments, à moins d'indigence chez le malade. Si mes paysans ne me paient pas, ils connaissent leurs dettes ; parfois ils apaisent leur conscience en m'apportant de l'avoine pour mes chevaux, du blé quand il n'est pas cher. Mais le meunier ne m'offrirait-il que des anguilles pour le prix de mes soins, je lui dirais encore qu'il est trop généreux pour si peu de chose ; ma politesse porte ses fruits : à l'hiver, j'obtiendrai de lui quelques sacs de farine pour les pauvres. Tenez, monsieur, ces gens-là ont du cœur quand on ne le leur flétrit pas. Aujourd'hui je pense plus de bien et moins de mal d'eux que par le passé.

— Vous vous êtes donné bien du mal? dit Genestas.

— Moi, point, reprit Benassis. Il ne m'en coûtait pas plus de dire quelque chose d'utile que de dire des balivernes. En passant, en causant, en riant, je leur parlais d'eux-mêmes. D'abord ces gens ne m'écoutèrent pas, j'eus beaucoup de répugnances à combattre en eux : j'étais un bourgeois, et pour eux un bourgeois est un ennemi. Cette lutte m'amusa. Entre faire le mal ou faire le bien, il n'existe d'autre différence que la paix de la conscience ou son trouble, la peine est la même. Si les coquins voulaient se bien conduire, ils seraient millionnaires au lieu d'être pendus, voilà tout.

— Monsieur, cria Jacquotte en entrant, le dîner se refroidit.

— Monsieur, dit Genestas en arrêtant le médecin par le bras, je n'ai qu'une observation à vous présenter sur ce que je viens d'entendre. Je ne connais aucune relation des guerres de Mahomet, en sorte que je ne puis juger de ses talents militaires ; mais si vous aviez vu l'empereur manœuvrant pendant la campagne de France, vous l'auriez facilement pris pour un dieu ; et s'il a été vaincu à Waterloo, c'est qu'il était plus qu'un homme, il pesait trop sur la terre, et la terre a bondi sous lui, voilà. Je suis d'ailleurs parfaitement de votre avis en toute autre chose, et, tonnerre de Dieu ! la femme qui vous a pondu n'a pas perdu son temps.

— Allons, s'écria Benassis en souriant, allons nous mettre à table.

La salle à manger est entièrement boisée et peinte en gris. Le mobilier consistait alors en quelques chaises de paille, un buffet, des armoires, un poêle, et la fameuse pendule du feu curé, puis des rideaux blancs aux fenêtres. La table, garnie de linge blanc, n'avait rien qui sentît le luxe. La vaisselle était en terre de pipe. La soupe se composait, suivant la mode du feu curé, du bouillon le plus substantiel que jamais cuisinière ait fait mijoter et réduire. A peine le médecin et son hôte avaient-ils mangé leur potage qu'un homme entra brusquement dans la cuisine, et fit, malgré Jacquotte, une soudaine irruption dans la salle à manger.

— Hé ! bien, qu'y a-t-il ? demanda le médecin.

— Il y a, monsieur, que notre bourgeoise, madame Vigneau, est devenue toute blanche, blanche que ça nous effraie tous.

— Allons, s'écria gaiement Benassis, il faut quitter la table.

— Il se leva. Malgré les instances de son hôte, Genestas jura militairement, en jetant sa serviette, qu'il ne resterait pas à table sans son hôte, et revint en effet se chauffer au salon en pensant aux misères qui se rencontraient inévitablement dans tous les états auxquels l'homme est ici-bas assujetti.

Benassis fut bientôt de retour, et les deux futurs amis se remirent à table.

— Taboureau est venu tout à l'heure pour vous parler, dit Jacquotte à son maître en apportant les plats qu'elle avait entretenus chauds.

— Qui donc est malade chez lui? demanda-t-il.

— Personne, monsieur, il veut vous consulter pour lui, à ce qu'il dit, et va revenir.

— C'est bien. Ce Taboureau, reprit Benassis en s'adressant à Genestas, est pour moi tout un traité de philosophie; examinez-le bien attentivement quand il sera là, certes il vous amusera. C'était un journalier, brave homme, économe, mangeant peu, travaillant beaucoup. Aussitôt que le drôle a eu quelques écus à lui, son intelligence s'est développée; il a suivi le mouvement que j'imprimais à ce pauvre canton, en cherchant à en profiter pour s'enrichir. En huit ans, il a fait une grande fortune, grande pour ce canton-ci. Peut-être possède-t-il maintenant une quarantaine de mille francs. Mais je vous donnerais à deviner en mille par quel moyen il a pu acquérir cette somme, que vous ne le trouveriez pas. Il est usurier, si profondément usurier, et usurier par une combinaison si bien fondée sur l'intérêt de tous les habitants du canton, que je perdrais mon temps si j'entreprenais de les désabuser sur les avantages qu'ils croient retirer de leur commerce avec Taboureau. Quand ce diable d'homme a vu chacun cultivant les terres, il a couru aux environs acheter des grains pour fournir aux pauvres gens les semences qui devaient leur être nécessaires. Ici, comme partout, les paysans, et même quelques fermiers, ne possédaient pas assez d'argent pour payer leurs semences. Aux uns, maître Taboureau prêtait un sac d'orge pour lequel ils lui rendaient un sac de seigle après la moisson; aux autres, un setier de blé pour un sac de farine. Aujourd'hui mon homme a étendu ce singulier genre de commerce dans tout le Département. Si rien ne l'arrête en chemin, il gagnera peut-être un million. Eh! bien, mon cher monsieur, le journalier Taboureau, brave garçon, obligeant, commode, donnait un coup de main à qui le lui demandait; mais, au prorata de ses gains, monsieur Taboureau est devenu processif, chicaneur, dédaigneux. Plus il s'est enrichi, plus il s'est vicié. Dès que le paysan passe de sa vie purement laborieuse à la vie aisée ou à la possession territoriale, il devient insupportable. Il existe une classe à demi vertueuse, à demi vicieuse, à demi savante, ignorante à demi, qui sera toujours le désespoir des gouvernements. Vous allez voir un peu l'esprit de cette classe dans Taboureau, homme simple en apparence, ignare même, mais certainement profond dès qu'il s'agit de ses intérêts.

Le bruit d'un pas pesant annonça l'arrivée du prêteur de grains.

— Entrez, Taboureau! cria Benassis.

Ainsi prévenu par le médecin, le commandant examina le paysan et vit dans Taboureau un homme maigre, à demi voûté, au front bombé, très-ridé. Cette figure creuse semblait percée par de petits yeux gris tachetés de noir. L'usurier avait une bouche serrée, et son menton effilé tendait à rejoindre un nez ironiquement crochu. Ses pommettes saillantes offraient ces rayures étoilées qui dénotent la vie voyageuse et la ruse des maquignons. Enfin, ses cheveux grisonnaient déjà. Il portait une veste bleue assez propre dont les poches carrées rebondissaient sur ses hanches, et dont les basques ouvertes laissaient voir un gilet blanc à fleurs. Il resta planté sur ses jambes en s'appuyant sur un bâton à gros bout. Malgré Jacquotte, un petit chien épagneul suivit le marchand de grains et se coucha près de lui.

— Hé! bien, qu'y a-t-il? lui demanda Benassis.

Taboureau regarda d'un air méfiant le personnage inconnu qui se trouvait à table avec le médecin, et dit : — Ce n'est point un cas de maladie, monsieur le maire; mais vous savez aussi bien panser les douleurs de la bourse que celles du corps, et je viens vous consulter pour une petite difficulté que nous avons avec un homme de Saint-Laurent.

— Pourquoi ne vas-tu pas voir monsieur le juge de paix ou son greffier?

— Eh! c'est que monsieur est bien plus habile, et je serais plus sûr de mon affaire si je pouvais avoir son approbation.

— Mon cher Taboureau, je donne volontiers gratis aux pauvres mes consultations médicales, mais je ne puis examiner pour rien les procès d'un homme aussi riche que tu l'es. La science coûte cher à ramasser.

Taboureau se mit à tortiller son chapeau.

— Si tu veux mon avis, comme il t'épargnera des gros sous que tu serais forcé de compter aux gens de justice à Grenoble, tu enverras une poche de seigle à la femme Martin, celle qui élève les enfants de l'hospice.

— Dam, monsieur, je le ferai de bon cœur si cela vous paraît nécessaire. Puis-je dire mon affaire sans ennuyer monsieur? ajouta-t-il en montrant Genestas. — Pour lors, monsieur, reprit-il à un signe de tête du médecin, un homme de Saint-Laurent, y a de ça deux mois, est donc venu me trouver : — « Taboureau, qu'il me dit, pourriez-vous me vendre cent trente-sept setiers d'orge? — Pourquoi pas? que je lui dis, c'est mon métier. Le faut-il tout de suite? — Non, qu'il me dit, au commencement du printemps, pour les mars. — Bien! » Voilà que nous disputons le prix, et, le vin bu, nous convenons qu'il me les paiera sur le prix des orges au dernier marché de Grenoble, et que je les lui livrerai en mars, sauf les déchets du magasin, bien entendu. Mais, mon cher monsieur, les orges montent, montent; enfin voilà mes orges qui s'emportent comme une soupe au lait. Moi, pressé d'argent, je vends mes orges. C'était bien naturel, pas vrai, monsieur?

— Non, dit Benassis, tes orges ne t'appartenaient plus, tu n'en étais que le dépositaire. Et si les orges avaient baissé n'aurais-tu pas contraint ton acheteur à les prendre au prix convenu?

— Mais, monsieur, il ne m'aurait peut-être point payé, cet homme. A la guerre comme à la guerre! Le marchand doit profiter du gain quand il vient. Après tout, une marchandise n'est à vous que quand vous l'avez payée, pas vrai, monsieur l'officier? car on voit que monsieur a servi dans les armées.

— Taboureau, dit gravement Benassis, il t'arrivera malheur. Dieu punit tôt ou tard les mauvaises actions. Comment un homme aussi capable, aussi instruit que tu l'es, un homme qui fait honorablement ses affaires, peut-il donner dans ce canton des exemples d'improbité? Si tu soutiens de semblables procès, comment veux-tu que les malheureux restent honnêtes gens et ne te volent pas? Tes ouvriers te déroberont une partie du temps qu'ils te doivent, et chacun ici se démoralisera. Tu as tort. Ton orge était censée livrée. Si elle avait été emportée par l'homme de Saint-Laurent, tu ne l'aurais pas reprise chez lui : tu as donc disposé d'une chose qui ne t'appartenait plus, ton orge s'était déjà convertie en argent réalisable suivant vos conventions. Mais continue.

Genestas jeta sur le médecin un coup d'œil d'intelligence pour lui faire remarquer l'immobilité de Taboureau. Pas une fibre du visage de l'usurier n'avait remué pendant cette semonce, son front n'avait pas rougi, ses petits yeux restaient calmes.

— Eh! bien, monsieur, je suis assigné à fournir l'orge au prix de cet hiver, mais moi, je crois que je ne la dois point.

— Écoute, Taboureau, livre bien vite ton orge, ou ne compte plus sur l'estime de personne. Même en gagnant de semblables procès, tu passerais pour un homme sans foi ni loi, sans parole, sans honneur...

— Allez, n'ayez point peur, dites-moi que je suis un fripon, un gueux, un voleur. En affaire, ça se dit, monsieur le maire, sans offenser personne. En affaire, voyez-vous, chacun pour soi.

— Eh! bien, pourquoi te mets-tu volontairement dans le cas de mériter de pareils termes?

— Mais, monsieur, si la loi est pour moi...

— Mais la loi ne sera point pour toi.

— Êtes-vous bien sûr de cela, monsieur, là, sûr, sûr? car, voyez-vous, l'affaire est importante.

— Certes j'en suis sûr. Si je n'étais pas à table, je te ferais lire le Code. Mais si le procès a lieu, tu le perdras, et tu ne remettras jamais les pieds chez moi, je ne veux point recevoir des gens que je n'estime pas. Entends-tu? tu perdras ton procès.

— Ah! nenni, monsieur, je ne le perdrai point, dit Taboureau. Voyez-vous, monsieur le maire, c'est l'homme de Saint-Laurent qui me doit l'orge; c'est moi qui la lui ai achetée, et c'est lui qui me refuse de la livrer. Je voulions être bien certain que je gagnerions avant d'aller chez l'huissier m'engager dans des frais.

Genestas et le médecin se regardèrent en dissimulant la surprise que leur causait l'ingénieuse combinaison cherchée par cet homme pour savoir la vérité sur ce cas judiciaire.

— Eh! bien, Taboureau, ton homme est de mauvaise foi, et il ne faut point faire de marchés avec de telles gens.

— Ah! monsieur, ces gens-là entendent les affaires.

— Adieu, Taboureau.

— Votre serviteur, monsieur le maire et la compagnie.

— Eh! bien, dit Benassis quand l'usurier fut parti, croyez-vous qu'à Paris cet homme-là ne serait pas bientôt millionnaire?

Le dîner fini, le médecin et son pensionnaire rentrèrent au salon, où ils parlèrent pendant le reste de la soirée de guerre et de politique, en attendant l'heure du coucher, conversation pendant laquelle Genestas manifesta la plus violente antipathie contre les Anglais.

— Monsieur, dit le médecin, puis-je savoir qui j'ai l'honneur d'avoir pour hôte ?

— Je me nomme Pierre Bluteau, répondit Genestas, et je suis capitaine à Grenoble.

— Bien, monsieur. Voulez-vous suivre le régime de monsieur Gravier? Dès le matin, après le déjeuner, il se plaisait à m'accompagner dans mes courses aux environs. Il n'est pas bien certain que vous preniez plaisir aux choses dont je m'occupe, tant elles sont vulgaires. Après tout, vous n'êtes ni propriétaire ni maire de village, et vous ne verrez dans le canton rien que vous n'ayez vu ailleurs, toutes les chaumières se ressemblent ; mais enfin vous prendrez l'air et vous donnerez un but à votre promenade.

— Rien ne me cause plus de plaisir que cette proposition, et je n'osais vous la faire de peur de vous être importun.

Le commandant Genestas, auquel ce nom sera conservé malgré sa pseudonymie calculée, fut conduit par son hôte à une chambre située au premier étage au-dessus du salon.

— Bon, dit Benassis, Jacquotte vous a fait du feu. Si quelque chose vous manque, il se trouve un cordon de sonnette à votre chevet.

— Je ne crois pas qu'il puisse me manquer la moindre chose, s'écria Genestas. Voici même un tire-bottes. Il faut être un vieux troupier pour connaître la valeur de ce meuble-là ! A la guerre, monsieur, il se rencontre plus d'un moment où l'on brûlerait une maison pour avoir un coquin de tire-bottes. Après plusieurs marches, et surtout après une affaire, il arrive des cas où le pied gonflé dans un cuir mouillé ne cède à aucun effort; aussi ai-je couché plus d'une fois avec mes bottes. Quand on est seul, le malheur est encore supportable.

Le commandant cligna des yeux pour donner à ces derniers mots une sorte de profondeur matoise ; puis il se mit à regarder, non sans surprise, une chambre où tout était commode, propre et presque riche.

— Quel luxe! dit-il. Vous devez être logé à merveille.

— Venez voir, dit le médecin, je suis votre voisin, nous ne sommes séparés que par l'escalier.

Genestas fut assez étonné d'apercevoir en entrant chez le médecin une chambre nue dont les murs avaient pour tout ornement un vieux papier jaunâtre à rosaces brunes, et décoloré par

places. Le lit, en fer grossièrement verni, surmonté d'une flèche de
bois d'où tombaient deux rideaux de calicot gris, et aux pieds duquel était un méchant tapis étroit qui montrait la corde, ressemblait
à un lit d'hôpital. Au chevet se trouvait une de ces tables de nuit
à quatre pieds dont le devant se roule et se déroule en faisant un
bruit de castagnettes. Trois chaises, deux fauteuils de paille, une
commode en noyer sur laquelle étaient une cuvette et un pot à eau
fort antique dont le couvercle tenait au vase par un enchâssement
de plomb, complétaient cet ameublement. Le foyer de la cheminée
était froid, et toutes les choses nécessaires pour se faire la barbe
traînaient sur la pierre peinte du chambranle, devant un vieux miroir accroché par un bout de corde. Le carreau, proprement balayé,
se trouvait en plusieurs endroits usé, cassé, creusé. Des rideaux
de calicot gris bordés de franges vertes ornaient les deux fenêtres.
Tout, jusqu'à la table ronde sur laquelle erraient quelques papiers,
une écritoire et des plumes, tout, dans ce tableau simple auquel
l'extrême propreté maintenue par Jacquotte imprimait une sorte
de correction, donnait l'idée d'une vie quasi monacale, indifférente
aux choses et pleine de sentiments. Une porte ouverte laissa voir
au commandant un cabinet où le médecin se tenait sans doute fort
rarement. Cette pièce était dans un état à peu près semblable à
celui de la chambre. Quelques livres poudreux y gisaient épars sur
des planches poudreuses, et des rayons chargés de bouteilles étiquetées faisaient deviner que la Pharmacie y occupait plus de place
que la Science.

— Vous allez me demander pourquoi cette différence entre votre
chambre et la mienne, reprit Benassis. Écoutez, j'ai toujours eu
honte pour ceux qui logent leurs hôtes sous des toits, en leur donnant
de ces miroirs qui défigurent à tel point qu'en s'y regardant on peut
se croire ou plus petit ou plus grand que nature, ou malade, ou
frappé d'apoplexie. Ne doit-on pas s'efforcer de faire trouver à ses
amis leur appartement passager le plus agréable possible ? L'hospitalité me semble tout à la fois une vertu, un bonheur et un luxe;
mais, sous quelque aspect que vous la considériez, sans excepter le
cas où elle est une spéculation, ne faut-il pas déployer pour son hôte
et pour son ami toutes les chatteries, toutes les câlineries de la vie ?
Chez vous donc, les beaux meubles, le chaud tapis, les draperies,
la pendule, les flambeaux et la veilleuse; à vous la bougie, à vous
les soins de Jacquotte, qui vous a sans doute apporté des pantoufles

neuves, du lait et sa bassinoire. J'espère que vous n'aurez jamais été mieux assis que dans le moelleux fauteuil dont la découverte a été faite par le défunt curé, je ne sais où ; mais il est vrai qu'en toute chose, pour rencontrer les modèles du bon, du beau, du commode, il faut avoir recours à l'Église. Enfin, j'espère que dans votre chambre, tout vous plaira. Vous y trouverez de bons rasoirs, du savon excellent, et tous les petits accessoires qui rendent le chez-soi chose si douce. Mais, mon cher monsieur Bluteau, quand même mon opinion sur l'hospitalité n'expliquerait pas déjà la différence qui existe entre nos appartements, vous comprendrez peut-être à merveille la nudité de ma chambre et le désordre de mon cabinet, lorsque demain vous serez témoin des allées et venues qui ont lieu chez moi. D'abord ma vie n'est pas une vie casanière, je suis toujours dehors. Si je reste au logis, à tout moment les paysans viennent m'y parler, je leur appartiens corps, âme et chambre. Puis-je me donner les soucis de l'étiquette et ceux causés par les dégâts inévitables que me feraient involontairement ces bonnes gens ? Le luxe ne va qu'aux hôtels, aux châteaux, aux boudoirs et aux chambres d'amis. Enfin, je ne me tiens guère ici que pour dormir, que m'importent donc les chiffons de la richesse ? D'ailleurs vous ne savez pas combien tout ici-bas m'est indifférent.

Ils se dirent un bonsoir amical en se serrant cordialement les mains, et ils se couchèrent. Le commandant ne s'endormit pas sans faire plus d'une réflexion sur cet homme qui, d'heure en heure, grandissait dans son esprit.

CHAPITRE II.

A TRAVERS CHAMPS.

L'amitié que tout cavalier porte à sa monture attira dès le matin Genestas à l'écurie, et il fut satisfait du pansement fait à son cheval par Nicolle.

— Déjà levé, commandant Bluteau ? s'écria Benassis qui vint à la rencontre de son hôte. Vous êtes vraiment militaire, vous entendez la diane partout, même au village.

— Cela va-t-il bien ? lui répondit Genestas en lui tendant la main par un mouvement d'ami.

— Je ne vais jamais positivement bien, répondit Benassis d'un ton moitié triste et moitié gai.

— Monsieur a-t-il bien dormi? dit Jacquotte à Genestas.

— Parbleu! la belle, vous aviez fait le lit comme pour une mariée.

Jacquotte suivit en souriant son maître et le militaire. Après les avoir vus attablés : — Il est bon enfant tout de même, monsieur l'officier, dit-elle à Nicolle.

Je crois bien! il m'a déjà donné quarante sous!

— Nous commencerons par aller visiter deux morts, dit Benassis à son hôte en sortant de la salle à manger. Quoique les médecins veuillent rarement se trouver face à face avec leurs prétendues victimes, je vous conduirai dans deux maisons où vous pourrez faire une observation assez curieuse sur la nature humaine. Vous y verrez deux tableaux qui vous prouveront combien les montagnards diffèrent des habitants de la plaine dans l'expression de leurs sentiments. La partie de notre canton située sur les pics conserve des coutumes empreintes d'une couleur antique, et qui rappellent vaguement les scènes de la Bible. Il existe, sur la chaîne de nos montagnes, une ligne tracée par la nature, à partir de laquelle tout change d'aspect : en haut la force, en bas l'adresse; en haut des sentiments larges, en bas une perpétuelle entente des intérêts de la vie matérielle. A l'exception du val d'Ajou dont la côte septentrionale est peuplée d'imbéciles, et la méridionale de gens intelligents, deux populations qui, séparées seulement par un ruisseau, sont dissemblables en tout point, stature, démarche, physionomie, mœurs, occupations, je n'ai vu nulle part cette différence plus sensible qu'elle ne l'est ici. Ce fait obligerait les administrateurs d'un pays à de grandes études locales relativement à l'application des lois aux masses. Mais les chevaux sont prêts, allons!

Les deux cavaliers arrivèrent en peu de temps à une habitation située dans la partie du bourg qui regardait les montagnes de la Grande-Chartreuse. A la porte de cette maison, dont la tenue était assez propre, ils aperçurent un cercueil couvert d'un drap noir, posé sur deux chaises au milieu de quatre cierges, puis sur une escabelle un plateau de cuivre où trempait un rameau de buis dans de l'eau bénite. Chaque passant entrait dans la cour, venait s'agenouiller devant le corps, disait un *Pater*, et jetait quelques gouttes d'eau béni~ ~ ~r la bière. Au-dessus du drap noir s'élevaient les touffes vertes d'un jasmin planté le long de la porte, et en haut de l'imposte courait le sarment tortueux d'une vigne déjà feuillée. Une jeune fille achevait de balayer le devant de la maison pour obéir à ce vague besoin de parure que commandent les cérémonies, et même la plus triste de toutes. Le fils aîné du mort, jeune paysan de vingt-deux ans, était debout, immobile, appuyé sur le montant de la porte. Il avait dans les yeux des pleurs qui roulaient sans tomber, ou que peut-être il allait par moments essuyer à l'écart. A l'instant où Benassis et Genestas entraient dans la cour après avoir attaché leurs chevaux à l'un des peupliers placés le long d'un petit mur à hauteur d'appui, par dessus lequel ils avaient examiné cette scène, la veuve sortait de son étable, accompagnée d'une femme qui portait un pot plein de lait.

— Ayez du courage, ma pauvre Pelletier, disait celle-ci.

— Ah! ma chère femme, quand on est resté vingt-cinq ans avec un homme, il est bien dur de se quitter! Et ses yeux se mouillèrent de larmes. Payez-vous les deux sous? ajouta-t-elle après une pause en tendant la main à sa voisine.

— Ah! tiens, j'oubliais, fit l'autre femme en lui tendant sa pièce. Allons, consolez-vous, ma voisine. Ah! voilà monsieur Benassis.

— Hé! bien, ma pauvre mère, allez-vous mieux? demanda le médecin.

— Dam, mon cher monsieur, dit-elle en pleurant, faut bien aller tout de même. Je me dis que mon homme ne souffrira plus. Il a tant souffert! Mais entrez donc, messieurs. Jacques! donne donc des chaises à ces messieurs. Allons, remue-toi. Pardi! va, tu ne ranimeras pas ton pauvre père, quand tu resterais là pendant cent ans! Et maintenant, il te faut travailler pour deux.

— Non, non, bonne femme, laissez votre fils tranquille, nous ne nous assiérons pas. Vous avez là un garçon qui aura soin de vous, et bien capable de remplacer son père.

— Va donc t'habiller, Jacques, cria la veuve, ils vont venir le quérir.

— Allons, adieu la mère, dit Benassis.

— Messieurs, je suis votre servante.

— Vous le voyez, reprit le médecin, ici la mort est prise comme un accident prévu qui n'arrête pas le cours de la vie des familles, et le deuil n'y sera même point porté. Dans les villages, personne ne veut faire cette dépense, soit misère, soit économie. Dans les campagnes le deuil n'existe donc pas. Or, monsieur, le deuil n'est ni un usage ni une loi ; c'est bien mieux, c'est une institution qui tient à toutes les lois dont l'observation dépend d'un même principe, la morale. Eh ! bien, malgré nos efforts, ni moi ni monsieur Janvier nous n'avons pu réussir à faire comprendre à nos paysans de quelle importance sont les démonstrations publiques pour le maintien de l'ordre social. Ces braves gens, émancipés d'hier, ne sont pas aptes encore à saisir les rapports nouveaux qui doivent les attacher à ces pensées générales ; ils n'en sont maintenant qu'aux idées qui engendrent l'ordre et le bien-être physique : plus tard, si quelqu'un continue mon œuvre, ils arriveront aux principes qui servent à conserver les droits publics. Il ne suffit pas en effet d'être honnête homme, il faut le paraître. La société ne vit pas seulement par des idées morales ; pour subsister, elle a besoin d'actions en harmonie avec ces idées. Dans la plupart des communes rurales, sur une centaine de familles que la mort a privées de leur chef, quelques individus seulement, doués d'une sensibilité vive, garderont de cette mort un long souvenir ; mais tous les autres l'auront complétement oubliée dans l'année. Cet oubli n'est-il pas une grande plaie ? Une religion est le cœur d'un peuple, elle exprime ses sentiments et les agrandit en leur donnant une fin ; mais sans un Dieu visiblement honoré, la religion n'existe pas, et partant, les lois humaines n'ont aucune vigueur. Si la conscience appartient à Dieu seul, le corps tombe sous la loi sociale ; or, n'est-ce pas un commencement d'athéisme que d'effacer ainsi les signes d'une douleur religieuse, de ne pas indiquer fortement aux enfants qui ne réfléchissent pas encore, et à tous les gens qui ont besoin d'exemples, la nécessité d'obéir aux lois par une résignation patente aux ordres de la Providence qui frappe et console, qui donne et ôte les biens de ce monde ? J'avoue qu'après avoir passé par des jours d'incrédulité moqueuse, j'ai compris ici la valeur des cérémonies religieuses, celle des solennités de famille, l'importance des usages et des fêtes du foyer domestique. La base des sociétés humaines sera toujours la famille. Là commence l'action du pouvoir et de la loi, là du moins doit s'apprendre l'obéissance. Vus dans toutes leurs conséquences, l'esprit de famille et le pouvoir paternel sont deux principes encore trop peu développés dans notre nouveau système législatif. La Famille, la Commune, le Département, tout notre pays est pourtant là. Les lois devraient donc être basées sur ces trois grandes divisions. A mon avis, le mariage des époux, la naissance des enfants, la mort des pères ne sauraient être environnés de trop d'appareil. Ce qui a fait la force du catholicisme, ce qui l'a si profondément enraciné dans les mœurs, c'est précisément l'éclat avec lequel il apparaît dans les circonstances graves de la vie pour les environner de pompes si naïvement touchantes, si grandes, lorsque le prêtre se met à la hauteur de sa mission et qu'il sait accorder son office avec la sublimité de la morale chrétienne. Autrefois je considérais la religion catholique comme un amas de préjugés et de superstitions habilement exploités desquels une civilisation intelligente devait faire justice ; ici, j'en ai reconnu la nécessité politique et l'utilité morale ; ici, j'en ai compris la puissance par la valeur même du mot qui l'exprime. Religion veut dire LIEN, et certes le culte, ou autrement dit la religion exprimée, constitue la seule force qui puisse relier les Espèces sociales et leur donner une forme durable. Enfin ici j'ai respiré le baume que la religion jette sur les plaies de la vie ; sans la discuter, j'ai senti qu'elle s'accorde admirablement avec les mœurs passionnées des nations méridionales.

— Prenez le chemin qui monte, dit le médecin en s'interrompant, il faut que nous gagnions le plateau. De là nous dominerons les deux vallées, et vous y jouirez d'un beau spectacle. Élevés à trois mille pieds environ au-dessus de la Méditerranée, nous verrons la Savoie et le Dauphiné, les montagnes du Lyonnais et le Rhône. Nous serons sur une autre commune, une commune montagnarde, où vous trouverez dans une ferme de monsieur Gravier le spectacle dont je vous ai parlé, cette pompe naturelle qui réalise mes idées sur les grands événements de la vie. Dans cette commune, le deuil se porte religieusement. Les pauvres quêtent pour pouvoir s'acheter leurs vêtements noirs. Dans cette circonstance, personne ne leur refuse de secours. Il se passe peu de jours sans qu'une veuve parle de sa perte, toujours en pleurant ; et dix ans après son malheur, comme le lendemain, ses sentiments sont également profonds. Là, les mœurs sont patriarcales : l'autorité du père est illimitée, sa parole est souveraine ; il mange seul assis au haut bout de la table, sa femme et ses enfants le servent, ceux qui l'entourent ne lui parlent point sans employer certaines formules respectueuses, devant lui chacun se tient debout et découvert. Élevés ainsi, les hommes ont l'instinct de leur grandeur. Ces usages constituent, à mon sens, une noble éducation. Aussi dans cette commune sont-ils généralement justes, économes et laborieux. Chaque père de famille a coutume de partager également ses biens entre ses enfants quand l'âge lui a interdit le travail; ses enfants le nourrissent. Dans le dernier siècle, un vieillard de quatre-vingt-dix ans, après avoir fait ses partages entre ses quatre enfants, venait vivre trois mois de l'année chez chacun d'eux. Quand il quitta l'aîné pour aller chez le cadet, un de ses amis lui demanda : — Hé! bien, es-tu content? — Ma foi oui, lui dit le vieillard, ils m'ont traité comme leur enfant. Ce mot, monsieur, a paru si remarquable à un officier nommé Vauvenargues, célèbre moraliste, alors en garnison à Grenoble, qu'il en parla dans plusieurs salons de Paris où cette belle parole fut recueillie par un écrivain nommé Champfort. Eh! bien, il se dit souvent chez nous des mots encore plus saillants que ne l'est celui-ci, mais il leur manque des historiens dignes de les entendre...

— J'ai vu des frères Moraves, des Lollards en Bohême et en Hongrie, dit Genestas, c'est des chrétiens qui ressemblent assez à vos montagnards. Ces braves gens souffrent les maux de la guerre avec une patience d'anges.

— Monsieur, répondit le médecin, les mœurs simples doivent être à peu près semblables dans tous les pays. Le vrai n'a qu'une forme. A la vérité, la vie de la campagne tue beaucoup d'idées, mais elle affaiblit les vices et développe les vertus. En effet, moins il se trouve d'hommes agglomérés sur un point, moins il s'y rencontre de crimes, de délits, de mauvais sentiments. La pureté de l'air entre pour beaucoup dans l'innocence des mœurs.

Les deux cavaliers, qui montaient au pas un chemin pierreux, arrivèrent alors en haut du plateau dont avait parlé Benassis. Ce territoire tourne autour d'un pic très-élevé, mais complètement nu, qui le domine, et où il n'existe aucun principe de végétation; la cime en est grise, fendue de toutes parts, abrupte, inabordable; le fertile terroir, contenu par des rochers, s'étend au-dessous de ce pic, et le borde inégalement dans une largeur d'une centaine d'arpents environ. Au midi, l'œil embrasse, par une immense coupure, la Maurienne française, le Dauphiné, les rochers de la Savoie et les lointaines montagnes du Lyonnais. Au moment où Genestas contemplait ce point de vue, alors largement éclairé par le soleil du printemps, des cris lamentables se firent entendre.

— Venez, lui dit Benassis, le Chant est commencé. Le Chant est le nom que l'on donne à cette partie des cérémonies funèbres.

Le militaire aperçut alors, sur le revers occidental du pic, les bâtiments d'une ferme considérable qui forment un carré parfait. Le portail cintré, tout en granit, a un caractère de grandeur que rehaussent encore la vétusté de cette construction, l'antiquité des arbres qui l'accompagnent, et les plantes qui croissent sur ses arêtes. Le corps de logis est au fond de la cour, de chaque côté de laquelle se trouvent les granges, les bergeries, les écuries, les étables, les remises, et au milieu la grande mare où pourrissent les fumiers. Cette cour, dont l'aspect est ordinairement si animé dans les fermes riches et populeuses, était en ce moment silencieuse et morne. La porte de la basse-cour étant close, les animaux restaient dans leur enceinte, d'où leurs cris s'entendaient à peine. Les étables, les écuries, tout était soigneusement fermé. Le chemin qui menait à l'habitation avait été nettoyé. Cet ordre parfait là où régnait habituellement le désordre, ce manque de mouvement et ce silence dans un endroit si bruyant, le calme de la montagne, l'ombre projetée par la cime du pic, tout contribuait à frapper l'âme. Quelque habitué que fût Genestas aux impressions fortes, il ne put s'empêcher de tressaillir en voyant une douzaine d'hommes et de femmes en pleurs, rangés en dehors de la porte de la grande salle, et qui tous s'écrièrent : LE MAITRE EST MORT ! avec une effrayante unanimité d'intonation et à deux reprises différentes, pendant le temps qu'il mit à venir du portail au logement du fermier. Ce cri fini, des gémissements partirent de l'intérieur, et la voix d'une femme se fit entendre par les croisées.

— Je n'ose pas aller me mêler à cette douleur, dit Genestas à Benassis.

— Je viens toujours, répondit le médecin, visiter les familles affligées par la mort, soit pour voir s'il n'est pas arrivé quelque accident causé par la douleur, soit pour vérifier le décès ; vous pouvez m'accompagner sans scrupule ; d'ailleurs la scène est si imposante, et nous allons trouver tant de monde, que vous ne serez pas remarqué.

En suivant le médecin, Genestas vit en effet la première pièce pleine de parents. Tous deux traversèrent cette assemblée, et se placèrent près de la porte d'une chambre à coucher attenant à la grande salle qui servait de cuisine et de lieu de réunion à toute la famille, il faudrait dire la colonie, car la longueur de la table indiquait le séjour habituel d'une quarantaine de personnes. L'arrivée de Benassis interrompit les discours d'une femme de grande taille, vêtue simplement, dont les cheveux étaient épars, et qui gardait dans sa main la main du mort par un geste éloquent. Celui-ci, vêtu de ses meilleurs habillements, était étendu roide sur son lit, dont les rideaux avaient été relevés. Cette figure calme, qui respirait le ciel, et surtout les cheveux blancs, produisaient un effet théâtral. De chaque côté du lit se tenaient les enfants et les plus proches parents des époux, chaque ligne gardant son côté, les parents de la femme à gauche, ceux du défunt à droite. Hommes et femmes étaient agenouillés et priaient, la plupart pleuraient. Des cierges environnaient le lit. Le curé de la paroisse et son clergé avaient leur place au milieu de la chambre, autour de la bière ouverte. C'était un tragique spectacle, que de voir le chef de cette famille en présence d'un cercueil prêt à l'engloutir pour toujours.

— Ah! mon cher seigneur, dit la veuve en montrant le médecin, si la science du meilleur des hommes n'a pu te sauver, il était donc écrit là-haut que tu me précéderais dans la fosse! Oui, la voilà froide cette main qui me pressait avec tant d'amitié! J'ai perdu pour toujours ma chère compagnie, et notre maison a perdu son précieux chef, car tu étais vraiment notre guide. Hélas! tous ceux qui te pleurent avec moi ont bien connu la lumière de ton cœur et toute la valeur de ta personne, mais moi seule savais combien tu étais doux et patient! Ah! mon époux, mon homme, faut donc te dire adieu, à toi notre soutien, à toi mon bon maître! Et nous tes enfants, car tu chérissais chacun de nous également, nous avons tous perdu notre père!

Elle se jeta sur le corps, l'étreignit, le couvrit de larmes, l'échauffa de baisers, et pendant cette pause, les serviteurs crièrent:
— Le maître est mort!

— Oui, reprit la veuve, il est mort, ce cher homme bien-aimé qui nous donnait notre pain, qui plantait, récoltait pour nous, et veillait à notre bonheur en nous conduisant dans la vie avec un commandement plein de douceur; je puis le dire maintenant à sa louange, il ne m'a jamais donné le plus léger chagrin, il était bon, fort, patient; et, quand nous le torturions pour lui rendre sa précieuse santé: « Laissez-moi, mes enfants, tout est inutile! » nous disait ce cher agneau de la même voix dont il nous disait quelques jours auparavant : « Tout va bien, mes amis! » Oui, grand Dieu!

quelques jours ont suffi pour nous ôter la joie de cette maison et obscurcir notre vie en fermant les yeux au meilleur des hommes, au plus probe, au plus vénéré, à un homme qui n'avait pas son pareil pour mener la charrue, qui courait sans peur nuit et jour par nos montagnes, et qui au retour souriait toujours à sa femme et à ses enfants. Ah! il était bien notre amour à tous! Quand il s'absentait, le foyer devenait triste, nous ne mangions pas de bon appétit. Hé! maintenant que sera-ce donc lorsque notre ange gardien sera mis sous terre et que nous ne le verrons plus jamais! Jamais, mes amis! jamais, mes bons parents! jamais, mes enfants! Oui, mes enfants ont perdu leur bon père, nos parents ont perdu leur bon parent, mes amis ont perdu un bon ami, et moi j'ai perdu tout, comme la maison a perdu son maître!

Elle prit la main du mort, s'agenouilla pour y mieux coller son visage et la baisa. Les serviteurs crièrent trois fois : — Le maître est mort! En ce moment le fils aîné vint près de sa mère et lui dit :

— Ma mère, voilà ceux de Saint-Laurent qui viennent, il leur faudra du vin.

— Mon fils, répondit-elle à voix basse en quittant le ton solennel et lamentable dans lequel elle exprimait ses sentiments, prenez les clefs, vous êtes le maître céans; voyez à ce qu'ils puissent trouver ici l'accueil que leur faisait votre père, et que pour eux rien n'y paraisse changé.

— Que je te voie donc encore une fois à mon aise, mon digne homme! reprit-elle. Mais, hélas! tu ne me sens plus, je ne puis plus te réchauffer! Ah! tout ce que je voudrais, ce serait de te consoler encore en te faisant savoir que tant que je vivrai tu demeureras dans le cœur que tu as réjoui, que je serai heureuse par le souvenir de mon bonheur, et que ta chère pensée subsistera dans cette chambre. Oui, elle sera toujours pleine de toi tant que Dieu m'y laissera. Entends-moi, mon cher homme! Je jure de maintenir ta couche telle que la voici. Je n'y suis jamais entrée sans toi, qu'elle reste donc vide et froide. En te perdant, j'aurai réellement perdu tout ce qui fait la femme : maître, époux, père, ami, compagnon, homme, enfin tout!

— Le maître est mort! crièrent les serviteurs.

Pendant le cri qui devint général, la veuve prit des ciseaux pendus à sa ceinture, et coupa ses cheveux qu'elle mit dans la main de son mari. Il se fit un grand silence.

— Cet acte signifie qu'elle ne se remariera pas, dit Benassis. Beaucoup de parents attendaient sa résolution.

— Prends, mon cher seigneur, dit-elle avec une effusion de voix et de cœur qui émut tout le monde, garde dans la tombe la foi que je t'ai jurée. Nous serons par ainsi toujours unis, et je resterai parmi tes enfants par amour pour cette lignée qui te rajeunissait l'âme. Puisses-tu m'entendre, mon homme, mon seul trésor, et apprendre que tu me feras encore vivre, toi mort, pour obéir à tes volontés sacrées et pour honorer ta mémoire !

Benassis pressa la main de Genestas pour l'inviter à le suivre, et ils sortirent. La première salle était pleine de gens venus d'une autre commune également située dans les montagnes; tous demeuraient silencieux et recueillis, comme si la douleur et le deuil qui planaient sur cette maison les eussent déjà saisis. Lorsque Benassis et le commandant passèrent le seuil, ils entendirent ces mots dits par un des survenants au fils du défunt : — Quand donc est-il mort?

— Ah ! s'écria l'aîné, qui était un homme de vingt-cinq ans, je ne l'ai pas vu mourir! Il m'avait appelé, et je ne me trouvais pas là! Les sanglots l'interrompirent, mais il continua : — La veille il m'avait dit : « Garçon, tu iras au bourg payer nos impositions, les cérémonies de mon enterrement empêcheraient d'y songer, et nous serions en retard, ce qui n'est jamais arrivé. » Il paraissait mieux; moi, j'y suis allé. Pendant mon absence, il est mort sans que j'aie reçu ses derniers embrassements ! A sa dernière heure, il ne m'a pas vu près de lui comme j'y étais toujours !

— Le maître est mort ! criait-on.

— Hélas! il est mort, et je n'ai reçu ni ses derniers regards ni son dernier soupir. Et comment penser aux impositions? Ne valait-il pas mieux perdre tout notre argent que de quitter le logis? Notre fortune pouvait-elle payer son dernier adieu? Non. Mon Dieu! si ton père est malade, ne le quitte pas, Jean, tu te donnerais des remords pour toute ta vie.

— Mon ami, lui dit Genestas, j'ai vu mourir des milliers d'hommes sur les champs de bataille, et la mort n'attendait pas que leurs enfants vinssent leur dire adieu ; ainsi consolez-vous, vous n'êtes pas le seul.

— Un père, mon cher monsieur, dit-il en fondant en larmes, un père qui était un si bon homme!

— Cette oraison funèbre, dit Benassis en dirigeant Genestas vers les communs de la ferme, va durer jusqu'au moment où le corps sera mis dans le cercueil, et pendant tout le temps le discours de cette femme éplorée croîtra en violence et en images. Mais pour parler ainsi devant cette imposante assemblée, il faut qu'une femme en ait acquis le droit par une vie sans tache. Si la veuve avait la moindre faute à se reprocher, elle n'oserait pas dire un seul mot; autrement, ce serait se condamner elle-même, être à la fois l'accusateur et le juge. Cette coutume qui sert à juger le mort et le vivant n'est-elle pas sublime? Le deuil ne sera pris que huit jours après, en assemblée générale. Pendant cette semaine la famille restera près des enfants et de la veuve pour les aider à arranger leurs affaires et pour les consoler. Cette assemblée exerce une grande influence sur les esprits, elle réprime les passions mauvaises par ce respect humain qui saisit les hommes quand ils sont en présence les uns des autres. Enfin le jour de la prise du deuil, il se fait un repas solennel où tous les parents se disent adieu. Tout cela est grave, et celui qui manquerait aux devoirs qu'impose la mort d'un chef de famille n'aurait personne à son Chant.

En ce moment le médecin, se trouvant près de l'étable, en ouvrit la porte et y fit entrer le commandant pour la lui montrer. — Voyez-vous, capitaine, toutes nos étables ont été rebâties sur ce modèle. N'est-ce pas superbe?

Genestas ne put s'empêcher d'admirer ce vaste local, où les vaches et les bœufs étaient rangés sur deux lignes, la queue tournée vers les murs latéraux et la tête vers le milieu de l'étable, dans laquelle ils entraient par une ruelle assez large pratiquée entre eux et la muraille; leurs crèches à jour laissaient voir leurs têtes encornées et leurs yeux brillants. Le maître pouvait ainsi facilement passer son bétail en revue. Le fourrage placé dans la charpente où l'on avait ménagé une espèce de plancher, tombait dans les râteliers, sans effort ni perte. Entre les deux lignes de crèches se trouvait un grand espace pavé, propre et aéré par des courants d'air.

— Pendant l'hiver, dit Benassis en se promenant avec Genestas dans le milieu de l'étable, la veillée et les travaux se font en commun ici. L'on dresse des tables, et tout le monde se chauffe ainsi à bon marché. Les bergeries sont également bâties d'après ce système. Vous ne sauriez croire combien les bêtes s'accoutument facilement à l'ordre, je les ai souvent admirées quand elles rentrent. Chacune d'elles connaît son rang et laisse entrer celle qui doit passer la première. Voyez? il existe assez de place entre la bête et le mur pour qu'on puisse la traire ou la panser ; puis le sol est en pente, de manière à procurer aux eaux un facile écoulement.

— Cette étable fait juger de tout, dit Genestas, sans vouloir vous flatter, voilà de beaux résultats !

— Ils n'ont pas été obtenus sans peine, répondit Benassis ; mais aussi quels bestiaux !

— Certes, ils sont magnifiques, et vous aviez raison de me les vanter, répondit Genestas.

— Maintenant, reprit le médecin quand il fut à cheval et qu'il eut passé le portail, nous allons traverser nos nouveaux *défrichis* et les terres à blé, le petit coin de ma commune que j'ai nommé la Beauce.

Pendant environ une heure, les deux cavaliers marchèrent à travers des champs sur la belle culture desquels le militaire complimenta le médecin ; puis ils regagnèrent le territoire du bourg en suivant la montagne, tantôt parlant, tantôt silencieux, selon que le pas des chevaux leur permettait de parler ou les obligeait à se taire.

— Je vous ai promis hier, dit Benassis à Genestas en arrivant dans une petite gorge par laquelle les deux cavaliers débouchèrent dans la grande vallée, de vous montrer un des deux soldats qui sont revenus de l'armée après la chute de Napoléon. Si je ne me trompe, nous allons le trouver à quelques pas d'ici recreusant une espèce de réservoir naturel où s'amassent les eaux de la montagne, et que les atterrissements ont comblé. Mais pour vous rendre cet homme intéressant, il faut vous raconter sa vie. Il a nom Gondrin, reprit-il, il a été pris par la grande réquisition de 1792, à l'âge de dix-huit ans, et incorporé dans l'artillerie. Simple soldat, il a fait les campagnes d'Italie sous Napoléon, l'a suivi en Egypte, est revenu d'Orient à la paix d'Amiens ; puis, enrégimenté sous l'Empire dans les pontonniers de la Garde, il a constamment servi en Allemagne. En dernier lieu, le pauvre ouvrier est allé en Russie.

— Nous sommes un peu frères, dit Genestas, j'ai fait les mêmes campagnes. Il a fallu des corps de métal pour résister aux fantaisies de tant de climats différents. Le bon Dieu a, par ma foi, donné quelque brevet d'invention pour vivre à ceux qui sont encore sur leurs quilles après avoir traversé l'Italie, l'Égypte, l'Allemagne, le Portugal et la Russie.

— Aussi, allez-vous voir un bon tronçon d'homme, reprit Benassis. Vous connaissez la déroute, inutile de vous en parler. Mon homme est un des pontonniers de la Bérézina, il a contribué à construire le pont sur lequel a passé l'armée; et pour en assujettir les premiers chevalets, il s'est mis dans l'eau jusqu'à mi-corps. Le général Eblé, sous les ordres duquel étaient les pontonniers, n'en a pu trouver que quarante-deux assez poilus, comme dit Gondrin, pour entreprendre cet ouvrage. Encore le général s'est-il mis à l'eau lui-même en les encourageant, les consolant, et leur promettant à chacun mille francs de pension et la croix de légionnaire. Le premier homme qui est entré dans la Bérézina a eu la jambe emportée par un gros glaçon, et l'homme a suivi sa jambe. Mais vous comprendrez mieux les difficultés de l'entreprise par les résultats : des quarante-deux pontonniers, il ne reste aujourd'hui que Gondrin. Trente-neuf d'entre eux ont péri au passage de la Bérézina, et les deux autres ont fini misérablement dans les hôpitaux de la Pologne. Ce pauvre soldat n'est revenu de Wilna qu'en 1814, après la rentrée des Bourbons. Le général Eblé, de qui Gondrin ne parle jamais sans avoir les larmes aux yeux, était mort. Le pontonnier devenu sourd, infirme, et qui ne savait ni lire ni écrire, n'a donc plus trouvé ni soutien, ni défenseur. Arrivé à Paris en mendiant son pain, il y a fait des démarches dans les bureaux du ministère de la guerre pour obtenir, non les mille francs de pension promis, non la croix de légionnaire, mais la simple retraite à laquelle il avait droit après vingt-deux ans de service et je ne sais combien de campagnes; mais il n'a eu ni solde arriérée, ni frais de route, ni pension. Après un an de sollicitations inutiles, pendant lequel il a tendu la main à tous ceux qu'il avait sauvés, le pontonnier est revenu ici désolé, mais résigné. Ce héros inconnu creuse des fossés à dix sous la toise. Habitué à travailler dans les marécages, il a, comme il le dit, l'entreprise des ouvrages dont ne se soucie aucun ouvrier. En curant les mares, en faisant les tranchées dans les prés inondés, il peut gagner environ trois francs par jour. Sa surdité lui donne l'air triste, il est peu causeur de son naturel, mais il est plein d'âme. Nous sommes bons amis. Il dîne avec moi les jours de la bataille d'Austerlitz, de la fête de l'Empereur, du désastre de Waterloo, et je lui présente au dessert un napoléon pour lui payer son vin de chaque trimestre. Le sentiment de respect que j'ai pour cet homme est d'ailleurs partagé par toute la Commune, qui ne demanderait pas mieux que de le nourrir. S'il travaille, c'est par fierté. Dans toutes les maisons où il entre, chacun l'honore à mon exemple et l'invite à dîner. Je n'ai pu lui faire accepter ma pièce de vingt francs que comme portrait de l'Empereur. L'injustice commise envers lui l'a profondément affligé, mais il regrette encore plus la croix qu'il ne désire sa pension. Une seule chose le console. Quand le général Eblé présenta les pontonniers valides à l'Empereur, après la construction des ponts, Napoléon a embrassé notre pauvre Gondrin, qui sans cette accolade serait peut-être déjà mort ; il ne vit que par ce souvenir et par l'espérance du retour de Napoléon ; rien ne peut le convaincre de sa mort, et persuadé que sa captivité est due aux Anglais, je crois qu'il tuerait sur le plus léger prétexte le meilleur des Aldermen voyageant pour son plaisir.

— Allons ! allons ! s'écria Genestas en se réveillant de la profonde attention avec laquelle il écoutait le médecin, allons vivement, je veux voir cet homme !

Et les deux cavaliers mirent leurs chevaux au grand trot.

— L'autre soldat, reprit Benassis, est encore un de ces hommes de fer qui ont roulé dans les armées. Il a vécu comme vivent tous les soldats français, de balles, de coups, de victoires : il a beaucoup souffert et n'a jamais porté que des épaulettes de laine. Son caractère est jovial, il aime avec fanatisme Napoléon, qui lui a donné la croix sur le champ de bataille à Valoutina. Vrai Dauphinois, il a toujours eu soin de se mettre en règle ; aussi a-t-il sa pension de retraite et son traitement de légionnaire. C'est un soldat d'infanterie, nommé Goguelat, qui a passé dans la Garde en 1812. Il est en quelque sorte la femme de ménage de Gondrin. Tous deux demeurent ensemble chez la veuve d'un colporteur à laquelle ils remettent leur argent ; la bonne femme les loge, les nourrit, les habille, les soigne comme s'ils étaient ses enfants. Goguelat est ici *piéton* de la poste. En cette qualité, il est le diseur de nouvelles du canton, et l'habitude de les raconter en a fait l'orateur des veillées, le conteur en titre ; aussi Gondrin le regarde-t-il comme un bel esprit, comme un *malin*. Quant Goguelat parle de Napoléon, le pontonnier semble deviner ses paroles au seul mouvement des lèvres. S'ils vont ce soir à la veillée qui a lieu dans une de mes granges, et que nous puissions les voir sans être vus, je vous donnerai le spectacle de cette scène. Mais nous voici près de la fosse, et je n'aperçois pas mon ami le pontonnier.

Le médecin et le commandant regardèrent attentivement autour d'eux, ils ne virent que la pelle, la pioche, la brouette, la veste militaire de Gondrin auprès d'un tas de boue noire; mais nul vestige de l'homme dans les différents chemins pierreux par lesquels venaient les eaux, espèces de trous capricieux presque tous ombragés par de petits arbustes.

— Il ne peut être bien loin. Ohé! Gondrin! cria Benassis.

Genestas aperçut alors la fumée d'une pipe entre les feuillages d'un éboulis, et la montra du doigt au médecin qui répéta son cri. Bientôt le vieux pontonnier avança la tête, reconnut le maire et descendit par un petit sentier.

— Hé! bien, mon vieux, lui cria Benassis en faisant une espèce de cornet acoustique avec la paume de sa main, voici un camarade, un Égyptien qui t'a voulu voir.

Gondrin leva promptement la tête vers Genestas, et lui jeta ce coup d'œil profond et investigateur que les vieux soldats ont su se donner à force de mesurer promptement leurs dangers. Après avoir vu le ruban rouge du commandant, il porta silencieusement le revers de sa main à son front.

— Si le petit tondu vivait encore, lui cria l'officier, tu aurais la croix et une belle retraite, car tu as sauvé la vie à tous ceux qui portent des épaulettes et qui se sont trouvés de l'autre côté de la rivière le 1ᵉʳ octobre 1812; mais, mon ami, ajouta le commandant en mettant pied à terre et lui prenant la main avec une soudaine effusion de cœur, je ne suis pas ministre de la guerre.

En entendant ces paroles, le vieux pontonnier se dressa sur ses jambes après avoir soigneusement secoué les cendres de sa pipe et l'avoir serrée, puis il dit en penchant la tête : — Je n'ai fait que mon devoir, mon officier, mais les autres n'ont pas fait le leur à mon égard. Ils m'ont demandé mes papiers! Mes papiers?... leur ai-je dit, mais c'est le vingt-neuvième bulletin.

— Il faut réclamer de nouveau, mon camarade. Avec des protections il est impossible aujourd'hui que tu n'obtiennes pas justice.

— Justice! cria le vieux pontonnier d'un ton qui fit tressaillir le médecin et le commandant.

Il y eut un moment de silence, pendant lequel les deux cavaliers regardèrent ce débris des soldats de bronze que Napoléon avait triés dans trois générations. Gondrin était certes un bel échantillon de cette masse indestructible qui se brisa sans rompre. Ce vieil homme avait à peine cinq pieds, son buste et ses épaules s'étaient prodigieusement élargis, sa figure, tannée, sillonnée de rides, creusée, mais musculeuse, conservait encore quelques vestiges de martialité. Tout en lui avait un caractère de rudesse : son front semblait être un quartier de pierre, ses cheveux rares et gris retombaient faibles comme si déjà la vie manquait à sa tête fatiguée ; ses bras, couverts de poils aussi bien que sa poitrine, dont une partie se voyait par l'ouverture de sa chemise grossière, annonçaient une force extraordinaire. Enfin il était campé sur ses jambes presque torses comme sur une base inébranlable.

— Justice ? répéta-t-il, il n'y en aura jamais pour nous autres ! Nous n'avons point de porteurs de contraintes pour demander notre dû. Et comme il faut se remplir le bocal, dit-il en se frappant l'estomac, nous n'avons pas le temps d'attendre. Or, vu que les paroles des gens qui passent leur vie à se chauffer dans les bureaux n'ont pas la vertu des légumes, je suis revenu prendre ma solde sur le fonds commun, dit-il en frappant la boue avec sa pelle.

— Mon vieux camarade, cela ne peut pas aller comme ça ! dit Genestas. Je te dois la vie et je serais ingrat si je ne te donnais un coup de main ! Moi, je me souviens d'avoir passé sur les ponts de la Bérézina, je connais de bons lapins qui en ont aussi la mémoire toujours fraîche, et ils me seconderont pour te faire récompenser par la patrie comme tu le mérites.

— Ils vous appelleront bonapartiste ! Ne vous mêlez pas de cela, mon officier. D'ailleurs, j'ai filé sur les derrières, et j'ai fait ici mon trou comme un boulet mort. Seulement je ne m'attendais pas, après avoir voyagé sur les chameaux du désert et avoir bu un verre de vin au coin du feu de Moscou, à mourir sous les arbres que mon père a plantés, dit-il en se remettant à l'ouvrage.

— Pauvre vieux, dit Genestas. A sa place je ferais comme lui, nous n'avons plus notre père. Monsieur, dit-il à Benassis, la résignation de cet homme me cause une tristesse noire, il ne sait pas combien il m'intéresse, et va croire que je suis un de ces gueux dorés insensibles aux misères du soldat. Il revint brusquement, saisit le pontonnier par la main, et lui cria dans l'oreille : — Par la croix que je porte, et qui signifiait autrefois honneur, je jure de faire tout ce qui sera humainement possible d'entreprendre pour t'obtenir une pension, quand je devrais avaler dix refus de ministre, solliciter le roi, le dauphin et toute la boutique !

En entendant ces paroles, le vieux Gondrin tressaillit, regarda Genestas et lui dit : — Vous avez donc été simple soldat ?

Le commandant inclina la tête. A ce signe le pontonnier s'essuya la main, prit celle de Genestas, la lui serra par un mouvement plein d'âme, et lui dit : — Mon général, quand je me suis mis à l'eau là-bas, j'avais fait à l'armée l'aumône de ma vie, donc il y a eu du gain, puisque je suis encore sur mes ergots. Tenez, voulez-vous voir le fond du sac ? Eh ! bien, depuis que *l'autre* a été dégommé, je n'ai plus goût à rien. Enfin ils m'ont assigné ici, ajouta-t-il gaiement en montrant la terre, vingt mille francs à prendre, et je m'en paie en détail, comme dit c't autre !

— Allons, mon camarade, dit Genestas ému par la sublimité de ce pardon, tu auras du moins ici la seule chose que tu ne puisses pas m'empêcher de te donner.

Le commandant se frappa le cœur, regarda le pontonnier pendant un moment, remonta sur son cheval, et continua de marcher à côté de Benassis.

— De semblables cruautés administratives fomentent la guerre des pauvres contre les riches, dit le médecin. Les gens auxquels le pouvoir est momentanément confié n'ont jamais pensé sérieusement aux développements nécessaires d'une injustice commise envers un homme du peuple. Un pauvre, obligé de gagner son pain quotidien, ne lutte pas longtemps, il est vrai ; mais il parle, et trouve des échos dans tous les cœurs souffrants. Une seule iniquité se multiplie par le nombre de ceux qui se sentent frappés en elle. Ce levain fermente. Ce n'est rien encore. Il en résulte un plus grand mal. Ces injustices entretiennent chez le peuple une sourde haine envers les supériorités sociales. Le bourgeois devient et reste l'ennemi du pauvre, qui le met hors la loi, le trompe et le vole. Pour le pauvre, le vol n'est plus ni un délit, ni un crime, mais une vengeance. Si, quand il s'agit de rendre justice aux petits, un administrateur les maltraite et filoute leurs droits acquis, comment pouvons-nous exiger de malheureux sans pain résignation à leurs peines et respect aux propriétés ?... Je frémis en pensant qu'un garçon de bureau, de qui le service consiste à épousseter des papiers, a eu les mille francs de pension promis à Gondrin. Puis certaines gens, qui n'ont jamais mesuré l'excès des souffrances, accusent d'excès les vengeances populaires ! Mais le jour où le gouvernement a causé plus de malheurs individuels que de prospérités, son renversement ne tient qu'à un hasard ; en le renversant, le peuple solde ses comptes à sa manière. Un homme d'État devrait toujours se peindre les pauvres aux pieds de la Justice, elle n'a été inventée que pour eux.

En arrivant sur le territoire du bourg, Benassis avisa dans le chemin deux personnes en marche, et dit au commandant, qui depuis quelque temps allait tout pensif : — Vous avez vu la misère résignée d'un vétéran de l'armée, maintenant vous allez voir celle d'un vieux agriculteur. Voilà un homme qui, pendant toute sa vie, a pioché, labouré, semé, recueilli pour les autres.

Genestas aperçut alors un pauvre vieillard qui cheminait de compagnie avec une vieille femme. L'homme paraissait souffrir de quelque sciatique, et marchait péniblement, les pieds dans de mauvais sabots. Il portait sur son épaule un bissac, dans la poche duquel ballottaient quelques instruments dont les manches, noircis par un long usage et par la sueur, produisaient un léger bruit ; la poche de derrière contenait son pain, quelques oignons crus et des noix. Ses jambes semblaient déjetées. Son dos, voûté par les habitudes du travail, le forçait à marcher tout ployé ; aussi, pour conserver son équilibre, s'appuyait-il sur un long bâton. Ses cheveux, blancs comme la neige, flottaient sous un mauvais chapeau rougi par les intempéries des saisons et recousu avec du fil blanc. Ses vêtements de grosse toile, rapetassés en cent endroits, offraient des contrastes de couleurs. C'était une sorte de ruine humaine à laquelle ne manquait aucun des caractères qui rendent les ruines si touchantes. Sa femme, un peu plus adroite qu'il ne l'était, mais également couverte de haillons, coiffée d'un bonnet grossier, portait sur son dos un vase de grès rond et aplati, tenu par une courroie passée dans les anses. Ils levèrent la tête en entendant le pas des chevaux, reconnurent Benassis et s'arrêtèrent. Ces deux vieillards, l'un perclus à force de travail, l'autre, sa compagne fidèle, également détruite, montrant tous deux des figures dont les traits étaient effacés par les rides, la peau noircie par le soleil et endurcie par les intempéries de l'air, faisaient peine à voir. L'histoire de leur vie n'eût pas été gravée sur leurs physionomies, leur attitude l'aurait fait deviner. Tous deux ils avaient travaillé sans cesse,

LE PÈRE MOREAU ET SA FEMME

Ils avaient travaillé sans cesse et sans cesse
souffert ensemble.

(LE MÉDECIN DE CAMPAGNE.)

et sans cesse souffert ensemble, ayant beaucoup de maux et peu de joies à partager; ils paraissaient s'être accoutumés à leur mauvaise fortune comme le prisonnier s'habitue à sa geôle; en eux tout était simplesse. Leurs visages ne manquaient pas d'une sorte de gaie franchise. En les examinant bien, leur vie monotone, le lot de tant de pauvres êtres, semblait presque enviable. Il y avait bien chez eux trace de douleur, mais absence de chagrins.

— Eh! bien, mon brave père Moreau, vous voulez donc absolument toujours travailler?

— Oui, monsieur Benassis. Je vous défricherai encore une bruyère ou deux avant de crever, répondit gaiement le vieillard dont les petits yeux noirs s'animèrent.

— Est-ce du vin que porte là votre femme? Si vous ne voulez pas vous reposer, au moins faut-il boire du vin.

— Me reposer! ça m'ennuie. Quand je suis au soleil, occupé à défricher, le soleil et l'air me raniment. Quant au vin, oui, monsieur, ceci est du vin, et je sais bien que c'est vous qui nous l'avez fait avoir pour presque rien chez monsieur le maire de Courteil. Ah! vous avez beau être malicieux, on vous reconnaît tout de même.

— Allons, adieu, la mère. Vous allez sans doute à la pièce du Champferlu aujourd'hui?

— Oui, monsieur, elle a été commencée hier soir.

— Bon courage! dit Benassis. Vous devez quelquefois être bien contents en voyant cette montagne que vous avez presque toute défrichée à vous seuls.

— Dam, oui, monsieur, répondit la vieille, c'est notre ouvrage! Nous avons bien gagné le droit de manger du pain.

— Vous voyez, dit Benassis à Genestas, le travail, la terre à cultiver, voilà le Grand-Livre des Pauvres. Ce bonhomme se croirait déshonoré s'il allait à l'hôpital ou s'il mendiait; il veut mourir la pioche en main, en plein champ, sous le soleil. Ma foi, il a un fier courage! A force de travailler, le travail est devenu sa vie; mais aussi, ne craint-il pas la mort! il est profondément philosophe sans s'en douter. Ce vieux père Moreau m'a donné l'idée de fonder dans ce canton un hospice pour les laboureurs, pour les ouvriers, enfin pour les gens de la campagne qui, après avoir travaillé pendant toute leur vie, arrivent à une vieillesse honorable et pauvre. Monsieur, je ne comptais point sur la fortune que j'ai faite, et qui m'est personnellement inutile. Il faut peu de chose à l'homme tombé du faîte de ses espérances. La vie des oisifs est la seule qui coûte cher, peut-être même est-ce un vol social que de consommer sans rien produire. En apprenant les discussions qui s'élevèrent lors de sa chute au sujet de sa pension, Napoléon disait n'avoir besoin que d'un cheval et d'un écu par jour. En venant ici, j'avais renoncé à l'argent. Depuis, j'ai reconnu que l'argent représente des facultés et devient nécessaire pour faire le bien. J'ai donc par mon testament donné ma maison pour fonder un hospice où les malheureux vieillards sans asile, et qui seront moins fiers que ne l'est Moreau, puissent passer leurs vieux jours. Puis une certaine partie des neuf mille francs de rentes que me rapportent mes terres et mon moulin sera destinée à donner, dans les hivers trop rudes, des secours à domicile aux individus réellement nécessiteux. Cet établissement sera sous la surveillance du conseil municipal, auquel s'adjoindra le curé comme président. De cette manière, la fortune que le hasard m'a fait trouver dans ce canton y demeurera. Les règlements de cette institution sont tous tracés dans mon testament; il serait fastidieux de vous les rapporter, il suffit de vous dire que j'y ai tout prévu. J'ai même créé un fonds de réserve qui doit permettre un jour à la Commune de payer plusieurs bourses à des enfants qui donneraient de l'espérance pour les arts ou pour les sciences. Ainsi, même après ma mort, mon œuvre de civilisation se continuera. Voyez-vous, capitaine Bluteau, lorsqu'on a commencé une tâche, il est quelque chose en nous qui nous pousse à ne pas la laisser imparfaite. Ce besoin d'ordre et de perfection est un des signes les plus évidents d'une destinée à venir. Maintenant allons vite, il faut que j'achève ma ronde, et j'ai encore cinq ou six malades à voir.

Après avoir trotté pendant quelque temps en silence, Benassis dit en riant à son compagnon : — Ah! çà, capitaine Bluteau, vous me faites babiller comme un geai, et vous ne me dites rien de votre vie, qui doit être curieuse. Un soldat de votre âge a vu trop de choses pour ne pas avoir plus d'une aventure à raconter.

— Mais, répondit Genestas, ma vie est la vie de l'armée. Toutes les figures militaires se ressemblent. N'ayant jamais commandé, étant toujours resté dans le rang à recevoir ou à donner des coups de sabre, j'ai fait comme les autres. Je suis allé là où Napoléon nous a conduits, et me suis trouvé en ligne à toutes les batailles où a frappé la Garde impériale. C'est des événements bien connus. Avoir soin de ses chevaux, souffrir quelquefois la faim et la soif, se battre quand il faut, voilà toute la vie du soldat. N'est-ce pas simple comme bonjour. Il y a des batailles qui pour nous autres sont tout entières dans un cheval déferré qui nous laisse dans l'embarras. En somme, j'ai vu tant de pays, que je me suis accoutumé à en voir, et j'ai vu tant de morts que j'ai fini par compter ma propre vie pour rien.

— Mais cependant vous avez dû être personnellement en péril pendant certains moments, et ces dangers particuliers seraient curieux racontés par vous.

Peut-être, répondit le commandant.

— Eh ! bien, dites-moi ce qui vous a le plus ému. N'ayez pas peur, allez ! je ne croirai pas que vous manquiez de modestie quand même vous me diriez quelque trait d'héroïsme. Lorsqu'un homme est bien sûr d'être compris par ceux auxquels il se confie, ne doit-il pas éprouver une sorte de plaisir à dire : J'ai fait cela.

— Eh ! bien, je vais vous raconter une particularité qui me cause quelquefois des remords. Pendant les quinze années que nous nous sommes battus, il ne m'est pas arrivé une seule fois de tuer un homme hors le cas de légitime défense. Nous sommes en ligne, nous chargeons ; si nous ne renversons pas ceux qui sont devant nous, ils ne nous demandent pas permission pour nous saigner ; donc il faut tuer pour ne pas être démoli, la conscience est tranquille. Mais, mon cher monsieur, il m'est arrivé de casser les reins à un camarade dans une circonstance particulière. Par réflexion, la chose m'a fait de la peine, et la grimace de cet homme me revient quelquefois. Vous allez en juger?... C'était pendant la retraite de Moscou. Nous avions plus l'air d'être un troupeau de bœufs harassés que d'être la Grande Armée. Adieu la discipline et les drapeaux ! chacun était son maître, et l'Empereur, on peut le dire, a su là où finissait son pouvoir. En arrivant à Studzianka, petit village au-dessus de la Bérézina, nous trouvâmes des granges, des cabanes à démolir, des pommes de terre enterrées et quelques betteraves. Depuis quelque temps nous n'avions rencontré ni maisons ni mangeaille, l'armée a fait bombance. Les premiers venus, comme vous pensez, ont tout mangé. Je suis arrivé un des derniers. Heureusement pour moi je n'avais faim que de sommeil.

J'avise une grange, j'y entre, j'y vois une vingtaine de généraux, des officiers supérieurs, tous hommes, sans les flatter, de grand mérite : Junot, Narbonne, l'aide de camp de l'Empereur, enfin les grosses têtes de l'armée. Il y avait aussi de simples soldats qui n'auraient pas donné leur lit de paille à un maréchal de France. Les uns dormaient debout, appuyés contre le mur faute de place, les autres étaient étendus à terre, et tous si bien pressés les uns contre les autres afin de se tenir chauds, que je cherche vainement un coin pour m'y mettre. Me voilà marchant sur ce plancher d'hommes : les uns grognaient, les autres ne disaient rien, mais personne ne se dérangeait. On ne serait pas dérangé pour éviter un boulet de canon ; mais on n'était pas obligé là de suivre les maximes de la civilité puérile et honnête. Enfin j'aperçois au fond de la grange une espèce de toit intérieur sur lequel personne n'avait eu l'idée ou la force peut-être de grimper, j'y monte, je m'y arrange, et quand je suis étalé tout de mon long, je regarde ces hommes étendus comme des veaux. Ce triste spectacle me fit presque rire. Les uns rongeaient des carottes glacées en exprimant une sorte de plaisir animal, et des généraux enveloppés de mauvais châles ronflaient comme des tonnerres. Une branche de sapin allumée éclairait la grange, elle y aurait mis le feu, personne ne se serait levé pour l'éteindre. Je me couche sur le dos, et avant de m'endormir je lève naturellement les yeux en l'air, je vois alors la maîtresse poutre sur laquelle reposait le toit et qui supportait les solives, faire un léger mouvement d'orient en occident. Cette sacrée poutre dansait très-joliment. « Messieurs, leur dis-je, il se trouve dehors un camarade qui veut se chauffer à nos dépens. » La poutre allait bientôt tomber. « Messieurs, messieurs, nous allons périr, voyez la poutre! criai-je encore assez fort pour réveiller mes camarades de lit. Monsieur, ils ont bien regardé la poutre ; mais ceux qui dormaient se sont remis à dormir, et ceux qui mangeaient ne m'ont même pas répondu. Voyant cela, il me fallut quitter ma place, au risque de la voir prendre, car il s'agissait de sauver ce tas de gloires. Je sors donc, je tourne la grange, et j'avise un grand diable de Wurtembergeois qui tirait la poutre avec un certain enthousiasme. « — Aho! aho, lui dis-je en lui faisant comprendre qu'il fallait cesser son travail. — *Geht mir aus dem gesicht, oder ich schlag dich todt!* cria-t-il. — Ah bien oui? *Qué mire aous dem guesit*, lui répondis-je, il ne s'agit pas de cela! » Je prends son fusil qu'il avait laissé par terre, je lui casse les reins, je rentre et je dors. Voilà l'affaire.

— Mais c'était un cas de légitime défense appliquée contre un homme au profit de plusieurs, vous n'avez donc rien à vous reprocher, dit Benassis.

— Les autres, reprit Genestas, ont cru que j'avais eu quelque lubie ; mais lubie ou non, beaucoup de ces gens-là vivent à leur aise aujourd'hui dans de beaux hôtels sans avoir le cœur oppressé par la reconnaissance.

— N'auriez-vous donc fait le bien que pour en percevoir cet exorbitant intérêt appelé reconnaissance ? dit en riant Benassis. Ce serait faire l'usure.

— Ah! je sais bien, répondit Genestas, que le mérite d'une bonne action s'envole au moindre profit qu'on en retire ; la raconter, c'est s'en constituer une rente d'amour-propre qui vaut bien la reconnaissance. Cependant si l'honnête homme se taisait toujours, l'obligé ne parlerait guère du bienfait. Dans votre système, le peuple a besoin d'exemples ; or, par ce silence général, où donc en trouverait-il ? Encore autre chose ! si notre pauvre pontonnier qui a sauvé l'armée française, et qui ne s'est jamais trouvé en position d'en jaser avec fruit, n'avait pas conservé l'exercice de ses bras, sa conscience lui donnerait-elle du pain?... répondez à cela, philosophe ?

— Peut-être n'y a-t-il rien d'absolu en morale, répondit Benassis ; mais cette idée est dangereuse, elle laisse l'égoïsme interpréter les cas de conscience au profit de l'intérêt personnel. Écoutez, capitaine : l'homme qui obéit strictement aux principes de la morale n'est-il pas plus grand que celui qui s'en écarte, même par nécessité? Notre pontonnier, tout à fait perclus et mourant de faim, ne serait-il pas sublime au même chef que l'est Homère ! La vie humaine est sans doute une dernière épreuve pour la vertu comme pour le génie également réclamés par un monde meilleur. La vertu, le génie, me semblent les deux plus belles formes de ce complet et constant dévouement que Jésus-Christ est venu apprendre aux hommes. Le génie reste pauvre en éclairant le monde, la vertu garde le silence en se sacrifiant pour le bien général.

— D'accord, monsieur, dit Genestas, mais la terre est habitée par des hommes et non par des anges, nous ne sommes pas parfaits.

— Vous avez raison, reprit Benassis. Pour mon compte, j'ai rudement abusé de la faculté de commettre des fautes. Mais ne devons-nous pas tendre à la perfection? La vertu n'est-elle pas pour l'âme un beau idéal qu'il faut contempler sans cesse comme un céleste modèle?

— *Amen*, dit le militaire. On vous le passe, l'homme vertueux est une belle chose; mais convenez aussi que la Vertu est une divinité qui peut se permettre un petit bout de conversation, en tout bien tout honneur.

— Ah! monsieur, dit le médecin en souriant avec une sorte de mélancolie amère, vous avez l'indulgence de ceux qui vivent en paix avec eux-mêmes, tandis que je suis sévère comme un homme qui voit bien des taches à effacer dans sa vie.

Les deux cavaliers étaient arrivés à une chaumière située sur le bord du torrent. Le médecin y entra. Genestas demeura sur le seuil de la porte, regardant tour à tour le spectacle offert par ce frais paysage, et l'intérieur de la chaumière où se trouvait un homme couché. Après avoir examiné son malade, Benassis s'écria tout à coup: — Je n'ai pas besoin de venir ici, ma bonne femme, si vous ne faites pas ce que j'ordonne. Vous avez donné du pain à votre mari, vous voulez donc le tuer? Sac à papier! si vous lui faites prendre maintenant autre chose que son eau de chiendent, je ne remets pas les pieds ici, et vous irez chercher un médecin où vous voudrez.

— Mais, mon cher monsieur Benassis, le pauvre vieux criait la faim, et quand un homme n'a rien mis dans son estomac depuis quinze jours...

— Ah! çà, voulez-vous m'écouter? Si vous laissez manger une seule bouchée de pain à votre homme avant que je lui permette de se nourrir, vous le tuerez, entendez-vous?

— On le privera de tout, mon cher monsieur. Va-t-il mieux? dit-elle en suivant le médecin.

— Mais non, vous avez empiré son état en lui donnant à manger. Je ne puis donc pas vous persuader, mauvaise tête que vous êtes, de ne pas nourrir les gens qui doivent faire diète? Les paysans sont incorrigibles! ajouta Benassis en se tournant vers l'officier. Quand un malade n'a rien pris depuis quelques jours, ils le croient mort, et le bourrent de soupe ou de vin. Voilà une malheureuse femme qui a failli tuer son mari.

— Tuer mon homme pour une pauvre petite trempette au vin!

— Certainement, ma bonne femme. Je suis étonné de le trouver encore en vie après la trempette que vous lui avez apprêtée. N'oubliez pas de faire bien exactement ce que je vous ai dit.

— Oh ! mon cher monsieur, j'aimerais mieux mourir moi-même que d'y manquer.

— Allons, je verrai bien cela. Demain soir je reviendrai le saigner.

— Suivons à pied le torrent, dit Benassis à Genestas, d'ici à la maison où je dois me rendre il n'existe point de chemin pour les chevaux. Le petit garçon de cet homme nous gardera nos bêtes.

— Admirez un peu notre jolie vallée, reprit-il, n'est-ce pas un jardin anglais ? Nous allons maintenant chez un ouvrier inconsolable de la mort d'un de ses enfants. Son aîné, jeune encore, a voulu pendant la dernière moisson travailler comme un homme, le pauvre enfant a excédé ses forces, il est mort de langueur à la fin de l'automne. Voici la première fois que je rencontre le sentiment paternel si développé. Ordinairement les paysans regrettent dans leurs enfants morts la perte d'une chose utile qui fait partie de leur fortune, les regrets sont en raison de l'âge. Une fois adulte, un enfant devient un capital pour son père. Mais ce pauvre homme aimait son fils véritablement. « — Rien ne me console de cette perte ! » m'a-t-il dit un jour que je le vis dans un pré, debout, immobile, oubliant son ouvrage, appuyé sur sa faux, tenant à la main sa pierre à repasser qu'il avait prise pour s'en servir et dont il ne servait pas. Il ne m'a pas plus reparlé de son chagrin ; mais il est devenu taciturne et souffrant. Aujourd'hui, l'une de ses petites filles est malade...

Tout en causant, Benassis et son hôte étaient arrivés à une maisonnette située sur la chaussée d'un moulin à tan. Là, sous un saule, ils aperçurent un homme d'environ quarante ans qui restait debout en mangeant du pain frotté d'ail.

— Eh ! bien, Gasnier, la petite va-t-elle mieux ?

— Je ne sais pas, monsieur, dit-il d'un air sombre, vous allez la voir, ma femme est auprès d'elle. Malgré vos soins, j'ai bien peur que la mort ne soit entrée chez moi pour tout m'emporter.

— La mort ne se loge chez personne, Gasnier, elle n'a pas le temps. Ne perdez pas courage.

Benassis entra dans la maison suivi du père. Une demi-heure après, il sortit accompagné de la mère, à laquelle il dit : — Soyez sans inquiétude, faites ce que je vous ai recommandé de faire, elle est sauvée.

— Si tout cela vous ennuyait, dit ensuite le médecin au militaire en remontant à cheval, je pourrais vous mettre dans le chemin du bourg, et vous y retourneriez.

— Non, par ma foi, je ne m'ennuie pas.

— Mais vous verrez partout des chaumières qui se ressemblent, rien n'est en apparence plus monotone que la campagne.

— Marchons, dit le militaire.

Pendant quelques heures ils coururent ainsi dans le pays, traversèrent le canton dans sa largeur, et vers le soir, ils revinrent dans la partie qui avoisinait le bourg.

— Il faut que j'aille maintenant là-bas, dit le médecin à Genestas en lui montrant un endroit où s'élevaient des ormes. Ces arbres ont peut-être deux cents ans, ajouta-t-il. Là demeure cette femme pour laquelle un garçon est venu me chercher hier au moment de dîner, en me disant qu'elle était devenue blanche.

— Était-ce dangereux ?

— Non, dit Benassis, effet de grossesse. Cette femme est à son dernier mois. Souvent dans cette période quelques femmes éprouvent des spasmes. Mais il faut toujours, par précaution, que j'aille voir s'il n'est rien survenu d'alarmant; j'accoucherai moi-même cette femme. D'ailleurs je vous montrerai là l'une de nos industries nouvelles, une briqueterie. Le chemin est beau, voulez-vous galoper ?

— Votre bête me suivra-t-elle, dit Genestas en criant à son cheval : Haut, Neptune !

En un clin d'œil l'officier fut emporté à cent pas, et disparut dans un tourbillon de poussière ; mais malgré la vitesse de son cheval, il entendit toujours le médecin à ses côtés. Benassis dit un mot à sa monture, et devança le commandant qui ne le rejoignit qu'à la briqueterie, au moment où le médecin attachait tranquillement son cheval au pivot d'un échalier.

— Que le diable vous emporte ! s'écria Genestas en regardant le cheval qui ne suait ni ne soufflait. Quelle bête avez-vous donc là ?

— Ha ! répondit en riant le médecin, vous l'avez prise pour une rosse. Pour le moment, l'histoire de ce bel animal nous prendrait trop de temps, qu'il vous suffise de savoir que Roustan est un vrai barbe venu de l'Atlas. Un cheval barbe vaut un cheval arabe. Le mien gravit les montagnes au grand galop sans mouiller son poil, et trotte d'un pied sûr le long des précipices. C'est un cadeau bien gagné, d'ailleurs. Un père a cru me payer ainsi la vie de sa fille, une des plus riches héritières de l'Europe, que j'ai trouvée mourant sur la route de Savoie. Si je vous disais comment j'ai guéri cette jeune personne, vous me prendriez pour un charlatan. Eh! eh! j'entends des grelots de chevaux et le bruit d'une charrette dans le sentier, voyons si par hasard ce serait Vigneau lui-même, et regardez bien cet homme.

Bientôt l'officier aperçut quatre énormes chevaux harnachés comme ceux que possèdent les cultivateurs les plus aisés de la Brie. Les bouffettes de laine, les grelots, les cuirs avaient une sorte de propreté cossue. Dans cette vaste charrette, peinte en bleu, se trouvait un gros garçon joufflu bruni par le soleil, et qui sifflait en tenant son fouet comme un fusil au port d'armes.

— Non, ce n'est que le charretier, dit Benassis. Admirez un peu comme le bien-être industriel du maître se reflète sur tout, même sur l'équipage de ce voiturier ! N'est-ce pas l'indice d'une intelligence commerciale assez rare au fond des campagnes?

— Oui, oui, tout cela paraît très-bien ficelé, reprit le militaire.

— Eh! bien, Vigneau possède deux équipages semblables. En outre, il a le petit bidet d'allure sur lequel il va faire ses affaires, car son commerce s'étend maintenant fort loin; et quatre ans auparavant cet homme ne possédait rien; je me trompe, il avait des dettes. Mais entrons.

— Mon garçon, dit Benassis au charretier, madame Vigneau doit être chez elle?

— Monsieur, elle est dans le jardin, je viens de l'y voir par-dessus la haie, je vais la prévenir de votre arrivée.

Genestas suivit Benassis qui lui fit parcourir un vaste terrain fermé par des haies. Dans un coin étaient amoncelées les terres blanches et l'argile nécessaires à la fabrication des tuiles et des carreaux; d'un autre côté, s'élevaient en tas les fagots de bruyères et le bois pour chauffer le four; plus loin, sur une aire enceinte par des claies, plusieurs ouvriers concassaient des pierres blanches ou manipulaient les terres à brique; en face de l'entrée, sous les grands ormes, était la fabrique de tuiles rondes et carrées, grande salle de verdure terminée par les toits de la sécherie, près de laquelle se voyait le four et sa gueule profonde, ses longues pelles, son chemin creux et noir. Il se trouvait, parallèlement à ces constructions, un bâtiment d'aspect assez misérable qui servait d'habitation à la famille et où les remises, les écuries, les étables, la grange, avaient été pratiquées. Des volailles et des cochons vaguaient dans le grand terrain. La propreté qui régnait dans ces différents établissements et leur bon état de réparation attestaient la vigilance du maître.

— Le prédécesseur de Vigneau, dit Benassis, était un malheureux, un fainéant qui n'aimait qu'à boire. Jadis ouvrier, il savait chauffer son four et payer ses façons, voilà tout ; il n'avait d'ailleurs ni activité ni esprit commercial. Si l'on ne venait pas chercher ses marchandises, elles restaient là, se détérioraient et se perdaient. Aussi mourait-il de faim. Sa femme, qu'il avait rendue presque imbécile par ses mauvais traitements, croupissait dans la misère. Cette paresse, cette incurable stupidité me faisaient tellement souffrir, et l'aspect de cette fabrique m'était si désagréable, que j'évitais de passer par ici. Heureusement cet homme et sa femme étaient vieux l'un et l'autre. Un beau jour le tuilier eut une attaque de paralysie, et je le fis aussitôt placer à l'hospice de Grenoble. Le propriétaire de la tuilerie consentit à la reprendre sans discussion dans l'état où elle se trouvait, et je cherchai de nouveaux locataires qui pussent participer aux améliorations que je voulais introduire dans toutes les industries du canton. Le mari d'une femme de chambre de madame Gravier, pauvre ouvrier gagnant fort peu d'argent chez un potier où il travaillait, et qui ne pouvait soutenir sa famille, écouta mes avis. Cet homme eut assez de courage pour prendre notre tuilerie à bail sans avoir un denier vaillant. Il vint s'y installer, apprit à sa femme, à la vieille mère de sa femme et à la sienne à façonner des tuiles, il en fit ses ouvriers. Je ne sais pas, foi d'honnête homme! comment ils s'arrangèrent. Probablement Vigneau emprunta du bois pour chauffer son four, il alla sans doute chercher ses matériaux la nuit par hottées et les manipula pendant le jour; enfin il déploya secrètement une énergie sans bornes, et les deux vieilles mères en haillons travaillèrent comme des nègres. Vigneau put ainsi cuire quelques fournées, et passa sa première année en mangeant du pain chèrement payé par les sueurs de son ménage; mais il se soutint. Son courage, sa patience, ses qualités le rendirent intéressant à beaucoup de personnes, et il se fit connaître. Infatigable, il courait le matin à Grenoble, y vendait ses tuiles et ses briques ; puis il revenait chez lui vers le milieu de la journée, retournait à la ville pendant la nuit ; il paraissait se multiplier. Vers la fin de la première année, il prit deux petits gars pour l'aider. Voyant cela, je lui prêtai quelque argent. Eh ! bien, monsieur, d'année en année, le sort de cette famille s'améliora. Dès la seconde année, les deux vieilles mères ne façonnèrent plus de briques, ne broyèrent plus de pierres ; elles cultivèrent les petits jardins, firent la soupe, raccommodèrent les habits, filèrent pendant la soirée et allèrent au bois pendant le jour. La jeune femme, qui sait lire et écrire, tint les comptes. Vigneau eut un petit cheval pour courir dans les environs, y chercher des pratiques ; puis il étudia l'art du briquetier, trouva le moyen de fabriquer de beaux carreaux blancs et les vendit au-dessous du cours. La troisième année il eut une charrette et deux chevaux. Quand il monta son premier équipage sa femme devint presque élégante. Tout s'accorda dans son ménage avec ses gains, et toujours il y maintint l'ordre, l'économie, la propreté, principes générateurs de sa petite fortune. Il put enfin avoir six ouvriers et les paya bien : il eut un charretier et mit tout chez lui sur un très-bon pied ; bref, petit à petit, en s'ingéniant, en étendant ses travaux et son commerce, il s'est trouvé dans l'aisance. L'année dernière, il a acheté la tuilerie ; l'année prochaine, il rebâtira sa maison. Maintenant toutes ces bonnes gens sont bien portants et bien vêtus. La femme maigre et pâle, qui d'abord partageait les soucis et les inquiétudes du maître, est redevenue grasse, fraîche et jolie. Les deux vieilles mères sont très-heureuses et vaquent aux menus détails de la maison et du commerce. Le travail a produit l'argent, et l'argent, en donnant la tranquillité, a rendu la santé, l'abondance et la joie. Vraiment ce ménage est pour moi la vivante histoire de ma Commune et celle des jeunes États commerçants. Cette tuilerie, que je voyais jadis morne, vide, malpropre, improductive, est maintenant en plein rapport, bien habitée, animée, riche et approvisionnée. Voici pour une bonne somme de bois, et tous les matériaux nécessaires aux travaux de la saison ; car vous savez que l'on ne fabrique la tuile que pendant un certain temps de l'année, entre juin et septembre. Cette activité ne fait-elle pas plaisir ? Mon tuilier a coopéré à toutes les constructions du bourg. Toujours éveillé, toujours allant et venant, toujours actif, il est nommé *le dévorant* par les gens du Canton.

A peine Benassis avait-il achevé ces paroles qu'une jeune femme bien vêtue, ayant un joli bonnet, des bas blancs, un tablier de soie, une robe rose, mise qui rappelait un peu son ancien état de femme de chambre, ouvrit la porte à claire-voie qui menait au jardin, et s'avança aussi vite que pouvait le permettre son état; mais les deux cavaliers allèrent à sa rencontre. Madame Vigneau était en effet une jolie femme assez grasse, au teint basané, mais de qui la peau devait être blanche. Quoique son front gardât quelques rides, vestiges de son ancienne misère, elle avait une physionomie heureuse et avenante.

— Monsieur Benassis, dit-elle d'un accent câlin en le voyant s'arrêter, ne me ferez-vous pas l'honneur de vous reposer un moment chez moi?

— Si bien, répondit-il. Passez, capitaine.

— Ces messieurs doivent avoir bien chaud! Voulez-vous un peu de lait ou de vin? Monsieur Benassis, goûtez donc au vin que mon mari a eu la complaisance de se procurer pour mes couches? vous me direz s'il est bon.

— Vous avez un brave homme pour mari.

— Oui, monsieur, dit-elle avec calme en se retournant, j'ai été bien richement partagée.

— Nous ne prendrons rien, madame Vigneau, je venais voir seulement s'il ne vous était rien arrivé de fâcheux.

— Rien, dit-elle. Vous voyez, j'étais au jardin occupée à biner pour faire quelque chose.

En ce moment, les deux mères arrivèrent pour voir Benassis, et le charretier resta immobile au milieu de la cour dans une direction qui lui permettait de regarder le médecin.

— Voyons, donnez-moi votre main, dit Benassis à madame Vigneau.

Il tâta le pouls de la jeune femme avec une attention scrupuleuse, en se recueillant et demeurant silencieux. Pendant ce temps, les trois femmes examinaient le commandant avec cette curiosité naïve que les gens de la campagne n'ont aucune honte à exprimer.

— Au mieux, s'écria gaiement le médecin.

— Accouchera-t-elle bientôt? s'écrièrent les deux mères.

— Mais, cette semaine sans doute. Vigneau est en route? demanda-t-il après une pause.

— Oui, monsieur, répondit la jeune femme, il se hâte de faire ses affaires pour pouvoir rester au logis pendant mes couches, le cher homme !

— Allons, mes enfants, prospérez ! Continuez à faire fortune et à faire le monde.

Genestas était plein d'admiration pour la propreté qui régnait dans l'intérieur de cette maison presque ruinée. En voyant l'étonnement de l'officier, Benassis lui dit : — Il n'y a que madame Vigneau pour savoir approprier ainsi un ménage ! Je voudrais que plusieurs gens du bourg vinssent prendre des leçons ici.

La femme du tuilier détourna la tête en rougissant ; mais les deux mères laissèrent éclater sur leurs physionomies tout le plaisir que leur causaient les éloges du médecin, et toutes trois l'accompagnèrent jusqu'à l'endroit où étaient les chevaux.

— Eh ! bien, dit Benassis en s'adressant aux deux vieilles, vous voilà bien heureuses ! Ne vouliez-vous pas être grand'mères ?

— Ah ! ne m'en parlez pas, dit la jeune femme, ils me font enrager. Mes deux mères veulent un garçon, mon mari désire une petite fille, je crois qu'il me sera bien difficile de les contenter tous.

— Mais vous, que voulez-vous ? dit en riant Benassis.

— Ah ! moi, monsieur, je veux un enfant.

— Voyez, elle est déjà mère, dit le médecin à l'officier en prenant son cheval par la bride.

— Adieu, monsieur Benassis, dit la jeune femme. Mon mari sera bien désolé de ne pas avoir été ici, quand il saura que vous y êtes venu.

— Il n'a pas oublié de m'envoyer mon millier de tuiles à la Grange-aux-Belles ?

— Vous savez bien qu'il laisserait toutes les commandes du Canton pour vous servir. Allez, son plus grand regret est de prendre votre argent ; mais je lui dis que vos écus portent bonheur, et c'est vrai.

— Au revoir, dit Benasssis.

Les trois femmes, le charretier et les deux ouvriers sortis des ateliers pour voir le médecin restèrent groupés autour de l'échalier qui servait de porte à la tuilerie, afin de jouir de sa présence jusqu'au dernier moment, ainsi que chacun le fait pour les personnes chères. Les inspirations du cœur ne doivent-elles pas être partout uniformes ! aussi les douces coutumes de l'amitié sont-elles naturellement suivies en tout pays.

Après avoir examiné la situation du soleil, Benassis dit à son compagnon : — Nous avons encore deux heures de jour, et si vous n'êtes pas trop affamé, nous irons voir une charmante créature à qui je donne presque toujours le temps qui me reste entre l'heure de mon dîner et celle où mes visites sont terminées. On la nomme *ma bonne amie* dans le Canton ; mais ne croyez pas que ce surnom, en usage ici pour désigner une future épouse, puisse couvrir ou autoriser la moindre médisance. Quoique mes soins pour cette pauvre enfant la rendent l'objet d'une jalousie assez concevable, l'opinion que chacun a prise de mon caractère interdit tout méchant propos. Si personne ne s'explique la fantaisie à laquelle je parais céder en faisant à la Fosseuse une rente pour qu'elle vive sans être obligée de travailler, tout le monde croit à sa vertu ; tout le monde sait que si mon affection dépassait une fois les bornes d'une amicale protection, je n'hésiterais pas un instant à l'épouser. Mais, ajouta le médecin en s'efforçant de sourire, il n'existe de femme pour moi ni dans ce Canton ni ailleurs. Un homme très-expansif, mon cher monsieur, éprouve un invincible besoin de s'attacher particulièrement à une chose ou à un être entre tous les êtres et les choses dont il est entouré, surtout quand pour lui la vie est déserte. Aussi croyez-moi, monsieur, jugez toujours favorablement un homme qui aime son chien ou son cheval ! Parmi le troupeau souffrant que le hasard m'a confié, cette pauvre petite malade est pour moi ce qu'est dans mon pays le soleil, dans le Languedoc, la brebis chérie à laquelle les bergères mettent des rubans fanés, à qui elles parlent, qu'elles laissent pâturer le long des blés, et de qui jamais le chien ne hâte la marche indolente.

En disant ces paroles Benassis restait debout, tenant les crins de son cheval, prêt à le monter, mais ne le montant pas, comme si le sentiment dont il était agité ne pouvait s'accorder avec de brusques mouvements.

— Allons, s'écria-t-il, venez la voir ! Vous mener chez elle, n'est-ce pas vous dire que je la traite comme une sœur ?

Quand les deux cavaliers furent à cheval, Genestas dit au médecin : — Serais-je indiscret en vous demandant quelques renseignements sur votre Fosseuse ? Parmi toutes les existences que vous m'avez fait connaître, elle ne doit pas être la moins curieuse.

— Monsieur, répondit Benassis en arrêtant son cheval, peut-être ne partagerez-vous pas tout l'intérêt que m'inspire la Fosseuse. Sa destinée ressemble à la mienne : notre vocation a été trompée ; le sentiment que je lui porte et les émotions que j'éprouve en la voyant viennent de la parité de nos situations. Une fois entré dans la carrière des armes, vous avez suivi votre penchant, ou vous avez pris goût à ce métier ; sans quoi vous ne seriez pas resté jusqu'à votre âge sous le pesant harnais de la dicipline militaire ; vous ne devez donc comprendre ni les malheurs d'une âme dont les désirs renaissent toujours et sont toujours trahis, ni les chagrins constants d'une créature forcée de vivre ailleurs que dans sa sphère. De telles souffrances restent un secret entre ces créatures et Dieu qui leur envoie ces afflictions, car elles seules connaissent la force des impressions que leur causent les événements de la vie. Cependant vous-même, témoin blasé de tant d'infortunes produites par le cours d'une longue guerre, n'avez-vous pas surpris dans votre cœur quelque tristesse en rencontrant un arbre dont les feuilles étaient jaunes au milieu du printemps, un arbre languissant et mourant faute d'avoir été planté dans le terrain où se trouvaient les principes nécessaires à son entier développement? Dès l'âge de vingt ans, la passive mélancolie d'une plante rabougrie me faisait mal à voir ; aujourd'hui, je détourne toujours la tête à cet aspect. Ma douleur d'enfant était le vague pressentiment de mes douleurs d'homme, une sorte de sympathie entre mon présent et un avenir que j'apercevais instinctivement dans cette vie végétale courbée avant le temps vers le terme où vont les arbres et les hommes.

— Je pensais en vous voyant si bon que vous aviez souffert !

— Vous le voyez, monsieur, reprit le médecin sans repondre à ce mot de Genestas, parler de la Fosseuse, c'est parler de moi. La Fosseuse est une plante dépaysée, mais une plante humaine, incessamment dévorée par des pensées tristes ou profondes qui se multiplient les unes par les autres. Cette pauvre fille est toujours souffrante. Chez elle, l'âme tue le corps. Pouvais-je voir avec froideur une faible créature en proie au malheur le plus grand et le moins apprécié qu'il y ait dans notre monde égoïste, quand moi, homme et fort contre les souffrances, je suis tenté de me refuser tous les soirs à porter le fardeau d'un semblable malheur? Peut-être m'y refuserais-je même, sans une pensée religieuse qui émousse mes chagrins et répand dans mon cœur de douces illusions. Nous ne serions pas tous les enfants d'un même Dieu, la Fosseuse serait encore ma sœur en souffrance.

Benassis pressa les flancs de son cheval, et entraîna le commandant Genestas comme s'il eût craint de continuer sur ce ton la conversation commencée.

— Monsieur, reprit-il lorsque les chevaux trottèrent de compagnie, la nature a pour ainsi dire créé cette pauvre fille pour la douleur, comme elle a créé d'autres femmes pour le plaisir. En voyant de telles prédestinations, il est impossible de ne pas croire à une autre vie. Tout agit sur la Fosseuse : si le temps est gris et sombre, elle est triste et *pleure avec le ciel;* cette expression lui appartient. Elle chante avec les oiseaux, se calme et se rassérène avec les cieux, enfin elle devient belle dans un beau jour, un parfum délicat est pour elle un plaisir presque inépuisable : je l'ai vue jouissant pendant toute une journée de l'odeur exhalée par des résédas après une de ces matinées pluvieuses qui développent l'âme des fleurs et donnent au jour je ne sais quoi de frais et de brillant, elle s'était épanouie avec la nature, avec toutes les plantes. Si l'atmosphère est lourde, électrisante, la Fosseuse a des vapeurs que rien ne peut calmer, elle se couche et se plaint de mille maux différents sans savoir ce qu'elle a ; si je la questionne, elle me répond que ses os s'amollissent, que sa chair se fond en eau. Pendant ces heures inanimées, elle ne sent la vie que par la souffrance ; son cœur est en *dehors d'elle,* pour vous dire encore un de ses mots. Quelquefois j'ai surpris la pauvre fille pleurant à l'aspect de certains tableaux qui se dessinent dans nos montagnes au coucher du soleil, quand de nombreux et magnifiques nuages se rassemblent au-dessus de nos cimes d'or : « — Pourquoi pleurez-vous, ma petite ? lui disais-je. — Je ne sais pas, monsieur, me répondait-elle, je suis là comme une hébétée à regarder là-haut, et j'ignore où je suis, à force de voir. — Mais que voyez-vous donc ? — Monsieur, je ne puis vous le dire. » Vous auriez beau la questionner alors pendant toute la soirée, vous n'en obtiendriez pas une seule parole ; mais elle vous lancerait des regards pleins de pensées, ou resterait les yeux humides, à demi silencieuse, visiblement recueillie. Son recueillement est si profond qu'il se communique ; du moins elle agit alors sur moi comme un nuage trop chargé d'électricité. Un jour je l'ai pressée de questions, je voulais à toute force la faire causer et je lui dis quelques mots un peu trop vifs ; eh! bien, monsieur, elle s'est mise à fondre en larmes. En d'autres moments, la Fosseuse est gaie, avenante, rieuse, agissante, spirituelle ; elle cause avec plaisir, exprime des idées neuves, originales. Incapable d'ailleurs de se livrer à aucune espèce de travail suivi : quand elle allait aux champs elle demeurait pendant des heures entières occupée à regarder une fleur, à voir couler l'eau, à examiner les pittoresques merveilles qui se trouvent sous les ruisseaux clairs et tranquilles, ces jolies mosaïques composées de cailloux, de terre, de sable, de plantes aquatiques, de mousse, de sédiments bruns dont les couleurs sont si douces, dont les tons offrent de si curieux contrastes. Lorsque je suis venu dans ce pays, la pauvre fille mourait de faim; humiliée d'accepter le pain d'autrui, elle n'avait recours à la charité publique qu'au moment où elle y était contrainte par une extrême souffrance. Souvent la honte lui donnait de l'énergie, pendant quelques jours elle travaillait à la terre; mais bientôt épuisée, une maladie la forçait d'abandonner son ouvrage commencé. A peine rétablie, elle entrait dans quelque ferme aux environs en demandant à y prendre soin des bestiaux ; mais après s'y être acquittée de ses fonctions avec intelligence, elle en sortait sans dire pourquoi. Son labeur journalier était sans doute un joug trop pesant pour elle, qui est toute indépendance et tout caprice. Elle se mettait alors à chercher des truffes ou des champignons, et les allait vendre à Grenoble. En ville, tentée par des babioles, elle oubliait sa misère en se trouvant riche de quelques menues pièces de monnaie, et s'achetait des rubans, des colifichets, sans penser à son pain du lendemain. Puis si quelque fille du bourg désirait sa croix de cuivre, son cœur à la Jeannette ou son cordon de velours, elle les lui donnait, heureuse de lui faire plaisir, car elle vit par le cœur. Aussi la Fosseuse était-elle tour à tour aimée, plainte, méprisée. La pauvre fille souffrait de tout, de sa paresse, de sa bonté, de sa coquetterie ; car elle est coquette, friande, curieuse; enfin elle est femme, elle se laisse aller à ses impressions et à ses goûts avec une naïveté d'enfant : racontez-lui quelque belle action, elle tressaille et rougit, son sein palpite, elle pleure de joie; si vous lui dites une histoire de voleurs, elle pâlira d'effroi. C'est la nature la plus vraie, le cœur le plus franc et la probité la plus délicate qui se puissent rencontrer ; si vous lui confiez cent pièces d'or, elle vous les enterrera dans un coin et continuera de mendier son pain.

La voix de Benassis s'altéra quand il dit ces paroles.

— J'ai voulu l'éprouver, monsieur, reprit-il, et je m'en suis repenti. Une épreuve, n'est-ce pas de l'espionnage, de la défiance tout au moins ?

Ici le médecin s'arrêta comme s'il faisait une réflexion secrète, et ne remarqua point l'embarras dans lequel ses paroles avaient mis son compagnon, qui, pour ne pas laisser voir sa confusion, s'occupait à démêler les rênes de son cheval. Benassis reprit bientôt la parole.

— Je voudrais marier ma Fosseuse, je donnerais volontiers une de mes fermes à quelque brave garçon qui la rendrait heureuse, et elle le serait. Oui, la pauvre fille aimerait ses enfants à en perdre la tête, et tous les sentiments qui surabondent chez elle s'épancheraient dans celui qui les comprend tous pour la femme, dans *la maternité*; mais aucun homme n'a su lui plaire. Elle est cependant d'une sensibilité dangereuse pour elle ; elle le sait, et m'a fait l'aveu de sa prédisposition nerveuse quand elle a vu que je m'en apercevais. Elle est du petit nombre de femmes sur lesquelles le moindre contact produit un frémissement dangereux; aussi faut-il lui savoir gré de sa sagesse, de sa fierté de femme. Elle est fauve comme une hirondelle. Ah ! quelle riche nature, monsieur ! Elle était faite pour être une femme opulente, aimée ; elle eût été bienfaisante et constante. A vingt-deux ans, elle s'affaisse déjà sous le poids de son âme, et dépérit victime de ses fibres trop vibrantes, de son organisation trop forte ou trop délicate. Une vive passion trahie la rendrait folle, ma pauvre Fosseuse. Après avoir étudié son tempérament, après avoir reconnu la réalité de ses longues attaques de nerfs et de ses aspirations électriques, après l'avoir trouvée en harmonie flagrante avec les vicissitudes de l'atmosphère, avec les variations de la lune, fait que j'ai soigneusement vérifié, j'en pris soin, monsieur, comme d'une créature en dehors des autres, et de qui la maladive existence ne pouvait être comprise que par moi. C'est, comme je vous l'ai dit, la brebis aux rubans. Mais vous allez la voir, voici sa maisonnette.

En ce moment, ils étaient arrivés au tiers environ de la montagne par des rampes bordées de buissons, qu'ils gravissaient au pas. En atteignant au tournant d'une de ces rampes, Genestas aperçut la maison de la Fosseuse. Cette habitation était située sur une des principales bosses de la montagne. Là, une jolie pelouse en pente d'environ trois arpents, plantée d'arbres et d'où jaillissaient plusieurs cascades, était entourée d'un petit mur assez haut pour servir de clôture, pas assez pour dérober la vue du pays. La maison, bâtie en briques et couverte d'un toit plat qui débordait de quelques pieds, faisait dans le paysage un effet charmant à voir. Elle était composée d'un rez-de-chaussée et d'un premier étage à porte et contrevents peints en vert. Exposée au midi, elle n'avait ni assez de largeur ni assez de profondeur pour avoir d'autres ouvertures que celles de la façade, dont l'élégance rustique consistait en une excessive propreté. Suivant la mode allemande, la saillie des auvents était doublée de planches peintes en blanc. Quelques acacias en fleur et d'autres arbres odoriférants, des épines roses, des plantes grimpantes, un gros noyer que l'on avait respecté, puis quelques saules pleureurs plantés dans les ruisseaux s'élevaient autour de cette maison. Derrière se trouvait un gros massif de hêtres et de sapins, large fond noir sur lequel cette jolie bâtisse se détachait vivement. En ce moment du jour l'air était embaumé par les différentes senteurs de la montagne et du jardin de la Fosseuse; le ciel, pur et tranquille, était nuageux à l'horizon; dans le lointain, les cimes commençaient à prendre les teintes de rose vif que leur donne souvent le coucher du soleil. A cette hauteur la vallée se voyait tout entière, depuis Grenoble jusqu'à l'enceinte circulaire de rochers, au bas desquels est le petit lac que Genestas avait traversé la veille. Au-dessus de la maison et à une assez grande distance, apparaissait la ligne de peupliers qui indiquait le grand chemin du bourg à Grenoble. Enfin le bourg, obliquement traversé par les lueurs du soleil, étincelait comme un diamant en réfléchissant par toutes ses vitres de rouges lumières qui semblaient ruisseler.

A cet aspect, Genestas arrêta son cheval, montra les fabriques de la vallée, le nouveau bourg, la maison de la Fosseuse, et dit en soupirant : — Après la victoire de Wagram et le retour de Napoléon aux Tuileries en 1815, voilà ce qui m'a donné le plus d'émotions. Je vous dois ce plaisir, monsieur, car vous m'avez appris à connaître les beautés qu'un homme peut trouver à la vue d'un pays.

— Oui, dit le médecin en souriant, il vaut mieux bâtir des villes que de les prendre.

— Oh! monsieur, Wagram et la reddition de Mantoue! Mais vous ne savez donc pas ce que c'est! N'est-ce pas notre gloire à tous? Vous êtes un brave homme, mais Napoléon aussi était un bon homme; sans l'Angleterre, vous vous seriez entendus tous deux, et il ne serait pas tombé, notre empereur ; je peux bien avouer que je l'aime maintenant, il est mort ! Et, dit l'officier en regardant autour de lui, il n'y a pas d'espions ici. Quel souverain ! Il devinait tout le monde ! il vous aurait placé dans son Conseil-d'État, parce qu'il était administrateur, et grand administrateur, jusqu'à savoir ce qu'il y avait de cartouches dans les gibernes après une affaire. Pauvre homme ! Pendant que vous me parliez de votre Fosseuse, je pensais qu'il était mort à Sainte-Hélène, lui. Hein ! était-ce le climat et l'habitation qui pouvaient satisfaire un homme habitué à vivre les pieds dans les étriers et le derrière sur un trône ? On dit qu'il y jardinait. Diantre ! il n'était pas fait pour planter des choux ! Maintenant il nous faut servir les Bourbons, et loyalement, monsieur, car, après tout, la France est la France, comme vous le disiez hier.

En prononçant ces derniers mots, Genestas descendit de cheval, et imita machinalement Benassis qui attachait le sien par la bride à un arbre.

— Est-ce qu'elle n'y serait pas ? dit le médecin en ne voyant point la Fosseuse sur le seuil de la porte.

Ils entrèrent, et ne trouvèrent personne dans la salle du rez-de-chaussée.

— Elle aura entendu le pas de deux chevaux, dit Benassis en souriant, et sera montée pour mettre un bonnet, une ceinture, quelque chiffon.

Il laissa Genestas seul et monta pour aller chercher la Fosseuse. Le commandant examina la salle. Le mur était tendu d'un papier à fond gris parsemé de roses, et le plancher couvert d'une natte de paille en guise de tapis. Les chaises, le fauteuil et la table étaient en bois encore revêtu de son écorce. Des espèces de jardinières faites avec des cerceaux et de l'osier, garnies de fleurs et de mousse, ornaient cette chambre aux fenêtres de laquelle étaient drapés des rideaux de percale blancs à franges rouges. Sur la cheminée une glace, un vase en porcelaine unie entre deux lampes ; près du fauteuil, un tabouret de sapin ; puis sur la table, de la toile taillée, quelques goussets appareillés, des chemises commencées, enfin tout l'attirail d'une lingère, son panier, ses ciseaux, du fil et des aiguilles. Tout cela était propre et frais comme une coquille jetée par la mer en un coin de grève. De l'autre côté du corridor, au bout duquel était un escalier, Genestas aperçut une cuisine. Le premier étage comme le rez-de-chaussée ne devait être composé que de deux pièces.

— N'ayez-donc pas peur, disait Benassis à la Fosseuse. Allons, venez !...

En entendant ces paroles, Genestas rentra promptement dans la salle. Une jeune fille mince et bien faite, vêtue d'une robe à guimpe de percaline rose à mille raies, se montra bientôt, rouge de pudeur et de timidité. Sa figure n'était remarquable que par un certain aplatissement dans les traits, qui la faisait ressembler à ces figures cosaques et russes que les désastres de 1814 ont rendues si malheureusement populaires en France. La Fosseuse avait en effet, comme les gens du Nord, le nez relevé du bout et très-rentré ; sa bouche était grande, son menton petit, ses mains et ses bras étaient rouges, ses pieds larges et forts comme ceux des paysannes. Quoiqu'elle éprouvât l'action du hâle, du soleil et du grand air, son teint était pâle comme l'est une herbe flétrie, mais cette couleur rendait sa physionomie intéressante dès le premier aspect ; puis elle avait dans ses yeux bleus une expression si douce, dans ses mouvements tant de grâce, dans sa voix tant d'âme, que, malgré le désaccord apparent de ses traits avec les qualités que Benassis avait vantées au commandant, celui-ci reconnut la créature capricieuse et maladive en proie aux souffrances d'une nature contrariée dans ses développements. Après avoir vivement attisé un feu de mottes et de branches sèches, la Fosseuse s'assit dans un fauteuil en reprenant une chemise commencée, et resta sous les yeux de l'officier, honteuse à demi, n'osant lever les yeux, calme en apparence ; mais les mouvements précipités de son corsage, dont la beauté frappa Genestas, décela sa peur.

— Hé ! bien, ma pauvre enfant, êtes-vous bien avancée ? lui dit Benassis en maniant les morceaux de toile destinés à faire des chemises.

La Fosseuse regarda le médecin d'un air timide et suppliant : — Ne me grondez pas, monsieur, répondit-elle, je n'y ai rien fait aujourd'hui, quoiqu'elles me soient commandées par vous et pour des gens qui en ont grand besoin ; mais le temps a été si beau ! je me suis promenée, je vous ai ramassé des champignons et des truffes blanches que j'ai portés à Jacquotte ; elle a été bien contente, car vous avez du monde à dîner. J'ai été toute heureuse d'avoir deviné cela. Quelque chose me disait d'aller en chercher.

Et elle se remit à tirer l'aiguille.

— Vous avez là, mademoiselle, une bien jolie maison, lui dit Genestas.

— Elle n'est point à moi, monsieur, répondit-elle en regardant l'étranger avec des yeux qui semblaient rougir, elle appartient à monsieur Benassis. Et elle reporta doucement ses regards sur le médecin.

— Vous savez bien, mon enfant, dit-il en lui prenant la main, qu'on ne vous en chassera jamais.

La Fosseuse se leva par un mouvement brusque et sortit.

— Hé! bien, dit le médecin à l'officier, comment la trouvez-vous?

— Mais, répondit Genestas, elle m'a singulièrement ému. Comme vous lui avez gentiment arrangé son nid!

— Bah! du papier à quinze ou vingt sous, mais bien choisi, voilà tout. Les meubles ne sont pas grand'chose, ils ont été fabriqués par mon vannier qui a voulu me témoigner sa reconnaissance. La Fosseuse a fait elle-même les rideaux avec quelques aunes de calicot. Son habitation, son mobilier si simple vous semblent jolis parce que vous les trouvez sur le penchant d'une montagne, dans un pays perdu où vous ne vous attendiez pas à rencontrer quelque chose de propre; mais le secret de cette élégance est dans une sorte d'harmonie entre la maison et la nature qui a réuni là des ruisseaux, quelques arbres bien groupés, et jeté sur cette pelouse ses plus belles herbes, ses fraisiers parfumés, ses jolies violettes.

— Hé! bien, qu'avez-vous? dit Benassis à la Fosseuse qui revenait.

— Rien, rien, répondit-elle, j'ai cru qu'une de mes poules n'était pas rentrée.

Elle mentait; mais le médecin fut seul à s'en apercevoir, et il lui dit à l'oreille: Vous avez pleuré.

— Pourquoi me dites-vous de ces choses-là devant quelqu'un? lui répondit-elle.

— Mademoiselle, lui dit Genestas, vous avez grand tort de rester ici toute seule; dans une cage aussi charmante que l'est celle-ci, il vous faudrait un mari.

— Cela est vrai, dit-elle, mais que voulez-vous, monsieur? je suis pauvre et je suis difficile. Je ne me sens pas d'humeur à aller porter la soupe aux champs ou à mener une charrette, à sentir la misère de ceux que j'aimerais sans pouvoir la faire cesser, à tenir des enfants sur mes bras toute la journée, et à rapetasser les haillons d'un homme. Monsieur le curé me dit que ces pensées sont peu chrétiennes, je le sais bien, mais qu'y faire? En certains jours, j'aime mieux manger un morceau de pain sec que de m'accommoder quelque chose pour mon dîner. Pourquoi voulez-vous que j'assomme un homme de mes défauts? il se tuerait peut-être pour satisfaire mes fantaisies, et ce ne serait pas juste. Bah! l'on m'a jeté quelque mauvais sort, et je dois le supporter toute seule.

— D'ailleurs elle est née fainéante, ma pauvre Fosseuse, dit Benassis, et il faut la prendre comme elle est. Mais ce qu'elle vous dit là signifie qu'elle n'a encore aimé personne, ajouta-t-il en riant.

Puis il se leva et sortit pendant un moment sur la pelouse.

— Vous devez bien aimer monsieur Benassis, lui demanda Genestas.

— Oh! oui, monsieur! et comme moi bien des gens dans le Canton se sentent l'envie de se mettre en pièces pour lui. Mais lui qui guérit les autres, il a quelque chose que rien ne peut guérir. Vous êtes son ami? vous savez peut-être ce qu'il a? qui donc a pu faire du chagrin à un homme comme lui, qui est la vraie image du bon Dieu sur terre? J'en connais plusieurs ici qui croient que leurs blés poussent mieux quand il a passé le matin le long de leur champ.

— Et vous, que croyez-vous?

— Moi, monsieur, quand je l'ai vu... Elle parut hésiter, puis elle ajouta : Je suis heureuse pour toute la journée. Elle baissa la tête, et tira son aiguille avec une prestesse singulière.

— Hé! bien, le capitaine vous a-t-il conté quelque chose sur Napoléon, dit le médecin en rentrant.

— Monsieur a vu l'Empereur? s'écria la Fosseuse en contemplant la figure de l'officier avec une curiosité passionnée.

— Parbleu! dit Genestas, plus de mille fois.

— Ah! que je voudrais savoir quelque chose de militaire.

— Demain nous viendrons peut-être prendre une tasse de café au lait chez vous. Et l'on te contera *quelque chose de militaire*, mon enfant, dit Benassis en la prenant par le cou et la baisant au front. C'est ma fille, voyez-vous? ajouta-t-il en se tournant vers le commandant, lorsque je ne l'a pas baisée au front, il me manque quelque chose dans la journée.

La Fosseuse serra la main de Benassis, et lui dit à voix basse : — Oh! vous êtes bien bon! Ils la quittèrent; mais elle les suivit pour les voir monter à cheval. Quand Genestas fut en selle : — Qu'est-ce donc que ce monsieur-là? souffla-t-elle à l'oreille de Benassis.

— Ha! ha! répondit le médecin en mettant le pied à l'étrier, peut-être un mari pour toi.

Elle resta debout occupée à les voir descendant la rampe, et lorsqu'ils passèrent au bout du jardin, ils l'aperçurent déjà perchée sur un monceau de pierres pour les voir encore et leur faire un dernier signe de tête.

— Monsieur, cette fille a quelque chose d'extraordinaire, dit Genestas au médecin quand ils furent loin de la maison.

— N'est-ce pas? répondit-il. Je me suis vingt fois dit qu'elle ferait une charmante femme ; mais je ne saurais l'aimer autrement que comme on aime sa sœur ou sa fille, mon cœur est mort.

— A-t-elle des parents? demanda Genestas. Que faisaient son père et sa mère?

— Oh! c'est toute une histoire, reprit Benassis. Elle n'a plus ni père, ni mère, ni parents. Il n'est pas jusqu'à son nom qui ne m'ait intéressé. La Fosseuse est née dans le bourg. Son père, journalier de Saint-Laurent-du-Pont, se nommait *le Fosseur*, abréviation sans doute de fossoyeur, car depuis un temps immémorial la charge d'enterrer les morts était restée dans sa famille. Il y a dans ce nom toutes les mélancolies du cimetière. En vertu d'une coutume romaine encore en usage ici comme dans quelques autres pays de la France, et qui consiste à donner aux femmes le nom de leurs maris, en y ajoutant une terminaison féminine, cette fille a été appelée la Fosseuse, du nom de son père. Ce journalier avait épousé par amour la femme de chambre de je sais quelle comtesse, dont la terre se trouve à quelques lieues du bourg. Ici, comme dans toutes les campagnes, la passion entre pour peu de chose dans les mariages. En général, les paysans veulent une femme pour avoir des enfants, pour avoir une ménagère qui leur fasse de bonne soupe et leur apporte à manger aux champs, qui leur file des chemises et raccommode leurs habits. Depuis longtemps pareille aventure n'était arrivée dans ce pays, où souvent un jeune homme quitte sa *promise* pour une jeune fille plus riche qu'elle de trois ou quatre arpents de terre. Le sort du Fosseur et de sa femme n'a pas été assez heureux pour désabituer nos Dauphinois de leurs calculs intéressés. La Fosseuse, qui était une belle personne, est morte en accouchant de sa fille. Le mari prit tant de chagrin de cette perte, qu'il en est mort dans l'année, ne laissant rien au monde à son enfant qu'une vie chancelante et naturellement fort précaire. La petite fut charitablement recueillie par une voisine qui l'éleva jusqu'à l'âge de neuf ans. La nourriture de la Fosseuse devenant une charge trop lourde pour cette bonne femme, elle envoya sa pupille mendier son pain dans la saison où il passe des voyageurs sur les routes. Un jour l'orpheline étant allée demander du pain au château de la comtesse, y fut gardée en mémoire de sa mère. Élevée alors pour servir un jour de femme de chambre à la fille de la maison, qui se maria cinq ans après, la pauvre petite a été pendant ce temps la victime de tous les caprices des gens riches, lesquels pour la plupart n'ont rien de constant ni de suivi dans leur générosité : bienfaisants par accès ou par boutades, tantôt protecteurs, tantôt amis, tantôt maîtres, ils faussent encore la situation déjà fausse des enfants malheureux auxquels ils s'intéressent, et ils en jouent le cœur, la vie ou l'avenir avec insouciance, en les regardant comme peu de chose. La Fosseuse devint d'abord presque la compagne de la jeune héritière : on lui apprit alors à lire, à écrire, et sa future maîtresse s'amusa quelquefois à lui donner des leçons de musique. Tour à tour demoiselle de compagnie et femme de chambre, on fit d'elle un être incomplet. Elle prit là le goût du luxe, de la parure, et contracta des manières en désaccord avec sa situation réelle. Depuis, le malheur a bien rudement réformé son âme, mais il n'a pu en effacer le vague sentiment d'une destinée supérieure. Enfin un jour, jour bien funeste pour cette pauvre fille, la jeune comtesse, alors mariée, surprit la Fosseuse, qui n'était plus que sa femme de chambre, parée d'une de ses robes de bal et dansant devant une glace. L'orpheline, alors âgée de seize ans, fut renvoyée sans pitié ; son indolence la fit retomber dans la misère, errer sur les routes, mendier, travailler, comme je vous l'ai dit. Souvent elle pensait à se jeter à l'eau, quelquefois aussi à se donner au premier venu ; la plupart du temps elle se couchait au soleil le long du mur, sombre, pensive, la tête dans l'herbe ; les voyageurs lui jetaient alors quelques sous, précisément parce qu'elle ne leur demandait rien. Elle est restée pendant un an à l'hôpital d'Annecy, après une moisson laborieuse, à laquelle elle n'avait travaillé que dans l'espoir de mourir. Il faut lui entendre raconter à elle-même ses sentiments et ses idées durant cette période de sa vie, elle est souvent bien curieuse dans ses naïves confidences. Enfin elle est revenue au bourg vers l'époque où je résolus de m'y fixer. Je voulais connaître le moral de mes administrés, j'étudiai donc son caractère, qui me frappa; puis, après avoir observé ses imperfections organiques, je résolus de prendre soin d'elle. Peut-être avec le temps finira-t-elle par s'accoutumer au travail de la couture, mais en tout cas j'ai assuré son sort.

— Elle est bien seule là, dit Genestas.

— Non, une de mes bergères vient coucher chez elle, répondit le médecin. Vous n'avez pas aperçu les bâtiments de ma ferme qui sont au-dessus de la maison, ils sont cachés par les sapins. Oh! elle est en sûreté. D'ailleurs il n'y a point de mauvais sujets dans notre vallée; si par hasard il s'en rencontre, je les envoie à l'armée, où ils font d'excellents soldats.

— Pauvre fille! dit Genestas.

— Ah! les gens du canton ne la plaignent point, reprit Benassis, ils la trouvent au contraire bien heureuse; mais il existe cette différence entre elle et les autres femmes, qu'à celles-ci Dieu a donné la force, à elle la faiblesse; et ils ne voient pas cela.

Au moment où les deux cavaliers débouchèrent sur la route de Grenoble, Benassis, qui prévoyait l'effet de ce nouveau coup d'œil sur Genestas, s'arrêta d'un air satisfait pour jouir de sa surprise. Deux pans de verdure hauts de soixante pieds meublaient à perte de vue un large chemin bombé comme une allée de jardin, et composaient un monument naturel qu'un homme pouvait s'enorgueillir d'avoir créé. Les arbres, non taillés, formaient tous l'immense palme verte qui rend le peuplier d'Italie un des plus magnifiques végétaux. Un côté du chemin atteint déjà par l'ombre représentait une vaste muraille de feuilles noires; tandis que fortement éclairé par le soleil couchant qui donnait aux jeunes pousses des teintes d'or, l'autre offrait le contraste des jeux et des reflets que produisaient la lumière et la brise sur son mouvant rideau.

— Vous devez être bien heureux ici, s'écria Genestas. Tout y est plaisir pour vous.

— Monsieur, dit le médecin, l'amour pour la nature est le seul qui ne trompe pas les espérances humaines. Ici point de déceptions. Voilà des peupliers de dix ans. En avez-vous jamais vu d'aussi bien venus que les miens?

— Dieu est grand! dit le militaire en s'arrêtant au milieu de ce chemin dont il n'apercevait ni la fin ni le commencement.

— Vous me faites du bien, s'écria Benassis. J'ai du plaisir à vous entendre répéter ce que je dis souvent au milieu de cette avenue. Il se trouve, certes, ici quelque chose de religieux. Nous y sommes comme deux points, et le sentiment de notre petitesse nous ramène toujours devant Dieu.

Ils allèrent alors lentement et en silence, écoutant le pas de leurs chevaux qui résonnait dans cette galerie de verdure, comme s'ils eussent été sous les voûtes d'une cathédrale.

— Combien d'émotions dont ne se doutent pas les gens de la ville, dit le médecin. Sentez-vous les parfums exhalés par la propolis des peupliers et par les sueurs du mélèze? Quelles délices!

— Écoutez, s'écria Genestas, arrêtons-nous.

Ils entendirent alors un chant dans le lointain.

— Est-ce une femme ou un homme, est-ce un oiseau? demanda tout bas le commandant. Est-ce la voix de ce grand paysage?

— Il y a de tout cela, répondit le médecin en descendant de son cheval et en l'attachant à une branche de peuplier.

Puis il fit signe à l'officier de l'imiter et de le suivre. Ils allèrent à pas lents le long d'un sentier bordé de deux haies d'épine blanche en fleur qui répandaient de pénétrantes odeurs dans l'humide atmosphère du soir. Les rayons du soleil entraient dans le sentier avec une sorte d'impétuosité que l'ombre projetée par le long rideau de peupliers rendait encore plus sensible, et ces vigoureux jets de lumière enveloppaient de leurs teintes rouges une chaumière située au bout de ce chemin sablonneux. Une poussière d'or semblait être jetée sur son toit de chaume, ordinairement brun comme la coque d'une châtaigne, et dont les crêtes délabrées étaient verdies par des joubarbes et de la mousse. La chaumière se voyait à peine dans ce brouillard de lumière; mais les vieux murs, la porte, tout y avait un éclat fugitif, tout en était fortuitement beau, comme l'est par moments une figure humaine, sous l'empire de quelque passion qui l'échauffe et la colore. Il se rencontre dans la vie en plein air de ces suavités champêtres et passagères qui nous arrachent le souhait de l'apôtre disant à Jésus-Christ sur la montagne : *Dressons une tente et restons ici.* Ce paysage semblait avoir en ce moment une voix pure et douce autant qu'il était pur et doux, mais une voix triste comme la lueur près de finir à l'occident; vague image de la mort, avertissement divinement donné dans le ciel par le soleil comme le donnent sur la terre les fleurs et les jolis insectes éphémères. A cette heure, les tons du soleil sont empreints de mélancolie, et ce chant était mélancolique; chant populaire d'ailleurs, chant d'amour et de regret, qui jadis a servi la haine nationale de la France contre l'Angleterre, mais auquel Beaumarchais a rendu sa vraie poésie, en le traduisant sur la scène française et le mettant dans la bouche d'un page qui ouvre son cœur à sa marraine. Cet air était modulé sans paroles sur un ton plaintif par une voix qui vibrait dans l'âme et l'attendrissait.

— C'est le chant du cygne, dit Benassis. Dans l'espace d'un siècle, cette voix ne retentit pas deux fois aux oreilles des hommes. Hâtons-nous, il faut l'empêcher de chanter! Cet enfant se tue, il y aurait de la cruauté à l'écouter encore.

— Tais-toi donc, Jacques! Allons, tais-toi, cria le médecin.

La musique cessa. Genestas demeura debout, immobile et stupéfait. Un nuage couvrait le soleil, le paysage et la voix s'étaient tus ensemble. L'ombre, le froid, le silence remplaçaient les douces splendeurs de la lumière, les chaudes émanations de l'atmosphère et les chants de l'enfant.

— Pourquoi, disait Benassis, me désobéis-tu? je ne te donnerai plus ni gâteaux de riz, ni bouillons d'escargot, ni dattes fraîches, ni pain blanc. Tu veux donc mourir et désoler ta pauvre mère?

Genestas s'avança dans une petite cour assez proprement tenue, et vit un garçon de quinze ans, faible comme une femme, blond, mais ayant peu de cheveux, et coloré comme s'il eût mis du rouge. Il se leva lentement du banc où il était assis sous un gros jasmin, sous des lilas en fleur qui poussaient à l'aventure et l'enveloppaient de leurs feuillages.

— Tu sais bien, dit le médecin, que je t'ai dit de te coucher avec le soleil, de ne pas t'exposer au froid du soir, et de ne pas parler. Comment t'avises-tu de chanter?

— Dame, monsieur Benassis, il faisait bien chaud là, et c'est si bon d'avoir chaud! J'ai toujours froid. En me sentant bien, sans y penser, je me suis mis à dire pour m'amuser : *Malbroug s'en va-t-en guerre*, et je me suis écouté moi-même, parce que ma voix ressemblait presque à celle du flûtiau de votre berger.

— Allons, mon pauvre Jacques, que cela ne t'arrive plus, entends-tu? Donne-moi la main.

Le médecin lui tâta le pouls. L'enfant avait des yeux bleus habituellement empreints de douceur, mais qu'une expression fiévreuse rendait alors brillants.

— Eh! bien, j'en étais sûr, tu es en sueur, dit Benassis. Ta mère n'est donc pas là?

— Non, monsieur.

— Allons! rentre et couche-toi.

Le jeune malade, suivi de Benassis et de l'officier, rentra dans la chaumière.

— Allumez donc une chandelle, capitaine Bluteau, dit le médecin qui aidait Jacques à ôter ses grossiers haillons.

Quand Genestas eut éclairé la chaumière, il fut frappé de l'extrême maigreur de cet enfant, qui n'avait plus que la peau et les os. Lorsque le petit paysan fut couché, Benassis lui frappa sur la poitrine en écoutant le bruit qu'y produisaient ses doigts; puis, après avoir étudié des sons de sinistre présage, il ramena la couverture sur Jacques, se mit à quatre pas, se croisa les bras et l'examina.

— Comment te trouves-tu, mon petit homme?

— Bien, monsieur.

Benassis approcha du lit une table à quatre pieds tournés, chercha un verre et une fiole sur le manteau de la cheminée, et composa une boisson en mêlant à de l'eau pure quelques gouttes d'une liqueur brune contenue dans la fiole et soigneusement mesurées à la lueur de la chandelle que lui tenait Genestas.

— Ta mère est bien longtemps à revenir.

— Monsieur, elle vient, dit l'enfant, je l'entends dans le sentier.

Le médecin et l'officier attendirent en regardant autour d'eux. Aux pieds du lit était un matelas de mousse, sans draps ni couverture, sur lequel la mère couchait tout habillée sans doute. Genestas montra du doigt ce lit à Benassis, qui inclina doucement la tête comme pour exprimer que lui aussi avait admiré déjà ce dévouement maternel. Un bruit de sabots ayant retenti dans la cour, le médecin sortit.

— Il faudra veiller Jacques pendant cette nuit, mère Colas. S'il vous disait qu'il étouffe, vous lui feriez boire de ce que j'ai mis dans un verre sur la table. Ayez soin de ne lui en laisser prendre chaque fois que deux ou trois gorgées. Le verre doit vous suffire pour toute la nuit. Surtout ne touchez pas à la fiole, et commencez par changer votre enfant, il est en sueur.

— Je n'ai pu laver ses chemises aujourd'hui, mon cher monsieur, il m'a fallu porter mon chanvre à Grenoble pour avoir de l'argent.

— Hé! bien, je vous enverrai des chemises.

— Il est donc plus mal, mon pauvre gars? dit la femme.

— Il ne faut rien attendre de bon, mère Colas, il a fait l'imprudence de chanter; mais ne le grondez pas, ne le rudoyez point, ayez du courage. Si Jacques se plaignait trop, envoyez-moi chercher par une voisine. Adieu.

Le médecin appela son compagnon et revint vers le sentier.

— Ce petit paysan est poitrinaire? lui dit Genestas.

— Mon Dieu! oui, répondit Benassis. A moins d'un miracle dans la nature, la science ne peut le sauver. Nos professeurs, à l'école de médecine de Paris, nous ont souvent parlé du phénomène dont vous venez d'être témoin. Certaines maladies de ce genre produisent, dans les organes de la voix, des changements qui donnent momentanément aux malades la faculté d'émettre des chants dont la perfection ne peut être égalée par aucun virtuose. Je vous ai fait passer une triste journée, monsieur, dit le médecin quand il fut à cheval. Partout la souffrance et partout la mort, mais aussi partout la résignation. Les gens de la campagne meurent tous philosophiquement, ils souffrent, se taisent et se couchent à la manière des animaux. Mais ne parlons plus de mort, et pressons le pas de nos chevaux. Il faut arriver avant la nuit dans le bourg, pour que vous puissiez en voir le nouveau quartier.

— Hé! voilà le feu quelque part, dit Genestas en montrant un endroit de la montagne d'où s'élevait une gerbe de flammes.

— Ce feu n'est pas dangereux. Notre chaufournier fait sans doute une fournée de chaux. Cette industrie nouvellement venue utilise nos bruyères.

— Un coup de fusil partit soudain, Benassis laissa échapper une exclamation involontaire, et dit avec un mouvement d'impatience:

— Si c'est Butifer, nous verrons un peu qui de nous deux sera le plus fort.

— On a tiré là, dit Genestas en désignant un bois de hêtres situé au-dessus d'eux, dans la montagne. Oui, là-haut, croyez-en l'oreille d'un vieux soldat.

— Allons-y promptement! cria Benassis, qui, se dirigeant en ligne droite sur le petit bois, fit voler son cheval à travers les fossés et les champs, comme s'il s'agissait d'une course au clocher, tant il désirait surprendre le tireur en flagrant délit.

— L'homme que vous cherchez se sauve, lui cria Genestas qui le suivait à peine.

Benassis fit retourner vivement son cheval, revint sur ses pas, et l'homme qu'il cherchait se montra bientôt sur une roche escarpée, à cent pieds au-dessus des deux cavaliers.

— Butifer, cria Benassis en lui voyant un long fusil, descends!

Butifer reconnut le médecin et répondit par un signe respectueusement amical qui annonçait une parfaite obéissance.

— Je conçois, dit Genestas, qu'un homme poussé par la peur ou par quelque sentiment violent ait pu monter sur cette pointe de roc; mais comment va-t-il faire pour en descendre?

— Je ne suis pas inquiet, répondit Benassis, les chèvres doivent être jalouses de ce gaillard-là! Vous allez voir.

Habitué, par les événements de la guerre, à juger de la valeur intrinsèque des hommes, le commandant admira la singulière prestesse, l'élégante sécurité des mouvements de Butifer, pendant qu'il descendait le long des aspérités de la roche au sommet de laquelle il était audacieusement parvenu. Le corps svelte et vigoureux du chasseur s'équilibrait avec grâce dans toutes les positions que l'escarpement du chemin l'obligeait à prendre; il mettait le pied sur une pointe de roc plus tranquillement que s'il l'eût posé sur un parquet, tant il semblait sûr de pouvoir s'y tenir au besoin. Il maniait son long fusil comme s'il n'avait eu qu'une canne à la main. Butifer était un homme jeune, de taille moyenne, mais sec, maigre et nerveux, de qui la beauté virile frappa Genestas quand il le vit près de lui. Il appartenait visiblement à la classe des contrebandiers qui font leur métier sans violence et n'emploient que la ruse et la patience pour frauder le fisc. Il avait une mâle figure, brûlée par le soleil. Ses yeux d'un jaune clair, étincelaient comme ceux d'un aigle, avec le bec duquel son nez mince, légèrement courbé par le bout, avait beaucoup de ressemblance. Les pommettes de ses joues étaient couvertes de duvet. Sa bouche rouge, entr'ouverte à demi, laissait apercevoir des dents d'une étincelante blancheur. Sa barbe, ses moustaches, ses favoris roux qu'il laissait pousser et qui frisaient naturellement, rehaussaient encore la mâle et terrible expression de sa figure. En lui, tout était force. Les muscles de ses mains continuellemedt exercées avaient une consistance, une grosseur curieuse. Sa poitrine était large, et sur son front respirait une sauvage intelligence. Il avait l'air intrépide et résolu, mais calme d'un homme habitué à risquer sa vie, et qui a si souvent éprouvé sa puissance corporelle ou intellectuelle en des périls de tout genre, qu'il ne doute plus de lui-même. Vêtu d'une blouse déchirée par les épines, il portait à ses pieds des semelles de cuir attachées par des peaux d'anguilles. Un pantalon de toile bleue rapiécé, déchiqueté laissait apercevoir ses jambes rouges, fines, sèches et nerveuses comme celles d'un cerf.

— Vous voyez l'homme qui m'a tiré jadis un coup de fusil, dit à voix basse Benassis au commandant. Si maintenant je témoignais le désir d'être délivré de quelqu'un, il le tuerait sans hésiter.

— Butifer, reprit-il en s'adressant au braconnier, je t'ai cru vraiment homme d'honneur, et j'ai engagé ma parole parce que j'avais la tienne. Ma promesse au procureur du roi de Grenoble était fondée sur ton serment de ne plus chasser, de devenir un homme rangé, soigneux, travailleur. C'est toi qui viens de tirer ce coup de fusil, et tu te trouves sur les terres du comte de Labranchoir. Hein! si son garde t'avait entendu, malheureux? Heureusement pour toi, je ne dresserai pas de procès-verbal, tu serais en récidive, et tu n'as pas de port d'armes! Je t'ai laissé ton fusil par condescendance pour ton attachement à cette arme-là.

— Elle est belle, dit le commandant en reconnaissant une canardière de Saint-Étienne.

Le contrebandier leva la tête vers Genestas comme pour le remercier de cette approbation.

— Butifer, dit en continuant Benassis, ta conscience doit te faire des reproches. Si tu recommences ton ancien métier, tu te trouveras encore une fois dans un parc enclos de murs; aucune protection ne pourrait alors te sauver des galères; tu serais marqué, flétri. Tu m'apporteras ce soir même ton fusil, je te le garderai.

Butifer pressa le canon de son arme par un mouvement convulsif.

— Vous avez raison, monsieur le maire, dit-il. J'ai tort, j'ai rompu mon ban, je suis un chien. Mon fusil doit aller chez vous, mais vous aurez mon héritage en me le prenant. Le dernier coup que tirera l'enfant de ma mère atteindra ma cervelle! Que voulez-vous! j'ai fait ce que vous avez voulu, je me suis tenu tranquille pendant l'hiver; mais au printemps, la séve a parti. Je ne sais point labourer, je n'ai pas le cœur de passer ma vie à engraisser des volailles ; je ne puis ni me courber pour biner des légumes, ni fouailler l'air en conduisant une charrette, ni rester à frotter le dos d'un cheval dans une écurie ; il faut donc crever de faim ? Je ne vis bien que là-haut, dit-il après une pause en montrant les montagnes. J'y suis depuis huit jours, j'avais vu un chamois, et le chamois est là, dit-il en montrant le haut de la roche, il est à votre service ! Mon bon monsieur Benassis, laissez-moi mon fusil. Écoutez, foi de Butifer, je quitterai la Commune, et j'irai dans les Alpes, où les chasseurs de chamois ne me diront rien ; bien au contraire, ils me recevront avec plaisir, et j'y crèverai au fond de quelque glacier. Tenez, à parler franchement, j'aime mieux passer un an ou deux à vivre ainsi dans les hauts, sans rencontrer ni gouvernement, ni douanier, ni garde-champêtre, ni procureur du roi, que de croupir cent ans dans votre marécage. Il n'y a que vous que je regretterai, les autres me scient le dos ! Quand vous avez raison, au moins vous n'exterminez pas les gens.

— Et Louise ? lui dit Benassis.

Butifer resta pensif.

— Hé ! mon garçon, dit Genestas, apprends à lire, à écrire, viens à mon régiment, monte sur un cheval, fais-toi carabinier. Si une fois le boute-selle sonne pour une guerre un peu propre, tu verras que le bon Dieu t'a fait pour vivre au milieu des canons, des balles, des batailles, et tu deviendras général.

— Oui, si Napoléon était revenu, répondit Butifer.

— Tu connais nos conventions ? lui dit le médecin. À la seconde contravention, tu m'as promis de te faire soldat. Je te donne six mois pour apprendre à lire et à écrire ; puis je te trouverai quelque fils de famille à remplacer.

Butifer regarda les montagnes.

— Oh ! tu n'iras pas dans les Alpes, s'écria Benassis. Un homme comme toi, un homme d'honneur, plein de grandes qualités, doit servir son pays, commander une brigade, et non mourir à la queue d'un chamois. La vie que tu mènes te conduira droit au bagne. Tes travaux excessifs t'obligent à de longs repos ; à la longue, tu contracterais les habitudes d'une vie oisive qui détruirait en toi toute idée d'ordre, qui t'accoutumerait à abuser de ta force, à te faire justice toi-même, et je veux, malgré toi, te mettre dans le bon chemin.

— Il me faudra donc crever de langueur et de chagrin? J'étouffe quand je suis dans une ville. Je ne peux pas durer plus d'une journée à Grenoble quand j'y mène Louise.

— Nous avons tous des penchants qu'il faut savoir ou combattre, ou rendre utiles à nos semblables. Mais il est tard, je suis pressé, tu viendras me voir demain en m'apportant ton fusil, nous causerons de tout cela, mon enfant. Adieu. Vends ton chamois à Grenoble.

Les deux cavaliers s'en allèrent.

— Voilà ce que j'appelle un homme, dit Genestas.

— Un homme en mauvais chemin, répondit Benassis. Mais que faire? Vous l'avez entendu. N'est-il pas déplorable de voir se perdre de si belles qualités? Que l'ennemi envahisse la France, Butifer, à la tête de cent jeunes gens, arrêterait dans la Maurienne une division pendant un mois; mais en temps de paix, il ne peut déployer son énergie que dans des situations où les lois sont bravées. Il lui faut une force quelconque à vaincre; quand il ne risque pas sa vie, il lutte avec la Société, il aide les contrebandiers. Ce gaillard-là passe le Rhône, seul sur une petite barque, pour porter des souliers en Savoie; il se sauve tout chargé sur un pic inaccessible, où il peut rester deux jours en vivant avec des croûtes de pain. Enfin, il aime le danger comme un autre aime le sommeil. A force de goûter le plaisir que donnent des sensations extrêmes, il s'est mis en dehors de la vie ordinaire. Moi je ne veux pas qu'en suivant la pente insensible d'une voie mauvaise, un pareil homme devienne un brigand et meure sur un échafaud. Mais voyez, capitaine, comment se présente notre bourg?

Genestas aperçut de loin une grande place circulaire plantée d'arbres, au milieu de laquelle était une fontaine entourée de peupliers. L'enceinte en était marquée par des talus sur lesquels s'élevaient trois rangées d'arbres différents: d'abord des acacias, puis des vernis du Japon, et, sur le haut du couronnement, de petits ormes.

— Voilà le champ où se tient notre foire, dit Benassis. Puis la grande rue commence par les deux belles maisons dont je vous ai parlé, celle du juge de paix et celle du notaire.

Ils entrèrent alors dans une large rue assez soigneusement pavée en gros cailloux, de chaque côté de laquelle se trouvait une centaine de maisons neuves presque toutes séparées par des jardins.

L'église, dont le portail formait une jolie perspective, terminait cette rue, à moitié de laquelle deux autres étaient nouvellement tracées, et où s'élevaient déjà plusieurs maisons. La Mairie, située sur la place de l'Église, faisait face au Presbytère. A mesure que Benassis avançait, les femmes, les enfants et les hommes, dont la journée était finie, arrivaient aussitôt sur leurs portes ; les uns lui ôtaient leurs bonnets, les autres lui disaient bonjour, les petits enfants criaient en sautant autour de son cheval, comme si la bonté de l'animal leur fût connue autant que celle du maître. C'était une sourde allégresse qui, semblable à tous les sentiments profonds, avait sa pudeur particulière et son attraction communicative. En voyant cet accueil fait au médecin, Genestas pensa que la veille il avait été trop modeste dans la manière dont il lui avait peint l'affection que lui portaient les habitants du Canton. C'était bien là la plus douce des royautés, celle dont les titres sont écrits dans les cœurs des sujets, royauté vraie d'ailleurs. Quelque puissants que soient les rayonnements de la gloire ou du pouvoir dont jouit un homme, son âme a bientôt fait justice des sentiments que lui procure toute action extérieure, et il s'aperçoit promptement de son néant réel, en ne trouvant rien de changé, rien de nouveau, rien de plus grand dans l'exercice de ses facultés physiques. Les rois, eussent-ils la terre à eux, sont condamnés, comme les autres hommes, à vivre dans un petit cercle dont ils subissent les lois, et leur bonheur dépend des impressions personnelles qu'ils y éprouvent, Or Benassis ne rencontrait partout dans le Canton qu'obéissance et amitié.

CHAPITRE III.

LE NAPOLÉON DU PEUPLE.

— Arrivez donc, monsieur, dit Jacquotte. Il y a joliment longtemps que ces messieurs vous attendent. C'est toujours comme ça. Vous me faites manquer mon dîner quand il faut qu'il soit bon. Maintenant tout est pourri de cuire.

— Eh ! bien, nous voilà, répondit Benassis en souriant.

Les deux cavaliers descendirent de cheval, se dirigèrent vers le salon, où se trouvaient les personnes invitées par le médecin.

— Messieurs, dit-il en prenant Genestas par la main, j'ai l'honneur de vous présenter monsieur Bluteau, capitaine au régiment de cavalerie en garnison à Grenoble, un vieux soldat qui m'a promis de rester quelque temps parmi nous. Puis s'adressant à Genestas, il lui montra un grand homme sec, à cheveux gris, et vêtu de noir. — Monsieur, lui dit-il, est monsieur Dufau, le juge de paix, de qui je vous ai déjà parlé, et qui a si fortement contribué à la prospérité de la Commune. — Monsieur, reprit-il en le mettant en présence d'un jeune homme maigre, pâle, de moyenne taille, également vêtu de noir, et qui portait des lunettes, monsieur est monsieur Tonnelet, le gendre de monsieur Gravier, et le premier notaire établi dans le bourg. Puis se tournant vers un gros homme, demi-paysan, demi-bourgeois, à figure grossière, bourgeonnée, mais pleine de bonhomie : — Monsieur, dit-il en continuant, est mon digne adjoint, monsieur Cambon, le marchand de bois à qui je dois la bienveillante confiance que m'accordent les habitants. Il est un des créateurs du chemin que vous avez admiré. — Je n'ai pas besoin, ajouta Benassis en montrant le curé, de vous dire quelle est la profession de monsieur. Vous voyez un homme que personne ne peut se défendre d'aimer.

La figure du prêtre absorba l'attention du militaire par l'expression d'une beauté morale dont les séductions étaient irrésistibles. Au premier aspect, le visage de monsieur Janvier pouvait paraître disgracieux, tant les lignes en étaient sévères et heurtées. Sa petite taille, sa maigreur, son attitude, annonçaient une grande faiblesse physique ; mais sa physionomie, toujours placide, attestait la profonde paix intérieure du chrétien et la force qu'engendre la chasteté de l'âme. Ses yeux, où semblait se refléter le ciel, trahissaient l'inépuisable foyer de charité qui consumait son cœur. Ses gestes, rares et naturels, étaient ceux d'un homme modeste, ses mouvements avaient la pudique simplicité de ceux des jeunes filles. Sa vue inspirait le respect et le désir vague d'entrer dans son intimité.

— Ah ! monsieur le maire, dit-il en s'inclinant comme pour échapper à l'éloge que faisait de lui Benassis.

Le son de sa voix remua les entrailles du commandant, qui fut jeté dans une rêverie presque religieuse par les deux mots insignifiants que prononça ce prêtre inconnu.

— Messieurs, dit Jacquotte en entrant jusqu'au milieu du salon, et y restant le poing sur la hanche, votre soupe est sur la table.

Sur l'invitation de Benassis, qui les interpella chacun à son tour pour éviter les politesses de préséance, les cinq convives du médecin passèrent dans la salle à manger et s'y attablèrent, après avoir entendu le *Benedicite* que le curé prononça sans emphase à demi-voix. La table était couverte d'une nappe de cette toile damassée inventée sous Henri IV par les frères Graindorge, habiles manufacturiers qui ont donné leur nom à ces épais tissus si connus des ménagères. Ce linge étincelait de blancheur et sentait le thym mis par Jacquotte dans ses lessives. La vaisselle était en faïence blanche bordée de bleu, parfaitement conservée. Les carafes avaient cette antique forme octogone que la province seule conserve de nos jours. Les manches des couteaux, tous en corne travaillée, représentaient des figures bizarres. En examinant ces objets d'un luxe ancien et néanmoins presque neufs, chacun les trouvait en harmonie avec la bonhomie et la franchise du maître de la maison. L'attention de Genestas s'arrêta pendant un moment sur le couvercle de la soupière que couronnaient des légumes en relief très-bien coloriés, à la manière de Bernard de Palissy, célèbre artiste du XVI° siècle. Cette réunion ne manquait pas d'originalité. Les têtes vigoureuses de Benassis et de Genestas contrastaient admirablement avec la tête apostolique de monsieur Janvier; de même que les visages flétris du juge de paix et de l'adjoint faisaient ressortir la jeune figure du notaire. La société semblait être représentée par ces physionomies diverses sur lesquelles se peignaient également le contentement de soi, du présent, et la foi dans l'avenir. Seulement monsieur Tonnelet et monsieur Janvier, peu avancés dans la vie, aimaient à scruter les événements futurs qu'ils sentaient leur appartenir, tandis que les autres convives devaient ramener de préférence la conversation sur le passé; mais tous envisageaient gravement les choses humaines, et leurs opinions réfléchissaient une double teinte mélancolique : l'une avait la pâleur des crépuscules du soir, c'était le souvenir presque effacé des joies qui ne devaient plus renaître ; l'autre, comme l'aurore, donnait l'espoir d'un beau jour.

— Vous devez avoir eu beaucoup de fatigue aujourd'hui, monsieur le curé, dit M. Cambon.

— Oui, monsieur, répondit monsieur Janvier; l'enterrement du pauvre crétin et celui du père Pelletier se sont faits à des heures différentes.

— Nous allons maintenant pouvoir démolir les masures du vieux village, dit Benassis à son adjoint. Ce défrichis de maisons nous vaudra bien au moins un arpent de prairies ; et la Commune gagnera de plus les cent francs que nous coûtait l'entretien de Chautard le crétin.

— Nous devrions allouer pendant trois ans ces cent francs à la construction d'un pontceau sur le chemin d'en bas, à l'endroit du grand ruisseau, dit monsieur Cambon. Les gens du bourg et de la vallée ont pris l'habitude de traverser la pièce de Jean-François Pastoureau, et finiront par la gâter de manière à nuire beaucoup à ce pauvre bonhomme.

— Certes, dit le juge de paix, cet argent ne saurait avoir un meilleur emploi. A mon avis, l'abus des sentiers est une des grandes plaies de la campagne. Le dixième des procès portés devant les tribunaux de paix a pour cause d'injustes servitudes. L'on attente ainsi, presque impunément, au droit de propriété dans une foule de communes. Le respect des propriétés et le respect de la loi sont deux sentiments trop souvent méconnus en France, et qu'il est bien nécessaire d'y propager. Il semble déshonorant à beaucoup de gens de prêter assistance aux lois, et le : *Va te faire pendre ailleurs !* phrase proverbiale qui semble dictée par un sentiment de générosité louable, n'est au fond qu'une formule hypocrite qui sert à gazer notre égoïsme. Avouons-le ?... nous manquons de patriotisme. Le véritable patriote est le citoyen assez pénétré de l'importance des lois pour les faire exécuter, même à ses risques et périls. Laisser aller en paix un malfaiteur, n'est-ce pas se rendre coupable de ses crimes futurs ?

— Tout se tient, dit Benassis. Si les maires entretenaient bien leurs chemins il n'y aurait pas tant de sentiers. Puis, si les conseillers municipaux étaient plus instruits, ils soutiendraient le propriétaire et le maire, quand ceux-ci s'opposent à l'établissement d'une injuste servitude ; tous feraient comprendre aux gens ignorants que le château, le champ, la chaumière, l'arbre, sont également sacrés, et que le DROIT ne s'augmente ni ne s'affaiblit par les différentes valeurs des propriétés. Mais de telles améliorations ne sauraient s'obtenir promptement, elles tiennent principalement au moral des populations que nous ne pouvons complétement réformer sans l'efficace intervention des curés. Ceci ne s'adresse point à vous, monsieur Janvier.

— Je ne le prends pas non plus pour moi, répondit en riant le curé. Ne m'attaché-je pas à faire coïncider les dogmes de la religion catholique avec vos vues administratives? Ainsi j'ai souvent tâché, dans mes instructions pastorales relatives au vol, d'inculquer aux habitants de la paroisse les mêmes idées que vous venez d'émettre sur le *droit*. En effet, Dieu ne pèse pas le vol d'après la valeur de l'objet volé, il juge le voleur. Tel a été le sens des paraboles que j'ai tenté d'approprier à l'intelligence de mes paroissiens.

— Vous avez réussi, monsieur le curé, dit Cambon. Je puis juger des changements que vous avez produits dans les esprits, en comparant l'état actuel de la Commune à son état passé. Il est certes peu de cantons où les ouvriers soient aussi scrupuleux que le sont les nôtres sur le temps voulu du travail. Les bestiaux sont bien gardés et ne causent de dommages que par hasard. Les bois sont respectés. Enfin vous avez très-bien fait entendre à nos paysans que le loisir des riches est la récompense d'une vie économe et laborieuse.

— Alors, dit Genestas, vous devez être assez content de vos fantassins, monsieur le curé?

— Monsieur le capitaine, répondit le prêtre, il ne faut s'attendre à trouver des anges nulle part, ici-bas. Partout où il y a misère, il y a souffrance. La souffrance, la misère, sont des forces vives qui ont leurs abus comme le pouvoir a les siens. Quand des paysans ont fait deux lieues pour aller à leur ouvrage et reviennent bien fatigués le soir, s'ils voient des chasseurs passant à travers les champs et les prairies pour regagner plus tôt la table, croyez-vous qu'ils se feront un scrupule de les imiter? Parmi ceux qui se fraient ainsi le sentier dont se plaignaient ces messieurs tout à l'heure, quel sera le délinquant? celui qui travaille ou celui qui s'amuse? Aujourd'hui les riches et les pauvres nous donnent autant de mal les uns que les autres. La foi, comme le pouvoir, doit toujours descendre des hauteurs ou célestes ou sociales; et certes, de nos jours, les classes élevées ont moins de foi que n'en a le peuple, auquel Dieu promet un jour le ciel en récompense de ses maux patiemment supportés. Tout en me soumettant à la discipline ecclésiastique et à la pensée de mes supérieurs, je crois que, pendant longtemps, nous devrions être moins exigeants sur les questions du culte, et tâcher de ranimer le sentiment religieux au cœur des régions moyennes, là où l'on discute le christianisme au lieu d'en pratiquer les maximes. Le philosophisme du riche a été d'un bien fatal exemple pour le pauvre, et a causé de trop longs interrègnes dans le royaume de Dieu. Ce que nous gagnons aujourd'hui sur nos ouailles dépend entièrement de notre influence personnelle, n'est-ce pas un malheur que la foi d'une Commune soit due à la considération qu'y obtient un homme? Lorsque le christianisme aura fécondé de nouveau l'ordre social, en imprégnant toutes les classes de ses doctrines conservatrices, son culte ne sera plus alors mis en question. Le culte d'une religion est sa forme, les sociétés ne subsistent que par la forme. A vous des drapeaux, à nous la croix...

— Monsieur le curé, je voudrais bien savoir, dit Genestas, en interrompant monsieur Janvier, pourquoi vous empêchez ces pauvres gens de s'amuser à danser le dimanche.

— Monsieur le capitaine, répondit le curé, nous ne haïssons pas la danse en elle-même; nous la proscrivons comme une cause de l'immoralité qui trouble la paix et corrompt les mœurs de la campagne. Purifier l'esprit de la famille, maintenir la sainteté de ses liens, n'est-ce pas couper le mal dans sa racine?

— Je sais, dit monsieur Tonnelet, que dans chaque canton il se commet toujours quelques désordres; mais dans le nôtre ils deviennent rares. Si plusieurs de nos paysans ne se font pas grand scrupule de prendre au voisin un sillon de terre en labourant, ou d'aller couper des osiers chez autrui quand ils en ont besoin, c'est des peccadilles en les comparant aux péchés des gens de la ville. Aussi trouvé-je les paysans de cette vallée très-religieux.

— Oh! religieux, dit en souriant le curé, le fanatisme n'est pas à craindre ici.

— Mais, monsieur le curé, reprit Cambon, si les gens du bourg allaient tous les matins à la messe, s'ils se confessaient à vous chaque semaine, il serait difficile que les champs fussent cultivés, et trois prêtres ne pourraient suffire à la besogne.

— Monsieur, reprit le curé, travailler, c'est prier. La pratique emporte la connaissance des principes religieux qui font vivre les sociétés.

— Et que faites-vous donc du patriotisme? dit Genestas.

— Le patriotisme, répondit gravement le curé, n'inspire que

peut réunir les hommes, et le philosophisme moderne a basé les lois sur l'intérêt personnel, qui tend à les isoler. Autrefois plus qu'aujourd'hui se rencontraient, parmi les nations, des hommes généreusement animés d'un esprit maternel pour les droits méconnus, pour les souffrances de la masse. Aussi le Prêtre, enfant de la classe moyenne, s'opposait-il à la force matérielle et défendait-il les peuples contre leurs ennemis. L'Église a eu des possessions territoriales, et ses intérêts temporels, qui paraissaient devoir la consolider, ont fini par affaiblir son action. En effet, le prêtre a-t-il des propriétés privilégiées, il semble oppresseur ; l'État le paie-t-il, il est un fonctionnaire, il doit son temps, son cœur, sa vie ; les citoyens lui font un devoir de ses vertus, et sa bienfaisance, tarie dans le principe du libre arbitre, se dessèche dans son cœur. Mais que le prêtre soit pauvre, qu'il soit volontairement prêtre, sans autre appui que Dieu, sans autre fortune que le cœur des fidèles, il redevient le missionnaire de l'Amérique, il s'institue apôtre, il est le prince du bien. Enfin, il ne règne que par le dénûment et il succombe par l'opulence.

Monsieur Janvier avait subjugué l'attention. Les convives se taisaient en méditant des paroles si nouvelles dans la bouche d'un simple curé.

— Monsieur Janvier, au milieu des vérités que vous avez exprimées, il se rencontre une grave erreur, dit Benassis. Je n'aime pas, vous le savez, à discuter les intérêts généraux mis en question par les écrivains et par le pouvoir modernes. A mon avis, un homme qui conçoit un système politique doit, s'il se sent la force de l'appliquer, se taire, s'emparer du pouvoir et agir ; mais s'il reste dans l'heureuse obscurité du simple citoyen, n'est-ce pas folie que de vouloir convertir les masses par des discussions individuelles ? Néanmoins je vais vous combattre, mon cher pasteur, parce qu'ici je m'adresse à des gens de bien, habitués à mettre leurs lumières en commun pour chercher en toute chose le vrai. Mes pensées pourront vous paraître étranges, mais elles sont le fruit des réflexions que m'ont inspirées les catastrophes de nos quarante dernières années. Le suffrage universel que réclament aujourd'hui les personnes appartenant à l'Opposition dite constitutionnelle fut un principe excellent dans l'Église, parce que, comme vous venez de le faire observer, cher pasteur, les individus y étaient tous instruits, disciplinés par le sentiment religieux, imbus du même système, sachant bien ce qu'ils voulaient et où ils allaient. Mais le triomphe des idées avec lesquelles le libéralisme moderne fait imprudemment la guerre au gouvernement prospère des Bourbons serait la perte de la France et des Libéraux eux-mêmes. Les chefs du *Côté gauche* le savent bien. Pour eux, cette lutte est une simple question de pouvoir. Si, à Dieu ne plaise, la bourgeoisie abattait, sous la bannière de l'opposition, les supériorités sociales contre lesquelles sa vanité regimbe, ce triomphe serait immédiatement suivi d'un combat soutenu par la bourgeoisie contre le peuple, qui, plus tard, verrait en elle une sorte de noblesse, mesquine il est vrai, mais dont les fortunes et les priviléges lui seraient d'autant plus odieux qu'il les sentirait de plus près. Dans ce combat, la société, je ne dis pas la nation, périrait de nouveau ; parce que le triomphe toujours momentané de la masse souffrante implique les plus grands désordres. Il suit de là qu'un gouvernement n'est jamais plus fortement organisé, conséquemment plus parfait, que lorsqu'il est établi pour la défense d'un PRIVILÉGE plus restreint. Ce que je nomme en ce moment le *privilége* n'est pas un de ces droits abusivement concédés jadis à certaines personnes au détriment de tous ; non, il exprime plus particulièrement le cercle social dans lequel se renferment les évolutions du pouvoir. Le pouvoir est en quelque sorte le cœur d'un état. Or, dans toutes ses créations, la nature a resserré le principe vital, pour lui donner plus de ressort : ainsi du corps politique. Je vais expliquer ma pensée par des exemples. Admettons en France cent pairs, ils ne causeront que cent froissements. Abolissez la pairie, tous les gens riches deviennent des privilégiés ; au lieu de cent, vous en aurez dix mille, et vous aurez élargi la plaie des inégalités sociales. En effet, pour le peuple, le droit de vivre sans travailler constitue seul un privilége. A ses yeux, qui consomme sans produire est un spoliateur. Il veut des travaux visibles et ne tient aucun compte des productions intellectuelles qui l'enrichissent le plus. Ainsi donc, en multipliant les froissements, vous étendez le combat sur tous les points du corps social au lieu de le contenir dans un cercle étroit. Quand l'attaque et la résistance sont générales, la ruine d'un pays est imminente. Il y aura toujours moins de riches que de pauvres ; donc à ceux-ci la victoire aussitôt que la lutte devient matérielle. L'histoire se charge d'appuyer mon principe. La république romaine a dû la conquête du monde à la constitution du privilége sénatorial. Le sénat maintenait fixe la pensée du pouvoir. Mais lorsque les chevaliers et les hommes nouveaux eurent étendu l'action du gouvernement en élargissant le patriciat, la chose publique a été perdue. Malgré Sylla, et après César, Tibère en a fait l'empire romain, système où le pouvoir, s'étant concentré dans la main d'un seul homme, a donné quelques siècles de plus à cette grande domination. L'empereur n'était plus à Rome, quand la Ville éternelle tomba sous les Barbares. Lorsque notre sol fut conquis, les Francs, qui se le partagèrent, inventèrent le privilége féodal pour se garantir leurs possessions particulières. Les cent ou les mille chefs qui possédèrent le pays établirent leurs institutions dans le but de défendre les droits acquis par la conquête. Aussi, la féodalité dura-t-elle tant que le privilége fut restreint. Mais quand les *hommes de cette nation*, véritable traduction du mot gentilshommes, au lieu d'être cinq cents, furent cinquante mille, il y eut révolution. Trop étendue, l'action de leur pouvoir était sans ressort ni force, et se trouvait d'ailleurs sans défense contre les manumissions de l'argent et de la pensée qu'ils n'avaient pas prévues. Donc le triomphe de la bourgeoisie sur le système monarchique ayant pour objet d'augmenter aux yeux du peuple le nombre des privilégiés, le triomphe du peuple sur la bourgeoisie serait l'effet inévitable de ce changement. Si cette perturbation arrive, elle aura pour moyen le droit de suffrage étendu sans mesure aux masses. Qui vote, discute. Les pouvoirs discutés n'existent pas. Imaginez-vous une société sans pouvoir? Non. Eh! bien, qui dit pouvoir dit force. La force doit reposer sur des *choses jugées*. Telles sont les raisons qui m'ont conduit à penser que le principe de l'Élection est un des plus funestes à l'existence des gouvernements modernes. Certes je crois avoir assez prouvé mon attachement à la classe pauvre et souffrante, je ne saurais être accusé de vouloir son malheur; mais tout en l'admirant dans la voie laborieuse où elle chemine, sublime de patience et de résignation, je la déclare incapable de participer au gouvernement. Les prolétaires me semblent les mineurs d'une nation, et doivent toujours rester en tutelle. Ainsi, selon moi, messieurs, le mot *élection* est près de causer autant de dommage qu'en ont fait les mots *conscience* et *liberté*, mal compris, mal définis, et jetés aux peuples comme des symboles de révolte et des ordres de destruction. La tutelle des masses me paraît donc une chose juste et nécessaire au soutien des sociétés.

— Ce système rompt si bien en visière à toutes nos idées d'aujourd'hui que nous avons un peu le droit de vous demander vos raisons, dit Genestas en interrompant le médecin.

— Volontiers, capitaine.

— Qu'est-ce que dit donc notre maître ? s'écria Jacquotte en rentrant dans sa cuisine. Ne voilà-t-il pas ce pauvre cher homme qui leur conseille d'écraser le peuple ! et ils l'écoutent.

— Je n'aurais jamais cru cela de monsieur Benassis, répondit Nicolle.

— Si je réclame des lois vigoureuses pour contenir la masse ignorante, reprit le médecin après une légère pause, je veux que le système social ait des réseaux faibles et complaisants, pour laisser surgir de la foule quiconque a le vouloir et se sent les facultés de s'élever vers les classes supérieures. Tout pouvoir tend à sa conservation. Pour vivre, aujourd'hui comme autrefois, les gouvernements doivent s'assimiler les hommes forts, en les prenant partout où ils se trouvent, afin de s'en faire des défenseurs, et enlever aux masses les gens d'énergie qui les soulèvent. En offrant à l'ambition publique des chemins à la fois ardus et faciles, ardus aux velléités incomplètes, faciles aux volontés réelles, un État prévient les révolutions que cause la gêne du mouvement ascendant des véritables supériorités vers leur niveau. Nos quarante années de tourmente ont dû prouver à un homme de sens que les supériorités sont une conséquence de l'ordre social. Elles sont de trois sortes et incontestables : supériorité de pensée, supériorité politique, supériorité de fortune. N'est-ce pas l'art, le pouvoir et l'argent, ou autrement : le principe, le moyen et le résultat ? Or, comme, en supposant table rase, les unités sociales parfaitement égales, les naissances en même proportion, et donnant à chaque famille une même part de terre, vous retrouveriez en peu de temps les irrégularités de fortune actuellement existantes, il résulte de cette vérité flagrante que la supériorité de fortune, de pensée et de pouvoir est un fait à subir, un fait que la masse considérera toujours comme oppressif, en voyant des priviléges dans les droits le plus justement acquis. Le contrat social, partant de cette base, sera donc un pacte perpétuel entre ceux qui possèdent contre ceux qui ne possèdent pas. D'après ce principe, les lois seront faites par ceux auxquels elles profitent, car ils doivent avoir l'instinct de leur conservation, et prévoir leurs dangers. Ils sont plus intéressés à la tranquillité de la masse que ne l'est la masse elle-même. Il faut aux peuples un bonheur tout fait. En vous mettant à ce point de vue pour considérer la société, si vous l'embrassez dans son ensemble, vous allez bientôt reconnaître avec moi que le droit d'élection ne doit être exercé que par les hommes qui possèdent la fortune, le pouvoir ou l'intelligence, et vous reconnaîtrez également que leurs mandataires ne peuvent avoir que des fonctions extrêmement restreintes. Le législateur, messieurs, doit être supérieur à son siècle. Il constate la tendance des erreurs générales, et précise les points vers lesquels inclinent les idées d'une nation ; il travaille donc encore plus pour l'avenir que pour le présent, plus pour la génération qui grandit que pour celle qui s'écoule. Or, si vous appelez la masse à faire la loi, la masse peut-elle être supérieure à elle-même? Non. Plus l'assemblée représentera fidèlement les opinions de la foule, moins elle aura l'entente du gouvernement, moins ses vues seront élevées, moins précise, plus vacillante sera sa législation. La loi emporte un assujettissement à des règles, toute règle est en opposition aux mœurs naturelles, aux intérêts de l'individu ; la masse portera-t-elle des lois contre elle-même ? Non. Souvent la tendance des lois doit être en raison inverse de la tendance des mœurs. Mouler les lois sur les mœurs générales, ne serait-ce pas donner, en Espagne, des primes d'encouragement à l'intolérance religieuse et à la fainéantise ; en Angleterre, à l'esprit mercantile ; en Italie, à l'amour des arts destinés à exprimer la société, mais qui ne peuvent pas être toute la société ; en Allemagne, aux classifications nobiliaires ; en France, à l'esprit de légèreté, à la vogue des idées, aux factions qui nous ont toujours dévorés. Qu'est-il arrivé depuis plus de quarante ans que les colléges électoraux mettent la main aux lois ! nous avons quarante mille lois. Un peuple qui a quarante mille lois n'a pas de loi. Cinq cents intelligences médiocres peuvent-elles avoir la force de s'élever à ces considérations ? Non. Les hommes sortis de cinq cents localités différentes ne comprendront jamais d'une même manière l'esprit de la loi, et la loi doit être une. Mais, je vais plus loin. Tôt ou tard une assemblée tombe sous le sceptre d'un homme, et au lieu d'avoir des dynasties de rois, vous avez les changeantes et coûteuses dynasties des premiers ministres. Au bout de toute délibération se trouvent Mirabeau, Danton, Roberspierre ou Napoléon : des proconsuls ou un empereur. En effet il faut une quantité déterminée de force pour soulever un poids déterminé, cette force peut être distribuée sur un plus ou moins grand nombre de leviers; mais, en définitif, la force doit être proportionnée au poids : ici, le poids est la masse ignorante et souffrante qui forme la première assise de toutes les sociétés. Le pouvoir, étant répressif de sa nature, a besoin d'une grande concentration pour opposer une résistance égale au mouvement populaire. C'est l'application du principe que je viens de développer en vous parlant de la restriction du privilége gouvernemental. Si vous admettez des gens à talent, ils se soumettent à cette loi naturelle et y soumettent le pays; si vous assemblez des hommes médiocres, ils sont vaincus tôt ou tard par le génie supérieur : le député de talent sent la raison d'État, le député médiocre transige avec la force. En somme, une assemblée cède à une idée comme la Convention pendant la Terreur; à une puissance, comme le corps législatif sous Napoléon; à un système ou à l'argent, comme aujourd'hui. L'assemblée républicaine que rêvent quelques bons esprits est impossible; ceux qui la veulent sont des dupes toutes faites, ou des tyrans futurs. Une assemblée délibérante qui discute les dangers d'une nation, quand il faut la faire agir, ne vous semble-t-elle donc pas ridicule? Que le peuple ait des mandataires chargés d'accorder ou de refuser les impôts, voilà qui est juste, et qui a existé de tous temps, sous le plus cruel tyran comme sous le prince le plus débonnaire. L'argent est insaisissable, l'impôt a d'ailleurs des bornes naturelles au delà desquelles une nation se soulève pour le refuser, ou se couche pour mourir. Que ce corps électif et changeant comme les besoins, comme les idées qu'il représente, s'oppose à concéder l'obéissance de tous à une loi mauvaise, tout est bien. Mais supposer que cinq cents hommes, venus de tous les coins d'un empire, feront une bonne loi, n'est-ce pas une mauvaise plaisanterie que les peuples expient tôt ou tard? Ils changent alors de tyrans, voilà tout. Le pouvoir, la loi, doivent donc être l'œuvre d'un seul, qui, par la force des choses, est obligé de soumettre incessamment ses actions à une approbation générale. Mais les modifications apportées à l'exercice du pouvoir, soit d'un seul, soit de plusieurs, soit de la multitude, ne peuvent se trouver que dans les institutions religieuses d'un peuple. La religion est le seul contre-poids vraiment efficace aux abus de la suprême puissance. Si le sentiment religieux périt chez une nation, elle devient séditieuse par principe, et le prince se fait tyran par nécessité. Les Chambres qu'on interpose entre les souverains et les sujets ne sont que des palliatifs à ces deux tendances. Les assemblées, selon ce que je viens de dire, deviennent complices ou de l'insurrection ou de la tyrannie. Néanmoins le gouvernement d'un seul, vers lequel je penche, n'est pas bon d'une bonté absolue, car les résultats de la politique dépendront éternellement des mœurs et des croyances. Si une nation est vieillie, si le philosophisme et l'esprit de discussion l'ont corrompue jusqu'à la moelle des os, cette nation marche au despotisme malgré les formes de la liberté ; de même que les peuples sages savent presque toujours trouver la liberté sous les formes du despotisme. De tout ceci résulte la nécessité d'une grande restriction dans les droits électoraux, la nécessité d'un pouvoir fort, la nécessité d'une religion puissante qui rende le riche ami du pauvre, et commande au pauvre une entière résignation. Enfin il existe une véritable urgence de réduire les assemblées à la question de l'impôt et à l'enregistrement des lois, en leur en enlevant la confection directe. Il existe dans plusieurs têtes d'autres idées, je le sais. Aujourd'hui, comme autrefois, il se rencontre des esprits ardents à chercher *le mieux*, et qui voudraient ordonner les sociétés plus sagement qu'elle ne le sont. Mais les innovations qui tendent à opérer de complets déménagements sociaux ont besoin d'une sanction universelle. Aux novateurs, la patience. Quand je mesure le temps qu'a nécessité l'établissement du christianisme, révolution morale qui devait être purement pacifique, je frémis en songeant aux malheurs d'une révolution dans les intérêts matériels, et je conclus au maintien des institutions existantes. A chacun sa pensée, a dit le christianisme ; à chacun son champ, a dit la loi moderne. La loi moderne s'est mise en harmonie avec le christianisme. A chacun sa pensée, est la consécration des droits de l'intelligence ; à chacun son champ, est la consécration de la propriété due aux efforts du travail. De là notre société. La nature a basé la vie humaine sur le sentiment de la conservation individuelle, la vie sociale s'est fondée sur l'intérêt personnel. Tels sont pour moi les vrais principes politiques. En écrasant ces deux sentiments égoïstes sous la pensée d'une vie future, la religion modifie la dureté des contacts sociaux. Ainsi Dieu tempère les souffrances que produit le frottement des intérêts, par le sentiment religieux qui fait une vertu de l'oubli de lui-même, comme il a modéré par des lois inconnues les frottements dans le mécanisme de ses mondes. Le christianisme dit au pauvre de souffrir le riche, au riche de soulager les misères du pauvre ; pour moi, ce peu de mots est l'essence de toutes les lois divines et humaines.

— Moi, qui ne suis pas un homme d'État, dit le notaire, je vois dans un souverain le liquidateur d'une société qui doit demeurer en état constant de liquidation, il transmet à son successeur un actif égal à celui qu'il a reçu.

— Je ne suis pas un homme d'État, répliqua vivement Benassis en interrompant le notaire. Il ne faut que du bon sens pour améliorer le sort d'une Commune, d'un Canton ou d'un Arrondissement ; le talent est déjà nécessaire à celui qui gouverne un Département ; mais ces quatre sphères administratives offrent des horizons bornés que les vues ordinaires peuvent facilement embrasser ; leurs intérêts se rattachent au grand mouvement de l'État par des liens visibles. Dans la région supérieure tout s'agrandit, le regard de l'homme d'État doit dominer le point de vue où il est placé. Là, où pour produire beaucoup de bien dans un Département, dans un Arrondissement, dans un Canton ou dans une Commune, il n'était besoin que de prévoir un résultat à dix ans d'échéance, il faut, dès qu'il s'agit d'une nation, en pressentir les destinées, les mesurer au cours d'un siècle. Le génie des Colbert, des Sully n'est rien s'il ne s'appuie sur la volonté qui fait les Napoléon et les Cromwell. Un grand ministre, messieurs, est une grande pensée écrite sur toutes les années du siècle dont la splendeur et les prospérités ont été préparées par lui. La constance est la vertu qui lui est le plus nécessaire. Mais aussi, en toute chose humaine, la constance n'est-elle pas la plus haute expression de la force ? Nous voyons depuis quelque temps trop d'hommes n'avoir que des idées ministérielles au lieu d'avoir des idées nationales, pour ne pas admirer le véritable homme d'État comme celui qui nous offre la plus immense poésie humaine. Toujours voir au delà du moment et devancer la destinée, être au-dessus du pouvoir et n'y rester que par le sentiment de l'utilité dont on est sans s'abuser sur ses forces, dépouiller ses passions et même toute ambition vulgaire pour demeurer maître de ses facultés, pour prévoir, vouloir et agir sans cesse ; se faire juste et absolu, maintenir l'ordre en grand, imposer silence à son cœur et n'écouter que son intelligence ; n'être ni défiant, ni confiant, ni douteur ni crédule, ni reconnaissant ni ingrat, ni en arrière avec un événement ni surpris par une pensée; vivre enfin par le sentiment des masses, et toujours les dominer en étendant les ailes de son esprit, le volume de sa voix et la pénétration de son regard, en voyant non pas les détails, mais les conséquences de toute chose, n'est-ce pas être un peu plus qu'un homme? Aussi les noms de ces grands et nobles pères des nations devraient-ils être à jamais populaires.

Il y eut un moment de silence, pendant lequel les convives s'entre-regardèrent.

— Messieurs, vous n'avez rien dit de l'armée, s'écria Genestas. L'organisation militaire me paraît le vrai type de toute bonne société civile, l'épée est la tutrice d'un peuple.

— Capitaine, répondit en riant le juge de paix, un vieil avocat a dit que les empires commençaient par l'épée et finissaient par l'écritoire, nous en sommes à l'écritoire.

— Maintenant, messieurs, que nous avons réglé le sort du monde, parlons d'autre chose. Allons, capitaine, un verre de vin de l'Ermitage, s'écria le médecin en riant.

— Deux plutôt qu'un, dit Genestas en tendant son verre, et je veux les boire à votre santé comme à celle d'un homme qui fait honneur à l'espèce.

— Et que nous chérissons tous, dit le curé d'une voix pleine de douceur.

— Monsieur Janvier, voulez-vous donc me faire commettre quelque péché d'orgueil ?

— Monsieur le curé a dit bien bas ce que le Canton dit tout haut, répliqua Cambon.

— Messieurs, je vous propose de reconduire monsieur Janvier vers le presbytère, en nous promenant au clair de lune.

— Marchons, dirent les convives qui se mirent en devoir d'accompagner le curé.

— Allons à ma grange, dit le médecin en prenant Genestas par le bras après avoir dit adieu au curé et à ses hôtes. Là, capitaine Bluteau, vous entendrez parler de Napoléon. J'ai quelques compères qui doivent faire jaser Goguelat, notre piéton, sur ce dieu du peuple. Nicolle, mon valet d'écurie, nous a dressé une échelle pour monter par une lucarne en haut du foin, à une place d'où nous verrons toute la scène. Croyez-moi, venez, une veillée a son prix. Ce n'est pas la première fois que je me serai mis dans le foin pour écouter un récit de soldat ou quelque conte de paysan. Mais cachons-nous bien, si ces pauvres gens voient un étranger, ils font des façons et ne sont plus eux-mêmes.

— Eh! mon cher hôte, dit Genestas, n'ai-je pas souvent fait semblant de dormir pour entendre mes cavaliers au bivouac ? Tenez, je n'ai jamais ri aux spectacles de Paris d'aussi bon cœur qu'au récit de la déroute de Moscou, racontée en farce par un vieux maréchal-des-logis à des conscrits qui avaient peur de la guerre. Il disait que l'armée française faisait dans ses draps, qu'on buvait tout à la glace, que les morts s'arrêtaient en chemin, qu'on avait vu la Russie blanche, qu'on étrillait les chevaux à coups de dents, que ceux qui aimaient à patiner s'étaient bien régalés, que les amateurs de gelées de viande en avaient eu leur soûl, que les femmes étaient généralement froides, et que la seule chose qui avait été sensiblement désagréable était de n'avoir pas eu d'eau chaude pour se raser. Enfin il débitait des gaudrioles si comiques, qu'un vieux fourrier qui avait eu le nez gelé, et qu'on appelait *Nezrestant,* en riait lui-même.

— Chut, dit Benassis, nous voici arrivés, je passe le premier, suivez-moi.

Tous deux montèrent à l'échelle et se blottirent dans le foin, sans avoir été entendus par les gens de la veillée, au-dessus desquels ils se trouvèrent assis de manière à les bien voir. Groupées par masses autour de trois ou quatre chandelles, quelques femmes cousaient, d'autres filaient, plusieurs restaient oisives, le cou tendu, la tête et les yeux tournés vers un vieux paysan qui racontait une histoire. La plupart des hommes se tenaient debout ou couchés sur des bottes de foin. Ces groupes profondément silencieux étaient à peine éclairés par les reflets vacillants des chandelles entourées de globes de verre pleins d'eau qui concentraient la lumière en rayons, dans la clarté desquels se tenaient les travailleuses. L'étendue de la grange, dont le haut restait sombre et noir, affaiblissait encore ces lueurs qui coloraient inégalement les têtes en produisant de pittoresques effets de clair-obscur. Ici brillaient le front brun et les yeux clairs d'une petite paysanne curieuse; là, des bandes lumineuses découpaient les rudes fronts de quelques vieux hommes, et dessinaient fantasquement leurs vêtements usés ou décolorés. Tous ces gens attentifs, et divers dans leurs poses, exprimaient sur leurs physionomies immobiles l'entier abandon des sentiments passagers, la religion les rend durables. Le patriotisme est un oubli momentané de l'intérêt personnel, tandis que le christianisme est un système complet d'opposition aux tendances dépravées de l'homme.

— Cependant, monsieur, pendant les guerres de la Révolution, le patriotisme...

— Oui, pendant la Révolution nous avons fait des merveilles, dit Benassis en interrompant Genestas ; mais, vingt ans après, en 1814, notre patriotisme était déjà mort ; tandis que la France et l'Europe se sont jetées sur l'Asie douze fois en cent ans, poussées par une pensée religieuse.

— Peut-être, dit le juge de paix, est-il facile d'attermoyer les intérêts matériels qui engendrent les combats de peuple à peuple ; tandis que les guerres entreprises pour soutenir des dogmes, dont l'objet n'est jamais précis, sont nécessairement interminables.

— Hé ! bien, monsieur, vous ne servez pas le poisson, dit Jacquotte, qui aidée par Nicolle avait enlevé les assiettes.

Fidèle à ses habitudes, la cuisinière apportait chaque plat l'un après l'autre, coutume qui a l'inconvénient d'obliger les gourmands à manger considérablement, et de faire délaisser les meilleures choses par les gens sobres dont la faim s'est apaisée sur les premiers mets.

— Oh ! messieurs, dit le prêtre au juge de paix, comment pouvez-vous avancer que les guerres de religion n'avaient pas de but précis ? Autrefois la religion était un lien si puissant dans les sociétés, que les intérêts matériels ne pouvaient se séparer des questions religieuses. Aussi chaque soldat savait-il très-bien pourquoi il se battait...

— Si l'on s'est tant battu pour la religion, dit Genestas, il faut donc que Dieu en ait bien imparfaitement bâti l'édifice. Une institution divine ne doit-elle pas frapper les hommes par son caractère de vérité ?

Tous les convives regardèrent le curé.

— Messieurs, dit monsieur Janvier, la religion se sent et ne se définit pas. Nous ne sommes juges ni des moyens ni de la fin du Tout-Puissant.

— Alors, selon vous, il faut croire à tous vos salamalek, dit Genestas avec la bonhomie d'un militaire qui n'avait jamais pensé à Dieu.

— Monsieur, répondit gravement le prêtre, la religion catholique finit mieux que toute autre les anxiétés humaines ; mais il n'en serait pas ainsi, je vous demanderais ce que vous risquez en croyant à ses vérités.

— Pas grand'chose, dit Genestas.

— Eh ! bien, que ne risquez-vous pas en n'y croyant point ? Mais, monsieur, parlons des intérêts terrestres qui vous touchent le plus. Voyez combien le doigt de Dieu s'est imprimé fortement dans les choses humaines en y touchant par la main de son vicaire. Les hommes ont beaucoup perdu à sortir des voies tracées par le christianisme. L'Église, de laquelle peu de personnes s'avisent de lire l'histoire, et que l'on juge d'après certaines opinions erronées, répandues à dessein dans le peuple, a offert le modèle parfait du gouvernement que les hommes cherchent à établir aujourd'hui. Le principe de l'Élection en a fait longtemps une grande puissance politique. Il n'y avait pas autrefois une seule institution religieuse qui ne fût basée sur la liberté, sur l'égalité. Toutes les voies coopéraient à l'œuvre. Le principal, l'abbé, l'évêque, le général d'ordre, le pape, étaient alors choisis consciencieusement d'après les besoins de l'Église, ils en exprimaient la pensée ; aussi l'obéissance la plus aveugle leur était-elle due. Je tairai les bienfaits sociaux de cette pensée qui a fait les nations modernes, inspiré tant de poëmes, de cathédrales, de statues, de tableaux et d'œuvres musicales, pour vous faire seulement observer que vos élections plébéiennes, le jury et les deux Chambres ont pris racine dans les conciles provinciaux et œcuméniques, dans l'épiscopat et le collége des cardinaux ; à cette différence près, que les idées philosophiques actuelles sur la civilisation me semblent pâlir devant la sublime et divine idée de la communion catholique, image d'une communion sociale universelle, accomplie par le Verbe et par le Fait réunis dans le dogme religieux. Il sera difficile aux nouveaux systèmes politiques, quelque parfaits qu'on les suppose, de recommencer les merveilles dues aux âges où l'Église soutenait l'intelligence humaine.

— Pourquoi ? dit Genestas.

— D'abord, parce que l'élection pour être un principe demande chez les électeurs une égalité absolue, ils doivent être des *quantités égales*, pour me servir d'une expression géométrique, ce que n'obtiendra jamais la politique moderne. Puis, les grandes choses sociales ne se font que par la puissance des sentiments qui seule qu'ils faisaient de leur intelligence au conteur. C'était un tableau curieux où éclatait la prodigieuse influence exercée sur tous les esprits par la poésie. En exigeant de son narrateur un merveilleux toujours simple ou de l'impossible presque croyable, le paysan ne se montre-t-il pas ami de la plus pure poésie ?

— Quoique cette maison eût une méchante mine, disait le paysan au moment où les deux nouveaux auditeurs se furent placés pour l'entendre, la pauvre femme bossue était si fatiguée d'avoir porté son chanvre au marché, qu'elle y entra, forcée aussi par la nuit qui était venue. Elle demanda seulement à y coucher; car, pour toute nourriture, elle tira une croûte de son bissac et la mangea. Pour lors l'hôtesse, qui était donc la femme des brigands, ne sachant rien de ce qu'ils avaient convenu de faire pendant la nuit, accueillit la bossue et la mit en haut, sans lumière. Ma bossue se jette sur un mauvais grabat, dit ses prières, pense à son chanvre et va pour dormir. Mais, avant qu'elle ne fût endormie, elle entend du bruit, et voit entrer deux hommes portant une lanterne; chacun d'eux tenait un couteau : la peur la prend, parce que, voyez-vous, dans ce temps-là les seigneurs aimaient tant les pâtés de chair humaine, qu'on en faisait pour eux. Mais comme la vieille avait le cuir parfaitement racorni, elle se rassura, en pensant qu'on la regarderait comme une mauvaise nourriture. Les deux hommes passent devant la bossue, vont à un lit qui était dans cette grande chambre, et où l'on avait mis le monsieur à la grosse valise, qui passait donc pour négromancien. Le plus grand lève la lanterne en prenant les pieds du monsieur; le petit, celui qui avait fait l'ivrogne, lui empoigne la tête et lui coupe le cou, net, d'une seule fois, croc ! Puis ils laissent là le corps et la tête, tout dans le sang, volent la valise et descendent. Voilà notre femme bien embarrassée. Elle pense d'abord à s'en aller sans qu'on s'en doute, ne sachant pas encore que la Providence l'avait amenée là pour rendre gloire à Dieu et faire punir le crime. Elle avait peur, et quand on a peur on ne s'inquiète de rien du tout. Mais l'hôtesse, qui avait demandé des nouvelles de la bossue aux deux brigands, les effraie, et ils remontent doucement dans le petit escalier de bois. La pauvre bossue se pelotonne de peur et les entend qui se disputent à voix basse. — Je te dis de la tuer. — Faut pas la tuer. — Tue-la ! — Non ! Ils entrent. Ma femme, qui n'était pas bête, ferme l'œil et fait comme si elle dormait. Elle se met à dormir comme un enfant, la main sur son cœur, et prend une respiration de chérubin. Celui qui avait la lanterne, l'ouvre, boute la lumière dans l'œil de la vieille endormie, et ma femme de ne point sourciller, tant elle avait peur pour son cou. — Tu vois bien qu'elle dort comme un sabot, que dit le grand. — C'est si malin les vieilles, répond le petit. Je vais la tuer, nous serons plus tranquilles. D'ailleurs nous la salerons et la donnerons à manger à nos cochons. En entendant ce propos, ma vieille ne bouge pas. — Oh! bien, elle dort, dit le petit crâne en voyant que la bossue n'avait pas bougé. Voilà comment la vieille se sauva. Et l'on peut bien dire qu'elle était courageuse. Certes, il y a bien ici des jeunes filles qui n'auraient pas eu la respiration d'un chérubin en entendant parler des cochons. Les deux brigands se mettent à enlever l'homme mort, le roulent dans ses draps et le jettent dans la petite cour, où la vieille entend les cochons accourir en grognant : *hon, hon!* pour le manger. Pour lors, le lendemain, reprit le narrateur après avoir fait une pause, la femme s'en va, donnant deux sous pour son coucher. Elle prend son bissac, fait comme si de rien n'était, demande les nouvelles du pays, sort en paix et veux courir. Point! La peur lui coupe les jambes, bien à son heur. Voici pourquoi. Elle avait à peine fait un demi-quart de lieue, qu'elle voit venir un des brigands qui la suivait par finesse pour s'assurer qu'elle n'eût rien vu. Elle te devine ça et s'assied sur une pierre. — Qu'avez-vous, ma bonne femme? lui dit le petit, car c'était le petit, le plus malicieux des deux, qui la guettait. — Ah! mon bon homme, qu'elle répond, mon bissac est si lourd, et je suis si fatiguée, que j'aurais bien besoin du bras d'un honnête homme (voyez-vous c'te finaude!) pour gagner mon pauvre logis. Pour lors le brigand lui offre de l'accompagner. Elle accepte. L'homme lui prend le bras pour savoir si elle a peur. Ha! ben, c'te femme ne tremble point et marche tranquillement. Et donc les voilà tous deux causant agriculture et de la manière de faire venir le chanvre, tout bellement jusqu'au faubourg de la ville où demeurait la bossue et où le brigand la quitta, de peur de rencontrer quelqu'un de la justice. La femme arriva chez elle à l'heure de midi et attendit son homme en réfléchissant aux événements de son voyage et de la nuit. Le chanverrier rentra vers le soir. Il avait faim, faut lui faire à manger. Donc, tout en graissant sa poêle pour lui faire frire quelque chose, elle lui raconte comment elle a vendu son chanvre, en bavardant à la manière des femmes, mais elle ne dit rien des cochons, ni du monsieur tué, mangé, volé. Elle fait donc flamber sa poêle pour la nettoyer. Elle la retire, veut l'essuyer, la trouve pleine de sang. — Qu'est-ce que tu as mis là-dedans? dit-elle à son homme. — Rien, qu'il répond. Elle croit avoir une lubie de femme et remet sa poêle au feu. Pouf! une tête tombe par la cheminée. — Vois-tu? C'est précisément la tête du mort, dit la vieille. Comme il me regarde! Que me veut-il donc? — *Que tu le venges!* lui dit une voix. — Que tu es bête, dit le chanverrier; te voilà bien avec tes berlues qui n'ont pas le sens commun. Il prend la tête, qui lui mord le doigt, et la jette dans sa cour. — Fais mon omelette, qui dit, et ne t'inquiète pas de ça. C'est un chat. — Un chat! qu'elle dit, il était rond comme une boule. Elle remet sa poêle au feu. Pouf! tombe une jambe. Même histoire. L'homme, pas plus étonné de voir le pied que d'avoir vu la tête, empoigne la jambe et la jette à sa porte. Finalement, l'autre jambe, les deux bras, le corps, tout le voyageur assassiné tombe un à un. Point d'omelette. Le vieux marchand de chanvre avait bien faim. — Par mon salut éternel, dit-il, si mon omelette se fait, nous verrons à satisfaire cet homme-là. — Tu conviens donc maintenant que c'est un homme? dit la bossue. Pourquoi m'as-tu dit tout à l'heure que c'était pas une tête, grand asticoteur? La femme casse les œufs, fricasse l'omelette et la sert sans plus grogner, parce qu'en voyant ce grabuge elle commençait à être inquiète. Son homme s'assied et se met à manger. La bossue, qui avait peur, dit qu'elle n'a pas faim. — Toc, toc! fait un étranger en frappant à la porte. — Qui est là? — L'homme mort d'hier. — Entrez, répond le chanverrier. Donc, le voyageur entre, se met sur l'escabelle et dit: — Souvenez-vous de Dieu, qui donne la paix pour l'éternité aux personnes qui confessent son nom! Femme, tu m'as vu faire mourir, et tu gardes le silence. J'ai été mangé par les cochons! Les cochons n'entrent pas dans le paradis. Donc moi, qui suis chrétien, j'irai dans l'enfer faute par une femme de parler. Ça ne s'est jamais vu. Faut me délivrer! et autres propos. La femme, qu'avait toujours de plus en plus peur, nettoie sa poêle, met ses habits du dimanche, va dire à la justice le crime qui fut découvert, et les voleurs joliment roués sur la place du marché. Cette bonne œuvre faite, la femme et son homme ont toujours eu le plus beau chanvre que vous ayez jamais vu. Puis, ce qui leur fut plus agréable, ils eurent ce qu'ils désiraient depuis longtemps, à savoir un enfant mâle qui devint, par suite des temps, baron du roi. Voilà l'histoire véritable de LA BOSSUE COURAGEUSE.

— Je n'aime point ces histoires-là, elles me font rêver, dit la Fosseuse. J'aime mieux les aventures de Napoléon.

— C'est vrai, dit le garde-champêtre. Voyons, monsieur Goguelat, racontez-nous l'Empereur.

— La veillée est trop avancée, dit le piéton, et je n'aime point à raccourcir les victoires.

— C'est égal, dites tout de même! Nous les connaissons pour vous les avoir vu dire bien des fois; mais ça fait toujours plaisir à entendre.

— Racontez-nous l'Empereur! crièrent plusieurs personnes ensemble.

— Vous le voulez, répondit Goguelat. Eh! bien, vous verrez que ça ne signifie rien quand c'est dit au pas de charge. J'aime mieux vous raconter toute une bataille. Voulez-vous Champ-Aubert, où il n'y avait plus de cartouches, et où l'on s'est astiqué tout de même à la baïonnette?

— Non! l'Empereur! l'Empereur!

Le fantassin se leva de dessus sa botte de foin, promena sur l'assemblée ce regard noir, tout chargé de misère, d'événements et de souffrances qui distingue les vieux soldats. Il prit sa veste par les deux basques de devant, les releva comme s'il s'agissait de recharger le sac où jadis étaient ses hardes, ses souliers, toute sa fortune; puis il s'appuya le corps sur la jambe gauche, avança la droite et céda de bonne grâce aux vœux de l'assemblée. Après avoir repoussé ses cheveux gris d'un seul côté de son front pour le découvrir, il porta la tête vers le ciel afin de se mettre à la hauteur de la gigantesque histoire qu'il allait dire.

— Voyez-vous, mes amis, Napoléon est né en Corse, qu'est une île française, chauffée par le soleil d'Italie, où tout bout comme dans une fournaise, et où l'on se tue les uns les autres, de père en fils, à propos de rien : une idée qu'ils ont. Pour vous commencer l'extraordinaire de la chose, sa mère, qui était la plus belle femme de son temps et une finaude, eut la réflexion de le vouer à Dieu, pour le faire échapper à tous les dangers de son enfance et de sa vie, parce qu'elle avait rêvé que le monde était en feu le jour de son accouchement. C'était une prophétie! Donc elle demande que Dieu le protége, à condition que Napoléon rétablira sa sainte religion, qu'était alors par terre. Voilà qu'est convenu, et ça s'est vu.

« Maintenant, suivez-moi bien, et dites-moi si ce que vous allez entendre est naturel.

« Il est sûr et certain qu'un homme qui avait eu l'imagination de faire un pacte secret pouvait seul être susceptible de passer à travers les lignes des autres, à travers les balles, les décharges de mitraille qui nous emportaient comme des mouches, et qui avaient du respect pour sa tête. J'ai eu la preuve de cela, moi particulièrement, à Eylau. Je le vois encore, monte sur une hauteur, prend sa lorgnette, regarde sa bataille et dit : Ça va bien ! Un de mes intrigants à panaches qui l'embêtaient considérablement et le suivaient partout, même pendant qu'il mangeait, qu'on nous a dit, veut faire le malin, et prend la place de l'empereur quand il s'en va. Oh ! raflé ! plus de panache. Vous entendez ben que Napoléon s'était engagé à garder son secret pour lui seul. Voilà pourquoi tous ceux qui l'accompagnaient, même ses amis particuliers, tombaient comme des noix : Duroc, Bessières, Lannes, tous hommes forts comme des barres d'acier et qu'il fondait à son usage. Enfin, à preuve qu'il était l'enfant de Dieu, fait pour être le père du soldat, c'est qu'on ne l'a jamais vu ni lieutenant ni capitaine ! Ah ! bien oui, en chef tout de suite. Il n'avait pas l'air d'avoir plus de vingt-trois ans, qu'il était vieux général, depuis la prise de Toulon, où il a commencé par faire voir aux autres qu'ils n'entendaient rien à manœuvrer les canons. Pour lors, nous tombe tout maigrelet général en chef à l'armée d'Italie, qui manquait de pain, de munitions, de souliers, d'habits, une pauvre armée nue comme un ver. — « Mes amis, qui dit, nous voilà ensemble. Or, mettez-vous dans la boule que d'ici à quinze jours vous serez vainqueurs, habillés à neuf, que vous aurez tous des capotes, de bonnes guêtres, de fameux souliers ; mais, mes enfants, faut marcher pour les aller prendre à Milan, où il y en a. » Et l'on a marché. Le Français, écrasé, plat comme une punaise, se redresse. Nous étions trente mille va-nu-pieds contre quatre-vingt mille fendants d'Allemands, tous beaux hommes, bien garnis, que je vois encore. Alors Napoléon, qui n'était encore que Bonaparte, nous souffle je ne sais quoi dans le ventre. Et l'on marche la nuit, et l'on marche le jour, l'on te les tape à Montenotte, on court les rosser à Rivoli, Lodi, Arcole, Millesimo, et on ne te les lâche pas. Le soldat prend goût à être vainqueur. Alors Napoléon vous enveloppe ces généraux allemands qui ne savaient où se fourrer pour être à leur aise, les pelote très-bien, leur chippe quelquefois des dix mille hommes d'un seul coup en vous les entourant de quinze cents Français qu'il faisait foisonner à sa manière. Enfin, leur prend leurs canons, vivres, argent, munitions, tout ce qu'ils avaient de bon à prendre, vous les jette à l'eau, les bat sur les montagnes, les mord dans l'air, les dévore sur terre, les fouaille partout. Voilà des troupes qui se remplument ; parce que, voyez-vous, l'empereur, qu'était aussi un homme d'esprit, se fait bien venir de l'habitant, auquel il dit qu'il est arrivé pour le délivrer. Pour lors, le péquin nous loge et nous chérit, les femmes aussi, qu'étaient des femmes très-judicieuses. Fin finale, en ventôse 96, qu'était dans ce temps-là le mois de mars d'aujourd'hui, nous étions acculés dans un coin du pays des marmottes ; mais après la campagne, nous voilà maîtres de l'Italie, comme Napoléon l'avait prédit. Et au mois de mars suivant, en une seule année et deux campagnes, il nous met en vue de Vienne : tout était brossé. Nous avions mangé trois armées successivement différentes, et dégommé quatre généraux autrichiens, dont un vieux qu'avait les cheveux blancs, et qui a été cuit comme un rat dans les paillassons, à Mantoue. Les rois demandaient grâce à genoux ! La paix était conquise. Un homme aurait-il pu faire cela ? Non. Dieu l'aidait, c'est sûr. Il se subdivisionnait comme les cinq pains de l'Évangile, commandait la bataille le jour, la préparait la nuit, que les sentinelles le voyaient toujours allant et venant, et ne dormait ni ne mangeait. Pour lors, reconnaissant ces prodiges, le soldat te l'adopte pour son père. Et en avant ! Les autres, à Paris, voyant cela, se disent : « Voilà un pèlerin qui paraît prendre ses mots d'ordre dans le ciel, il est singulièrement capable de mettre la main sur la France ; faut le lâcher sur l'Asie ou sur l'Amérique, il s'en contentera peut-être ! » Ça était écrit pour lui comme pour Jésus-Christ. Le fait est qu'on lui donne ordre de faire faction en Égypte. Voilà sa ressemblance avec le fils de Dieu. Ce n'est pas tout. Il rassemble ses meilleurs lapins, ceux qu'il avait particulièrement endiablés, et leur dit comme ça : « Mes amis, pour le quart d'heure, on nous donne l'Égypte à chiquer. Mais nous l'avalerons en un temps et deux mouvements, comme nous avons fait de l'Italie. Les simples soldats seront des princes qui auront des terres à eux. En avant ! » En avant ! les enfants, disent les sergents. Et l'on arrive à Toulon, route d'Égypte. Pour lors, les Anglais avaient tous leurs vaisseaux en mer. Mais quand nous nous embarquons, Napoléon nous dit : « Ils ne nous verront pas, et il est bon que vous sachiez, dès à présent, que votre général possède une étoile dans le ciel qui nous guide et nous protége ! » Qui fut dit fut fait. En passant sur la mer, nous prenons Malte, comme une orange pour le désaltérer de sa soif de victoire, car c'était un homme qui ne pouvait pas être sans rien faire. Nous voilà en Égypte. Bon. Là, autre consigne. Les Egyptiens, voyez-vous, sont des hommes qui, depuis que le monde est monde, ont coutume d'avoir des géants pour souverains, des armées nombreuses comme des fourmis; parce que c'est un pays de génies et de crocodiles, où l'on a bâti des pyramides grosses comme nos montagnes, sous lesquelles ils ont eu l'imagination de mettre leurs rois pour les conserver frais, chose qui leur plaît généralement. Pour lors, en débarquant, le petit caporal nous dit : « Mes enfants, les pays que vous allez conquérir tiennent à un tas de dieux qu'il faut respecter, parce que le Français doit être l'ami de tout le monde, et battre les gens sans les vexer. Mettez-vous dans la coloquinte de ne toucher à rien, d'abord ; parce que nous aurons tout après ! Et marchez ! » Voilà qui va bien. Mais tous ces gens-là, auxquels Napoléon était prédit, sous le nom de Kébir-Bonaberdis, un mot de leur patois qui veut dire : *le sultan fait feu*, en ont une peur comme du diable. Alors, le Grand-Turc, l'Asie, l'Afrique ont recours à la magie, et nous envoient un démon, nommé Mody, soupçonné d'être descendu du ciel sur un cheval blanc qui était, comme son maître, incombustible au boulet, et qui tous deux vivaient de l'air du temps. Il y en a qui l'ont vu ; mais moi je n'ai pas de raisons pour vous en faire certains. C'était les puissances de l'Arabie et les Mameluks, qui voulaient faire croire à leurs troupiers que le Mody était capable de les empêcher de mourir à la bataille, sous prétexte qu'il était un ange envoyé pour combattre Napoléon et lui reprendre le sceau de Salomon, un de leurs fourniments à eux, qu'ils prétendaient avoir été volé par notre général. Vous entendez bien qu'on leur a fait faire la grimace tout de même.

« Ha ! çà, dites-moi d'où ils avaient su le pacte de Napoléon ? Était-ce naturel ?

« Il passait pour certain dans leur esprit qu'il commandait aux génies et se transportait en un clin d'œil d'un lieu à un autre, comme un oiseau. Le fait est qu'il était partout. Enfin, qu'il venait leur enlever une reine, belle comme le jour, pour laquelle il avait offert tous ses trésors et des diamants gros comme des œufs de pigeons, marché que le Mameluk, de qui elle était la particulière, quoiqu'il en eût d'autres, avait refusé positivement. Dans ces termes-là, les affaires ne pouvaient donc s'arranger qu'avec beaucoup de combats. Et c'est ce dont on ne s'est pas fait faute, car il y a eu des coups pour tout le monde. Alors, nous nous sommes mis en ligne à Alexandrie, à Giseh et devant les Pyramides. Il a fallu marcher sous le soleil, dans le sable, où les gens sujets d'avoir la berlue voyaient des eaux desquelles on ne pouvait pas boire, et de l'ombre que ça faisait suer. Mais nous mangeons le Mameluk à l'ordinaire, et tout plie à la voix de Napoléon, qui s'empare de la haute et basse Égypte, l'Arabie, enfin jusqu'aux capitales des royaumes qui n'étaient plus, et où il y avait des milliers de statues, les cinq cents diables de la Nature, puis, chose particulière, une infinité de lézards, un tonnerre de pays où chacun pouvait prendre ses arpents de terre, pour peu que ça lui fût agréable. Pendant qu'il s'occupe de ses affaires dans l'intérieur, où il avait idée de faire des choses superbes, les Anglais lui brûlent sa flotte à la bataille d'Aboukir, car ils ne savaient quoi s'inventer pour nous contrarier. Mais Napoléon, qui avait l'estime de l'Orient et de l'Occident, que le pape l'appelait son fils, et le cousin de Mahomet son cher père, veut se venger de l'Angleterre, et lui prendre les Indes, pour se remplacer de sa flotte. Il allait nous conduire en Asie, par la mer Rouge, dans des pays où il n'y a que des diamants, de l'or, pour faire la paie aux soldats, et des palais pour étapes, lorsque le Mody s'arrange avec la peste, et nous l'envoie pour interrompre nos victoires. Halte! Alors tout le monde défile à c'te parade, d'où l'on ne revient pas sur ses pieds. Le soldat mourant ne peut pas te prendre Saint-Jean-d'Acre, où l'on est entré trois fois avec un entêtement généreux et martial. Mais la peste était la plus forte ; il n'y avait pas à dire : Mon bel ami ! Tout le monde se trouvait très-malade. Napoléon seul était frais comme une rose, et toute l'armée l'a vu buvant la peste sans que ça lui fît rien du tout.

« Ha ! çà, mes amis, croyez-vous que c'était naturel ?

« Les Mameluks, sachant que nous étions tous dans les ambulances, veulent nous barrer le chemin ; mais, avec Napoléon, c'te farce-là ne pouvait pas prendre. Donc, il dit à ses damnés, à ceux qui avaient le cuir plus dur que les autres : « Allez me nettoyer la route. » Junot, qu'était un sabreur au premier numéro, et son ami véritable, ne prend que mille hommes, et vous a décousu tout de même l'armée d'un pacha qui avait la prétention de se mettre en travers. Pour lors, nous revenons au Caire, notre quartier général. Autre histoire. Napoléon absent la France s'était laissé détruire le tempérament par les gens de Paris qui gardaient la solde des troupes, leur masse de linge, leurs habits, les laissaient crever de faim, et voulaient qu'elles fissent la loi à l'univers, sans s'en inquiéter autrement. C'était des imbéciles qui s'amusaient à bavarder au lieu de mettre la main à la pâte. Et donc, nos armées étaient battues, les frontières de la France entamées : L'HOMME n'était plus là. Voyez-vous, je dis *l'homme,* parce qu'on l'a nommé comme ça, mais c'était une bêtise, puisqu'il avait une étoile et toutes ses particularités : c'était nous autres qui étions les hommes ! Il apprend l'histoire de France après sa fameuse bataille d'Aboukir, où, sans perdre plus de trois cents hommes, et, avec une seule division, il a vaincu la grande armée des Turcs forte de vingt-cinq mille hommes, et il en a bousculé dans la mer plus d'une grande moitié, rrah ! Ce fut son dernier coup de tonnerre en Égypte. Il se dit, voyant tout perdu là-bas : « Je suis le sauveur de la France, je le sais, faut que j'y aille. » Mais comprenez bien que l'armée n'a pas su son départ, sans quoi on l'aurait gardé de force, pour le faire empereur d'Orient. Aussi nous voilà tous tristes, quand nous sommes sans lui, parce qu'il était notre joie. Lui, laisse son commandement à Kléber, un grand mâtin qu'a descendu la garde, assassiné par un Égyptien qu'on a fait mourir en lui mettant une baïonnette dans le derrière, qui est la manière de guillotiner dans ce pays-là; mais ça fait tant souffrir, qu'un soldat a eu pitié de ce criminel, il lui a tendu sa gourde ; et aussitôt que l'Égyptien a eu bu de l'eau, il a tortillé de l'œil avec un plaisir infini. Mais nous ne nous amusons pas à cette bagatelle. Napoléon met le pied sur une coquille de noix, un petit navire de rien du tout qui s'appelait *la Fortune,* et, en un clin d'œil, à la barbe de l'Angleterre qui le bloquait avec des vaisseaux de ligne, frégates et tout ce qui faisait voile, il débarque en France, car il a toujours eu le don de passer les mers en une enjambée. Était-ce naturel ! Bah ! aussitôt qu'il est à Fréjus, autant dire qu'il a les pieds dans Paris. Là, tout le monde l'adore; mais lui, convoque le Gouvernement. « Qu'avez-vous fait de mes enfants les soldats ? qui dit aux avocats; vous êtes un tas de galapiats qui vous fichez du monde, et

faites vos choux gras de la France. Ça n'est pas juste, et je p~.
pour tout le monde qu'est pas content ! » Pour lors, ils veulent l~
biller et le tuer ; mais minute ! Il les enferme dans leur caserne à
paroles, les fait sauter par les fenêtres, et vous les enrégimente à
sa suite, où ils deviennent muets comme des poissons, souples
comme des blagues à tabac. De ce coup passe consul ; et, comme
ce n'était pas lui qui pouvait douter de l'Être Suprême, il remplit
alors sa promesse envers le bon Dieu, qui lui tenait sérieusement
parole ; lui rend ses églises, rétablit sa religion ; les cloches sonnent
pour Dieu et pour lui. Voilà tout le monde content : *primo*, les
prêtres qu'il empêche d'être tracassés ; *segondo*, le bourgeois qui
fait son commerce, sans avoir à craindre le *rapiamus* de la loi
qu'était devenue injuste ; *tertio*, les nobles qu'il défend d'être fait
mourir, comme on en avait malheureusement contracté l'habitude.
Mais il y avait des ennemis à balayer, et il ne s'endort pas sur la
gamelle, parce que, voyez-vous, son œil vous traversait le monde
comme une simple tête d'homme. Pour lors, paraît en Italie, comme
s'il passait la tête par la fenêtre, et son regard suffit. Les Autrichiens sont avalés à Marengo comme des goujons par une
baleine ! Haouf ! Ici, la victoire française a chanté sa gamme
assez haut pour que le monde entier l'entende, et ça a suffi.
« Nous n'en jouons plus, que disent les Allemands. — Assez comme
ça ! » disent les autres. Total : l'Europe fait la cane, l'Angleterre
met les pouces. Paix générale où les rois et les peuples font mine
de s'embrasser. C'est là que l'empereur a inventé la Légion-d'Honneur, une bien belle chose, allez ! « En France, qu'il a dit à Bou-
logne, devant l'armée entière, tout le monde a du courage ! Donc,
la partie civile qui fera des actions d'éclat sera sœur du soldat, le
soldat sera son frère, et ils seront unis sous le drapeau de l'honneur. » Nous autres, qui étions là-bas, nous revenons d'Égypte.
Tout était changé ! Nous l'avions laissé général, en un rien de temps
nous le retrouvons empereur. Ma foi, la France s'était donnée à
lui, comme une belle fille à un lancier. Or, quand ça fut fait, à la
satisfaction générale, on peut le dire, il y eut une sainte cérémonie
comme il ne s'en était jamais vu sous la calotte des cieux. Le pape
et les cardinaux, dans leurs habits d'or et rouges, passent les Alpes
exprès pour le sacrer devant l'armée et le peuple, qui battent des
mains. Il y a une chose que je serais injuste de ne pas vous dire. En
Égypte, dans le désert, près de la Syrie, L'HOMME ROUGE lui apparut

dans la montagne de Moïse, pour lui dire : « Ça va bien. » Puis, à Marengo, le soir de la victoire, pour la seconde fois, s'est dressé devant lui sur ses pieds, l'Homme Rouge, qui lui dit : « Tu verras le monde à tes genoux, et tu seras empereur des Français, roi d'Italie, maître de la Hollande, souverain de l'Espagne, du Portugal, provinces illyriennes, protecteur de l'Allemagne, sauveur de la Pologne, premier aigle de la Légion-d'Honneur, et tout. » Cet Homme Rouge, voyez-vous, c'était son idée, à lui ; une manière de piéton qui lui servait, à ce que disent plusieurs, pour communiquer avec son étoile. Moi, je n'ai jamais cru cela ; mais l'Homme Rouge est un fait véritable, et Napoléon en a parlé lui-même, et a dit qu'il lui venait dans les moments durs à passer, et restait au palais des Tuileries, dans les combles. Donc, au couronnement, Napoléon l'a vu le soir pour la troisième fois, et ils furent en délibération sur bien des choses. Lors, l'empereur va droit à Milan se faire couronner roi d'Italie. Là commence véritablement le triomphe du soldat. Pour lors, tout ce qui savait écrire passe officier. Voilà les pensions, les dotations de duchés qui pleuvent ; des trésors pour l'état-major qui ne coûtaient rien à la France ; et la Légion-d'Honneur fournie de rentes pour les simples soldats, sur lesquels je touche encore ma pension. Enfin, voilà des armées tenues comme il ne s'en était jamais vu. Mais l'empereur, qui savait qu'il devait être l'empereur de tout le monde, pense aux bourgeois, et leur fait bâtir, suivant leurs idées, des monuments de fées, là où il n'y avait pas plus que sur ma main ; une supposition, vous reveniez d'Espagne, pour passer à Berlin ; hé bien ! vous retrouviez des arches de triomphe avec de simples soldats mis dessus en belle sculpture, ni plus ni moins que des généraux. Napoléon, en deux ou trois ans, sans mettre d'impôts sur vous autres, remplit ses caves d'or, fait des ponts, des palais, des routes, des savants, des fêtes, des lois, des vaisseaux, des ports ; et dépense des millions de milliasses, et tant, et tant, qu'on m'a dit qu'il en aurait pu paver la France de pièces de cent sous, si ça avait été sa fantaisie. Alors, quand il se trouve à son aise sur son trône, et si bien le maître de tout, que l'Europe attendait sa permission pour faire ses besoins : comme il avait quatre frères et trois sœurs, il nous dit en manière de conversation, à l'ordre du jour : « Mes enfants, est-il juste que les parents de votre empereur tendent la main ? Non. Je veux qu'ils soient flambants, tout comme moi ! Pour lors, il est de toute nécessité de

conquérir un royaume pour chacun d'eux, afin que le Français soit
le maître de tout ; que les soldats de la garde fassent trembler le
monde, et que la France crache où elle veut, et qu'on lui dise,
comme sur ma monnaie, *Dieu vous protége !* — Convenu ! répond
l'armée, on t'ira pêcher des royaumes à la baïonnette. » Ha ! c'est
qu'il n'y avait pas à reculer, voyez-vous ! et s'il avait eu dans sa
boule de conquérir la lune, il aurait fallu s'arranger pour ça, faire
ses sacs, et grimper ; heureusement qu'il n'en a pas eu la volonté.
Les rois, qu'étaient habitués aux douceurs de leurs trônes, se font naturellement tirer l'oreille ; et alors, en avant, nous autres. Nous marchons, nous allons, et le tremblement recommence avec une solidité
générale. En a-t-il fait user, dans ce temps-là, des hommes et des
souliers ! Alors on se battait à coups de nous si cruellement, que
d'autres que les Français s'en seraient fatigués. Mais vous n'ignorez
pas que le Français est né philosophe, et, un peu plus tôt, un peu plus
tard, sait qu'il faut mourir. Aussi nous mourions tous sans rien dire,
parce qu'on avait le plaisir de voir l'empereur faire ça sur les géogra-
phies. (Là, le fantassin décrivit lestement un rond avec son pied sur
l'aire de la grange.) Et il disait : « Ça, ce sera un royaume ! » et c'était
un royaume. Quel bon temps ! Les colonels passaient généraux, le
temps de les voir ; les généraux maréchaux, les maréchaux rois.
Et il y en a encore un, qui est debout pour le dire à l'Europe,
quoique ce soit un Gascon, traître à la France pour garder sa couronne, qui n'a pas rougi de honte, parce que, voyez-vous, les
couronnes sont en or ! Enfin, les sapeurs qui savaient lire devenaient
nobles tout de même. Moi qui vous parle, j'ai vu à Paris onze rois
et un peuple de princes qui entouraient Napoléon, comme les
rayons du soleil ! Vous entendez bien que chaque soldat, ayant la
chance de chausser un trône, pourvu qu'il en eût le mérite, un
caporal de la garde était comme une curiosité qu'on l'admirait
passer, parce que chacun avait son contingent dans la victoire,
parfaitement connu dans le bulletin. Et y en avait-il de ces batailles ! Austerlitz, où l'armée a manœuvré comme à la parade ;
Eylau, où l'on a noyé les Russes dans un lac, comme si Napoléon
avait soufflé dessus ; Wagram, où l'on s'est battu trois jours sans
bouder. Enfin, y en avait autant que de saints au calendrier. Aussi
alors fut-il prouvé que Napoléon possédait dans son fourreau la
véritable épée de Dieu. Alors le soldat avait son estime, et il en
faisait son enfant, s'inquiétait si vous aviez des souliers, du linge,

des capotes, du pain, des cartouches; quoiqu'il tint sa majesté, puisque c'était son métier à lui de régner. Mais c'est égal! un sergent et même un soldat pouvait lui dire : « Mon empereur, » comme vous me dites à moi quelquefois : « Mon bon ami. » Et il répondait aux raisons qu'on lui faisait, couchait dans la neige comme nous autres; enfin, il avait presque l'air d'un homme naturel. Moi qui vous parle, je l'ai vu, les pieds dans la mitraille, pas plus gêné que vous êtes là, et mobile, regardant avec sa lorgnette, toujours à son affaire ; alors nous restions là, tranquilles comme Baptiste. Je ne sais pas comment il s'y prenait, mais quand il nous parlait, sa parole nous envoyait comme du feu dans l'estomac ; et, pour lui montrer qu'on était ses enfants, incapables de bouquer, on allait pas ordinaire devant des polissons de canons qui gueulaient et vomissaient des régiments de boulets, sans dire gare. Enfin, les mourants avaient la chose de se relever pour le saluer et lui crier : « Vive l'empereur ! » Était-ce naturel ! auriez-vous fait cela pour un simple homme ?

« Pour lors, tout son monde établi, l'impératrice Joséphine, qu'était une bonne femme tout de même, ayant la chose tournée à ne pas lui donner d'enfants, il fut obligé de la quitter quoiqu'il l'aimât considérablement. Mais il lui fallait des petits, rapport au gouvernement. Apprenant cette difficulté, tous les souverains de l'Europe se sont battus à qui lui donnerait une femme. Et il a épousé, qu'on nous a dit, une Autrichienne, qu'était la fille des Césars, un homme ancien dont on parle partout, et pas seulement dans nos pays, où vous entendez dire qu'il a tout fait, mais en Europe. Et c'est si vrai que, moi qui vous parle en ce moment, je suis allé sur le Danube où j'ai vu les morceaux d'un pont bâti par cet homme, qui paraît qu'à été, à Rome, parent de Napoléon d'où s'est autorisé l'empereur d'en prendre l'héritage pour son fils. Donc, après son mariage, qui fut une fête pour le monde entier, et où il a fait grâce au peuple de dix ans d'impositions, qu'on a payés tout de même, parce que les gabelous n'en ont pas tenu compte, sa femme a eu un petit qu'était roi de Rome; une chose qui ne s'était pas encore vue sur terre, car jamais un enfant n'était né roi, son père vivant. Ce jour-là, un ballon est parti de Paris pour le dire à Rome, et ce ballon a fait le chemin en un jour. Ha! çà, y a-t-il maintenant quelqu'un de vous autres qui me soutiendra que tout ça était naturel? Non, c'était écrit là-haut ! Et la gale à qui ne dira pas qu'il a été envoyé par Dieu même pour faire triompher la France. Mais voilà l'empereur de Russie, qu'était son ami, qui se fâche de ce qu'il n'a pas épousé une Russe et qui soutient les Anglais, nos ennemis, auxquels on avait toujours empêché Napoléon d'aller dire deux mots dans leur boutique. Fallait donc en finir avec ces canards-là. Napoléon se fâche et nous dit : — « Soldats ! vous avez été maîtres dans toutes les capitales de l'Europe ; reste Moscou, qui s'est allié à l'Angleterre. Or, pour pouvoir conquérir Londres et les Indes qu'est à eux, je trouve définitif d'aller à Moscou. » Pour lors, assemble la plus grande des armées qui jamais ait traîné ses guêtres sur le globe, et si curieusement bien alignée, qu'en un jour il a passé en revue un million d'hommes. — Hourra ! disent les Russes. Et voilà la Russie tout entière, des animaux de cosaques qui s'envolent. C'était pays contre pays, un boulevari général, dont il fallait se garer. Et comme avait dit l'Homme Rouge à Napoléon : C'est l'Asie contre l'Europe ! — Suffit, qu'il dit, je vais me précautionner. Et voilà, fectivement tous les rois qui viennent lécher la main de Napoléon ! L'Autriche, la Prusse, la Bavière, la Saxe, la Pologne, l'Italie, tout est avec nous, nous flatte, et c'était beau ! Les aigles n'ont jamais tant roucoulé qu'à ces parades-là, qu'elles étaient au-dessus de tous les drapeaux de l'Europe. Les Polonais ne se tenaient pas de joie, parce que l'empereur avait idée de les relever ; de là, que la Pologne et la France ont toujours été frères. Enfin « A nous la Russie ! » crie l'armée. Nous entrons bien fournis ; nous marchons, marchons : point de Russes. Enfin nous trouvons nos mâtins campés à la Moskowa. C'est là que j'ai eu la croix, et j'ai congé de dire que ce fut une sacrée bataille ! L'empereur était inquiet, il avait vu l'Homme Rouge, qui lui dit : Mon enfant, tu vas plus vite que le pas, les hommes te manqueront, les amis te trahiront. Pour lors, proposa la paix. Mais avant de la signer : « Frottons les Russes ? » qui nous dit. « Tope ! » s'écria l'armée. « En avant ! » disent les sergents. Mes souliers étaient usés, mes habits décousus, à force d'avoir trimé dans ces chemins-là qui ne sont pas commodes du tout ! Mais c'est égal ! « Puisque c'est la fin du tremblement, que je me dis, je veux m'en donner tout mon soûl ! » Nous étions devant le grand ravin ; c'était les premières places ! Le signal se donne, sept cents pièces d'artillerie commencent une conversation à vous faire sortir le sang par les oreilles. Là, faut rendre justice à ses ennemis, mes Russes se fosaient tuer comme des Français, sans reculer, et nous n'avancions pas. « En avant, nous dit-on, voilà l'empereur ! » C'était vrai, passe au galop en nous faisant signe qu'il s'importait beaucoup de prendre la redoute. Il nous anime, nous courons, j'arrive le premier au ravin. Ah ! mon Dieu, les lieutenants tombaient, les colonels, les soldats ! C'est égal ! Ça faisait des souliers à ceux qui n'en avaient pas et des épaulettes pour les intrigants qui savaient lire. Victoire ! c'est le cri de toute la ligne. Par exemple, ce qui ne s'était jamais vu, il y avait vingt-cinq mille Français par terre. Excusez du peu ! C'était un vrai champ de blé coupé : au lieu d'épis, mettez des hommes ! Nous étions dégrisés, nous autres. L'Homme arrive, on fait le cercle autour de lui. Pour lors, il nous câline, car il était aimable quand il le voulait, à nous faire contenter de vache enragée par une faim de deux loups. Alors mon câlin distribue soi-même les croix, salue les morts ; puis nous dit : A Moscou ! — Va pour Moscou ! dit l'armée. Nous prenons Moscou. Voilà-t-il pas que les Russes brûlent leur ville ? Ç'a été un feu de paille de deux lieues, qui a flambé pendant deux jours. Les édifices tombaient comme des ardoises ! Il y avait des pluies de fer et de plomb fondus qui étaient naturellement horribles ; et l'on peut vous le dire, à vous, ce fut l'éclair de nos malheurs. L'empereur dit : Assez comme ça, tous mes soldats y resteraient ! Nous nous amusons à nous refraîchir un petit moment et à se refaire le cadavre parce qu'on était réellement fatigué beaucoup. Nous emportons une croix d'or qu'était sur le Kremlin, et chaque soldat avait une petite fortune. Mais, en revenant, l'hiver s'avance d'un mois, chose que les savants qui sont des bêtes n'ont pas expliqué suffisamment, et le froid nous pince. Plus d'armée, entendez-vous ? plus de généraux, plus de sergents même. Pour lors, ce fut le règne de la misère et de la faim, règne où nous étions réellement tous égaux ! On ne pensait qu'à revoir la France, l'on ne se baissait pas pour ramasser son fusil ni son argent ; et chacun allait devant lui, arme à volonté, sans se soucier de la gloire. Enfin le temps était si mauvais que l'empereur n'a plus vu son étoile. Il y avait quelque chose entre le ciel et lui. Pauvre homme, qu'il était malade de voir ses aigles à contrefil de la victoire ! Et ça lui en a donné une sévère, allez ! Arrive la Bérézina. Ici, mes amis, l'on peut vous affirmer par ce qu'il y a de plus sacré, sur l'honneur, que, depuis qu'il y a des hommes, jamais au grand jamais, ne s'était vu pareille fricassée d'armée, de voitures, d'ar-

tillerie, dans de pareille neige, sous un ciel pareillement ingrat.
Le canon des fusils vous brûlait la main, si vous y touchiez, tant il
était froid. C'est là que l'armée a été sauvée par les pontonniers,
qui se sont trouvés solides au poste, et où s'est parfaitement com-
porté Gondrin, le seul vivant des gens assez entêtés pour se mettre
à l'eau afin de bâtir les ponts sur lesquels l'armée a passé, et se
sauver des Russes qui avaient encore du respect pour la grande
armée, rapport aux victoires. Et, dit-il en montrant Gondrin qui
le regardait avec l'attention particulière aux sourds, Gondrin est
un troupier fini, un troupier d'honneur même, qui mérite vos plus
grands égards. J'ai vu, reprit-il, l'empereur debout près du pont,
immobile, n'ayant point froid. Était-ce encore naturel? Il regardait la perte de ses trésors, de ses amis, de ses vieux Égyptiens.
Bah! tout y passait, les femmes, les fourgons, l'artillerie, tout
était consommé, mangé, ruiné. Les plus courageux gardaient les
aigles ; parce que les aigles, voyez-vous, c'était la France, c'était
tout vous autres, c'était l'honneur du civil et du militaire qui devait
rester pur et ne pas baisser la tête à cause du froid. On ne se ré-
chauffait guère que près de l'empereur, puisque quand il était en
danger, nous accourions, gelés, nous qui ne nous arrêtions pas
pour tendre la main à des amis. On dit aussi qu'il pleurait la nuit
sur sa pauvre famille de soldats. Il n'y avait que lui et des Français
pour se tirer de là ; et l'on s'en est tiré, mais avec des pertes et de
grandes pertes que je dis! Les alliés avaient mangé nos vivres. Tout
commençait à le trahir comme lui avait dit l'Homme Rouge. Les
bavards de Paris, qui se taisaient depuis l'établissement de la Garde
impériale, le croient mort et trament une conspiration où l'on met
dedans le préfet de police pour renverser l'empereur. Il apprend
ces choses-là, ça vous le taquine, et il nous dit quand il est parti :
« Adieu, mes enfants, gardez les postes, je vais revenir. » Bah! ses
généraux battent la breloque, car sans lui ce n'était plus ça. Les
maréchaux se disent des sottises, font des bêtises, et c'était naturel ;
Napoléon, qui était un bon homme, les avait nourris d'or, ils devenaient gras à lard qu'ils ne voulaient plus marcher. De là sont
venus les malheurs, parce que plusieurs sont restés en garnison
sans frotter le dos des ennemis derrière lesquels ils étaient, tandis
qu'on nous poussait vers la France. Mais l'empereur nous revient
avec des conscrits et de fameux conscrits, auxquels il changea le
moral parfaitement et en fit des chiens finis à mordre quiconque,

avec des bourgeois en garde d'honneur, une belle troupe qui a fondu comme du beurre sur un gril. Malgré notre tenue sévère, voilà que tout est contre nous ; mais l'armée fait encore des prodiges de valeur. Pour lors se donnent des batailles de montagnes, peuples contre peuples, à Dresde, Lutzen, Bautzen... Souvenez-vous de ça, vous autres, parce que c'est là que le Français a été si particulièrement héroïque, que dans ce temps-là, un bon grenadier ne durait pas plus de six mois. Nous triomphons toujours ; mais sur les derrières, ne voilà-t-il pas les Anglais qui font révolter les peuples en leur disant des bêtises. Enfin on se fait jour à travers ces meutes de nations. Partout où l'empereur paraît, nous débouchons, parce que, sur terre comme sur mer, là où il disait : « Je veux passer ! » nous passions. Fin finale, nous sommes en France, et il y a plus d'un pauvre fantassin à qui, malgré la dureté du temps, l'air du pays à remis l'âme dans un état satisfaisant. Moi, je puis dire, en mon particulier, que ça m'a rafraîchi la vie. Mais à cette heure il s'agit de défendre la France, la patrie, la belle France enfin, contre toute l'Europe qui nous en voulait d'avoir voulu faire la loi aux Russes, en les poussant dans leurs limites pour qu'ils ne nous mangeassent pas, comme c'est l'habitude du Nord, qui est friand du Midi, chose que j'ai entendu dire à plusieurs généraux. Alors l'empereur voit son propre beau-père, ses amis qu'il avait assis rois, et les canailles auxquelles il avait rendu leurs trônes, tous contre lui. Enfin, même des Français et des alliés qui se tournaient, par ordre supérieur, contre nous, dans nos rangs, comme à la bataille de Leipsick. N'est-ce pas des horreurs dont seraient peu capables de simples soldats ? Ça manquait à sa parole trois fois par jour, et ça se disait des princes ! Alors l'invasion se fait. Partout où notre empereur montre sa face de lion, l'ennemi recule, et il a fait dans ce temps-là plus de prodiges en défendant la France, qu'il n'en avait fait pour conquérir l'Italie, l'Orient, l'Espagne, l'Europe et la Russie. Pour lors, il veut enterrer tous les étrangers, pour leur apprendre à respecter la France, et les laisse venir sous Paris, pour les avaler d'un coup, et s'élever au dernier degré du génie par une bataille encore plus grande que toutes les autres, une mère bataille enfin ! Mais les Parisiens ont peur pour leur peau de deux liards et pour leurs boutiques de deux sous, ouvrent leurs portes ; voilà les Ragusades qui commencent et les bonheurs qui finissent. l'impératrice qu'on embête, et le drapeau blanc qui se met aux fenêtres. Enfin les généraux, qu'il avait faits ses meilleurs amis, l'abandonnent pour les Bourbons, de qui on n'avait jamais entendu parler. Alors ils nous dit adieu à Fontainebleau. — « Soldats !... » Je l'entends encore, nous pleurions tous comme de vrais enfants ; les aigles, les drapeaux étaient inclinés comme pour un enterrement, car on peut vous le dire, c'étaient les funérailles de l'empire, et ses armées pimpantes n'étaient plus que des squelettes. Donc il nous dit de dessus le perron de son château : « Mes enfants, nous sommes vaincus par la trahison, mais nous nous reverrons dans le ciel, la patrie des braves. Défendez mon petit que je vous confie : vive Napoléon II ! » Il avait idée de mourir ; et pour ne pas laisser voir Napoléon vaincu, prend du poison de quoi tuer un régiment, parce que, comme Jésus-Christ avant sa passion, il se croyait abandonné de Dieu et de son talisman ; mais le poison ne lui fait rien du tout. Autre chose ! se reconnaît immortel. Sûr de son affaire et d'être toujours empereur, il va dans une île pendant quelque temps étudier le tempérament de ceux-ci, qui ne manquent pas à faire des bêtises sans fin. Pendant qu'il faisait sa faction, les Chinois et les animaux de la côte d'Afrique, barbaresques et autres qui ne sont pas commodes du tout, le tenaient si bien pour autre chose qu'un homme, qu'ils respectaient son pavillon en disant qu'y toucher, c'était se frotter à Dieu. Il régnait sur le monde entier, tandis que ceux-ci l'avaient mis à la porte de sa France. Alors s'embarque sur la même coquille de noix d'Égypte, passe à la barbe des vaisseaux anglais, met le pied sur la France, la France le reconnaît, le sacré coucou s'envole de clocher en clocher, toute la France crie : Vive l'empereur ! Et par ici l'enthousiasme pour cette merveille des siècles a été solide, le Dauphiné s'est très-bien conduit ; et j'ai été particulièrement satisfait de savoir qu'on y pleurait de joie en revoyant sa redingote grise. Le 1er mars Napoléon débarque avec deux cents hommes pour conquérir le royaume de France et de Navarre, qui le 20 mars était redevenu l'empire français. L'Homme se trouvait ce jour-là dans Paris, ayant tout balayé, il avait repris sa chère France, et ramassé ses troupiers en ne leur disant que deux mots : « Me voilà ! » C'est le plus grand miracle qu'a fait Dieu ! Avant lui, jamais un homme avait-il pris d'empire rien qu'en montrant son chapeau ? L'on croyait la France abattue ? Du tout. A la vue de l'aigle, une armée nationale se refait, et nous marchons tous à Waterloo. Pour lors, là, la garde meurt d'un seul coup. Napoléon au désespoir se jette trois fois au-devant des canons ennemis à la tête du reste, sans trouver la mort ! Nous avons vu ça, nous autres ! Voilà la bataille perdue. Le soir, l'empereur appelle ses vieux soldats, brûle dans un champ plein de notre sang ses drapeaux et ses aigles ; ces pauvres aigles, toujours victorieuses, qui criaient dans les batailles : — En avant ! et qui avaient volé sur toute l'Europe, furent sauvées de l'infamie d'être à l'ennemi. Les trésors de l'Angleterre ne pourraient pas seulement lui donner la queue d'un aigle. Plus d'aigles ! Le reste est suffisamment connu. L'Homme Rouge passe aux Bourbons comme un gredin qu'il est. La France est écrasée, le soldat n'est plus rien, on le prive de son dû, on te le renvoie chez lui pour prendre à sa place des nobles qui ne pouvaient plus marcher, que ça faisait pitié. L'on s'empare de Napoléon par trahison, les Anglais le clouent dans une île déserte de la grande mer, sur un rocher élevé de dix mille pieds au-dessus du monde. Fin finale, est obligé de rester là, jusqu'à ce que l'Homme Rouge lui rende son pouvoir pour le bonheur de la France. Ceux-ci disent qu'il est mort ! Ah ! bien oui, mort ! on voit bien qu'ils ne le connaissent pas. Ils répètent c'te bourde-là pour attraper le peuple et le faire tenir tranquille dans leur baraque de gouvernement. Écoutez. La vérité du tout est que ses amis l'ont laissé seul dans le désert, pour satisfaire à une prophétie faite sur lui, car j'ai oublié de vous apprendre que son nom de Napoléon veut dire *le lion du désert*. Et voilà ce qui est vrai comme l'Évangile. Toutes les autres choses que vous entendrez dire sur l'empereur sont des bêtises qui n'ont pas forme humaine. Parce que, voyez-vous, ce n'est pas à l'enfant d'une femme que Dieu aurait donné le droit de tracer son nom en rouge comme il a écrit le sien sur la terre, qui s'en souviendra toujours ! Vive Napoléon, le père du peuple et du soldat ! »

— Vive le général Eblé ! cria le pontonnier.

— Comment avez-vous fait pour ne pas mourir dans le ravin de la Moscowa ? dit une paysanne.

— Est-ce que je sais ? Nous y sommes entrés un régiment, nous n'y étions debout que cent fantassins, parce qu'il n'y avait que des fantassins capables de le prendre ! l'infanterie, voyez-vous, c'est tout dans une armée...

— Et la cavalerie, donc ! s'écria Genestas en se laissant couler du haut du foin et apparaissant avec une rapidité qui fit jeter un cri d'effroi aux plus courageux. Hé! mon ancien, tu oublies les lanciers rouges de Poniatowski, les cuirassiers, les dragons, tout le tremblement! Quand Napoléon, impatient de ne pas voir avancer sa bataille vers la conclusion de la victoire, disait à Murat : « Sire, coupe-moi ça en deux! » Nous partions d'abord au trot, puis au galop; *une, deux!* l'armée ennemie était fendue comme une pomme avec un couteau. Une charge de cavalerie, mon vieux, mais c'est une colonne de boulets de canon!

— Et les pontonniers? cria le sourd.

— Ha! ça, mes enfants! reprit Genestas tout honteux de sa sortie en se voyant au milieu d'un cercle silencieux et stupéfait, il n'y a pas d'agents provocateurs ici! Tenez, voilà pour boire au petit caporal.

— Vive l'empereur! crièrent d'une seule voix les gens de la veillée.

— Chut! enfants, dit l'officier en s'efforçant de cacher sa profonde douleur. Chut! *il est mort* en disant : « Gloire, France et bataille. » Mes enfants, il a dû mourir, lui, mais sa mémoire?... jamais.

Goguelat fit un signe d'incrédulité, puis il dit tout bas à ses voisins : — L'officier est encore au service, et c'est leur consigne de dire au peuple que l'empereur est mort. Faut pas lui en vouloir, parce que, voyez-vous, un soldat ne connaît que sa consigne.

En sortant de la grange, Genestas entendit la Fosseuse qui disait : — Cet officier-là, voyez-vous, est un ami de l'empereur et de monsieur Benassis. Tous les gens de la veillée se précipitèrent à la porte pour revoir le commandant; et, à la lueur de la lune, ils l'aperçurent prenant le bras du médecin.

— J'ai fait des bêtises, dit Genestas. Rentrons vite! Ces aigles, ces canons, ces campagnes!... je ne savais plus où j'étais.

— Eh! bien, que dites-vous de mon Goguelat? lui demanda Benassis.

— Monsieur, avec des récits pareils, la France aura toujours dans le ventre les quatorze armées de la République, et pourra parfaitement soutenir la conversation à coups de canons avec l'Europe. Voilà mon avis.

En peu de temps ils atteignirent le logis de Benassis, et se trouvèrent bientôt tous deux pensifs de chaque côté de la cheminée du salon où le foyer mourant jetait encore quelques étincelles. Malgré les témoignages de confiance qu'il avait reçus du médecin, Genestas hésitait encore à lui faire une dernière question qui pouvait sembler indiscrète ; mais après lui avoir jeté quelques regards scrutateurs, il fut encouragé par un de ces sourires pleins d'aménité qui animent les lèvres des hommes vraiment forts, et par lequel Benassis paraissait déjà répondre favorablement. Il lui dit alors : — Monsieur, votre vie diffère tant de celle des gens ordinaires, que vous ne serez pas étonné de m'entendre vous demander les causes de votre retraite. Si ma curiosité vous semble inconvenante, vous avouerez qu'elle est bien naturelle. Écoutez ! j'ai eu des camarades que je n'ai jamais tutoyés, pas même après avoir fait plusieurs campagnes avec eux ; mais j'en ai eu d'autres auxquels je disais : Va chercher notre argent chez le payeur ! trois jours après nous être grisés ensemble, comme cela peut arriver quelquefois aux plus honnêtes gens dans les goguettes obligées. Hé ! bien, vous êtes un de ces hommes de qui je me fais l'ami sans attendre leur permission, ni même sans bien savoir pourquoi.

— Capitaine Bluteau...

Depuis quelque temps, toutes les fois que le médecin prononçait le faux nom que son hôte avait pris, celui-ci ne pouvait réprimer une légère grimace. Benassis surprit en ce moment cette expression de répugnance, et regarda fixement le militaire pour tâcher d'en découvrir la cause ; mais comme il lui eût été bien difficile de deviner la véritable, il attribua ce mouvement à quelques douleurs corporelles, et dit en continuant : — Capitaine, je vais parler de moi. Déjà plusieurs fois depuis hier je me suis fait une sorte de violence en vous expliquant les améliorations que j'ai pu obtenir ici ; mais il s'agissait de la Commune et de ses habitants, aux intérêts desquels les miens se sont nécessairement mêlés. Maintenant, vous dire mon histoire, ce serait ne vous entretenir que de moi-même, et ma vie est peu intéressante.

— Fût-elle plus simple que celle de votre Fosseuse, répondit Genestas, je voudrais encore la connaître, pour savoir les vicissitudes qui ont pu jeter dans ce canton un homme de votre trempe.

— Capitaine, depuis douze ans je me suis tu. Maintenant que j'attends, au bord de ma fosse, le coup qui doit m'y précipiter, j'aurai la bonne foi de vous avouer que ce silence commençait à me peser. Depuis douze ans je souffre sans avoir reçu les consolations que l'amitié prodigue aux cœurs endoloris. Mes pauvres malades, mes paysans m'offrent bien l'exemple d'une parfaite résignation ; mais je les comprends, et ils s'en aperçoivent ; tandis que nul ici ne peut recueillir mes larmes secrètes, ni me donner cette poignée de main d'honnête homme, la plus belle des récompenses, qui ne manque à personne, pas même à Gondrin.

Par un mouvement subit, Genestas tendit la main à Benassis, que ce geste émut fortement.

— Peut-être la Fosseuse m'eût-elle angéliquement entendu, reprit-il d'une voix altérée ; mais elle m'aurait aimé peut-être, et c'eût été un malheur. Tenez, capitaine, un vieux soldat indulgent comme vous l'êtes, ou un jeune homme plein d'illusions, pouvait seul écouter ma confession, car elle ne saurait être comprise que par un homme auquel la vie est bien connue, ou par un enfant à qui elle est tout à fait étrangère. Faute de prêtre, les anciens capitaines mourant sur le champ de bataille se confessaient à la croix de leur épée, ils en faisaient une fidèle confidente entre eux et Dieu. Or, vous, une des meilleures lames de Napoléon, vous, dur et fort comme l'acier, peut-être m'entendrez-vous bien ? Pour s'intéresser à mon récit, il faut entrer dans certaines délicatesses de sentiment et partager des croyances naturelles aux cœurs simples, mais qui paraîtraient ridicules à beaucoup de philosophes habitués à se servir, pour leurs intérêts privés, des maximes réservées au gouvernement des États. Je vais vous parler de bonne foi, comme un homme qui ne veut justifier ni le bien ni le mal de sa vie, mais qui ne vous en cachera rien, parce qu'il est aujourd'hui loin du monde, indifférent au jugement des hommes, et plein d'espérance en Dieu.

Benassis s'arrêta, puis il se leva en disant : — Avant d'entamer mon récit, je vais commander le thé. Depuis douze ans, Jacquotte n'a jamais manqué à venir me demander si j'en prenais, elle nous interromprait certainement. En voulez-vous, capitaine ?

— Non, je vous remercie.

Benassis rentra promptement.

CHAPITRE IV.

LA CONFESSION DU MÉDECIN DE CAMPAGNE.

« Je suis né, reprit le médecin, dans une petite ville du Languedoc, où mon père s'était fixé depuis longtemps, et où s'est écoulée ma première enfance. A l'âge de huit ans, je fus mis au collège de Sorrèze, et n'en sortis que pour aller achever mes études à Paris. Mon père avait eu la plus folle, la plus prodigue jeunesse ; mais son patrimoine dissipé s'était rétabli par un heureux mariage, et par les lentes économies qui se font en province, où l'on tire vanité de la fortune et non de la dépense, où l'ambition naturelle à l'homme s'éteint et tourne en avarice, faute d'aliments généreux. Devenu riche, n'ayant qu'un fils, il voulut lui transmettre la froide expérience qu'il avait échangée contre ses illusions évanouies : dernières et nobles erreurs des vieillards qui tentent vainement de léguer leurs vertus et leurs prudents calculs à des enfants enchantés de la vie et pressés de jouir. Cette prévoyance dicta pour mon éducation un plan dont je fus victime. Mon père me cacha soigneusement l'étendue de ses biens, et me condamna dans mon intérêt à subir, pendant mes plus belles années, les privations et les sollicitudes d'un jeune homme jaloux de conquérir son indépendance ; il désirait m'inspirer les vertus de la pauvreté : la patience, la soif de l'instruction et l'amour du travail. En me faisant connaître ainsi tout le prix de la fortune, il espérait m'apprendre à conserver mon héritage ; aussi, dès que je fus en état d'entendre ses conseils, me pressa-t-il d'adopter et de suivre une carrière. Mes goûts me portèrent à l'étude de la médecine. De Sorrèze, où j'étais resté pendant dix ans sous la discipline à demi conventuelle des Oratoriens, et plongé dans la solitude d'un collège de province, je fus, sans aucune transition, transporté dans la capitale. Mon père m'y accompagna pour me recommander à l'un de ses amis. Les deux vieillards prirent, à mon insu, de minutieuses précautions contre l'effervescence de ma jeunesse, alors très-innocente. Ma pension fut sévèrement calculée d'après les besoins réels de la vie, et je ne dus en toucher les quartiers que sur la présentation des quittances de mes inscriptions à l'École de Médecine. Cette défiance assez injurieuse fut déguisée sous des raisons d'ordre et de comptabilité. Mon père se montra d'ailleurs libéral pour tous les frais nécessités par mon éducation, et pour les plaisirs de la vie parisienne. Son vieil ami, heureux d'avoir un jeune homme à conduire dans le dédale où j'entrais, appartenait à cette nature d'hommes qui classent leurs sentiments aussi soigneusement qu'ils rangent leurs papiers. En consultant son agenda de l'année passée, il pouvait toujours savoir ce qu'il avait fait au mois, au jour et à l'heure où il se trouvait dans l'année courante. La vie était pour lui comme une entreprise de laquelle il tenait commercialement les comptes. Homme de mérite d'ailleurs, mais fin, méticuleux, défiant, il ne manqua jamais de raisons spécieuses pour pallier les précautions qu'il prenait à mon égard; il achetait mes livres, il payait mes leçons; si je voulais apprendre à monter à cheval, le bonhomme s'enquérait lui-même du meilleur manége, m'y conduisait et prévenait mes désirs en mettant un cheval à ma disposition pour les jours de fête. Malgré ces ruses de vieillard, que je sus déjouer du moment où j'eus quelque intérêt à lutter avec lui, cet excellent homme fut un second père pour moi. — « Mon ami, me dit-il, au moment où il devina que je briserais ma laisse s'il ne l'allongeait pas, les jeunes gens font souvent des folies auxquelles les entraîne la fougue de l'âge, et il pourrait vous arriver d'avoir besoin d'argent, venez alors à moi. Jadis votre père m'a galamment obligé, j'aurai toujours quelques écus à votre service; mais ne me mentez jamais, n'ayez pas honte de m'avouer vos fautes, j'ai été jeune, nous nous entendrons toujours comme deux bons camarades. » Mon père m'installa dans une pension bourgeoise du quartier latin, chez des gens respectables, où j'eus une chambre assez bien meublée. Cette première indépendance, la bonté de mon père, le sacrifice qu'il paraissait faire pour moi, me causèrent cependant peu de joie. Peut-être faut-il avoir joui de la liberté pour en sentir tout le prix. Or, les souvenirs de ma libre enfance s'étaient presque abolis sous le poids des ennuis du collége, que mon esprit n'avait pas encore secoués; puis les recommandations de mon père me montraient de nouvelles tâches à remplir; enfin Paris était pour moi comme une énigme, on ne s'y amuse pas sans en avoir étudié les plaisirs. Je ne voyais donc rien de changé dans ma position, si ce n'est que mon nouveau lycée était plus vaste et se nommait l'École de Médecine. Néanmoins j'étudiai d'abord courageusement, je suivis les Cours avec assiduité; je me jetai dans le travail à corps perdu, sans prendre de divertissement, tant les trésors de science dont abonde la capitale émerveillèrent mon imagination. Mais bientôt des liaisons imprudentes, dont les dangers étaient voilés par cette amitié follement confiante qui séduit tous les jeunes gens, me firent insensiblement tomber dans la dissipation de Paris. Les théâtres, leurs acteurs pour lesquels je me passionnai, commencèrent l'œuvre de ma démoralisation. Les spectacles d'une capitale sont bien funestes aux jeunes gens, qui n'en sortent jamais sans de vives émotions contre lesquelles ils luttent presque toujours infructueusement; aussi la société, les lois me semblent-elles complices des désordres qu'ils commettent alors. Notre législation a pour ainsi dire fermé les yeux sur les passions qui tourmentent le jeune homme entre vingt et vingt-cinq ans; à Paris tout l'assaille, ses appétits y sont incessamment sollicités, la religion lui prêche le bien, les lois le lui commandent; tandis que les choses et les mœurs l'invitent au mal : le plus honnête homme ou la plus pieuse femme ne s'y moquent-ils pas de la continence? Enfin cette grande ville paraît avoir pris à tâche de n'encourager que les vices, car les obstacles qui défendent l'abord des états dans lesquels un jeune homme pourrait honorablement faire fortune, sont plus nombreux encore que les pièges incessamment tendus à ses passions pour lui dérober son argent. J'allai donc pendant long-temps, tous les soirs, à quelque théâtre, et contractai peu à peu des habitudes de paresse. Je transigeais en moi-même avec mes devoirs, souvent je remettais au lendemain mes plus pressantes occupations; bientôt, au lieu de chercher à m'instruire, je ne fis plus que les travaux strictement nécessaires pour arriver aux grades par lesquels il faut passer avant d'être docteur. Aux Cours publics, je n'écoutais plus les professeurs, qui, selon moi, radotaient. Je brisais déjà mes idoles, je devenais Parisien. Bref, je menai la vie incertaine d'un jeune homme de province qui, jeté dans la capitale, garde encore quelques sentiments vrais, croit encore à certaines règles de morale, mais qui se corrompt par les mauvais exemples, tout en voulant s'en défendre. Je me défendis mal, j'avais des complices en moi-même. Oui, monsieur, ma physionomie n'est pas trompeuse, j'ai eu toutes les passions dont les empreintes me sont restées. Je conservai cependant au fond de mon cœur un sentiment de perfection morale qui me poursuivit au milieu de mes désordres, et qui devait ramener un jour à Dieu, par la lassitude et par le remords, l'homme dont la jeunesse s'était désaltérée dans les eaux pures de la Religion. Celui qui sent vivement les voluptés de la terre n'est-il pas tôt ou tard attiré par le goût des fruits du ciel? J'eus d'abord les mille félicités et les mille désespérances qui se rencontrent plus ou moins actives dans toutes les jeunesses : tantôt je prenais le sentiment de ma force pour une volonté ferme, et m'abusais sur l'étendue de mes facultés; tantôt, à l'aperçu du plus faible écueil

contre lequel j'allais me heurter, je tombais beaucoup plus bas
que je ne devais naturellement descendre; je concevais les plus
vastes plans, je rêvais la gloire, je me disposais au travail; mais
une partie de plaisir emportait ces nobles velléités. Le vague
souvenir de mes grandes conceptions avortées me laissait de trom-
peuses lueurs qui m'habituaient à croire en moi, sans me donner
l'énergie de produire. Cette paresse pleine de suffisance me menait
à n'être qu'un sot. Le sot n'est-il pas celui qui ne justifie pas la
bonne opinion qu'il prend de lui-même? J'avais une activité sans
but, je voulais les fleurs de la vie, sans le travail qui les fait éclore.
Ignorant les obstacles, je croyais tout facile, j'attribuais à d'heureux hasards et les succès de science et les succès de fortune.
Pour moi, le génie était du charlatanisme. Je m'imaginais être savant parce que je pouvais le devenir; et sans songer ni à la patience qui engendre les grandes œuvres, ni au *faire* qui en révèle
les difficultés, je m'escomptais toutes les gloires. Mes plaisirs furent promptement épuisés, le théâtre n'amuse pas long-temps.
Paris fut donc bientôt vide et désert pour un pauvre étudiant dont
la société se composait d'un vieillard qui ne savait plus rien du
monde, et d'une famille où ne se rencontraient que des gens ennuyeux. Aussi, comme tous les jeunes gens dégoûtés de la carrière
qu'ils suivent, sans avoir aucune idée fixe, ni aucun système arrêté dans la pensée, ai-je vagué pendant les journées entières à
travers les rues, sur les quais, dans les musées et dans les jardins
publics. Lorsque la vie est inoccupée, elle pèse plus à cet âge qu'à
un autre, car elle est alors pleine de sève perdue et de mouvement
sans résultat. Je méconnaissais la puissance qu'une ferme volonté
met dans les mains de l'homme jeune, quand il sait concevoir; et
quand, pour exécuter, il dispose de toutes les forces vitales, aug-
mentées encore par les intrépides croyances de la jeunesse. Enfants, nous sommes naïfs, nous ignorons les dangers de la vie;
adolescents, nous apercevons ses difficultés et son immense étendue; à cet aspect, le courage parfois s'affaisse; encore neufs au
métier de la vie sociale, nous restons en proie à une sorte de niaiserie, à un sentiment de stupeur, comme si nous étions sans secours dans un pays étranger. A tout âge, les choses inconnues
causent des terreurs involontaires. Le jeune homme est comme le
soldat qui marche contre des canons et recule devant des fantômes.
Il hésite entre les maximes du monde; il ne sait ni donner ni ac-

cepter, ni se défendre ni attaquer, il aime les femmes et les respecte comme s'il en avait peur; ses qualités le desservent, il est tout générosité, tout pudeur, et pur des calculs intéressés de l'avarice; s'il ment, c'est pour son plaisir et non pour sa fortune; au milieu de voies douteuses, sa conscience, avec laquelle il n'a pas encore transigé, lui indique le bon chemin, et il tarde à le suivre. Les hommes destinés à vivre par les inspirations du cœur, au lieu d'écouter les combinaisons qui émanent de la tête, restent longtemps dans cette situation. Ce fut mon histoire. Je devins le jouet de deux causes contraires. Je fus à la fois poussé par les désirs du jeune homme et toujours retenu par sa niaiserie sentimentale. Les émotions de Paris sont cruelles pour les âmes douées d'une vive sensibilité : les avantages dont y jouissent les gens supérieurs ou les gens riches irritent les passions; dans ce monde de grandeur et de petitesse, la jalousie sert plus souvent de poignard que d'aiguillon; au milieu de la lutte constante des ambitions, des désirs et des haines, il est impossible de ne pas être ou la victime ou le complice de ce mouvement général; insensiblement, le tableau continuel du vice heureux et de la vertu persiflée fait chanceler un jeune homme; la vie parisienne lui enlève bientôt le *velouté* de la conscience; alors commence et se consomme l'œuvre infernale de sa démoralisation. Le premier des plaisirs, celui qui comprend d'abord tous les autres, est environné de tels périls, qu'il est impossible de ne pas réfléchir aux moindres actions qu'il provoque, et de ne pas en calculer toutes les conséquences. Ces calculs mènent à l'égoïsme. Si quelque pauvre étudiant entraîné par l'impétuosité de ses passions est disposé à s'oublier, ceux qui l'entourent lui montrent et lui inspirent tant de méfiance, qu'il lui est bien difficile de ne pas la partager, de ne pas se mettre en garde contre ses idées généreuses. Ce combat dessèche, rétrécit le cœur, pousse la vie au cerveau, et produit cette insensibilité parisienne, ces mœurs où, sous la frivolité la plus gracieuse, sous des engouements qui jouent l'exaltation, se cachent la politique ou l'argent. Là, l'ivresse du bonheur n'empêche pas la femme la plus naïve de toujours garder sa raison. Cette atmosphère dut influer sur ma conduite et sur mes sentiments. Les fautes qui empoisonnèrent mes jours eussent été d'un léger poids sur le cœur de beaucoup de gens; mais les méridionaux ont une foi religieuse qui les fait croire aux vérités catholiques et à une autre vie. Ces croyances

donnent à leurs passions une grande profondeur, à leurs remords
de la persistance. A l'époque où j'étudiais la médecine, les militaires étaient partout les maîtres; pour plaire aux femmes, il fallait
alors être au moins colonel. Qu'était dans le monde un pauvre
étudiant? rien. Vivement stimulé par la vigueur de mes passions,
et ne leur trouvant pas d'issue; arrêté par le manque d'argent à
chaque pas, à chaque désir; regardant l'étude et la gloire comme
une voie trop tardive pour procurer les plaisirs qui me tentaient;
flottant entre mes pudeurs secrètes et les mauvais exemples; rencontrant toute facilité pour des désordres en bas lieu, ne voyant
que difficulté pour arriver à la bonne compagnie, je passai de
tristes jours, en proie au vague des passions, au désœuvrement
qui tue, à des découragements mêlés de soudaines exaltations. Enfin cette crise se termina par un dénoûment assez vulgaire chez les
jeunes gens. J'ai toujours eu la plus grande répugnance à troubler
le bonheur d'un ménage; puis, la franchise involontaire de mes
sentiments m'empêche de les dissimuler; il m'eût donc été physiquement impossible de vivre dans un état de mensonge flagrant.
Les plaisirs pris en hâte ne me séduisent guère, j'aime à savourer le
bonheur. N'étant pas franchement vicieux, je me trouvais sans
force contre mon isolement, après tant d'efforts infructueusement
tentés pour pénétrer dans le grand monde, où j'eusse pu recontrer une femme qui se fût dévouée à m'expliquer les écueils de
chaque route, à me donner d'excellentes manières, à me conseiller
sans révolter mon orgueil, et à m'introduire partout où j'eusse
trouvé des relations utiles à mon avenir. Dans mon désespoir, la
plus dangereuse des bonnes fortunes m'eût séduit peut-être; mais
tout me manquait, même le péril! et l'inexpérience me ramenait
dans ma solitude, où je restais face à face avec mes passions trompées. Enfin, monsieur, je formai des liaisons, d'abord secrètes,
avec une jeune fille à laquelle je m'attaquai, bon gré malgré, jusqu'à ce qu'elle eût épousé mon sort. Cette jeune personne, qui
appartenait à une famille honnête, mais peu fortunée, quitta bientôt pour moi sa vie modeste, et me confia sans crainte un avenir
que la vertu lui avait fait beau. La médiocrité de ma situation lui
parut sans doute la meilleure des garanties. Dès cet instant, les
orages qui me troublaient le cœur, mes désirs extravagants, mon
ambition, tout s'apaisa dans le bonheur, le bonheur d'un jeune
homme qui ne connaît encore ni les mœurs du monde, ni ses

maximes d'ordre, ni la force des préjugés ; mais bonheur complet, comme l'est celui d'un enfant. Le premier amour n'est-il pas une seconde enfance jetée à travers nos jours de peine et de labeur? Il se rencontre des hommes qui apprennent la vie tout à coup, la jugent ce qu'elle est, voient les erreurs du monde pour en profiter, les préceptes sociaux pour les tourner à leur avantage, et qui savent calculer la portée de tout. Ces hommes froids sont sages selon les lois humaines. Puis il existe de pauvres poëtes, gens nerveux qui sentent vivement, et qui font des fautes; j'étais de ces derniers. Mon premier attachement ne fut pas d'abord une passion vraie, je suivis mon instinct et non mon cœur. Je sacrifiai une pauvre fille à moi-même, et ne manquai pas d'excellentes raisons pour me persuader que je ne faisais rien de mal. Quant à elle, c'était le dévouement même, un cœur d'or, un esprit juste, une belle âme. Elle ne m'a jamais donné que d'excellents conseils. D'abord, son amour réchauffa mon courage; puis elle me contraignit doucement à reprendre mes études, en croyant à moi, me prédisant des succès, la gloire, la fortune. Aujourd'hui la science médicale touche à toutes les sciences, et s'y distinguer est une gloire difficile, mais bien récompensée. La gloire est toujours une fortune à Paris. Cette bonne jeune fille s'oublia pour moi, partagea ma vie dans tous ses caprices, et son économie nous fit trouver du luxe dans ma médiocrité. J'eus plus d'argent pour mes fantaisies quand nous fûmes deux que lorsque j'étais seul. Ce fut, monsieur, mon plus beau temps. Je travaillais avec ardeur, j'avais un but, j'étais encouragé; je rapportais mes pensées, mes actions, à une personne qui savait se faire aimer, et mieux encore m'inspirer une profonde estime par la sagesse qu'elle déployait dans une situation où la sagesse semble impossible. Mais tous mes jours se ressemblaient, monsieur. Cette monotonie du bonheur, l'état le plus délicieux qu'il y ait au monde, et dont le prix n'est apprécié qu'après toutes les tempêtes du cœur, ce doux état où la fatigue de vivre n'existe plus, où les plus secrètes pensées s'échangent, où l'on est compris ; hé ! bien, pour un homme ardent, affamé de distinctions sociales, qui se lassait de suivre la gloire parce qu'elle marche d'un pied trop lent, ce bonheur fut bientôt à charge. Mes anciens rêves revinrent m'assaillir. Je voulais impétueusement les plaisirs de la richesse, et les demandais au nom de l'amour. J'exprimais naïvement ces désirs, lorsque, le soir, j'étais interrogé par une voix amie au moment où, mélancolique et pensif, je m'absorbais dans les voluptés d'une opulence imaginaire. Je faisais sans doute gémir alors la douce créature qui s'était vouée à mon bonheur. Pour elle, le plus violent des chagrins était de me voir désirer quelque chose qu'elle ne pouvait me donner à l'instant. Oh! monsieur, les dévouements de la femme sont sublimes!

Cette exclamation du médecin exprimait une secrète amertume, car il tomba dans une rêverie passagère que respecta Genestas.

— Eh! bien, monsieur, reprit Benassis, un événement qui aurait dû consolider ce mariage commencé le détruisit, et fut la cause première de mes malheurs. Mon père mourut en laissant une fortune considérable; les affaires de sa succession m'appelèrent pendant quelques mois en Languedoc, et j'y allai seul. Je retrouvai donc ma liberté. Toute obligation, même la plus douce, pèse au jeune âge : il faut avoir expérimenté la vie pour reconnaître la nécessité d'un joug et celle du travail. Je sentis, avec la vivacité d'un Languedocien, le plaisir d'aller et de venir sans avoir à rendre compte de mes actions à personne, même volontairement. Si je n'oubliai pas complétement les liens que j'avais contractés, j'étais occupé d'intérêts qui m'en divertissaient, et insensiblement le souvenir s'en abolit. Je ne songeai pas sans un sentiment pénible à les reprendre à mon retour; puis je me demandai pourquoi les reprendre. Cependant je recevais des lettres empreintes d'une tendresse vraie; mais à vingt-deux ans, un jeune homme imagine les femmes toutes également tendres; il ne sait pas encore distinguer entre le cœur et la passion; il confond tout dans les sensations du plaisir qui semblent d'abord tout comprendre; plus tard seulement, en connaissant mieux les hommes et les faits, je sus apprécier ce qu'il y avait de véritable noblesse dans ces lettres où jamais rien de personnel ne se mêlait à l'expression des sentiments, où l'on se réjouissait pour moi de ma fortune, où l'on s'en plaignait pour soi, où l'on ne supposait pas que je pusse changer, parce qu'on se sentait incapable de changement. Mais déjà je me livrais à d'ambitieux calculs, et pensais à me plonger dans les joies du riche, à devenir un personnage, à faire une belle alliance. Je me contentais de dire : Elle m'aime bien! avec la froideur d'un fat. Déjà j'étais embarrassé de savoir comment je me dégagerais de cette liaison. Cet embarras, cette honte, mènent à la cruauté; pour ne point rougir devant sa victime, l'homme qui a commencé par la blesser, la tue. Les réflexions que j'ai faites sur ces jours d'erreurs m'ont dévoilé plusieurs abîmes du cœur. Oui, croyez-moi, monsieur, ceux qui ont sondé le plus avant les vices et les vertus de la nature humaine sont des gens qui l'ont étudiée en eux-mêmes avec bonne foi. Notre conscience est le point de départ. Nous allons de nous aux hommes, jamais des hommes à nous. Quand je revins à Paris, j'habitai un hôtel que j'avais fait louer sans avoir prévenu, ni de mon changement ni de mon retour, la seule personne qui y fût intéressée. Je désirais jouer un rôle au milieu des jeunes gens à la mode. Après avoir goûté pendant quelques jours les premières délices de l'opulence, et lorsque j'en fus assez ivre pour ne pas faiblir, j'allai visiter la pauvre créature que je voulais délaisser. Aidée par le tact naturel aux femmes, elle devina mes sentiments secrets, et me cacha ses larmes. Elle dut me mépriser ; mais toujours douce et bonne, elle ne me témoigna jamais de mépris. Cette indulgence me tourmenta cruellement. Assassins de salon ou de grande route, nous aimons que nos victimes se défendent, le combat semble alors justifier leur mort. Je renouvelai d'abord très-affectueusement mes visites. Si je n'étais pas tendre, je faisais des efforts pour paraître aimable ; puis je devins insensiblement poli ; un jour, par une sorte d'accord tacite, elle me laissa la traiter comme une étrangère, et je crus avoir agi très-convenablement. Néanmoins je me livrai presque avec furie au monde, pour étouffer dans ses fêtes le peu de remords qui me restaient encore. Qui se mésestime ne saurait vivre seul, je menai donc la vie dissipée que mènent à Paris les jeunes gens qui ont de la fortune. Possédant de l'instruction et beaucoup de mémoire, je parus avoir plus d'esprit que je n'en avais réellement, et crus alors valoir mieux que les autres : les gens intéressés à me prouver que j'étais un homme supérieur me trouvèrent tout convaincu. Cette supériorité fut si facilement reconnue, que je ne pris même pas la peine de la justifier. De toutes les pratiques du monde, la louange est la plus habilement perfide. A Paris surtout, les politiques en tout genre savent étouffer un talent dès sa naissance, sous des couronnes profusément jetées dans son berceau. Je ne fis donc pas honneur à ma réputation, je ne profitai pas de ma vogue pour m'ouvrir une carrière, et ne contractai point de liaisons utiles. Je donnai dans mille frivolités de tout genre. J'eus de ces passions éphémères qui sont la honte des salons de Paris, où chacun va cherchant un amour vrai, se blase à

sa poursuite, tombe dans un libertinage de bon ton, et arrive à
s'étonner d'une passion réelle autant que le monde s'étonne d'une
belle action. J'imitais les autres, je blessais souvent des âmes fraîches et nobles par les mêmes coups qui me meurtrissaient secrètement. Malgré ces fausses apparences qui me faisaient mal juger,
il y avait en moi une intraitable délicatesse à laquelle j'obéissais
toujours. Je fus dupé dans bien des occasions où j'eusse rougi de
ne pas l'être, et je me déconsidérai par cette bonne foi de laquelle je
m'applaudissais intérieurement. En effet, le monde est plein de
respect pour l'habileté, sous quelque forme qu'elle se montre. Pour
lui, le résultat fait en tout la loi. Le monde m'attribua donc des
vices, des qualités, des victoires et des revers que je n'avais pas ;
il me prêtait des succès galants que j'ignorais ; il me blâmait
d'actions auxquelles j'étais étranger ; par fierté, je dédaignais
de démentir les calomnies, et j'acceptais par amour-propre
les médisances favorables. Ma vie était heureuse en apparence,
misérable en réalité. Sans les malheurs qui fondirent bientôt sur
moi, j'aurais graduellement perdu mes bonnes qualités et laissé
triompher les mauvaises par le jeu continuel des passions, par l'abus des jouissances qui énervent le corps, et par les détestables habitudes de l'égoïsme qui usent les ressorts de l'âme. Je me ruinai.
Voici comment. A Paris, quelle que soit la fortune d'un homme, il
rencontre toujours une fortune supérieure de laquelle il fait son
point de mire et qu'il veut surpasser. Victime de ce combat comme
tant d'écervelés, je fus obligé de vendre, au bout de quatre ans,
quelques propriétés, et d'hypothéquer les autres. Puis un coup
terrible vint me frapper. J'étais resté près de deux ans sans avoir
vu la personne que j'avais abandonnée ; mais au train dont j'allais,
le malheur m'aurait sans doute ramené vers elle. Un soir, au milieu
d'une joyeuse partie, je reçus un billet tracé par une main faible, et
qui contenait à peu près ces mots : « *Je n'ai plus que quelques moments à vivre ; mon ami, je voudrais vous voir pour connaître le
sort de mon enfant, savoir s'il sera le vôtre ; et aussi, pour adoucir les regrets que vous pourriez avoir un jour de ma mort.* »
Cette lettre me glaça, elle révélait les douleurs secrètes du passé,
comme elle renfermait les mystères de l'avenir. Je sortis, à pied,
sans attendre ma voiture, et traversai tout Paris, poussé par mes
remords, en proie à la violence d'un premier sentiment qui devint
durable aussitôt que je vis ma victime. La propreté sous laquelle

se cachait la misère de cette femme peignait les angoisses de sa vie : elle m'en épargna la honte en m'en parlant avec une noble réserve, lorsque j'eus solennellement promis d'adopter notre enfant. Cette femme mourut, monsieur, malgré les soins que je lui prodiguai, malgré toutes les ressources de la science vainement invoquée. Ces soins, ce dévouement tardif, ne servirent qu'à rendre ses derniers moments moins amers. Elle avait constamment travaillé pour élever, pour nourrir son enfant. Le sentiment maternel avait pu la soutenir contre le malheur, mais non contre le plus vif de ses chagrins, mon abandon. Cent fois elle avait voulu tenter une démarche près de moi, cent fois sa fierté de femme l'avait arrêtée ; elle se contentait de pleurer sans me maudire, en pensant que, de cet or répandu à flots pour mes caprices, pas une goutte détournée par un souvenir ne tombait dans son pauvre ménage pour aider à la vie d'une mère et de son enfant. Cette grande infortune lui avait semblé la punition naturelle de sa faute. Secondée par un bon prêtre de Saint-Sulpice, dont la voix indulgente lui avait rendu le calme, elle était venue essuyer ses larmes à l'ombre des autels et y chercher des espérances. L'amertume versée à flots par moi dans son cœur s'était insensiblement adoucie. Un jour, ayant entendu son fils disant : *Mon père !* mots qu'elle ne lui avait pas appris, elle me pardonna mon crime. Mais dans les larmes et les douleurs, dans les travaux journaliers et nocturnes, sa santé s'était affaiblie. La religion lui apporta trop tard ses consolations et le courage de supporter les maux de la vie. Elle était atteinte d'une maladie au cœur, causée par ses angoisses, par l'attente perpétuelle de mon retour, espoir toujours renaissant, quoique toujours trompé. Enfin, se voyant au plus mal, elle m'avait écrit de son lit de mort ce peu de mots exempts de reproches et dictés par la religion, mais aussi par sa croyance en ma bonté. Elle me savait, disait-elle, plus aveuglé que perverti ; elle alla jusqu'à s'accuser d'avoir porté trop loin sa fierté de femme. « Si j'eusse écrit plus tôt, me dit-elle, peut-être aurions-nous eu le temps de légitimer notre enfant par un mariage. » Elle ne souhaitait ces liens que pour son fils, et ne les eût pas réclamés si elle ne les avait sentis déjà dénoués par la mort. Mais il n'était plus temps, elle n'avait alors que peu d'heures à vivre. Monsieur, près de ce lit où j'appris à connaître le prix d'un cœur dévoué, je changeai de sentiments pour toujours. J'étais dans l'âge où les yeux ont encore des larmes. Pendant les derniers jours que dura cette vie précieuse, mes paroles, mes actions et mes pleurs attestèrent le repentir d'un homme frappé dans le cœur. Je reconnaissais trop tard l'âme d'élite que les petitesses du monde, que la futilité, l'égoïsme des femmes à la mode m'avaient appris à désirer, à chercher. Las de voir tant de masques, las d'écouter tant de mensonges, j'avais appelé l'amour vrai que me faisaient rêver des passions factices; je l'admirais là, tué par moi, sans pouvoir le retenir près de moi, quand il était encore si bien à moi. Une expérience de quatre années m'avait révélé mon propre et véritable caractère. Mon tempérament, la nature de mon imagination, mes principes religieux, moins détruits qu'endormis, mon genre d'esprit, mon cœur méconnu, tout en moi depuis quelque temps me portait à résoudre ma vie par les voluptés du cœur, et la passion par les délices de la famille, les plus vraies de toutes. A force de me débattre dans le vide d'une existence agitée sans but, de presser un plaisir toujours dénué des sentiments qui le doivent embellir, les images de la vie intime excitaient mes plus vives émotions. Ainsi la révolution qui se fit dans mes mœurs fut durable, quoique rapide. Mon esprit méridional, adultéré par le séjour de Paris, m'eût porté certes à ne point m'apitoyer sur le sort d'une pauvre fille trompée, et j'eusse ri de ses douleurs si quelque plaisant me les avait racontées en joyeuse compagnie; en France, l'horreur d'un crime disparaît toujours dans la finesse d'un bon mot; mais, en présence de cette céleste créature à qui je ne pouvais rien reprocher, toutes les subtilités se taisaient : le cercueil était là, mon enfant me souriait sans savoir que j'assassinais sa mère. Cette femme mourut, elle mourut heureuse en s'apercevant que je l'aimais, et que ce nouvel amour n'était dû ni à la pitié, ni même au lien qui nous unissait forcément. Jamais je n'oublierai les dernières heures de l'agonie où l'amour reconquis et la maternité satisfaite firent taire les douleurs. L'abondance, le luxe dont elle se vit alors entourée, la joie de son enfant qui devint plus beau dans les jolis vêtements du premier âge, furent les gages d'un heureux avenir pour ce petit être en qui elle se voyait revivre. Le vicaire de Saint-Sulpice, témoin de mon désespoir, le rendit plus profond en ne me donnant pas de consolations banales, en me faisant apercevoir la gravité de mes obligations; mais je n'avais pas besoin d'aiguillon, ma conscience me parlait assez haut. Une femme s'était fiée à moi noblement, et je lui avais menti en lui disant que je l'aimais, alors que je la trahissais ; j'avais causé toutes les douleurs d'une pauvre fille qui, après avoir accepté les humiliations du monde, devait m'être sacrée ; elle mourait en me pardonnant, en oubliant tous ses maux, parce qu'elle s'endormait sur la parole d'un homme qui déjà lui avait manqué de parole. Après m'avoir donné sa foi de jeune fille, Agathe avait encore trouvé dans son cœur la foi de la mère à me livrer. Oh ! monsieur, cet enfant ! son enfant ! Dieu seul peut savoir ce qu'il fut pour moi. Ce cher petit être était, comme sa mère, gracieux dans ses mouvements, dans sa parole, dans ses idées ; mais pour moi n'était-il pas plus qu'un enfant ! Ne fut-il pas mon pardon, mon honneur ! je le chérissais comme père, je voulais encore l'aimer comme l'eût aimé sa mère, et changer mes remords en bonheur, si je parvenais à lui faire croire qu'il n'avait pas cessé d'être sur le sein maternel ; ainsi, je tenais à lui par tous les liens humains et par toutes les espérances religieuses. J'ai donc eu dans le cœur tout ce que Dieu a mis de tendresse chez les mères. La voix de cet enfant me faisait tressaillir, je le regardais endormi pendant long-temps avec une joie toujours renaissante, et souvent une larme tombait sur son front ; je l'avais habitué à venir faire sa prière sur mon lit dès qu'il s'éveillait. Combien de douces émotions m'a données la simple et pure prière du *Pater noster* dans la bouche fraîche et pure de cet enfant ; mais aussi combien d'émotions terribles ! Un matin, après avoir dit : « *Notre père qui êtes aux cieux...* » il s'arrêta : « Pourquoi pas *notre mère ?* » me demanda-t-il. Ce mot me terrassa. J'adorais mon fils, et j'avais déjà semé dans sa vie plusieurs causes d'infortune. Quoique les lois aient reconnu les fautes de la jeunesse et les aient presque protégées, en donnant à regret une existence légale aux enfants naturels, le monde a fortifié par d'insurmontables préjugés les répugnances de la loi. De cette époque, monsieur, datent les réflexions sérieuses que j'ai faites sur la base des sociétés, sur leur mécanisme, sur les devoirs de l'homme, sur la moralité qui doit animer les citoyens. Le Génie embrasse tout d'abord ces liens entre les sentiments de l'homme et les destinées de la société ; la Religion inspire aux bons esprits les principes nécessaires au bonheur ; mais le Repentir seul les dicte aux imaginations fougueuses : le repentir m'éclaira. Je ne vécus que pour un enfant et par cet enfant, je fus conduit à méditer sur les grandes questions sociales. Je résolus de l'armer person-

nellement par avance de tous les moyens de succès, afin de préparer
sûrement son élévation. Ainsi, pour lui apprendre l'anglais, l'allemand, l'italien et l'espagnol, je mis successivement autour de lui
des gens de ces divers pays, chargés de lui faire contracter, dès son
enfance, la prononciation de leur langue. Je reconnus avec joie en
lui d'excellentes dispositions dont je profitai pour l'instruire en
jouant. Je ne voulus pas laisser pénétrer une seule idée fausse
dans son esprit, je cherchai surtout à l'accoutumer de bonne heure
aux travaux de l'intelligence, à lui donner ce coup d'œil rapide et
sûr qui généralise, et cette patience qui descend jusque dans le
moindre détail des spécialités ; enfin, je lui ai appris à souffrir et à
se taire. Je ne permettais pas qu'un mot impur ou seulement impropre fût prononcé devant lui. Par mes soins, les hommes et les
choses dont il était entouré contribuèrent à lui ennoblir, à lui élever l'âme, à lui donner l'amour du vrai, l'horreur du mensonge,
à le rendre simple et naturel en paroles, en actions, en manières.
La vivacité de son imagination lui faisait promptement saisir les
leçons extérieures, comme l'aptitude de son intelligence lui rendait ses autres études faciles. Quelle jolie plante à cultiver ! Combien de joie ont les mères ! j'ai compris alors comment la sienne
avait pu vivre et supporter son malheur. Voilà, monsieur, le plus
grand événement de ma vie, et maintenant j'arrive à la catastrophe
qui m'a précipité dans ce canton. Maintenant je vais donc vous
dire l'histoire la plus vulgaire, la plus simple du monde, mais pour
moi la plus terrible. Après avoir donné pendant quelques années
tous mes soins à l'enfant de qui je voulais faire un homme, ma
solitude m'effraya ; mon fils grandissait, il allait m'abandonner.
L'amour était dans mon âme un principe d'existence. J'éprouvais
un besoin d'affection qui, toujours trompé, renaissait plus fort et
croissait avec l'âge. En moi se trouvaient alors toutes les conditions d'un attachement vrai. J'avais été éprouvé, je comprenais et
les félicités de la constance et le bonheur de changer un sacrifice
en plaisir, la femme aimée devait toujours être la première dans
mes actions et dans mes pensées. Je me complaisais à ressentir
imaginairement un amour arrivé à ce degré de certitude où les
émotions pénètrent si bien deux êtres, que le bonheur a passé dans
la vie, dans les regards, dans les paroles, et ne cause plus aucun
choc. Cet amour est alors dans la vie comme le sentiment religieux
est dans l'âme, il l'anime, la soutient et l'éclaire. Je comprenais

l'amour conjugal autrement que ne le comprend la plupart des hommes, et je trouvais que sa beauté, que sa magnificence gît précisément en ces choses qui le font périr dans une foule de ménages. Je sentais vivement la grandeur morale d'une vie à deux assez intimement partagée pour que les actions les plus vulgaires n'y soient plus un obstacle à la perpétuité des sentiments. Mais où rencontrer des cœurs à battements assez parfaitement isochrones, passez-moi cette expression scientifique, pour arriver à cette union céleste? s'il en existe, la nature ou le hasard les jettent à de si grandes distances, qu'ils ne peuvent se joindre, ils se connaissent trop tard ou sont trop tôt séparés par la mort. Cette fatalité doit avoir un sens, mais je ne l'ai jamais cherché. Je souffre trop de ma blessure pour l'étudier. Peut-être le bonheur parfait est-il un monstre qui ne perpétuerait pas notre espèce. Mon ardeur pour un mariage de ce genre était excitée par d'autres causes. Je n'avais point d'amis. Pour moi le monde était désert. Il est en moi quelque chose qui s'oppose au doux phénomène de l'union des âmes. Quelques personnes m'ont recherché, mais rien ne les ramenait près de moi, quelques efforts que je fisse vers elles. Pour beaucoup d'hommes, j'ai fait taire ce que le monde appelle la supériorité ; je marchais de leur pas, j'épousais leurs idées, je riais de leur rire, j'excusais les défauts de leur caractère; si j'eusse obtenu la gloire, je la leur aurais vendue pour un peu d'affection. Ces hommes m'ont quitté sans regrets. Tout est piége et douleur à Paris pour les âmes qui veulent y chercher des sentiments vrais. Là où dans le monde se posaient mes pieds, le terrain se brûlait autour de moi. Pour les uns, ma complaisance était faiblesse ; si je leur montrais les griffes de l'homme qui se sentait de force à manier un jour le pouvoir, j'étais méchant; pour les autres, ce rire délicieux qui cesse à vingt ans, et auquel plus tard nous avons presque honte de nous livrer, était un sujet de moquerie, je les amusais. De nos jours, le monde s'ennuie et veut néanmoins de la gravité dans les plus futiles discours. Horrible époque! où l'on se courbe devant un homme poli, médiocre et froid que l'on hait, mais à qui l'on obéit. J'ai découvert plus tard les raisons de ces inconséquences apparentes. La médiocrité, monsieur, suffit à toutes les heures de la vie; elle est le vêtement journalier de la société; tout ce qui sort de l'ombre douce projetée par les gens médiocres est quelque chose de trop éclatant; le génie, l'originalité, sont des bijoux que l'on serre et que l'on garde pour s'en parer à certains jours. Enfin, monsieur, solitaire au milieu de Paris, ne pouvant rien trouver dans le monde, qui ne me rendait rien quand je lui livrais tout; n'ayant pas assez de mon enfant pour satisfaire mon cœur, parce que j'étais homme; un jour où je sentis ma vie se refroidir, où je pliai sous le fardeau de mes misères secrètes, je rencontrai la femme qui devait me faire connaître l'amour dans sa violence, les respects pour un amour avoué, l'amour avec ses fécondes espérances de bonheur, enfin l'amour ! J'avais renoué connaissance avec le vieil ami de mon père, qui jadis prenait soin de mes intérêts ; ce fut chez lui que je vis la jeune personne pour laquelle je ressentis un amour qui devait durer autant que ma vie. Plus l'homme vieillit, monsieur, plus il reconnaît la prodigieuse influence des idées sur les événements. Des préjugés fort respectables, engendrés par de nobles idées religieuses, furent la cause de mon malheur. Cette jeune fille appartenait à une famille extrêmement pieuse dont les opinions catholiques étaient dues à l'esprit d'une secte improprement appelée janséniste, et qui causa jadis des troubles en France ; vous savez pourquoi ?

— Non, dit Genestas.

— Jansénius, évêque d'Ypres, fit un livre où l'on crut trouver des propositions en désaccord avec les doctrines du Saint-Siège. Plus tard les propositions textuelles ne semblèrent plus offrir d'hérésie, quelques auteurs allèrent même jusqu'à nier l'existence matérielle des maximes. Ces débats insignifiants firent naître dans l'Église gallicane deux partis, celui des jansénistes, et celui des jésuites. Des deux côtés se rencontrèrent de grands hommes. Ce fut une lutte entre deux corps puissants. Les jansénistes accusèrent les jésuites de professer une morale trop relâchée, et affectèrent une excessive pureté de mœurs et de principes; les jansénistes furent donc en France des espèces de puritains catholiques, si toutefois ces deux mots peuvent s'allier. Pendant la Révolution française il se forma, par suite du schisme peu important qu'y produisit le Concordat, une congrégation de catholiques purs qui ne reconnurent pas les évêques institués par le pouvoir révolutionnaire et par les transactions du pape. Ce troupeau de fidèles forma ce que l'on nomme la *petite Église* dont les ouailles professèrent, comme les jansénistes, cette exemplaire régularité de vie, qui semble être une loi nécessaire à l'existence de toutes les sectes proscrites et persécutées. Plusieurs familles jansénistes appartenaient à la petite

Église. Les parents de cette jeune fille avaient embrassé ces deux puritanismes également sévères qui donnent au caractère et à la physionomie quelque chose d'imposant ; car le propre des doctrines absolues est d'agrandir les plus simples actions en les rattachant à la vie future ; de là cette magnifique et suave pureté du cœur, ce respect des autres et de soi ; de là je ne sais quel chatouilleux sentiment du juste et de l'injuste ; puis une grande charité, mais aussi l'équité stricte, et pour tout dire implacable ; enfin une profonde horreur pour les vices, surtout pour le mensonge qui les comprend tous. Je ne me souviens pas d'avoir connu de moments plus délicieux que ceux pendant lesquels j'admirai pour la première fois, chez mon vieil ami, la jeune fille vraie, timide, façonnée à toutes les obéissances, en qui éclataient toutes les vertus particulières à cette secte, sans qu'elle en témoignât néanmoins aucun orgueil. Sa taille souple et déliée donnait à ses mouvements une grâce que son rigorisme ne pouvait atténuer ; la coupe de son visage avait les distinctions, et ses traits avaient la finesse d'une jeune personne appartenant à une famille noble ; son regard était à la fois doux et fier, son front était calme ; puis sur sa tête s'élevaient des cheveux abondants, simplement nattés, qui lui servaient à son insu de parure. Enfin, capitaine, elle m'offrit le type d'une perfection que nous trouvons toujours dans la femme de qui nous sommes épris ; pour l'aimer, ne faut-il pas rencontrer en elle les caractères de cette beauté rêvée qui concorde à nos idées particulières ? Quand je lui adressai la parole, elle me répondit simplement, sans empressement ni fausse honte, en ignorant le plaisir que causaient les harmonies de son organe et de ses dons extérieurs. Tous ces anges ont les mêmes signes auxquels le cœur les reconnaît : même douceur de voix, même tendresse dans le regard, même blancheur de teint, quelque chose de joli dans les gestes. Ces qualités s'harmonient, se fondent et s'accordent pour charmer sans qu'on puisse saisir en quoi consiste le charme. Une âme divine s'exhale par tous les mouvements. J'aimai passionnément. Cet amour réveilla, satisfit les sentiments qui m'agitaient : ambition, fortune, tous mes rêves, enfin ! Belle, noble, riche et bien élevée, cette jeune fille possédait les avantages que le monde exige arbitrairement d'une femme placée dans la haute position où je voulais arriver ; instruite, elle s'exprimait avec cette spirituelle éloquence à la fois rare et commune en France, où chez beaucoup de femmes, les plus jolis mots sont vides, tandis qu'en elle l'esprit était plein de sens. Enfin, elle avait surtout un sentiment profond de sa dignité qui imprimait le respect; je ne sais rien de plus beau pour une épouse. Je m'arrête, capitaine! on ne peint jamais que très-imparfaitement une femme aimée; entre elle et nous il préexiste des mystères qui échappent à l'analyse. Ma confidence fut bientôt faite à mon vieil ami, qui me présenta dans la famille, où il m'appuya de sa respectable autorité. Quoique reçu d'abord avec cette froide politesse particulière aux personnes exclusives qui n'abandonnent plus les amis qu'elles ont une fois adoptés, plus tard je parvins à être accueilli familièrement. Je dus sans doute ce témoignage d'estime à la conduite que je tins en cette occurrence. Malgré ma passion, je ne fis rien qui pût me déshonorer à mes yeux, je n'eus aucune complaisance servile, je ne flattai point ceux de qui dépendait ma destinée, je me montrai tel que j'étais, et homme avant tout. Lorsque mon caractère fut bien connu, mon vieil ami, désireux autant que moi de voir finir mon triste célibat, parla de mes espérances, auxquelles on fit un favorable accueil, mais avec cette finesse dont se dépouillent rarement les gens du monde, et dans le désir de me procurer un *bon mariage*, expression qui fait d'un acte si solennel une sorte d'affaire commerciale où l'un des deux époux cherche à tromper l'autre, le vieillard garda le silence sur ce qu'il nommait une erreur de ma jeunesse. Selon lui, l'existence de mon enfant exciterait des répulsions morales en comparaison desquelles la question de fortune ne serait rien et qui détermineraient une rupture. Il avait raison. « Ce sera, me dit-il, une affaire qui s'arrangera très-bien entre vous et votre femme, de qui vous obtiendrez facilement une belle et bonne absolution. » Enfin, pour étouffer mes scrupules, il n'oublia aucun des captieux raisonnements que suggère la sagesse habituelle du monde. Je vous avouerai, monsieur, que, malgré ma promesse, mon premier sentiment me porta loyalement à tout découvrir au chef de la famille; mais sa rigidité me fit réfléchir, et les conséquences de cet aveu m'effrayèrent; je transigeai lâchement avec ma conscience, je résolus d'attendre, et d'obtenir de ma prétendue assez de gages d'affection pour que mon bonheur ne fût pas compromis par cette terrible confidence. Ma résolution de tout avouer dans un moment opportun légitima les sophismes du monde et ceux du prudent vieillard. Je fus donc, à l'insu des amis de la maison, admis comme un futur époux chez les parents de la jeune fille. Le caractère distinctif de ces pieuses familles est une discrétion sans bornes, et l'on s'y tait sur toutes les choses, même sur les indifférentes. Vous ne sauriez croire, monsieur, combien cette gravité douce, répandue dans les moindres actions, donne de profondeur aux sentiments. Là, les occupations étaient toutes utiles ; les femmes employaient leur loisir à faire du linge pour les pauvres ; la conversation n'était jamais frivole, mais le rire n'en était pas banni, quoique les plaisanteries y fussent simples et sans mordant. Les discours de ces Orthodoxes semblaient d'abord étranges, dénués du piquant que la médisance et les histoires scandaleuses donnent aux conversations du monde ; car le père et l'oncle lisaient seuls les journaux, et jamais ma prétendue n'avait jeté les yeux sur ces feuilles, dont la plus innocente parle encore des crimes ou des vices publics ; mais plus tard l'âme éprouvait, dans cette pure atmosphère, l'impression que nos yeux reçoivent des couleurs grises, un doux repos, une suave quiétude. Cette vie était en apparence d'une monotonie effrayante. L'aspect intérieur de cette maison avait quelque chose de glacial : j'y voyais chaque jour tous les meubles, même les plus usagers, exactement placés de la même façon, et les moindres objets toujours également propres. Néanmoins cette manière de vivre attachait fortement. Après avoir vaincu la première répugnance d'un homme habitué aux plaisirs de la variété, du luxe et du mouvement parisien, je reconnus les avantages de cette existence ; elle développe les idées dans toute leur étendue, et provoque d'involontaires contemplations ; le cœur y domine, rien ne le distrait, il finit par y apercevoir je ne sais quoi d'immense autant que la mer. Là, comme dans les cloîtres, en retrouvant sans cesse les mêmes choses, la pensée se détache nécessairement des choses et se reporte sans partage vers l'infini des sentiments. Pour un homme aussi sincèrement épris que je l'étais, le silence, la simplicité de la vie, la répétition presque monastique des mêmes actes accomplis aux mêmes heures, donnèrent plus de force à l'amour. Par ce calme profond, les moindres mouvements, une parole, un geste acquéraient un intérêt prodigieux. En ne forçant rien dans l'expression des sentiments, un sourire, un regard offrent, à des cœurs qui s'entendent, d'inépuisables images pour peindre leurs délices et leurs misères. Aussi ai-je compris alors que le langage, dans la magnificence de ses phrases, n'a rien d'aussi varié, d'aussi éloquent que la correspondance des regards et l'harmonie des sourires. Combien de fois n'ai-je pas tenté de faire passer mon âme dans mes yeux ou sur mes lèvres, en me trouvant obligé de taire et de dire tout ensemble la violence de mon amour à une jeune fille qui, près de moi, restait constamment tranquille, et à laquelle le secret de ma présence au logis n'avait pas encore été révélé : car ses parents voulaient lui laisser son libre arbitre dans l'acte le plus important de sa vie. Mais quand on éprouve une passion vraie, la présence de la personne aimée n'assouvit-elle pas nos désirs les plus violents? quand nous sommes admis devant elle, n'est-ce pas le bonheur du chrétien devant Dieu ? Voir, n'est-ce pas adorer? Si, pour moi, plus que pour tout autre, ce fut un supplice de ne pas avoir le droit d'exprimer les élans de mon cœur ; si je fus forcé d'y ensevelir ces brûlantes paroles qui trompent de plus brûlantes émotions en les exprimant ; néanmoins cette contrainte, en emprisonnant ma passion, la fit saillir plus vive dans les petites choses, et les moindres accidents contractèrent alors un prix excessif. L'admirer pendant des heures entières, attendre une réponse et savourer long-temps les modulations de sa voix pour y chercher ses plus secrètes pensées ; épier le tremblement de ses doigts quand je lui présentais quelque objet qu'elle avait cherché, imaginer des prétextes pour effleurer sa robe ou ses cheveux, pour lui prendre la main, pour la faire parler plus qu'elle ne le voulait ; tous ces riens étaient de grands événements. Pendant ces sortes d'extases, les yeux, le geste, la voix apportaient à l'âme d'inconnus témoignages d'amour. Tel fut mon langage, le seul que me permît la réserve froidement virginale de cette jeune fille ; car ses manières ne changeaient pas, elle était bien toujours avec moi comme une sœur est avec son frère ; seulement, à mesure que ma passion grandissait, le contraste entre mes paroles et les siennes, entre mes regards et les siens, devenait plus frappant, et je finis par deviner que ce timide silence était le seul moyen qui pût servir à cette jeune fille pour exprimer ses sentiments. N'était-elle pas toujours dans le salon quand j'y venais? n'y restait-elle pas durant ma visite attendue et pressentie peut-être ! cette fidélité silencieuse n'accusait-elle pas le secret de son âme innocente? Enfin, n'écoutait-elle pas mes discours avec un plaisir qu'elle ne savait pas cacher? La naïveté de nos manières et la mélancolie de notre amour finirent sans doute par impatienter les parents, qui, me voyant presque aussi timide que l'était leur fille, me jugèrent favorablement, et me regardèrent comme un homme digne de leur estime. Le père et la mère se confièrent à mon vieil ami, lui dirent de moi les choses les plus flatteuses : j'étais devenu leur fils d'adoption, ils admiraient surtout la moralité de mes sentiments. Il est vrai qu'alors je m'étais retrouvé jeune. Dans ce monde religieux et pur, l'homme de trente-deux ans redevenait l'adolescent plein de croyances. L'été finissait, des occupations avaient retenu cette famille à Paris contre ses habitudes ; mais, au mois de septembre elle fut libre de partir pour une terre située en Auvergne, et le père me pria de venir habiter, pendant deux mois, un vieux château perdu dans les montagnes du Cantal. Quand cette amicale invitation me fut faite, je ne répondis pas tout d'abord. Mon hésitation me valut la plus douce, la plus délicieuse des expressions involontaires par lesquelles une modeste jeune fille puisse trahir les mystères de son cœur. Évelina...

Dieu ! s'écria Benassis, qui resta pensif et silencieux.

— Pardonnez-moi, capitaine Bluteau, reprit-il après une longue pause. Voici la première fois, depuis douze ans, que je prononce un nom qui voltige toujours dans ma pensée, et qu'une voix me crie souvent pendant mon sommeil. Évelina donc, puisque je l'ai nommée, leva la tête par un mouvement dont la rapidité brève contrastait avec la douceur innée de ses gestes ; elle me regarda sans fierté, mais avec une inquiétude douloureuse ; elle rougit et baissa les yeux. La lenteur avec laquelle elle déplia ses paupières me causa je ne sais quel plaisir jusqu'alors ignoré. Je ne pus répondre que d'une voix entrecoupée, en balbutiant. L'émotion de mon cœur parla vivement au sien, et elle me remercia par un regard doux, presque humide. Nous nous étions tout dit. Je suivis la famille à sa terre. Depuis le jour où nos cœurs s'étaient entendus, les choses avaient pris un nouvel aspect autour de nous ; rien ne nous fut plus indifférent. Quoique l'amour vrai soit toujours le même, il doit emprunter des formes à nos idées, et se trouver ainsi constamment semblable et dissemblable à lui-même en chaque être de qui la passion devient une œuvre unique où s'expriment ses sympathies. Aussi le philosophe, le poëte, savent-ils seuls la profondeur de cette définition de l'amour devenue vulgaire : un égoïsme à deux. Nous nous aimons nous-même en *l'autre*. Mais si l'expression de l'amour est tellement diverse que chaque couple d'amants n'a pas son semblable dans la succession des temps, il obéit néanmoins au même mode dans ses expansions. Ainsi les jeunes filles, même la plus religieuse, la plus chaste de toutes, emploient le même langage, et ne diffèrent que par la grâce des idées. Seulement, là où, pour une autre, l'innocente confidence de ses émotions eût été naturelle, Évelina y voyait une concession faite à des sentiments tumultueux qui l'emportaient sur le calme habituel de sa religieuse jeunesse, le plus furtif regard semblait lui être violemment arraché par l'amour. Cette lutte constante entre son cœur et ses principes donnait au moindre événement de sa vie, si tranquille à la surface et si profondément agitée, un caractère de force bien supérieur aux exagérations des jeunes filles de qui les manières sont promptement faussées par les mœurs mondaines. Pendant le voyage, Évelina trouvait à la nature des beautés dont elle parlait avec admiration. Lorsque nous ne croyons pas avoir le droit d'exprimer le bonheur causé par la présence de l'être aimé, nous déversons les sensations dont surabonde notre cœur dans les objets extérieurs que nos sentiments cachés embellissent. La poésie des sites qui passaient sous nos yeux était alors pour nous deux un truchement bien compris, et les éloges que nous leur donnions contenaient pour nos âmes les secrets de notre amour. A plusieurs reprises, la mère d'Évelina se plut à embarrasser sa fille par quelques malices de femme : — « Vous avez passé vingt fois dans cette vallée, ma chère enfant, sans paraître l'admirer, lui dit-elle après une phrase un peu trop chaleureuse d'Évelina. — Ma mère, je n'étais sans doute pas arrivée à l'âge où l'on sait apprécier ces sortes de beautés. » Pardonnez-moi ce détail sans charme pour vous, capitaine ; mais cette réponse si simple me causa des joies inexprimables, toutes puisées dans le regard qui me fut adressé. Ainsi, tel village éclairé par le soleil levant, telle ruine couverte de lierre que nous avons contemplée ensemble, servirent à empreindre plus fortement dans nos âmes par la souvenance d'une chose matérielle de douces émotions où pour nous il allait de tout notre avenir. Nous arrivâmes au château patrimonial, où je restai pendant quarante jours environ. Ce temps, monsieur, est la seule part de bonheur complet que le ciel m'ait accordée. Je savourai des plaisirs inconnus aux habitants des villes. Ce fut tout le bonheur qu'ont deux amants à vivre sous le même toit, à s'épouser par avance, à marcher de compagnie à travers les champs, à pouvoir être seuls parfois, à s'asseoir sous un arbre au fond de quelque jolie petite vallée, à y regarder les constructions d'un vieux moulin, à s'arracher quelques confidences, vous savez, de ces petites causeries douces par lesquelles on s'avance tous les jours un peu plus dans le cœur l'un de l'autre. Ah ! monsieur, la vie en plein air, les beautés du ciel et de la terre, s'accordent si bien avec la perfection et les délices de l'âme ! Se sourire en contemplant les cieux, mêler des paroles simples aux chants des oiseaux sous la feuillée humide, revenir au logis à pas lents en écoutant les sons de la cloche qui vous rappelle trop tôt, admirer ensemble un petit détail de paysage, suivre les caprices d'un insecte, examiner une mouche d'or, une fragile création que tient une jeune fille aimante et pure, n'est-ce pas être attiré tous les jours un peu plus haut dans les cieux? Il y eut pour moi, dans ces quarante jours de bonheur, des souvenirs à colorer toute une vie, souvenirs d'autant plus beaux et plus vastes, que jamais depuis je ne devais être compris. Aujourd'hui, des images simples en apparence, mais pleines de signifiances amères pour un cœur brisé, m'ont rappelé des amours évanouis, mais non pas oubliés. Je ne sais si vous avez remarqué l'effet du soleil couchant sur la chaumière du petit Jacques. En un moment les feux du soleil ont fait resplendir la nature, puis soudain le paysage est devenu sombre et noir. Ces deux aspects si différents me présentaient un fidèle tableau de cette période de mon histoire. Monsieur, je reçus d'elle le premier, le seul et sublime témoignage qu'il soit permis à une jeune fille innocente de donner ; et qui, plus furtif il est, plus il engage : suave promesse d'amour, souvenir du langage parlé dans un monde meilleur ! Sûr alors d'être aimé, je jurai de tout dire, de ne pas avoir un secret pour elle, j'eus honte d'avoir tant tardé à lui raconter les chagrins que je m'étais créés. Par malheur, le lendemain de cette bonne journée, une lettre du précepteur de mon fils me fit trembler pour une vie qui m'était si chère. Je partis sans dire mon secret à Évelina, sans donner à la famille d'autre motif que celui d'une affaire grave. En mon absence, les parents s'alarmèrent. Craignant que je n'eusse quelques engagements de cœur, ils écrivirent à Paris pour prendre des informations sur mon compte. Inconséquents avec leurs principes religieux, ils se défièrent de moi, sans me mettre à même de dissiper leurs soupçons ; un de leurs amis les instruisit, à mon insu, des événements

de ma jeunesse, envenima mes fautes, insista sur l'existence de
mon enfant, que, disait-il, j'avais à dessein cachée. Lorsque j'écrivis à mes futurs parents, je ne reçus pas de réponse; ils revinrent
à Paris, je me présentai chez eux, je ne fus pas reçu. Alarmé, j'envoyai mon vieil ami savoir la raison d'une conduite à laquelle je ne
comprenais rien. Lorsqu'il en apprit la cause, le bon vieillard se
dévoua noblement, il assuma sur lui la forfaiture de mon silence,
voulut me justifier et ne put rien obtenir. Les raisons d'intérêt et
de morale étaient trop graves pour cette famille, ses préjugés
étaient trop arrêtés, pour la faire changer de résolution. Mon désespoir fut sans bornes. D'abord je tâchai de conjurer l'orage;
mais mes lettres me furent renvoyées sans avoir été ouvertes. Lorsque tous les moyens humains furent épuisés; quand le père et la
mère eurent dit au vieillard, auteur de mon infortune, qu'ils refuseraient éternellement d'unir leur fille à un homme qui avait à
se reprocher la mort d'une femme et la vie d'un enfant naturel,
même quand Évelina les implorerait à genoux, alors, monsieur, il
ne me resta plus qu'un dernier espoir, faible comme la branche
de saule à laquelle s'attache un malheureux quand il se noie. J'osai
croire que l'amour d'Évelina serait plus fort que les résolutions paternelles, et qu'elle saurait vaincre l'inflexibilité de ses parents;
son père pouvait lui avoir caché les motifs du refus qui tuait notre
amour, je voulus qu'elle décidât de mon sort en connaissance de
cause, je lui écrivis. Hélas! monsieur, dans les larmes et la douleur,
je traçai, non sans de cruelles hésitations, la seule lettre d'amour
que j'aie jamais faite. Je ne sais plus que vaguement aujourd'hui ce
que me dicta le désespoir; sans doute, je disais à mon Évelina que, si
elle avait été sincère et vraie, elle ne pouvait, elle ne devait jamais
aimer que moi; sa vie n'était-elle pas manquée, n'était-elle pas condamnée à mentir à son futur époux ou à moi? ne trahissait-elle pas
les vertus de la femme, en refusant à son amant méconnu le même
dévouement qu'elle aurait déployé pour lui, si le mariage accompli
dans nos cœurs se fût célébré? et quelle femme n'aimerait à se
trouver plus liée par les promesses du cœur que par les chaînes de la
loi? Je justifiai mes fautes en invoquant toutes les puretés de l'innocence, sans rien oublier de ce qui pouvait attendrir une âme
noble et généreuse. Mais, puisque je vous avoue tout, je vais vous
aller chercher sa réponse et ma dernière lettre, dit Benassis en sortant pour monter à sa chambre!

Il revint bientôt en tenant à la main un portefeuille usé, duquel il ne tira pas sans une émotion profonde des papiers mal en ordre et qui tremblèrent dans ses mains.

— Voici la fatale lettre, dit-il. L'enfant qui traça ces caractères ne savait pas de quelle importance serait pour moi le papier qui contient ses pensées. Voici, dit-il en montrant une autre lettre, le dernier cri qui me fut arraché par mes souffrances, et vous en jugerez tout à l'heure. Mon vieil ami porta ma supplication, la remit en secret, humilia ses cheveux blancs en priant Évelina de la lire, d'y répondre. et voici ce qu'elle m'écrivit : « Monsieur.... »

— Moi qui naguère étais son *aimé*, nom chaste trouvé par elle pour exprimer un chaste amour, elle m'appelait *monsieur !* Ce seul mot disait tout. Mais écoutez la lettre. « Il est bien cruel pour
« une jeune fille d'apercevoir de la fausseté dans l'homme à qui
« sa vie doit être confiée ; néanmoins j'ai dû vous excuser, nous
« sommes si faibles ! Votre lettre m'a touchée, mais ne m'écri-
« vez plus, votre écriture me cause des troubles que je ne puis
« supporter. Nous sommes séparés pour toujours. Les raisons
« que vous m'avez données m'ont séduite, elles ont étouffé le sen-
« timent qui s'était élevé dans mon âme contre vous, j'aimais
« tant à vous savoir pur ! Mais vous et moi, nous nous sommes
« trouvés trop faibles en présence de mon père ! Oui, monsieur,
« j'ai osé parlé en votre faveur. Pour supplier mes parents, il
« m'a fallu surmonter les plus grandes terreurs qui m'aient agi-
« tée, et presque mentir aux habitudes de ma vie. Maintenant, je
« cède encore à vos prières, et me rends coupable en vous répon-
« dant à l'insu de mon père ; mais ma mère le sait ; son indul-
« gence, en me laissant libre d'être seule un moment avec vous,
« m'a prouvé combien elle m'aimait, et m'a fortifiée dans mon res-
« pect pour les volontés de la famille, que j'étais bien près de mé-
« connaître. Aussi, monsieur, vous écrivé-je pour la première et
« dernière fois. Je vous pardonne sans arrière-pensée les malheurs
« que vous avez semés dans ma vie. Oui, vous avez raison, un pre-
« mier amour ne s'efface pas. Je ne suis plus une pure jeune fille,
« je ne saurais être une chaste épouse. J'ignore donc qu'elle sera
« ma destinée. Vous le voyez, monsieur, l'année que vous avez rem-
« plie aura de longs retentissements dans l'avenir ; mais je ne vous
« accuse point. Je serai toujours aimée ! pourquoi me l'avoir dit ?

« ces paroles calmeront-elles l'âme agitée d'une pauvre fille soli-
« taire? Ne m'avez-vous pas déjà perdue dans ma vie future, en
« me donnant des souvenirs qui reviendront toujours ! Si mainte-
« nant je ne puis être qu'à Jésus, acceptera-t-il un cœur déchiré ?
« Mais il ne m'a pas envoyé vainement ses afflictions, il a ses des-
« seins, et voulait sans doute m'appeler à lui, lui mon seul refuge
« aujourd'hui. Monsieur, il ne me reste rien sur cette terre. Vous,
« pour tromper vos chagrins, vous avez toutes les ambitions natu-
« relles à l'homme. Ceci n'est point un reproche, mais une sorte de
« consolation religieuse. Je pense que si nous portons en ce mo-
« ment un fardeau blessant, j'en ai la part la plus pesante. CELUI
« en qui j'ai mis tout mon espoir, et de qui vous ne sauriez être ja-
« loux, a noué notre vie ; il saura la dénouer suivant ses volontés.
« Je me suis aperçu que vos croyances religieuses n'étaient pas as-
« sises sur cette foi vive et pure qui nous aide à supporter ici-bas
« nos maux. Monsieur, si Dieu daigne exaucer les vœux d'une cons-
« tante et fervente prière, il vous accordera les dons de sa lu-
« mière. Adieu, vous qui avez dû être mon guide, vous que j'ai pu
« nommer *mon aimé* sans crime, et pour qui je puis encore prier
« sans honte. Dieu dispose à son gré de nos jours, il pourrait vous
« appeler à lui le premier de nous deux ; mais si je restais seule au
« monde, eh ! bien, monsieur, confiez-moi cet enfant. »

— Cette lettre, pleine de sentiments généreux, trompait mes espérances, reprit Benassis. Aussi d'abord n'écoutai-je que ma douleur ; plus tard, j'ai respiré le parfum que cette jeune fille essayait
de jeter sur les plaies de mon âme en s'oubliant elle-même ; mais,
dans le désespoir, je lui écrivis un peu durement.

« Mademoiselle, ce seul mot vous dit que je renonce à vous et que
« je vous obéis ! Un homme trouve encore je ne sais quelle affreuse
« douceur à obéir à la personne aimée, alors même qu'elle lui or-
« donne de la quitter. Vous avez raison, et je me condamne moi-
« même. J'ai jadis méconnu le dévouement d'une jeune fille, ma pas-
« sion doit être aujourd'hui méconnue. Mais je ne croyais pas que la
« seule femme à qui j'eusse fait don de mon âme se chargeât d'exercer
« cette vengeance. Je n'aurais jamais soupçonné tant de dureté, de
« vertu peut-être, dans un cœur qui me paraissait et si tendre et si
« aimant. Je viens de connaître l'étendue de mon amour, il a ré-
« sisté à la plus inouïe de toutes les douleurs, au mépris que vous
« me témoignez en rompant sans regret les liens par lesquels nous

« nous étions unis. Adieu pour jamais. Je garde l'humble fierté du
« repentir, et vais chercher une condition où je puisse expier des
« fautes pour lesquelles vous, mon interprète dans les cieux, avez
« été sans pitié. Dieu sera peut-être moins cruel que vous ne l'êtes.
« Mes souffrances, souffrances pleines de vous, puniront un cœur
« blessé qui saignera toujours dans la solitude ; car, aux cœurs
« blessés, l'ombre et le silence. Aucune autre image d'amour ne
« s'imprimera plus dans mon cœur. Quoique je ne sois pas femme,
« j'ai compris comme vous qu'en disant : *Je t'aime*, je m'engageais
« pour toute ma vie. Oui, ces mots prononcés à l'oreille de *mon ai-*
« *mée* n'étaient pas un mensonge ; si je pouvais changer, elle aurait
« raison dans ses mépris ; vous serez donc à jamais l'idole de ma
« solitude. Le repentir et l'amour sont deux vertus qui doivent in-
« spirer toutes les autres ; ainsi, malgré les abîmes qui vont nous
« séparer, vous serez toujours le principe de mes actions. Quoique
« vous ayez rempli mon cœur d'amertume, il ne s'y trouvera point
« contre vous de pensées amères; ne serait-ce pas mal commencer
« mes nouvelles œuvres que de ne pas épurer mon âme de tout le-
« vain mauvais ? Adieu donc, vous, le seul cœur que j'aime en ce
« monde et d'où je suis chassé. Jamais adieu n'aura embrassé plus
« de sentiments ni plus de tendresse ; n'emporte-t-il pas une âme
« et une vie qu'il n'est au pouvoir de personne de ranimer ? Adieu,
« à vous la paix, à moi tout le malheur ! »

Ces deux lettres lues, Genestas et Benassis se regardèrent pendant un moment, en proie à de tristes pensées qu'ils ne se communiquèrent point.

— Après avoir envoyé cette dernière lettre dont le brouillon est conservé, comme vous voyez, et qui, pour moi, représente aujourd'hui toutes mes joies, mais flétries, reprit Benassis, je tombai dans un abattement inexprimable. Les liens qui peuvent ici-bas attacher un homme à l'existence se trouvaient réunis dans cette chaste espérance, désormais perdue. Il fallait dire adieu aux délices de l'amour permis, et laisser mourir les idées généreuses qui florissaient au fond de mon cœur. Les vœux d'une âme repentante qui avait soif du beau, du bon, de l'honnête étaient repoussés par des gens vraiment religieux. Monsieur, dans le premier moment, mon esprit fut agité par les résolutions les plus extravagantes, mais l'aspect de mon fils les combattit heureusement. Je sentis alors mon attachement pour lui s'accroître de tous les malheurs dont il était la cause innocente et dont je devais m'accuser seul. Il devint donc toute ma consolation. A trente-quatre ans, je pouvais encore espérer d'être noblement utile à mon pays, je résolus d'y devenir un homme célèbre afin d'effacer à force de gloire ou sous l'éclat de la puissance la faute qui entachait la naissance de mon fils. Combien de beaux sentiments je lui dois, et combien il m'a fait vivre pendant les jours où je m'occupais de son avenir ! J'étouffe, s'écria Benassis. Après onze ans, je ne puis encore penser à cette funeste année... Cet enfant, monsieur, je l'ai perdu.

Le médecin se tut et se cacha la figure dans ses mains, qu'il laissa tomber quand il eut repris un peu de calme. Genestas ne vit pas alors sans émotion les larmes qui baignaient les yeux de son hôte.

— Monsieur, ce coup de foudre me déracina d'abord, reprit Benassis. Je ne recueillis les lumières d'une saine morale qu'après m'être transplanté dans un sol autre que celui du monde social. Je ne reconnus que plus tard la main de Dieu dans mes malheurs, et plus tard je sus me résigner en écoutant sa voix. Ma résignation ne pouvait être subite, mon caractère exalté dut se réveiller ; je dépensai les dernières flammes de ma fougue dans un dernier orage, j'hésitai longtemps avant de choisir le seul parti qu'il convient à un catholique de prendre. D'abord je voulus me tuer. Tous ces événements ayant, outre mesure, développé chez moi le sentiment mélancolique, je me décidai froidement à cet acte de désespoir. Je pensai qu'il nous était permis de quitter la vie quand la vie nous quittait. Le suicide me semblait être dans la nature. Les peines doivent produire sur l'âme de l'homme les mêmes ravages que l'extrême douleur cause dans son corps ; or, cet être intelligent, souffrant par une maladie morale, a bien le droit de se tuer au même titre que la brebis qui, poussée par le *tournis*, se brise la tête contre un arbre. Les maux de l'âme sont-ils donc plus faciles à guérir que ne le sont les maux corporels ? j'en doute encore. Entre celui qui espère toujours et celui qui n'espère plus, je ne sais lequel est le plus lâche. Le suicide me parut être la dernière crise d'une maladie morale, comme la mort naturelle est celle d'une maladie physique ; mais la vie morale étant soumise aux lois particulières de la volonté humaine, sa cessation ne doit-elle pas concorder aux manifestations de l'intelligence ? Aussi est-ce une pensée qui tue et non le pistolet. D'ailleurs le hasard qui nous foudroie au moment où la vie est toute heureuse, n'absout-il pas l'homme qui se refuse à traîner une vie malheureuse ? Mais, monsieur, les méditations que je fis en ces jours de deuil m'élevèrent à de plus hautes considérations. Pendant quelque temps je fus complice des grands sentiments de l'antiquité païenne ; mais en y cherchant des droits nouveaux pour l'homme, je crus pouvoir, à la lueur des flambeaux modernes, creuser plus avant que les Anciens les questions jadis réduites en systèmes. Épicure permettait le suicide. N'était-ce pas le complément de sa morale ? il lui fallait à tout prix la jouissance des sens ; cette condition défaillant, il était doux et loisible à l'être animé de rentrer dans le repos de la nature inanimée ; la seule fin de l'homme étant le bonheur ou l'espérance du bonheur, pour qui souffrait et souffrait sans espoir, la mort devenait un bien ; se la donner volontairement était un dernier acte de bon sens. Cet acte, il ne le vantait pas, il ne le blâmait pas ; il se contentait de dire, en faisant une libation à Bacchus : *Mourir, il n'y a pas de quoi rire, il n'y a pas de quoi pleurer.* Plus moral et plus imbu de la doctrine des devoirs que les Épicuriens, Zénon, et tout le Portique, prescrivaient, en certains cas, le suicide au stoïcien. Voici comment il raisonnait : l'homme diffère de la brute en ce qu'il dispose souverainement de sa personne ; ôtez-lui ce droit de vie et de mort sur lui-même, vous le rendez esclave des hommes et des événements. Ce droit de vie et de mort bien reconnu forme le contre-poids efficace de tous les maux naturels et sociaux ; ce même droit, conféré à l'homme sur son semblable, engendre toutes les tyrannies. La puissance de l'homme n'existe donc nulle part sans une liberté indéfinie dans ses actes : faut-il échapper aux conséquences honteuses d'une faute irrémédiable ? l'homme vulgaire boit la honte et vit, le sage avale la ciguë et meurt ; faut-il disputer les restes de sa vie à la goutte qui broie les os, au cancer qui dévore la face, le sage juge de l'instant opportun, congédie les charlatans, et dit un dernier adieu à ses amis qu'il attristait de sa présence. Tombé au pouvoir du tyran que l'on a combattu les armes à la main, que faire ? l'acte de soumission est dressé, il n'y a plus qu'à signer ou à tendre le cou : l'imbécile tend le cou, le lâche signe, le sage finit par un dernier acte de liberté, il se frappe. « Hommes libres, s'écriait alors le stoïcien, sachez vous maintenir libres ! Libres de vos passions en les sacrifiant aux devoirs, libres de vos semblables en leur montrant le fer ou le poison qui vous met hors de leurs atteintes, libres de la destinée en fixant le point au delà duquel vous ne lui laissez aucune prise sur vous, libres des préjugés en ne les confondant pas avec les devoirs, libres de toutes les appréhensions animales en sachant surmonter l'instinct grossier qui enchaîne à la vie tant de malheureux. » Après avoir dégagé cette argumentation dans le fatras philosophique des Anciens, je crus y imprimer une forme chrétienne en la corroborant par les lois du libre arbitre que Dieu nous a données afin de pouvoir nous juger un jour à son tribunal, et je me disais : « J'y plaiderai ! » Mais, monsieur, ces raisonnements me forcèrent de penser au lendemain de la mort, et je me trouvai aux prises avec mes anciennes croyances ébranlées. Tout alors devient grave dans la vie humaine quand l'éternité pèse sur la plus légère de nos déterminations. Lorsque cette idée agit de toute sa puissance sur l'âme d'un homme, et lui fait sentir en lui je ne sais quoi d'immense qui le met en contact avec l'infini, les choses changent étrangement. De ce point de vue, la vie est bien grande et bien petite. Le sentiment de mes fautes ne me fit point songer au ciel tant que j'eus des espérances sur la terre, tant que je trouvai des soulagements à mes maux dans quelques occupations sociales. Aimer, se vouer au bonheur d'une femme, être chef d'une famille, n'était-ce pas donner de nobles aliments à ce besoin d'expier mes fautes qui me poignait ? Cette tentative ayant échoué, n'était-ce pas encore une expiation que de se consacrer à un enfant ? Mais quand, après ces deux efforts de mon âme, le dédain et la mort y eurent mis un deuil éternel, quand tous mes sentiments furent blessés à la fois, et que je n'aperçus plus rien ici-bas, je levai les yeux vers le ciel et j'y rencontrai Dieu. Cependant j'essayai de rendre la religion complice de ma mort. Je relus les Évangiles, et ne vis aucun texte où le suicide fût interdit ; mais cette lecture me pénétra de la divine pensée du Sauveur des hommes. Certes, il n'y dit rien de l'immortalité de l'âme, mais il nous parle du beau royaume de son père ; il ne nous défend aussi nulle part le parricide, mais il condamne tout ce qui est mal. La gloire de ses évangélistes et la preuve de leur mission est moins d'avoir fait des lois que d'avoir répandu sur la terre l'esprit nouveau des lois nouvelles. Le courage qu'un homme déploie en se tuant me parut alors être sa propre condamnation : quand il se sent la force de mourir, il doit avoir celle de lutter ; se refuser à souffrir n'est pas force, mais faiblesse; d'ailleurs, quitter la vie par découragement n'est-ce pas abjurer la foi chrétienne, à laquelle Jésus a donné pour base ces sublimes paroles : *Heureux ceux qui souffrent!* Le suicide ne me parut donc plus excusable dans aucune crise, même chez l'homme qui par une fausse entente de la grandeur d'âme dispose de lui-même un instant avant que le bourreau ne le frappe de sa hache. En se laissant crucifier, Jésus-Christ ne nous a-t-il pas enseigné à obéir à toutes les lois humaines, fussent-elles injustement appliquées. Le mot *Résignation*, gravé sur la croix, si intelligible pour ceux qui savent lire les caractères sacrés, m'apparut alors dans sa divine clarté. Je possédais encore quatre-vingt mille francs, je voulus d'abord aller loin des hommes, user ma vie en végétant au fond de quelque campagne; mais la misanthropie, espèce de vanité cachée sous une peau de hérisson, n'est pas une vertu catholique. Le cœur d'un misanthrope ne saigne pas, il se contracte, et le mien saignait par toutes ses veines. En pensant aux lois de l'Église, aux ressources qu'elle offre aux affligés, je parvins à comprendre la beauté de la prière dans la solitude, et j'eus pour idée fixe d'*entrer en religion*, suivant la belle expression de nos pères. Quoique mon parti fût pris avec fermeté, je me réservai néanmoins la faculté d'examiner les moyens que je devais employer pour parvenir à mon but. Après avoir réalisé les restes de ma fortune, je partis presque tranquille. *La paix dans le Seigneur* était une espérance qui ne pouvait me tromper. Séduit d'abord par la règle de saint Bruno, je vins à la Grande-Chartreuse à pied, en proie à de sérieuses pensées. Ce jour fut un jour solennel pour moi. Je ne m'attendais pas au majestueux spectacle offert par cette route, où je ne sais quel pouvoir surhumain se montre à chaque pas. Ces rochers suspendus, ces précipices, ces torrents qui font entendre une voix dans le silence, cette solitude bornée par de hautes montagnes et néanmoins sans bornes, cet asile où de l'homme il ne parvient que sa curiosité stérile, cette sauvage horreur tempérée par les plus pittoresques créations de la nature, ces sapins millénaires et ces plantes d'un jour, tout cela rend grave. Il serait difficile de rire en traversant le désert de Saint-Bruno, car là triomphent les sentiments de la mélancolie. Je vis la Grande-Chartreuse, je me promenai sous ces vieilles voûtes silencieuses, j'entendis sous les arcades l'eau de la source tombant goutte à goutte. J'entrai dans une cellule pour y prendre la mesure de mon néant, je respirai la paix profonde que mon prédécesseur y avait goûtée, et je lus avec attendrissement l'inscription qu'il avait mise sur sa porte suivant la coutume du cloître ; tous les préceptes de la vie que je voulais mener y étaient résumés par trois mots latins : *Fuge, late, tace*...

Genestas inclina la tête comme s'il comprenait.

J'étais décidé, reprit Benassis. Cette cellule boisée en sapin, ce lit dur, cette retraite, tout allait à mon âme. Les Chartreux étaient à la chapelle, j'allai prier avec eux. Là, mes résolutions s'évanouirent. Monsieur, je ne veux pas juger l'Église catholique, je suis très-orthodoxe, je crois à ses œuvres et à ses lois. Mais en entendant ces vieillards inconnus au monde et morts au monde chanter leurs prières, je reconnus au fond du cloître une sorte d'égoïsme sublime. Cette retraite ne profite qu'à l'homme et n'est qu'un long suicide, je ne la condamne pas, monsieur. Si l'Église a ouvert ces tombes, elles sont sans doute nécessaires à quelques chrétiens tout à fait inutiles au monde. Je crus mieux agir, en rendant mon repentir profitable au monde social. Au retour, je me plus à chercher quelles étaient les conditions où je pourrais accomplir mes pensées de résignation. Déjà je menais imaginairement la vie d'un simple matelot, je me condamnais à servir la patrie en me plaçant au dernier rang, et renonçant à toutes les manifestations intellectuelles ; mais si c'était une vie de travail et de dévouement, elle ne me parut pas encore assez utile. N'était-ce pas tromper les vues de Dieu ? s'il m'avait doué de quelque force dans l'esprit, mon devoir n'était-il pas de l'employer au bien de mes semblables ? Puis, s'il m'est permis de parler franchement, je sentais en moi je ne sais quel besoin d'expansion que blessaient des obligations purement mécaniques. Je ne voyais dans la vie des marins aucune pâture pour cette bonté qui résulte de mon organisation, comme de chaque fleur s'exhale un parfum particulier. Je fus, comme je vous l'ai déjà dit, obligé de coucher ici. Pendant la nuit, je crus entendre un ordre de Dieu dans la compatissante pensée que m'inspira l'état de ce pauvre pays. J'avais goûté aux cruelles délices de la maternité, je résolus de m'y livrer entièrement, d'assouvir ce sentiment dans une sphère plus étendue que celle des mères, en devenant une sœur de charité pour tout un pays, en y pansant continuellement les plaies du pauvre. Le doigt de Dieu me parut donc avoir fortement tracé ma destinée, quand je songeai que la première pensée grave de ma jeunesse m'avait fait incliner vers l'état de médecin, et je résolus de le pratiquer ici. D'ailleurs, *aux cœurs blessés l'ombre et le silence*, avais-je dit dans ma lettre ; ce que je m'étais promis à moi-même de faire, je voulus l'accomplir. Je suis entré dans une voie de silence et de résignation. Le *Fuge, late, tace* du chartreux est ici ma devise, mon travail est une prière active, mon suicide moral est la vie de ce canton, sur lequel j'aime, en étendant la main, à semer le bonheur et la joie, à donner ce que je n'ai pas. L'habitude de vivre avec des paysans, mon éloignement du monde m'ont réellement tranformé. Mon visage a changé d'expression, il s'est habitué au soleil qui l'a ridé, durci. J'ai pris d'un campagnard l'allure, le langage, le costume, le laissez-aller, l'incurie de tout ce qui est grimace. Mes amis de Paris, ou les petites-maîtresses dont j'étais le *sigisbé*, ne reconnaîtraient jamais en moi l'homme qui fut un moment à la mode, le sybarite accoutumé aux colifichets, au luxe, aux délicatesses de Paris. Aujourd'hui, tout ce qui est extérieur m'est complétement indifférent, comme à tous ceux qui marchent sous la conduite d'une seule pensée. Je n'ai plus d'autre but dans la vie que celui de la quitter, je ne veux rien faire pour en prévenir ni pour en hâter la fin ; mais je me coucherai sans chagrin pour mourir, le jour où la maladie viendra. Voilà, monsieur, dans toute leur sincérité, les événements de la vie antérieure à celle je mène ici. Je ne vous ai rien déguisé de mes fautes, elles ont été grandes, elles me sont communes avec quelques hommes. J'ai beaucoup souffert, je souffre tous les jours ; mais j'ai vu dans mes souffrances la condition d'un heureux avenir. Néanmoins, malgré ma résignation, il est des peines contre lesquelles je suis sans force. Aujourd'hui j'ai failli succomber à des tortures secrètes, devant vous, à votre insu...

Genestas bondit sur sa chaise.

— Oui, capitaine Bluteau, vous étiez là. Ne m'avez-vous pas montré le lit de la mère Colas lorsque nous avons couché Jacques ? Hé ! bien, s'il m'est impossible de voir un enfant sans penser à l'ange que j'ai perdu, jugez de mes douleurs en couchant un enfant condamné à mourir ? Je ne sais pas voir froidement un enfant.

Genestas pâlit.

— Oui, les jolies têtes blondes, les têtes innocentes des enfants que je rencontre me parlent toujours de mes malheurs et réveillent mes tourments. Enfin il m'est affreux de penser que tant de gens me remercient du peu de bien que je fais ici, quand ce bien est le fruit de mes remords. Vous connaissez seul, capitaine, le secret de ma vie. Si j'avais puisé mon courage dans un sentiment plus pur que ne l'est celui de mes fautes, je serais bien heureux ! mais aussi, n'aurais-je eu rien à vous dire de moi.

CHAPITRE V.

ÉLÉGIES.

Son récit terminé, Benassis remarqua sur la figure du militaire une expression profondément soucieuse qui le frappa. Touché d'avoir été si bien compris, il se repentit presque d'avoir affligé son hôte, et lui dit : — Mais, capitaine Bluteau, mes malheurs...

— Ne m'appelez pas le capitaine Bluteau, s'écria Genestas en interrompant le médecin et se levant soudain par un mouvement impétueux qui semblait accuser une sorte de mécontentement intérieur. Il n'existe pas de capitaine Bluteau, je suis un gredin !

Benassis regarda, non sans une vive surprise, Genestas qui se promenait dans le salon comme un bourdon cherchant une issue pour sortir de la chambre où il est entré par mégarde.

— Mais, monsieur, qui donc êtes-vous ? demanda Benassis.

— Ah ! voilà ! répondit le militaire en revenant se placer devant le médecin, qu'il n'osait envisager. Je vous ai trompé ! reprit-il d'une voix altérée. Pour la première fois de ma vie, j'ai fait un mensonge, et j'en suis bien puni, car je ne peux plus vous dire l'objet ni de ma visite ni de mon maudit espionnage. Depuis que j'ai pour ainsi dire entrevu votre âme, j'aurais mieux aimé recevoir un soufflet que de vous entendre m'appeler Bluteau ! Vous pouvez me pardonner cette imposture, vous ; mais moi, je ne me la pardonnerai jamais, moi, Pierre-Joseph Genestas, qui, pour sauver ma vie, ne mentirais pas devant un conseil de guerre.

— Vous êtes le commandant Genestas, s'écria Benassis en se levant. Il prit la main de l'officier, la serra fort affectueusement, et dit : — Monsieur, comme vous le prétendiez tout à l'heure, nous étions amis sans nous connaître. J'ai bien vivement désiré de vous voir en entendant parler de vous par monsieur Gravier. Un homme de Plutarque, me disait-il de vous.

— Je ne suis point de Plutarque, répondit Genestas, je suis indigne de vous, et je me battrais. Je devais vous avouer tout bonnement mon secret. Mais non ! J'ai bien fait de prendre un masque et de venir moi-même chercher ici des renseignements sur vous. Je sais maintenant que je dois me taire. Si j'avais agi franchement, je vous eusse fait de la peine. Dieu me préserve de vous causer le moindre chagrin !

— Mais je ne vous comprends pas, commandant.

— Restons-en là. Je ne suis pas malade, j'ai passé une bonne journée, et je m'en irai demain. Quand vous viendrez à Grenoble, vous y trouverez un ami de plus, et ce n'est pas un ami pour rire. La bourse, le sabre, le sang, tout est à vous chez Pierre-Joseph Genestas. Après tout, vous avez semé vos paroles dans un bon terrain. Quand j'aurai ma retraite, j'irai dans une manière de trou, j'en serai le maire, et tâcherai de vous imiter. S'il me manque votre science, j'étudierai.

— Vous avez raison, monsieur, le propriétaire qui emploie son temps à corriger un simple vice d'exploitation dans une commune fait à son pays autant de bien que peut en faire le meilleur médecin : si l'un soulage les douleurs de quelques hommes, l'autre panse les plaies de la patrie. Mais vous excitez singulièrement ma curiosité. Puis-je donc vous être utile en quelque chose ?

— Utile, dit le commandant d'une voix émue. Mon Dieu ! mon cher monsieur Benassis, le service que je venais vous prier de me rendre est presque impossible. Tenez, j'ai bien tué des chrétiens dans ma vie, mais on peut tuer les gens et avoir un bon cœur; aussi, quelque rude que je paraisse, sais-je encore comprendre certaines choses.

— Mais parlez ?

— Non, je ne veux pas vous causer volontairement de la peine.

— Oh ! commandant, je puis beaucoup souffrir.

— Monsieur, dit le militaire en tremblant, il s'agit de la vie d'un enfant.

Le front de Benassis se plissa soudain, mais il fit un geste pour prier Genestas de continuer.

— Un enfant, reprit le commandant, qui peut encore être sauvé par des soins constants et minutieux. Où trouver un médecin capable de se consacrer à un seul malade ? à coup sûr, il n'était pas dans une ville. J'avais entendu parler de vous comme d'un excellent homme, mais j'avais peur d'être la dupe de quelque réputation usurpée. Or, avant de confier mon petit à ce monsieur Benassis, sur qui l'on me racontait tant de belles choses, j'ai voulu l'étudier. Maintenant...

— Assez, dit le médecin. Cet enfant est donc à vous ?

— Non, mon cher monsieur Benassis, non. Pour vous expliquer ce mystère, il faudrait vous raconter une histoire où je ne joue pas le plus beau rôle ; mais vous m'avez confié vos secrets, je puis bien vous dire les miens.

— Attendez, commandant, dit le médecin en appelant Jacquotte qui vint aussitôt, et à laquelle il demanda son thé. Voyez-vous, commandant, le soir, quand tout dort, je ne dors pas, moi !... Mes chagrins m'oppressent, je cherche alors à les oublier en buvant du thé. Cette boisson procure une sorte d'ivresse nerveuse, un sommeil sans lequel je ne vivrais pas. Refusez-vous toujours d'en prendre ?

— Moi, dit Genestas, je préfère votre vin de l'Ermitage.

— Soit. Jacquotte, dit Benassis à sa servante, apportez du vin et des biscuits.

— Nous nous coifferons pour la nuit, reprit le médecin en s'adressant à son hôte.

— Ce thé doit vous faire bien du mal, dit Genestas.

— Il me cause d'horribles accès de goutte, mais je ne saurais me défaire de cette habitude, elle est trop douce, elle me donne tous les soirs un moment pendant lequel la vie n'est plus pesante. Allons, je vous écoute, votre récit effacera peut-être l'impression trop vive des souvenirs que je viens d'évoquer.

— Mon cher monsieur, dit Genestas en plaçant sur la cheminée son verre vide, après la retraite de Moscou, mon régiment se refit dans une petite ville de Pologne. Nous y rachetâmes des chevaux à prix d'or, et nous y restâmes en garnison jusqu'au retour de l'empereur. Voilà qui va bien. Il faut vous dire que j'avais alors un ami. Pendant la retraite je fus plus d'une fois sauvé par les soins d'un maréchal-des-logis nommé Renard, qui fit pour moi de ces choses après lesquelles deux hommes doivent être frères, sauf les exigences de la discipline. Nous étions logés dans la même maison, un de ces nids à rats construits en bois où demeurait toute une famille, et où vous n'auriez pas cru pouvoir mettre un cheval. Cette bicoque appartenait à des Juifs qui y pratiquaient leurs trente-six commerces, et le vieux père juif, de qui les doigts ne se trouvèrent pas gelés pour manier de l'or, avait très-bien fait ses affaires pendant notre déroute. Ces gens-là, ça vit dans l'ordure et ça meurt dans l'or. Leur maison était élevée sur des caves, en bois bien entendu, sous lesquelles ils avaient fourré leurs enfants, et notamment une fille belle comme une Juive quand elle se tient propre et qu'elle n'est pas blonde. Ça avait dix-sept ans, c'était blanc comme neige, des yeux de velours, des cils noirs comme des queues de rat, des cheveux luisants, touffus qui donnaient envie de les manier, une créature vraiment parfaite! Enfin, monsieur, j'aperçus le premier ces singulières provisions, un soir que l'on me croyait couché, et que je fumais tranquillement ma pipe en me promenant dans la rue. Ces enfants grouillaient tous, pêle-mêle comme une nichée de chiens. C'était drôle à voir. Le père et la mère soupaient avec eux. A force de regarder, je découvris dans le brouillard de fumée que faisait le père avec ses bouffées de tabac, la jeune Juive qui se trouvait là comme un napoléon tout neuf dans un tas de gros sous. Moi, mon cher Benassis, je n'ai jamais eu le temps de réfléchir à l'amour; cependant, lorsque je vis cette jeune fille, je compris que jusqu'alors je n'avais fait que céder à la nature; mais cette fois tout en était, la tête, le cœur et le reste. Je devins donc amoureux de la tête aux pieds, oh! mais rudement. Je demeurai là, fumant ma pipe, occupé à regarder la Juive, jusqu'à ce qu'elle eût soufflé sa chandelle et qu'elle se fût couchée. Impossible de fermer l'œil! je restai pendant toute la nuit, chargeant ma pipe, la fumant, me promenant dans la rue. Je n'avais jamais été comme ça. Ce fut la seule fois de ma vie que je pensai à me marier. Quand vint le jour, j'allai seller mon cheval, et je trottai pendant deux grandes heures dans la campagne pour me rafraîchir; et, sans m'en apercevoir, j'avais presque fourbu ma bête... Genestas s'arrêta, regarda son nouvel ami d'un air inquiet, et lui dit : — Excusez-moi, Benassis, je ne suis pas orateur, je parle comme ça me vient, si j'étais dans un salon, je me gênerais, mais avec vous et à la campagne...

— Continuez, dit le médecin.

— Quand je revins à ma chambre, j'y trouvai Renard tout affairé. Me croyant tué en duel, il nettoyait ses pistolets, et avait idée de chercher chicane à celui qui m'aurait mis à l'ombre... Oh! mais voilà le caractère du pèlerin. Je confiai mon amour à Renard, en

lui montrant la niche aux enfants. Comme mon Renard entendait le
patois de ces Chinois-là, je le priai de m'aider à faire mes propositions au père et à la mère, et de tâcher d'établir une correspondance
avec Judith. Elle se nommait Judith. Enfin, monsieur, pendant
quinze jours je fus le plus heureux des hommes, parce que tous les
soirs le Juif et sa femme nous firent souper avec Judith. Vous connaissez ces choses-là, je ne vous en impatienterai nullement ; cependant, si vous ne comprenez pas le tabac, vous ignorez le plaisir
d'un honnête homme qui fume tranquillement sa pipe avec son ami
Renard et le père de la fille, en voyant la princesse. C'est très-agréa-
ble. Mais je dois vous dire que Renard était un Parisien, un fils de
famille. Son père, qui faisait un gros commerce d'épicerie, l'avait
élevé pour être notaire, et il savait quelque chose ; mais la conscription l'ayant pris, il lui fallut dire adieu à l'écritoire. Moulé d'ailleurs
pour porter l'uniforme, il avait une figure de jeune fille, et connaissait l'art d'enjôler le monde parfaitement bien. C'était lui que Judith aimait, et elle se souciait de moi comme un cheval se soucie de
poulets rôtis. Pendant que je m'extasiais et que je voyageais dans la
lune en regardant Judith, mon Renard, qui n'avait pas volé son
nom, entendez-vous ! faisait son chemin sous terre ; le traître s'entendait avec la fille, et si bien, qu'ils se marièrent à la mode du pays,
parce que les permissions auraient été trop de temps à venir. Mais
il promit d'épouser suivant la loi française, si par hasard le mariage était attaqué. Le fait est qu'en France madame Renard redevint mademoiselle Judith. Si j'avais su cela, moi, j'aurais tué Renard, et net, sans seulement lui laisser le temps de souffler ; mais
le père, la mère, la fille et mon maréchal-des-logis, tout cela s'entendait comme des larrons en foire. Pendant que je fumais ma pipe,
que j'adorais Judith comme un saint sacrement, mon Renard convenait de ses rendez-vous, et poussait très-bien ses petites affaires.
Vous êtes la seule personne à qui j'aie parlé de cette histoire, que
je nomme une infamie ; je me suis toujours demandé pourquoi un
homme, qui mourrait de honte s'il prenait une pièce d'or, vole la
femme, le bonheur, la vie de son ami sans scrupule. Enfin, mes mâtins étaient mariés et heureux, que j'étais toujours là le soir, à souper,
admirant comme un imbécile Judith, et répondant comme un *tenor*
aux mines qu'elle faisait pour me clore les yeux. Vous pensez bien
qu'ils ont payé leurs tromperies singulièrement cher. Foi d'honnête homme, Dieu fait plus attention aux choses de ce monde que

nous ne le croyons. Voici les Russes qui nous débordent. La campagne de 1813 commence. Nous sommes envahis. Un beau matin, l'ordre nous arrive de nous trouver sur le champ de bataille de Lutzen à une heure dite. L'empereur savait bien ce qu'il faisait en nous commandant de partir promptement. Les Russes nous avaient tournés. Notre colonel s'embarbouille à faire des adieux à une Polonaise qui demeurait à un demi-quart de lieue de la ville, et l'avant-garde des Cosaques l'empoigne juste, lui et son piquet. Nous n'avons que le temps de monter à cheval, de nous former en avant de la ville pour livrer une escarmouche de cavalerie et repousser mes Russes afin d'avoir le temps de filer pendant la nuit. Nous avons chargé durant trois heures et fait de vrais tours de force. Pendant que nous nous battions, les équipages et notre matériel prenaient les devants. Nous avions un parc d'artillerie et de grandes provisions de poudre furieusement nécessaires à l'empereur, il fallait les lui amener à tout prix. Notre défense en imposa aux Russes, qui nous crurent soutenus par un corps d'armée. Néanmoins, bientôt avertis de leur erreur par des espions, ils apprirent qu'ils n'avaient devant eux qu'un régiment de cavalerie et nos dépôts d'infanterie. Alors, monsieur, vers le soir, ils firent une attaque à tout démolir, et si chaude, que nous y sommes restés plusieurs. Nous fûmes enveloppés. J'étais avec Renard au premier rang, et je voyais mon Renard se battant et chargeant comme un démon, car il pensait à sa femme. Grâce à lui, nous pûmes regagner la ville, que nos malades avaient mise en état de défense ; mais c'était à faire pitié. Nous rentrions les derniers, lui et moi, nous trouvons notre chemin barré par un gros de Cosaques, et nous piquons là-dessus. Un de ces Sauvages allait m'enfiler avec sa lance, Renard le voit, pousse son cheval entre nous deux pour détourner le coup ; sa pauvre bête, un bel animal, ma foi ! reçoit le fer, entraîne, en tombant par terre, Renard et le Cosaque. Je tue le Cosaque, je prends Renard par le bras et le mets devant moi sur mon cheval, en travers, comme un sac de blé. — Adieu, mon capitaine, tout est fini, me dit Renard. — Non, lui répondis-je, faut voir. J'étais alors en ville, je descends, et l'assieds au coin d'une maison, sur un peu de paille. Il avait la tête brisée, la cervelle dans ses cheveux, et il parlait. Oh ! c'était un fier homme.
— Nous sommes quittes, dit-il. Je vous ai donné ma vie, je vous avais pris Judith. Ayez soin d'elle et de son enfant, si elle en a un. D'ailleurs, épousez-la. Monsieur, dans le premier moment, je le

laissai là comme un chien ; mais quand ma rage fut passée, je revins,.. il était mort. Les Cosaques avaient mis le feu à la ville, je me souvins alors de Judith, j'allai donc la chercher, elle se mit en croupe, et grâce à la vitesse de mon cheval, je rejoignis le régiment, qui avait opéré sa retraite. Quant au Juif et à sa famille, plus personne! tous disparus comme des rats. Judith seule attendait Renard, je ne lui ai rien dit, vous comprenez, dans le commencement. Monsieur, il m'a fallu songer à cette femme au milieu de tous les désastres de la campagne de 1813, la loger, lui donner ses aises, enfin la soigner, et je crois qu'elle ne s'est guère aperçue de l'état où nous étions. J'avais l'attention de la tenir toujours à dix lieues de nous, en avant, vers la France ; elle est accouchée d'un garçon pendant que nous nous battions à Hanau. Je fus blessé à cette affaire-là, je rejoignis Judith à Strasbourg, puis je revins sur Paris, car j'ai eu le malheur d'être au lit pendant la campagne de France. Sans ce triste hasard, je passais dans les grenadiers de la garde, l'empereur m'y avait donné de l'avancement. Enfin, monsieur, j'ai donc été obligé de soutenir une femme, un enfant qui ne m'appartenait point, et j'avais trois côtes ébréchées! Vous comprenez que ma solde, ce n'était pas la France. Le père Renard, vieux requin sans dents, ne voulut pas de sa bru; le père juif était fondu. Judith se mourait de chagrin. Un matin elle pleurait en achevant mon pansement. — Judith, lui dis-je, votre enfant est perdu. — Et moi aussi, dit-elle. — Bah! répondis-je, nous allons faire venir les papiers nécessaires, je vous épouserai et reconnaîtrai pour mien l'enfant de... Je n'ai pas pu achever. Ah! mon cher monsieur, l'on peut tout faire pour recevoir le regard de morte par lequel Judith me remercia ; je vis que je l'aimais toujours, et dès ce jour-là son petit entra dans mon cœur. Pendant que les papiers, le père et la mère juifs étaient en route, la pauvre femme acheva de mourir. L'avant-veille de sa mort, elle eut la force de s'habiller, de se parer, de faire toutes les cérémonies d'usage, de signer leurs tas de papiers; puis, quand son enfant eut un nom et un père, elle revint se coucher, je lui baisai les mains et le front, puis elle mourut. Voilà mes noces. Le surlendemain, après avoir acheté les quelques pieds de terre où la pauvre fille est couchée, je me suis trouvé le père d'un orphelin que j'ai mis en nourrice pendant la campagne de 1815. Depuis ce temps-là, sans que personne sût mon histoire, qui n'était pas belle à dire, j'ai pris soin de ce petit drôle comme s'il était à moi. Son grand-père est au diable, il est ruiné, il court avec sa famille entre la Perse et la Russie. Il y a des chances pour qu'il fasse fortune, car il paraît s'entendre au commerce des pierres précieuses. J'ai mis cet enfant au collége ; mais, dernièrement, je l'ai fait si bien manœuvrer dans ses mathématiques pour le colloquer à l'École Polytechnique, et l'en voir sortir avec un bon état, que le pauvre petit bonhomme est tombé malade. Il a la poitrine faible. A entendre les médecins de Paris, il y aurait encore de la ressource s'il courait dans les montagnes, s'il était soigné comme il faut, à tout moment, par un homme de bonne volonté. J'avais donc pensé à vous, et j'étais venu pour faire une reconnaissance de vos idées, de votre train de vie. D'après ce que vous m'avez dit, je ne saurais vous donner ce chagrin-là, quoique nous soyons déjà bons amis.

— Commandant, dit Benassis après un moment de silence, amenez-moi l'enfant de Judith. Dieu veut sans doute que je passe par cette dernière épreuve, et je la subirai. J'offrirai ces souffrances au Dieu dont le fils est mort sur la croix. D'ailleurs mes émotions pendant votre récit ont été douces, n'est-ce pas d'un favorable augure !

Genestas serra vivement les deux mains de Benassis dans les siennes, sans pouvoir réprimer quelques larmes qui humectèrent ses yeux et roulèrent sur ses joues tannées.

— Gardons-nous le secret de tout cela, dit-il.

— Oui, commandant. Vous n'avez pas bu ?

— Je n'ai pas soif, répondit Genestas. Je suis tout bête.

— Hé ! bien, quand me l'amènerez-vous ?

— Mais demain, si vous voulez. Il est à Grenoble depuis deux jours.

— Hé bien ! partez demain matin et revenez, je vous attendrai chez la Fosseuse, où nous déjeunerons tous les quatre ensemble.

— Convenu, dit Genestas.

Les deux amis allèrent se coucher, en se souhaitant mutuellement une bonne nuit. En arrivant sur le palier qui séparait leurs chambres, Genestas posa sa lumière sur l'appui de la croisée et s'approcha de Benassis.

— Tonnerre de Dieu ! lui dit-il avec un naïf enthousiasme, je ne vous quitterai pas ce soir sans vous dire que, vous le troisième parmi les chrétiens, m'avez fait comprendre qu'il y avait quelque chose là-haut ! Et il montra le ciel.

Le médecin répondit par un sourire plein de mélancolie, et serra très-affectueusement la main que Genestas lui tendait.

Le lendemain, avant le jour, le commandant Genestas partit pour la ville, et vers le milieu de la journée, il se trouvait sur la grande route de Grenoble au bourg, à la hauteur du sentier qui menait chez la Fosseuse. Il était dans un de ces chars découverts et à quatre roues, menés par un seul cheval, voiture légère qui se rencontre sur toutes les routes de ces pays montagneux. Genestas avait pour compagnon un jeune homme maigre et chétif, qui paraissait n'avoir que douze ans, quoiqu'il entrât dans sa seizième année. Avant de descendre, l'officier regarda dans plusieurs directions afin de trouver dans la campagne un paysan qui se chargeât de ramener la voiture chez Benassis, car l'étroitesse du sentier ne permettait pas de la conduire jusqu'à la maison de la Fosseuse. Le garde-champêtre déboucha par hasard sur la route et tira de peine Genestas, qui put, avec son fils adoptif, gagner à pied le lieu du rendez-vous, à travers les sentiers de la montagne.

— Ne serez-vous pas heureux, Adrien, de courir dans ce beau pays pendant une année, d'apprendre à chasser, à monter à cheval, au lieu de pâlir sur vos livres? Tenez, voyez !

Adrien jeta sur la vallée le regard pâle d'un enfant malade mais, indifférent comme le sont tous les jeunes gens aux beautés de la nature, il dit sans cesser de marcher : — Vous êtes bien bon, mon père.

Genestas eut le cœur froissé par cette insouciance maladive, et atteignit la maison de la Fosseuse sans avoir adressé la parole à son fils.

— Commandant, vous êtes exact, s'écria Benassis en se levant du banc de bois sur lequel il était assis.

— Mais il reprit aussitôt sa place, et demeura tout pensif en voyant Adrien ; il en étudia lentement la figure jaune et fatiguée, non sans admirer les belles lignes ovales qui prédominaient dans cette noble physionomie. L'enfant, le vivant portrait de sa mère, tenait d'elle un teint olivâtre et de beaux yeux noirs, spirituellement mélancoliques. Tous les caractères de la beauté juive polonaise se trouvaient dans cette tête chevelue, trop forte pour le corps frêle auquel elle appartenait.

— Dormez-vous bien, mon petit homme? lui demanda Benassis.

— Oui, monsieur.

— Montrez-moi vos genoux, retroussez votre pantalon.

Adrien dénoua ses jarretières en rougissant, et montra son genou que le médecin palpa soigneusement.

— Bien. Parlez, criez, criez fort!

Adrien cria.

— Assez! Donnez-moi vos mains?...

Le jeune homme tendit des mains molles et blanches, veinées de bleu comme celles d'une femme.

— Dans quel collége étiez-vous à Paris!

— A Saint-Louis.

— Votre proviseur ne lisait-il pas son bréviaire pendant la nuit?

— Oui, monsieur.

— Vous ne dormiez donc pas tout de suite?

Adrien ne répondant pas, Genestas dit au médecin : — Ce proviseur est un digne prêtre, il m'a conseillé de retirer mon petit fantassin pour cause de santé.

Hé! bien, répondit Benassis en plongeant un regard lumineux dans les yeux tremblants d'Adrien, il y a encore de la ressource. Oui, nous ferons un homme de cet enfant. Nous vivrons ensemble comme deux camarades, mon garçon! Nous nous coucherons et nous nous lèverons de bonne heure. J'apprendrai à votre fils à monter à cheval, commandant. Après un mois ou deux consacrés à lui refaire l'estomac, par le régime du laitage, je lui aurai un port d'armes, des permis de chasse, et le remettrai entre les mains de Butifer, et ils iront tous deux chasser le chamois. Donnez quatre ou cinq mois de vie agreste à votre fils, et vous ne le reconnaîtrez plus, commandant. Butifer va se trouver bien heureux! je connais le pèlerin, il vous mènera, mon petit ami, jusqu'en Suisse, à travers les Alpes, vous hissera sur les pics, et vous grandira de six pouces en six mois; il rougira vos joues, endurcira vos nerfs, et vous fera oublier vos mauvaises habitudes de collége. Vous pourrez alors aller reprendre vos études, et vous deviendrez un homme. Butifer est un honnête garçon, nous pouvons lui confier la somme nécessaire pour défrayer la dépense de vos voyages et de vos chasses, sa responsabilité me le rendra sage pendant une demi-année; et pour lui, ce sera autant de gagné.

La figure de Genestas semblait s'éclairer de plus en plus, à chaque parole du médecin.

— Allons déjeuner. La Fosseuse est impatiente de vous voir, dit Benassis en donnant une petite tape sur les joues d'Adrien.

— Il n'est donc pas poitrinaire? demanda Genestas au médecin en le prenant par le bras et l'entraînant à l'écart.

— Pas plus que vous ni moi.

— Mais qu'a-t-il?

— Bah! répondit Benassis, il est dans un mauvais moment, voilà tout.

La Fosseuse se montra sur le seuil de sa porte, et Genestas n'en vit pas sans surprise la mise à la fois simple et coquette. Ce n'était plus la paysanne de la veille, mais une élégante et gracieuse femme de Paris qui lui jeta des regards contre lesquels il se trouva faible. Le soldat détourna les yeux sur une table de noyer sans nappe, mais si bien cirée, qu'elle semblait avoir été vernie, et où étaient des œufs, du beurre, un pâté, des fraises de montagne qui embaumaient. Partout la pauvre fille avait mis des fleurs qui faisaient voir que pour elle ce jour était une fête. A cet aspect, le commandant ne put s'empêcher d'envier cette simple maison et cette pelouse, il regarda la paysanne d'un air qui exprimait à la fois des espérances et des doutes ; puis il reporta ses yeux sur Adrien, à qui la Fosseuse servait des œufs, en s'occupant de lui par maintien.

— Commandant, dit Benassis, vous savez à quel prix vous recevez ici l'hospitalité. Vous devez conter à ma Fosseuse quelque chose de militaire.

— Il faut d'abord laisser monsieur déjeuner tranquillement, mais après qu'il aura pris son café...

— Certes je le veux bien, répondit le commandant; néanmoins je mets une condition à mon récit, vous nous direz une aventure de votre ancienne existence.

— Mais, monsieur, répondit-elle en rougissant, il ne m'est jamais rien arrivé qui vaille la peine d'être raconté. — Voulez-vous encore un peu de ce pâté au riz, mon petit ami? dit-elle en voyant l'assiette d'Adrien vide.

— Oui, mademoiselle.

— Il est délicieux, ce pâté, dit Genestas.

— Que direz-vous donc de son café à la crême? s'écria Benassis.

— J'aimerais mieux entendre notre jolie hôtesse.

— Vous vous y prenez mal, Genestas, dit Benassis. Écoute, mon enfant, reprit le médecin en s'adressant à la Fosseuse, à qui il serra la main, cet officier que tu vois là près de toi cache un cœur excellent sous des dehors sévères, et tu peux causer ici à ton aise. Parle, ou tais-toi, nous ne voulons pas t'importuner. Pauvre enfant, si jamais tu peux être entendue et comprise, ce sera par les trois personnes avec lesquelles tu te trouves en ce moment. Raconte-nous tes amours passés, ce ne sera point prendre sur les secrets actuels de ton cœur.

— Voici le café que nous apporte Mariette, répondit-elle. Lorsque vous serez tous servis, je veux bien vous dire mes amours. — Mais, monsieur le commandant n'oubliera pas sa promesse, ajouta-t-elle en lançant à Genestas un regard à la fois modeste et agressif.

— J'en suis incapable, mademoiselle, répondit respectueusement Genestas.

— A l'âge de seize ans, dit la Fosseuse, quoique je fusse malingre, j'étais forcée de mendier mon pain sur les routes de la Savoie. Je couchais aux Échelles, dans une grande crèche pleine de paille. L'aubergiste qui me logeait était un bon homme, mais sa femme ne pouvait pas me souffrir et m'injuriait toujours. Ça me faisait bien de la peine, car je n'étais pas une mauvaise pauvresse; je priais Dieu soir et matin, je ne volais point, j'allais au commandement du ciel, demandant de quoi vivre, parce que je ne savais rien faire et que j'étais vraiment malade, tout à fait incapable de lever une houe ou de dévider du coton. Eh! bien, je fus chassée de chez l'aubergiste à cause d'un chien. Sans parents, sans amis, depuis ma naissance, je n'avais jamais rencontré chez personne de regards qui me fissent du bien. La bonne femme Morin qui m'a élevée était morte, elle a été bien bonne pour moi; mais je ne me souviens guère de ses caresses; d'ailleurs, la pauvre vieille travaillait à la terre comme un homme; et, si elle me dorlotait, elle me donnait aussi des coups de cuiller sur les doigts quand j'allais trop vite en mangeant notre soupe dans son écuelle. Pauvre vieille, il ne se passe point de jours que je ne la mette dans mes prières! veuille le bon Dieu lui faire là-haut une vie plus heureuse qu'ici-bas, surtout un lit meilleur; elle se plaignait toujours du grabat où nous couchions toutes les deux. Vous ne sauriez vous imaginer, mes chers messieurs, comme ça vous blesse l'âme que de ne récolter que des injures, des rebuffades et des regards qui vous percent le cœur comme si l'on vous y donnait des coups de couteau. J'ai fréquenté de vieux pauvres à qui ça ne faisait plus rien du tout ; mais je n'étais point née pour ce métier-là. Un *non* m'a toujours fait pleurer. Chaque soir, je revenais plus triste, et je ne me consolais qu'après avoir dit mes prières. Enfin, dans toute la création de Dieu, il ne se trouvait pas un seul cœur où je pusse reposer le mien ! Je n'avais que le bleu du ciel pour ami. J'ai toujours été heureuse en voyant le ciel tout bleu. Quand le vent avait balayé les nuages, je me couchais dans un coin des rochers, et je regardais le temps. Je rêvais alors que j'étais une grande dame. A force de voir, je me croyais baignée dans ce bleu ; je vivais là-haut en idée, je ne me sentais plus rien de pesant, je montais, montais, et je devenais tout aise. Pour en revenir à mes amours, je vous dirai que l'aubergiste avait eu de sa chienne un petit chien gentil comme une personne, blanc, moucheté de noir aux pattes ; je le vois toujours ce chérubin ! Ce pauvre petit est la seule créature qui dans ce temps-là m'ait jeté des regards d'amitié, je lui gardais mes meilleurs morceaux, il me connaissait, venait au-devant de moi le soir, n'avait point honte de ma misère, sautait sur moi, me léchait les pieds ; enfin il y avait dans ses yeux quelque chose de si bon, de si reconnaissant, que souvent je pleurais en le voyant. — Voilà pourtant le seul être qui m'aime bien, disais-je. L'hiver il se couchait à mes pieds. Je souffrais tant de le voir battu, que je l'avais accoutumé à ne plus entrer dans les maisons pour y voler des os, et il se contentait de mon pain. Si j'étais triste, il se mettait devant moi, me regardait dans les yeux, et semblait me dire : — Tu es donc triste, ma pauvre Fosseuse ? Si les voyageurs me jetaient des sous, il les ramassait dans la poussière et me les apportait, ce bon caniche. Quand j'ai eu cet ami-là, j'ai été moins malheureuse. Je mettais de côté tous les jours quelques sous pour tâcher de faire cinquante francs afin de l'acheter au père Manseau. Un jour, sa femme, voyant que le chien m'aimait, s'avisa d'en raffoler. Notez que le chien ne pouvait pas la souffrir. Ces bêtes-là, ça flaire les âmes ! elles voient tout de suite quand on les aime. J'avais une pièce d'or de vingt francs cousue dans le haut de mon jupon ; alors je dis à monsieur Manseau : — Mon cher monsieur, je comptais vous offrir mes économies de l'année pour votre chien ; mais avant que votre femme ne le veuille pour elle, quoiqu'elle ne s'en soucie guère, vendez-le-moi vingt francs; tenez, les voici. — Non, ma mignonne, me dit-il, serrez vos vingt francs. Le ciel me préserve de prendre l'argent des pauvres! Gardez le chien. Si ma femme crie trop, allez-vous-en. Sa femme lui fit une scène pour le chien... ah! mon Dieu, l'on aurait dit que le feu était à la maison; et vous ne savez pas ce qu'elle imagina? Voyant que le chien était à moi d'amitié, qu'elle ne pourrait jamais l'avoir, elle l'a fait empoisonner. Mon pauvre caniche est mort entre mes bras, je l'ai pleuré comme si c'eût été mon enfant, et je l'ai enterré sous un sapin. Vous ne savez pas tout ce que j'ai mis dans cette fosse. Je me suis dit, en m'asseyant là, que je serais donc toujours seule sur la terre, que rien ne me réussirait, que j'allais redevenir comme j'étais auparavant, sans personne au monde, et que je ne verrais pour moi d'amitié dans aucun regard. Je suis restée enfin là toute une nuit, à la belle étoile, priant Dieu de m'avoir en pitié. Quand je revins sur la route, je vis un petit pauvre de dix ans qui n'avait pas de mains. Le bon Dieu m'a exaucée, pensais-je, je ne l'avais jamais prié comme je le fis pendant cette nuit-là. Je vais prendre soin de ce pauvre petit, me dis-je, nous mendierons ensemble et je serai sa mère; à deux on doit mieux réussir; j'aurai peut-être plus de courage pour lui que je n'en ai pour moi! D'abord le petit a paru content, il lui aurait été bien difficile de ne pas l'être, je faisais tout ce qu'il voulait, je lui donnais ce que j'avais de meilleur, enfin j'étais son esclave, il me tyrannisait; mais ça me semblait toujours mieux que d'être seule. Bah! aussitôt que le petit ivrogne a su que j'avais vingt francs dans le haut de ma robe, il l'a décousue et m'a volé ma pièce d'or, le prix de mon pauvre caniche! je voulais faire dire des messes avec. Un enfant sans mains! ça fait trembler. Ce vol m'a plus découragée de la vie que je ne sais quoi. Je ne pouvais donc rien aimer qui ne me pérît entre les mains. Un jour je vois venir une jolie calèche française qui montait la côte des Échelles. Il se trouvait dedans une demoiselle belle comme une vierge Marie, et un jeune homme qui lui ressemblait. — « Vois donc la jolie fille? » lui dit ce jeune homme en me jetant une pièce d'argent. Vous seul, monsieur Benassis, pouvez savoir le bonheur que me causa ce compliment, le seul que j'aie jamais entendu; mais le monsieur aurait bien dû ne pas me jeter d'argent. Aussitôt, poussée par mille je ne sais quoi qui m'ont tarabusté la tête, je me suis mise à courir par des sentiers qui coupaient au plus court; et me voilà dans les rochers des Échelles, bien avant la calèche qui montait tout doucement. J'ai pu revoir le jeune homme, il a été tout surpris de me retrouver, et moi j'étais si aise que le cœur me battait dans la gorge; un je ne sais quoi m'attirait vers lui; quand il m'eut reconnue, je repris ma course, en me doutant bien que la demoiselle et lui s'arrêteraient pour voir la cascade de Couz; lorsqu'ils sont descendus, ils m'ont encore aperçue sous les noyers de la route, ils m'ont alors questionnée en paraissant s'intéresser à moi. Jamais de ma vie je n'avais entendu de voix plus douce que celle de ce beau jeune homme et de sa sœur, car c'était sûrement sa sœur; j'y ai pensé pendant un an, j'espérais toujours qu'ils reviendraient. J'aurais donné deux ans de ma vie, rien que pour revoir ce voyageur, il paraissait si doux! Voilà, jusqu'au jour où j'ai connu monsieur Benassis, les plus grands événements de ma vie; car quand ma maîtresse m'a renvoyée pour avoir mis sa méchant robe de bal, j'ai eu pitié d'elle, je lui ai pardonné; et foi d'honnête fille, si vous me permettez de vous parler franchement, je me suis crue bien meilleure qu'elle ne l'était, quoiqu'elle fût comtesse.

— Hé! bien, dit Genestas après un moment de silence, vous voyez que Dieu vous a prise en amitié; ici, vous êtes comme le poisson dans l'eau.

A ces mots, la Fosseuse regarda Benassis avec des yeux pleins de reconnaissance.

— Je voudrais être riche! dit l'officier.

Cette exclamation fut suivie d'un profond silence.

— Vous me devez une histoire, dit enfin la Fosseuse d'un son de voix câlin.

— Je vais vous la dire, répondit Genestas. La veille de la bataille de Friedland, reprit-il après une pause, j'avais été envoyé en mission au quartier du général Davoust, et je revenais à mon bivouac, lorsqu'au détour d'un chemin je me trouve nez à nez avec l'empereur. Napoléon me regarde : « — Tu es le capitaine Genestas? me dit-il. — Oui, sire. — Tu es allé en Égypte? — Oui, sire. — Ne continue pas d'aller par ce chemin-là, me dit-il, prends à gauche, tu te trouveras plus tôt à ta division. » Vous ne sauriez imaginer avec quel accent de bonté l'empereur me dit ces paroles, lui qui avait bien d'autres chats à fouetter, car il parcourait le pays pour reconnaître son champ de bataille. Je vous raconte cette aventure pour vous faire voir quelle mémoire il avait, et vous apprendre que j'étais un de ceux dont la figure lui était connue. En 1815, j'ai prêté le serment. Sans cette faute-là je serais peut-être colonel aujourd'hui; mais je n'ai jamais eu l'intention de trahir les Bourbons; dans ce temps-là je n'ai vu que la France à défendre. Je me suis trouvé chef d'escadron dans les grenadiers de la garde impériale, et malgré les douleurs que je ressentais encore de ma blessure, j'ai fait ma partie de moulinet à la bataille de Waterloo. Quand tout a été dit, j'ai accompagné Napoléon à Paris; puis, lorsqu'il a gagné Rochefort, je l'ai suivi malgré ses ordres; j'étais bien aise de veiller à ce qu'il ne lui arrivât pas de malheurs en route. Aussi, lorsqu'il vint se promener sur le bord de la mer, me trouva-t-il en faction à dix pas de lui. « — Hé! bien, Genestas, me dit-il en s'approchant de moi, nous ne sommes donc pas morts? » Ce mot-là m'a crevé le cœur. Si vous l'aviez entendu, vous auriez frémi, comme moi, de la tête aux pieds. Il me montra ce scélérat de vaisseau anglais qui bloquait le port, et me dit: « — En voyant ça, je regrette de ne m'être pas noyé dans le sang de ma garde! » — Oui, dit Genestas en regardant le médecin et la Fosseuse, voilà ses propres paroles. « — Les maréchaux qui vous ont empêché de charger vous-même, lui dis-je, et qui vous ont mis dans votre berlingot, n'étaient pas vos amis. — Viens avec moi, s'écria-t-il vivement, la partie n'est pas finie. — Sire, je vous rejoindrai volontiers; mais quant à présent j'ai sur les bras un enfant sans mère, et je ne suis pas libre. » Adrien que vous voyez là m'a donc empêché d'aller à Sainte-Hélène. « — Tiens, me dit-il, je ne t'ai jamais rien donné, tu n'étais pas de ceux qui avaient toujours une main pleine et l'autre ouverte; voici la tabatière qui m'a servi pendant cette dernière campagne. Reste en France, il y faut des braves après tout! Demeure au service, souviens-toi de moi. Tu es de mon armée le dernier Égyptien que j'aurai vu debout en France. » Et il me donna une petite tabatière. « — Fais graver dessus: *honneur et patrie*, me dit-il, c'est l'histoire de nos deux dernières campagnes. » Puis ceux qui l'accompagnaient l'ayant rejoint, je restai pendant toute la matinée avec eux. L'empereur allait et venait sur la côte, il était toujours calme, mais il fronçait parfois les sourcils. A midi, son embarquement fut jugé tout à fait impossible. Les Anglais savaient qu'il était à Rochefort, il fallait ou se livrer à eux ou retraverser la France. Nous étions tous inquiets! Les minutes étaient comme des heures. Napoléon se trouvait entre les Bourbons qui l'auraient fusillé, et les Anglais qui ne sont point des gens honorables, car ils ne se laveront jamais de la honte dont ils se sont couverts en jetant sur un rocher un ennemi qui leur demandait l'hospitalité. Dans cette anxiété, je ne sais quel homme de sa suite lui présente le lieutenant Doret, un marin qui venait lui proposer les moyens de passer en Amérique. En effet, il y avait dans le port un brick de l'État et un bâtiment marchand. « — Capitaine! lui dit l'empereur, comment vous y prendriez-vous donc? — Sire, répondit l'homme, vous serez sur le vaisseau marchand, je monterai le brick sous pavillon blanc avec des hommes dévoués, nous aborderons l'anglais, nous y mettrons le feu, nous sauterons, vous passerez. — Nous irons avec vous! » criai-je au capitaine. Napoléon nous regarda tous et dit : « — Capitaine Doret, restez à la France. » C'est la seule fois que j'ai vu Napoléon ému. Puis il nous fit un signe de main et rentra. Je partis quand je l'eus vu abordant le vaisseau anglais. Il était perdu, il le savait. Il y avait dans le port un traître qui, par des signaux, avertissait les ennemis de la présence de l'empereur. Napoléon a donc essayé un dernier moyen, il a fait ce qu'il faisait sur les champs de bataille, il est allé à eux, au lieu de les laisser venir à lui. Vous parlez de chagrins, rien ne peut vous peindre le désespoir de ceux qui l'ont aimé pour lui.

— Où donc est sa tabatière? dit la Fosseuse.

— Elle est à Grenoble, dans une boîte, répondit le commandant.

— J'irai la voir, si vous me le permettez. Dire que vous avez une chose où il a mis ses doigts. Il avait une belle main?

— Très-belle.

— Est-il vrai qu'il soit mort? demanda-t-elle. Là, dites-moi bien la vérité.

— Oui, certes, il est mort, ma pauvre enfant.

— J'étais si petite en 1815, que je n'ai jamais pu voir que son chapeau, encore ai-je manqué d'être écrasée à Grenoble.

— Voilà de bien bon café à la crème, dit Genestas. Hé! bien, Adrien, ce pays-ci vous plaira-t-il? viendrez-vous voir mademoiselle?

L'enfant ne répondit pas, il paraissait avoir peur de regarder la Fosseuse. Benassis ne cessait d'examiner ce jeune homme, dans l'âme duquel il semblait lire.

— Certes, il viendra la voir, dit Benassis. Mais revenons au logis, il faut que j'aille prendre un de mes chevaux pour faire une course assez longue. Pendant mon absence vous vous entendrez avec Jacquotte.

— Venez donc avec nous, dit Genestas à la Fosseuse.

— Volontiers, répondit-elle, j'ai plusieurs choses à rendre à madame Jacquotte.

Ils se mirent en route pour revenir chez le médecin, et la Fosseuse, que cette compagnie rendait gaie, les conduisit par de petits sentiers à travers les endroits les plus sauvages de la montagne.

— Monsieur l'officier, dit-elle après un moment de silence, vous ne m'avez rien dit de vous, et j'aurais voulu vous entendre raconter quelque aventure de guerre. J'aime bien ce que vous avez dit de Napoléon, mais ça m'a fait mal... Si vous étiez bien aimable...

— Elle a raison, s'écria doucement Benassis, vous devriez nous conter quelque bonne aventure, pendant que nous marchons. Allons, une affaire intéressante, comme celle de votre poutre, à la Bérésina.

— J'ai bien peu de souvenirs, dit Genestas. Il se rencontre des gens auxquels tout arrive, et moi, je n'ai jamais pu être le héros d'aucune histoire. Tenez, voici la seule drôlerie qui me soit arrivée. En 1805, je n'étais encore que sous-lieutenant, je fis partie de la Grande Armée, et je me trouvai à Austerlitz. Avant de prendre Ulm, nous eûmes à livrer quelques combats où la cavalerie donna singulièrement. J'étais alors sous le commandement de Murat, qui ne renonçait guère sur la couleur. Après une des premières affaires de la campagne, nous nous emparâmes d'un pays où il y avait plusieurs belles terres. Le soir, mon régiment se cantonna dans le parc d'un beau château habité par une jeune et jolie femme, une comtesse; je vais naturellement me loger chez elle, et j'y cours afin d'empêcher tout pillage. J'arrive au salon au moment où mon maréchal-des-logis couchait en joue la comtesse, et lui demandait brutalement ce que cette femme ne pouvait certes lui donner, il était trop laid ; je relève d'un coup de sabre sa carabine, le coup part dans une glace ; puis, je flanque un revers à mon homme, et l'étends par terre. Aux cris de la comtesse, et en entendant le coup de fusil, tout son monde accourt et me menace. — « Arrêtez, dit-elle en allemand à ceux qui voulaient m'embrocher, cet officier m'a sauvé la vie ! » Ils se retirent. Cette dame m'a donné son mouchoir, un beau mouchoir brodé que j'ai encore, et m'a dit que j'aurais toujours un asile dans sa terre, et que si j'éprouvais un chagrin, de quelque nature qu'il fût, je trouverais en elle une sœur et une amie dévouée ; enfin, elle y mit toutes les herbes de la Saint-Jean. Cette femme était belle comme un jour de noces, mignonne comme une jeune chatte. Nous avons dîné ensemble. Le lendemain j'étais devenu amoureux fou ; mais le lendemain il fallait se trouver en ligne à Guntzbourg, je crois, et je délogeai muni du mouchoir. Le combat se livre ; je me disais : — A moi les balles ! Mon Dieu, parmi toutes celles qui passent n'y en aura-t-il pas une pour moi ? Mais je ne la souhaitais pas dans la cuisse, je n'aurais pas pu retourner au château. Je n'étais pas dégoûté, je voulais une bonne blessure au bras pour pouvoir être pansé, mignotté par la princesse. Je me précipitais comme un enragé sur l'ennemi. Je n'ai pas eu de bonheur, je suis sorti de là sain et sauf. Plus de comtesse, il a fallu marcher. Voilà.

Ils étaient arrivés chez Benassis, qui monta promptement cheval et disparut. Lorsque le médecin rentra, la cuisinière, à laquelle Genestas avait recommandé son fils, s'était déjà emparée d'Adrien, et l'avait logé dans la fameuse chambre de monsieur Gravier. Elle fut singulièrement étonnée de voir son maître ordonnant de dresser un simple lit de sangle dans sa chambre à lui pour le jeune homme, et le commandant d'un ton si impératif qu'il fut impossible à Jacquotte de faire la moindre observation. Après le dîner, le commandant reprit la route de Grenoble, heureux des nouvelles assurances que lui donna Benassis du prochain rétablissement de l'enfant.

Dans les premiers jours de décembre, huit mois après avoir confié son enfant au médecin, Genestas fut nommé lieutenant-colonel dans un régiment en garnison à Poitiers. Il songeait à mander son départ à Benassis lorsqu'il reçut une lettre de lui par laquelle son ami lui annonçait le parfait rétablissement d'Adrien.

« L'enfant, disait-il, est devenu grand et fort, il se porte à merveille. Depuis que vous ne l'avez vu, il a si bien profité des leçons de Butifer, qu'il est aussi bon tireur que notre contrebandier lui-même ; il est d'ailleurs leste et agile, bon marcheur, bon cavalier. En lui tout est changé. Le garçon de seize ans, qui naguère paraissait en avoir douze, semble maintenant en avoir vingt. Il a le regard assuré, fier. C'est un homme, et un homme à l'avenir de qui vous devez maintenant songer. »

— J'irai sans doute voir Benassis demain, et je prendrai son avis sur l'état que je dois faire embrasser à ce camarade-là, se dit Genestas en allant au repas d'adieu que ses officiers lui donnaient, car il ne devait plus rester que quelques jours à Grenoble.

Quand le lieutenant-colonel rentra, son domestique lui remit une lettre apportée par un messager qui en avait long-temps attendu la réponse. Quoique fort étourdi par les toasts que les officiers venaient de lui porter, Genestas reconnut l'écriture de son fils, crut qu'il le priait de satisfaire quelque fantaisie de jeune homme, et laissa la lettre sur sa table, où il la reprit le lendemain, lorsque les fumées du vin de Champagne furent dissipées.

« Mon cher père,.. — Ah ! petit drôle, se dit-il, tu ne manques jamais de me cajoler quand tu veux quelque chose ! Puis il reprit et lut ces mots : « Le bon monsieur Benassis est mort... » La lettre tomba des mains de Genestas qui n'en reprit la lecture qu'après une longue pause. « Ce malheur a jeté la consternation dans
« le pays, et nous a d'autant plus surpris, que monsieur Benassis
« était la veille parfaitement bien portant, et sans nulle apparence
« de maladie. Avant-hier, comme s'il eût connu sa fin, il alla vi-
« siter tous ses malades, même les plus éloignés, il avait parlé à
« tous les gens qu'il rencontrait, en leur disant : Adieu, mes amis.
« Il est revenu, suivant son habitude, pour dîner avec moi, sur les
« cinq heures. Jacquotte lui trouva la figure un peu rouge et vio-
« lette ; comme il faisait froid, elle ne lui donna pas un bain de
« pieds, qu'elle avait l'habitude de le forcer à prendre quand elle
« lui voyait le sang à la tête. Aussi la pauvre fille, à travers ses
« larmes, crie-t-elle depuis deux jours : Si je lui avais donné un
« bain de pieds, il vivrait encore ! Monsieur Benassis avait faim, il
« mangea beaucoup, et fut plus gai que de coutume. Nous avons
« beaucoup ri ensemble, et je ne l'avais jamais vu riant. Après le
« dîner, sur les sept heures, un homme de Saint-Laurent-du-Pont
« vint le chercher pour un cas très-pressé. Il me dit : « — Il faut que
« j'y aille ; cependant ma digestion n'est pas faite, et je n'aime pas
« monter à cheval en cet état, surtout par un temps froid ; il y a de
« quoi tuer un homme ! » Néanmoins il partit. Goguelat, le piéton,
« apporta sur les neuf heures une lettre pour monsieur Benassis. Jac-
« quotte, fatiguée d'avoir fait sa lessive, alla se coucher en me don-
« nant la lettre, et me pria de préparer le thé dans notre chambre
« au feu de monsieur Benassis, car je couche encore près de lui sur
« mon petit lit de crin. J'éteignis le feu du salon, et montai pour at-

« tendre mon bon ami. Avant de poser la lettre sur la cheminée, je
« regardai, par un mouvement de curiosité, le timbre et l'écriture.
« Cette lettre venait de Paris, et l'adresse me parut avoir été écrite
« par une femme. Je vous en parle à cause de l'influence que cette
« lettre a eue sur l'événement. Vers dix heures j'entendis les pas du
« cheval de monsieur Benassis. Il dit à Nicolle : « —Il fait un froid de
« loup, je suis mal à mon aise. — Voulez-vous que j'aille réveiller
« Jacquotte, lui demanda Nicolle. — Non ! non ! » Et il monta. « —Je
« vous ai apprêté votre thé, lui dis-je. — Merci, Adrien ! » me ré-
« pondit-il en me souriant comme vous savez. Ce fut son dernier
« sourire. Le voilà qui ôte sa cravate comme s'il étouffait. « —Il fait
« chaud ici ! » dit-il. Puis il se jeta sur un fauteuil. « — Il est venu
« une lettre pour vous, mon bon ami, la voici, lui dis-je. » Il prend la
« lettre, regarde l'écriture et s'écrie : « — Ha ! mon Dieu, peut-être
« est-elle libre ! » Puis il s'est penché la tête en arrière, et ses mains
« ont tremblé ; enfin, il mit une lumière sur la table, et décacheta
« la lettre. Le ton de son exclamation était si effrayant, que je le
« regardai pendant qu'il lisait, et je le vis rougir et pleurer. Puis
« tout à coup il tomba la tête la première en avant, je le relève et
« lui vois le visage tout violet. « — Je suis mort, dit-il en bégayant
« et en faisant un effort affreux pour se dresser. Saignez, saignez-
« moi ! cria-t-il, en me saisissant la main. Adrien, brûlez cette
« lettre ! » Et il me tendit la lettre, que je jetai au feu. J'appelle
« Jacquotte et Nicolle ; mais Nicolle seul m'entend ; il monte, et
« m'aide à mettre monsieur Benassis sur mon petit lit de crin. Il
« n'entendait plus, notre bon ami ! Depuis ce moment il a bien
« ouvert les yeux, mais il n'a plus rien vu. Nicolle, en partant à
« cheval, pour aller chercher monsieur Bordier, le chirurgien, a
« semé l'alarme dans le bourg. Alors en un moment tout le bourg
« a été sur pied. Monsieur Janvier, monsieur Dufau, tous ceux
« que vous connaissez sont venus les premiers. Monsieur Benassis
« était presque mort, il n'y avait plus de ressources. Monsieur
« Bordier lui a brûlé la plante des pieds sans pouvoir en obtenir
« signe de vie. C'était à la fois un accès de goutte et un épanche-
« ment au cerveau. Je vous donne fidèlement tous ces détails
« parce que je sais, mon cher père, combien vous aimez monsieur
« Benassis. Quant à moi, je suis bien triste et bien chagrin. Je puis
« vous dire qu'excepté vous, il n'est personne que j'aie mieux aimé.
« Je profitais plus en causant le soir avec ce bon monsieur Benassis,

« que je ne gagnais en apprenant toutes les choses du collége.
« Quand le lendemain matin sa mort a été sue dans le bourg, ç'a été
« un spectacle incroyable. La cour, le jardin ont été remplis de
« monde. C'était des pleurs, des cris ; enfin personne n'a travaillé,
« chacun se racontait ce que monsieur Benassis lui avait dit,
« quand il lui avait parlé pour la dernière fois ; l'un racontait tout
« ce qu'il lui avait fait de bien ; les moins attendris parlaient pour les
« autres ; la foule croissait d'heure en heure, et chacun voulait le
« voir. La triste nouvelle s'est promptement répandue, les gens du
« Canton, et ceux même des environs, ont eu la même idée : hom-
« mes, femmes, filles et garçons sont arrivés au bourg de dix lieues
« à la ronde. Lorsque le convoi s'est fait, le cercueil a été porté
« dans l'église par les quatre plus anciens de la Commune, mais
« avec des peines infinies, car il se trouvait entre la maison de
« monsieur Benassis et l'église, près de cinq mille personnes qui,
« pour la plupart, se sont agenouillées comme à la procession.
« L'église ne pouvait pas contenir tout le monde. Quand l'office a
« commencé, il s'est fait, malgré les pleurs, un si grand silence,
« que l'on entendait la clochette et les chants au bout de la grande
« rue. Mais lorsqu'il a fallu transporter le corps au nouveau cime-
« tière que monsieur Benassis avait donné au bourg, ne se doutant
« guère, le pauvre homme, qu'il y serait enterré le premier, il s'est
« alors élevé un grand cri. Monsieur Janvier disait les prières en
« pleurant, et tous ceux qui étaient là avaient des larmes dans les
« yeux. Enfin il a été enterré. Le soir, la foule était dissipée, et cha-
« cun s'en est allé chez soi, semant le deuil et les pleurs dans le
« pays. Le lendemain matin, Gondrin, Goguelat, Butifer, le garde-
« champêtre et plusieurs personnes se sont mis à travailler pour
« élever sur la place où gît monsieur Benassis une espèce de pyra-
« mide en terre, haute de vingt pieds, que l'on gazonne, et à laquelle
« tout le monde s'emploie. Tels sont, mon bon père, les événe-
« ments qui se sont passés ici depuis trois jours. Le testament de
« monsieur Benassis a été trouvé tout ouvert dans sa table, par
« monsieur Dufau. L'emploi que notre bon ami fait de ses biens a
« encore augmenté, s'il est possible, l'attachement qu'on avait pour
« lui, et les regrets causés par sa mort. Maintenant, mon cher père,
« j'attends par Butifer, qui vous porte cette lettre, une réponse
« pour que vous me dictiez ma conduite. Viendrez-vous me cher-
« cher, ou dois-je aller vous rejoindre à Grenoble ? Dites-moi ce

« que vous souhaitez que je fasse, et soyez sûr de ma parfaite
« obéissance.

« Adieu, mon père, je vous envoie les mille tendresses de votre
« fils affectionné.

« ADRIEN GENESTAS. »

— Allons, il faut y aller, s'écria le soldat.

Il commanda de seller son cheval, et se mit en route par une de ces matinées de décembre où le ciel est couvert d'un voile grisâtre, où le vent n'est pas assez fort pour chasser le brouillard à travers lequel les arbres décharnés et les maisons humides n'ont plus leur physionomie habituelle. Le silence était terne, car il est d'éclatants silences. Par un beau temps, le moindre bruit a de la gaieté; mais par un temps sombre, la nature n'est pas silencieuse, elle est muette. Le brouillard, en s'attachant aux arbres, s'y condensait en gouttes qui tombaient lentement sur les feuilles, comme des pleurs. Tout bruit mourait dans l'atmosphère. Le colonel Genestas, dont le cœur était serré par des idées de mort et par de profonds regrets, sympathisait avec cette nature si triste. Il comparait involontairement le joli ciel du printemps et la vallée qu'il avait vue si joyeuse pendant son premier voyage, aux aspects mélancoliques d'un ciel gris de plomb, à ces montagnes dépouillées de leurs vertes parures, et qui n'avaient pas encore revêtu leurs robes de neige dont les effets ne manquent pas de grâce. Une terre nue est un douloureux spectacle pour un homme qui marche au-devant d'une tombe; pour lui, cette tombe semble être partout. Les sapins noirs qui, çà et là, décoraient les cimes, mêlaient des images de deuil à toutes celles qui saisissaient l'âme de l'officier; aussi, toutes les fois qu'il embrassait la vallée dans toute son étendue, ne pouvait-il s'empêcher de penser au malheur qui pesait sur ce Canton, et au vide qu'y faisait la mort d'un homme. Genestas arriva bientôt à l'endroit où, dans son premier voyage, il avait pris une tasse de lait. En voyant la fumée de la chaumière où s'élevaient les enfants de l'hospice, il songea plus particulièrement à l'esprit bienfaisant de Benassis, et voulut y entrer pour faire en son nom une aumône à la pauvre femme. Après avoir attaché son cheval à un arbre, il ouvrit la porte de la maison sans frapper.

— Bonjour, la mère, dit-il à la vieille, qu'il trouva au coin du feu, et entourée de ses enfants accroupis, me reconnaissez-vous?

— Oh! oui bien, mon cher monsieur. Vous êtes venu par un joli printemps chez nous, et vous m'avez donné deux écus.

— Tenez, la mère, voilà pour vous et pour les enfants!

— Mon bon monsieur, je vous remercie. Que le ciel vous bénisse!

— Ne me remerciez pas, vous devez cet argent au pauvre père Benassis.

La vieille leva la tête et regarda Genestas.

— Ah! monsieur, quoiqu'il ait donné son bien à notre pauvre pays, et que nous soyons tous ses héritiers, nous avons perdu notre plus grande richesse, car il faisait tout venir à bien ici.

— Adieu, la mère, priez pour lui! dit Genestas après avoir donné aux enfants de légers coups de cravache.

Puis, accompagné de toute la petite famille et de la vieille, il remonta sur son cheval et partit. En suivant le chemin de la vallée, il trouva le large sentier qui menait chez la Fosseuse. Il arriva sur la rampe d'où il pouvait apercevoir la maison; mais il n'en vit pas, sans une grande inquiétude, les portes et les volets fermés; il revint alors par la grande route dont les peupliers n'avaient plus de feuilles. En y entrant, il aperçut le vieux laboureur presque endimanché, qui marchait lentement tout seul et sans outils.

— Bonjour, bonhomme Moreau.

— Ah! bonjour, monsieur! Je vous remets, ajouta le bonhomme après un moment de silence. Vous êtes un ami de défunt monsieur notre maire! Ah! monsieur, ne valait-il pas mieux que le bon Dieu prît à sa place un pauvre sciatique comme moi. Je ne suis rien ici, tandis que lui était la joie de tout le monde.

— Savez pourquoi il n'y a personne chez la Fosseuse?

Le bonhomme regarda dans le ciel.

— Quelle heure est-il, monsieur? On ne voit point le soleil, dit-il.

— Il est dix heures.

— Oh! bien, elle est à la messe ou au cimetière. Elle y va tous les jours, elle est son héritière de cinq cents livres de viager et de sa maison pour sa vie durante; mais elle est quasi folle de sa mort.

— Où allez-vous donc, mon bon homme?

— A l'enterrement de ce pauvre petit Jacques, qu'est mon neveu. Ce petit chétif est mort hier matin. Il semblait vraiment que ce fût ce cher monsieur Benassis qui le soutînt. Tous ces jeunes, ça meurt! ajouta Moreau d'un air moitié plaintif, moitié goguenard.

A l'entrée du bourg, Genestas arrêta son cheval en apercevant Gondrin et Goguelat tous deux armés de pelles et de pioches.

— Hé! bien, mes vieux troupiers, leur cria-t-il, nous avons donc eu le malheur de le perdre...

— Assez, assez, mon officier, répondit Goguelat d'un ton bourru, nous le savons bien, nous venons de tirer des gazons pour sa tombe.

— Ne sera-ce pas une belle vie à raconter? dit Genestas.

— Oui, reprit Goguelat, c'est, sauf les batailles, le Napoléon de notre vallée.

En arrivant au presbytère, Genestas aperçut à la porte Butifer et Adrien causant avec monsieur Janvier, qui revenait sans doute de dire sa messe. Aussitôt Butifer, voyant l'officier se disposer à descendre, alla tenir son cheval par la bride, et Adrien sauta au cou de son père, qui fut tout attendri de cette effusion; mais le militaire lui cacha ses sentiments, et lui dit : — Vous voilà bien réparé, Adrien! Tudieu! vous êtes, grâce à notre pauvre ami, devenu presque un homme! Je n'oublierai pas maître Butifer, votre instituteur.

— Ha! mon colonel, dit Butifer, emmenez-moi dans votre régiment! Depuis que monsieur le maire est mort, j'ai peur de moi. Ne voulait-il pas que je fusse soldat, hé! bien, je ferai sa volonté. Il vous a dit qui j'étais, vous aurez quelque indulgence pour moi...

— Convenu, mon brave, dit Genestas en lui frappant dans la main. Sois tranquille, je te procurerai quelque bon engagement.

— Hé! bien, monsieur le curé...

— Monsieur le colonel, je suis aussi chagrin que le sont tous les gens du Canton, mais je sens plus vivement qu'eux combien est irréparable la perte que nous avons faite. Cet homme était un ange! Heureusement il est mort sans souffrir. Dieu a dénoué d'une main bienfaisante les liens d'une vie qui fut un bienfait constant pour nous.

— Puis-je vous demander sans indiscrétion de m'accompagner au cimetière? je voudrais lui dire comme un adieu.

Butifer et Adrien suivirent alors Genestas et le curé, qui marchèrent en causant à quelques pas en avant. Quand le lieutenant-colonel eut dépassé le bourg, en allant vers le petit lac, il aperçut, au revers de la montagne, un grand terrain rocailleux environné de murs.

— Voilà le cimetière, lui dit le curé. Trois mois avant d'y venir, lui, le premier, il fut frappé des inconvénients qui résultent du voisinage des cimetières autour des églises ; et, pour faire exécuter la loi qui en ordonne la translation à une certaine distance des habitations, il a donné lui-même ce terrain à la Commune. Nous y enterrons aujourd'hui un pauvre petit enfant : nous aurons ainsi commencé par y mettre l'Innocence et la Vertu. La mort est-elle donc une récompense ? Dieu nous donne-t-il une leçon en appelant à lui deux créatures parfaites ? allons-nous vers lui, lorsque nous avons été bien éprouvés au jeune âge par la souffrance physique, et dans un âge plus avancé par la souffrance morale ? Tenez, voilà le monument rustique que nous lui avons élevé.

Genestas aperçut une pyramide en terre, haute d'environ vingt pieds, encore nue, mais dont les bords commençaient à se gazonner sous les mains actives de quelques habitants. La Fosseuse fondait en larmes, la tête entre ses mains et assise sur les pierres qui maintenaient le scellement d'une immense croix faite avec un sapin revêtu de son écorce. L'officier lut en gros caractères ces mots gravés sur le bois :

D. O. M.
CI GÎT
LE BON MONSIEUR BENASSIS,
NOTRE PÈRE
A
TOUS.
PRIEZ POUR LUI !

— C'est vous, monsieur, dit Genestas, qui avez...

— Non, répondit le curé, nous avons mis la parole qui a été répétée depuis le haut de ces montagnes jusqu'à Grenoble.

Après être demeuré silencieux pendant un moment, et s'être approché de la Fosseuse qui ne l'entendit pas, Genestas dit au curé : — Dès que j'aurai ma retraite, je viendrai finir mes jours parmi vous.

Octobre 1832. — Juillet 1833.

LE CURÉ DE VILLAGE.

A HÉLÈNE.

La moindre barque n'est pas lancée à la mer, sans que les marins ne la mettent sous la protection de quelque vivant emblème ou d'un nom révéré; soyez donc, madame, à l'imitation de cette coutume, la patronne de cet ouvrage lancé dans notre océan littéraire, et puisse-t-il être préservé de la bourrasque par ce nom impérial que l'Eglise a fait saint, et que votre dévouement a doublement sanctifié pour moi.

DE BALZAC.

CHAPITRE PREMIER.

VÉRONIQUE.

Dans le Bas-Limoges, au coin de la rue de la Vieille-Poste et de la rue de la Cité, se trouvait, il y a trente ans, une de ces boutiques auxquelles il semble que rien n'ait été changé depuis le moyen âge. De grandes dalles cassées en mille endroits, posées sur le sol qui se montrait humide par places, auraient fait tomber quiconque n'eût pas observé les creux et les élévations de ce singulier carrelage. Les murs poudreux laissaient voir une bizarre mosaïque de bois et de briques, de pierres et de fer tassés avec une solidité due au temps, peut-être au hasard. Le plancher, composé de poutres colossales, pliait depuis plus de cent ans sans rompre sous le poids des étages supérieurs. Bâtis en colombage, ces étages étaient à l'extérieur couverts en ardoises clouées de manière à dessiner des figures géométriques, et conservaient une image naïve des constructions bourgeoises du vieux temps. Aucune des croisées encadrées de bois, jadis brodées de sculptures aujourd'hui détruites par les intempéries de l'atmosphère, ne se tenait d'aplomb : les unes donnaient du nez, les autres rentraient, quelques-unes voulaient se disjoindre ; toutes avaient du terreau apporté on ne sait comment dans les fentes creusées par la pluie, et d'où s'élançaient au printemps quelques fleurs légères, de timides plantes grimpantes, des herbes grêles. La mousse veloutait les toits et les appuis. Le pilier du coin, quoiqu'en maçonnerie composite, c'est-à-dire de pierres mêlées de briques et de cailloux, effrayait le regard par sa courbure ; il paraissait devoir céder quelque jour sous le poids de la maison, dont le pignon surplombait d'environ un demi-pied. Aussi l'autorité municipale et la grande voirie firent-elles abattre cette maison, après l'avoir achetée, afin d'élargir le carrefour. Ce pilier, situé à l'angle des deux rues, se recommandait aux amateurs d'antiquités limousines par une jolie niche sculptée où se voyait une vierge, mutilée pendant la Révolution. Les bourgeois à prétentions archéologiques y remarquaient les traces de la marge en pierre destinée à recevoir les chandeliers où la piété publique allumait des cierges, mettait ses ex-voto et des fleurs. Au fond de la boutique, un escalier de bois vermoulu conduisait aux deux étages supérieurs surmontés d'un grenier. La maison, adossée aux deux maisons voisines, n'avait point de profondeur, et ne tirait son jour que des croisées. Chaque étage ne contenait que deux petites chambres, éclairées chacune par une croisée, donnant l'une sur la rue de la Cité, l'autre sur la rue de la Vieille-Poste. Au moyen âge, aucun artisan ne fut mieux logé. Cette maison avait évidemment appartenu jadis à des faiseurs d'haubergeons, à des armuriers, à des couteliers, à quelques maîtres dont le métier ne haïssait pas le plein air ; il était impossible d'y voir clair sans que les volets ferrés fussent enlevés sur chaque face où, de chaque côté du pilier, il y avait une porte, comme dans beaucoup de magasins situés au coin de deux rues. A chaque porte, après le seuil en belle pierre usée par les siècles, commençait un petit mur à hauteur d'appui, dans lequel était une rainure répétée à la poutre d'en haut sur laquelle reposait le mur de chaque façade. Depuis un temps immémorial on glissait de grossiers volets dans cette rainure, on les assujettissait par d'énormes bandes de fer boulonnées ; puis, les deux portes une fois closes par un mécanisme semblable, les marchands se trouvaient dans leur maison comme dans une forteresse. En examinant l'intérieur que, pendant les premières vingt années de ce siècle, les Limousins virent encombré de ferrailles, de cuivre, de ressorts, de fers de roues, de cloches et de tout ce que les démolitions donnent de métaux, les gens qu'intéressait ce débris de la vieille ville, y remarquaient la place d'un tuyau de forge, indiqué par une longue traînée de suie, détail qui confirmait les conjectures des archéologues sur la destination primitive de la boutique. Au premier étage, étaient une chambre et une cuisine; le second avait deux chambres. Le grenier servait de magasin pour les objets plus délicats que ceux jetés pêle-mêle dans la boutique. Cette maison, louée d'abord, fut plus tard achetée par un nommé Sauviat, marchand forain, qui, de 1792 à 1796, parcourut les campagnes dans un rayon de cinquante lieues autour de l'Auvergne, en y échangeant des poteries, des plats, des assiettes, des verres, enfin les choses nécessaires aux plus pauvres ménages, contre de vieux fers, des cuivres, des plombs, contre tout métal sous quelque forme qu'il se déguisât. L'Auvergnat donnait une casserole en terre brune de deux sous pour une livre de plomb, ou pour deux livres de fer, bêche cassée, houe brisée, vieille marmite fendue; et, toujours juge en sa propre cause, il pesait lui-même sa ferraille. Dès la troisième année, Sauviat joignit à ce commerce celui de la chaudronnerie. En 1793, il put acquérir un château vendu nationalement, et le dépeça; le gain qu'il fit, il le répéta sans doute sur plusieurs points de la sphère où il opérait; plus tard, ces premiers essais lui donnèrent l'idée de proposer une affaire en grand à l'un de ses compatriotes à Paris. Ainsi, la Bande Noire, si célèbre par ses dévastations, naquit dans la cervelle du vieux Sauviat, le marchand forain que tout Limoges a vu pendant vingt-sept ans dans cette pauvre boutique au milieu de ses cloches cassées, de ses fléaux, de ses chaînes, de ses potences, de ses gouttières en plomb tordu, de ses ferrailles de toute espèce; on doit lui rendre la justice de dire qu'il ne connut jamais ni la célébrité, ni l'étendue de cette association; il n'en profita que dans la proportion des capitaux qu'il avait confiés à la fameuse maison Brézac. Fatigué de courir les foires et les villages, l'Auvergnat s'établit à Limoges, où il avait, en 1797, épousé la fille d'un chaudronnier veuf, nommé Champagnac. Quand mourut le beau-père, il acheta la maison où il avait établi d'une manière fixe son commerce de ferrailleur, après l'avoir encore exercé dans les campagnes pendant trois ans en compagnie de sa femme. Sauviat atteignait à sa cinquantième année quand il épousa la fille au vieux Champagnac, laquelle, de son côté, ne devait pas avoir moins de trente ans. Ni belle, ni jolie, la Champagnac était née en Auvergne, et le patois fut une séduction mutuelle; puis elle avait cette grosse encolure qui permet aux femmes de résister aux plus durs travaux ; aussi accompagna-t-elle Sauviat dans ses courses. Elle rapportait du fer ou du plomb sur son dos, et conduisait le méchant fourgon plein de poteries avec lesquelles son mari faisait une usure déguisée. Brune, colorée, jouissant d'une riche santé, la Champagnac montrait, en riant, des dents blanches, hautes et larges comme des amandes; enfin elle avait le buste et les hanches de ces femmes que la nature a faites pour être mères. Si cette forte fille ne s'était pas plus tôt mariée, il fallait attribuer son célibat au *sans dot* d'Harpagon que pratiquait son père, sans avoir jamais lu Molière. Sauviat ne s'effraya point du sans dot; d'ailleurs un homme de cinquante ans ne devait pas élever de difficultés, puis sa femme allait lui épargner la dépense d'une servante. Il n'ajouta rien au mobilier de sa chambre, où, depuis le jour de ses noces jusqu'au jour de son déménagement, il n'y eut jamais qu'un lit à colonnes, orné d'une pente découpée et de rideaux en serge verte, un bahut, une commode, quatre fauteuils, une table et un miroir, le tout rapporté de différentes localités. Le bahut contenait dans sa partie supérieure une vaisselle en étain dont toutes les pièces étaient dissemblables. Chacun peut imaginer la cuisine d'après la chambre à coucher. Ni le mari, ni la femme ne savaient lire, léger défaut d'éducation qui ne les empêchait pas de compter admirablement et de faire le plus florissant de tous les commerces. Sauviat n'achetait aucun objet sans la certitude de pouvoir le revendre à cent pour cent de bénéfice. Pour se dispenser de tenir des livres et une caisse, il payait et vendait tout au comptant. Il avait d'ailleurs une mémoire si parfaite, qu'un objet, restât-il cinq ans dans sa boutique, sa femme et lui se rappelaient, à un liard près, le prix d'achat, enchéri chaque année des intérêts. Excepté pendant le temps où elle vaquait aux soins du ménage, la Sauviat était toujours assise sur une mauvaise chaise en bois adossée au pilier de sa boutique; elle tricotait en regardant les passants, veillant à sa ferraille et la vendant, la pesant, la livrant elle-même si Sauviat voyageait pour des acquisitions. A la pointe du jour on entendait le ferrailleur travaillant ses volets, le chien se sauvait par les rues, et bientôt la Sauviat venait aider son homme à mettre sur les appuis naturels que les petits murs formaient rue de la Vieille-Poste et rue de la Cité, des sonnettes, de vieux ressorts, des grelots, des canons de fusil cassés, des brimborions de leur commerce qui servaient d'enseigne et donnaient un air assez misérable à cette boutique où souvent il y avait pour vingt mille francs de plomb, d'acier et de cloches. Jamais, ni l'ancien brocanteur forain, ni sa femme, ne parlèrent de leur fortune; ils la cachaient comme un malfaiteur cache un crime, on les soupçonna long-temps de rogner les louis d'or et les écus. Quand mourut Champagnac, les Sauviat ne firent point d'inventaire, ils fouillèrent avec l'intelligence des rats tous les coins de sa maison, la laissèrent nue comme un cadavre, et vendirent eux-mêmes les chaudronneries dans leur boutique. Une fois par an, en décembre, Sauviat allait à Paris, et se servait alors de la voiture publique. Aussi, les observateurs du quartier présumaient-ils que pour dérober la connaissance de sa fortune, le ferrailleur opérait ses placements lui-même à Paris. On sut plus tard que, lié dans sa jeunesse avec un des plus célèbres marchands de métaux de Paris, Auvergnat comme lui, il faisait prospérer ses fonds dans la caisse de la maison Brézac, la colonne de cette fameuse association appelée la Bande Noire, qui s'y forma, comme il a été dit, d'après le conseil de Sauviat, un des participants.

Sauviat était un petit homme gras, à figure fatiguée, doué d'un air de probité qui séduisait le chaland, et cet air lui servait à bien vendre. La sécheresse de ses affirmations et la parfaite indifférence de son attitude aidaient ses prétentions. Son teint coloré se devinait difficilement sous la poussière métallique et noire qui saupoudrait ses cheveux crépus et sa figure marquée de petite vérole. Son front ne manquait pas de noblesse, il ressemblait au front classique prêté par tous les peintres à saint Pierre, le plus rude, le plus *peuple* et aussi le plus fin des apôtres. Ses mains étaient celles du travailleur infatigable, larges, épaisses, carrées et ridées par des espèces de crevasses solides. Son buste offrait une musculature indestructible. Il ne quitta jamais son costume de marchand forain : gros souliers ferrés, bas bleus tricotés par sa femme et cachés sous des guêtres en cuir, pantalon de velours vert bouteille, gilet à carreaux d'où pendait la clef en cuivre de sa montre d'argent attachée par une chaîne en fer que l'usage rendait luisant et poli comme de l'acier, une veste à petites basques en velours pareil au pantalon,

SAUVIAT.

Pour sa fille il adoucissait sa voix rude.

(LE CURÉ DE VILLAGE.)

puis autour du cou une cravate en rouennerie usée par le frottement de la barbe. Les dimanches et jours de fête, Sauviat portait une redingote de drap marron si bien soignée, qu'il ne la renouvela que deux fois en vingt ans.

La vie des forçats peut passer pour luxueuse comparée à celle des Sauviat, ils ne mangeaient de la viande qu'aux jours de fêtes carillonnées. Avant de lâcher l'argent nécessaire à leur subsistance journalière, la Sauviat fouillait dans ses deux poches cachées entre sa robe et son jupon, et n'en ramenait jamais que de mauvaises pièces rognées, des écus de six livres ou de cinquante-cinq sous, qu'elle regardait avec désespoir avant d'en changer une. La plupart du temps, les Sauviat se contentaient de harengs, de pois rouges, de fromage, d'œufs durs mêlés dans une salade, de légumes assaisonnés de la manière la moins coûteuse. Jamais ils ne firent de provisions, excepté quelques bottes d'ail ou d'oignons qui ne craignaient rien et ne coûtaient pas grand'chose ; le peu de bois qu'ils consommaient en hiver, la Sauviat l'achetait aux fagotteurs qui passaient, et au jour le jour. A sept heures en hiver, à neuf heures en été, le ménage était couché, la boutique fermée et gardée par leur énorme chien qui cherchait sa vie dans les cuisines du quartier. La mère Sauviat n'usait pas pour trois francs de chandelle par an.

La vie sobre et travailleuse de ces gens fut animée par une joie, mais une joie naturelle, et pour laquelle ils firent leurs seules dépenses connues. En mai 1802, la Sauviat eut une fille. Elle s'accoucha toute seule, et vaquait aux soins de son ménage cinq jours après. Elle nourrit elle-même son enfant sur sa chaise, en plein vent, continuant à vendre la ferraille pendant que sa petite tétait. Son lait ne coûtant rien, elle laissa téter pendant deux ans sa fille, qui ne s'en trouva pas mal. Véronique devint le plus bel enfant de la basse-ville, les passants s'arrêtaient pour la voir. Les voisines aperçurent alors chez le vieux Sauviat quelques traces de sensibilité, car on l'en croyait entièrement privé. Pendant que sa femme lui faisait à dîner, le marchand gardait entre ses bras la petite, et la berçait en lui chantonnant des refrains auvergnats. Les ouvriers le virent parfois immobile, regardant Véronique endormie sur les genoux de sa mère. Pour sa fille, il adoucissait sa voix rude, il essuyait ses mains à son pantalon avant de la prendre. Quand Véronique essaya de marcher, le père se pliait sur ses jambes et se mettait à quatre pas d'elle en lui tendant les bras et lui faisant des mines qui contractaient joyeusement les plis métalliques et profonds de sa figure âpre et sévère. Cet homme de plomb, de fer et de cuivre redevint un homme de sang, d'os et de chair. Était-il le dos appuyé contre son pilier, immobile comme une statue, un cri de Véronique l'agitait; il sautait à travers les ferrailles pour la trouver, car elle passa son enfance à jouer avec les débris de châteaux amoncelés dans les profondeurs de cette vaste boutique, sans se blesser jamais; elle allait aussi jouer dans la rue ou chez les voisins, sans que l'œil de sa mère la perdît de vue. Il n'est pas inutile de dire que les Sauviat étaient éminemment religieux. Au plus fort de la Révolution, Sauviat observait le dimanche et les fêtes. A deux fois, il manqua de se faire couper le cou pour être allé entendre la messe d'un prêtre non assermenté. Enfin, il fut mis en prison, accusé justement d'avoir favorisé la fuite d'un évêque auquel il sauva la vie. Heureusement le marchand forain, qui se connaissait en limes et en barreaux de fer, put s'évader; mais il fut condamné à mort par contumace, et, par parenthèse, ne se présenta jamais pour la purger, il mourut mort. Sa femme partageait ses pieux sentiments. L'avarice de ce ménage ne cédait qu'à la voix de la religion. Les vieux ferrailleurs rendaient exactement le pain bénit, et donnaient aux quêtes. Si le vicaire de Saint-Etienne venait chez eux pour demander des secours, Sauviat ou sa femme allaient aussitôt chercher sans façons ni grimaces ce qu'ils croyaient être leur quote-part dans les aumônes de la paroisse. La Vierge mutilée de leur pilier fut toujours, dès 1799, ornée de buis à Pâques. A la saison des fleurs, les passants la voyaient fêtée par des bouquets rafraîchis dans des cornets de verre bleu, surtout depuis la naissance de Véronique. Aux processions, les Sauviat tendaient soigneusement leur maison de draps chargés de fleurs, et contribuaient à l'ornement, à la construction du reposoir, l'orgueil de leur carrefour.

Véronique Sauviat fut donc élevée chrétiennement. Dès l'âge de sept ans, elle eut pour institutrice une sœur grise auvergnate à qui les Sauviat avaient rendu quelques petits services. Tous deux, assez obligeants tant qu'il ne s'agissait que de leur personne ou de leur temps, étaient serviables à la manière des pauvres gens, qui se prêtent eux-mêmes avec une sorte de cordialité. La sœur grise enseigna la lecture et l'écriture à Véronique, elle lui apprit l'histoire du peuple de Dieu, le Catéchisme, l'Ancien et le Nouveau-

Testament, quelque peu de calcul. Ce fut tout, la sœur crut que ce serait assez, c'était déjà trop. A neuf ans, Véronique étonna le quartier par sa beauté. Chacun admirait un visage qui pouvait être un jour digne du pinceau des peintres empressés à la recherche du beau idéal. Surnommée *la petite Vierge,* elle promettait d'être bien faite et blanche. Sa figure de madone, car la voix du peuple l'avait bien nommée, fut complétée par une riche et abondante chevelure blonde qui fit ressortir la pureté de ses traits. Quiconque a vu la sublime petite Vierge de Titien dans son grand tableau de la Présentation au Temple, saura ce que fut Véronique en son enfance : même candeur ingénue, même étonnement séraphique dans les yeux, même attitude noble et simple, même port d'infante.

A onze ans, elle eut la petite-vérole, et ne dut la vie qu'aux soins de la sœur Marthe. Pendant les deux mois que leur fille fut en danger, les Sauviat donnèrent à tout le quartier la mesure de leur tendresse. Sauviat n'alla plus aux ventes, il resta tout le temps dans sa boutique, montant chez sa fille, redescendant de moments en moments, la veillant toutes les nuits, de compagnie avec sa femme. Sa douleur muette parut trop profonde pour que personne osât lui parler, les voisins le regardaient avec compassion, et ne demandaient des nouvelles de Véronique qu'à la sœur Marthe. Durant les jours où le danger atteignit au plus haut degré, les passants et les voisins virent pour la seule et unique fois de la vie de Sauviat les larmes roulant long-temps entre ses paupières et tombant le long de ses joues creuses; il ne les essuya point, il resta quelques heures comme hébété, n'osant point monter chez sa fille, regardant sans voir, on aurait pu le voler.

Véronique fut sauvée, mais sa beauté périt. Cette figure, également colorée par une teinte où le brun et le rouge étaient harmonieusement fondus, resta frappée de mille fossettes qui grossirent la peau, dont la pulpe blanche avait été profondément travaillée. Le front ne put échapper aux ravages du fléau, il devint brun et demeura comme martelé. Rien n'est plus discordant que ces tons de brique sous une chevelure blonde, ils détruisent une harmonie préétablie. Ces déchirures du tissu, creuses et capricieuses, altérèrent la pureté du profil, la finesse de la coupe du visage, celle du nez, dont la forme grecque se vit à peine, celle du menton, délicat comme le bord d'une porcelaine blanche. La maladie ne respecta que ce qu'elle ne pouvait atteindre, les yeux et les dents. Véronique ne perdit pas non plus l'élégance et la beauté de son corps, ni la plénitude de ses lignes, ni la grâce de sa taille. Elle fut à quinze ans une belle personne, et ce qui consola les Sauviat, une sainte et bonne fille, occupée, travailleuse, sédentaire. A sa convalescence, et après sa première communion, son père et sa mère lui donnèrent pour habitation les deux chambres situées au second étage. Sauviat, si rude pour lui et pour sa femme, eut alors quelques soupçons du bien-être; il lui vint une vague idée de consoler sa fille d'une perte qu'elle ignorait encore. La privation de cette beauté qui faisait l'orgueil de ces deux êtres leur rendit Véronique encore plus chère et plus précieuse. Un jour, Sauviat apporta sur son dos un tapis de hasard, et le cloua lui-même dans la chambre de Véronique. Il garda pour elle, à la vente d'un château, le lit en damas rouge d'une grande dame, les rideaux, les fauteuils et les chaises en même étoffe. Il meubla de vieilles choses, dont le prix lui fut toujours inconnu, les deux pièces où vivait sa fille. Il mit des pots de réséda sur l'appui de la fenêtre, et rapporta de ses courses tantôt des rosiers, tantôt des œillets, toutes sortes de fleurs que lui donnaient sans doute les jardiniers ou les aubergistes. Si Véronique avait pu faire des comparaisons, et connaître le caractère, les mœurs, l'ignorance de ses parents, elle aurait su combien il y avait d'affection dans ces petites choses; mais elle les aimait avec un naturel exquis et sans réflexion. Véronique eut le plus beau linge que sa mère pouvait trouver chez les marchands. La Sauviat laissait sa fille libre de s'acheter pour ses vêtements les étoffes qu'elle désirait. Le père et la mère furent heureux de la modestie de leur fille, qui n'eut aucun goût ruineux. Véronique se contentait d'une robe de soie bleue pour les jours de fêtes, et portait les jours ouvrables une robe de gros mérinos en hiver, d'indienne rayée en été. Le dimanche, elle allait aux offices avec son père et sa mère, à la promenade après vêpres le long de la Vienne ou aux alentours. Les jours ordinaires, elle demeurait chez elle, occupée à remplir de la tapisserie, dont le prix appartenait aux pauvres, ayant ainsi les mœurs les plus simples, les plus chastes, les plus exemplaires. Elle ouvrait parfois du linge pour les hospices. Elle entremêla ses travaux de lectures, et ne lut pas d'autres livres que ceux que lui prêtait le vicaire de Saint-Étienne, un prêtre de qui la sœur Marthe avait fait faire la connaissance aux Sauviat.

Pour Véronique, les lois de l'économie domestique furent d'ailleurs entièrement suspendues. Sa mère, heureuse de lui servir une nourriture choisie, lui faisait elle-même une cuisine à part. Le père et la mère mangeaient toujours leurs noix et leur pain dur, leurs harengs, leurs pois fricassés avec du beurre salé, tandis que pour Véronique rien n'était ni assez frais ni assez beau. « — Véronique doit vous coûter cher, disait au père Sauviat un chapelier établi en face et qui avait pour son fils des projets sur Véronique en estimant à cent mille francs la fortune du ferrailleur. — Oui, voisin, oui, répondit le vieux Sauviat, elle pourrait me demander dix écus, je les lui donnerais tout de même. Elle a tout ce qu'elle veut, mais elle ne demande jamais rien. C'est un agneau pour la douceur ! » Véronique, en effet, ignorait le prix des choses ; elle n'avait jamais eu besoin de rien ; elle ne vit de pièce d'or que le jour de son mariage, elle n'eût jamais de bourse à elle ; sa mère lui achetait et lui donnait tout à souhait, si bien que pour faire l'aumône à un pauvre, elle fouillait dans les poches de sa mère. « — Elle ne vous coûte pas cher, dit alors le chapelier. — Vous croyez cela, vous ! répondit Sauviat. Vous ne vous en tireriez pas encore avec quarante écus par an. Et sa chambre ! elle a chez elle pour plus de cent écus de meubles ; mais quand on n'a qu'une fille, on peut se laisser aller. Enfin, le peu que nous possédons sera tout à elle. — Le peu ? Vous devez être riche, père Sauviat. Voilà quarante ans que vous faites un commerce où il n'y a pas de pertes. — Ah ! l'on ne me couperait pas les oreilles pour douze cents francs ! » répondit le vieux marchand de ferraille.

A compter du jour où Véronique eut perdu la suave beauté qui recommandait son visage de petite fille à l'admiration publique, le père Sauviat redoubla d'activité. Son commerce se raviva si bien, qu'il fit dès lors plusieurs voyages par an à Paris. Chacun devina qu'il voulait compenser à force d'argent ce que, dans son langage, il appelait les déchets de sa fille. Quand Véronique eut quinze ans, il se fit un changement dans les mœurs intérieures de la maison. Le père et la mère montèrent à la nuit chez leur fille, qui, pendant la soirée, leur lisait, à la lueur d'une lampe placée derrière un globe de verre plein d'eau, la Vie des Saints, les Lettres édifiantes, enfin tous les livres prêtés par le vicaire. La vieille Sauviat tricotait en calculant qu'elle regagnait ainsi le prix de l'huile. Les voisins pouvaient voir de chez eux ces deux vieilles gens immobiles sur leurs fauteuils comme deux figures chinoises, écoutant et admirant leur fille de toutes les forces d'une intelligence obtuse pour tout ce qui n'était pas commerce ou foi religieuse. Il s'est rencontré sans doute dans le monde des jeunes filles aussi pures que l'était Véronique; mais aucune ne fut ni plus pure, ni plus modeste. Sa confession devait étonner les anges et réjouir la sainte Vierge. A seize ans, elle fut entièrement développée et se montra comme elle devait être. Elle avait une taille moyenne, ni son père ni sa mère n'étaient grands; mais ses formes se recommandaient par une souplesse gracieuse, par ces lignes serpentines si heureuses, si péniblement cherchées par les peintres, que la Nature trace d'elle-même si finement, et dont les moelleux contours se révèlent aux yeux des connaisseurs, malgré les linges et l'épaisseur des vêtements, qui se modèlent et se disposent toujours, quoi qu'on fasse, sur le nu. Vraie, simple, naturelle, Véronique mettait en relief cette beauté par des mouvements sans aucune affectation. Elle sortait son plein et entier effet, s'il est permis d'emprunter ce terme énergique à la langue judiciaire. Elle avait les bras charnus des Auvergnates, la main rouge et potelée d'une belle servante d'auberge, des pieds forts, mais réguliers, et en harmonie avec ses formes. Il se passait en elle un phénomène ravissant et merveilleux qui promettait à l'amour une femme cachée à tous les yeux. Ce phénomène était peut-être une des causes de l'admiration que son père et sa mère manifestèrent pour sa beauté, qu'ils disaient être divine, au grand étonnement des voisins. Les premiers qui remarquèrent ce fait furent les prêtres de la cathédrale et les fidèles qui s'approchaient de la sainte table. Quand un sentiment violent éclatait chez Véronique, et l'exaltation religieuse à laquelle elle était livrée alors qu'elle se présentait pour communier doit se compter parmi les vives émotions d'une jeune fille si candide, il semblait qu'une lumière intérieure effaçât par ses rayons les marques de la petite-vérole. Le pur et radieux visage de son enfance reparaissait dans sa beauté première. Quoique légèrement voilée par la couche grossière que la maladie y avait étendue, il brillait comme brille mystérieusement une fleur sous l'eau de la mer que le soleil pénètre. Véronique était changée pour quelques instants : la petite Vierge apparaissait et disparaissait comme une céleste apparition. La prunelle de ses yeux, douée d'une grande contractilité, semblait alors s'épanouir, et repoussait le bleu de l'iris, qui ne formait plus qu'un léger cercle. Ainsi cette métamorphose de l'œil, devenu aussi vif que celui de l'aigle, complétait le changement étrange du visage. Était-ce l'orage des passions contenues, était-ce une force venue des profondeurs de l'âme qui agrandissait la prunelle en plein jour, comme elle s'agrandit ordinairement chez tout le monde dans les ténèbres, en brunissant ainsi l'azur de ces yeux célestes? Quoi que ce fût, il était impossible de voir froidement Véronique, alors qu'elle revenait de l'autel à sa place après s'être unie à Dieu, et qu'elle se montrait à la paroisse dans sa primitive splendeur. Sa beauté eût alors éclipsé celle des plus belles femmes. Quel charme pour un homme épris et jaloux que ce voile de chair qui devait cacher l'épouse à tous les regards, un voile que la main de l'amour lèverait et laisserait retomber sur les voluptés permises! Véronique avait des lèvres parfaitement arquées qu'on aurait crues peintes en vermillon, tant y abondait un sang pur et chaud. Son menton et le bas de son visage étaient un peu gras, dans l'acception que les peintres donnent à ce mot, et cette forme épaisse est, suivant les lois impitoyables de la physiognomonie, l'indice d'une violence quasi-morbide dans la passion. Elle avait au-dessus de son front, bien modelé, mais presque impérieux, un magnifique diadème de cheveux volumineux, abondants et devenus châtains.

Depuis l'âge de seize ans jusqu'au jour de son mariage, Véronique eut une attitude pensive et pleine de mélancolie. Dans une si profonde solitude, elle devait, comme les solitaires, examiner le grand spectacle de ce qui se passait en elle : le progrès de sa pensée, la variété des images, et l'essor des sentiments échauffés par une vie pure. Ceux qui levaient le nez en passant par la rue de la Cité pouvaient voir par les beaux jours la fille des Sauviat assise à sa fenêtre, cousant, brodant ou tirant l'aiguille au-dessus de son canevas d'un air assez songeur. Sa tête se détachait vivement entre les fleurs qui poétisaient l'appui brun et fendillé de ses croisées à vitraux retenus dans leur réseau de plomb. Quelquefois le reflet des rideaux de damas rouge ajoutait à l'effet de cette tête déjà si colorée; de même qu'une fleur empourprée, elle dominait le massif aérien si soigneusement entretenu par elle sur l'appui de sa fenêtre. Cette vieille maison naïve avait donc quelque chose de plus naïf : un portrait de jeune fille, digne de Mieris, de Van Ostade, de Terburg et de Gérard Dow, encadré dans une de ces vieilles croisées quasi-détruites, frustes et brunes que leurs pinceaux ont affectionnées. Quand un étranger, surpris de cette construction, restait béant à contempler le second étage, le vieux Sauviat avançait alors la tête de manière à se mettre en dehors de la ligne dessinée par le surplomb, sûr de trouver sa fille à la fenêtre. Le ferrailleur rentrait en se frottant les mains, et disait à sa femme en patois d'Auvergne : « — Hé ! la vieille, on admire ton enfant ! »

En 1820, il arriva, dans la vie simple et dénuée d'événements que menait Véronique, un accident qui n'eût pas eu d'importance chez toute autre jeune personne, mais qui peut-être exerça sur son avenir une horrible influence. Un jour de fête supprimée, qui restait ouvrable pour toute la ville, et pendant lequel les Sauviat fermaient boutique, allaient à l'église et se promenaient, Véronique passa, pour aller dans la campagne, devant l'étalage d'un libraire où elle vit le livre de Paul et Virginie. Elle eut la fantaisie de l'acheter à cause de la gravure, son père paya cent sous le fatal volume, et le mit dans la vaste poche de sa redingote. « — Ne ferais-tu pas bien de le montrer à monsieur le vicaire ? lui dit sa mère pour qui tout livre imprimé sentait toujours un peu le grimoire. — J'y pensais ! » répondit simplement Véronique.

L'enfant passa la nuit à lire ce roman, l'un des plus touchants livres de la langue française. La peinture de ce mutuel amour, à demi biblique et digne des premiers âges du monde, ravagea le cœur de Véronique. Une main, doit-on dire divine ou diabolique, enleva le voile qui jusqu'alors lui avait couvert la Nature. La petite vierge enfouie dans la belle fille trouva le lendemain ses fleurs plus belles qu'elles ne l'étaient la veille, elle entendit leur langage symbolique, elle examina l'azur du ciel avec une fixité pleine d'exaltation ; et des larmes roulèrent alors sans cause dans ses yeux. Dans la vie de toutes les femmes, il est un moment où elles comprennent leur destinée, où leur organisation jusque-là muette parle avec autorité ; ce n'est pas toujours un homme choisi par quelque regard involontaire et furtif qui réveille leur sixième sens endormi ; mais plus souvent peut-être un spectacle imprévu, l'aspect d'un site, une lecture, le coup d'œil d'une pompe religieuse, un concert de parfums naturels, une délicieuse matinée voilée de ses fines vapeurs, une divine musique aux notes caressantes, enfin quelque mouvement inattendu dans l'âme ou dans le corps. Chez cette fille solitaire, confinée dans cette noire maison, élevée par des parents simples, quasi-rustiques, et qui n'avait jamais entendu de mot impropre, dont la candide intelligence n'avait jamais reçu la moindre idée mauvaise; chez l'angélique élève de la sœur Marthe et du bon vicaire de Saint-Étienne, la révélation de l'amour, qui est la vie de la femme, lui fut faite par un livre suave, par la main du Génie. Pour tout autre, cette lecture eût été sans danger; pour elle, ce livre fut pire qu'un livre obscène. La corruption est relative. Il est des natures vierges et sublimes qu'une seule pensée corrompt, elle y fait d'autant plus de dégâts que la nécessité d'une résistance n'a pas été prévue.

Le lendemain, Véronique montra le livre au bon prêtre qui en approuva l'acquisition, tant la renommée de Paul et Virginie est enfantine, innocente et pure. Mais la chaleur des tropiques et la beauté des paysages; mais la candeur presque puérile d'un amour presque saint avaient agi sur Véronique. Elle fut amenée par la douce et noble figure de l'auteur vers le culte de l'Idéal, cette fatale religion humaine! Elle rêva d'avoir pour amant un jeune homme semblable à Paul. Sa pensée caressa de voluptueux tableaux dans une île embaumée. Elle nomma par enfantillage, une île de la Vienne, sise au-dessous de Limoges, presque en face le faubourg Saint-Martial, l'Ile-de-France. Sa pensée y habita le monde fantastique que se construisent toutes les jeunes filles, et qu'elles enrichissent de leurs propres perfections. Elle passa de plus longues heures à sa croisée, en regardant passer les artisans, les seuls hommes auxquels, d'après la modeste condition de ses parents, il lui était permis de songer. Habituée sans doute à l'idée d'épouser un homme du peuple, elle trouvait en elle-même des instincts qui repoussaient toute grossièreté. Dans cette situation, elle dut se plaire à composer quelques-uns de ces romans que toutes les jeunes filles se font pour elles seules. Elle embrassa peut-être avec l'ardeur naturelle à une imagination élégante et vierge, la belle idée d'ennoblir un de ces hommes, de l'élever à la hauteur où la mettaient ses rêves, elle fit peut-être un Paul de quelque jeune homme choisi par ses regards, seulement pour attacher ses folles idées sur un être, comme les vapeurs de l'atmosphère humide, saisies par la gelée, se cristallisent à une branche d'arbre, au bord du chemin. Elle dut se lancer dans un abîme profond, car si elle eut souvent l'air de revenir de bien haut en montrant sur son front comme un reflet lumineux, plus souvent encore elle semblait tenir à la main des fleurs cueillies au bord de quelque torrent suivi jusqu'au fond d'un précipice. Elle demanda par les soirées chaudes le bras de son vieux père, et ne manqua plus une promenade au bord de la Vienne où elle allait s'extasiant sur les beautés du ciel et de la campagne, sur les rouges magnificences du soleil couchant, sur les pimpantes délices des matinées trempées de rosée. Son esprit exhala dès lors un parfum de poésie naturelle. Ses cheveux qu'elle nattait et tordait simplement sur sa tête, elle les lissa, les boucla. Sa toilette connut quelque recherche. La vigne qui croissait sauvage et naturellement jetée dans les bras du vieil ormeau fut transplantée, taillée, elle s'étala sur un treillis vert et coquet.

Au retour d'un voyage que fit à Paris le vieux Sauviat, alors âgé de soixante-dix ans, en décembre 1822, le vicaire vint un soir, et après quelques phrases insignifiantes : « — Pensez à marier votre fille, Sauviat! dit le prêtre. A votre âge, il ne faut plus remettre l'accomplissement d'un devoir important. — Mais Véronique veut-elle se marier? demanda le vieillard stupéfait. — Comme il vous plaira, mon père, répondit-elle en baissant les yeux. — Nous la marierons, s'écria la grosse mère Sauviat en souriant. — Pourquoi ne m'en as-tu rien dit avant mon départ, la mère! répliqua Sauviat. Je serai forcé de retourner à Paris. »

Jérôme-Baptiste Sauviat, en homme aux yeux de qui la fortune semblait constituer tout le bonheur, qui n'avait jamais vu que le besoin dans l'amour, et dans le mariage qu'un mode de transmettre ses biens à un autre soi-même, s'était juré de marier Véronique à un riche bourgeois. Depuis long-temps, cette idée avait pris dans sa cervelle la forme d'un préjugé. Son voisin, le chapelier, riche de deux mille livres de rente, avait déjà demandé pour son fils, auquel il cédait son établissement, la main d'une fille aussi célèbre que l'était Véronique dans le quartier par sa conduite exemplaire et ses mœurs chrétiennes. Sauviat avait déjà poliment refusé sans en parler à Véronique. Le lendemain du jour où le vicaire, personnage important aux yeux du ménage Sauviat, eut parlé de la nécessité de marier Véronique de laquelle il était le directeur, le vieillard se rasa, s'habilla comme pour un jour de fête, et sortit sans rien dire ni à sa fille ni à sa femme. L'une et l'autre comprirent que le père allait chercher un gendre. Le vieux Sauviat se rendit chez monsieur Graslin.

Monsieur Graslin, riche banquier de Limoges, était comme Sauviat un homme parti sans le sou de l'Auvergne, venu pour être

commissionnaire, et qui, placé chez un financier en qualité de
garçon de caisse, avait, semblable à beaucoup de financiers, fait
son chemin à force d'économie, et aussi par d'heureuses circonstances. Caissier à vingt-cinq ans, associé dix ans après de la maison Perret et Grossetête, il avait fini par se trouver maître du
comptoir après avoir désintéressé ces vieux banquiers, tous deux
retirés à la campagne et qui lui laissèrent leurs fonds à manier,
moyennant un léger intérêt. Pierre Graslin, alors âgé de quarante-sept ans, passait pour posséder au moins six cent mille francs. La
réputation de fortune de Pierre Graslin avait récemment grandi
dans tout le Département, chacun avait applaudi à sa générosité qui consistait à s'être bâti, dans le nouveau quartier de la
place des Arbres, destiné à donner à Limoges une physionomie
agréable, une belle maison sur le plan d'alignement, et dont la façade correspondait à celle d'un édifice public. Cette maison, achevée depuis six mois, Pierre Graslin hésitait à la meubler; elle lui
coûtait si cher qu'il reculait le moment où il viendrait l'habiter.
Son amour-propre l'avait entraîné peut-être au delà des lois sages
qui jusqu'alors avaient gouverné sa vie. Il jugeait avec le bon sens
de l'homme commercial, que l'intérieur de sa maison devait être
en harmonie avec le programme de la façade. Le mobilier, l'argenterie, et les accessoires nécessaires à la vie qu'il mènerait dans
son hôtel, allaient, selon son estimation, coûter autant que la construction. Malgré les dires de la ville et les lazzi du commerce,
malgré les charitables suppositions de son prochain, il resta confiné dans le vieux, humide et sale rez-de-chaussée où sa fortune
s'était faite, rue Montantmanigne. Le public glosa : mais Graslin
eut l'approbation de ses deux vieux commanditaires, qui le louèrent de cette fermeté peu commune. Une fortune, une existence
comme celle de Pierre Graslin devaient exciter plus d'une convoitise dans une ville de province. Aussi plus d'une proposition de
mariage avait-elle été, depuis dix ans, insinuée à monsieur Graslin. Mais l'état de garçon convenait si bien à un homme occupé du
matin au soir, constamment fatigué de courses, accablé de travail, ardent à la poursuite des affaires comme le chasseur à celle
du gibier, que Graslin ne donna dans aucun des pièges tendus par
les mères ambitieuses qui convoitaient pour leurs filles cette brillante position. Graslin, ce Sauviat de la sphère supérieure, ne dépensait pas quarante sous par jour, et allait vêtu comme son se-

cond commis. Deux commis et un garçon de caisse lui suffisaient pour faire des affaires, immenses par la multiplicité des détails. Un commis expédiait la correspondance, un autre tenait la caisse. Pierre Graslin était, pour le surplus, l'âme et le corps. Ses commis, pris dans sa famille, étaient des hommes sûrs, intelligents, façonnés au travail comme lui-même. Quant au garçon de caisse, il menait la vie d'un cheval de camion. Levé dès cinq heures en tous temps, ne se couchant jamais avant onze heures, Graslin avait une femme à la journée, une vieille Auvergnate qui faisait la cuisine. La vaisselle de terre brune, le bon gros linge de maison étaient en harmonie avec le train de cette maison. L'Auvergnate avait ordre de ne jamais dépasser la somme de trois francs pour la totalité de la dépense journalière du ménage. Le garçon de peine servait de domestique. Les commis faisaient eux-mêmes leur chambre. Les tables en bois noirci, les chaises dépaillées, les casiers, les mauvais bois de lit, tout le mobilier qui garnissait le comptoir et les trois chambres situées au-dessus, ne valaient pas mille francs, y compris une caisse colossale, toute en fer, scellée dans les murs, léguée par ses prédécesseurs, et devant laquelle couchait le garçon de peine, avec deux chiens à ses pieds. Graslin ne hantait pas le monde où il était si souvent question de lui. Deux ou trois fois par an, il dînait chez le Receveur-général, avec lequel ses affaires le mettaient en relations suivies. Il mangeait encore quelquefois à la Préfecture ; il avait été nommé membre du Conseil-général du département, à son grand regret. « — Il perdait là son temps, » disait-il. Parfois ses confrères, quand il concluait avec eux des marchés, le gardaient à déjeuner ou à dîner. Enfin il était forcé d'aller chez ses anciens patrons qui passaient les hivers à Limoges. Il tenait si peu aux relations de la société, qu'en vingt-cinq ans, Graslin n'avait pas offert un verre d'eau à qui que ce soit. Quand Graslin passait dans la rue, chacun se le montrait, en se disant : « Voilà monsieur Graslin ! » C'est-à-dire voilà un homme venu sans le sou à Limoges et qui s'est acquis une fortune immense ! Le banquier auvergnat était un modèle que plus d'un père proposait à son enfant, une épigramme que plus d'une femme jetait à la face de son mari. Chacun peut concevoir par quelles idées un homme devenu le pivot de toute la machine financière du Limousin, fut amené à repousser les diverses propositions de mariage qu'on ne se lassait pas de lui faire. Les filles de messieurs Perret et

Grossetête avaient été mariées avant que Graslin eût été en position de les épouser, mais comme chacune de ces dames avait des filles en bas âge, on finit par laisser Graslin tranquille, imaginant que, soit le vieux Perret ou le fin Grossetête avait par avance arrangé le mariage de Graslin avec une de leurs petites-filles. Sauviat suivit plus attentivement et plus sérieusement que personne la marche ascendante de son compatriote, il l'avait connu lors de son établissement à Limoges ; mais leurs positions respectives changèrent si fort, du moins en apparence, que leur amitié, devenue superficielle, se rafraîchissait rarement. Néanmoins, en qualité de compatriote, Graslin ne dédaigna jamais de causer avec Sauviat quand par hasard ils se rencontrèrent. Tous deux ils avaient conservé leur tutoiement primitif, mais en patois d'Auvergne seulement. Quand le Receveur-général de Bourges, le plus jeune des frères Grossetête, eut marié sa fille, en 1823, au plus jeune fils du comte de Fontaine, Sauviat devina que les Grossetête ne voulaient point faire entrer Graslin dans leur famille. Après sa conférence avec le banquier, le père Sauviat revint joyeux dîner dans la chambre de sa fille, et dit à ses deux femmes : « — Véronique sera madame Graslin. — Madame Graslin ? s'écria la mère Sauviat stupéfaite. — Est-ce possible ? dit Véronique à qui la personne de Graslin était inconnue, mais à l'imagination de laquelle il se produisait comme se produit un des Rothschild à celle d'une grisette de Paris. — Oui, c'est fait, dit solennellement le vieux Sauviat, Graslin meublera magnifiquement sa maison ; il aura pour notre fille la plus belle voiture de Paris et les plus beaux chevaux du Limousin, il achètera une terre de cinq cent mille francs pour elle, et lui assurera son hôtel ; enfin Véronique sera la première de Limoges, la plus riche du département, et fera ce qu'elle voudra de Graslin ! »

Son éducation, ses idées religieuses, son affection sans bornes pour son père et sa mère, son ignorance empêchèrent Véronique de concevoir une seule objection ; elle ne pensa même pas qu'on avait disposé d'elle sans elle. Le lendemain Sauviat partit pour Paris et fut absent pendant une semaine environ.

Pierre Graslin était, vous l'imaginez, peu causeur, il allait droit et promptement au fait. Chose résolue, chose exécutée. En février 1822, éclata comme un coup de foudre dans Limoges une singulière nouvelle : l'hôtel Graslin se meublait richement, des voitures de roulage venues de Paris se succédaient de jour en jour à la porte et se déballaient dans la cour. Il courut dans la ville des rumeurs sur la beauté, sur le bon goût d'un mobilier moderne ou antique, selon la mode. La maison Odiot expédiait une magnifique argenterie par la malle-poste. Enfin, trois voitures, une calèche, un coupé, un cabriolet, arrivaient entortillées de paille comme des bijoux. — Monsieur Graslin se marie! Ces mots furent dits par toutes les bouches dans une seule soirée, dans les salons de la haute société, dans les ménages, dans les boutiques, dans les faubourgs et bientôt dans tout le Limousin. Mais avec qui? Personne ne pouvait répondre. Il y avait un mystère à Limoges.

Au retour de Sauviat, eut lieu la première visite nocturne de Graslin, à neuf heures et demie. Véronique, prévenue, attendait, vêtue de sa robe de soie bleue à guimpe sur laquelle retombait une collerette de linon à grand ourlet. Pour toute coiffure, ses cheveux, partagés en deux bandeaux bien lissés, furent rassemblés en mamelon derrière la tête, à la grecque. Elle occupait une chaise de tapisserie auprès de sa mère assise au coin de la cheminée dans un grand fauteuil à dossier sculpté, garni de velours rouge, quelque débris de vieux château. Un grand feu brillait à l'âtre. Sur la cheminée, de chaque côté d'une horloge antique dont la valeur était certes inconnue aux Sauviat, six bougies dans deux vieux bras de cuivre figurant des sarments, éclairaient et cette chambre brune et Véronique dans toute sa fleur. La vieille mère avait mis sa meilleure robe. Par le silence de la rue, à cette heure silencieuse, sur les douces ténèbres du vieil escalier, apparut Graslin à la modeste et naïve Véronique, encore livrée aux suaves idées que le livre de Bernardin de Saint-Pierre lui avait fait concevoir de l'amour.

Petit et maigre, Graslin avait une épaisse chevelure noire semblable aux crins d'un houssoir, qui faisait vigoureusement ressortir son visage, rouge comme celui d'un ivrogne émérite, et couvert de boutons âcres, saignants ou prêts à percer. Sans être ni la lèpre ni la dartre, ces fruits d'un sang échauffé par un travail continu, par les inquiétudes, par la rage du commerce, par les veilles, par la sobriété, par une vie sage, semblaient tenir de ces deux maladies. Malgré les avis de ses associés, de ses commis et de son médecin, le banquier n'avait jamais su s'astreindre aux précautions médicales qui eussent prévenu, tempéré cette maladie, d'abord légère et qui s'aggravait de jour en jour. Il voulait guérir, il prenait des bains pendant quelques jours, il buvait la boisson ordonnée; mais emporté par le courant des affaires, il oubliait le soin de sa personne. Il pensait à suspendre ses affaires pendant quelques jours, à voyager, à se soigner aux Eaux; mais quel est le chasseur de millions qui s'arrête? Dans cette face ardente, brillaient deux yeux gris, tigrés de fils verdâtres partant de la prunelle, et semés de points bruns; deux yeux avides, deux yeux vifs qui allaient au fond du cœur, deux yeux implacables, pleins de résolution, de rectitude, de calcul. Graslin avait un nez retroussé, une bouche à grosses lèvres lippues, un front cambré, des pommettes rieuses, des oreilles épaisses à larges bords corrodés par l'âcreté du sang; enfin c'était le satyre antique, un faune en redingote, en gilet de satin noir, le cou serré d'une cravate blanche. Les épaules fortes et nerveuses, qui jadis avaient porté des fardeaux, étaient déjà voûtées; et sous ce buste excessivement développé s'agitaient des jambes grêles, assez mal emmanchées à des cuisses courtes. Les mains maigres et velues montraient les doigts crochus des gens habitués à compter des écus. Les plis du visage allaient des pommettes à la bouche par sillons égaux comme chez tous les gens occupés d'intérêts matériels. L'habitude des décisions rapides se voyait dans la manière dont les sourcils étaient rehaussés vers chaque lobe du front. Quoique sérieuse et serrée, la bouche annonçait une bonté cachée, une âme excellente, enfouie sous les affaires, étouffée peut-être, mais qui pouvait renaître au contact d'une femme. A cette apparition, le cœur de Véronique se contracta violemment, il lui passa du noir devant les yeux, elle crut avoir crié; mais elle était restée muette, le regard fixe.

— Véronique, voici monsieur Graslin, lui dit alors le vieux Sauviat.

Véronique se leva, salua, retomba sur sa chaise, et regarda sa mère qui souriait au millionnaire, et qui paraissait, ainsi que Sauviat, si heureuse, mais si heureuse que la pauvre fille trouva la force de cacher sa surprise et sa violente répulsion. Dans la conversation qui eut lieu, il fut question de la santé de Graslin. Le banquier se regarda naïvement dans le miroir à tailles onglées et à cadre d'ébène. « — Je ne suis pas beau, mademoiselle, dit-il. » Et il expliqua les rougeurs de sa figure par sa vie ardente, il raconta comment il désobéissait aux ordres de la médecine, il se flatta de changer de visage dès qu'une femme commanderait dans son ménage, et aurait plus soin de lui que lui-même.

— Est-ce qu'on épouse un homme pour son visage, pays! dit le vieux ferrailleur en donnant à son compatriote une énorme tape sur la cuisse.

— L'explication de Graslin s'adressait à ces sentiments naturels dont est plus ou moins rempli le cœur de toute femme. Véronique pensa qu'elle-même avait un visage détruit par une horrible maladie, et sa modestie chrétienne la fit revenir sur sa première impression. En entendant un sifflement dans la rue, Graslin descendit suivi de Sauviat inquiet. Tout deux remontèrent promptement. Le garçon de peine apportait un premier bouquet de fleurs, qui s'était fait attendre. Quand le banquier montra ce monceau de fleurs exotiques dont les parfums envahirent la chambre et qu'il l'offrit à sa future, Véronique éprouva des émotions bien contraires à celles que lui avait causées le premier aspect de Graslin, elle fut comme plongée dans le monde idéal et fantastique de la nature tropicale. Elle n'avait jamais vu de camélias blancs, elle n'avait jamais senti le cytise des Alpes, la citronnelle, le jasmin des Açores, les volcamérias, les roses musquées, toutes ces odeurs divines qui sont comme l'excitant de la tendresse, et qui chantent au cœur des hymnes de parfums. Graslin laissa Véronique en proie à cette émotion. Depuis le retour du ferrailleur, quand tout dormait dans Limoges, le banquier se coulait le long des murs jusqu'à la maison du père Sauviat. Il frappait doucement aux volets, le chien n'aboyait pas, le vieillard descendait, ouvrait à son pays, et Graslin passait une heure ou deux dans la pièce brune, auprès de Véronique. Là, Graslin trouva toujours son souper d'Auvergnat servi par la mère Sauviat. Jamais ce singulier amoureux n'arriva sans offrir à Véronique un bouquet composé des fleurs les plus rares, cueillies dans la serre de monsieur Grossetête, la seule personne de Limoges qui fût dans le secret de ce mariage. Le garçon de peine allait chercher nuitamment le bouquet que faisait le vieux Grossetête lui-même. En deux mois, Graslin vint cinquante fois environ; chaque fois il apporta quelque riche présent : des anneaux, une montre, une chaîne d'or, un nécessaire, etc.

Ces prodigalités incroyables, un mot les justifiera. La dot de Véronique se composait de presque toute la fortune de son père, sept cent cinquante mille francs. Le vieillard gardait une inscription de huit mille francs sur le Grand-livre achetée pour soixante mille livres en assignats par son compère Brézac, à qui, lors de son emprisonnement, il les avait confiées, et qui la lui avait toujours gardée, en le détournant de la vendre. Ces soixante mille livres en assignats étaient la moitié de la fortune de Sauviat au moment où il courut le risque de périr sur l'échafaud. Brézac avait été, dans cette circonstance, le fidèle dépositaire du reste, consistant en sept cents louis d'or, somme énorme avec laquelle l'Auvergnat se remit à opérer dès qu'il eut recouvré sa liberté. En trente ans, chacun de ces louis s'était changé en un billet de mille francs, à l'aide toutefois de la rente du Grand-livre, de la succession Champagnac, des bénéfices accumulés du commerce et des intérêts composés qui grossissaient dans la maison Brézac. Brézac avait pour Sauviat une probe amitié, comme en ont les Auvergnats entre eux. Aussi quand Sauviat allait voir la façade de l'hôtel Graslin, se disait-il en lui-même : « — Véronique demeurera dans ce palais ! » Il savait qu'aucune fille en Limousin n'avait sept cent cinquante mille francs en mariage, et deux cent cinquante mille francs en espérance. Graslin, son gendre d'élection, devait donc infailliblement épouser Véronique.

Véronique eut tous les soirs un bouquet qui, le lendemain, parait son petit salon et qu'elle cachait aux voisins. Elle admira ces délicieux bijoux, ces perles, ces diamants, ces bracelets, ces rubis qui plaisent à toutes les filles d'Ève ; elle se trouvait moins laide ainsi parée. Elle vit sa mère heureuse de ce mariage, et n'eut aucun terme de comparaison ; elle ignorait d'ailleurs les devoirs, la fin du mariage ; enfin elle entendit la voix solennelle du vicaire de Saint-Étienne lui vantant Graslin comme un homme d'honneur, avec qui elle mènerait une vie honorable. Véronique consentit donc à recevoir les soins de monsieur Graslin. Quand, dans une vie recueillie et solitaire comme celle de Véronique, il se produit une seule personne qui vient tous les jours, cette personne ne saurait être indifférente : ou elle est haïe, et l'aversion justifiée par la connaissance approfondie du caractère la rend insupportable ; ou l'habitude de la voir blase pour ainsi dire les yeux sur les défauts corporels. L'esprit cherche des compensations. Cette physionomie occupe la curiosité, d'ailleurs les traits s'animent, il en sort quelques beautés fugitives. Puis on finit par découvrir l'intérieur caché sous la forme. Enfin les premières impressions une fois vaincues, l'attachement prend d'autant plus de force, que l'âme s'y obstine comme à sa propre création. On aime. Là est la raison des passions conçues par de belles personnes pour des êtres laids en apparence. La forme, oubliée par l'affection, ne se voit plus chez une créature dont l'âme est alors seule appréciée. D'ailleurs la beauté, si nécessaire à une femme, prend chez l'homme un caractère si étrange, qu'il y a peut-être autant de dissentiment entre les femmes sur la beauté de l'homme qu'entre les hommes sur la beauté des femmes. Après mille réflexions, après bien des débats avec elle-même, Véronique laissa donc publier les bans. Dès lors, il ne fut bruit dans tout Limoges que de cette aventure incroyable. Personne n'en connaissait le secret, l'énormité de la dot. Si cette dot eût été connue, Véronique aurait pu choisir un mari ; mais peut-être aussi eût-elle été trompée ! Graslin passait pour s'être pris d'amour. Il vint des tapissiers de Paris, qui arrangèrent la belle maison. On ne parla dans Limoges que des profusions du banquier : on chiffrait la valeur des lustres, on racontait les dorures du salon, les sujets des pendules ; on décrivait les jardinières, les chauffeuses, les objets de luxe, les nouveautés. Dans le jardin de l'hôtel Graslin, il y avait, au-dessus d'une glacière, une volière délicieuse, et chacun fut surpris d'y voir des oiseaux rares, des perroquets, des faisans de la Chine, des canards inconnus, car on vint les voir. Monsieur et madame Grossetête, vieilles gens considérés dans Limoges, firent plusieurs visites chez les Sauviat accompagnés de Graslin. Madame Grossetête, femme respectable, félicita Véronique sur son heureux mariage. Ainsi l'Église, la Famille, le Monde, tout jusqu'aux moindres choses fut complice de ce mariage.

Au mois d'avril, les invitations officielles furent remises chez toutes les connaissances de Graslin. Par une belle journée, une calèche et un coupé attelés à l'anglaise de chevaux limousins choisis par le vieux Grossetête, arrivèrent à onze heures devant la modeste boutique du ferrailleur, amenant, au grand émoi du quartier, les anciens patrons du marié et ses deux commis. La rue fut pleine de monde accouru pour voir la fille des Sauviat, à qui le plus renommé coiffeur de Limoges avait posé sur ses beaux cheveux la couronne des mariées, et un voile de dentelle d'Angleterre du plus haut prix. Véronique était simplement mise en mousseline blanche. Une assemblée assez imposante des femmes les plus distinguées de la ville attendait la noce à la cathédrale, où l'Évêque, connaissant la piété des Sauviat, daignait marier Véronique. La mariée fut trouvée généralement laide. Elle entra dans son hôtel, et y marcha de surprise en surprise. Un dîner d'apparat devait précéder le bal, auquel Graslin avait invité presque tout Limoges. Le dîner, donné à l'Évêque, au Préfet, au Président de la Cour, au Procureur-général, au Maire, au Général, aux anciens patrons de Graslin et à leurs femmes, fut un triomphe pour la mariée qui, semblable à toutes les personnes simples et naturelles, montra des grâces inattendues. Aucun des mariés ne savait danser, Véronique continua donc de faire les honneurs de chez elle, et se concilia l'estime, les bonnes grâces de la plupart des personnes avec lesquelles elle fit connaissance, en demandant à Grossetête, qui se prit de belle amitié pour elle, des renseignements sur chacun. Elle ne commit ainsi aucune méprise. Ce fut pendant cette soirée que les deux anciens banquiers annoncèrent la fortune, immense en Limousin, donnée par le vieux Sauviat à sa fille. Dès neuf heures, le ferrailleur était allé se coucher chez lui, laissant sa femme présider au coucher de la mariée. Il fut dit dans toute la ville que madame Graslin était laide, mais bien faite.

Le vieux Sauviat liquida ses affaires, et vendit alors sa maison à la Ville. Il acheta sur la rive gauche de la Vienne une maison de campagne située entre Limoges et le Cluzeau, à dix minutes du faubourg Saint-Martial, où il voulut finir tranquillement ses jours avec sa femme. Les deux vieillards eurent un appartement dans l'hôtel Graslin, et dînèrent une ou deux fois par semaine avec leur fille, qui prit souvent leur maison pour but de promenade. Ce repos faillit tuer le vieux ferrailleur. Heureusement Graslin trouva moyen d'occuper son beau-père. En 1823, le banquier fut obligé de prendre à son compte une manufacture de porcelaine, aux propriétaires de laquelle il avait avancé de fortes sommes, et qui ne pouvaient les lui rendre qu'en lui vendant leur établissement. Par ses relations et en y versant des capitaux, Graslin fit de cette fabrique une des premières de Limoges ; puis il la revendit avec de gros bénéfices, trois ans après. Il donna donc la surveillance de ce grand établissement, situé précisément dans le faubourg Saint-Martial, à son beau-père qui, malgré ses soixante-douze ans, fut pour beaucoup dans la prospérité de cette affaire et s'y rajeunit. Graslin put alors conduire ses affaires en ville et n'avoir aucun souci d'une manufacture qui, sans l'activité passionnée du vieux Sauviat, l'aurait obligé peut-être à s'associer avec un de ses commis, et à perdre une portion des bénéfices qu'il y trouva tout en sauvant ses capitaux engagés. Sauviat mourut en 1827, par accident. En présidant à l'inventaire de la fabrique, il tomba dans une charasse, espèce de boîte à claire-voie où s'emballent les porcelaines; il se fit une blessure légère à la jambe et ne la soigna pas; la gangrène s'y mit, il ne voulut jamais se laisser couper la jambe et mourut. La veuve abandonna deux cent cinquante mille francs environ dont se composait la succession de Sauviat, en se contentant d'une rente de deux cents francs par mois, qui suffisait amplement à ses besoins, et que son gendre prit l'engagement de lui servir. Elle garda sa petite maison de campagne, où elle vécut seule et sans servante, sans que sa fille pût la faire revenir sur cette décision maintenue avec l'obstination particulière aux vieilles gens. La mère Sauviat vint voir d'ailleurs presque tous les jours sa fille, de même que sa fille continua de prendre pour but de promenade la maison de campagne d'où l'on jouissait d'une charmante vue sur la Vienne. De là se voyait cette île affectionnée par Véronique, et de laquelle elle avait fait jadis son Ile-de-France.

Pour ne pas troubler par ces incidents l'histoire du ménage Graslin, il a fallu terminer celle des Sauviat en anticipant sur ces événements, utiles cependant à l'explication de la vie cachée que mena madame Graslin. La vieille mère, ayant remarqué combien l'avarice de Graslin pouvait gêner sa fille, s'était long-temps refusée à se dépouiller du reste de sa fortune; mais Véronique, incapable de prévoir un seul des cas où les femmes désirent la jouissance de leur bien, insista par des raisons pleines de noblesse, elle voulut alors remercier Graslin de lui avoir rendu sa liberté de jeune fille.

La splendeur insolite qui accompagna le mariage de Graslin avait froissé toutes ses habitudes et contrarié son caractère. Ce grand financier était un très-petit esprit. Véronique n'avait pas pu juger l'homme avec lequel elle devait passer sa vie. Durant ses cinquante-cinq visites, Graslin n'avait jamais laissé voir que l'homme commercial, le travailleur intrépide qui concevait, devinait, soutenait les entreprises, analysait les affaires publiques en les rapportant toutefois à l'échelle de la Banque. Fasciné par le million du beau-père, le parvenu se montra généreux par calcul ; mais s'il fit grandement les choses, il fut entraîné par le printemps du mariage, et par ce qu'il nommait sa folie, par cette maison encore appelée aujourd'hui l'hôtel Graslin. Après s'être donné des chevaux, une calèche, un coupé, naturellement il s'en servit pour rendre ses visites de mariage, pour aller à ces dîners et à ces bals, nommés *retours de noces*, que les sommités administratives et les maisons riches rendirent aux nouveaux mariés. Dans le mouvement qui l'emportait en dehors de sa sphère, Graslin prit un jour de réception, et fit venir un cuisinier de Paris. Pendant une année environ, il mena donc le train que devait mener un homme qui possédait seize cent mille francs, et qui pouvait disposer de trois millions en comprenant les fonds qu'on lui confiait. Il fut alors le personnage le plus marquant de Limoges. Pendant cette année, il mit généreusement vingt-cinq pièces de vingt francs tous les mois dans la bourse de madame Graslin. Le beau monde de la ville s'occupa beaucoup de Véronique au commencement de son mariage, espèce de bonne fortune pour la curiosité presque toujours sans aliment en province. Véronique fut d'autant plus étudiée qu'elle apparaissait dans la société comme un phénomène ; mais elle y demeura dans l'attitude simple et modeste d'une personne qui observait des mœurs, des usages, des choses inconnues en voulant s'y conformer. Déjà proclamée laide, mais bien faite, elle fut alors regardée comme bonne, mais stupide. Elle apprenait tant de choses, elle avait tant à écouter et à voir, que son air, ses discours prêtèrent à ce jugement une apparence de justesse. Elle eut d'ailleurs une sorte de torpeur qui ressemblait au manque d'esprit. Le mariage, ce dur métier, disait-elle, pour lequel l'Église, le Code et sa mère lui avaient recommandé la plus grande résignation, la plus parfaite obéissance, sous peine de faillir à toutes les lois humaines et de causer d'irréparables malheurs, la jeta dans un étourdissement qui atteignit parfois à un délire vertigineux. Silencieuse et recueillie, elle s'écoutait autant qu'elle écoutait les autres. En éprouvant la plus violente difficulté d'être, selon l'expression de Fontenelle, et qui allait croissant, elle était épouvantée d'elle-même. La nature regimba sous les ordres de l'âme, et le corps méconnut la volonté. La pauvre créature, prise au piége, pleura sur le sein de la grande mère des pauvres et des affligés, elle eut recours à l'Église, elle redoubla de ferveur, elle confia les embûches du démon à son vertueux directeur, elle pria. Jamais, en aucun temps de sa vie, elle ne remplit ses devoirs religieux avec plus d'élan qu'alors. Le désespoir de ne pas aimer son mari la précipitait avec violence au pied des autels, où des voix divines et consolatrices lui recommandaient la patience. Elle fut patiente et douce, elle continua de vivre en attendant les bonheurs de la maternité. « — Avez-vous vu ce matin madame Graslin, disaient les femmes entre elles, le mariage ne lui réussit pas, elle était verte. — Oui, mais auriez-vous donné votre fille à un homme comme monsieur Graslin ? On n'épouse point impunément un pareil monstre. » Depuis que Graslin s'était marié, toutes les mères qui, pendant dix ans, l'avaient pourchassé, l'accablaient d'épigrammes. Véronique maigrissait et devenait réellement laide. Ses yeux se fatiguèrent, ses traits grossirent, elle parut honteuse et gênée. Ses regards offrirent cette triste froideur, tant reprochée aux dévotes. Sa physionomie prit des teintes grises. Elle se traîna languissamment pendant cette première année de mariage, ordinairement si brillante pour les jeunes femmes. Aussi chercha-t-elle bientôt des distractions dans la lecture, en profitant du privilége qu'ont les femmes mariées de tout lire. Elle lut les romans de Walter Scott, les poëmes de lord Byron, les œuvres de Schiller et de Goëthe, enfin la nouvelle et l'ancienne littérature. Elle apprit à monter à cheval, à danser et à dessiner. Elle lava des aquarelles et des sépia, recherchant avec ardeur toutes les ressources que les femmes opposent aux ennuis de la solitude. Enfin elle se donna cette seconde éducation que les femmes tiennent presque toutes d'un homme, et qu'elle ne tint que d'elle-même. La supériorité d'une nature franche, libre, élevée comme dans un désert, mais fortifiée par la religion, lui avait imprimé une sorte de grandeur sauvage et des exigences auxquelles le monde de la province ne pouvait offrir aucune pâture. Tous les livres lui peignaient l'amour, elle cherchait une application à ses lectures, et n'apercevait de passion nulle part. L'amour restait dans son cœur à l'état de ces germes qui attendent un coup de soleil. Sa profonde mélancolie engendrée par de constantes méditations sur elle-même la ramena par des sentiers obscurs aux rêves brillants de ses derniers jours de jeune fille. Elle dut contempler plus d'une fois ses anciens poëmes romanesques en en devenant alors à la fois le théâtre et le sujet. Elle revit cette île baignée de lumière, fleurie, parfumée où tout lui caressait l'âme.

Souvent ses yeux pâlis embrassèrent les salons avec une curiosité pénétrante : les hommes y ressemblaient tous à Graslin, elle les étudiait et semblait interroger leurs femmes ; mais en n'apercevant aucune de ses douleurs intimes répétées sur les figures, elle revenait sombre et triste, inquiète d'elle-même. Les auteurs qu'elle avait lus le matin répondaient à ses plus hauts sentiments, leur esprit lui plaisait ; et le soir elle entendait des banalités qu'on ne déguisait même pas sous une forme spirituelle, des conversations sottes, vides, ou remplies par des intérêts locaux, personnels, sans importance pour elle. Elle s'étonnait de la chaleur déployée dans des discussions où il ne s'agissait point de sentiment, pour elle l'âme de la vie. On la vit souvent les yeux fixes, hébétée, pensant sans doute aux heures de sa jeunesse ignorante, passées dans cette chambre pleine d'harmonies, alors détruites comme elle. Elle sentit une horrible répugnance à tomber dans le gouffre de petitesses où tournaient les femmes parmi lesquelles elle était forcée de vivre. Ce dédain écrit sur son front, sur ses lèvres, et mal déguisé, fut pris pour l'insolence d'une parvenue. Madame Graslin observa sur tous les visages une froideur, et sentit dans tous les discours une âcreté dont les raisons lui furent inconnues, car elle n'avait pas encore pu se faire une amie assez intime pour être éclairée ou conseillée par elle ; l'injustice qui révolte les petits esprits ramène en elles-mêmes les âmes élevées, et leur communique une sorte d'humilité ; Véronique se condamna, chercha ses torts ; elle voulut être affable, on la prétendit fausse ; elle redoubla de douceur, on la fit passer pour hypocrite, et sa dévotion venait en aide à la calomnie ; elle fit des frais, elle donna des dîners et des bals, elle fut taxée d'orgueil.

Malheureuse dans toutes ses tentatives, mal jugée, repoussée par l'orgueil bas et taquin qui distingue la société de province, où chacun est toujours armé de prétentions et d'inquiétudes, madame Graslin rentra dans la plus profonde solitude. Elle revint avec amour dans les bras de l'Église. Son grand esprit, entouré d'une chair si faible, lui fit voir dans les commandements multipliés du catholicisme autant de pierres plantées le long des précipices de la vie, autant de tuteurs apportés par de charitables mains pour soutenir la faiblesse humaine durant le voyage ; elle suivit donc avec la plus grande rigueur les moindres pratiques religieuses. Le parti libéral inscrivit alors madame Graslin au nombre des dévotes de ville, elle fut classée parmi les Ultras. Aux différents griefs que Véronique avait innocemment amassés, l'esprit de parti joignit donc ses exaspérations périodiques : mais comme elle ne perdait rien à cet ostracisme, elle abandonna le monde, et se jeta dans la lecture qui lui offrait des ressources infinies. Elle médita sur les livres, elle compara les méthodes, elle augmenta démesurément la portée de son intelligence et l'étendue de son instruction, elle ouvrit ainsi la porte de son âme à la Curiosité. Durant ce temps d'études obstinées où la religion maintenait son esprit, elle obtint l'amitié de monsieur Grossetête, un de ces vieillards chez lesquels la vie de province a rouillé la supériorité, mais qui, au contact d'une vive intelligence, reprennent par places quelque brillant. Le bonhomme s'intéressa vivement à Véronique qui le récompensa de cette onctueuse et douce chaleur de cœur particulière aux vieillards en déployant, pour lui, le premier, les trésors de son âme et les magnificences de son esprit cultivé si secrètement, et alors chargé de fleurs. Le fragment d'une lettre écrite en ce temps à monsieur Grossetête peindra la situation où se trouvait cette femme qui devait donner un jour les gages d'un caractère si ferme et si élevé.

« Les fleurs que vous m'avez envoyées pour le bal étaient char-
« mantes, mais elles m'ont suggéré de cruelles réflexions. Ces jo-
« lies créatures, cueillies par vous et destinées à mourir sur mon
« sein et dans mes cheveux en ornant une fête, m'ont fait songer
« à celles qui naissent et meurent dans vos bois sans avoir été
« vues, et dont les parfums n'ont été respirés par personne. Je
« me suis demandé pourquoi je dansais, pourquoi je me parais,
« de même que je demande à Dieu pourquoi je suis dans ce
« monde. Vous le voyez, mon ami, tout est piége pour le malheu-
« reux, les moindres choses ramènent les malades à leur mal ;
« mais le plus grand tort de certains maux est la persistance qui
« les fait devenir une idée. Une douleur constante n'est-elle pas
« alors une pensée divine? Vous aimez les fleurs pour elles-mêmes ;
« tandis que je les aime comme j'aime à entendre une belle mu-
« sique. Ainsi, comme je vous le disais, le secret d'une foule de
« choses me manque. Vous, mon vieil ami, vous avez une passion,
« vous êtes horticulteur. A votre retour en ville, communiquez-
« moi votre goût, faites que j'aille à ma serre, d'un pied agile
« comme vous allez à la vôtre, contempler les développements des
« plantes, vous épanouir et fleurir avec elles, admirer ce que vous

« avez créé, voir des couleurs nouvelles, inespérées qui s'étalent
« et croissent sous vos yeux par la vertu de vos soins. Je sens
« un ennui navrant. Ma serre à moi ne contient que des âmes
« souffrantes. Les misères que je m'efforce de soulager m'attris-
« tent l'âme, et quand je les épouse, quand après avoir vu quelque
« jeune femme sans linge pour son nouveau-né, quelque vieil-
« lard sans pain, j'ai pourvu à leurs besoins, les émotions que
« m'a causées leur détresse calmée ne suffisent pas à mon âme.
« Ah! mon ami, je sens en moi des forces superbes, et malfaisantes
« peut-être, que rien ne peut humilier, que les plus durs comman-
« dements de la religion n'abattent point. En allant voir ma mère,
« et me trouvant seule dans la campagne, il me prend des envies
« de crier, et je crie. Il semble que mon corps est la prison où
« quelque mauvais génie retient une créature gémissant et atten-
« dant les paroles mystérieuses qui doivent briser une forme im-
« portune ; mais la comparaison n'est pas juste. Chez moi, n'est-
« ce pas au contraire le corps qui s'ennuie, si je puis employer
« cette expression. La religion n'occupe-t-elle pas mon âme, la
« lecture et ses richesses ne nourrissent-elles pas incessamment
« mon esprit? Pourquoi désiré-je une souffrance qui romprait la
« paix énervante de ma vie? Si quelque sentiment, quelque ma-
« nie à cultiver ne vient à mon aide, je me sens aller dans un
« gouffre où toutes les idées s'émoussent, où le caractère s'amoin-
« drit, où les ressorts se détendent, où les qualités s'assouplis-
« sent, où toutes les forces de l'âme s'éparpillent, et où je ne serai
« plus l'être que la nature a voulu que je sois. Voilà ce que signi-
« fient mes cris. Que ces cris ne vous empêchent pas de m'en-
« voyer des fleurs. Votre amitié si douce et si bienveillante m'a,
« depuis quelques mois, réconciliée avec moi-même. Oui, je me
« trouve heureuse de savoir que vous jetez un coup d'œil ami sur
« mon âme à la fois déserte et fleurie, que vous avez une parole
« douce pour accueillir à son retour la fugitive à demi brisée qui a
« monté le cheval fougueux du Rêve. »

A l'expiration de la troisième année de son mariage, Graslin, voyant sa femme ne plus se servir de ses chevaux, et trouvant un bon marché, les vendit ; il vendit les voitures, renvoya le cocher, se laissa prendre son cuisinier par l'Évêque, et le remplaça par une cuisinière. Il ne donna plus rien à sa femme, en lui disant qu'il paierait tous ses mémoires. Il fut le plus heureux mari du monde, en ne rencontrant aucune résistance à ses volontés chez cette femme qui lui avait apporté un million de fortune. Madame Graslin, nourrie, élevée sans connaître l'argent, sans être obligée de le faire entrer comme un élément indispensable dans la vie, était sans mérite dans son abnégation. Graslin retrouva dans un coin du secrétaire les sommes qu'il avait remises à sa femme, moins l'argent des aumônes et celui de la toilette, laquelle fut peu dispendieuse à cause des profusions de la corbeille de mariage. Graslin vanta Véronique à tout Limoges comme le modèle des femmes. Il déplora le luxe de ses ameublements, et fit tout empaqueter. La chambre, le boudoir et le cabinet de toilette de sa femme furent exceptés de ses mesures conservatrices qui ne conservèrent rien, car les meubles s'usent aussi bien sous les housses que sans housses. Il habita le rez-de-chaussée de sa maison, où ses bureaux étaient établis, il y reprit sa vie, en chassant aux affaires avec la même activité que par le passé. L'Auvergnat se crut un excellent mari d'assister au dîner et au déjeuner préparés par les soins de sa femme ; mais son inexactitude fut si grande, qu'il ne lui arriva pas dix fois par mois de commencer les repas avec elle ; aussi par délicatesse exigea-t-il qu'elle ne l'attendît point. Néanmoins Véronique restait jusqu'à ce que Graslin fût venu, pour le servir elle-même, voulant au moins accomplir ses obligations d'épouse en quelque point visible. Jamais le banquier, à qui les choses du mariage étaient assez indifférentes, et qui n'avait vu que sept cent cinquante mille francs dans sa femme, ne s'aperçut des répulsions de Véronique. Insensiblement, il abandonna madame Graslin pour les affaires. Quant il voulut mettre un lit dans une chambre attenant à son cabinet, elle s'empressa de le satisfaire. Ainsi, trois ans après leur mariage, ces deux êtres mal assortis se retrouvèrent chacun dans leur sphère primitive, heureux l'un et l'autre d'y retourner. L'homme d'argent, riche de dix-huit cent mille francs, revint avec d'autant plus de force à ses habitudes avaricieuses, qu'il les avait momentanément quittées ; ses deux commis et son garçon de peine furent mieux logés, un peu mieux nourris ; telle fut la différence entre le présent et le passé. Sa femme eut une cuisinière et une femme de chambre, deux domestiques indispensables ; mais, excepté le strict nécessaire, il ne sortit rien de sa caisse pour son ménage. Heureuse de la tournure que les choses prenaient, Véronique vit dans le bonheur du banquier les compensations de cette séparation qu'elle n'eût jamais demandée : elle ne savait pas être aussi désagréable à Graslin que Graslin était repoussant pour elle. Ce divorce secret la rendit à la fois triste et joyeuse, elle comptait sur la maternité pour donner un intérêt à sa vie ; mais malgré leur résignation mutuelle, les deux époux avaient atteint à l'année 1828 sans avoir d'enfant.

Ainsi, au milieu de sa magnifique maison, et enviée par toute une ville, madame Graslin se trouva dans la solitude où elle était dans le bouge de son père, moins l'espérance, moins les joies enfantines de l'ignorance. Elle y vécut dans les ruines de ses châteaux en Espagne, éclairée par une triste expérience, soutenue par sa foi religieuse, occupée des pauvres de la ville qu'elle combla de bienfaits. Elle faisait des layettes pour les enfants, elle donnait des matelas et des draps à ceux qui couchaient sur la paille ; elle allait partout suivie de sa femme de chambre, une jeune Auvergnate que sa mère lui procura, et qui s'attacha corps et âme à elle ; elle en fit un vertueux espion, chargée de découvrir les endroits où il y avait une souffrance à calmer, une misère à adoucir. Cette bienfaisance active, mêlée au plus strict accomplissement des devoirs religieux, fut ensevelie dans un profond mystère et dirigée d'ailleurs par les curés de la ville, avec qui Véronique s'entendait pour toutes ses bonnes œuvres, afin de ne pas laisser perdre entre les mains du vice l'argent utile à des malheurs immérités.

Pendant cette période, elle conquit une amitié tout aussi vive, tout aussi précieuse que celle du vieux Grossetête, elle devint l'ouaille bien-aimée d'un prêtre supérieur, persécuté pour son mérite incompris, un des Grands-vicaires du diocèse, nommé l'abbé Dutheil. Ce prêtre appartenait à cette minime portion du clergé français qui penche vers quelques concessions, qui voudrait associer l'Église aux intérêts populaires pour lui faire reconquérir, par l'application des vraies doctrines évangéliques, son ancienne influence sur les masses, qu'elle pourrait alors relier à la monarchie. Soit que l'abbé Dutheil eût reconnu l'impossibilité d'éclairer la cour de Rome et le haut clergé, soit qu'il eût sacrifié ses opinions à celles de ses supérieurs, il demeura dans les termes de la plus rigoureuse orthodoxie, tout en sachant que la seule manifestation de ses principes lui fermait le chemin de l'épiscopat. Ce prêtre éminent offrait la réunion d'une grande modestie chrétienne et d'un grand caractère. Sans orgueil ni ambition, il restait à son poste en y accomplissant ses devoirs au milieu des périls. Les Libéraux de la ville ignoraient les motifs de sa conduite, ils s'appuyaient de ses opinions et le comptaient comme un patriote, mot qui signifie révolutionnaire dans la langue catholique. Aimé par les inférieurs qui n'osaient proclamer son mérite, mais redouté par ses égaux qui l'observaient, il gênait l'Évêque. Ses vertus et son savoir, enviés peut-être, empêchaient toute persécution ; il était impossible de se plaindre de lui, quoiqu'il critiquât les maladresses politiques par lesquelles le Trône et le Clergé se compromettaient mutuellement ; il en signalait les résultats à l'avance et sans succès, comme la pauvre Cassandre, également maudite avant et après la chute de sa patrie. A moins d'une révolution, l'abbé Dutheil devait rester comme une de ces pierres cachées dans les fondations, et sur laquelle tout repose. On reconnaissait son utilité, mais on le laissait à sa place, comme la plupart des solides esprits dont l'avénement au pouvoir est l'effroi des médiocrités. Si, comme l'abbé de Lamennais, il eût pris la plume, il aurait été sans doute comme lui foudroyé par la cour de Rome. L'abbé Dutheil était imposant. Son extérieur annonçait une de ces âmes profondes, toujours unies et calmes à la surface. Sa taille élevée, sa maigreur, ne nuisaient point à l'effet général de ses lignes, qui rappelaient celles que le génie des peintres espagnols ont le plus affectionnées pour représenter les grands méditateurs monastiques, et celles trouvées récemment par Thorwaldsen pour les apôtres. Presque roides, ces longs plis du visage, en harmonie avec ceux du vêtement, ont cette grâce que le moyen âge a mise en relief dans les statues mystiques collées au portail de ses églises. La gravité des pensées, celle de la parole et celle de l'accent s'accordaient chez l'abbé Dutheil et lui séyaient bien. A voir ses yeux noirs, creusés par les austérités, et entourés d'un cercle brun, à voir son front jaune comme une vieille pierre, sa tête et ses mains presque décharnées, personne n'eût voulu entendre une voix et des maximes autres que celles qui sortaient de sa bouche. Cette grandeur purement physique, d'accord avec la grandeur morale, donnait à ce prêtre quelque chose de hautain, de dédaigneux, aussitôt démenti par sa modestie et par sa parole, mais qui ne prévenait pas en sa faveur. Dans un rang élevé, ces avantages lui eussent fait obtenir sur les masses cet ascendant nécessaire, et qu'elles laissent prendre sur elles par des hommes ainsi doués ;

mais les supérieurs ne pardonnent jamais à leurs inférieurs de posséder les dehors de la grandeur, ni de déployer cette majesté tant prisée des anciens et qui manque si souvent aux organes du pouvoir moderne.

Par une de ces bizarreries qui ne semblera naturelle qu'aux plus fins courtisans, l'autre Vicaire-général, l'abbé de Grancour, petit homme gras, au teint fleuri, aux yeux bleus, et dont les opinions étaient contraires à celles de l'abbé Dutheil, allait assez volontiers avec lui, sans néanmoins rien témoigner qui pût lui ravir les bonnes grâces de l'Évêque, auquel il aurait tout sacrifié. L'abbé de Grancour croyait au mérite de son collègue, il en reconnaissait les talents, il admettait secrètement sa doctrine et la condamnait publiquement; car il était de ces gens que la supériorité attire et intimide, qui la haïssent et qui néanmoins la cultivent. « — Il m'embrasserait en me condamnant, » disait de lui l'abbé Dutheil. L'abbé de Grancour n'avait ni amis ni ennemis, il devait mourir Vicaire-général. Il se dit attiré chez Véronique par le désir de conseiller une si religieuse et si bienfaisante personne, et l'Évêque l'approuva; mais au fond il fut enchanté de pouvoir passer quelques soirées avec l'abbé Dutheil.

Ces deux prêtres vinrent dès lors voir assez régulièrement Véronique, afin de lui faire une sorte de rapport sur les malheureux, et discuter les moyens de les moraliser en les secourant. Mais d'année en année, monsieur Graslin resserra les cordons de sa bourse en apprenant, malgré les ingénieuses tromperies de sa femme et d'Aline, que l'argent demandé ne servait ni à la maison, ni à la toilette. Il se courrouça quand il calcula ce que la charité de sa femme coûtait à sa caisse. Il voulut compter avec la cuisinière, il entra dans les minuties de la dépense, et montra quel grand administrateur il était, en démontrant par la pratique que sa maison devait aller splendidement avec mille écus. Puis il composa, de clerc à maître, avec sa femme pour ses dépenses en lui allouant cent francs par mois, et vanta cet accord comme une magnificence royale. Le jardin de sa maison, livré à lui-même, fut fait le dimanche par le garçon de peine, qui aimait les fleurs. Après avoir renvoyé le jardinier, Graslin convertit la serre en un magasin où il déposa les marchandises consignées chez lui en garantie de ses prêts. Il laissa mourir de faim les oiseaux de la grande volière pratiquée au-dessus de la glacière, afin de supprimer la dépense de leur nourriture. Enfin il s'autorisa d'un hiver où il ne gela pint pour ne plus payer le transport de la glace. En 1828, il n'était pas une chose de luxe qui ne fût condamnée. La parcimonie régna sans opposition à l'hôtel Graslin. La face du maître, améliorée pendant les trois ans passés près de sa femme qui lui faisait suivre avec exactitude les prescriptions du médecin, redevint plus rouge, plus ardente, plus fleurie que par le passé. Les affaires prirent une si grande extension, que le garçon de peine fut promu, comme le maître autrefois, aux fonctions de caissier, et qu'il fallut trouver un Auvergnat pour les gros travaux de la maison Graslin.

Ainsi, quatre ans après son mariage, cette femme si riche ne put disposer d'un écu. A l'avarice de ses parents succéda l'avarice de son mari. Madame Graslin ne comprit la nécessité de l'argent qu'au moment où sa bienfaisance fut gênée.

Au commencement de l'année 1828, Véronique avait retrouvé la santé florissante qui rendit si belle l'innocente jeune fille assise à sa fenêtre dans la vieille maison de la rue de la Cité; mais elle avait alors acquis une grande instruction littéraire, elle savait et penser et parler. Un jugement exquis donnait à son trait de la profondeur. Habituée aux petites choses du monde, elle portait avec une grâce infinie les toilettes à la mode. Quand par hasard, vers ce temps, elle reparaissait dans un salon, elle s'y vit, non sans surprise, entourée par une sorte d'estime respectueuse. Ce sentiment et cet accueil furent dus aux deux Vicaires-généraux et au vieux Grossetête. Instruits d'une si belle vie cachée et de bienfaits si constamment accomplis, l'Évêque et quelques personnes influentes avaient parlé de cette fleur de piété vraie, de cette violette parfumée de vertus, et il s'était fait alors en faveur et à l'insu de madame Graslin une de ces réactions qui, lentement préparées, n'en ont que plus de durée et de solidité. Ce revirement de l'opinion amena l'influence du salon de Véronique, qui fut dès cette année hanté par les supériorités de la ville, et voici comment. Le jeune vicomte de Grandville fut envoyé, vers la fin de cette année, en qualité de Substitut, au parquet de la cour de Limoges, précédé de la réputation que l'on fait d'avance en province à tous les Parisiens. Quelques jours après son arrivée, en pleine soirée de Préfecture, il répondit à une assez sotte demande, que la femme la plus aimable, la plus spirituelle, la plus distinguée de la ville était madame Graslin. « — Elle en est peut-être aussi la plus belle? demauda la femme du Receveur-général. — Je n'ose en convenir devant vous, répliqua-t-il. Je suis alors dans le doute. Madame Graslin possède une beauté qui ne doit vous inspirer aucune jalousie, elle ne se montre jamais au grand jour. Madame Graslin est belle pour ceux qu'elle aime, et vous êtes belle pour tout le monde. Chez madame Graslin, l'âme, une fois mise en mouvement par un enthousiasme vrai, répand sur sa figure une expression qui la change. Sa physionomie est comme un paysage triste en hiver, magnifique en été, le monde la verra toujours en hiver. Quand elle cause avec des amis sur quelque sujet littéraire ou philosophique, sur des questions religieuses qui l'intéressent, elle s'anime, et il apparaît soudain une femme inconnue d'une beauté merveilleuse. » Cette déclaration fondée sur la remarque du phénomène qui jadis rendait Véronique si belle à son retour de la sainte-table, fit grand bruit dans Limoges, où, pour le moment, le nouveau Substitut, à qui la place d'Avocat-général était, dit-on, promise, jouait le premier rôle. Dans toutes les villes de province, un homme élevé de quelques lignes au-dessus des autres devient pour un temps plus ou moins long l'objet d'un engouement qui ressemble à de l'enthousiasme, et qui trompe l'objet de ce culte passager. C'est à ce caprice social que nous devons les génies d'arrondissement, les gens méconnus et leurs fausses supériorités incessamment chagrinées. Cet homme que les femmes mettent à la mode, est plus souvent un étranger qu'un homme du pays; mais à l'égard du vicomte de Grandville, ces admirations, par un cas rare, ne se trompèrent point.

Madame Graslin était la seule avec laquelle le Parisien avait pu échanger ses idées et soutenir une conversation variée. Quelques mois après son arrivée, le Substitut attiré par le charme croissant de la conversation et des manières de Véronique, proposa donc à l'abbé Dutheil, et à quelques hommes remarquables de la ville, de jouer au whist chez madame Graslin. Véronique reçut alors cinq fois par semaine; car elle voulut se ménager pour sa maison, dit-elle, deux jours de liberté. Quand madame Graslin eut autour d'elle les seuls hommes supérieurs de la ville, quelques autres personnes ne furent pas fâchées de se donner un brevet d'esprit en faisant partie de sa société. Véronique admit chez elle les trois ou quatre militaires remarquables de la garnison et de l'état-major. La liberté d'esprit dont jouissaient ses hôtes, la discrétion absolue à laquelle on était tenu sans convention et par l'adoption des manières de la société la plus élevée, rendirent Véronique extrêmement difficile sur l'admission de ceux qui briguèrent l'honneur de sa compagnie. Les femmes de la ville ne virent pas sans jalousie madame Graslin entourée des hommes les plus spirituels, les plus aimables de Limoges; mais son pouvoir fut alors d'autant plus étendu qu'elle fut plus réservée; elle accepta quatre ou cinq femmes étrangères, venues de Paris avec leurs maris, et qui avaient en horreur le commérage des provinces. Si quelque personne en dehors de ce monde d'élite faisait une visite, par un accord tacite, la conversation changeait aussitôt, les habitués ne disaient plus que des riens. L'hôtel Graslin fut donc une oasis où les esprits supérieurs se désennuyèrent de la vie de province, où les gens attachés au gouvernement purent causer à cœur ouvert sur la politique sans avoir à craindre qu'on répétât leurs paroles, où l'on se moqua finement de tout ce qui était moquable, où chacun quitta l'habit de sa profession pour s'abandonner à son vrai caractère. Ainsi, après avoir été la plus obscure fille de Limoges, après avoir été regardée comme nulle, laide et sotte, au commencement de l'année 1828, madame Graslin fut regardée comme la première personne de la ville et la plus célèbre du monde féminin. Personne ne venait la voir le matin, car chacun connaissait ses habitudes de bienfaisance et la ponctualité de ses pratiques religieuses; elle allait presque toujours entendre la première messe, afin de ne pas retarder le déjeuner de son mari qui n'avait aucune régularité, mais qu'elle voulait toujours servir. Graslin avait fini par s'habituer à sa femme en cette petite chose. Jamais Graslin ne manquait à faire l'éloge de sa femme, il la trouvait accomplie, elle ne lui demandait rien, il pouvait entasser écus sur écus et s'épanouir dans le terrain des affaires; il avait ouvert des relations avec la maison Brézac, il voguait par une marche ascendante et progressive sur l'océan commercial; aussi, son intérêt surexcité le maintenait-il dans la calme et enivrante fureur des joueurs attentifs aux grands événements du tapis vert de la Spéculation.

Pendant cet heureux temps, et jusqu'au commencement de l'année 1829, madame Graslin arriva, sous les yeux de ses amis, à un point de beauté vraiment extraordinaire, et dont les raisons ne furent jamais bien expliquées. Le bleu de l'iris s'agrandit comme une fleur et diminua le cercle brun des prunelles, en paraissant trempé d'une lueur moite et languissante, pleine d'amour. On vit blanchir, comme un faîte à l'aurore, son front illuminé par des souvenirs, par des pensées de bonheur, et ses lignes se purifièrent à quelques feux intérieurs. Son visage perdit ces ardents tons bruns qui annonçaient un commencement d'hépatite, la maladie des tempéraments vigoureux ou des personnes dont l'âme est souffrante, dont les affections sont contrariées. Ses tempes devinrent d'une adorable fraîcheur. On voyait enfin souvent, par échappées, le visage céleste, digne de Raphaël, que la maladie avait encroûtée comme le temps encrasse une toile de ce grand maître. Ses mains semblèrent plus blanches, ses épaules prirent une délicieuse plénitude, ses mouvements jolis et animés rendirent à sa taille flexible et souple toute sa valeur. Les femmes de la ville l'accusèrent d'aimer monsieur de Grandville, qui d'ailleurs lui faisait une cour assidue, et à laquelle Véronique opposa les barrières d'une pieuse résistance. Le Substitut professait pour elle une de ces admirations respectueuses à laquelle ne se trompaient point les habitués de ce salon. Les prêtres et les gens d'esprit devinèrent bien que cette affection, amoureuse chez le jeune magistrat, ne sortait pas des bornes permises chez madame Graslin. Lassé d'une défense appuyée sur les sentiments les plus religieux, le vicomte de Grandville avait, à la connaissance des intimes de cette société, de faciles amitiés qui cependant n'empêchaient point sa constante admiration et son culte auprès de la belle madame Graslin, car telle était, en 1829, son surnom à Limoges. Les plus clairvoyants attribuèrent le changement de physionomie qui rendit Véronique encore plus charmante pour ses amis, aux secrètes délices qu'éprouve toute femme, même la plus religieuse, à se voir courtisée, à la satisfaction de vivre enfin dans le milieu qui convenait à son esprit, au plaisir d'échanger ses idées, et qui dissipa l'ennui de sa vie, au bonheur d'être entourée d'hommes aimables, instruits, de vrais amis dont l'attachement s'accroissait de jour en jour. Peut-être eût-il fallu des observateurs encore plus profonds, plus perspicaces ou plus défiants que les habitués de l'hôtel Graslin, pour deviner la grandeur sauvage, la force du peuple que Véronique avait refoulée au fond de son âme. Si quelquefois elle fut surprise en proie à la torpeur d'une méditation ou sombre, ou simplement pensive, chacun de ses amis savait qu'elle portait en son cœur bien des misères, qu'elle s'était sans doute initiée le matin à bien des douleurs, qu'elle pénétrait en des sentines où les vices épouvantaient par leur naïveté; souvent le Substitut, devenu bientôt Avocat-général la gronda de quelque bienfait inintelligent que, dans les secrets de ses instructions correctionnelles, la Justice avait trouvé comme un encouragement à des crimes ébauchés. « — Vous faut-il de l'argent pour quelques-uns de vos pauvres? lui disait alors le vieux Grossetête en lui prenant la main, je serai complice de vos bienfaits. — Il est impossible de rendre tout le monde riche! » répondait-elle en poussant un soupir. Au commencement de cette année, arriva l'événement qui devait changer entièrement la vie intérieure de Véronique, et métamorphoser la magnifique expression de sa physionomie, pour en faire d'ailleurs un portrait mille fois plus intéressant aux yeux des peintres. Assez inquiet de sa santé, Graslin ne voulut plus, au grand désespoir de sa femme, habiter son rez-de-chaussée, il remonta dans l'appartement conjugal où il se fit soigner. Ce fut bientôt une nouvelle à Limoges que l'état de madame Graslin, elle était grosse; sa tristesse, mélangée de joie, occupa ses amis qui devinèrent alors que, malgré ses vertus, elle s'était trouvée heureuse de vivre séparée de son mari. Peut-être avait-elle espéré de meilleures destinées, depuis le jour où l'Avocat-général lui fit la cour; car il avait déjà refusé d'épouser la plus riche héritière du Limousin. Dès lors les profonds politiques qui faisaient entre deux parties de whist la police des sentiments et des fortunes, avaient soupçonné le magistrat et la jeune femme de fonder sur l'état maladif du banquier des espérances presque ruinées par cet événement. Les troubles profonds qui marquèrent cette période de la vie de Véronique, les inquiétudes qu'un premier accouchement cause aux femmes, et qui, dit-on, offre des dangers alors qu'il arrive après la première jeunesse, rendirent ses amis plus attentifs auprès d'elle; chacun d'eux déploya mille petits soins qui lui prouvèrent combien leurs affections étaient vives et solides.

CHAPITRE II.

TASCHERON.

Dans cette même année, Limoges eut le terrible spectacle et le drame singulier du procès Tascheron, dans lequel le magistrat déploya les talents qui plus tard le firent nommer Procureur-général.

Un vieillard qui habitait une maison isolée dans le faubourg Saint-Étienne fut assassiné. Un grand jardin fruitier sépare du faubourg cette maison, également séparée de la campagne par un jardin d'agrément au bout duquel sont d'anciennes serres abandonnées. La rive de la Vienne forme devant cette habitation un talus rapide dont l'inclinaison permet de voir la rivière. La cour en pente finit à la berge par un petit mur où, de distance en distance s'élèvent des pilastres réunis par des grilles, plus pour l'ornement que pour la défense, car les barreaux sont en bois peints. Ce vieillard nommé Pingret, célèbre par son avarice, vivait avec une seule servante, une campagnarde à laquelle il faisait faire ses labours. Il soignait lui-même ses espaliers, taillait ses arbres, récoltait ses fruits, et les envoyait vendre en ville, ainsi que des primeurs à la culture desquelles il excellait. La nièce de ce vieillard et sa seule héritière, mariée à un petit rentier de la ville, monsieur des Vanneaulx, avait maintes fois prié son oncle de prendre un homme pour garder sa maison, en lui démontrant qu'il y gagnerait les produits de plusieurs carrés plantés d'arbres en plein vent, où il semait lui-même des grenailles, mais il s'y était constamment refusé. Cette contradiction chez un avare donnait matière à bien des causeries conjecturales dans les maisons où les des Vanneaulx passaient la soirée. Plus d'une fois, les plus divergentes réflexions entrecoupèrent les parties de boston. Quelques esprits matois avaient conclu en présumant un trésor enfoui dans les luzernes. — « Si j'étais à la place de madame des Vanneaulx disait un agréable rieur, je ne tourmenterais point mon oncle; si on l'assassine, eh! bien, on l'assassinera. J'hériterais. » Madame des Vanneaulx voulait faire garder son oncle, comme les entrepreneurs du Théâtre-Italien prient leur ténor à recettes de se bien couvrir le gosier, et lui donnent leur manteau quand il a oublié le sien. Elle avait offert au petit Pingret un superbe chien de basse-cour, le vieillard le lui avait renvoyé par Jeanne Malassis, sa servante : « — Votre oncle ne veut point d'une bouche de plus à la maison, » dit-elle à madame des Vanneaulx. L'événement prouva combien les craintes de la nièce étaient fondées. Pingret fut assassiné, pendant une nuit noire, au milieu d'un carré de luzerne où il ajoutait sans doute quelques louis à un pot plein d'or. La servante, réveillée par la lutte, avait eu le courage de venir au secours du vieil avare, et le meurtrier s'était trouvé dans l'obligation de la tuer pour supprimer son témoignage. Ce calcul, qui détermine presque toujours les assassins à augmenter le nombre de leurs victimes, est un malheur engendré par la peine capitale qu'ils ont en perspective. Ce double meurtre fut accompagné de circonstances bizarres qui devaient donner autant de chances à l'Accusation qu'à la Défense. Quand les voisins furent une matinée sans voir ni le petit père Pingret ni sa servante ; lorsqu'en allant et venant, ils examinèrent sa maison à travers les grilles de bois et qu'ils trouvèrent, contre tout usage, les portes et les fenêtres fermées, il y eut dans le faubourg Saint-Étienne une rumeur qui remonta jusqu'à la rue des Cloches où demeurait madame des Vanneaulx. La nièce avait toujours l'esprit préoccupé d'une catastrophe, elle avertit la justice qui enfonça les portes. On vit bientôt dans les quatre carrés, quatre trous vides, et jonchés à l'entour par les débris de pots pleins d'or la veille. Dans deux des trous mal rebouchés, les corps du père Pingret et de Jeanne Malassis avaient été ensevelis avec leurs habits. La pauvre fille était accourue pieds nus, en chemise. Pendant que le Procureur du roi, le commissaire de police et le juge d'Instruction recueillaient les éléments de la procédure, l'infortuné des Vanneaulx recueillait les débris des pots, et calculait la somme volée d'après leur contenance. Les magistrats reconnurent la justesse des calculs, en estimant à mille pièces par pot les trésors envolés ; mais ces pièces étaient-elles de quarante-huit ou de quarante, de vingt-quatre ou de vingt francs ? Tous ceux qui, dans Limoges, attendaient des héritages, partagèrent la douleur des des Vanneaulx. Les imaginations limousines furent vivement stimulées par le spectacle de ces pots à or brisés. Quant au petit père Pingret, qui souvent venait vendre des légumes lui-même au marché, qui vivait d'oignons et de pain, qui ne dépensait pas trois cents francs par an, qui n'obligeait ou ne désobligeait personne, et n'avait pas fait un scrupule de bien dans le faubourg Saint-Étienne, il n'excita pas le moindre regret. Quant à Jeanne Malassis, son héroïsme, que le vieil avare aurait à peine récompensé, fut jugé comme intempestif ; le nombre des âmes qui l'admirèrent fut petit en comparaison de ceux qui dirent : — Moi j'aurais joliment dormi !

Les gens de justice ne trouvèrent ni encre ni plume pour verbaliser dans cette maison nue, délabrée, froide et sinistre. Les curieux et l'héritier aperçurent alors les contresens qui se remarquent chez certains avares. L'effroi du petit vieillard pour la dépense éclatait sur les toits non réparés qui ouvraient leurs flancs à la lumière, à la pluie, à la neige; dans les lézardes vertes qui sillonnaient les murs, dans les portes pourries près de tomber au moindre choc, et les vitres en papier non huilé. Partout des fenêtres sans rideaux, des cheminées sans glaces ni chenets et dont l'âtre propre était garni d'une bûche ou de petits bois presque vernis par la sueur du tuyau; puis des chaises boiteuses, deux couchettes maigres et plates, des pots fêlés, des assiettes rattachées, des fauteuils manchots; à son lit, des rideaux que le temps avait brodés de ses mains hardies, un secrétaire mangé par les vers où il serrait ses graines, du linge épaissi par les reprises et les coutures; enfin un tas de haillons qui ne vivaient que soutenus par l'esprit du maître, et qui, lui mort, tombèrent en loques, en poudre, en dissolution chimique, en ruines, en je ne sais quoi sans nom, dès que les mains brutales de l'héritier furieux ou des gens officiels y touchèrent. Ces choses disparurent comme effrayées d'une vente publique. La grande majorité de la capitale du Limousin s'intéressa longtemps à ces braves des Vanneaulx qui avaient deux enfants; mais quand la Justice crut avoir trouvé l'auteur présumé du crime, ce personnage absorba l'attention, il devint un héros, et les des Vanneaulx restèrent dans l'ombre du tableau.

Vers la fin du mois de mars, madame Graslin avait éprouvé déjà quelques-uns de ces malaises que cause une première grossesse et qui ne peuvent plus se cacher. La Justice informait alors sur le crime commis au faubourg Saint-Etienne, et l'assassin n'était pas encore arrêté. Véronique recevait ses amis dans sa chambre à coucher, on y faisait la partie. Depuis quelques jours, madame Graslin ne sortait plus, elle avait eu déjà plusieurs de ces caprices singuliers attribués chez toutes les femmes à la grossesse; sa mère venait la voir presque tous les jours, et ces deux femmes restaient ensemble pendant des heures entières. Il était neuf heures, les tables de jeu restaient sans joueurs, tout le monde causait de l'assassinat et des des Vanneaulx. L'Avocat-général entra.

— Nous tenons l'assassin du père Pingret, dit-il d'un air joyeux.

— Qui est-ce? lui demanda-t-on de toutes parts.

— Un ouvrier porcelainier dont la conduite est excellente et qui devait faire fortune. Il travaillait à l'ancienne manufacture de votre mari, dit-il en se tournant vers madame Graslin.

— Qui est-ce ? demanda Véronique d'une voix faible.
— Jean-François Tascheron.
— Le malheureux ! répondit-elle. Oui, je l'ai vu plusieurs fois, mon pauvre père me l'avait recommandé comme un sujet précieux.

— Il n'y était déjà plus avant la mort de Sauviat, il avait passé dans la fabrique de messieurs Philippart qui lui ont fait des avantages, répondit la vieille Sauviat. Mais ma fille est-elle assez bien pour entendre cette conversation ? dit-elle en regardant madame Graslin qui était devenue blanche comme ses draps.

Dès cette soirée, la vieille mère Sauviat abandonna sa maison et vint, malgré ses soixante-six ans, se constituer la garde-malade de sa fille. Elle ne quitta pas la chambre, les amis de madame Graslin la trouvèrent à toute heure héroïquement placée au chevet du lit où elle s'adonnait à son éternel tricot, couvant du regard Véronique comme au temps de la petite vérole, répondant pour elle et ne laissant pas toujours entrer les visites. L'amour maternel et filial de la mère et de la fille était si bien connu dans Limoges, que les façons de la vieille femme n'étonnèrent personne.

Quelques jours après, quand l'Avocat-général voulut raconter les détails que toute la ville recherchait avidement sur Jean-François Tascheron, en croyant amuser la malade, la Sauviat l'interrompit brusquement en lui disant qu'il allait encore causer de mauvais rêves à madame Graslin. Véronique pria monsieur de Grandville d'achever, en le regardant fixement. Ainsi les amis de madame Graslin connurent les premiers et chez elle, par l'Avocat-général, le résultat de l'instruction qui devait devenir bientôt publique. Voici, mais succinctement, les éléments de l'acte d'accusation que préparait alors le Parquet.

Jean-François Tascheron était fils d'un petit fermier chargé de famille qui habitait le bourg de Montégnac. Vingt ans avant ce crime, devenu célèbre en Limousin, le canton de Montégnac se recommandait par ses mauvaises mœurs. Le parquet de Limoges disait proverbialement que sur cent condamnés du Département, cinquante appartenaient à l'Arrondissement d'où dépendait Montégnac. Depuis 1816, deux ans après l'envoi du curé Bonnet, Montégnac avait perdu sa triste réputation, ses habitants avaient cessé d'envoyer leur contingent aux Assises. Ce changement fut attribué généralement à l'influence que monsieur Bonnet exerçait sur cette Commune, jadis le foyer des mauvais sujets qui désolèrent la contrée. Le crime de Jean-François Tascheron rendit tout à coup à Montégnac son ancienne renommée. Par un insigne effet du hasard, la famille Tascheron était presque la seule du pays qui eût conservé ces vieilles mœurs exemplaires et ces habitudes religieuses que les observateurs voient aujourd'hui disparaître de plus en plus dans les campagnes; elle avait donc fourni un point d'appui au curé, qui naturellement la portait dans son cœur. Cette famille, remarquable par sa probité, par son union, par son amour du travail, n'avait offert que de bons exemples à Jean-François Tascheron. Amené à Limoges par l'ambition louable de gagner honorablement une fortune dans l'industrie, ce garçon avait quitté le bourg au milieu des regrets de ses parents et de ses amis qui le chérissaient. Durant deux années d'apprentissage, sa conduite fut digne d'éloges, aucun dérangement sensible n'avait annoncé le crime horrible par lequel finissait sa vie. Jean-François Tascheron avait passé à étudier et à s'instruire le temps que les autres ouvriers donnent à la débauche ou au cabaret. Les perquisitions les plus minutieuses de la justice de province, qui a beaucoup de temps à elle, n'apportèrent aucune lumière sur les secrets de cette existence. Soigneusement questionnée, l'hôtesse de la maigre maison garnie où demeurait Jean-François, n'avait jamais logé de jeune homme dont les mœurs fussent aussi pures, dit-elle. Il était d'un caractère aimable et doux, quasi gai. Environ une année avant de commettre ce crime, son humeur parut changée, il découcha plusieurs fois par mois, et souvent quelques nuits de suite, dans quelle partie de la ville! elle l'ignorait. Seulement, elle pensa plusieurs fois, par l'état des souliers, que son locataire revenait de la campagne. Quoiqu'il sortît de la ville, au lieu de prendre des souliers ferrés, il se servait d'escarpins. Avant de partir, il se faisait la barbe, se parfumait et mettait du linge blanc. L'instruction étendit ses perquisitions jusque dans les maisons suspectes et chez les femmes de mauvaise vie, mais Jean-François Tascheron y était inconnu. L'instruction alla chercher des renseignements dans la classe des ouvrières et des grisettes, mais aucune des filles dont la conduite était légère n'avait eu de relations avec l'inculpé. Un crime sans motif est inconcevable, surtout chez un jeune homme

à qui sa tendance vers l'instruction et son ambition devaient faire accorder des idées et un sens supérieurs à ceux des autres ouvriers. Le Parquet et le juge d'instruction attribuèrent à la passion du jeu l'assassinat commis par Tascheron; mais après de minutieuses recherches, il fut démontré que le prévenu n'avait jamais joué. Jean-François se renferma tout d'abord dans un système de dénégation qui, en présence du Jury, devait tomber devant les preuves, mais qui dénota l'intervention d'une personne pleine de connaissances judiciaires, ou douée d'un esprit supérieur.

Les preuves, dont voici les principales, étaient, comme dans beaucoup d'assassinats, à la fois graves et légères. L'absence de Tascheron pendant la nuit du crime, sans qu'il voulût dire où il était. Le prévenu ne daignait pas forger un alibi. Un fragment de sa blouse déchirée à son insu par la pauvre servante dans la lutte, emporté par le vent, retrouvé dans un arbre. Sa présence le soir autour de la maison remarquée par des passants, par des gens du faubourg, et qui, sans le crime, ne s'en seraient pas souvenus. Une fausse clef fabriquée par lui-même, pour entrer par la porte qui donnait sur la campagne, et assez habilement enterrée dans un des trous, à deux pieds en contre-bas, mais où fouilla par hasard monsieur des Vanneaulx, pour savoir si le trésor n'avait pas deux étages. L'instruction finit par trouver qui avait fourni le fer, qui prêta l'étau, qui donna la lime. Cette clef fut le premier indice, elle mit sur la voie de Tascheron arrêté sur la limite du Département, dans un bois où il attendait le passage d'une diligence. Une heure plus tard, il eût été parti pour l'Amérique. Enfin, malgré le soin avec lequel les marques des pas furent effacées dans les terres labourées et sur la boue du chemin, le garde-champêtre avait trouvé des empreintes d'escarpins, soigneusement décrites et conservées. Quand on fit des perquisitions chez Tascheron, les semelles de ses escarpins, adaptées à ces traces, y correspondirent parfaitement. Cette fatale coïncidence confirma les observations de la curieuse hôtesse. L'instruction attribua le crime à une influence étrangère et non à une résolution personnelle. Elle crut à une complicité, que démontrait l'impossibilité d'emporter les sommes enfouies. Quelque fort que soit un homme, il ne porte pas très-loin vingt-cinq mille francs en or. Si chaque pot contenait cette somme, les quatre avaient nécessité quatre voyages. Or, une circonstance singulière déterminait l'heure à laquelle le crime avait été commis. Dans l'effroi que les cris de son maître durent lui causer, Jeanne Malassis, en se levant, avait renversé la table de nuit sur laquelle était sa montre. Cette montre, le seul cadeau que lui eût fait l'avare en cinq ans, avait eu son grand ressort brisé par le choc, elle indiquait deux heures après minuit. Vers la mi-mars, époque du crime, le jour arrive entre cinq et six heures du matin. A quelque distance que les sommes eussent été transportées, Tascheron n'avait donc pu, dans le cercle des hypothèses embrassé par l'Instruction et le Parquet, opérer à lui seul cet enlèvement. Le soin avec lequel Tascheron avait ratissé les traces des pas en négligeant celles des siens révélait une mystérieuse assistance. Forcée d'inventer, la Justice attribua ce crime à une frénésie d'amour; et l'objet de cette passion ne se trouvant pas dans la classe inférieure, elle jeta les yeux plus haut. Peut-être une bourgeoise, sûre de la discrétion d'un jeune homme taillé en Séide, avait-elle commencé un roman dont le dénoûment était horrible? Cette présomption était presque justifiée par les accidents du meurtre. Le vieillard avait été tué à coups de bêche. Ainsi son assassinat était le résultat d'une fatalité soudaine, imprévue, fortuite. Les deux amants avaient pu s'entendre pour voler, et non pour assassiner. L'amoureux Tascheron et l'avare Pingret, deux passions implacables s'étaient rencontrées sur le même terrain, attirées toutes deux par l'or dans les ténèbres épaisses de la nuit. Afin d'obtenir quelque lueur sur cette sombre donnée, la Justice employa contre une sœur très-aimée de Jean-François la ressource de l'arrestation et de la mise au secret, espérant pénétrer par elle les mystères de la vie privée du frère. Denise Tascheron se renferma dans un système de dénégation dicté par la prudence, et qui la fit soupçonner d'être instruite des causes du crime, quoiqu'elle ne sût rien. Cette détention allait flétrir sa vie. Le prévenu montrait un caractère bien rare chez les gens du peuple : il avait dérouté les plus habiles *moutons* avec lesquels il s'était trouvé, sans avoir reconnu leur caractère. Pour les esprits distingués de la magistrature, Jean-François était donc criminel par passion et non par nécessité, comme la plupart des assassins ordinaires qui passent tous par la police correctionnelle et par le bagne avant d'en venir à leur dernier coup. D'actives et prudentes recherches se firent dans le sens de cette idée ; mais l'invariable discrétion du criminel laissa l'Instruction sans éléments. Une fois le roman assez plausible de cette passion pour une femme du monde admis, plus d'une interrogation captieuse fut lancée à Jean-François; mais sa discrétion triompha de toutes les tortures morales que l'habileté du juge d'Instruction lui imposait. Quand, par un dernier effort, le magistrat dit à Tascheron que la personne pour laquelle il avait commis le crime était connue et arrêtée, il ne changea pas de visage, et se contenta de répondre ironiquement : « — Je serais bien aise de la voir! » En apprenant ces circonstances, beaucoup de personnes partagèrent les soupçons des magistrats en apparence confirmés par le silence de Sauvage que gardait l'accusé. L'intérêt s'attacha violemment à un jeune homme qui devenait un problème. Chacun comprendra facilement combien ces éléments entretinrent la curiosité publique, et avec quelle avidité les débats allaient être suivis. Malgré les sondages de la police, l'Instruction s'était arrêtée sur le seuil de l'hypothèse sans oser pénétrer le mystère, elle y trouvait tant de dangers! En certains cas judiciaires, les demi-certitudes ne suffisent pas aux magistrats. On espérait donc voir la vérité surgir au grand jour de la Cour d'Assises, moment où bien des criminels se démentent.

Monsieur Graslin fut un des jurés désignés pour la session, en sorte que, soit par son mari, soit par monsieur de Grandville, Véronique devait savoir les moindres détails du procès criminel qui, pendant une quinzaine de jours, tint en émoi le Limousin et la France. L'attitude de l'accusé justifia la fabulation adoptée par la ville d'après les conjectures de la Justice; plus d'une fois, son œil plongea dans l'assemblée de femmes privilégiées qui vinrent savourer les mille émotions de ce drame réel. Chaque fois que le regard de cet homme embrassa cet élégant parterre par un rayon clair, mais impénétrable, il y produisit de violentes secousses, tant chaque femme craignait de paraître sa complice, aux yeux inquisiteurs du Parquet et de la Cour. Les inutiles efforts de l'Instruction reçurent alors leur publicité, et révélèrent les précautions prises par l'accusé pour assurer un plein succès à son crime. Quelques mois avant la fatale nuit, Jean-François s'était muni d'un passe-port pour l'Amérique du Nord. Ainsi le projet de quitter la France avait été formé, la femme devait donc être mariée, il eût sans doute été inutile de s'enfuir avec une jeune fille. Peut-être le crime avait-il eu pour but d'entretenir l'aisance de cette inconnue. La Justice n'avait trouvé sur les registres de l'Administration aucun passe-port pour ce paysan nom d'aucune femme. Au cas où la complice se fût procuré son passe-port à Paris, les registres y avaient été consultés, mais en vain, de même que dans les Préfectures environnantes. Les moindres détails des débats mirent en lumière les profondes réflexions d'une intelligence supérieure. Si les dames limousines les plus vertueuses attribuaient l'usage assez inexplicable dans la vie ordinaire d'escarpins pour aller dans la boue et dans les terres à la nécessité d'épier le vieux Pingret, les hommes les moins fats étaient enchantés d'expliquer combien les escarpins étaient utiles pour marcher dans une maison, y traverser les corridors, y monter par les croisées sans bruit. Donc, Jean-François et sa maîtresse (jeune, belle, romanesque, chacun composait un superbe portrait) avaient évidemment médité d'ajouter, par un faux, *et son épouse* sur le passe-port. Le soir, dans tous les salons, les parties étaient interrompues par les recherches malicieuses de ceux qui, se reportant en mars 1829, recherchaient quelles femmes alors étaient en voyage à Paris, quelles autres avaient pu faire ostensiblement ou secrètement les préparatifs d'une fuite. Limoges jouit alors de son procès Fualdès, orné d'une madame Manson inconnue. Aussi jamais ville de province ne fut-elle plus intriguée que l'était chaque soir Limoges après l'audience. On y rêvait de ce procès où tout grandissait l'accusé dont les réponses savamment repassées, étendues, commentées, soulevaient d'amples discussions. Quand un des jurés demanda pourquoi Tascheron avait pris un passe-port pour l'Amérique, l'ouvrier répondit qu'il voulait y établir une manufacture de porcelaines. Ainsi, sans compromettre son système de défense, il couvrait encore sa complice, en permettant à chacun d'attribuer son crime à la nécessité d'avoir des fonds pour accomplir un ambitieux projet.

Au plus fort de ces débats, il fut impossible que les amis de Véronique, pendant une soirée où elle paraissait moins souffrante, ne cherchassent pas à expliquer la discrétion du criminel. La veille, le médecin avait ordonné une promenade à Véronique. Le matin même elle avait donc pris le bras de sa mère pour aller, en tournant la ville, jusqu'à la maison de campagne de la Sauviat, où elle s'était reposée. Elle avait essayé de rester debout à son retour et avait attendu son mari; Graslin ne revint qu'à huit heures de la Cour d'Assises, elle venait de lui servir à dîner selon son habitude, elle entendit nécessairement la discussion de ses amis.

— Si mon pauvre père vivait encore, leur dit-elle, nous en aurions su davantage, ou peut-être cet homme ne serait-il pas devenu criminel. Mais je vous vois tous préoccupés d'une idée singulière. Vous voulez que l'amour soit le principe du crime, là-dessus je suis de votre avis ; mais pourquoi croyez-vous que l'inconnue est mariée, ne peut-il pas avoir aimé une jeune fille que le père et la mère lui auraient refusée ?

— Une jeune personne eût été plus tard légitimement à lui, répondit monsieur de Grandville. Tascheron est un homme qui ne manque pas de patience, il aurait eu le temps de faire loyalement fortune en attendant le moment où toute fille est libre de se marier contre la volonté de ses parents.

— J'ignorais, dit madame Graslin, qu'un pareil mariage fût possible ; mais comment, dans une ville où tout se sait, où chacun voit ce qui se passe chez son voisin, n'a-t-on pas le plus léger soupçon ? Pour aimer, il faut au moins se voir ou s'être vus ? Que pensez-vous, vous autres magistrats ! demanda-t-elle en plongeant un regard fixe dans les yeux de l'Avocat-général.

— Nous croyons tous que la femme appartient à la classe de la bourgeoisie ou du commerce.

— Je pense le contraire, dit madame Graslin. Une femme de ce genre n'a pas les sentiments assez élevés.

Cette réponse concentra les regards de tout le monde sur Véronique, et chacun attendit l'explication de cette parole paradoxale.

— Pendant les heures de nuit que je passe sans sommeil ou le jour dans mon lit, il m'a été impossible de ne pas penser à cette mystérieuse affaire, et j'ai cru deviner les motifs de Tascheron. Voilà pourquoi je pensais à une jeune fille. Une femme mariée a des intérêts, sinon des sentiments, qui partagent son cœur et l'empêchent d'arriver à l'exaltation complète qui inspire une si grande passion. Il faut ne pas avoir d'enfant pour concevoir un amour qui réunisse les sentiments maternels à ceux qui procèdent du désir. Évidemment cet homme a été aimé par une femme qui voulait être son soutien. L'inconnue aura porté dans sa passion le génie auquel nous devons les belles œuvres des artistes, des poëtes, et qui chez la femme existe, mais sous une autre forme, elle est destinée à créer des hommes et non des choses. Nos œuvres, à nous, c'est nos enfants ! Nos enfants sont nos tableaux, nos livres, nos statues. Ne sommes-nous pas artistes dans leur éducation première. Aussi, gagerais-je ma tête à couper que si l'inconnue n'est pas une jeune fille, elle n'est pas mère. Il faudrait chez les gens du Parquet la finesse des femmes pour deviner mille nuances qui leur échapperont sans cesse en bien des occasions. Si j'eusse été votre Substitut, dit-elle à l'Avocat-général, nous eussions trouvé la coupable, si toutefois l'inconnue est coupable. J'admets, comme monsieur l'abbé Dutheil, que les deux amants avaient conçu l'idée de s'enfuir, faute d'argent, pour vivre en Amérique, avec les trésors du pauvre Pingret. Le vol a engendré l'assassinat par la fatale logique qu'inspire la peine de mort aux criminels. Aussi, dit-elle en lançant à l'Avocat-général un regard suppliant, serait-ce une chose digne de vous, que de faire écarter la préméditation, vous sauveriez la vie à ce malheureux. Cet homme est grand malgré son crime, il réparerait peut-être ses fautes par un magnifique repentir. Les œuvres du repentir doivent entrer pour quelque chose dans les pensées de la Justice. Aujourd'hui n'y a-t-il pas mieux à faire qu'à donner sa tête, ou à fonder comme autrefois la cathédrale de Milan, pour expier des forfaits?

— Madame, vous êtes sublime dans vos idées, dit l'Avocat-général; mais, la préméditation écartée, Tascheron serait encore sous le poids de la peine de mort, à cause des circonstances graves et prouvées qui accompagnent le vol, la nuit, l'escalade, l'effraction, etc.

— Vous croyez donc qu'il sera condamné? dit-elle en abaissant ses paupières.

— J'en suis certain, le Parquet aura la victoire.

Un léger frisson fit crier la robe de madame Graslin, qui dit : — J'ai froid! Elle prit le bras de sa mère, et s'alla coucher.

— Elle est beaucoup mieux aujourd'hui, dirent ses amis.

Le lendemain, Véronique était à la mort. Quand son médecin manifesta son étonnement en la trouvant si près d'expirer, elle lui dit en souriant : — Ne vous avais-je pas prédit que cette promenade ne me vaudrait rien.

Depuis l'ouverture des débats, Tascheron se tenait sans forfanterie comme sans hypocrisie. Le médecin, toujours pour divertir la malade, essaya d'expliquer cette attitude que ses défenseurs exploitaient. Le talent de son avocat éblouissait l'accusé sur le résultat, il croyait échapper à la mort, disait le médecin. Par moments, on remarquait sur son visage une espérance qui tenait à un bonheur plus grand que celui de vivre. Les antécédents de la vie de cet homme, âgé de vingt-trois ans, contredisaient si bien les actions par lesquelles elle se terminait, que ses défenseurs objectaient son attitude comme une conclusion. Enfin les preuves accablantes dans l'hypothèse de l'Accusation devenaient si faibles dans le roman de la Défense, que cette tête fut disputée avec des chances favorables par l'avocat. Pour sauver la vie à son client, l'avocat se battit à outrance sur le terrain de la préméditation, il admit hypothétiquement la préméditation du vol, non celle des assassinats, résultat de deux luttes inattendues. Le succès parut douteux pour le Parquet comme pour le Barreau.

Après la visite du médecin, Véronique eut celle de l'Avocat-général, qui tous les matins la venait voir avant l'audience.

— J'ai lu les plaidoiries hier, lui dit-elle. Aujourd'hui vont commencer les répliques, je me suis si fort intéressée à l'accusé que je voudrais le voir sauvé ; ne pouvez-vous une fois en votre vie abandonner un triomphe ? Laissez-vous battre par l'avocat. Allons, faites-moi présent de cette vie, et vous aurez peut-être la mienne un jour !... Il y a doute après le beau plaidoyer de l'avocat de Tascheron, et bien...

— Votre voix est émue, dit le vicomte quasi surpris.

— Savez-vous pourquoi ? répondit-elle. Mon mari vient de remarquer une horrible coïncidence, et qui, par suite de ma sensibilité, serait de nature à causer ma mort : j'accoucherai quand vous donnerez l'ordre de faire tomber cette tête.

— Puis-je réformer le Code ? dit l'Avocat-général.

— Allez ! vous ne savez pas aimer, répondit-elle en fermant les yeux.

Elle posa sa tête sur l'oreiller, et renvoya le magistrat par un geste impératif.

Monsieur Graslin plaida fortement mais inutilement pour l'acquittement, en donnant une raison qui fut adoptée par deux jurés de ses amis, et qui lui avait été suggérée par sa femme :

— Si nous laissons la vie à cet homme, la famille des Vanneaulx retrouvera la succession Pingret. » Cet argument irrésistible amena entre les jurés une scission de sept contre cinq qui nécessita l'adjonction de la Cour ; mais la Cour se réunit à la minorité du Jury. Selon la jurisprudence de ce temps, cette réunion détermina la condamnation. Lorsque son arrêt lui fut prononcé,

Tascheron tomba dans une fureur assez naturelle chez un homme plein de force et de vie, mais que les magistrats, les avocats, les jurés et l'auditoire n'ont presque jamais remarquée chez les criminels injustement condamnés. Pour tout le monde, le drame ne parut donc pas terminé par l'arrêt. Une lutte si acharnée donna dès lors, comme il arrive presque toujours dans ces sortes d'affaires, naissance à deux opinions diamétralement opposées sur la culpabilité du héros en qui les uns virent un innocent opprimé, les autres un criminel justement condamné. Les Libéraux tinrent pour l'innocence de Tascheron, moins par certitude que pour contrarier le pouvoir. « Comment, dirent-ils, condamner un homme sur la ressemblance de son pied avec la marque d'un autre pied ? à cause de son absence, comme si tous les jeunes gens n'aiment pas mieux mourir que de compromettre une femme ? Pour avoir emprunté des outils et acheté du fer ? car il n'est pas prouvé qu'il ait fabriqué la clef. Pour un morceau de toile bleue accroché à un arbre, peut-être par le vieux Pingret, afin d'épouvanter les moineaux, et qui se rapporte par hasard à un accroc fait à notre blouse ! A quoi tient la vie d'un homme ! Enfin, Jean-François a tout nié, le Parquet n'a produit aucun témoin qui ait vu le crime ! » Ils corroboraient, étendaient, paraphrasaient le système et les plaidoiries de l'avocat. Le vieux Pingret, qu'était-ce ? Un coffre-fort crevé ! disaient les esprits forts. Quelques gens prétendus progressifs, méconnaissant les saintes lois de la Propriété, que les Saint-simoniens attaquaient déjà dans l'ordre abstrait des idées économistes, allèrent plus loin : « Le père Pingret était le premier auteur du crime. Cet homme, en entassant son or, avait volé son pays. Que d'entreprises auraient été fertilisées par ses capitaux inutiles ! Il avait frustré l'Industrie, il était justement puni. » La servante ? on la plaignait. Denise, qui, après avoir déjoué les ruses de la Justice, ne se permit pas aux débats une réponse sans avoir longtemps songé à ce qu'elle devait dire, excita le plus vif intérêt. Elle devint une figure comparable, dans un autre sens, à Jeanie Deans, de qui elle possédait la grâce et la modestie, la religion et la beauté. François Tascheron continua donc d'exciter la curiosité, non-seulement de la ville, mais encore de tout le Département, et quelques femmes romanesques lui accordèrent ouvertement leur admiration. « — S'il y a là-dedans quelque amour pour une femme placée au-dessus de lui, certes cet homme n'est pas un homme ordinaire, disaient-elles. Vous verrez qu'il mourra bien ! » Cette question : Parlera-t-il ? ne parlera-t-il pas ? engendra des paris. Depuis l'accès de rage par lequel il accueillit sa condamnation, et qui eût pu être fatal à quelques personnes de la Cour ou de l'auditoire sans la présence des gendarmes, le criminel menaça tous ceux qui l'approchèrent indistinctement, et avec la rage d'une bête féroce ; le geôlier fut forcé de lui mettre la camisole, autant pour l'empêcher d'attenter à sa vie que pour éviter les effets de sa furie. Une fois maintenu par ce moyen victorieux de toute espèce de violences, Tascheron exhala son désespoir en mouvements convulsifs qui épouvantaient ses gardiens, en paroles, en regards qu'au moyen-âge on eût attribués à la possession. Il était si jeune, que les femmes s'apitoyèrent sur cette vie pleine d'amour qui allait être tranchée. *Le Dernier jour d'un Condamné*, sombre élégie, inutile plaidoyer contre la peine de mort, ce grand soutien des sociétés, et qui avait paru depuis peu, comme exprès pour la circonstance, fut à l'ordre du jour dans toutes les conversations. Enfin, qui ne se montrait du doigt l'invisible inconnue, debout, les pieds dans le sang, élevée sur les planches des Assises comme sur un piédestal, déchirée par d'horribles douleurs, et condamnée au calme le plus parfait dans son ménage. On admirait presque cette Médée limousine, à blanche poitrine doublée d'un cœur d'acier, au front impénétrable. Peut-être était-elle, chez celui-ci ou chez celui-là, sœur ou cousine, ou femme ou fille d'un tel ou d'une telle. Quelle frayeur au sein des familles ! Suivant un mot sublime de Napoléon, c'est surtout dans le domaine de l'imagination que la puissance de l'inconnu est incommensurable.

Quant aux cent mille francs volés aux sieur et dame des Vanneaulx, et qu'aucune recherche de police n'avait su retrouver, le silence constant du criminel fut une étrange défaite pour le Parquet. Monsieur de Grandville, qui remplaçait le Procureur-général alors à la Chambre des Députés, essaya le moyen vulgaire de laisser croire à une commutation de peine en cas d'aveux ; mais quand il se montra, le condamné l'accueillit par des redoublements de cris furieux, de contorsions épileptiques, et lui lança des regards pleins de rage où éclatait le regret de ne pouvoir donner la mort. La Justice ne compta plus que sur l'assistance de l'Église au dernier moment. Les des Vanneaulx étaient allés maintes fois chez l'abbé Pascal, l'aumônier de la prison. Cet abbé ne manquait pas du talent particulier nécessaire pour se faire écouter des prisonniers, il affronta religieusement les transports de Tascheron, il essaya de lancer quelques paroles à travers les orages de cette puissante nature en convulsion. Mais la lutte de cette paternité spirituelle avec l'ouragan de ces passions déchaînées, abattit et lassa le pauvre abbé Pascal. « — Cet homme a trouvé son paradis ici-bas, » disait ce vieillard d'une voix douce. La petite madame des Vanneaulx consulta ses amies pour savoir si elle devait hasarder une démarche auprès du criminel. Le sieur des Vanneaulx parla de transactions. Dans son désespoir, il alla proposer à monsieur de Grandville de demander la grâce de l'assassin de son oncle, si cet assassin restituait les cent mille francs. L'Avocat-général répondit que la majesté royale ne descendait point à de tels compromis. Les des Vanneaulx se tournèrent vers l'avocat de Tascheron, auquel ils offrirent dix pour cent de la somme s'il parvenait à la faire recouvrer. L'avocat était le seul homme à la vue duquel Tascheron ne s'emportait pas; les héritiers l'autorisèrent à offrir dix autres pour cent au criminel, et dont il disposerait en faveur de sa famille. Malgré les incisions que ces castors pratiquaient sur leur héritage et malgré son éloquence, l'avocat ne put rien obtenir de son client. Les des Vanneaulx furieux maudirent et anathématisèrent le condamné. « — Non-seulement il est assassin, mais il est encore sans délicatesse ! s'écria sérieusement des Vanneaulx sans connaître la fameuse complainte Fualdès, en apprenant l'insuccès de l'abbé Pascal et voyant tout perdu par le rejet probable du pourvoi en cassation. A quoi lui servira notre fortune, là où il va ? Un assassinat, cela se conçoit, mais un vol inutile est inconcevable. Dans quel temps vivons-nous, pour que des gens de la société s'intéressent à un pareil brigand ? il n'a rien pour lui. — Il a peu d'honneur, disait madame des Vanneaulx. — Cependant si la restitution compromet sa bonne amie ? disait une vieille fille. — Nous lui garderions le secret, s'écriait le sieur des Vanneaulx. — Vous seriez coupable de non révélation, répondait un avocat. — Oh ! le gueux ! fut la conclusion du sieur des Vanneaulx.

Une des femmes de la société de madame Graslin, qui lui rapportait en riant les discussions des des Vanneaulx, femme très-spirituelle, une de celles qui rêvent le beau idéal et veulent que tout soit complet, regrettait la fureur du condamné ; elle l'aurait voulu froid, calme et digne. « — Ne voyez-vous pas, lui dit Véronique, qu'il écarte ainsi les séductions et déjoue les tentatives, il s'est fait bête féroce par calcul. — D'ailleurs, ce n'est pas un homme comme il faut, reprit la Parisienne exilée, c'est un ouvrier. — Un homme comme il faut en eût bientôt fini avec l'inconnue ! » répondit madame Graslin.

Ces événements, pressés, tordus dans les salons, dans les ménages, commentés de mille manières, épluchés par les plus habiles langues de la ville, donnèrent un cruel intérêt à l'exécution du criminel, dont le pourvoi fut, deux mois après, rejeté par la Cour suprême. Quelle serait à ses derniers moments l'attitude du criminel, qui se vantait de rendre son supplice impossible en annonçant une défense désespérée? Parlerait-il? se démentirait-il? qui gagnerait le pari? Irez-vous? n'irez-vous pas? comment y aller? La disposition des localités, qui épargne aux criminels les angoisses d'un long trajet, restreint à Limoges le nombre des spectateurs élégants. Le Palais-de-Justice où est la prison occupe l'angle de la rue du Palais et de la rue du Pont-Hérisson. La rue du Palais est continuée en droite ligne par la courte rue de Monte-à-Regret qui conduit à la place d'Aîne ou des Arènes où se font les exécutions, et qui sans doute doit son nom à cette circonstance. Il y a donc peu de chemin, conséquemment peu de maisons, peu de fenêtres. Quelle personne de la société voudrait d'ailleurs se mêler à la foule populaire qui remplirait la place? Mais cette exécution, de jour en jour attendue, fut de jour en jour remise, au grand étonnement de la ville, et voici pourquoi. La pieuse résignation des grands scélérats qui marchent à la mort est un des triomphes que se réserve l'Église, et qui manque rarement son effet sur la foule ; leur repentir atteste trop la puissance des idées religieuses pour que, tout intérêt chrétien mis à part, bien qu'il soit la principale vue de l'Église, le clergé ne soit pas navré de l'insuccès dans ces éclatantes occasions. En juillet 1829, la circonstance fut aggravée par l'esprit de parti qui envenimait les plus petits détails de la vie politique. Le parti libéral se réjouissait de voir échouer dans une scène si publique le parti-Prêtre, expression inventée par Montlosier, royaliste passé aux constitutionnels et entraîné par eux au delà de ses intentions. Les partis commettent en masse des actions infâmes qui couvriraient un homme d'opprobre ; aussi, quand un homme les résume aux yeux de la foule, devient-il Robespierre,

Jeffries, Laubardemont, espèces d'autels expiatoires où tous les complices attachent des *ex voto* secrets. D'accord avec l'Évêché, le Parquet retarda l'exécution, autant dans l'espérance de savoir ce que la Justice ignorait du crime, que pour laisser la Religion triompher en cette circonstance. Cependant le pouvoir du Parquet n'était pas sans limites, et l'arrêt devait tôt ou tard s'exécuter. Les mêmes Libéraux qui, par opposition, considéraient Tascheron comme innocent et qui avaient tenté de battre en brèche l'arrêt de la Justice, murmuraient alors de ce que cet arrêt ne recevait pas son exécution. L'Opposition, quand elle est systématique, arrive à de semblables non-sens ; car il ne s'agit pas pour elle d'avoir raison, mais de toujours fronder le pouvoir. Le Parquet eut donc, vers les premiers jours d'août, la main forcée par cette rumeur si souvent stupide, appelée l'Opinion publique. L'exécution fut annoncée. Dans cette extrémité, l'abbé Dutheil prit sur lui de proposer à l'Évêque un dernier parti dont la réussite devait avoir pour effet d'introduire dans ce drame judiciaire le personnage extraordinaire qui servit de lien à tous les autres, qui se trouve la plus grande de toutes les figures de cette Scène, et qui, par des voies familières à la Providence, devait amener madame Graslin sur le théâtre où ses vertus brillèrent du plus vif éclat, où elle se montra bienfaitrice sublime et chrétienne angélique.

Le palais épiscopal de Limoges est assis sur une colline qui borde la Vienne, et ses jardins, que soutiennent de fortes murailles couronnées de balustrades, descendent par étages en obéissant aux chutes naturelles du terrain. L'élévation de cette colline est telle, que, sur la rive opposée, le faubourg Saint-Étienne semble couché au pied de la dernière terrasse. De là, selon la direction que prennent les promeneurs, la rivière se découvre, soit en enfilade, soit en travers, au milieu d'un riche panorama. Vers l'ouest, après les jardins de l'évêché, la Vienne se jette sur la ville par une élégante courbure que borde le faubourg Saint-Martial. Au delà de ce faubourg, à une faible distance, est une jolie maison de campagne, appelée le Cluzeau, dont les massifs se voient des terrasses les plus avancées, et qui, par un effet de la perspective, se marient aux clochers du faubourg. En face du Cluzeau se trouve cette île échancrée, pleine d'arbres et de peupliers, que Véronique avait dans sa première jeunesse nommée l'Ile-de-France. A l'est, le lointain est occupé par des collines en amphithéâtre. La magie du site et la riche simplicité du bâtiment font de ce palais le monument le plus remarquable de cette ville où les constructions ne brillent ni par le choix des matériaux ni par l'architecture. Familiarisé depuis long-temps avec les aspects qui recommandent ces jardins à l'attention des faiseurs de Voyages Pittoresques, l'abbé Dutheil, qui se fit accompagner de monsieur de Grancour, descendit de terrasse en terrasse sans faire attention aux couleurs rouges, aux tons orangés, aux teintes violâtres que le couchant jetait sur les vieilles murailles et sur les balustrades des rampes, sur les maisons du faubourg et sur les eaux de la rivière. Il cherchait l'Évêque, alors assis à l'angle de sa dernière terrasse sous un berceau de vigne, où il était venu prendre son dessert en s'abandonnant aux charmes de la soirée. Les peupliers de l'île semblaient en ce moment diviser les eaux avec les ombres allongées de leurs têtes déjà jaunies, auxquelles le soleil donnait l'apparence d'un feuillage d'or. Les lueurs du couchant diversement réfléchies par les masses de différents verts produisaient un magnifique mélange de tons pleins de mélancolie. Au fond de cette vallée, une nappe de bouillons pailletés frissonnait dans la Vienne sous la légère brise du soir, et faisait ressortir les plans bruns que présentaient les toits du faubourg Saint-Etienne. Les clochers et les faîtes du faubourg Saint-Martial, baignés de lumière, se mêlaient aux pampres des treilles. Le doux murmure d'une ville de province à demi cachée dans l'arc rentrant de la rivière, la douceur de l'air, tout contribuait à plonger le prélat dans la quiétude exigée par tous les auteurs qui ont écrit sur la digestion ; ses yeux étaient machinalement attachés sur la rive droite de la rivière, à l'endroit où les grandes ombres des peupliers de l'île y atteignaient, du côté du faubourg Saint-Etienne, les murs du clos où le double meurtre du vieux Pingret et de sa servante avait été commis ; mais quand sa petite félicité du moment fut troublée par les difficultés que ses Grands-vicaires lui rappelèrent, ses regards s'emplirent de pensées impénétrables. Les deux prêtres attribuèrent cette distraction à l'ennui, tandis qu'au contraire le prélat voyait dans les sables de la Vienne le mot de l'énigme alors cherché par les Vanneaulx et par la Justice.

— Monseigneur, dit l'abbé de Grancour en abordant l'évêque, tout est inutile, et nous aurons la douleur de voir mourir ce malheureux Tascheron en impie, il vociférera les plus horribles imprécations contre la religion, il accablera d'injures le pauvre abbé Pascal, il crachera sur le crucifix, il reniera tout, même l'enfer.

— Il épouvantera le peuple, dit l'abbé Dutheil. Ce grand scandale et l'horreur qu'il inspirera cacheront notre défaite et notre impuissance. Aussi disais-je en venant, à monsieur de Grancour, que ce spectacle rejettera plus d'un pécheur dans le sein de l'Église.

Troublé par ces paroles, l'évêque posa sur une table de bois rustique la grappe de raisin où il picorait et s'essuya les doigts en faisant signe de s'asseoir à ses deux Grands-vicaires.

— L'abbé Pascal s'y est mal pris, dit-il enfin.

— Il est malade de sa dernière scène à la prison, dit l'abbé de Grancour. Sans son indisposition, nous l'eussions amené pour expliquer les difficultés qui rendent impossibles toutes les tentatives que monseigneur ordonnerait de faire.

— Le condamné chante à tue-tête des chansons obscènes aussitôt qu'il aperçoit l'un de nous, et couvre de sa voix les paroles qu'on veut lui faire entendre, dit un jeune prêtre assis auprès de l'Évêque.

Ce jeune homme doué d'une charmante physionomie tenait son bras droit accoudé sur la table, sa main blanche tombait nonchalamment sur les grappes de raisin parmi lesquelles il choisissait les grains les plus roux, avec l'aisance et la familiarité d'un commensal ou d'un favori. A la fois commensal et favori du prélat, ce jeune homme était le frère cadet du baron de Rastignac, que des liens de famille et d'affection attachaient à l'évêque de Limoges. Au fait des raisons de fortune qui vouaient ce jeune homme à l'Église, l'Évêque l'avait pris comme secrétaire particulier, pour lui donner le temps d'attendre une occasion d'avancement. L'abbé Gabriel portait un nom qui le destinait aux plus hautes dignités de l'Église.

— Y es-tu donc allé, mon fils? lui dit l'évêque.

— Oui, monseigneur, dès que je me suis montré, ce malheureux a vomi contre vous et moi les plus dégoûtantes injures, il se conduit de manière à rendre impossible la présence d'un prêtre auprès de lui. Monseigneur veut-il me permettre de lui donner un conseil?

— Écoutons la sagesse que Dieu met quelquefois dans la bouche des enfants, dit l'Évêque en souriant.

— N'a-t-il pas fait parler l'ânesse de Balaam ? répondit vivement le jeune abbé de Rastignac.

— Selon certains commentateurs, elle n'a pas trop su ce qu'elle disait, répliqua l'Évêque en riant.

Les deux Grands-vicaires sourirent ; d'abord la plaisanterie était de monseigneur, puis elle raillait doucement le jeune abbé que jalousaient les dignitaires et les ambitieux groupés autour du prélat.

— Mon avis, dit le jeune abbé, serait de prier monsieur de Grandville de surseoir encore à l'exécution. Quand le condamné saura qu'il doit quelques jours de retard à notre intercession, il feindra peut-être de nous écouter, et s'il nous écoute...

— Il persistera dans sa conduite en voyant les bénéfices qu'elle lui donne, dit l'Évêque en interrompant son favori. Messieurs, reprit-il après un moment de silence, la ville connaît-elle ces détails ?

— Quelle est la maison où l'on n'en parle pas ? dit l'abbé de Grancour. L'état où son dernier effort a mis le bon abbé Pascal est en ce moment le sujet de toutes les conversations.

— Quand Tascheron doit-il être exécuté ? demanda l'Évêque.

— Demain, jour de marché, répondit monsieur de Grancour.

— Messieurs, la religion ne saurait avoir le dessous, s'écria l'Évêque. Plus l'attention est excitée par cette affaire, plus je tiens à obtenir un triomphe éclatant. L'Église se trouve en des conjonctures difficiles. Nous sommes obligés à faire des miracles dans une ville industrielle où l'esprit de sédition contre les doctrines religieuses et monarchiques a poussé des racines profondes, où le système d'examen né du protestantisme et qui s'appelle aujourd'hui libéralisme, quitte à prendre demain un autre nom, s'étend à toutes choses. Allez, messieurs, chez monsieur de Grandville, il est tout à nous, dites lui que nous réclamons un sursis de quelques jours. J'irai voir ce malheureux.

— Vous ! monseigneur, dit l'abbé de Rastignac. Si vous échouez, n'aurez-vous pas compromis trop de choses. Vous ne devez y aller que sûr du succès.

— Si monseigneur me permet de donner mon opinion, dit l'abbé Dutheil, je crois pouvoir offrir un moyen d'assurer le triomphe de la religion en cette triste circonstance.

Le prélat répondit par un signe d'assentiment un peu froid qui montrait combien le Vicaire-général avait peu de crédit.

— Si quelqu'un peut avoir de l'empire sur cette âme rebelle et la ramener à Dieu, dit l'abbé Dutheil en continuant, c'est le curé du village où il est né, monsieur Bonnet.

— Un de vos protégés, dit l'évêque.

— Monseigneur, monsieur le curé Bonnet est un de ces hommes qui se protégent eux-mêmes et par leurs vertus militantes et par leurs travaux évangéliques.

Cette réponse si modeste et si simple fut accueillie par un silence qui eût gêné tout autre que l'abbé Dutheil ; elle parlait des gens méconnus, et les trois prêtres voulurent y voir un de ces humbles, mais irréprochables sarcasmes habilement limés qui distinguent les ecclésiastiques habitués, en disant ce qu'ils veulent dire, à observer les règles les plus sévères. Il n'en était rien, l'abbé Dutheil ne songeait jamais à lui.

— J'entends parler de saint Aristide depuis trop de temps, répondit en souriant l'Évêque. Si je laissais cette lumière sous le boisseau, il y aurait de ma part ou injustice ou prévention. Vos Libéraux vantent votre monsieur Bonnet comme s'il appartenait à leur parti, je veux juger moi-même cet apôtre rural. Allez, messieurs, chez le Procureur-général demander de ma part un sursis, j'attendrai sa réponse avant d'envoyer à Montégnac notre cher abbé Gabriel qui nous ramènera ce saint homme. Nous mettrons Sa Béatitude à même de faire des miracles.

En entendant ce propos de prélat gentilhomme, l'abbé Dutheil rougit, mais il ne voulut pas relever ce qu'il offrait de désobligeant pour lui. Les deux Grands-vicaires saluèrent en silence et laissèrent l'Évêque avec son favori.

— Les secrets de la confession que nous sollicitons sont sans doute enterrés là, dit l'Évêque à son jeune abbé en lui montrant les ombres des peupliers qui atteignaient une maison isolée, sise entre l'île et le faubourg Saint-Étienne.

— Je l'ai toujours pensé, répondit Gabriel. Je ne suis pas juge, je ne veux pas être espion ; mais si j'eusse été magistrat, je saurais le nom de la femme qui tremble à tout bruit, à toute parole, et dont néanmoins le front doit rester calme et pur, sous peine d'accompagner à l'échafaud le condamné. Elle n'a cependant rien à craindre : j'ai vu l'homme, il emportera dans l'ombre le secret de ses ardentes amours.

— Petit rusé, dit l'Évêque en tortillant l'oreille de son secrétaire et en lui désignant entre l'île et le faubourg Saint-Étienne l'espace qu'une dernière flamme rouge du couchant illuminait et sur lequel les yeux du jeune prêtre étaient fixés. La Justice aurait dû fouiller là, n'est-ce pas ?...

— Je suis allé voir ce criminel pour essayer sur lui l'effet de mes soupçons ; mais il est gardé par des espions : en parlant haut, j'eusse compromis la personne pour laquelle il meurt.

— Taisons-nous, dit l'Évêque, nous ne sommes pas les hommes de la Justice humaine. C'est assez d'une tête. D'ailleurs, ce secret reviendra tôt ou tard à l'Église.

La perspicacité que l'habitude des méditations donne aux prêtres était bien supérieure à celle du Parquet et de la Police. A force de contempler du haut de leurs terrasses le théâtre du crime, le prélat et son secrétaire avaient, à la vérité, fini par pénétrer des détails encore ignorés, malgré les investigations de l'Instruction, et les débats de la Cour d'assises. Monsieur de Grandville jouait au whist chez madame Graslin, il fallut attendre son retour, sa décision ne fut connue à l'Évêché que vers minuit. L'abbé Gabriel, à qui l'évêque donna sa voiture, partit vers deux heures du matin pour Montégnac. Ce pays, distant d'environ neuf lieues de la ville, est situé dans cette partie du Limousin qui longe les montagnes de la Corrèze et avoisine la Creuse. Le jeune abbé laissa donc Limoges en proie à toutes les passions soulevées par le spectacle promis pour le lendemain, et qui devait encore manquer.

CHAPITRE III.

LE CURÉ DE MONTÉGNAC.

Les prêtres et les dévots ont une tendance à observer, en fait d'intérêt, les rigueurs légales. Est-ce pauvreté ? est-ce un effet de l'égoïsme auquel les condamne leur isolement et qui favorise en eux la pente de l'homme à l'avarice ? est-ce un calcul de la parcimonie commandée par l'exercice de la Charité ? Chaque caractère offre une explication différente. Cachée souvent sous une bonhomie gracieuse, souvent aussi sans détours, cette difficulté de fouiller à sa poche se trahit surtout en voyage. Gabriel de Rastignac, le plus joli jeune homme que depuis longtemps les autels eussent vu s'incliner sous leurs tabernacles, ne donnait que trente sous de pourboire aux postillons, il allait donc lentement. Les postillons mènent fort respectueusement les évêques qui ne font que doubler le salaire accordé par l'ordonnance, mais ils ne causent aucun dommage à la voiture épiscopale de peur d'encourir quelque disgrâce. L'abbé Gabriel, qui voyageait seul pour la première fois, disait d'une voix douce à chaque relais : « — Allez donc plus vite, messieurs les postillons. — Nous ne jouons du fouet, lui répondit un vieux postillon, que si les voyageurs jouent du pouce ! » Le jeune abbé s'enfonça dans le coin de la voiture sans pouvoir s'expliquer cette réponse. Pour se distraire, il étudia le pays qu'il traversait, et fit à pied plusieurs des côtes sur lesquelles serpente la route de Bordeaux à Lyon.

A cinq lieues au delà de Limoges, après les gracieux versants de la Vienne et les jolies prairies en pente du Limousin qui rappellent la Suisse en quelques endroits, et particulièrement à Saint-Léonard, le pays prend un aspect triste et mélancolique. Il se trouve alors de vastes plaines incultes, des steppes sans herbe ni chevaux, mais bordés à l'horizon par les hauteurs de la Corrèze. Ces montagnes n'offrent aux yeux du voyageur ni l'élévation à pied droit des Alpes et leurs sublimes déchirures, ni les gorges chaudes et les cimes désolées de l'Apennin, ni le grandiose des Pyrénées ; leurs ondulations, dues au mouvement des eaux, accusent l'apaisement de la grande catastrophe et le calme avec lequel les masses fluides se sont retirées. Cette physionomie, commune à la plupart des mouvements de terrain en France, a peut-être contribué autant que le climat à lui mériter le nom de *douce* que l'Europe lui a confirmé. Si cette plate transition, entre les paysages du Limousin, ceux de la Marche et ceux de l'Auvergne, présente au penseur et au poëte qui passent les images de l'infini, l'effroi de quelques âmes ; si elle pousse à la rêverie la femme qui s'ennuie en voiture ; pour l'habitant, cette nature est âpre, sauvage et sans ressources. Le sol de ces grandes plaines grises est ingrat. Le voisinage d'une capitale pourrait seule y renouveler le miracle qui s'est opéré dans la Brie pendant les deux derniers siècles. Mais là, manquent ces grandes résidences qui parfois vivifient ces déserts où l'agronome voit des lacunes, où la civilisation gémit, où le touriste ne trouve ni auberge ni ce qui le charme, le pittoresque. Les esprits élevés ne haïssent pas ces landes, ombres nécessaires dans le vaste tableau de la Nature. Récemment Cooper, ce talent si mélancolique, a magnifiquement développé la poésie de ces solitudes dans *la Prairie*. Ces espaces oubliés par la génération botanique, et que couvrent d'infertiles débris minéraux, des cailloux roulés, des terres mortes, sont des défis portés à la Civilisation. La France doit accepter la solution de ces difficultés, comme les Anglais celles offertes par l'Écosse où leur patiente, leur héroïque agriculture a changé les plus arides bruyères en fermes productives. Laissées à leur sauvage et primitif état, ces jachères sociales engendrent le découragement, la paresse, la faiblesse par défaut de nourriture, et le crime quand les besoins parlent trop haut. Ce peu de mots est l'histoire ancienne de Montégnac. Que faire dans une vaste friche négligée par l'Administration, abandonnée par la Noblesse, maudite par l'Industrie? la guerre à la société qui méconnaît ses devoirs. Aussi les habitants de Montégnac subsistaient-ils autrefois par le vol et par l'assassinat, comme jadis les Écossais des hautes terres. À l'aspect du pays, un penseur conçoit bien comment, vingt ans auparavant, les habitants de ce village étaient en guerre avec la Société. Ce grand plateau, taillé d'un côté par la vallée de la Vienne, de l'autre par les jolis vallons de la Marche, puis par l'Auvergne et barré par les monts corréziens, ressemble, agriculture à part, au plateau de la Beauce qui sépare le bassin de la Loire du bassin de la Seine, à ceux de la Touraine et du Berry, à tant d'autres qui sont comme des facettes à la surface de la France, et assez nombreuses pour occuper les méditations des plus grands administrateurs. Il est inouï qu'on se plaigne de l'ascension constante des masses populaires vers les hauteurs sociales, et qu'un gouvernement n'y trouve pas de remède, dans un pays où la Statistique accuse plusieurs millions d'hectares en jachère dont certaines parties offrent, comme en Berry, sept ou huit pieds d'humus. Beaucoup de ces terrains, qui nourriraient des villages entiers, qui produiraient immensément, appartiennent à des Communes rétives, lesquelles refusent de les vendre aux spéculateurs pour conserver le droit d'y faire paître une centaine de vaches. Sur tous ces terrains sans destination, est écrit le mot *incapacité*. Toute terre a quelque fertilité spéciale. Ce n'est ni les bras, ni les volontés qui manquent, mais la conscience et le talent administratifs. En France, jusqu'à présent, ces plateaux ont été sacrifiés aux vallées, le gouvernement a donné ses secours, a porté ses soins là où les intérêts se protégeaient d'eux-mêmes. La plupart de ces malheureuses solitudes manquent d'eau, premier principe de toute production. Les brouillards qui pouvaient féconder ces terres grises et mortes en y déchargeant leurs oxydes, les rasent rapidement, emportés par le vent, faute d'arbres qui, partout ailleurs, les arrêtent et y pompent des substances nourricières. Sur plusieurs points semblables, planter, ce serait évangéliser. Séparés de la grande ville la plus proche par une distance infranchissable pour des gens pauvres, et qui mettait un désert entre elle et eux, n'ayant aucun débouché pour leurs produits s'ils eussent produit quelque chose, jetés auprès d'une forêt inexploitée qui leur donnait du bois et l'incertaine nourriture du braconnage, les habitants étaient talonnés par la faim pendant l'hiver. Les terres n'offrant pas le fond nécessaire à la culture du blé, les malheureux n'avaient ni bestiaux, ni ustensiles aratoires, ils vivaient de châtaignes. Enfin, ceux qui, en embrassant dans un muséum l'ensemble des productions zoologiques, ont subi l'indicible mélancolie que cause l'aspect des couleurs brunes qui marquent les produits de l'Europe, comprendront peut-être combien la vue de ces plaines grisâtres doit influer sur les dispositions morales par la désolante pensée de l'infécondité qu'elles présentent incessamment. Il n'y a là ni fraîcheur, ni ombrage, ni contraste, aucune des idées, aucun des spectacles qui réjouissent le cœur. On y embrasserait un méchant pommier rabougri comme un ami.

Une route départementale, récemment faite, enfilait cette plaine à un point de bifurcation sur la grande route. Après quelques lieues, se trouvait au pied d'une colline, comme son nom l'indiquait, Montégnac, chef-lieu d'un canton où commence un des arrondissements de la Haute-Vienne. La colline dépend de Montégnac qui réunit dans sa circonscription la nature montagnarde et la nature des plaines. Cette Commune est une petite Écosse avec ses basses et ses hautes terres. Derrière la colline, au pied de laquelle gît le bourg, s'élève à une lieue environ un premier pic de la chaîne corrézienne. Dans cet espace s'étale la grande forêt dite de Montégnac, qui prend à la colline de Montégnac, la descend, remplit les vallons et les coteaux arides, pelés par grandes places, embrasse le pic et arrive jusqu'à la route d'Aubusson par une langue dont la pointe meurt sur un escarpement de ce chemin. L'escarpement domine une gorge par où passe la grande route de Bordeaux à Lyon. Souvent les voitures, les voyageurs, les piétons avaient été arrêtés au fond de cette gorge dangereuse par des voleurs dont les coups de main demeuraient impunis : le site les favorisait, ils gagnaient, par des sentiers à eux connus, les parties inaccessibles de la forêt. Un pareil pays offrait peu de prise aux investigations de la Justice. Personne n'y passait. Sans circulation, il ne saurait exister ni commerce, ni industrie, ni échange d'idées, aucune espèce de richesse : les merveilles physiques de la civilisation sont toujours le résultat d'idées primitives appliquées. La pensée est constamment le point de départ et le point d'arrivée de toute société. L'histoire de Montégnac est une preuve de cet axiome de science sociale. Quand l'administration put s'occuper des besoins urgents et matériels du pays, elle rasa cette langue de forêt, y mit un poste de gendarmerie qui accompagna la correspondance sur les deux relais ; mais, à la honte de la gendarmerie, ce fut la parole et non le glaive, le curé Bonnet et non le brigadier Chervin qui gagna cette bataille civile, en changeant le moral de la population. Ce curé, saisi pour ce pauvre pays d'une tendresse religieuse, tenta de le régénérer, et parvint à son but.

Après avoir voyagé durant une heure dans ces plaines, alternativement caillouteuses et poudreuses, où les perdrix allaient en paix par compagnies, et faisaient entendre le bruit sourd et pesant de leurs ailes en s'envolant à l'approche de la voiture, l'abbé Gabriel, comme tous les voyageurs qui ont passé par là, vit poindre avec un certain plaisir les toits du bourg. A l'entrée de Montégnac est un de ces curieux relais de poste qui ne se voient qu'en France. Son indication consiste en une planche de chêne sur laquelle un prétentieux postillon a gravé ces mots : *Pauste o chevos*, noircis à l'encre, et attachée par quatre clous au-dessus d'une misérable écurie sans aucun cheval. La porte, presque toujours ouverte, a pour seuil une planche enfoncée sur champ, pour garantir des inondations pluviales le sol de l'écurie, plus bas que celui du chemin. Le désolé voyageur aperçoit des harnais blancs, usés, raccommodés, près de céder au premier effort des chevaux. Les chevaux sont au labour, au pré, toujours ailleurs que dans l'écurie. Si par hasard ils sont dans l'écurie, ils mangent ; s'ils ont mangé, le postillon est chez sa tante ou chez sa cousine, il rentre des foins ou il dort ; personne ne sait où il est, il faut attendre qu'on soit allé le chercher, il ne vient qu'après avoir fini sa besogne ; quand il est arrivé, il se passe un temps infini avant qu'il n'ait trouvé une veste, son fouet, ou bricollé ses chevaux. Sur le pas de la maison, une bonne grosse femme s'impatiente plus que le voyageur, et, pour l'empêcher d'éclater, se donne plus de mouvement que ne s'en donneront les chevaux. Elle vous représente la maîtresse de poste dont le mari est aux champs. Le favori de monseigneur laissa sa voiture devant une écurie de ce genre, dont les murs ressemblaient à une carte de géographie, et dont la toiture en chaume, fleurie comme un parterre, cédait sous le poids des joubarbes. Après avoir prié la maîtresse de tout préparer pour son départ qui aurait lieu dans une heure, il demanda le chemin du presbytère; la bonne femme lui montra entre deux maisons une ruelle qui menait à l'église, le presbytère était auprès.

Pendant que le jeune abbé montait ce sentier plein de pierres et encaissé par des haies, la maîtresse de poste questionnait le postillon. Depuis Limoges, chaque postillon arrivant avait dit à son confrère partant les conjectures de l'Evêché promulguées par le postillon de la capitale. Ainsi, tandis qu'à Limoges les habitants se levaient en s'entretenant de l'exécution de l'assassin du père Pingret, sur toute la route, les gens de la campagne annonçaient la grâce de l'innocent obtenue par l'Evêque, et jasaient sur les prétendues erreurs de la justice humaine. Quand plus tard Jean-François serait exécuté, peut-être devait-il être regardé comme un martyr.

Après avoir fait quelques pas en gravissant ce sentier rougi par les feuilles de l'automne, noirs de mûrons et de prunelles, l'abbé Gabriel se retourna par le mouvement machinal qui nous porte tous à prendre connaissance des lieux où nous allons pour la première fois, espèce de curiosité physique innée que partagent les chevaux et les chiens. La situation de Montégnac lui fut expliquée par quelques sources qu'épanche la colline et par une petite rivière le long de laquelle passe la route départementale qui lie le chef-lieu de l'Arrondissement à la Préfecture. Comme tous les villages de ce plateau, Montégnac est bâti en terre séchée au soleil, et façonnée en carrés égaux. Après un incendie, une habitation peut se trouver construite en briques. Les toits sont en chaume. Tout y annonçait alors l'indigence. En avant de Montégnac, s'étendaient plusieurs champs de seigle, de raves et de pommes de terre, conquis sur la plaine. Au penchant de la colline, il vit quelques prairies à irrigations où l'on élève ces célèbres chevaux limousins, qui furent, dit-on, un legs des Arabes quand ils descendirent des Pyrénées en France, pour expirer entre Poitiers et Tours sous la hache des Francs que commandait Charles Martel. L'aspect des hauteurs avait de la sécheresse. Des places brûlées, rougeâtres, ardentes indiquaient la terre aride où se plaît le châtaignier. Les eaux, soigneusement appliquées aux irrigations, ne vivifiaient que les prairies bordées de châtaigniers, entourées de haies où croissait cette herbe fine et rare, courte et quasi-sucrée qui produit cette race de chevaux fiers et délicats, sans grande résistance à la fatigue, mais brillants, excellents aux lieux où ils naissent, et sujets à changer par leur transplantation. Quelques mûriers récemment apportés indiquaient l'intention de cultiver la soie. Comme la plupart des villages du monde, Montégnac n'avait qu'une seule rue, par où passait la route. Mais il y avait un haut et un bas Montégnac, divisés chacun par des ruelles tombant à angle droit sur la rue. Une rangée de maisons assises sur la croupe de la colline, présentait le gai spectacle de jardins étagés ; leur entrée sur la rue nécessitait plusieurs degrés ; les unes avaient leurs escaliers en terre, d'autres en cailloux, et, de ci de là, quelques vieilles femmes, assises, filant ou gardant les enfants, animaient la scène, entretenaient la conversation entre le haut et le bas Montégnac en se parlant à travers la rue ordinairement paisible, et se renvoyaient assez rapidement les nouvelles d'un bout à l'autre du bourg. Les jardins, pleins d'arbres fruitiers, de choux, d'oignons, de légumes, avaient tous des ruches le long de leurs terrasses. Puis une autre rangée de maisons à jardins inclinés sur la rivière, dont le cours était marqué par de magnifiques chènevières et par ceux d'entre les arbres fruitiers qui aiment les terres humides, s'étendait parallèlement ; quelques-unes, comme celle de la poste, se trouvaient dans un creux et favorisaient ainsi l'industrie de quelques tisserands ; presque toutes étaient ombragées par des noyers, l'arbre des terres fortes. De ce côté, dans le bout opposé à celui de la grande plaine, était une habitation plus vaste et plus soignée que les autres, autour de laquelle se groupaient d'autres maisons également bien tenues. Ce hameau, séparé du bourg par ses jardins, s'appelait déjà LES TASCHERONS, nom qu'il conserve aujourd'hui. La Commune était peu de chose par elle-même ; mais il en dépendait une trentaine de métairies éparses. Dans la vallée, vers la rivière, quelques *traînes* semblables à celles de la Marche et du Berry, indiquaient les cours d'eau, dessinaient leurs franges vertes autour de cette commune, jetée là comme un vaisseau en pleine mer. Quand une maison, une terre, un village, un pays, ont passé d'un état déplorable à un état satisfaisant, sans être encore ni splendide ni même riche, la vie semble si naturelle aux êtres vivants, qu'au premier abord, le spectateur ne peut jamais deviner les efforts immenses, infinis de petitesse, grandioses de persistance, le travail enterré dans les fondations, les labours oubliés sur lesquels reposent les premiers changements. Aussi ce spectacle ne parut-il pas extraordinaire au jeune abbé quand il embrassa par un coup d'œil ce gracieux paysage. Il ignorait l'état de ce pays avant l'arrivée du curé Bonnet. Il fit quelques pas de plus en montant le sentier, et revit bientôt, à une centaine de toises au-dessus des jardins dépendant des maisons du Haut-Montégnac, l'église et le presbytère, qu'il avait aperçus les premiers de loin, confusément mêlés aux ruines imposantes et enveloppées par des plantes grimpantes du vieux castel de Montégnac, une des résidences de la maison de Navarreins au douzième siècle. Le presbytère, maison sans doute primitivement bâtie pour un garde principal ou pour un intendant, s'annonçait par une longue et haute terrasse plantée de tilleuls, d'où la vue planait sur le pays. L'escalier de cette terrasse et les murs qui la soutenaient étaient d'une ancienneté constatée par les ravages du temps. Les pierres de l'escalier, déplacées par la force imperceptible mais continue de la végétation, laissaient passer de hautes herbes et des plantes sauvages. La mousse plate qui s'attache aux pierres avait appliqué son tapis vert dragon sur la hauteur de chaque marche. Les nombreuses familles des pariétaires, la camomille, les cheveux de Vénus sortaient par touffes abondantes et variées entre les barbacanes de la muraille, lézardée malgré son épaisseur. La botanique y avait jeté la plus élégante tapisserie de fougères découpées, de gueules-de-loup violacées à pistils d'or, de vipérines bleues, de cryptogames bruns, si bien que la pierre semblait être un accessoire, et trouvait cette fraîche tapisserie à de rares intervalles. Sur cette terrasse, le buis dessinait les figures géométriques d'un jardin d'agrément, encadré par la maison du curé, au-dessus de laquelle le roc formait une marge blanchâtre ornée d'arbres souffrants, et penchés comme un plumage. Les ruines du château dominaient et cette maison et l'église. Ce presbytère, construit en cailloux et en mortier, avait un étage surmonté d'un énorme toit en pente à deux pignons, sous lequel s'étendaient des greniers sans doute vides, vu le délabrement des lucarnes. Le rez-de-chaussée se composait de deux chambres séparées par un corridor, au fond duquel était un escalier de bois par lequel on montait au premier étage, également composé de deux chambres. Une petite cuisine était adossée à ce bâtiment du côté de la cour où se voyaient une écurie et une étable parfaitement désertes, inutiles, abandonnées. Le jardin potager séparait la maison de l'église. Une galerie en ruine allait du presbytère à la sacristie. Quand le jeune abbé vit les quatre croisées à vitrages en plomb, les murs bruns et moussus, la porte de ce presbytère en bois brut fendillé comme un paquet d'allumettes, loin d'être saisi par l'adorable naïveté de ces détails, par la grâce des végétations qui garnissaient les toits, les appuis en bois pourri des fenêtres, et les lézardes d'où s'échappaient de folles plantes grimpantes, par les cordons de vignes dont les pampres vrillés et les grappillons entraient par les fenêtres comme pour y apporter de riantes idées, il se trouva très-heureux d'être évêque en perspective, plutôt que curé de village. Cette maison toujours ouverte semblait appartenir à tous. L'abbé Gabriel entra dans la salle qui communiquait avec la cuisine, et y vit un pauvre mobilier : une table à quatre colonnes torses en vieux chêne, un fauteuil en tapisserie, des chaises tout en bois, un vieux bahut pour buffet. Personne dans la cuisine, excepté un chat qui révélait une femme au logis. L'autre pièce servait de salon. En y jetant un coup d'œil, le jeune prêtre aperçut des fauteuils en bois naturel et couverts en tapisserie. La boiserie et les solives du plafond étaient en châtaignier et d'un noir d'ébène. Il y avait une horloge dans une caisse verte à fleurs peintes, une table ornée d'un tapis vert usé, quelques chaises, et sur la cheminée deux flambeaux entre lesquels était un enfant Jésus en cire, sous sa cage de verre. La cheminée, revêtue de bois à moulures grossières, était cachée par un devant en papier dont le sujet représentait le bon Pasteur avec sa brebis sur l'épaule, sans doute le cadeau par lequel la fille du maire ou du juge de paix avait voulu reconnaître les soins donnés à son éducation. Le piteux état de la maison faisait peine à voir : les murs, jadis blanchis à la chaux étaient décolorés par places, teints à hauteur d'homme par des frottements ; l'escalier à gros balustres et à marches en bois, quoique proprement tenu, paraissait devoir trembler sous le pied. Au fond, en face de la porte d'entrée, une autre porte ouverte donnant sur le jardin potager permit à l'abbé de Rastignac de mesurer le peu de largeur de ce jardin, encaissé comme par un mur de fortification taillé dans la pierre blanchâtre et friable de la montagne que tapissaient de riches espaliers, de longues treilles mal entretenues, et dont toutes les feuilles étaient dévorées de lèpre. Il revint sur ses pas, se promena dans les allées du premier jardin d'où se découvrit à ses yeux, par-dessus le village, le magnifique spectacle de la vallée, véritable oasis située au bord des vastes plaines qui, voilées par les légères brumes du matin, ressemblaient à une mer calme. En arrière, on apercevait d'un côté les vastes repoussoirs de la forêt bronzée, et de l'autre, l'église, les ruines du château perchées sur le roc, mais qui se détachaient vivement sur le bleu de l'Ether. En faisant crier sous ses pas le sable des petites allées en étoile, en rond, en losange, l'abbé Gabriel regarda tour à tour le village où les habitants réunis par groupes l'examinaient déjà, puis cette vallée fraîche avec ses chemins épineux, sa rivière bordée de saules si bien opposée à l'infini des plaines; il fut alors saisi par des sensations qui changèrent la nature de ses idées, il admira le calme de ces lieux, il fut soumis à l'influence de cet air pur, à la paix inspirée par la révélation d'une vie ramenée vers la simplicité biblique; il entrevit confusément les beautés de cette cure où il rentra pour en examiner les détails avec une curiosité sérieuse. Une petite fille, sans doute chargée de garder la maison, mais occupée à picorer dans le jardin, entendit, sur les grands carreaux qui dallaient les deux salles basses, les pas d'un homme chaussé de souliers craquant. Elle vint. Étonnée d'être surprise un fruit à la main, un autre entre les dents, elle ne répondit rien aux questions de ce beau, jeune, mignon abbé. La petite n'avait jamais cru qu'il pût exister un abbé semblable, éclatant de linge en batiste, tiré à quatre épingles, vêtu de beau drap noir, sans une tache ni un pli.

— Monsieur Bonnet, dit-elle enfin, monsieur Bonnet dit la messe, et mademoiselle Ursule est à l'église.

L'abbé Gabriel n'avait pas vu la galerie par laquelle le presbytère communiquait à l'église, il regagna le sentier pour y entrer par la porte principale. Cette espèce de porche en auvent regardait le village, on y parvenait par des degrés en pierres disjointes et usées qui dominaient une place ravinée par les eaux et ornée de ces gros ormes dont la plantation fut ordonnée par le protestant Sully. Cette église, une des plus pauvres églises de France où il y en a de bien pauvres, ressemblait à ces énormes granges qui ont au-dessus de leur porte un toit avancé soutenu par des piliers de bois ou de briques. Bâtie en cailloux et en mortier, comme la maison du curé, flanquée d'un rocher carré sans flèche et couvert en grosses tuiles rondes, cette église avait pour ornements extérieurs les plus riches créations de la Sculpture, mais enrichies de lumière et d'ombres, fouillées, massées et colorées par la Nature qui s'y entend aussi bien que Michel-Ange. Des deux côtés, le lierre embrassait les murailles de ses tiges nerveuses en dessinant à travers son feuillage autant de veines qu'il s'en trouve sur un écorché. Ce manteau, jeté par le Temps pour couvrir les blessures qu'il avait faites, était diapré par les fleurs d'automne nées dans les crevasses, et donnait asile à des oiseaux qui chantaient. Le fenêtre en rosace, au-dessus de l'auvent du porche, était enveloppée de campanules bleues comme la première page d'un missel richement peint. Le flanc qui communiquait avec la cure, à l'exposition du nord, était moins fleuri, la muraille s'y voyait grise et rouge par grandes places où s'étalaient des mousses ; mais l'autre flanc et le chevet entourés par le cimetière offraient des floraisons abondantes et variées. Quelques arbres, entre autres un amandier, un des emblèmes de l'espérance, s'étaient logés dans les lézardes. Deux pins gigantesques adossés au chevet servaient de paratonnerres. Le cimetière, bordé d'un petit mur en ruine que ses propres décombres maintenaient à hauteur d'appui, avait pour ornement une croix en fer montée sur un socle, garnie de buis bénit à Pâques par une de ces touchantes pensées chrétiennes oubliées dans les villes. Le curé de village est le seul prêtre qui vienne dire à ses morts au jour de la résurrection pascale : — Vous revivrez heureux ! Çà et là quelques croix pourries jalonnaient les éminences couvertes d'herbes.

L'intérieur s'harmoniait parfaitement au négligé poétique de cet humble extérieur dont le luxe était fourni par le Temps, charitable une fois. Au dedans, l'œil s'attachait d'abord à la toiture, intérieurement doublée en châtaignier auquel l'âge avait donné les plus riches tons des vieux bois de l'Europe, et que soutenaient, à des distances égales, de nerveux supports appuyés sur des poutres transversales. Les quatre murs blanchis à la chaux n'avaient aucun ornement. La misère rendait cette paroisse iconoclaste sans le savoir. L'église, carrelée et garnie de bancs, était éclairée par quatre croisées latérales en ogive, à vitrages en plomb. L'autel, en forme de tombeau, avait pour ornement un grand crucifix au-dessus d'un tabernacle en noyer décoré de quelques moulures propres et luisantes, huit flambeaux à cierges économiques en bois peint en blanc, puis deux vases en porcelaine pleins de fleurs artificielles, que le portier d'un agent de change aurait rebutés, et desquels Dieu se contentait. La lampe du sanctuaire était une veilleuse placée dans un ancien bénitier portatif en cuivre argenté, suspendu par des cordes en soie qui venaient de quelque château démoli. Les fonts baptismaux étaient en bois comme la chaire et comme une espèce de cage pour les marguilliers, les patriciens du bourg. Un autel de la Vierge offrait à l'admiration publique deux lithographies coloriées, encadrées dans un petit cadre doré. Il était peint en blanc, décoré de fleurs artificielles plantées dans des vases tournés en bois doré, et recouvert par une nappe festonnée de méchantes dentelles rousses. Au fond de l'église, une longue croisée voilée par un grand rideau en calicot rouge, produisait un effet magique. Ce riche manteau de pourpre jetait une teinte rose sur les murs blanchis à la chaux, il semblait qu'une pensée divine rayonnât de l'autel et embrassât cette pauvre nef pour la réchauffer. Le couloir qui conduisait à la sacristie offrait sur une de ses parois le patron du village, un grand saint Jean-Baptiste avec son mouton, sculptés en bois et horriblement peints. Malgré tant de pauvreté, cette église ne manquait pas des douces harmonies qui plaisent aux belles âmes, et que les couleurs mettent si bien en relief. Les riches teintes brunes du bois relevaient admirablement le blanc pur des murailles, et se mariaient sans discordance à la pourpre triomphale jetée sur le chevet. Cette sévère trinité de couleurs rappelait la grande pensée catholique. A l'aspect de cette chétive maison de Dieu, si le premier sentiment était la surprise, il était suivi d'une admiration mêlée de pitié : n'exprimait-elle pas la misère du pays? ne s'accordait-elle pas à la simplicité naïve du presbytère? Elle était d'ailleurs propre et bien tenue. On y respirait comme un parfum de vertus champêtres, rien n'y trahissait l'abandon. Quoique rustique et simple, elle était habitée par la Prière, elle avait une âme, on le sentait sans s'expliquer comment.

L'abbé Gabriel se glissa doucement pour ne point troubler le recueillement de deux groupes placés en haut des bancs, auprès du maître-autel, qui était séparé de la nef à l'endroit où pendait la lampe, par une balustrade assez grossière, toujours en bois de châtaignier, et garnie de la nappe destinée à la communion. De chaque côté de la nef, une vingtaine de paysans et de paysannes, plongés dans la prière la plus fervente, ne firent aucune attention à l'étranger quand il monta le chemin étroit qui divisait les deux rangées de bancs. Arrivé sous la lampe, endroit d'où il pouvait voir les deux petites nefs qui figuraient la croix, et dont l'une conduisait à la sacristie, l'autre au cimetière, l'abbé Gabriel aperçut du côté du cimetière une famille vêtue de noir, et agenouillée sur le carrean ; ces deux parties de l'église n'avaient pas de bancs. Le jeune abbé se prosterna sur la marche de la balustrade qui séparait le chœur de la nef, et se mit à prier, en examinant par un regard oblique ce spectacle qui lui fut bientôt expliqué.

L'évangile était dit. Le curé quitta sa chasuble et descendit de l'autel pour venir à la balustrade. Le jeune abbé, qui prévit ce mouvement, s'adossa au mur avant que monsieur Bonnet ne pût le voir. Dix heures sonnaient.

— Mes frères, dit le curé d'une voix émue, en ce moment même, un enfant de cette paroisse va payer sa dette à la justice humaine en subissant le dernier supplice, nous offrons le saint sacrifice de la messe pour le repos de son âme. Unissons nos prières afin d'obtenir de Dieu qu'il n'abandonne pas cet enfant dans ses derniers moments, et que son repentir lui mérite dans le ciel la grâce qui lui a été refusée ici-bas. La perte de ce malheureux, un de ceux sur lesquels nous avions le plus compté pour donner de bons exemples, ne peut être attribuée qu'à la méconnaissance des principes religieux...

Le curé fut interrompu par des sanglots qui partaient du groupe formé par la famille en deuil, et dans lequel le jeune prêtre, à ce surcroît d'affliction, reconnut la famille Tascheron, sans l'avoir jamais vue. D'abord étaient collés contre la muraille deux vieillards au moins septuagénaires, deux figures à rides profondes et immobiles, bistrées comme un bronze florentin. Ces deux personnages, stoïquement debout comme des statues dans leurs vieux vêtements rapetassés, devaient être le grand-père et la grand'mère du condamné. Leurs yeux rougis et vitreux semblaient pleurer du sang, leurs bras tremblaient tant, que les bâtons sur lesquels ils s'appuyaient rendaient un léger bruit sur le carreau. Après eux, le père et la mère, le visage caché dans leurs mouchoirs, fondaient en larmes. Autour de ces quatre chefs de la famille, se tenaient à genoux deux sœurs mariées, accompagnées de leurs maris. Puis, trois fils stupides de douleur. Cinq petits enfants agenouillés, dont le plus âgé n'avait que sept ans, ne comprenaient sans doute point ce dont il s'agissait, ils regardaient, ils écoutaient avec la curiosité torpide en apparence qui distingue le paysan, mais qui est l'observation des choses physiques poussée au plus haut degré. Enfin, la pauvre fille emprisonnée par un désir de la justice, la dernière venue, cette Denise, martyre de son amour fraternel, écoutait d'un air qui tenait à la fois de l'égarement et de l'incrédulité. Pour elle, son frère ne pouvait pas mourir. Elle représentait admirablement celle des trois Marie qui ne croyait pas à la mort du Christ, tout en en partageant l'agonie. Pâle, les yeux secs, comme le sont ceux des personnes qui ont beaucoup veillé, sa fraîcheur était déjà flétrie moins par les travaux champêtres que par le chagrin ; mais elle avait encore la beauté des filles de la campagne, des formes pleines et rebondies, de beaux bras rouges, une figure toute ronde, des yeux purs, allumés en ce moment par l'éclair du désespoir. Sous le cou, à plusieurs places, une chair ferme et blanche que le soleil n'avait pas brunie annonçait une riche carnation, une blancheur cachée. Les deux filles mariées pleuraient ; leurs maris, cultivateurs, patients, étaient graves. Les trois autres garçons, profondément tristes, tenaient leurs yeux abaissés vers la terre. Dans ce tableau horrible de résignation et de douleur sans espoir, Denise et sa mère offraient seules une teinte de révolte. Les autres habitants s'associaient à l'affliction de cette famille respectable par une sincère et pieuse commisération qui donnait à tous les visages la même expression, et qui monta jusqu'à l'effroi quand les quelques phrases du curé firent comprendre qu'en ce moment le couteau tombait sur la tête de ce jeune homme que tous connaissaient, avaient vu naître, avaient jugé sans doute incapable de commettre un crime. Les sanglots qui interrompirent la simple et courte allocution que le prêtre devait faire à ses ouailles, le troublèrent à un point qu'il la cessa promptement, en les invitant à prier avec ferveur. Quoique ce spectacle ne fût pas de nature à surprendre un prêtre, Gabriel de Rastignac était trop jeune pour ne pas être profondément touché. Il n'avait pas encore exercé les vertus du prêtre, il se savait appelé à d'autres destinées, il n'avait pas à aller sur toutes les brèches sociales où le cœur saigne à la vue des maux qui les encombrent ; sa mission était celle du haut clergé qui maintient l'esprit de sacrifice, représente l'intelligence élevée de l'Église, et dans les occasions d'éclat déploie ces mêmes vertus sur de plus grands théâtres, comme les illustres évêques de Marseille et de Meaux, comme les archevêques d'Arles et de Cambrai. Cette petite assemblée de gens de la campagne pleurant et priant pour celui qu'ils supposaient supplicié dans une grande place publique, devant des milliers de gens venus de toutes parts pour agrandir encore le supplice par une honte immense ; ce faible contre-poids de sympathies et de prières, opposé à cette multitude de curiosités féroces et de justes malédictions, était de nature à émouvoir, surtout dans cette pauvre église. L'abbé Gabriel fut tenté d'aller dire aux Tascheron : Votre fils, votre frère a obtenu un sursis. Mais il eut peur de troubler la messe, il savait d'ailleurs que ce sursis n'empêcherait pas l'exécution. Au lieu de suivre l'office, il fut irrésistiblement entraîné à observer le pasteur de qui l'on attendait le miracle de la conversion du criminel.

Sur l'échantillon du presbytère, Gabriel de Rastignac s'était fait un portrait imaginaire de monsieur Bonnet : un homme gros et court, à figure forte et rouge, un rude travailleur à demi paysan, hâlé par le soleil. Loin de là, l'abbé rencontra son égal. De petite taille et débile en apparence, monsieur Bonnet frappait tout d'abord par le visage passionné qu'on suppose à l'apôtre : une figure presque triangulaire commencée par un large front sillonné de plis, achevée des tempes à la pointe du menton par les deux lignes maigres que dessinaient ses joues creuses. Dans cette figure endolorie par un teint jaune comme la cire d'un cierge, éclataient deux yeux d'un bleu lumineux de foi, brûlant d'espérance vive. Elle était également partagée par un nez long, mince et droit, à narines bien coupées, sous lequel parlait toujours, même fermée, une bouche large à lèvres prononcées, et d'où il sortait une de ces voix qui vont au cœur. La chevelure châtaine, rare, fine et lisse sur la tête, annonçait un tempérament pauvre, soutenu seulement par un régime sobre. La volonté faisait toute la force de cet homme. Telles étaient ses distinctions. Ses mains courtes eussent indiqué chez tout autre une pente vers de grossiers plaisirs, et peut-être avait-il, comme Socrate, vaincu ses mauvais penchants. Sa maigreur était disgracieuse. Ses épaules se voyaient trop. Ses genoux semblaient cagneux. Le buste trop développé relativement aux extrémités lui donnait l'air d'un bossu sans bosse. En somme, il devait déplaire.

Les gens à qui les miracles de la Pensée, de la Foi, de l'Art sont connus, pouvaient seuls adorer ce regard enflammé du martyr, cette pâleur de la constance et cette voix de l'amour qui distinguaient le curé Bonnet. Cet homme, digne de la primitive Église qui n'existe plus que dans les tableaux du seizième siècle et dans les pages du martyrologe, était marqué du sceau des grandeurs humaines qui approchent le plus des grandeurs divines, par la Conviction dont le relief indéfinissable embellit les figures les plus vulgaires, dore d'une teinte chaude le visage des hommes voués à un Culte quelconque, comme il relève d'une sorte de lumière la figure de la femme glorieuse de quelque bel amour. La Conviction est la volonté humaine arrivée à sa plus grande puissance. Tout à la fois effet et cause, elle impressionne les âmes les plus froides, elle est une sorte d'éloquence muette qui saisit les masses.

En descendant de l'autel, le curé rencontra le regard de l'abbé Gabriel; il le reconnut, et quand le secrétaire de l'Évêché se présenta dans la sacristie, Ursule, à laquelle son maître avait donné déjà ses ordres, y était seule et invita le jeune abbé à la suivre.

— Monsieur, dit Ursule, femme d'un âge canonique, en emmenant l'abbé de Rastignac par la galerie dans le jardin, monsieur le curé m'a dit de vous demander si vous aviez déjeuné. Vous avez dû partir de grand matin de Limoges, pour être ici à dix heures, je vais donc tout préparer pour le déjeuner. Monsieur l'abbé ne trouvera pas ici la table de monseigneur; mais nous ferons de notre mieux. Monsieur Bonnet ne tardera pas à revenir, il est allé consoler ces pauvres gens... les Tascheron... Voici la journée où leur fils éprouve un bien terrible accident...

— Mais, dit enfin l'abbé Gabriel, où est la maison de ces braves gens? je dois emmener monsieur Bonnet à l'instant à Limoges d'après l'ordre de monseigneur. Ce malheureux ne sera pas exécuté aujourd'hui, monseigneur a obtenu un sursis...

— Ah! dit Ursule à qui la langue démangeait d'avoir à répandre cette nouvelle, monsieur a bien le temps d'aller leur porter cette consolation pendant que je vais apprêter le déjeuner, la maison aux Tascheron est au bout du village. Suivez le sentier qui passe au bas de la terrasse, il vous y conduira.

Quand Ursule eut perdu de vue l'abbé Gabriel, elle descendit pour semer cette nouvelle dans le village, en y allant chercher les choses nécessaires au déjeuner.

Le curé avait brusquement appris à l'église une résolution désespérée inspirée aux Tascheron par le rejet du pourvoi en cassation. Ces braves gens quittaient le pays, et devaient, dans cette matinée, recevoir le prix de leurs biens vendus à l'avance. La vente avait exigé des délais et des formalités imprévus par eux. Forcés de rester dans le pays depuis la condamnation de Jean-François, chaque jour avait été pour eux un calice d'amertume à boire. Ce projet accompli si mystérieusement ne transpira que la veille du jour où l'exécution devait avoir lieu. Les Tascheron crurent pouvoir quitter le pays avant cette fatale journée; mais l'acquéreur de leurs biens était un homme étranger au canton, un Corrézien à qui leurs motifs étaient indifférents, et qui d'ailleurs avait éprouvé des retards dans la rentrée de ses fonds. Ainsi la famille était obligée de subir son malheur jusqu'au bout. Le sentiment qui dictait cette expatriation était si violent dans ces âmes simples, peu habituées à des transactions avec la conscience, que le grand-père et la grand'mère, les filles et leurs maris, le père et la mère, tout ce qui portait le nom de Tascheron ou leur était allié de près, quittait le pays. Cette émigration peinait toute la commune. Le maire était venu prier le curé d'essayer de retenir ces braves gens. Selon la loi nouvelle, le père n'est plus responsable du fils, et le crime du père n'entache plus sa famille. En harmonie avec les différentes émancipations qui ont tant affaibli la puissance paternelle, ce système a fait triompher l'individualisme qui dévore la Société moderne. Aussi le penseur aux choses d'avenir voit-il l'esprit de famille détruit, là où les rédacteurs du nouveau code ont mis le libre arbitre et l'égalité. La famille sera toujours la base des sociétés. Nécessairement temporaire, incessamment divisée, recomposée pour se dissoudre encore, sans liens entre l'avenir et le passé, la famille d'autrefois n'existe plus en France. Ceux qui ont procédé à la démolition de l'ancien édifice ont été logiques en partageant également les biens de la famille, en amoindrissant l'autorité du père, en faisant de tout enfant le chef d'une nouvelle famille, en supprimant les grandes responsabilités, mais l'État social reconstruit est-il aussi solide avec ses jeunes lois, encore sans longues épreuves, que la monarchie l'était malgré ses anciens abus. En perdant la solidarité des familles, la Société a perdu cette force fondamentale que Montesquieu avait découverte et nommée *l'Honneur*. Elle a tout isolé pour mieux dominer, elle a tout partagé pour affaiblir. Elle règne sur des unités, sur des chiffres agglomérés comme des grains de blé dans un tas. Les Intérêts généraux peuvent-ils remplacer les Familles? le Temps a le mot de cette grande question. Néanmoins la vieille loi subsiste, elle a poussé des racines si profondes que vous en retrouvez de vivaces dans les régions populaires. Il est encore des coins de province où ce qu'on nomme le préjugé subsiste, où la famille souffre du crime d'un de ses enfants, ou d'un de ses pères. Cette croyance rendait le pays inhabitable aux Tascheron. Leur profonde religion les avait amenés à l'église le matin : était-il possible de laisser dire, sans y participer, la messe offerte à Dieu pour lui demander d'inspirer à leur fils un repentir qui le rendît à la vie éternelle, et d'ailleurs ne devaient-ils pas faire leurs adieux à l'autel de leur village. Mais le projet était consommé. Quand le curé, qui les suivit, entra dans leur principale maison, il trouva les sacs préparés pour le voyage? L'acquéreur attendait ses vendeurs avec leur argent. Le notaire achevait de dresser les quittances. Dans la cour, derrière la maison, une carriole attelée devait emmener les vieillards avec l'argent, et la mère de Jean-François. Le reste de la famille comptait partir à pied nuitamment.

Au moment où le jeune abbé entra dans la salle basse où se trouvaient réunis tous ces personnages, le curé de Montégnac avait épuisé les ressources de son éloquence. Les deux vieillards, insensibles à force de douleur, étaient accroupis dans un coin sur leurs sacs en regardant leur vieille maison héréditaire, ses meubles et l'acquéreur, et se regardant tour à tour comme pour se dire : Avons-nous jamais cru que pareil événement pût arriver? Ces vieillards qui, depuis longtemps, avaient résigné leur autorité à leur fils, le père du criminel, étaient, comme de vieux rois après leur abdication, redescendus au rôle passif des sujets et des enfants. Tascheron était debout, il écoutait le pasteur auquel il répondait à voix basse par des monosyllabes. Cet homme, âgé d'environ quarante-huit ans, avait cette belle figure que Titien a trouvée pour tous ses apôtres : une figure de foi, de probité sérieuse et réfléchie, un profil sévère, un nez coupé en angle droit, des yeux bleus, un front noble, des traits réguliers, des cheveux noirs et crépus, résistants, plantés avec cette symétrie qui donne du charme à ces figures brunies par les travaux en plein air. Il était facile de voir que les raisonnements du curé se brisaient devant une inflexible volonté. Denise était appuyée contre la huche au pain, regardant le notaire qui se servait de ce meuble comme d'une table à écrire, et à qui l'on avait donné le fauteuil de la grand'mère. L'acquéreur était assis sur une chaise à côté du tabellion. Les deux sœurs mariées mettaient la nappe sur la table et servaient le dernier repas que les ancêtres allaient offrir et faire dans leur maison, dans leur pays, avant d'aller sous des cieux inconnus. Les hommes étaient à demi assis sur un grand lit de serge verte. La mère, occupée à la cheminée, y battait une omelette. Les petits-enfants encombraient la porte devant laquelle était la famille de l'acquéreur. La vieille salle enfumée, à solives noires, et par la fenêtre de laquelle se voyait un jardin bien cultivé dont tous les arbres avaient été plantés par ces deux septuagénaires, était en harmonie avec leurs douleurs concentrées, qui se lisaient en tant d'expressions différentes sur ces visages. Le repas était surtout apprêté pour le notaire, pour l'acquéreur, pour les enfants et les hommes. Le père et la mère, Denise et ses sœurs avaient le cœur trop serré pour satisfaire leur faim. Il y avait une haute et cruelle résignation dans ces derniers devoirs de l'hospitalité champêtre accomplis. Les Tascheron, ces hommes antiques, finissaient comme on commence, en faisant les honneurs du logis. Ce tableau sans emphase et néanmoins plein de solennité frappa les regards du secrétaire de l'Évêché quand il vint apprendre au curé de Montégnac les intentions du prélat.

— Le fils de ce brave homme vit encore, dit Gabriel au curé.

A cette parole, comprise par tous au milieu du silence, les deux vieillards se dressèrent sur leurs pieds, comme si la trompette du Jugement dernier eût sonné. La mère laissa tomber sa poêle dans le feu. Denise jeta un cri de joie. Tous les autres demeurèrent dans une stupéfaction qui les pétrifia.

— Jean-François a sa grâce, cria tout à coup le village entier qui se rua vers la maison des Tascheron. C'est monseigneur l'évêque qui...

— Je savais bien qu'il était innocent, dit la mère.

— Cela n'empêche pas l'affaire, dit l'acquéreur au notaire qui lui répondit par un signe satisfaisant.

L'abbé Gabriel devint en un moment le point de mire de tous

les regards, sa tristesse fit soupçonner une erreur, et pour ne pas la dissiper lui-même, il sortit suivi du curé, se plaça en dehors de la maison pour renvoyer la foule en disant aux premiers qui l'environnèrent que l'exécution n'était que remise. Le tumulte fut donc aussitôt remplacé par un horrible silence. Au moment où l'abbé Gabriel et le curé revinrent, ils virent sur tous les visages l'expression d'une horrible douleur, le silence du village avait été deviné.

— Mes amis, Jean-François n'a pas obtenu sa grâce, dit le jeune abbé voyant que le coup était porté ; mais l'état de son âme a tellement inquiété monseigneur, qu'il a fait retarder le dernier jour de votre fils pour au moins le sauver dans l'éternité.

— Il vit donc, s'écria Denise.

Le jeune abbé prit à part le curé pour lui expliquer la situation périlleuse où l'impiété de son paroissien mettait la religion, et ce que l'évêque attendait de lui.

— Monseigneur exige ma mort, répondit le curé. J'ai déjà refusé à cette famille affligée d'aller assister ce malheureux enfant. Cette conférence et le spectacle qui m'attendrait me briseraient comme un verre. A chacun son œuvre. La faiblesse de mes organes, ou plutôt la trop grande mobilité de mon organisation nerveuse, m'interdit d'exercer ces fonctions de notre ministère. Je suis resté simple curé de village pour être utile à mes semblables dans la sphère où je puis accomplir une vie chrétienne. Je me suis bien consulté pour satisfaire et cette vertueuse famille et mes devoirs de pasteur envers ce pauvre enfant ; mais à la seule pensée de monter avec lui sur la charrette des criminels, à la seule idée d'assister aux fatals apprêts, je sens un frisson de mort dans mes veines. On ne saurait exiger cela d'une mère, et pensez, monsieur, qu'il est né dans le sein de ma pauvre église.

— Ainsi, dit l'abbé Gabriel, vous refusez d'obéir à monseigneur ?

— Monseigneur ignore l'état de ma santé, il ne sait pas que chez moi la nature s'oppose... dit monsieur Bonnet en regardant le jeune abbé.

— Il y a des moments où, comme Belzunce à Marseille, nous devons affronter des morts certaines, lui répliqua l'abbé Gabriel en l'interrompant.

En ce moment le curé sentit sa soutane tirée par une main, il entendit des pleurs, se retourna, et vit toute la famille agenouillée.

Vieux et jeunes, petits et grands, hommes et femmes, tous tendaient des mains suppliantes. Il y eut un seul cri quand il leur montra sa face ardente.

— Sauvez au moins son âme !

La vieille grand'mère avait tiré le bas de la soutane, et l'avait mouillée de ses larmes.

— J'obéirai, monsieur.

Cette parole dite, le curé fut forcé de s'asseoir, tant il tremblait sur ses jambes. Le jeune secrétaire expliqua dans quel état de frénésie était Jean-François.

— Croyez-vous, dit l'abbé Gabriel en terminant, que la vue de sa jeune sœur puisse le faire chanceler ?

— Oui, certes, répondit le curé. Denise, vous nous accompagnerez.

— Et moi aussi, dit la mère.

— Non, s'écria le père. Cet enfant n'existe plus, vous le savez. Aucun de nous ne le verra.

— Ne vous opposez pas à son salut, dit le jeune abbé, vous seriez responsable de son âme en nous refusant les moyens de l'attendrir. En ce moment, sa mort peut devenir encore plus préjudiciable que ne l'a été sa vie.

— Elle ira, dit le père. Ce sera sa punition pour s'être opposée à toutes les corrections que je voulais infliger à son garçon !

L'abbé Gabriel et monsieur Bonnet revinrent au presbytère, où Denise et sa mère furent invitées à se trouver au moment du départ des deux ecclésiastiques pour Limoges. En cheminant le long de ce sentier qui suivait les contours du Haut-Montégnac, le jeune homme put examiner, moins superficiellement qu'à l'église, le curé si fort vanté par le Vicaire-général ; il fut influencé promptement en sa faveur par des manières simples et pleines de dignité, par cette voix pleine de magie, par des paroles en harmonie avec la voix. Le curé n'était allé qu'une seule fois à l'Évêché depuis que le prélat avait pris Gabriel de Rastignac pour secrétaire, à peine avait-il entrevu ce favori destiné à l'épiscopat, mais il savait quelle était son influence ; néanmoins il se conduisit avec une aménité digne, où se trahissait l'indépendance souveraine que l'Église accorde aux curés dans leurs paroisses. Les sentiments du jeune abbé, loin d'animer sa figure, y imprimèrent un air sévère ; elle demeura plus que froide, elle glaçait. Un homme capable de changer le moral d'une population devait être doué d'un esprit d'observation quelconque, être plus ou moins physionomiste; mais quand le curé n'eût possédé que la science du bien, il venait de prouver une sensibilité rare, il fut donc frappé de la froideur par laquelle le secrétaire de l'Évêque accueillait ses avances et ses aménités. Forcé d'attribuer ce dédain à quelque mécontentement secret, il cherchait en lui-même comment il avait pu le blesser, en quoi sa conduite était reprochable aux yeux de ses supérieurs. Il y eut un moment de silence gênant que l'abbé de Rastignac rompit par une interrogation pleine de morgue aristocratique.

— Vous avez une bien pauvre église, monsieur le curé?

— Elle est trop petite, répondit monsieur Bonnet. Aux grandes fêtes, les vieillards mettent des bancs sous le porche, les jeunes gens sont debout en cercle sur la place; mais il règne un tel silence, que ceux du dehors peuvent entendre ma voix.

Gabriel garda le silence pendant quelques instants. — Si les habitants sont si religieux, comment la laissez-vous dans un pareil état de nudité? reprit-il.

— Hélas! monsieur, je n'ai pas le courage d'y dépenser des sommes qui peuvent secourir les pauvres. Les pauvres sont l'église. D'ailleurs, je ne craindrais pas la visite de Monseigneur par un jour de Fête-Dieu! les pauvres rendent alors ce qu'ils ont à l'Eglise! N'avez-vous pas vu, monsieur, les clous qui sont de distance en distance dans les murs? ils servent à y fixer une espèce de treillage en fil de fer où les femmes attachent des bouquets. L'église est alors en entier revêtue de fleurs qui restent fleuries jusqu'au soir. Ma pauvre église, que vous trouvez si nue, est parée comme une mariée, elle embaume, le sol est jonché de feuillages au milieu desquels on laisse, pour le passage du Saint-Sacrement, un chemin de roses effeuillées. Dans cette journée, je ne craindrais pas les pompes de Saint-Pierre de Rome. Le Saint-Père a son or, moi j'ai mes fleurs; à chacun son miracle. Ah! monsieur, le bourg de Montégnac est pauvre, mais il est catholique. Autrefois on y dépouillait les passants, aujourd'hui le voyageur peut y laisser tomber un sac plein d'écus, il le retrouverait chez moi.

— Un tel résultat fait votre éloge, dit Gabriel.

— Il ne s'agit point de moi, répondit en rougissant le curé atteint par cette épigramme ciselée, mais de la parole de Dieu, du pain sacré.

— Du pain un peu bis, reprit en souriant l'abbé Gabriel.

— Le pain blanc ne convient qu'aux estomacs des riches, répondit modestement le curé.

Le jeune abbé prit alors les mains de monsieur Bonnet, et les lui serra cordialement.

— Pardonnez-moi, monsieur le curé, lui dit-il en se réconciliant avec lui tout à coup par un regard de ses beaux yeux bleus qui alla jusqu'au fond de l'âme du curé. Monseigneur m'a recommandé d'éprouver votre patience et votre modestie; mais je ne saurais aller plus loin, je vois déjà combien vous êtes calomnié par les éloges des Libéraux.

Le déjeuner était prêt : des œufs frais, du beurre, du miel et des fruits, de la crème et du café, servis par Ursule au milieu de bouquets de fleurs, sur une nappe blanche, sur la table antique, dans cette vieille salle à manger. La fenêtre, qui donnait sur la terrasse, était ouverte. La clématite, chargée de ses étoiles blanches relevées au cœur par le bouquet jaune de ses étamines frisées, encadrait l'appui. Un jasmin courait d'un côté, des capucines montaient de l'autre. En haut, les pampres déjà rougis d'une treille faisaient une riche bordure qu'un sculpteur n'aurait pu rendre, tant le jour découpé par les dentelures des feuilles lui communiquait de grâce.

— Vous trouvez ici la vie réduite à sa plus simple expression, dit le curé en souriant sans quitter l'air que lui imprimait la tristesse qu'il avait au cœur. Si nous avions su votre arrivée, et qui pouvait en prévoir les motifs ! Ursule se serait procuré quelques truites de montagnes, il y a un torrent au milieu de la forêt qui en donne d'excellentes. Mais j'oublie que nous sommes en août et que le Gabou est à sec ! J'ai la tête bien troublée...

— Vous vous plaisez beaucoup ici ? demanda le jeune abbé.

— Oui, monsieur. Si Dieu le permet, je mourrai curé de Montégnac. J'aurais voulu que mon exemple fût suivi par des hommes distingués qui ont cru faire mieux en devenant philanthropes. La philanthropie moderne est le malheur des sociétés, les principes de la religion catholique peuvent seuls guérir les maladies qui travaillent le corps social. Au lieu de décrire la maladie et d'étendre ses ravages par des plaintes élégiaques, chacun aurait dû mettre la main à l'œuvre, entrer en simple ouvrier dans la vigne du Seigneur. Ma tâche est loin d'être achevée ici, monsieur : il ne suffit pas de moraliser les gens que j'ai trouvé dans un état affreux de sentiments impies, je veux mourir au milieu d'une génération entièrement convaincue.

— Vous n'avez fait que votre devoir, dit encore sèchement le jeune homme qui se sentit mordre au cœur par la jalousie.

— Oui, monsieur, répondit modestement le prêtre après lui avoir jeté un fin regard comme pour lui demander : Est-ce encore une épreuve ? — Je souhaite à toute heure, ajouta-t-il, que chacun fasse le sien dans le royaume.

Cettre phrase d'une signification profonde fut encore étendue par une accentuation qui prouvait qu'en 1829, ce prêtre aussi grand par la pensée que par l'humilité de sa conduite et qui subordonnait ses pensées à celles de ses supérieurs, voyait clair dans les destinées de la Monarchie et de l'Église.

Quand les deux femmes désolées furent venues, le jeune abbé, très-impatient de revenir à Limoges, les laissa au presbytère et alla voir si les chevaux étaient mis. Quelques instants après, il revint annoncer que tout était prêt pour le départ. Tous quatre ils partirent aux yeux de la population entière de Montégnac, groupée sur le chemin, devant la poste. La mère et la sœur du condamné gardèrent le silence. Les deux prêtres, voyant des écueils dans beaucoup de sujets, ne pouvaient ni paraître indifférents, ni s'égayer. En cherchant quelque terrain neutre pour la conversation, ils traversèrent la plaine, dont l'aspect influa sur la durée de leur silence mélancolique.

— Par quelles raisons avez-vous embrassé l'état ecclésiastique ? demanda tout à coup l'abbé Gabriel au curé Bonnet par une étourdie curiosité qui le prit quand la voiture déboucha sur la grand'-route.

— Je n'ai point vu d'état dans la prêtrise, répondit simplement le curé. Je ne comprends pas qu'on devienne prêtre par des raisons autres que les indéfinissables puissances de la Vocation. Je sais que plusieurs hommes se sont faits les ouvriers de la vigne du Seigneur après avoir usé leur cœur au service des passions : les uns ont aimé sans espoir, les autres ont été trahis; ceux-ci ont perdu la fleur de leur vie en ensevelissant soit une épouse chérie, soit une maîtresse adorée ; ceux-là sont dégoûtés de la vie sociale à une époque où l'incertain plane sur toutes choses, même sur les sentiments, où le doute se joue des plus douces certitudes en les appelant des croyances. Plusieurs abandonnent la politique à une époque où le pouvoir semble être une expiation quand le gouverné regarde l'obéissance comme une fatalité. Beaucoup quittent une société sans drapeaux, où les contraires s'unissent pour détrôner le bien. Je ne suppose pas qu'on se donne à Dieu par une pensée cupide. Quelques hommes peuvent voir dans la prêtrise un moyen de régénérer notre patrie; mais selon mes faibles lumières, le prêtre patriote est un non sens. Le prêtre ne doit appartenir qu'à Dieu. Je n'ai pas voulu offrir à notre Père, qui cependant accepte tout, les débris de mon cœur et les restes de ma volonté, je me suis donné tout entier. Dans une des touchantes Théories des religions païennes, la victime destinée aux faux dieux allait au temple couronnée de fleurs. Cette coutume m'a toujours attendri. Un sacrifice n'est rien sans la grâce. Ma vie est donc simple et sans le plus petit roman. Cependant si vous voulez une confession entière, je vous dirai tout. Ma famille est au-dessus de l'aisance, elle est presque riche. Mon père, seul artisan de sa fortune, est un homme dur, inflexible ; il traite d'ailleurs sa femme et ses enfants comme il se traite lui-même. Je n'ai jamais surpris sur ses lèvres le moindre sourire. Sa main de fer, son visage de bronze, son activité sombre et brusque à la fois, nous comprimaient tous, femme, enfants, commis et domestiques, sous un despotisme sauvage. J'aurais pu, je parle pour moi seul, m'accommoder de cette vie si ce pouvoir eût produit une compression égale ; mais quinteux et vacillant, il offrait des alternatives intolérables. Nous ignorions toujours si nous faisions bien ou si nous étions en faute, et l'horrible attente qui en résultait est insupportable dans la vie domestique. On aime mieux alors être dans la rue que chez soi. Si j'eusse été seul au logis, j'aurais encore tout souffert de mon père sans murmurer ; mais mon cœur était déchiré par les douleurs acérées qui ne laissaient pas de relâche à une mère ardemment aimée dont les pleurs surpris me causaient des rages pendant lesquelles je n'avais plus ma raison. Le temps de mon séjour au collége, où les enfants sont en proie à tant de misères et de travaux, fut pour moi comme un âge d'or. Je craignais les jours de congé. Ma mère était elle-même heureuse de me venir voir. Quand j'eus fini mes humanités, quand je dus rentrer sous le toit paternel et devenir commis de mon père, il me fut impossible d'y rester plus de quelques mois : ma raison, égarée par la force de l'adolescence, pouvait succomber. Par une

triste soirée d'automne, en me promenant seul avec ma mère le
long du boulevard Bourdon, alors un des plus tristes lieux de Paris,
je déchargeai mon cœur dans le sien, et lui dis que je ne voyais de
vie possible pour moi que dans l'Église. Mes goûts, mes idées, mes
amours même devaient être contrariés tant que vivrait mon père.
Sous la soutane du prêtre, il serait forcé de me respecter, je
pourrais ainsi devenir le protecteur de ma famille en certaines occasions. Ma mère pleura beaucoup. En ce moment mon frère aîné, devenu depuis général et mort à Leipsick, s'engageait comme simple
soldat, poussé hors du logis par les raisons qui décidaient ma vocation. J'indiquai à ma mère, comme moyen de salut pour elle, de
choisir un gendre plein de caractère, de marier ma sœur dès
qu'elle serait en âge d'être établie, et de s'appuyer sur cette nouvelle famille. Sous le prétexte d'échapper à la conscription sans
rien coûter à mon père, et en déclarant aussi ma vocation, j'entrai
donc en 1807, à l'âge de dix-neuf ans, au séminaire de Saint-Sulpice. Dans ces vieux bâtiments célèbres, je trouvai la paix et le
bonheur, que troublèrent seulement les souffrances présumées de
ma sœur et de ma mère ; leurs douleurs domestiques s'accrois-
saient sans doute, car lorsqu'elles me voyaient, elles me confirmaient dans ma résolution. Initié peut-être par mes peines aux
secrets de la Charité, comme l'a définie le grand saint Paul dans
son adorable épître, je voulus panser les plaies du pauvre dans un
coin de terre ignoré, puis prouver par mon exemple, si Dieu daignait bénir mes efforts, que la religion catholique, prise dans ses
œuvres humaines, est la seule vraie, la seule bonne et belle puissance civilisatrice. Pendant les derniers jours de mon diaconat, la
grâce m'a sans doute éclairé. J'ai pleinement pardonné à mon
père, en qui j'ai vu l'instrument de ma destinée. Malgré une longue et tendre lettre où j'expliquais ces choses en y montrant le
doigt de Dieu imprimé partout, ma mère pleura bien des larmes
en voyant tomber mes cheveux sous les ciseaux de l'Église ; elle
savait, elle, à combien de plaisirs je renonçais, sans connaître à
quelles gloires secrètes j'aspirais. Les femmes sont si tendres !
Quand j'appartins à Dieu, je ressentis un calme sans bornes, je ne
me sentais ni besoins, ni vanités, ni soucis des biens qui inquiè-
tent tant les hommes. Je pensais que la Providence devait prendre
soin de moi comme d'une chose à elle. J'entrais dans un monde
d'où la crainte est bannie, où l'avenir est certain, et où toute chose

est œuvre divine, même le silence. Cette quiétude est un des bienfaits de la grâce. Ma mère ne concevait pas qu'on pût épouser une église ; néanmoins, en me voyant le front serein, l'air heureux, elle fut heureuse. Après avoir été ordonné, je vins voir en Limousin un de mes parents paternels qui, par hasard, me parla de l'état dans lequel était le canton de Montégnac. Une pensée jaillie avec l'éclat de la lumière me dit intérieurement : Voilà ta vigne ! Et j'y suis venu. Ainsi, monsieur, mon histoire est, vous le voyez, bien simple et sans intérêt.

En ce moment, aux feux du soleil couchant, Limoges apparut. A cet aspect, les deux femmes ne purent retenir leurs larmes.

Le jeune homme que ces deux tendresses différentes allaient chercher, et qui excitait tant d'ingénues curiosités, tant de sympathies hypocrites et de vives sollicitudes, gisait sur un grabat de la prison, dans la chambre destinée aux condamnés à mort. Un espion veillait à la porte pour saisir les paroles qui pouvaient lui échapper, soit dans le sommeil, soit dans ses accès de fureur, tant la Justice tenait à épuiser tous les moyens humains pour arriver à connaître le complice de Jean-François Tascheron et retrouver les sommes volées. Les des Vanneaulx avaient intéressé la Police, et la Police épiait ce silence absolu. Quand l'homme commis à la garde morale du prisonnier le regardait par une meurtrière faite exprès, il le trouvait toujours dans la même attitude, enseveli dans sa camisole, la tête attachée par un bandage en cuir, depuis qu'il avait essayé de déchirer l'étoffe et les ligatures avec ses dents. Jean-François regardait le plancher d'un œil fixe et désespéré, ardent et comme rougi par l'affluence d'une vie que de terribles pensées soulevaient. Il offrait une vivante sculpture du Prométhée antique, la pensée de quelque bonheur perdu lui dévorait le cœur ; aussi quand le second avocat-général était venu le voir, ce magistrat n'avait-il pu s'empêcher de témoigner la surprise qu'indiquait un caractère si continu. A la vue de tout être vivant qui s'introduisait dans sa prison, Jean-François entrait dans une rage qui dépassait alors les bornes connues par les médecins en ces sortes d'affections. Dès qu'il entendait la clef tourner dans la serrure ou tirer les verrous de la porte garnie en fer, une légère écume lui blanchissait les lèvres. Jean-François, alors âgé de vingt-cinq ans, était petit, mais bien fait. Ses cheveux crépus et durs, plantés assez bas, annonçaient une grande énergie. Ses yeux, d'un jaune clair et lumineux, se trouvaient trop rapprochés vers la naissance du nez, défaut qui lui donnait une ressemblance avec les oiseaux de proie. Il avait le visage rond et d'un coloris brun qui distingue les habitants du centre de la France. Un trait de sa physionomie confirmait une assertion de Lavater sur les gens destinés au meurtre, il avait les dents de devant croisées. Néanmoins sa figure présentait les caractères de la probité, d'une douce naïveté de mœurs; aussi n'avait-il point semblé extraordinaire qu'une femme eût pu l'aimer avec passion. Sa bouche fraîche, ornée de dents d'une blancheur éclatante, était gracieuse. Le rouge des lèvres se faisait remarquer par cette teinte de minium qui annonce une férocité contenue, et qui trouve chez beaucoup d'êtres un champ libre dans les ardeurs du plaisir. Son maintien n'accusait aucune des mauvaises habitudes des ouvriers. Aux yeux des femmes qui suivirent les débats, il parut évident qu'une femme avait assoupli ces fibres accoutumées au travail, ennobli la contenance de cet homme des champs, et donné de la grâce à sa personne. Les femmes reconnaissent les traces de l'amour chez un homme, aussi bien que les hommes voient chez une femme si, selon un mot de la conversation, l'amour a passé par là.

Dans la soirée, Jean-François entendit le mouvement des verrous et le bruit de la serrure; il tourna violemment la tête et lança le terrible grognement sourd par lequel commençait sa rage; mais il trembla violemment quand, dans le jour adouci du crépuscule, les têtes aimées de sa sœur et de sa mère se dessinèrent, et derrière elle le visage du curé de Montégnac.

— Les barbares! voilà ce qu'ils me réservaient, dit-il en fermant les yeux.

Denise, en fille qui venait de vivre en prison, s'y défiait de tout, l'espion s'était sans doute caché pour revenir; elle se précipita sur son frère, pencha son visage en larmes sur le sien, et lui dit à l'oreille: — On nous écoutera peut-être.

— Autrement on ne vous aurait pas envoyées, répondit-il à haute voix. J'ai depuis longtemps demandé comme une grâce de ne voir personne de ma famille.

— Comme ils me l'ont arrangé, dit la mère au curé. Mon pauvre enfant, mon pauvre enfant! Elle tomba sur le pied du grabat, en cachant sa tête dans la soutane du prêtre, qui se tint debout auprès d'elle. — Je ne saurais le voir ainsi lié, garrotté, mis dans ce sac...

— Si Jean, dit le curé, veut me promettre d'être sage, de ne point attenter à sa vie, et de se bien conduire pendant que nous serons avec lui, j'obtiendrai qu'il soit délié ; mais la moindre infraction à sa promesse retomberait sur moi.

— J'ai tant besoin de me mouvoir à ma fantaisie, cher monsieur Bonnet, dit le condamné dont les yeux se mouillèrent de larmes, que je vous donne ma parole de vous satisfaire.

Le curé sortit, le geôlier entra, la camisole fut ôtée.

— Vous ne me tuerez pas ce soir, lui dit le porte-clefs.

Jean ne répondit rien.

— Pauvre frère ! dit Denise en apportant un panier que l'on avait soigneusement visité, voici quelques-unes des choses que tu aimes, car on te nourrit sans doute pour l'amour de Dieu !

Elle montra des fruits cueillis aussitôt qu'elle sut pouvoir entrer dans la prison, une galette que sa mère avait aussitôt soustraite. Cette attention, qui lui rappelait son jeune temps, puis la voix et les gestes de sa sœur, la présence de sa mère, celle du curé, tout détermina chez Jean une réaction : il fondit en larmes.

— Ah ! Denise, dit-il, je n'ai pas fait un seul repas depuis six mois. J'ai mangé poussé par la faim, voilà tout !

La mère et la fille sortirent, allèrent et vinrent. Animées par cet esprit qui porte les ménagères à procurer aux hommes leur bien-être, elles finirent par servir à souper à leur pauvre enfant. Elles furent aidées : il y avait ordre de les seconder en tout ce qui serait compatible avec la sûreté du condamné. Les des Vanneaulx avaient eu le triste courage de contribuer au bien-être de celui de qui ils attendaient encore leur héritage. Jean eut donc ainsi un dernier reflet des joies de la famille, joies attristées par la teinte sévère que leur donnait la circonstance.

— Mon pourvoi est rejeté ? dit-il à monsieur Bonnet.

— Oui, mon enfant. Il ne te reste plus qu'à faire une fin digne d'un chrétien. Cette vie n'est rien en comparaison de celle qui t'attend ; il faut songer à ton bonheur éternel. Tu peux t'acquitter avec les hommes en leur laissant ta vie, mais Dieu ne se contente pas de si peu de chose.

— Laisser ma vie ?... Ah ! vous ne savez pas tout ce qu'il me faut quitter.

Denise regarda son frère comme pour lui dire que, jusque dans les choses religieuses, il fallait de la prudence.

— Ne parlons point de cela, reprit-il en mangeant des fruits avec une avidité qui dénotait un feu intérieur d'une grande intensité. Quand dois-je ?...

— Non, rien de ceci encore devant moi, dit la mère.

— Mais je serais plus tranquille, dit-il tout bas au curé.

— Toujours son même caractère, s'écria monsieur Bonnet, qui se pencha vers lui pour lui dire à l'oreille : — Si vous vous réconciliez cette nuit avec Dieu, et si votre repentir me permet de vous absoudre, ce sera demain. — Nous avons obtenu déjà beaucoup en vous calmant, répéta-t-il à haute voix.

En entendant ces derniers mots, les lèvres de Jean pâlirent, ses yeux se tournèrent par une violente contraction, et il passa sur sa face un frisson d'orage.

— Comment suis-je calme? se demanda-t-il. Heureusement il rencontra les yeux pleins de larmes de sa Denise, et il reprit de l'empire sur lui. — Eh! bien, il n'y a que vous que je puisse entendre, dit-il au curé. Ils ont bien su par où l'on pouvait me prendre. Et il se jeta la tête sur le sein de sa mère.

— Écoute-le, mon fils, dit la mère en pleurant, il risque sa vie, ce cher monsieur Bonnet, en s'engageant à te conduire... Elle hésita et dit : A la vie éternelle. Puis elle baisa la tête de Jean et la garda sur son cœur pendant quelques instants.

— Il m'accompagnera? demanda Jean en regardant le curé qui prit sur lui d'incliner la tête. — Eh! bien, je l'écouterai, je ferai tout ce qu'il voudra.

— Tu me le promets, dit Denise, car ton âme à sauver, voilà ce que nous voyons tous. Et puis, veux-tu qu'on dise dans tout Limoges et dans le pays, qu'un Tascheron n'a pas su faire une belle mort? Enfin, pense donc que tout ce que tu perds ici, tu peux le retrouver dans le ciel, où se revoient les âmes pardonnées.

Cet effort surhumain dessécha le gosier de cette héroïque fille. Elle fit comme sa mère, elle se tut, mais elle avait triomphé. Le criminel, jusqu'alors furieux de se voir arracher son bonheur par la Justice, tressaillit à la sublime idée catholique si naïvement exprimée par sa sœur. Toutes les femmes, même une jeune paysanne comme Denise, savent trouver ces délicatesses; n'aiment-elles pas toutes à éterniser l'amour? Denise avait touché deux cordes bien sensibles. L'Orgueil réveillé appela les autres vertus, glacées par tant de misère et frappées par le désespoir. Jean prit la main de sa sœur, il la baisa et la mit sur son cœur d'une manière profondément significative; il l'appuya tout à la fois doucement et avec force.

— Allons, dit-il, il faut renoncer à tout : voilà le dernier battement et la dernière pensée, recueille-les, Denise! Et il lui jeta un de ces regards par lesquels, dans les grandes circonstances, l'homme essaie d'imprimer son âme dans une autre âme.

Cette parole, cette pensée, étaient tout un testament. Tous ces legs inexprimés qui devaient être aussi fidèlement transmis que fidèlement demandés, la mère, la sœur, Jean et le prêtre les comprirent si bien, que tous se cachèrent les uns des autres pour ne pas se montrer leurs larmes et pour se garder le secret sur leurs idées. Ce peu de mots était l'agonie d'une passion, l'adieu d'une âme paternelle aux plus belles choses terrestres, en pressentant une renonciation catholique. Aussi le curé, vaincu par la majesté de toutes les grandes choses humaines, mêmes criminelles, jugea-t-il de cette passion inconnue par l'étendue de la faute : il leva les yeux comme pour invoquer la grâce de Dieu. Là, se révélaient les touchantes consolations et les tendresses infinies de la Religion catholique, si humaine, si douce par la main qui descend jusqu'à l'homme pour lui expliquer la loi des mondes supérieurs, si terrible et divine par la main qu'elle lui tend pour le conduire au ciel. Mais Denise venait d'indiquer mystérieusement au curé l'endroit par où le rocher céderait, la cassure par où se précipiteraient les eaux du repentir. Tout à coup ramené par les souvenirs qu'ils évoquait ainsi, Jean jeta le cri glacial de l'hyène surprise par des chasseurs.

— Non, non, s'écria-t-il en tombant à genoux, je veux vivre. Ma mère, prenez ma place, donnez-moi vos habits, je saurai m'évader. Grâce, grâce! allez voir le roi, dites-lui...

Il s'arrêta, laissa passer un rugissement horrible, et s'accrocha violemment à la soutane du curé.

— Partez, dit à voix basse monsieur Bonnet aux deux femmes accablées.

Jean entendit cette parole, il releva la tête, regarda sa mère, sa sœur, et leur baisa les pieds.

— Disons-nous adieu, ne revenez plus; laissez-moi seul avec monsieur Bonnet, ne vous inquiétez plus de moi, leur dit-il en serrant sa mère et sa sœur par une étreinte où il semblait vouloir mettre toute sa vie.

— Comment ne meurt-on pas de cela ? dit Denise à sa mère en atteignant au guichet.

Il était environ huit heures du soir quand cette séparation eut lieu. A la porte de la prison, les deux femmes trouvèrent l'abbé de Rastignac, qui leur demanda des nouvelles du prisonnier.

— Il se réconciliera sans doute avec Dieu, dit Denise. Si le repentir n'est pas encore venu, il est bien proche.

L'Évêque apprit alors quelques instants après que le clergé triompherait en cette occasion, et que le condamné marcherait au supplice dans les sentiments religieux les plus édifiants. L'Évêque, auprès de qui se trouvait le Procureur-général, manifesta le désir de voir le curé. Monsieur Bonnet ne vint pas à l'Évêché avant minuit. L'abbé Gabriel, qui faisait souvent le voyage de l'évêché à la geôle, jugea nécessaire de prendre le curé dans la voiture de l'Évêque ; car le pauvre prêtre était dans un état d'abattement qui ne lui permettait pas de se servir de ses jambes. La perspective de sa rude journée le lendemain et les combats secrets dont il avait été témoin, le spectacle du complet repentir qui avait enfin foudroyé son ouaille longtemps rebelle quand le grand calcul de l'éternité lui fut démontré, tout s'était réuni pour briser monsieur Bonnet, dont la nature nerveuse, électrique se mettait facilement à l'unisson des malheurs d'autrui. Les âmes qui ressemblent à cette belle âme épousent si vivement les impressions, les misères, les passions, les souffrances de ceux auxquels elles s'intéressent, qu'elles les ressentent en effet, mais d'une manière horrible, en ce qu'elles peuvent en mesurer l'étendue qui échappe aux gens aveuglés par l'intérêt du cœur ou par le paroxysme des douleurs. Sous ce rapport, un prêtre comme monsieur Bonnet est un artiste qui sent, au lieu d'être un artiste qui juge. Quand le curé se trouva dans le salon de l'Évêque, entre les deux Grands-vicaires, l'abbé de Rastignac, monsieur de Grandville et le Procureur-général, il crut entrevoir qu'on attendait quelque nouvelle chose de lui.

— Monsieur le curé, dit l'Évêque, avez-vous obtenu quelques aveux que vous puissiez confier à la Justice pour l'éclairer, sans manquer à vos devoirs ?

— Monseigneur, pour donner l'absolution à ce pauvre enfant égaré, je n'ai pas seulement attendu que son repentir fût aussi sincère et aussi entier que l'Église puisse le désirer, j'ai encore exigé que la restitution de l'argent eût lieu.

— Cette restitution, dit le Procureur-général, m'amenait chez monseigneur ; elle se fera de manière à donner des lumières sur les parties obscures de ce procès. Il y a certainement des complices.

— Les intérêts de la justice humaine, reprit le curé, ne sont pas ceux qui me font agir. J'ignore où, comment se fera la restitution, mais elle aura lieu. En m'appelant auprès d'un de mes paroissiens, monseigneur m'a replacé dans les conditions absolues qui donnent aux curés, dans l'étendue de leur paroisse, les droits qu'exerce monseigneur dans son diocèse, sauf le cas de discipline et d'obéissance ecclésiastiques.

— Bien, dit l'Évêque. Mais il s'agit d'obtenir du condamné des aveux volontaires en face de la justice.

— Ma mission est d'acquérir une âme à Dieu, répondit monsieur Bonnet.

Monsieur de Grancour haussa légèrement les épaules, mais l'abbé Dutheil hocha la tête en signe d'approbation.

— Tascheron veut sans doute sauver quelqu'un que la restitution ferait connaître, dit le Procureur-général.

— Monsieur, répliqua le curé, je ne sais absolument rien qui puisse soit démentir soit autoriser votre soupçon. Le secret de la confession est d'ailleurs inviolable.

— La restitution aura donc lieu? demanda l'homme de la Justice.

— Oui, monsieur, répondit l'homme de Dieu.

— Cela me suffit, dit le Procureur-Général qui se fia sur l'habileté de la Police pour saisir des renseignements, comme si les passions et l'intérêt personnel n'étaient pas plus habiles que toutes les polices.

Le surlendemain, jour du marché, Jean-François Tascheron fut conduit au supplice, comme le désiraient les âmes pieuses et politiques de la ville. Exemplaire de modestie et de piété, il baisait avec ardeur un crucifix que lui tendait monsieur Bonnet d'une main défaillante. On examina beaucoup le malheureux dont les regards furent espionnés par tous les yeux : les arrêterait-il sur quelqu'un dans la foule ou sur une maison? Sa discrétion fut complète, inviolable. Il mourut en chrétien, repentant et absous.

Le pauvre curé de Montégnac fut emporté sans connaissance au pied de l'échafaud, quoiqu'il n'eût pas aperçu la fatale machine.

Pendant la nuit, le lendemain, à trois lieues de Limoges, en pleine route, et dans un endroit désert, Denise, quoique épuisée de fatigue et de douleur, supplia son père de la laisser revenir à Limoges avec Louis-Marie Tascheron, l'un de ses frères.

— Que veux-tu faire encore dans cette ville? répondit brusquement le père en plissant son front et contractant ses sourcils.

— Mon père, lui dit-elle à l'oreille, non-seulement nous devons payer l'avocat qui l'a défendu, mais encore il faut restituer l'argent qu'il a caché.

— C'est juste, dit l'homme probe en mettant la main dans un sac de cuir qu'il portait sur lui.

— Non, non, fit Denise, il n'est plus votre fils. Ce n'est pas à ceux qui l'ont maudit, mais à ceux qui l'ont béni de récompenser l'avocat.

— Nous vous attendrons au Havre, dit le père.

Denise et son frère rentrèrent en ville avant le jour, sans être vus. Quand, plus tard, la Police apprit leur retour, elle ne put jamais savoir où ils s'étaient cachés. Denise et son frère montèrent vers les quatre heures à la haute ville en se coulant le long des murs. La pauvre fille n'osait lever les yeux, de peur de rencontrer des regards qui eussent vu tomber la tête de son frère. Après être allés chercher le curé Bonnet, qui, malgré sa faiblesse, consentit à servir de père et de tuteur à Denise en cette circonstance, ils se rendirent chez l'avocat, qui demeurait rue de la Comédie.

— Bonjour, mes pauvres enfants, dit l'avocat en saluant monsieur Bonnet, à quoi puis-je vous être utile? Vous voulez peut-être me charger de réclamer le corps de votre frère.

— Non, monsieur, dit Denise en pleurant à cette idée qui ne lui était pas venue, je viens pour nous acquitter envers vous, autant que l'argent peut acquitter une dette éternelle.

— Asseyez-vous donc, dit l'avocat en remarquant alors que Denise et le curé restaient debout.

Denise se retourna pour prendre dans son corset deux billets de cinq cents francs, attachés avec une épingle à sa chemise, et s'assit en les présentant au défenseur de son frère. Le curé jetait sur l'avocat un regard étincelant qui se mouilla bientôt.

— Gardez, dit l'avocat, gardez cet argent pour vous, ma pauvre fille, les riches ne paient pas si généreusement une cause perdue.

— Monsieur, dit Denise, il m'est impossible de vous obéir.

— L'argent ne vient donc pas de vous? demanda vivement l'avocat.

— Pardonnez-moi, répondit-elle en regardant monsieur Bonnet pour savoir si Dieu ne s'offensait pas de ce mensonge.

Le curé tenait ses yeux baissés.

— Eh! bien, dit l'avocat en gardant un billet de cinq cents francs et tendant l'autre au curé, je partage avec les pauvres. Maintenant, Denise, échangez ceci, qui certes est bien à moi, dit-il en lui présentant l'autre billet, contre votre cordon de velours et votre croix d'or. Je suspendrai la croix à ma cheminée en souvenir du plus pur et du meilleur cœur de jeune fille que j'observerai sans doute dans ma vie d'avocat.

— Je vous la donnerai sans vous la vendre, s'écria Denise en ôtant sa jeannette et la lui offrant.

— Eh! bien, dit le curé, monsieur, j'accepte les cinq cents francs pour servir à l'exhumation et au transport de ce pauvre enfant dans le cimetière de Montégnac, Dieu sans doute lui a pardonné, Jean pourra se lever avec tout mon troupeau au grand jour où les justes et les repentis seront appelés à la droite du Père.

— D'accord, dit l'avocat. Il prit la main de Denise, et l'attira vers lui pour la baiser au front ; mais ce mouvement avait un autre but. — Mon enfant, lui dit-il, personne n'a de billets de cinq cents francs à Montégnac ; ils sont assez rares à Limoges où personne ne les reçoit sans escompte ; cet argent vous a donc été donné, vous ne me direz pas par qui, je ne vous le demande pas ; mais écoutez-moi : s'il vous reste quelque chose à faire dans cette ville relativement à votre pauvre frère, prenez garde! monsieur Bonnet, vous et votre frère, vous serez surveillés par des espions. Votre famille est partie, on le sait. Quand on vous verra ici, vous serez entourés sans que vous puissiez vous en douter.

— Hélas! dit-elle, je n'ai plus rien à faire ici.

— Elle est prudente, se dit l'avocat en la reconduisant. Elle est avertie, ainsi qu'elle s'en tire.

Dans les derniers jours du mois de septembre qui furent aussi chauds que des jours d'été, l'Évêque avait donné à dîner aux autorités de la ville. Parmi les invités se trouvaient le Procureur du roi et le premier Avocat-général. Quelques discussions animèrent la soirée et la prolongèrent jusqu'à une heure indue. On joua au whist et au trictrac, le jeu qu'affectionnent les évêques. Vers onze heures du soir, le Procureur du roi se trouvait sur les terrasses supérieures. Du coin où il était, il aperçut une lumière dans cette île qui, par un certain soir, avait attiré l'attention de l'abbé Gabriel et de l'Évêque, l'île de Véronique enfin ; cette lueur lui rappela les mystères inexpliqués du crime commis par Tascheron. Puis, ne trouvant aucune raison pour qu'on fît du feu sur la Vienne à cette heure, l'idée secrète qui avait frappé l'Évêque et son secrétaire le frappa d'une lueur aussi subite que l'était celle de l'immense foyer qui brillait dans le lointain. — Nous avons tous été de grands sots, s'écria-t-il, mais nous tenons les complices. Il remonta dans le salon, chercha monsieur de Grandville, lui dit quelques mots à l'oreille, puis tous deux disparurent ; mais l'abbé de Rastignac les suivit par politesse, il épia leur sortie, les vit se dirigeant vers la terrasse, et il remarqua le feu au bord de l'île. — Elle est perdue, pensa-t-il.

Les envoyés de la Justice arrivèrent trop tard. Denise et Louis-Marie, à qui Jean avait appris à plonger, étaient bien au bord de la Vienne, à un endroit indiqué par Jean ; mais Louis-Marie Tascheron avait déjà plongé quatre fois, et chaque fois il avait ramené vingt mille francs en or. La première somme était contenue dans un foulard noué par les quatre bouts. Ce mouchoir, aussitôt tordu pour en exprimer l'eau, avait été jeté dans un grand feu de bois mort allumé d'avance. Denise ne quitta le feu qu'après avoir vu l'enveloppe entièrement consumée. La seconde enveloppe était un châle, et la troisième un mouchoir de batiste. Au moment où elle jetait au feu la quatrième enveloppe, les gendarmes, accompagnés d'un commissaire de police, saisirent cette pièce importante que Denise laissa prendre sans manifester la moindre émotion. C'était un mouchoir sur lequel, malgré son séjour dans l'eau, il y avait quelques traces de sang. Questionnée aussitôt sur ce qu'elle venait de faire, Denise dit avoir retiré de l'eau l'or du vol d'après les indications de son frère ; le commissaire lui demanda pourquoi elle brûlait les enveloppes, elle répondit qu'elle accomplissait une des conditions imposées par son frère. Quand on demanda de quelle nature étaient ces enveloppes, elle répondit hardiment et sans aucun mensonge : — Un foulard, un mouchoir de batiste et un châle.

Le mouchoir qui venait d'être saisi appartenait à son frère.

Cette pêche et ses circonstances firent grand bruit dans la ville de Limoges. Le châle surtout confirma la croyance où l'on était que Tascheron avait commis son crime par amour. « — Après sa mort, il la protége encore, dit une dame en apprenant ces dernières révélations si habilement rendues inutiles. — Il y a peut-être dans Limoges un mari qui trouvera chez lui un foulard de moins, mais il sera forcé de se taire, dit en souriant le Procureur-général. — Les erreurs de toilette deviennent si compromettantes que je vais vérifier dès ce soir ma garde-robe, dit en souriant la vieille madame Perret. — Quels sont les jolis petits pieds dont la trace a été si bien effacée? demanda monsieur de Grandville. — Bah! peut-être ceux d'une femme laide, répondit le général. — Elle a payé chèrement sa faute, reprit l'abbé de Grancour. — Savez-vous ce que prouve cette affaire, s'écria l'Avocat-général. Elle montre tout ce que les femmes ont perdu à la Révolution qui a confondu les rangs sociaux. De pareilles passions ne se rencontrent plus que chez les hommes qui voient une énorme distance entre eux et leurs maîtresses. — Vous donnez à l'amour bien des vanités, répondit l'abbé Dutheil. — Que pense madame Graslin? dit le préfet. — Et que voulez-vous qu'elle pense, elle est accouchée, comme elle me l'avait dit, pendant l'exécution, et n'a vu personne depuis, car elle est dangereusement malade, » dit monsieur de Grandville.

Dans un autre salon de Limoges, il se passait une scène presque comique. Les amis des des Vanneaulx venaient les féliciter sur la restitution de leur héritage. « — Eh! bien, on aurait dû faire grâce à ce pauvre homme, disait madame des Vanneaulx. L'amour et non l'intérêt l'avait conduit là : il n'était ni vicieux ni méchant. — Il a été plein de délicatesse, dit le sieur des Vanneaulx, *et si je savais où est sa famille, je les obligerais.* C'est des braves gens ces Tascheron. »

Quand, après la longue maladie qui suivit ses couches et qui la força de rester dans une retraite absolue et au lit, madame Graslin put se lever, vers la fin de l'année 1829, elle entendit alors parler à son mari d'une affaire assez considérable qu'il voulait conclure. La maison de Navarreins songeait à vendre la forêt de Montégnac et les domaines incultes qu'elle possédait à l'entour. Graslin n'avait pas encore exécuté la clause de son contrat de mariage, par lequel il était tenu de placer la dot de sa femme en terres, il avait préféré faire valoir la somme en banque et l'avait déjà doublée. A ce sujet, Véronique parut se souvenir du nom de Montégnac, et pria son mari de faire honneur à cet engagement en acquérant cette terre pour elle. Monsieur Graslin désira beaucoup voir monsieur le curé Bonnet, afin d'avoir des renseignements sur la forêt et les terres que le duc de Navarreins voulait vendre, car le duc prévoyait la lutte horrible que le prince de Polignac préparait entre le libéralisme et la maison de Bourbon et il en augurait fort mal ; aussi était-il un des opposants les plus intrépides au coup d'État. Le duc avait envoyé son homme d'affaires à Limoges, en le chargeant de céder devant une forte somme en argent, car il se souvenait trop bien de la révolution de 1789, pour ne pas mettre à profit les leçons qu'elle avait données à toute l'aristocratie. Cet homme d'affaires se trouvait depuis un mois face à face avec Graslin, le plus fin matois du Limousin, le seul homme signalé par tous les praticiens comme capable d'acquérir et de payer immédiatement une terre considérable. Sur un mot que lui écrivit l'abbé Dutheil, monsieur Bonnet accourut à Limoges et vint à l'hôtel Graslin. Véronique voulut prier le curé de dîner avec elle ; mais le banquier ne permit à monsieur Bonnet de monter chez sa femme, qu'après l'avoir tenu dans son cabinet durant une heure, et avoir pris des renseignements qui le satisfirent si bien, qu'il conclut immédiatement l'achat de la forêt et des domaines de Montégnac pour cinq cent mille francs. Il acquiesça au désir de sa femme en stipulant que cette acquisition et toutes celles qui s'y rattacheraient étaient faites pour accomplir la clause de son contrat de mariage, relative à l'emploi de la dot. Graslin s'exécuta d'autant plus volontiers que cet acte de probité ne lui coûtait alors plus rien. Au moment où Graslin traitait, les domaines se composaient de la forêt de Montégnac qui contenait environ trente mille arpents inexploitables, des ruines du château, des jardins et d'environ cinq mille arpents dans la plaine inculte qui se trouve en avant de Montégnac. Graslin fit aussitôt plusieurs acquisitions pour se rendre maître du premier pic de la chaîne des monts Corréziens, où finit l'immense forêt dite de Montégnac. Depuis l'établissement des impôts, le duc de Navarreins ne touchait pas quinze mille francs par an de cette seigneurie, jadis une des plus riches mouvances du royaume, et dont les terres avaient échappé à la vente ordonnée par la Convention, autant par leur infertilité que par l'impossibilité reconnue de les exploiter.

Quand le curé vit la femme célèbre par sa piété, par son esprit, et de laquelle il avait entendu parler, il ne put retenir un geste de surprise. Véronique était alors arrivée à la troisième phase de sa vie, à celle où elle devait grandir par l'exercice des plus hautes vertus, et pendant laquelle elle fut une tout autre femme. A la madone de Raphaël, ensevelie à onze ans sous le manteau troué de la petite-vérole, avait succédé la femme belle, noble, passionnée; et de cette femme, frappée par d'intimes malheurs, il sortait une sainte. Le visage avait alors une teinte jaune semblable à celle qui colore les austères figures des abbesses célèbres par leurs macérations. Les tempes attendries s'étaient dorées. Les lèvres avaient pâli, on n'y voyait plus la rougeur de la grenade entr'ouverte, mais les froides teintes d'une rose de Bengale. Dans le coin des yeux, à la naissance du nez, les douleurs avaient tracé deux places nacrées par où bien des larmes secrètes avaient cheminé. Les larmes avaient effacé les traces de la petite-vérole, et usé la peau. La curiosité s'attachait invinciblement à cette place où le réseau bleu des petits vaisseaux battait à coups précipités, et se montrait grossi par l'affluence du sang qui se portait là, comme pour nourrir les pleurs. Le tour des yeux seul conservait des teintes brunes, devenues noires au-dessous et bistrées aux paupières horriblement ridées. Les joues étaient creuses, et leurs plis accusaient de graves pensées. Le menton, où dans la jeunesse une chair abondante recouvrait les muscles, s'était amoindri, mais au désavantage de l'expression; il révélait alors une implacable sévérité religieuse que Véronique exerçait seulement sur elle. A vingt-neuf ans, Véronique, obligée de se faire arracher une immense quantité de cheveux blancs, n'avait plus qu'une chevelure rare et grêle; ses couches avaient détruit ses cheveux, l'un de ses plus beaux ornements. Sa maigreur effrayait. Malgré les défenses de son médecin, elle avait voulu nourrir son fils. Le médecin triomphait dans la ville en voyant se réaliser tous les changements qu'il avait pronostiqués au cas où Véronique nourrirait malgré lui. « — Voilà ce que produit une seule couche chez une femme, disait-il. Aussi, adore-t-elle son enfant. J'ai toujours remarqué que les mères aiment leurs enfants en raison du prix qu'ils leur coûtent. » Les yeux flétris de Véronique offraient néanmoins la seule chose qui fût restée jeune dans son visage : le bleu foncé de l'iris jetait un feu d'un éclat sauvage, où la vie semblait s'être réfugiée en désertant ce masque immobile et froid, mais animé par une pieuse expression dès qu'il s'agissait du prochain. Aussi la surprise, l'effroi du curé cessèrent-ils à mesure qu'il expliquait à madame Graslin tout le bien qu'un propriétaire pouvait opérer à Montégnac, en y résidant.

Véronique redevint belle pour un moment, éclairée par les lueurs d'un avenir inespéré.

— J'irai, lui dit-elle. Ce sera mon bien. J'obtiendrai quelques fonds de monsieur Graslin, et je m'associerai vivement à votre œuvre religieuse. Montégnac sera fertilisé, nous trouverons des eaux pour arroser votre plaine inculte. Comme Moïse, vous frappez un rocher, il en sortira des pleurs !

Le curé de Montégnac, questionné par les amis qu'il avait à Limoges sur madame Graslin, en parla comme d'une sainte.

Le lendemain matin même de son acquisition, Graslin envoya un architecte à Montégnac. Le banquier voulut rétablir le château, les jardins, la terrasse, le parc, aller gagner la forêt par une plantation, et il mit à cette restauration une orgueilleuse activité.

Deux ans après, madame Graslin fut atteinte d'un grand malheur. En août 1830, Graslin, surpris par les désastres du commerce et de la banque, y fut enveloppé malgré sa prudence ; il ne supporta ni l'idée d'une faillite, ni celle de perdre une fortune de trois millions acquise par quarante ans de travaux ; la maladie morale qui résulta de ses angoisses, aggrava la maladie inflammatoire toujours allumée dans son sang, et il fut obligé de garder le lit. Depuis sa grossesse, l'amitié de Véronique pour Graslin s'était développée et avait renversé toutes les espérances de son admirateur, monsieur de Granville ; elle essaya de sauver son mari par la vigilance de ses soins, elle ne réussit qu'à prolonger pendant quelques mois le supplice de cet homme ; mais ce répit fut très-utile à Grossetête, qui, prévoyant la fin de son ancien commis, lui demanda les renseignements nécessaires à une prompte liquidation de l'Avoir. Graslin mourut en avril 1831, et le désespoir de sa veuve ne céda qu'à la résignation chrétienne. Le premier mot de Véronique fut pour abandonner sa propre fortune afin de solder les créanciers ; mais celle de monsieur Graslin suffisait au delà. Deux mois après, la liquidation, à laquelle s'employa Grossetête, laissa à madame de Graslin la terre de Montégnac et six cent soixante mille francs, toute sa fortune à elle ; le nom de son fils resta donc sans tache, Graslin n'écornait la fortune de personne, pas même celle de sa femme. Francis Graslin eut encore environ une centaine de mille francs. Monsieur de Granville, à qui la grandeur d'âme et les qualités de Véronique étaient connues, se proposa ; mais, à la surprise de tout Limoges, madame Graslin refusa le nouveau Procureur-général, sous ce prétexte que l'Église condamnait les secondes noces. Grossetête, homme de grand sens et d'un coup d'œil sûr, donna le conseil à Véronique de placer en inscriptions sur le Grand-livre le reliquat de sa fortune et de celle de monsieur Graslin, et il opéra lui-même immédiatement ce placement, au mois de juillet, dans celui des fonds français qui présentait les plus grands avantages, le trois pour cent alors à cinquante francs. Francis eut donc six mille livres de rentes, et sa mère quarante mille environ. La fortune de Véronique était encore la plus belle du Département. Quand tout fut réglé, madame Graslin annonça son projet de quitter Limoges pour aller vivre à Montégnac, auprès de monsieur Bonnet. Elle appela de nouveau le curé pour le consulter sur l'œuvre qu'il avait entreprise à Montégnac et à laquelle elle voulait participer ; mais il la dissuada généreusement de cette résolution, en lui prouvant que sa place était dans le monde.

— Je suis née du peuple, et veux retourner au peuple, répondit-elle.

Le curé, plein d'amour pour son village, s'opposa d'autant moins alors à la vocation de madame Graslin, qu'elle s'était volontairement mise dans l'obligation de ne plus habiter Limoges, en cédant l'hôtel Graslin à Grossetête qui, pour se couvrir des sommes qui lui étaient dues, l'avait pris à toute sa valeur.

Le jour de son départ, vers la fin du mois d'août 1831, les nombreux amis de madame Graslin voulurent l'accompagner jusqu'au delà de la ville. Quelques-uns allèrent jusqu'à la première poste. Véronique était dans une calèche avec sa mère. L'abbé Dutheil, nommé depuis quelques jours à un évêché, se trouvait sur le devant de la voiture avec le vieux Grossetête. En passant sur la place d'Aine, Véronique éprouva une sensation violente, son visage se contracta de manière à laisser voir le jeu des muscles, elle serra son enfant sur elle par un mouvement convulsif que cacha la Sauviat en le lui prenant aussitôt, car la vieille mère semblait s'être attendue à l'émotion de sa fille. Le hasard voulut que madame Graslin vît la place où était jadis la maison de son père, elle serra vivement la main de la Sauviat, de grosses larmes roulèrent dans ses yeux, et se précipitèrent le long de ses joues. Quand elle eut quitté Limoges, elle y jeta un dernier regard, et parut éprouver une sensation de bonheur qui fut remarquée par tous ses amis. Quand le Procureur-général, ce jeune homme de vingt-cinq ans qu'elle refusait de prendre pour mari, lui baisa la main avec une vive expression de regret, le nouvel évêque remarqua le mouvement étrange par lequel le noir de la prunelle envahissait dans les yeux de Véronique le bleu qui, cette fois, fut réduit à n'être qu'un léger cercle. L'œil annonçait évidemment une violente révolution intérieure.

— Je ne le verrai donc plus ! dit-elle à l'oreille de sa mère qui reçut cette confidence sans que son vieux visage révélât le moindre sentiment.

La Sauviat était en ce moment observée par Grossetête qui se trouvait devant elle ; mais, malgré sa finesse, l'ancien banquier ne put deviner la haine que Véronique avait conçue contre ce magistrat, néanmoins reçu chez elle. En ce genre, les gens d'Église possèdent une perspicacité plus étendue que celle des autres hommes ; aussi l'évêque étonna-t-il Véronique par un regard de prêtre.

— Vous ne regretterez rien à Limoges ? dit monseigneur à madame Graslin.

— Vous le quittez, lui répondit-elle. Et monsieur n'y reviendra plus que rarement, ajouta-t-elle en souriant à Grossetête qui lui faisait ses adieux.

L'évêque conduisait Véronique jusqu'à Montégnac.

— Je devais cheminer en deuil sur cette route, dit-elle à l'oreille de sa mère en montant à pied la côte de Saint-Léonard.

La vieille, au visage âpre et ridé, se mit un doigt sur les lèvres en montrant l'évêque qui regardait l'enfant avec une terrible attention. Ce geste, mais surtout le regard lumineux du prélat, causa comme un frémissement à madame Graslin. A l'aspect des vastes plaines qui étendent leurs nappes grises en avant de Montégnac, les yeux de Véronique perdirent de leur feu, elle fut prise de mélancolie. Elle aperçut alors le curé qui venait à sa rencontre et le fit monter dans la voiture.

— Voilà vos domaines, madame, lui dit monsieur Bonnet en montrant la plaine inculte.

CHAPITRE IV.

MADAME GRASLIN A MONTÉGNAC.

En quelques instants, le bourg de Montégnac et sa colline où les constructions neuves frappaient les regards, apparurent dorés par le soleil couchant et empreints de la poésie due au contraste de cette jolie nature jetée là comme une oasis au désert. Les yeux de madame Graslin s'emplirent de larmes, le curé lui montra une large trace blanche qui formait comme une balafre à la montagne.

— Voilà ce que mes paroissiens ont fait pour témoigner leur reconnaissance à leur châtelaine, dit-il en indiquant ce chemin. Nous pourrons monter en voiture au château. Cette rampe s'est achevée sans qu'il vous en coûte un sou, nous la planterons dans deux mois. Monseigneur peut deviner ce qu'il a fallu de peines, de soins et de dévouement pour opérer un pareil changement.

— Ils ont fait cela ? dit l'évêque.

— Sans vouloir rien accepter, monseigneur. Les plus pauvres y ont mis la main, en sachant qu'il leur venait une mère.

Au pied de la montagne, les voyageurs aperçurent tous les habitants réunis qui firent partir des boîtes, déchargèrent quelques fusils; puis les deux plus jolies filles, vêtues de blanc, offrirent à madame Graslin des bouquets et des fruits.

— Être reçue ainsi dans ce village ! s'écria-t-elle en serrant la main de monsieur Bonnet comme si elle allait tomber dans un précipice.

La foule accompagna la voiture jusqu'à la grille d'honneur. De là, madame Graslin put voir son château dont jusqu'alors elle n'avait aperçu que les masses. A cet aspect, elle fut comme épouvantée de la magnificence de sa demeure. La pierre est rare dans le pays, le granit qui se trouve dans les montagnes est extrêmement difficile à tailler ; l'architecte, chargé par Graslin de rétablir le château, avait donc fait de la brique l'élément principal de cette vaste construction, ce qui la rendit d'autant moins coûteuse que la forêt de Montégnac avait pu fournir et la terre et le bois nécessaires à la fabrication. La charpente et la pierre de toutes les bâtisses étaient également sorties de cette forêt. Sans ces économies, Graslin se serait ruiné. La majeure partie des dépenses avait consisté en transports, en exploitations et en salaires. Ainsi l'argent était resté dans le bourg et l'avait vivifié. Au premier coup d'œil et de loin, le château présente une énorme masse rouge rayée de filets noirs produits par les joints, et bordée de lignes grises ; car les fenêtres, les portes, les entablements, les angles et les cordons de pierre à chaque étage sont de granit taillé en pointes de diamant. La cour, qui dessine un ovale incliné comme celle du château de Versailles, est entourée de murs en briques divisés par tableaux encadrés de bossages en granit. Au bas de ces murs règnent des massifs remarquables par le choix des arbustes, tous de verts différents. Deux grilles magnifiques, en face l'une de l'autre, mènent d'un côté à une terrasse qui a vue sur Montégnac, de l'autre aux communs et à une ferme. La grande grille d'honneur à laquelle aboutit la route qui venait d'être achevée, est flanquée de deux jolis pavillons dans le goût du seizième siècle. La façade sur la cour, composée de trois pavillons, l'un au milieu et séparé des deux autres par deux corps de logis, est exposée au levant. La façade sur les jardins, absolument pareille, est à l'exposition du couchant. Les pavillons n'ont qu'une fenêtre sur la façade, et chaque corps de logis en a trois. Le pavillon du milieu, disposé en campanile, et dont les angles sont vermiculés, se fait remarquer par l'élégance de quelques sculptures sobrement distribuées. L'art est timide en province, et quoique, dès 1829, l'ornementation eût fait des progrès à la voix des écrivains, les propriétaires avaient alors peur de dépenses que le manque de concurrence et d'ouvriers habiles rendaient assez formidables. Le pavillon de chaque extrémité, qui a trois fenêtres de profondeur, est couronné par des toits très-élevés, ornés de balustrades en granit, et dans chaque pan pyramidal du toit, coupé à vive arête par une plate-forme élégante bordée de plomb et d'une galerie en fonte, s'élève une fenêtre élégamment sculptée. A chaque étage, les consoles de la porte et des fenêtres se recommandent d'ailleurs par des sculptures copiées d'après celles des maisons de Gênes. Le pavillon dont les trois fenêtres sont au midi voit sur Montégnac, l'autre, celui du nord, regarde la forêt. De la façade du jardin, l'œil embrasse la partie de Montégnac où se trouvent les Tascherons, et plonge sur la route qui conduit au chef-lieu de l'Arrondissement. La façade sur la cour jouit du coup d'œil que présentent les immenses plaines cerclées par les montagnes de la Corrèze du côté de Montégnac, mais qui finissent par la ligne perdue des horizons planes. Les corps de logis n'ont au-dessus du rez-de-chaussée qu'un étage terminé par des toits percés de mansardes dans le vieux style ; mais les deux pavillons de chaque bout sont élevés de deux étages. Celui du milieu est coiffé d'un dôme écrasé semblable à celui des pavillons dits de l'Horloge aux Tuileries ou au Louvre, et dans lequel se trouve une seule pièce formant belvédère et ornée d'une horloge. Par économie, toutes les toitures avaient été faites en tuiles à gouttière, poids énorme que portent facilement les charpentes prises dans la forêt. Avant de mourir, Graslin avait projeté la route qui venait d'être achevée par reconnaissance; car cette entreprise, que Graslin appelait sa folie, avait jeté cinq cent mille francs dans la Commune. Aussi Montégnac s'était-il considérablement agrandi. Derrière les communs, sur le penchant de la colline qui, vers le nord, s'adoucit en finissant dans la plaine, Graslin avait commencé les bâtiments d'une ferme immense qui accusaient l'intention de tirer parti des terres incultes de la plaine. Six garçons jardiniers, logés dans les communs, et aux ordres d'un concierge jardinier en chef, continuaient en ce moment les plantations, et achevaient les travaux que monsieur Bonnet avait jugés indispensables. Le rez-de-chaussée de ce château, destiné tout entier à la réception, avait été meublé avec somptuosité. Le premier étage se trouvait assez nu, la mort de monsieur Graslin ayant fait suspendre les envois du mobilier.

— Ah! monseigneur, dit madame Graslin à l'évêque après avoir fait le tour du château, moi qui comptais habiter une chaumière, le pauvre monsieur Graslin a fait des folies.

— Et vous, dit l'évêque, vous allez faire des actes de charité? ajouta-t-il après une pause en remarquant le frisson que son mot causait à madame Graslin.

Elle prit le bras de sa mère, qui tenait Francis par la main, et alla seule jusqu'à la longue terrasse au bas de laquelle est située l'église, le presbytère, et d'où les maisons du bourg se voient par étages. Le curé s'empara de monseigneur Dutheil pour lui montrer les différentes faces de ce paysage. Mais les deux prêtres aperçurent bientôt à l'autre bout de la terrasse Véronique et sa mère immobiles comme des statues : la vieille avait son mouchoir à la main et s'essuyait les yeux, la fille avait les mains étendues au-dessus de la balustrade, et semblait indiquer l'église au-dessous.

— Qu'avez-vous, madame? dit le curé à la vieille Sauviat.

— Rien, répondit madame Graslin qui se retourna et fit quelques pas au-devant des deux prêtres. Je ne savais pas que le cimetière dût être sous mes yeux.

— Vous pouvez le faire mettre ailleurs, la loi est pour vous.

— La loi! dit-elle en laissant échapper ce mot comme un cri.

Là, l'évêque regarda encore Véronique. Fatiguée du regard noir par lequel ce prêtre perçait le voile de chair qui lui couvrait l'âme, et y surprenait le secret caché dans une des fosses de ce cimetière, elle lui cria : — Eh! bien, oui.

L'évêque se posa la main sur les yeux et resta pensif, accablé pendant quelques instants.

— Soutenez ma fille, s'écria la vieille, elle pâlit.

— L'air est vif, il m'a saisie, dit madame Graslin en tombant évanouie dans les bras des deux ecclésiastiques qui la portèrent dans une des chambres du château.

Quand elle reprit connaissance, elle vit l'évêque et le curé priant Dieu pour elle, tous deux à genoux.

— Puisse l'ange qui vous a visitée ne plus vous quitter, lui dit l'évêque en la bénissant! Adieu, ma fille.

Ces mots firent fondre en larmes madame Graslin.

— Elle est donc sauvée ? s'écria la Sauviat.

— Dans ce monde et dans l'autre, ajouta l'évêque en se retournant avant de quitter la chambre.

Cette chambre où la Sauviat avait fait porter sa fille est située au premier étage du pavillon latéral dont les fenêtres regardent l'église, le cimetière et le côté méridional de Montégnac. Madame Graslin voulut y demeurer, et s'y logea tant bien que mal avec Aline et le petit Francis. Naturellement la Sauviat resta près de sa fille. Quelques jours furent nécessaires à madame Graslin pour se remettre des violentes émotions qui l'avaient saisie à son arrivée, sa mère la força d'ailleurs de garder le lit pendant toutes les matinées. Le soir, Véronique s'asseyait sur le banc de la terrasse, d'où ses yeux plongeaient sur l'église, sur le presbytère et le cimetière. Malgré la sourde opposition qu'y mit la vieille Sauviat, madame Graslin allait donc contracter une habitude de maniaque en s'asseyant ainsi à la même place, et s'y abandonnant à une sombre mélancolie.

— Madame se meurt, dit Aline à la vieille Sauviat.

Averti par ces deux femmes, le curé, qui ne voulait pas s'imposer, vint alors voir assidûment madame Graslin, dès qu'on lui eut indiqué chez elle une maladie de l'âme. Ce vrai pasteur eut soin de faire ses visites à l'heure où Véronique se posait à l'angle de la terrasse avec son fils, en deuil tous deux. Le mois d'octobre commençait, la nature devenait sombre et triste. Monsieur Bonnet qui dès l'arrivée de Véronique à Montégnac, avait reconnu chez elle quelque grande plaie intérieure, jugea prudent d'attendre la confiance entière de cette femme qui devait devenir sa pénitente. Un soir, madame Graslin regarda le curé d'un œil presque éteint par la fatale indécision observée chez les gens qui caressent l'idée de la mort. Dès cet instant monsieur Bonnet n'hésita plus, et se mit en devoir d'arrêter les progrès de cette cruelle maladie morale. Il y eut d'abord entre Véronique et le prêtre un combat de paroles vides sous lesquelles ils se cachèrent leurs véritables pensées. Malgré le froid, Véronique était en ce moment sur un banc de granit et tenait Francis assis sur elle. La Sauviat était debout, appuyée contre la balustrade en briques, et cachait à dessein la vue du cimetière. Aline attendait que sa maîtresse lui rendît l'enfant.

— Je croyais, madame, dit le curé qui venait déjà pour la septième fois, que vous n'aviez que de la mélancolie ; mais je le vois, lui dit-il à l'oreille, c'est du désespoir. Ce sentiment n'est ni chrétien ni catholique.

— Et, répondit-elle en jetant au ciel un regard perçant et laissant errer un sourire amer sur ses lèvres, quel sentiment l'Église laisse-t-elle aux damnés, si ce n'est le désespoir.

En entendant ce mot, le saint homme aperçut dans cette âme d'immenses étendues ravagées.

— Ah! vous faites de cette colline votre Enfer, quand elle devrait être le Calvaire d'où vous vous élancerez dans le ciel.

— Je n'ai plus assez d'orgueil pour me mettre sur un pareil piédestal, répondit-elle d'un ton qui révélait le profond mépris qu'elle avait pour elle-même.

Là, le prêtre, par une de ces inspirations qui sont si naturelles et si abondantes chez ces belles âmes vierges, l'homme de Dieu prit l'enfant dans ses bras, le baisa au front et dit : — Pauvre petit! d'une voix paternelle en le rendant lui-même à la femme de chambre, qui l'emporta.

La Sauviat regarda sa fille, et vit combien le mot de monsieur Bonnet était efficace. Ce mot avait attiré des pleurs dans les yeux secs de Véronique. La vieille Auvergnate fit un signe au prêtre et disparut.

— Promenez-vous, dit monsieur Bonnet à Véronique en l'emmenant le long de cette terrasse à l'autre bout de laquelle se voyaient les Tascherons. Vous m'appartenez, je dois compte à Dieu de votre âme malade.

MONSIEUR BONNET. MADAME GRASLIN.

Cette colline doit être le calvaire d'où vous vous élancerez
dans le ciel.

LE CURÉ DE VILLAGE.

— Laissez-moi me remettre de mon abattement, lui dit-elle.

— Votre abattement provient de méditations funestes, reprit-il vivement.

— Oui, dit-elle avec la naïveté de la douleur arrivée au point où l'on ne garde plus de ménagements.

— Je le vois, vous êtes tombée dans l'abîme de l'indifférence, s'écria-t-il. S'il est un degré de souffrance physique où la pudeur expire, il est aussi un degré de souffrance morale où l'énergie de l'âme disparaît, je le sais.

Elle fut étonnée de trouver ces subtiles observations et cette pitié tendre chez monsieur Bonnet; mais, comme on l'a vu déjà, l'exquise délicatesse qu'aucune passion n'avait altérée chez cet homme lui donnait pour les douleurs de ses ouailles le sens maternel de la femme. Ce *mens divinior*, cette tendresse apostolique, met le prêtre au-dessus des autres hommes, et en fait un être divin. Madame Graslin n'avait pas encore assez pratiqué monsieur Bonnet pour avoir pu reconnaître cette beauté cachée dans l'âme comme une source, et d'où procèdent la grâce, la fraîcheur, la vraie vie.

— Ah! monsieur? s'écria-t-elle en se livrant à lui par un geste et par un regard comme en ont les mourants.

— Je vous entends! reprit-il. Que faire? que devenir?

Ils marchèrent en silence le long de la balustrade en allant vers la plaine. Ce moment solennel parut propice à ce porteur de bonnes nouvelles, à cet homme de l'Évangile.

— Supposez-vous devant Dieu, dit-il à voix basse et mystérieusement, que lui diriez-vous?...

Madame Graslin resta comme frappée par la foudre et frissonna légèrement. — Je lui dirais comme Jésus-Christ : « Mon père, vous m'avez abandonnée et j'ai succombé ! » répondit-elle simplement et d'un accent qui fit venir des larmes aux yeux du curé.

— O Madeleine ! voilà le mot que j'attendais, s'écria monsieur Bonnet, qui ne pouvait s'empêcher de l'admirer. Vous voyez, vous recourez à la justice de Dieu, vous l'invoquez ! Écoutez-moi, madame. La religion est, par anticipation, la justice divine. L'Église s'est réservé le jugement de tous les procès de l'âme. La justice humaine est une faible image de la justice céleste, elle n'en est qu'une pâle imitation appliquée aux besoins de la société.

— Que voulez-vous dire?

— Vous n'êtes pas juge dans votre propre cause, vous relevez de

Dieu, dit le prêtre ; vout n'avez le droit ni de vous condamner, ni de vous absoudre. Dieu, ma fille, est un grand réviseur de procès.

— Ah ! fit-elle.

— Il *voit* l'origine des choses là où nous n'avons vu que les choses elle-mêmes.

Véronique s'arrêta frappée de ces idées, toutes neuves pour elle.

— A vous, reprit le courageux prêtre, à vous dont l'âme est si grande, je dois d'autres paroles que celles dues à mes humbles paroissiens. Vous pouvez, vous dont l'esprit est si cultivé, vous élever jusqu'au sens divin de la religion catholique, exprimée par des images et par des paroles aux yeux des Petits et des Pauvres. Écoutez-moi bien, il s'agit ici de vous ; car, malgré l'étendue du point de vue où je vais me placer pour un moment, ce sera bien votre cause. Le *Droit*, inventé pour protéger les Sociétés, est établi sur l'Égalité. La Société, qui n'est qu'un ensemble de faits, est basée sur l'Inégalité. Il existe donc un désaccord entre le Fait et le Droit. La Société doit-elle marcher réprimée ou favorisée par la Loi? En d'autres termes, la Loi doit-elle s'opposer au mouvement intérieur social pour maintenir la Société, ou doit-elle être faite d'après ce mouvement pour la conduire? Depuis l'existence des Sociétés aucun législateur n'a osé prendre sur lui de décider cette question. Tous les législateurs se sont contentés d'analyser les faits, d'indiquer ceux blâmables ou criminels, et d'y attacher des punitions ou des récompenses. Telle est la Loi humaine : elle n'a ni les moyens de prévenir les fautes, ni les moyens d'en éviter le retour chez ceux qu'elle a punis. La philanthropie est une sublime erreur, elle tourmente inutilement le corps, elle ne produit pas le baume qui guérit l'âme. Le philanthrope fait des projets, a des idées, en confie l'exécution à l'homme, au silence, au travail, à des consignes, à des choses muettes et sans puissance. La Religion ignore ces imperfections, car elle a étendu la vie au delà de ce monde. En nous considérant tous comme déchus et dans un état de dégradation, elle a ouvert un inépuisable trésor d'indulgence ; nous sommes tous plus ou moins avancés vers notre entière régénération, personne n'est infaillible, l'Église s'attend aux fautes et même aux crimes. Là où la Société voit un criminel à retrancher de son sein, l'Église voit une âme à sauver. Bien plus!... inspirée de Dieu qu'elle étudie et contemple, l'Église admet l'inégalité des forces, elle étudie la disproportion des fardeaux. Si elle vous trouve inégaux de cœur, de corps, d'esprit, d'aptitude, de valeur, elle vous rend tous égaux par le repentir. Là l'Égalité, madame, n'est plus un vain mot, car nous pouvons être, nous sommes tous égaux par les sentiments. Depuis le fétichisme informe des sauvages jusqu'aux gracieuses inventions de la Grèce, jusqu'aux profondes et ingénieuses doctrines de l'Égypte et des Indes, traduites par des cultes riants ou terribles, il est une conviction dans l'homme, celle de sa chute, de son péché, d'où vient partout l'idée des sacrifices et du rachat. La mort du Rédempteur, qui a racheté tout le genre humain, est l'image de ce que nous devons faire pour nous-même : rachetons nos fautes ! rachetons nos erreurs ! rachetons nos crimes ! Tout est rachetable, le catholicisme est dans cette parole ; de là ses adorables sacrements qui aident au triomphe de la grâce et soutiennent le pécheur. Pleurer, madame, gémir comme la Madeleine dans le désert, n'est que le commencement, agir est la fin. Les monastères pleuraient et agissaient, ils priaient et civilisaient, ils ont été les moyens actifs de notre divine religion. Ils ont bâti, planté, cultivé l'Europe, tout en sauvant le trésor de nos connaissances et celui de la justice humaine, de la politique et des arts. On reconnaîtra toujours en Europe la place de ces centres radieux. La plupart des villes nouvelles sont filles d'un monastère. Si vous croyez que Dieu ait à vous juger, l'Église vous dit par ma voix que tout peut se racheter par les bonnes œuvres du repentir. Les grandes mains de Dieu pèsent à la fois le mal qui fut fait, et le trésor des bienfaits accomplis. Soyez à vous seule le monastère, vous pouvez en recommencer ici les miracles. Vos prières doivent être des travaux. De votre travail doit découler le bonheur de ceux au-dessus desquels vous ont mise votre fortune, votre esprit, tout, jusqu'à cette position naturelle, image de votre situation sociale.

En disant ces derniers mots, le prêtre et madame Graslin s'étaient retournés pour revenir sur leurs pas vers les plaines, et le curé put montrer et le village au bas de la colline, et le château dominant le paysage. Il était alors quatre heures et demie. Un rayon de soleil jaunâtre enveloppait la balustrade, les jardins, illuminait le château, faisait briller le dessin des acrotères en fonte dorée, il éclairait la longue plaine partagée par la route, triste ruban gris qui n'avait pas ce feston que partout ailleurs les arbres y brodent des deux côtés. Quand Véronique et monsieur Bonnet eurent dépassé la masse du château, ils purent voir par-dessus la cour, les écuries et les communs, la forêt de Montégnac sur laquelle cette lueur glissait comme une caresse. Quoique ce dernier éclat du soleil couchant n'atteignît que les cimes, il permettait encore de voir parfaitement, depuis la colline où se trouve Montégnac jusqu'au premier pic de la chaîne des monts Corréziens, les caprices de la magnifique tapisserie que fait une forêt en automne. Les chênes formaient des masses de bronze florentin; les noyers, les châtaigniers offraient leurs tons de vert-de-gris; les arbres hâtifs brillaient par leur feuillage d'or, et toutes ces couleurs étaient nuancées par des places grises incultes. Les troncs des arbres entièrement dépouillés de feuilles montraient leurs colonnades blanchâtres. Ces couleurs rousses, fauves, grises, artistement fondues par les reflets pâles du soleil d'octobre, s'harmoniaient à cette plaine fertile, à cette immense jachère, verdâtre comme une eau stagnante. Une pensée du prêtre allait commenter ce beau spectacle, muet d'ailleurs : pas un arbre, pas un oiseau, la mort dans la plaine, le silence dans la forêt; çà et là, quelques fumées dans les chaumières du village. Le château semblait sombre comme sa maîtresse. Par une loi singulière, tout imite dans une maison celui qui y règne, son esprit y plane. Madame Graslin, frappée à l'entendement par les paroles du curé, et frappée au cœur par la conviction, atteinte dans sa tendresse par le timbre angélique de cette voix, s'arrêta tout à coup. Le curé leva le bras et montra la forêt, Véronique la regarda.

— Ne trouvez-vous pas à ceci quelque ressemblance vague avec la vie sociale? A chacun sa destinée! Combien d'inégalités dans cette masse d'arbres! Les plus haut perchés manquent de terre végétale et d'eau, ils meurent les premiers!...

— Il en est que *la serpe de la femme qui fait du bois* arrête dans la grâce de leur jeunesse! dit-elle avec amertume.

— Ne retombez plus dans ces sentiments, reprit le curé sévèrement quoiqu'avec indulgence. Le malheur de cette forêt est de n'avoir pas été coupée, voyez-vous le phénomène que ses masses présentent?

Véronique, pour qui les singularités de la nature forestière étaient peu sensibles, arrêta par obéissance son regard sur la forêt et le reporta doucement sur le curé.

— Vous ne remarquez pas, dit-il en devinant dans ce regard

l'ignorance de Véronique, des lignes où les arbres de toute espèce sont encore verts?

— Ah! c'est vrai, s'écria-t-elle. Pourquoi?

— Là, reprit le curé, se trouve la fortune de Montégnac et la vôtre, une immense fortune que j'avais signalée à monsieur Graslin. Vous voyez les sillons de trois vallées, dont les eaux se perdent dans le torrent du Gabou. Ce torrent sépare la forêt de Montégnac de la Commune qui, de ce côté, touche à la nôtre. A sec en septembre et octobre, en novembre il donne beaucoup d'eau. Son eau, dont la masse serait facilement augmentée par des travaux dans la forêt, afin de ne rien laisser perdre et de réunir les plus petites sources, cette eau ne sert à rien; mais faites entre les deux collines du torrent un ou deux barrages pour la retenir, pour la conserver, comme a fait Riquet à Saint-Ferréol, où l'on pratiqua d'immenses réservoirs pour alimenter le canal du Languedoc, vous allez fertiliser cette plaine inculte avec de l'eau sagement distribuée dans des rigoles maintenues par des vannes, laquelle se boirait en temps utile dans ces terres, et dont le trop-plein serait d'ailleurs dirigé vers notre petite rivière. Vous aurez de beaux peupliers le long de tous vos canaux, et vous éleverez des bestiaux dans les plus belles prairies possibles. Qu'est-ce que l'herbe? du soleil et de l'eau. Il y a bien assez de terre dans ces plaines pour les racines du gramen; les eaux fourniront des rosées qui féconderont le sol, les peupliers s'en nourriront et arrêteront les brouillards, dont les principes seront pompés par toutes les plantes : tels sont les secrets de la belle végétation dans les vallées. Vous verrez un jour la vie, la joie, le mouvement, là où règne le silence, là où le regard s'attriste de l'infécondité. Ne sera-ce pas une belle prière? Ces travaux n'occuperont-ils pas votre oisiveté mieux que les pensées de la mélancolie?

Véronique serra la main du curé, ne dit qu'un mot, mais ce mot fut grand : — Ce sera fait, monsieur.

— Vous concevez cette grande chose, reprit-il, mais vous ne l'exécuterez pas. Ni vous ni moi nous n'avons les connaissances nécessaires à l'accomplissement d'une pensée qui peut venir à tous, mais qui soulève des difficultés immenses, car quoique simples et presque cachées, ces difficultés veulent les plus exactes ressources de la science. Cherchez donc dès aujourd'hui les instruments humains qui vous feront gagner dans douze ans six ou sept mille louis de rente avec les six mille arpents que vous fertiliserez ainsi. Ce travail rendra quelque jour Montégnac l'une des plus riches communes du Département. La forêt ne vous rapporte rien encore ; mais, tôt ou tard, la spéculation viendra chercher ces magnifiques bois, trésors amassés par le temps, les seuls dont la production ne peut être ni hâtée ni remplacée par l'homme. L'État créera peut-être un jour lui-même des moyens de transport pour cette forêt dont les arbres seront utiles à sa marine ; mais il attendra que la population de Montégnac décuplée exige sa protection, car l'État est comme la Fortune, il ne donne qu'au riche. Cette terre sera, dans ce temps, l'une des plus belles de la France, elle sera l'orgueil de votre petit-fils, qui trouvera peut être le château mesquin, relativement aux revenus.

— Voilà, dit Véronique, un avenir pour ma vie.

— Une pareille œuvre peut racheter bien des fautes, dit le curé.

En se voyant compris, il essaya de frapper un dernier coup sur l'intelligence de cette femme : il avait deviné que chez elle l'intelligence menait au cœur ; tandis que, chez les autres femmes, le cœur est au contraire le chemin de l'intelligence. — Savez-vous, lui dit-il après une pause, dans quelle erreur vous êtes ? Elle le regarda timidement. — Votre repentir n'est encore que le sentiment d'une défaite essuyée, ce qui est horrible, c'est le désespoir de Satan, et tel était peut-être le repentir des hommes avant Jésus-Christ ; mais notre repentir à nous autres catholiques, est l'effroi d'une âme qui se heurte dans la mauvaise voie, et à qui, dans ce choc, Dieu s'est révélé ! Vous ressemblez à l'Oreste païen, devenez saint Paul !

— Votre parole vient de me changer entièrement, s'écria-t-elle. Maintenant, oh ! maintenant, je veux vivre.

— L'esprit a vaincu, se dit le modeste prêtre qui s'en alla joyeux. Il avait jeté une pâture au secret désespoir qui dévorait madame Graslin en donnant à son repentir la forme d'une belle et bonne action. Aussi Véronique écrivit-elle à monsieur Grossetête le lendemain même. Quelques jours après, elle reçut de Limoges, trois chevaux de selle envoyés par ce vieil ami. Monsieur Bonnet avait offert à Véronique, sur sa demande, le fils du maître de poste, un jeune homme enchanté de se mettre au service de madame Graslin, et de gagner une cinquantaine d'écus. Ce jeune garçon, à figure ronde, aux yeux et aux cheveux noirs, petit, découplé, nommé

Maurice Champion, plut à Véronique et fut aussitôt mis en fonctions. Il devait accompagner sa maîtresse dans ses excursions et avoir soin des chevaux de selle.

Le garde général de Montégnac était un ancien maréchal des logis de la garde royale, né à Limoges, et que monsieur le duc de Navarreins avait envoyé d'une de ses terres à Montégnac pour en étudier la valeur et lui transmettre des renseignements, afin de savoir quel parti on en pouvait tirer. Jérôme Colorat n'y vit que des terres incultes et infertiles, des bois inexploitables à cause de la difficulté des transports, un château en ruines, et d'énormes dépenses à faire pour y rétablir une habitation et des jardins. Effrayé surtout des clairières semées de roches granitiques qui nuançaient de loin cet immense forêt, ce probe mais inintelligent serviteur fut la cause de la vente de ce bien.

— Colorat, dit madame Graslin à son garde qu'elle fit venir, à compter de demain, je monterai vraisemblablement à cheval tous les matins. Vous devez connaître les différentes parties de terres qui dépendent de ce domaine et celles que monsieur Graslin y a réunies, vous me les indiquerez, je veux tout visiter par moi-même.

Les habitants du château apprirent avec joie le changement qui s'opérait dans la conduite de Véronique. Sans en avoir reçu l'ordre, Aline chercha, d'elle-même, la vieille amazone noire de sa maîtresse, et la mit en état de servir. Le lendemain, la Sauviat vit avec un indicible plaisir sa fille habillée pour monter à cheval. Guidée par son garde et par Champion qui allèrent en consultant leurs souvenirs, car les sentiers étaient à peine tracés dans ces montagnes inhabitées, madame Graslin se donna pour tâche de parcourir seulement les cimes sur lesquelles s'étendaient ses bois, afin d'en connaître les versants et de se familiariser avec les ravins, chemins naturels qui déchiraient cette longue arête. Elle voulait mesurer sa tâche, étudier la nature des courants et trouver les éléments de l'entreprise signalée par le curé. Elle suivait Colorat qui marchait en avant et Champion allait à quelques pas d'elle.

Tant qu'elle chemina dans des parties pleines d'arbres, en montant et descendant tour à tour ces ondulations de terrain si rapprochées dans les montagnes en France, Véronique fut préoccupée par les merveilles de la forêt. C'était des arbres séculaires dont les premiers l'étonnèrent et auxquels elle finit par s'habituer; puis de hautes futaies naturelles, ou dans une clairière quelque pin solitaire d'une hauteur prodigieuse; enfin, chose plus rare, un de ces arbustes, nains partout ailleurs, mais qui, par des circonstances curieuses, atteignent des développements gigantesques et sont quelquefois aussi vieux que le sol. Elle ne voyait pas sans une sensation inexprimable une nuée roulant sur des roches nues. Elle remarquait les sillons blanchâtres faits par les ruisseaux de neige fondue, et qui, de loin, ressemblent à des cicatrices. Après une gorge sans végétation, elle admirait, dans les flancs exfoliés d'une colline rocheuse, des châtaigniers centenaires, aussi beaux que des sapins des Alpes. La rapidité de sa course lui permettait d'embrasser, presque à vol d'oiseau, tantôt de vastes sables mobiles, des fondrières meublées d'arbres épars, des granits renversés, des roches pendantes, des vallons obscurs, des places étendues pleines de bruyères encore fleuries, et d'autres desséchées; tantôt des solitudes âpres où croissaient des genévriers, des câpriers; tantôt des prés à herbe courte, des morceaux de terre engraissée par un limon séculaire; enfin les tristesses, les splendeurs, les choses douces, fortes, les aspects singuliers de la nature montagnarde au centre de la France. Et à force de voir ces tableaux variés de formes, mais animés par la même pensée, la profonde tristesse exprimée par cette nature à la fois sauvage et ruinée, abandonnée, infertile, la gagna et répondit à ses sentiments cachés. Et lorsque, par une échancrure, elle aperçut les plaines à ses pieds, quand elle eut à gravir quelque aride ravine entre les sables et les pierres de laquelle avaient poussé des arbustes rabougris, et que ce spectacle revint de moments en moments, l'esprit de cette nature austère la frappa, lui suggéra des observations neuves pour elle, et excitées par les significations de ces divers spectacles. Il n'est pas un site de forêt qui n'ait sa signification; pas une clairière, pas un fourré qui ne présente des analogies avec le labyrinthe des pensées humaines. Quelle personne parmi les gens dont l'esprit est cultivé, ou dont le cœur a reçu des blessures, peut se promener dans une forêt, sans que la forêt lui parle? Insensiblement, il s'en élève une voix ou consolante ou terrible, mais plus souvent consolante que terrible. Si l'on recherchait bien les causes de la sensation, à la fois grave, simple, douce, mystérieuse qui vous y saisit, peut-être la trouverait-on dans le spectacle sublime et ingénieux de toutes ces créatures obéissant à leurs destinées, et immuablement soumises. Tôt ou tard le sentiment écrasant de la permanence de la nature vous emplit le cœur, vous remue profondément, et vous finissez par y être inquiets de Dieu. Aussi Véronique recueillit-elle dans le silence de ces cimes, dans la senteur des bois, dans la sérénité de l'air, comme elle le dit le soir à monsieur Bonnet, la certitude d'une clémence auguste. Elle entrevit la possibilité d'un ordre de faits plus élevés que celui dans lequel avaient jusqu'alors tourné ses rêveries. Elle sentit une sorte de bonheur. Elle n'avait pas, depuis longtemps, éprouvé tant de paix. Devait-elle ce sentiment à la similitude qu'elle trouvait entre ces paysages et les endroits épuisés, desséchés de son âme. Avait-elle vu ces troubles de la nature avec une sorte de joie, en pensant que la matière était punie là, sans avoir péché? Certes, elle fut puissamment émue; car, à plusieurs reprises, Colorat et Champion se la montrèrent comme s'ils la trouvaient transfigurée. Dans un certain endroit, Véronique aperçut dans les roides pentes des torrents je ne sais quoi de sévère. Elle se surprit à désirer d'entendre l'eau bruissant dans ces ravines ardentes. — Toujours aimer! pensa-t-elle. Honteuse de ce mot qui lui fut jeté comme par une voix, elle poussa son cheval avec témérité vers le premier pic de la Corrèze, où, malgré l'avis de ses deux guides, elle s'élança. Elle atteignit seule au sommet de ce piton, nommé la *Roche-Vive*, et y resta pendant quelques instants, occupée à voir tout le pays. Après avoir entendu la voix secrète de tant de créations qui demandaient à vivre, elle reçut en elle-même un coup qui la détermina à déployer pour son œuvre cette persévérance tant admirée et dont elle donna tant de preuves. Elle attacha son cheval par la bride à un arbre, alla s'asseoir sur un quartier de roche, en laissant errer ses regards sur cet espace où la nature se montrait marâtre, et ressentit dans son cœur les mouvements maternels qu'elle avait jadis éprouvés en regardant son enfant. Préparée à recevoir la sublime instruction que présentait ce spectacle par les méditations presque involontaires qui, selon sa belle expression, avaient vanné son cœur, elle s'y éveilla d'une léthargie. Elle comprit alors, dit-elle au curé, que nos âmes devaient être labourées aussi bien que la terre. Cette vaste scène était éclairée par le pâle soleil du mois de novembre. Déjà quelques nuées grises chassées par un vent froid venaient de l'ouest. Il était environ trois heures, Véronique avait mis quatre heures à venir là; mais comme tous ceux qui sont dévorés par une profonde misère intime, elle ne faisait aucune attention aux circonstances extérieures. En ce moment sa vie véritablement s'agrandissait du mouvement sublime de la nature.

— Ne restez pas plus longtemps là, madame, lui dit un homme dont la voix la fit tressaillir, vous ne pourriez plus retourner nulle part, car vous êtes séparée par plus de deux lieues de toute habitation; à la nuit, la forêt est impraticable; mais, ces dangers ne sont rien en comparaison de celui qui vous attend ici. dans quelques instants il fera sur ce pic un froid mortel dont la cause est inconnue, et qui a déjà tué plusieurs personnes.

Madame Graslin aperçut au-dessous d'elle une figure presque noire de hâle où brillaient deux yeux qui ressemblaient à deux langues de feu. De chaque côté de cette face, pendait une large nappe de cheveux bruns, et dessous s'agitait une barbe en éventail. L'homme soulevait respectueusement un de ces énormes chapeaux à larges bords que portent les paysans au centre de la France, et montrait un de ces fronts dégarnis, mais superbes, par lesquels certains pauvres se recommandent à l'attention publique. Véronique n'eut pas la moindre frayeur, elle était dans une de ces situations où, pour les femmes, cessent toutes les petites considérations qui les rendent peureuses.

— Comment vous trouvez-vous là? lui dit-elle.
— Mon habitation est à peu de distance, répondit l'inconnu.
— Et que faites-vous dans ce désert? demanda Véronique.
— J'y vis.
— Mais comment et de quoi?
— On me donne une petite somme pour garder toute cette partie de la forêt, dit-il en montrant le versant du pic opposé à celui qui regardait les plaines de Montégnac.

Madame Graslin aperçut alors le canon d'un fusil et vit un carnier. Si elle avait eu des craintes, elle eût été dès lors rassurée.

— Vous êtes garde?
— Non, madame, pour être garde, il faut pouvoir prêter serment, et pour le prêter, il faut jouir de tous ses droits civiques...
— Qui êtes-vous donc?
— Je suis Farrabesche, dit l'homme avec une profonde humilité en abaissant les yeux vers la terre.

Madame Graslin, à qui ce nom ne disait rien, regarda cet homme et observa dans sa figure, excessivement douce, des signes de férocité cachée : les dents mal rangées imprimaient à la bouche, dont les lèvres étaient d'un rouge sang, un tour plein d'ironie et de mauvaise audace ; les pommettes brunes et saillantes offraient je ne sais quoi d'animal. Cet homme avait la taille moyenne, les épaules fortes, le cou rentré, très-court, gros, les mains larges et velues des gens violents et capables d'abuser de ces avantages d'une nature bestiale. Ses dernières paroles annonçaient d'ailleurs quelque mystère auquel son attitude, sa physionomie et sa personne prêtaient un sens terrible.

— Vous êtes donc à mon service ? lui dit d'une voix douce Véronique.

— J'ai donc l'honneur de parler à madame Graslin ? dit Farrabesche.

— Oui, mon ami, répondit-elle.

Farrabesche disparut avec la rapidité d'une bête fauve, après avoir jeté sur sa maîtresse un regard plein de crainte. Véronique s'empressa de remonter à cheval et alla rejoindre ses deux domestiques qui commençaient à concevoir des inquiétudes sur elle, car on connaissait dans le pays l'inexplicable insalubrité de la *Roche-Vive*. Colorat pria sa maîtresse de descendre par une petite vallée qui conduisait dans la plaine. « Il serait, dit-il, dangereux de revenir par les hauteurs où les chemins déjà si peu frayés se croisaient, et où, malgré sa connaissance du pays, il pourrait se perdre. » Une fois en plaine, Véronique ralentit le pas de son cheval.

— Quel est ce Farrabesche que vous employez ? dit-elle à son garde général.

— Madame l'a rencontré ? s'écria Colorat.

— Oui, mais il s'est enfui.

— Le pauvre homme ! peut-être ne sait-il pas combien madame est bonne.

— Enfin qu'a-t-il fait ?

— Mais, madame, Farrabesche est un assassin, répondit naïvement Champion.

— On lui a donc fait grâce, à lui ? demanda Véronique d'une voix émue.

— Non, madame, répondit Colorat. Farrabesche a passé aux Assises, il a été condamné à dix ans de travaux forcés, il a fait son temps, et il est revenu du bagne en 1827. Il doit la vie à monsieur le curé qui l'a décidé à se livrer. Condamné à mort par contumace, tôt ou tard il eût été pris, et son cas n'eût pas été bon. Monsieur

Bonnet est allé le trouver tout seul, au risque de se faire tuer. On ne sait pas ce qu'il a dit à Farrabesche. Ils sont restés seuls pendant deux jours, le troisième il l'a ramené à Tulle, où l'autre s'est livré. Monsieur Bonnet est allé voir un bon avocat, lui a recommandé la cause de Farrabesche, Farrabesche en a été quitte pour dix ans de fers, et monsieur le curé l'a visité dans sa prison. Ce gars-là, qui était la terreur du pays, est devenu doux comme une jeune fille, il s'est laissé emmener au bagne tranquillement. A son retour, il est venu s'établir ici sous la direction de monsieur le curé ; personne ne lui dit plus haut que son nom, il va tous les dimanches et les jours de fêtes aux offices, à la messe. Quoiqu'il ait sa place parmi nous, il se tient le long d'un mur, tout seul. Il fait ses dévotions de temps en temps ; mais à la sainte table, il se met aussi à l'écart.

— Et cet homme a tué un autre homme ?

— Un, dit Colorat, il en a bien tué plusieurs ? Mais c'est un bon homme tout de même !

— Est-ce possible ! s'écria Véronique qui dans sa stupeur laissa tomber la bride sur le cou de son cheval.

— Voyez-vous, madame, reprit le garde qui ne demandait pas mieux que de raconter cette histoire, Farrabesche a peut-être eu raison dans le principe, il était le dernier des Farrabesche, une vieille famille de la Corrèze, quoi ! Son frère aîné, le capitaine Farrabesche, est donc mort dix ans auparavant en Italie, à Montenotte, capitaine à vingt-deux ans. Était-ce avoir du guignon ? Et un homme qui avait des moyens, il savait lire et écrire, il se promettait d'être fait général. Il y eut des regrets dans la famille, et il y avait de quoi vraiment ! Moi, qui dans ce temps étais avec l'Autre, j'ai entendu parler de sa mort ! Oh ! le capitaine Farrabesche a fait une belle mort, il a sauvé l'armée et le petit caporal ! Je servais déjà sous le général Steingel, un Allemand, c'est-à-dire un Alsacien, un fameux général, mais il avait la vue courte, et ce défaut-là fut cause de sa mort arrivée quelque temps après celle du capitaine Farrabesche. Le petit dernier, qui est celui-ci, avait donc six ans quand il entendit parler de la mort de son grand frère. Le second frère servait aussi, mais comme soldat ; il mourut sergent, premier régiment de la garde, un beau poste, à la bataille d'Austerlitz, où, voyez-vous, madame, on a manœuvré aussi tranquillement que dans les Tuileries... J'y étais aussi ! Oh ! j'ai eu du bonheur, j'ai été de tout sans attraper une blessure. Notre

Farrabesche donc, quoiqu'il soit brave, se mit dans la tête de ne pas partir. Au fait, l'armée n'était pas saine pour cette famille-là. Quand le sous-préfet l'a demandé en 1811, il s'est enfui dans les bois ; réfractaire quoi, comme on les appelait. Pour lors, il s'est joint à un parti de chauffeurs, de gré ou de force ; mais enfin il a chauffé ! Vous comprenez que personne autre que monsieur le curé ne sait ce qu'il a fait avec ces mâtins-là, parlant par respect ! Il s'est souvent battu avec les gendarmes et avec la ligne aussi ! Enfin, il s'est trouvé dans sept rencontres.

— Il passe pour avoir tué deux soldats et trois gendarmes ! dit Champion.

— Est-ce qu'on sait le compte ? il ne l'a pas dit, reprit Colorat. Enfin, madame, presque tous les autres ont été pris ; mais lui, dame ! jeune et agile, connaissant mieux le pays, il a toujours échappé. Ces chauffeurs-là se tenaient aux environs de Brives et de Tulle ; ils rabattaient souvent par ici, à cause de la facilité que Farrabesche avait de les cacher. En 1814, on ne s'est plus occupé de lui, la conscription était abolie ; mais il a été forcé de passer l'année de 1815 dans les bois. Comme il n'avait pas ses aises pour vivre, il a encore aidé à arrêter la malle, dans la gorge, là-bas ; mais enfin, d'après l'avis de monsieur le curé, il s'est livré. Il n'a pas été facile de lui trouver des témoins, personne n'osait déposer contre lui. Pour lors, son avocat et monsieur le curé ont tant fait, qu'il en a été quitte pour dix ans. Il a eu du bonheur, après avoir chauffé, car il a chauffé !

— Mais qu'est-ce que c'était que de chauffer ?

— Si vous le voulez, madame, je vas vous dire comment ils faisaient, autant que je le sais par les uns et les autres, car, vous comprenez, je n'ai point chauffé ! Ça n'est pas beau, mais la nécessité ne connaît point de loi. Donc, ils tombaient sept ou huit chez un fermier ou chez un propriétaire soupçonné d'avoir de l'argent ; ils vous allumaient du feu, soupaient au milieu de la nuit ; puis, entre la poire et le fromage, si le maître de la maison ne voulait pas leur donner la somme demandée, ils lui attachaient les pieds à la crémaillère, et ne les détachaient qu'après avoir reçu leur argent : voilà. Ils venaient masqués. Dans le nombre de leurs expéditions, il y en a eu de malheureuses. Dame ! il y a toujours des obstinés, des gens avares. Un fermier, le père Cochegrue, qui aurait bien tondu sur un œuf, s'est laissé brûler les pieds ! Ah ! ben, il en est mort. La femme de monsieur David, auprès de Brives, est morte des suites de la frayeur que ces gens-là lui ont faite, rien que d'avoir vu lier les pieds de son mari. — Donne-leur donc ce que tu as ! qu'elle s'en allait lui disant. Il ne voulait pas, elle leur a montré la cachette. Les chauffeurs ont été la terreur du pays pendant cinq ans; mais mettez-vous bien dans la boule, pardon, madame? que plus d'un fils de bonne maison était des leurs, et que c'est pas ceux-là qui se laissaient gober.

Madame Graslin écoutait sans répondre. Il y eut un moment de silence. Le petit Champion, jaloux d'amuser sa maîtresse, voulut dire ce qu'il savait de Farrabesche.

— Il faut dire aussi à madame tout ce qui en est, Farrabesche n'a pas son pareil à la course, ni à cheval. Il tue un bœuf d'un coup de poing! Il porte sept cents, dà! personne ne tire mieux que lui. Quand j'étais petit, on me racontait les aventures de Farrabesche. Un jour il est surpris avec trois de ses compagnons : ils se battent, bien ! deux sont blessés et le troisième meurt, bon ! Farrabesche se voit pris; bah! il saute sur le cheval d'un gendarme, en croupe, derrière l'homme, pique le cheval qui s'emporte; le met au grand galop et disparaît en tenant le gendarme à bras-le-corps; il le serrait si fort qu'à une certaine distance, il a pu le jeter à terre, rester seul sur le cheval, et il s'évada maître du cheval ! Et il a eu le toupet de l'aller vendre à dix lieues au delà de Limoges. De ce coup, il resta pendant trois mois caché et introuvable. On avait promis cent louis à celui qui le livrerait.

— Une autre fois, dit Colorat, à propos des cent louis promis pour lui par le préfet de Tulle, il les fit gagner à un de ses cousins, Giriex de Vizay. Son cousin le dénonça et eut l'air de le livrer ! Oh! il le livra. Les gendarmes étaient bien heureux de le mener à Tulle. Mais il n'alla pas loin, on fut obligé de l'enfermer dans la prison de Lubersac, d'où il s'évada pendant la première nuit, en profitant d'une percée qu'y avait faite un de ses complices, un nommé Gabilleau, un déserteur du 17e, exécuté à Tulle, et qui fut transféré avant la nuit où il comptait se sauver. Ces aventures donnaient à Farrabesche une fameuse couleur. La troupe avait ses affidés, vous comprenez! D'ailleurs on les aimait les chauffeurs. Ah dame! ces gens-là n'étaient pas comme ceux d'aujourd'hui, chacun de ces gaillards dépensait royalement son argent. Figurez-vous, madame, un soir, Farrabesche est poursuivi par des gendarmes, n'est-ce pas ; eh, bien ! il leur a échappé cette fois en restant pendant vingt-quatre heures dans la mare d'une ferme, il respirait de l'air par un tuyau de paille à fleur du fumier. Qu'est-ce que c'était que ce petit désagrément pour lui qui a passé des nuits au fin sommet des arbres où les moineaux se tiennent à peine, en voyant les soldats qui le cherchaient passant et repassant sous lui. Farrabesche a été l'un de cinq à six chauffeurs que la Justice n'a pas pu prendre ; mais, comme il était du pays et par force avec eux, enfin il n'avait fui que pour éviter la conscription, les femmes étaient pour lui, et c'est beaucoup !

— Ainsi Farrabesche a bien certainement tué plusieurs hommes, dit encore madame Graslin.

— Certainement, reprit Colorat, il a même, dit-on, tué le voyageur qui était dans la malle en 1812 ; mais le courrier, le postillon, les seuls témoins qui pussent le reconnaître, étaient morts lors de son jugement.

— Pour le voler, dit madame Graslin.

— Oh ! ils ont tout pris ; mais les vingt-cinq mille francs qu'ils ont trouvés étaient au Gouvernement.

Madame Graslin chemina silencieusement pendant une lieue. Le soleil était couché, la lune éclairait la plaine grise, il semblait alors que ce fût la pleine mer. Il y eut un moment où Champion et Colorat regardèrent madame Graslin dont le profond silence les inquiétait ; ils éprouvèrent une violente sensation en lui voyant sur les joues deux traces brillantes, produites par d'abondantes larmes, elle avait les yeux rouges et remplis de pleurs qui tombaient goutte à goutte.

— Oh ! madame, dit Colorat, ne le plaignez pas ! Le gars a eu du bon temps, il a eu de jolies maîtresses ; et maintenant, quoique sous la surveillance de la haute police, il est protégé par l'estime et l'amitié de monsieur le curé ; car il s'est repenti, sa conduite au bagne a été des plus exemplaires. Chacun sait qu'il est aussi honnête homme que le plus honnête d'entre nous ; seulement il est fier, il ne veut pas s'exposer à recevoir quelque marque de répugnance, et il vit tranquillement en faisant du bien à sa manière. Il vous a mis de l'autre côté de la Roche-Vive une dizaine d'arpents en pépinières, et il plante dans la forêt aux places où il aperçoit la chance de faire venir un arbre ; puis il émonde les arbres, il ramasse le bois mort, il fagote et tient le bois à la disposition des pauvres gens. Chaque pauvre, sûr d'avoir du bois tout fait, tout prêt, vient lui en demander au lieu d'en prendre et de faire du tort à vos bois, en sorte qu'aujourd'hui s'il chauffe le monde, il leur fait du bien! Farrabesche aime votre forêt, il en a soin comme de son bien.

— Et il vit!... tout seul, s'écria madame Graslin qui se hâta d'ajouter les deux derniers mots.

— Faites excuse, madame, il prend soin d'un petit garçon qui va sur quinze ans, dit Maurice Champion.

— Ma foi, oui, dit Colorat, car la Curieux a eu cet enfant-là quelque temps avant que Farrabesche se soit livré.

— C'est son fils? dit madame Graslin.

— Mais chacun le pense.

— Et pourquoi n'a-t-il pas épousé cette fille?

— Et comment? on l'aurait pris! Aussi, quand la Curieux sut qu'il était condamné, la pauvre fille a-t-elle quitté le pays.

— Était-elle jolie?

— Oh! dit Maurice, ma mère prétend qu'elle ressemblait beaucoup, tenez... à une autre fille qui, elle aussi, a quitté le pays, à Denise Tascheron.

— Il était aimé? dit madame Graslin.

— Bah! parce qu'il chauffait, dit Colorat, les femmes aiment l'extraordinaire. Cependant rien n'a plus étonné le pays que cet amour-là. Catherine Curieux vivait sage comme une Sainte Vierge, elle passait pour une perle de vertu dans son village, à Vizay, un fort bourg de la Corrèze, sur la ligne des deux départements. Son père et sa mère y sont fermiers de messieurs Brézac. La Catherine Curieux avait bien ses dix-sept ans lors du jugement de Farrabesche. Les Farrabesche étaient une vieille famille du même pays, qui se sont établis sur les domaines de Montégnac, ils tenaient la ferme du village. Le père et la mère Farrabesche sont morts; mais les trois sœurs à la Curieux sont mariées, une à Aubusson, une à Limoges, une à Saint-Léonard.

— Croyez-vous que Farrabesche sache où est Catherine? dit madame Graslin.

— S'il le savait, il romprait son ban, oh! il irait... Dès son arrivée, il a fait demander par monsieur Bonnet le petit Curieux au père et à la mère qui en avaient soin; monsieur Bonnet le lui a obtenu tout de même.

— Personne ne sait ce qu'elle est devenue.

— Bah! dit Colorat, cette jeunesse s'est crue perdue! elle a eu peur de rester dans le pays! Elle est allée à Paris. Et qu'y fait-elle? Voilà le *hic*. La chercher là, c'est vouloir trouver une bille dans les cailloux de cette plaine!

Colorat montrait la plaine de Montégnac du haut de la rampe par laquelle montait alors madame Graslin, qui n'était plus qu'à quelques pas de la grille du château. La Sauviat inquiète, Aline, les gens attendaient là, ne sachant que penser d'une si longue absence.

— Eh! bien, dit la Sauviat en aidant sa fille à descendre de cheval, tu dois être horriblement fatiguée.

— Non, ma mère, dit madame Graslin d'une voix si altérée que la Sauviat regarda sa fille et vit alors qu'elle avait beaucoup pleuré.

Madame Graslin rentra chez elle avec Aline, qui avait ses ordres pour tout ce qui concernait sa vie intérieure, elle s'enferma chez elle sans y admettre sa mère; et quand la Sauviat voulut y venir, Aline dit à la vieille Auvergnate : « — Madame est endormie. »

Le lendemain Véronique partit à cheval accompagnée de Maurice seulement. Pour se rendre rapidement à la Roche-Vive, elle prit le chemin par lequel elle en était revenue la veille. En montant par le fond de la gorge qui séparait ce pic de la dernière colline de la forêt, car vue de la plaine, la Roche-Vive semblait isolée. Véronique dit à Maurice de lui indiquer la maison de Farrabesche et de l'attendre en gardant les chevaux; elle voulut aller seule: Maurice la conduisit donc vers un sentier qui descend sur le versant de la Roche-Vive, opposé à celui de la plaine, et lui montra le toit en chaume d'une habitation presque perdue à moitié de cette montagne, et au bas de laquelle s'étendent des pépinières. Il était alors environ midi. Une fumée légère qui sortait de la cheminée indiquait la maison auprès de laquelle Véronique arriva bientôt; mais elle ne se montra pas tout d'abord. A l'aspect de cette modeste demeure assise au milieu d'un jardin entouré d'une haie en épines sèches, elle resta pendant quelques instants perdue en des pensées qui ne furent connues que d'elle. Au bas du jardin serpentent quelques arpents de prairies encloses d'une haie vive, et où, çà et là, s'étalent les têtes aplaties des pommiers, des poiriers et des pruniers. Au-dessus de la maison, vers le haut de la montagne où le terrain devient sablonneux, s'élèvent les cimes jaunies d'une superbe châtaigneraie. En ouvrant la porte à claire-voie faite en planches presque pourries qui sert de clôture, madame Graslin aperçut une étable, une petite basse-cour et tous les pittoresques, les vivants accessoires des habitations du pauvre, qui certes ont de la poésie aux champs. Quel être a pu voir sans émotion les linges étendus sur la haie, la botte d'oignons pendue au plancher, les marmites en fer qui sèchent, le banc de bois ombragé de chèvrefeuilles, et les joubarbes sur le faîte du chaume qui accompagnent presque toutes les chaumières en France et qui révèlent une vie humble, presque végétative.

Il fut impossible à Véronique d'arriver chez son garde sans être aperçue, deux beaux chiens de chasse aboyèrent aussitôt que le bruit de son amazone se fit entendre dans les feuilles sèches ; elle prit la queue de cette large robe sous son bras, et s'avança vers la maison. Farrabesche et son enfant, qui étaient assis sur un banc de bois en dehors, se levèrent et se découvrirent tous deux, en gardant une attitude respectueuse, mais sans la moindre apparence de servilité.

— J'ai su, dit Véronique en regardant avec attention l'enfant, que vous preniez mes intérêts, j'ai voulu voir par moi-même votre maison, les pépinières, et vous questionner ici même sur les améliorations à faire.

— Je suis aux ordres de madame, répondit Farrabesche.

Véronique admira l'enfant qui avait une charmante figure, un peu hâlée, brune, mais très-régulière, un ovale parfait, un front purement dessiné, des yeux orange d'une vivacité excessive, des cheveux noirs, coupés sur le front et longs de chaque côté du visage. Plus grand que ne l'est ordinairement un enfant de cet âge, ce petit avait près de cinq pieds. Son pantalon était comme sa chemise en grosse toile écrue, son gilet de gros drap bleu très-usé avait des boutons de corne, il portait une veste de ce drap si plaisamment nommé velours de Maurienne et avec lequel s'habillent les savoyards, de gros souliers ferrés et point de bas. Ce costume était exactement celui du père ; seulement, Farrabesche avait sur la tête un grand feutre de paysan et le petit avait sur la sienne un bonnet de laine brune. Quoique spirituelle et animée, la physionomie de cet enfant gardait sans effort la gravité particulière aux créatures qui vivent dans la solitude ; il avait dû se mettre en harmonie avec le silence et la vie des bois. Aussi Farrabesche et son fils étaient-ils surtout développés du côté physique, ils possédaient les propriétés remarquables des sauvages : une vue perçante, une attention constante, un empire certain sur eux-mêmes, l'ouïe sûre, une agilité visible, une intelligente adresse. Au premier regard que l'enfant lança sur son père, madame Graslin devina une de ces affections sans bornes où l'instinct s'est trempé dans la pensée, et où le bonheur le plus agissant confirme et le vouloir de l'instinct et l'examen de la pensée.

— Voilà l'enfant dont on m'a parlé? dit Véronique en montrant le garçon.

— Oui, madame.

— Vous n'avez donc fait aucune démarche pour retrouver sa mère, demanda Véronique à Farrabesche en l'emmenant à quelques pas par un signe.

— Madame ne sait sans doute pas qu'il m'est interdit de m'écarter de la commune sur laquelle je réside.

— Et n'avez-vous jamais eu de nouvelles?

— A l'expiration de mon temps, répondit-il, le commissaire me remit une somme de mille francs qui m'avait été envoyée par petites portions de trois en trois mois, et que les règlements ne permettaient pas de me donner avant le jour de ma sortie. J'ai pensé que Catherine pouvait seule avoir songé à moi, puisque ce n'était pas monsieur Bonnet; aussi ai-je gardé cette somme pour Benjamin.

— Et les parents de Catherine?

— Ils n'ont plus pensé à elle après son départ. D'ailleurs, ils ont fait assez en prenant soin du petit.

— Eh! bien, Farrabesche, dit Véronique en se retournant vers la maison, je ferai en sorte de savoir si Catherine vit encore, où elle est, et quel est son genre de vie...

— Oh! quel qu'il soit, madame, s'écria doucement cet homme, je regarderai comme un bonheur de l'avoir pour femme. C'est à elle à se montrer difficile et non à moi. Notre mariage légitimerait ce pauvre garçon, qui ne soupçonne pas encore sa position.

Le regard que le père jeta sur le fils expliquait la vie de ces deux êtres abandonnés ou volontairement isolés : ils étaient tout l'un pour l'autre, comme deux compatriotes jetés dans un désert.

— Ainsi vous aimez Catherine? demanda Véronique.

— Je ne l'aimerais pas, madame, répondit-il, que dans ma situation elle est pour moi la seule femme qu'il y ait dans le monde.

Madame Graslin se retourna vivement et alla jusque sous la châtaigneraie, comme atteinte d'une douleur. Le garde crut qu'elle était saisie par quelque caprice, et n'osa la suivre. Véronique resta là pendant un quart d'heure environ, occupée en apparence à regarder le paysage. De là elle apercevait toute la partie de la forêt qui meuble ce côté de la vallée où coule le torrent, alors sans eau, plein de pierres, et qui ressemblait à un immense fossé, serré entre les montagnes boisées dépendant de Montégnac et une autre chaîne de collines parallèles, mais rapides, sans végétation, à peine couronnées de quelques arbres mal venus. Cette autre chaîne où croissent quelques bouleaux, des genévriers et des bruyères d'un aspect assez désolé appartient à un domaine voisin et au département de la Corrèze. Un chemin vicinal qui suit les inégalités de la vallée sert de séparation à l'arrondissement de Montégnac et aux deux terres. Ce revers assez ingrat, mal exposé, soutient, comme une muraille de clôture, une belle partie de bois qui s'étend sur l'autre versant de cette longue côte dont l'aridité forme un contraste complet avec celle sur laquelle est assise la maison de Farrabesche. D'un côté, des formes âpres et tourmentées; de l'autre, des formes gracieuses, des sinuosités élégantes; d'un côté, l'immobilité froide et silencieuse de terres infécondes, maintenues par des blocs de pierre horizontaux, par des roches nues et pelées; de l'autre, des arbres de différents verts, en ce moment dépouillés de feuillages pour la plupart, mais dont les beaux troncs droits et diversement colorés s'élancent de chaque pli de terrain, et dont les branchages se remuaient alors au gré du vent. Quelques arbres plus persistants que les autres, comme les chênes, les ormes, les hêtres, les châtaigniers conservaient des feuilles jaunes, bronzées ou violacées.

Vers Montégnac, où la vallée s'élargit démesurément, les deux côtes forment un immense fer-à-cheval, et de l'endroit où Véronique était allée s'appuyer à un arbre, elle put voir des vallons disposés comme les gradins d'un amphithéâtre où les cimes des arbres montent les unes au-dessus des autres comme des personnages. Ce beau paysage formait alors le revers de son parc, où depuis il fut compris. Du côté de la chaumière de Farrabesche, la vallée se rétrécit de plus en plus, et finit par un col d'environ cent pieds de large.

La beauté de cette vue, sur laquelle les yeux de madame Graslin erraient machinalement, la rappela bientôt à elle-même, elle revint vers la maison où le père et le fils restaient debout et silencieux, sans chercher à s'expliquer la singulière absence de leur maîtresse. Elle examina la maison qui, bâtie avec plus de soin que la couverture en chaume ne le faisait supposer, avait été sans doute abandonnée depuis le temps où les Navarreins ne s'étaient plus souciés de ce domaine. Plus de chasses, plus de gardes. Quoique cette maison fût inhabitée depuis plus de cent ans, les murs étaient bons; mais de tous côtés le lierre et les plantes grimpantes les avaient embrassés. Quand on lui eut permis d'y rester, Farrabesche avait fait couvrir le toit en chaume, il avait dallé lui-même à l'intérieur la salle, et y avait apporté tout le mobilier. Véronique, en entrant, aperçut deux lits de paysan, une grande armoire en noyer, une huche au pain, un buffet, une table, trois chaises, et sur les planches du buffet quelque plats en terre brune, enfin les ustensiles nécessaires à la vie. Au-dessus de la cheminée étaient deux fusils et deux carniers. Une quantité de choses faites par le père pour l'enfant causa le plus profond attendrissement à Véronique : un vaisseau armé, une chaloupe, une tasse en bois sculpté, une boîte en bois d'un magnifique travail, un coffret en marqueterie de paille, un crucifix et un chapelet superbes. Le chapelet était en noyaux de prunes, qui avaient sur chaque face une tête d'une admirable finesse : Jésus-Christ, les apôtres, la Madone, saint Jean-Baptiste, saint Joseph, sainte Anne, les deux Madeleines.

— Je fais cela pour amuser le petit dans les longs soirs d'hiver, dit-il en ayant l'air de s'excuser.

Le devant de la maison est planté en jasmins, en rosiers à haute tige appliqués contre le mur, et qui fleurissent les fenêtres du premier étage inhabité, mais où Farrabesche serrait ses provisions ; il avait des poules, des canards, deux porcs ; il n'achetait que du pain, du sel, du sucre et quelques épiceries. Ni lui ni son fils ne buvaient de vin.

— Tout ce que l'on m'a dit de vous et ce que je vois, dit enfin madame Graslin à Farrabesche, me fait vous porter un intérêt qui ne sera pas stérile.

— Je reconnais bien là monsieur Bonnet, s'écria Farrabesche d'un ton touchant.

— Vous vous trompez, monsieur le curé ne m'a rien dit encore, le hasard ou Dieu peut-être a tout fait.

— Oui, madame, Dieu ! Dieu seul peut faire des merveilles pour un malheureux tel que moi.

— Si vous avez été malheureux, dit madame Graslin assez bas pour que l'enfant n'entendît rien par une attention d'une délicatesse féminine qui toucha Farrabesche, votre repentir, votre conduite et l'estime de monsieur le curé vous rendent digne d'être heureux. J'ai donné les ordres nécessaires pour terminer les constructions de la grande ferme que monsieur Graslin avait projeté d'établir auprès du château ; vous serez mon fermier, vous aurez l'occasion de déployer vos forces, votre activité, d'employer votre fils. Le Procureur-général à Limoges apprendra qui vous êtes, et l'humiliante condition de votre ban, qui gêne votre vie, disparaîtra, je vous le promets.

A ces mots, Farrabesche tomba sur ses genoux comme foudroyé par la réalisation d'une espérance vainement caressée ; il baisa le bas de l'amazone de madame Graslin, il lui baisa les pieds. En voyant des larmes dans les yeux de son père, Benjamin se mit à sangloter sans savoir pourquoi.

— Relevez-vous, Farrabesche dit madame Graslin, vous ne savez pas combien il est naturel que je fasse pour vous ce que je vous promets de faire. N'est-ce pas vous qui avez planté ces arbres verts ? dit-elle en montrant quelques épicéas, des pins du Nord, des sapins et des mélèzes au bas de l'aride et sèche colline opposée.

— Oui, madame.

— La terre est donc meilleure là ?

— Les eaux dégradent toujours ces rochers et mettent chez vous un peu de terre meuble ; j'en ai profité, car tout le long de la vallée ce qui est en dessous du chemin vous appartient. Le chemin sert de démarcation.

— Coule-t-il donc beaucoup d'eau au fond de cette longue vallée ?

— Oh ! madame, s'écria Farrabesche, dans quelques jours, quand le temps sera devenu pluvieux, peut-être entendrez-vous du château mugir le torrent ! mais rien n'est comparable à ce qui se passe au temps de la fonte des neiges. Les eaux descendent des parties de forêt situées au revers de Montégnac, de ces grandes pentes adossées à la montagne sur laquelle sont vos jardins et le parc ; enfin toutes les eaux de ces collines y tombent et font un déluge. Heureusement pour vous, les arbres retiennent les terres, l'eau glisse sur les feuilles, qui sont, en automne, comme un tapis de toile cirée ; sans cela, le terrain s'exhausserait au fond de ce vallon, mais la pente est aussi bien rapide, et je ne sais pas si des terres entraînées y resteraient.

— Où vont les eaux? demanda madame Graslin devenue attentive.

Farrabesche montra la gorge étroite qui semblait fermer ce vallon au-dessous de sa maison : — Elles se répandent sur un plateau crayeux qui sépare le Limousin de la Corrèze, et y séjournent en flaques vertes pendant plusieurs mois, elles se perdent dans les pores du sol, mais lentement. Aussi personne n'habite-t-il cette plaine insalubre où rien ne peut venir. Aucun bétail ne veut manger les joncs ni les roseaux qui viennent dans ces eaux saumâtres. Cette vaste lande, qui a peut-être trois mille arpents, sert de communaux à trois communes ; mais il en est comme de la plaine de Montégnac, on n'en peut rien faire. Encore, chez vous, y a-t-il du sable et un peu de terre dans vos cailloux ; mais là c'est le tuf tout pur.

— Envoyez chercher les chevaux, je veux aller voir tout ceci par moi-même.

Benjamin partit après que madame Graslin lui eut indiqué l'endroit où se tenait Maurice.

— Vous qui connaissez, m'a-t-on dit, les moindres particularités de ce pays, reprit madame Graslin, expliquez-moi pourquoi les versants de ma forêt qui regardent la plaine de Montégnac n'y jettent aucun cours d'eau, pas le plus léger torrent, ni dans les pluies, ni à la fonte des neiges?

— Ah! madame, dit Farrabesche, monsieur le curé, qui s'occupe tant de la prospérité de Montégnac en a deviné la raison, sans en avoir la preuve. Depuis que vous êtes arrivée, il m'a fait relever de place en place le chemin des eaux dans chaque ravine, dans tous les vallons. Je revenais hier du bas de la Roche-Vive, où j'avais examiné les mouvements du terrain, au moment où j'ai eu l'honneur de vous rencontrer. J'avais entendu le pas des chevaux et j'ai voulu savoir qui venait par ici. Monsieur Bonnet n'est pas seulement un saint, madame, c'est un savant. « Farrabesche, m'a-t-il dit, — je travaillais alors au chemin que la Commune achevait pour monter au château ; de là monsieur le curé me montrait toute la chaîne des montagnes, depuis Montégnac jusqu'à la Roche-Vive, près de deux lieues de longueur, — pour que ce versant n'épanche point d'eau dans la plaine, il faut que la nature ait fait une espèce de gouttière qui les verse ailleurs ! » Hé ! bien, madame, cette réflexion est si simple qu'elle en paraît bête, un enfant devrait la faire ! Mais personne, depuis que Montégnac est Montégnac, ni les seigneurs, ni les intendants, ni les gardes, ni les pauvres, ni les riches, qui, les uns comme les autres, voyaient la plaine inculte faute d'eau, ne se sont demandé où se perdaient les eaux du Gabou. Les trois communes qui ont les fièvres à cause des eaux stagnantes n'y cherchaient point de remèdes, et moi-même je n'y songeais point, il a fallu l'homme de Dieu...

Farrabesche eut les yeux humides en disant ce mot.

— Tout ce que trouvent les gens de génie, dit alors madame Graslin, est si simple que chacun croit qu'il l'aurait trouvé. Mais, se dit-elle à elle-même, le génie a cela de beau qu'il ressemble à tout le monde et que personne ne lui ressemble.

— Du coup, reprit Farrabesche, je compris monsieur Bonnet, il n'eut pas de grandes paroles à me dire pour m'expliquer ma besogne. Madame, le fait est d'autant plus singulier que, du côté de votre plaine, car elle est entièrement à vous, il y a des déchirures assez profondes dans les montagnes, qui sont coupées par des ravins et par des gorges très-creuses ; mais, madame, toutes ces fentes, ces vallées, ces ravins, ces gorges, ces rigoles enfin par où coulent les eaux, se jettent dans ma petite vallée, qui est de quelques pieds plus basse que le sol de votre plaine. Je sais aujourd'hui la raison de ce phénomène, et la voici : de la Roche-Vive à Montégnac, il règne au bas des montagnes comme une banquette dont la hauteur varie entre vingt et trente pieds ; elle n'est rompue en aucun endroit, et se compose d'une espèce de roche que monsieur Bonnet nomme schiste. La terre, plus molle que la pierre, a cédé, s'est creusée, les eaux ont alors naturellement pris leur écoulement dans le Gabou, par les échancrures de chaque vallon. Les arbres, les broussailles, les arbustes cachent à la vue cette disposition du sol ; mais, après avoir suivi le mouvement des eaux et la trace que laisse leur passage, il est facile de se convaincre du fait. Le Gabou reçoit ainsi les eaux des deux versants, celles du revers des montagnes en haut desquelles est votre parc, et celles des roches qui nous font face. D'après les idées de monsieur le curé, cet état de choses cessera lorsque les conduits naturels du versant qui regarde votre plaine se boucheront par les terres, par les pierres que les eaux entraînent, et qu'ils seront plus élevés que le fond du Gabou. Votre plaine alors sera inondée comme le sont les communaux que vous voulez aller voir ; mais il faut des centaines d'années. D'ailleurs, est-ce à désirer, madame? Si votre sol ne buvait pas comme fait celui des communaux cette masse d'eau, Montégnac aurait aussi des eaux stagnantes qui empesteraient le pays.

— Ainsi, les places où monsieur le curé me montrait, il y a quelques jours, des arbres qui conservent leurs feuillages encore verts, doivent être les conduits naturels par où les eaux se rendent dans le torrent du Gabou.

— Oui, madame. De la Roche-Vive à Montégnac, il se trouve trois montagnes, par conséquent trois cols où les eaux, repoussées par la banquette de schiste, s'en vont dans le Gabou. La ceinture de bois encore vert qui est au bas, et qui semble faire partie de votre plaine, indique cette gouttière devinée par monsieur le curé.

— Ce qui fait le malheur de Montégnac en fera donc bientôt la prospérité, dit avec un accent de conviction profonde madame Graslin. Et puisque vous avez été le premier instrument de cette œuvre, vous y participerez, vous chercherez des ouvriers actifs, dévoués, car il faudra remplacer le manque d'argent par le dévouement et par le travail.

Benjamin et Maurice arrivèrent au moment où Véronique achevait cette phrase ; elle saisit la bride de son cheval, et fit signe à Farrabesche de monter sur celui de Maurice.

— Menez-moi, dit-elle, au point où les eaux se répandent sur les communaux.

— Il est d'autant plus utile que madame y aille, dit Farrabesche, que, par le conseil de monsieur le curé, feu monsieur Graslin est devenu propriétaire, au débouché de cette gorge, de trois cents arpents sur lesquels les eaux laissent un limon qui a fini par produire de la bonne terre sur une certaine étendue. Madame verra le revers de la Roche-Vive sur lequel s'étendent des bois superbes, et où monsieur Graslin aurait placé sans doute une ferme. L'endroit le plus convenable serait celui où se perd la source qui se trouve auprès de ma maison et dont on pourrait tirer parti.

Farrabesche passa le premier pour montrer le chemin, et fit

suivre à Véronique un sentier rapide qui menait à l'endroit où les deux côtes se resserraient et s'en allaient l'une à l'est, l'autre à l'ouest, comme renvoyées par un choc. Ce goulet, rempli de grosses pierres entre lesquelles s'élevaient de hautes herbes, avait environ soixante pied de largeur. La Roche-Vive, coupée à vif, montrait comme une muraille de granit sur laquelle il n'y avait pas le moindre gravier, mais le haut de ce mur inflexible était couronné d'arbres dont les racines pendaient. Des pins y embrassaient le sol de leurs pieds fourchus et semblaient se tenir là comme des oiseaux accrochés à une branche. La colline opposée, creusée par le temps, avait un front sourcilleux, sablonneux et jaune ; elle montrait des cavernes peu profondes, des enfoncements sans fermeté ; sa roche molle et pulvérulente offrait des tons d'ocre. Quelques plantes à feuilles piquantes, au bas quelques bardanes, des joncs, des plantes aquatiques indiquaient et l'exposition au nord et la maigreur du sol. Le lit du torrent était en pierre assez dure, mais jaunâtre. Évidemment les deux chaînes, quoique parallèles et comme fendues au moment de la catastrophe qui a changé le globe, étaient, par un caprice inexplicable ou par une raison inconnue et dont la découverte appartient au génie, composées d'éléments entièrement dissemblables. Le contraste de leurs deux natures éclatait surtout à cet endroit. De là, Véronique aperçut un immense plateau sec, sans aucune végétation, crayeux, ce qui expliquait l'absorption des eaux, et parsemé de flaques d'eau saumâtre ou de places où le sol était écaillé. A droite, se voyaient les monts de la Corrèze. A gauche, la vue s'arrêtait sur la bosse immense de la Roche-Vive, chargée des plus beaux arbres, et au bas de laquelle s'étalait une prairie d'environ deux cents arpents dont la végétation contrastait avec le hideux aspect de ce plateau désolé.

— Mon fils et moi nous avons fait le fossé que vous apercevez là-bas, dit Farrabesche, et que vous indiquent de hautes herbes, il va rejoindre celui qui limite votre forêt. De ce côté, vos domaines sont bornés par un désert, car le premier village est à une lieue d'ici.

Véronique s'élança vivement dans cette horrible plaine où elle fut suivie par son garde. Elle fit sauter le fossé à son cheval, courut à bride abattue dans ce sinistre paysage, et parut prendre un sauvage plaisir à contempler cette vaste image de la désolation.

Farrabesche avait raison. Aucune force, aucune puissance ne pouvait tirer parti de ce sol, il résonnait sous le pied des chevaux comme s'il eût été creux. Quoique cet effet soit produit par les craies naturellement poreuses, il s'y trouvait aussi des fissures par où les eaux disparaissaient et s'en allaient alimenter sans doute des sources éloignées.

— Il y a pourtant des âmes qui sont ainsi, s'écria Véronique en arrêtant son cheval après avoir galopé pendant un quart d'heure. Elle resta pensive au milieu de ce désert où il n'y avait ni animaux ni insectes, et que les oiseaux ne traversaient point. Au moins dans la plaine de Montégnac se trouvait-il des cailloux, des sables, quelques terres meubles ou argileuses, des débris, une croûte de quelques pouces où la culture pouvait mordre ; mais là, le tuf le plus ingrat, qui n'était pas encore la pierre et n'était plus la terre, brisait durement le regard ; aussi là, fallait-il absolument reporter ses yeux dans l'immensité de l'éther. Après avoir contemplé la limite de ses forêts et la prairie achetée par son ami, Véronique revint vers l'entrée du Gabou, mais lentement. Elle surprit alors Farrabesche regardant une espèce de fosse qui semblait faire croire qu'un spéculateur avait essayé de sonder ce coin désolé, en imaginant que la nature y avait caché des richesses.

— Qu'avez-vous ? lui dit Véronique en apercevant sur cette mâle figure une expression de profonde tristesse.

— Madame, je dois la vie à cette fosse, ou, pour parler avec plus de justesse, le temps de me repentir et de racheter mes fautes aux yeux des hommes...

Cette façon d'expliquer la vie eut pour effet de clouer madame Graslin devant la fosse où elle arrêta son cheval.

— Je me cachais là, madame. Le terrain est si sonore que, l'oreille appliquée contre la terre, je pouvais entendre à plus d'une lieue les chevaux de la gendarmerie ou les pas des soldats, qui a quelque chose de particulier. Je me sauvais par le Gabou dans un endroit où j'avais un cheval, et je mettais toujours entre moi et ceux qui étaient à ma poursuite des cinq ou six lieues. Catherine m'apportait à manger là pendant la nuit ; si elle ne me trouvait point, j'y trouvais toujours du pain et du vin dans un trou couvert d'une pierre.

Ce souvenir de sa vie errante et criminelle, qui pouvait nuire à Farrabesche, trouva la plus indulgente pitié chez madame Graslin ;

mais elle s'avança vivement vers le Gabou, où la suivit le garde. Pendant qu'elle mesurait cette ouverture, à travers laquelle on apercevant la longue vallée si riante d'un côté, si ruinée de l'autre, et dans le fond, à plus d'une lieue, les collines étagées du revers de Montégnac, Farrabesche dit : — Dans quelques jours il y aura là de fameuses cascades !

— Et l'année prochaine, à pareil jour, jamais il ne passera plus par là une goutte d'eau. Je suis chez moi de l'un et l'autre côté, je ferai bâtir une muraille assez solide, assez haute pour arrêter les eaux. Au lieu d'une vallée qui ne rapporte rien, j'aurai un lac de vingt, trente, quarante ou cinquante pieds de profondeur, sur une étendue d'une lieue, un immense réservoir qui fournira l'eau des irrigations avec laquelle je fertiliserai toute la plaine de Montégnac.

— Monsieur le curé avait raison, madame, quand il nous disait, lorsque nous achevions notre chemin : « Vous travaillez pour votre mère ! » Que Dieu répande ses bénédictions sur une pareille entreprise.

— Taisez-vous là-dessus, Farrabesche, dit madame Graslin, la pensée en est à monsieur Bonnet.

Revenue à la maison de Farrabesche, Véronique y prit Maurice et retourna promptement au château. Quand sa mère et Aline aperçurent Véronique, elles furent frappées du changement de sa physionomie, l'espoir de faire le bien de ce pays lui avait rendu l'apparence du bonheur. Madame Graslin écrivit à Grossetête de demander à monsieur de Grandville la liberté complète du pauvre forçat libéré, sur la conduite duquel elle donna des renseignements qui furent confirmés par un certificat du maire de Montégnac et par une lettre de monsieur Bonnet. Elle joignit à cette dépêche des renseignements sur Catherine Curieux, en priant Grossetête d'intéresser le Procureur-général à la bonne action qu'elle méditait, et de faire écrire à la Préfecture de Police de Paris pour retrouver cette fille. La seule circonstance de l'envoi des fonds au bagne où Farrabesche avait subi sa peine devait fournir des indices suffisants. Véronique tenait à savoir pourquoi Catherine avait manqué à venir auprès de son enfant et de Farrabesche. Puis elle fit part à son vieil ami de ses découvertes au torrent du Gabou, et insista sur le choix de l'homme habile qu'elle lui avait déjà demandé.

Le lendemain était un dimanche, et le premier où, depuis son installation à Montégnac, Véronique se trouvait en état d'aller entendre la messe à l'église, elle y vint et prit possession du banc qu'elle y possédait à la chapelle de la Vierge. En voyant combien cette pauvre église était dénuée, elle se promit de consacrer chaque année une somme aux besoins de la fabrique et à l'ornement des autels. Elle entendit la parole douce, onctueuse, angélique du curé, dont le prône, quoique dit en termes simples et à la portée de ces intelligences, fut vraiment sublime. Le sublime vient du cœur, l'esprit ne le trouve pas, et la religion est une source intarissable de ce sublime sans faux brillants; car le catholicisme, qui pénètre et change les cœurs, est tout cœur. Monsieur Bonnet trouva dans l'épître un texte à développer qui signifiait que, tôt ou tard, Dieu accomplit ses promesses, favorise les siens et encourage les bons. Il fit comprendre les grandes choses qui résulteraient pour la paroisse de la présence d'un riche charitable, en expliquant que les devoirs du pauvre étaient aussi étendus envers le riche bienfaisant que ceux du riche l'étaient envers le pauvre, leur aide devait être mutuelle.

Farrabesche avait parlé à quelques-uns de ceux qui le voyaient avec plaisir, par suite de cette charité chrétienne que monsieur Bonnet avait mise en pratique dans la paroisse, de la bienveillance dont il était l'objet. La conduite de madame Graslin envers lui venait d'être le sujet des conversations de toute la commune, rassemblée sur la place de l'église avant la messe, suivant l'usage des campagnes. Rien n'était plus propre à concilier à cette femme l'amitié de ces esprits, éminemment susceptibles. Aussi, quand Véronique sortit de l'église, trouva-t-elle presque toute la paroisse rangée en deux haies. Chacun, à son passage, la salua respectueusement dans un profond silence. Elle fut touchée de cet accueil sans savoir quel en était le vrai motif, elle aperçut Farrabesche un des derniers et lui dit : — Vous êtes un adroit chasseur, n'oubliez pas de nous apporter du gibier.

Quelques jours après, Véronique alla se promener avec le curé dans la partie de la forêt qui avoisinait le château, et voulut descendre avec lui des vallées étagées qu'elle avait aperçues de la maison de Farrabesche. Elle acquit alors la certitude de la disposition des hauts affluents du Gabou. Par suite de cet examen, le curé remarqua que les eaux qui arrosaient quelques parties du haut Montégnac venaient des monts de la Corrèze. Ces chaînes se mariaient en cet endroit à la montagne par cette côte aride, parallèle à la chaîne de la Roche-Vive. Le curé manifestait une joie d'enfant au retour de cette promenade; il voyait avec la naïveté d'un poëte la prospérité de son cher village. Le poëte n'est-il pas l'homme qui réalise ses espérances avant le temps ? Monsieur Bonnet fauchait ses foins, en montrant du haut de la terrasse la plaine encore inculte.

Le lendemain Farrabesche et son fils revinrent chargés de gibier. Le garde apportait pour Francis Graslin une tasse en coco sculpté, vrai chef-d'œuvre qui représentait une bataille. Madame Graslin se promenait en ce moment sur la terrasse, elle était du côté qui avait vue sur les Tascherons. Elle s'assit alors sur un banc, prit la tasse et regarda longtemps cet ouvrage de fée. Quelques larmes lui vinrent aux yeux.

— Vous avez dû beaucoup souffrir, dit-elle à Farrabesche après un long moment de silence.

— Que faire, madame, répondit-il, quand on se trouve là sans avoir la pensée de s'enfuir qui soutient la vie de presque tous les condamnés ?

— C'est une horrible vie, dit-elle avec un accent plaintif en invitant et du geste et du regard Farrabesche à parler.

Farrabesche prit pour un violent intérêt de curiosité compatissante le tremblement convulsif et tous les signes d'émotion qu'il vit chez madame Graslin. En ce moment, la Sauviat se montra dans une allée, et paraissait vouloir venir ; mais Véronique tira son mouchoir, fit avec un signe négatif, et dit avec une vivacité qu'elle n'avait jamais montrée à la vieille Auvergnate : — Laissez-moi, ma mère !

— Madame, reprit Farrabesche, pendant dix ans, j'ai porté, dit-il en montrant sa jambe, une chaîne attachée par un gros anneau de fer, et qui me liait à un autre homme. Durant mon temps, j'ai été forcé de vivre avec trois condamnés. J'ai couché sur un lit de camp en bois. Il a fallu travailler extraordinairement pour me procurer un petit matelas, apppelé *serpentin*. Chaque salle contient huit cents hommes. Chacun des lits qui y sont, et qu'on nomme des *tolards*, reçoit vingt-quatre hommes tous attachés deux à deux. Chaque soir et chaque matin, on passe la chaîne de chaque couple dans une grande chaîne appelée le *filet de ramas*. Ce filet maintient tous les couples par les pieds, et borde le tolard. Après deux ans, je n'étais pas encore habitué au bruit de cette ferraille, qui vous répète à tous moments : — Tu es au bagne! Si l'on s'endort pendant un moment, quelque mauvais compagnon se remue ou se dispute, et vous rappelle où vous êtes. Il y a un apprentissage à faire, rien que pour savoir dormir. Enfin, je n'ai connu le sommeil qu'en arrivant au bout de mes forces par une fatigue excessive. Quand j'ai pu dormir, j'ai du moins eu les nuits pour oublier. Là, c'est quelque chose, madame, que l'oubli! Dans les plus petites choses, un homme, une fois là, doit apprendre à satisfaire ses besoins de la manière fixée par le plus impitoyable règlement. Jugez, madame, quel effet cette vie produisait sur un garçon comme moi qui avais vécu dans les bois, à la façon des chevreuils et des oiseaux! Si je n'avais pas durant six mois mangé mon pain entre les quatre murs d'une prison, malgré les belles paroles de monsieur Bonnet, qui, je peux le dire, a été le père de mon âme, ah! je me serais jeté dans la mer en voyant mes compagnons. Au grand air, j'allais encore; mais, une fois dans la salle, soit pour dormir, soit pour manger, car on y mange dans des baquets, et chaque baquet est préparé pour trois couples, je ne vivais plus, les atroces visages et le langage de mes compagnons m'ont toujours été insupportables. Heureusement, dès cinq heures en été, dès sept heures et demie en hiver, nous allions, malgré le vent, le froid, le chaud ou la pluie, à la *fatigue*, c'est-à-dire au travail. La plus grande partie de cette vie se passe en plein air, et l'air semble bien bon quand on sort d'une salle où grouillent huit cents condamnés. Cet air, songez-y bien, est l'air de la mer? On jouit des brises, on s'entend avec le soleil, on s'intéresse aux nuages qui passent, on espère la beauté du jour. Moi je m'intéressais à mon travail.

Farrabesche s'arrêta, deux grosses larmes roulaient sur les joues de Véronique.

— Oh! madame, je ne vous ai dit que les roses de cette existence, s'écria-t-il en prenant pour lui l'expression du visage de madame Graslin. Les terribles précautions adoptées par le gouvernement, l'inquisition constante exercée par les argousins, la visite des fers, soir et matin, les aliments grossiers, les vêtements hideux qui vous humilient à tout instant, la gêne pendant le sommeil, le bruit horrible de quatre cents doubles chaînes dans une salle sonore, la perspective d'être fusillés et mitraillés, s'il plaisait à six mauvais sujets de se révolter, ces conditions terribles ne sont rien : voilà les roses, comme je vous le disais. Un homme, un bourgeois qui aurait le malheur d'aller là doit y mourir de chagrin en peu de temps. Ne faut-il pas vivre avec un autre ? N'êtes-vous pas obligé de subir la compagnie de cinq hommes pendant vos repas, et de vingt-trois pendant votre sommeil, d'entendre leurs discours ! Cette société, madame, a ses lois secrètes ; dispensez-vous d'y obéir, vous êtes assassiné ; mais obéissez-y, vous devenez assassin ! Il faut être ou victime ou bourreau ! Après tout, mourir d'un seul coup, ils vous guériraient de cette vie ; mais ils se connaissent à faire le mal, et il est impossible de tenir à la haine de ces hommes, ils ont tout pouvoir sur un condamné qui leur déplaît, et peuvent faire de sa vie un supplice de tous les instants, pire que la mort. L'homme qui se repent et veut se bien conduire, est l'ennemi commun ; avant tout, on le soupçonne de délation. La délation est punie de mort, sur un simple soupçon. Chaque salle a son tribunal où l'on juge les crimes commis envers la société. Ne pas obéir aux usages est criminel, et un homme dans ce cas est susceptible de jugement : ainsi chacun doit coopérer à toutes les évasions ; chaque condamné a son heure pour s'évader, heure à laquelle le bagne tout entier lui doit aide, protection. Révéler ce qu'un condamné tente dans l'intérêt de son évasion est un crime. Je ne vous parlerai pas des horribles mœurs du bagne, à la lettre, on ne s'y appartient pas. L'administration, pour neutraliser les tentatives de révolte ou d'évasion, accouple toujours des intérêts contraires et rend ainsi le supplice de la chaîne insupportable, elle met ensemble des gens qui ne peuvent pas se souffrir ou qui se défient l'un de l'autre.

— Comment avez-vous fait ? demanda madame Graslin.

— Ah ! voilà, reprit Farrabesche, j'ai eu du bonheur : je ne suis pas tombé au sort pour tuer un homme condamné, je n'ai jamais voté la mort de qui que ce soit, je n'ai jamais été puni, je n'ai pas été pris en grippe, et j'ai fait bon ménage avec les trois compagnons que l'on m'a successivement donnés, ils m'ont tous trois craint et aimé. Mais aussi, madame, étais-je célèbre au bagne avant d'y arriver. Un chauffeur ! car je passais pour être un de ces brigands-là. J'ai vu chauffer, reprit Farrabesche après une pause et à voix basse, mais je n'ai jamais voulu ni me prêter à chauffer, ni recevoir d'argent des vols. J'étais réfractaire, voilà tout. J'aidais les camarades, j'espionnais, je me battais, je me mettais en sentinelle perdue ou à l'arrière-garde ; mais je n'ai jamais versé le sang d'un homme qu'à mon corps défendant ! Ah ! j'ai tout dit à monsieur Bonnet et à mon avocat : aussi les juges savaient-ils bien que je n'étais pas un assassin ! Mais je suis tout de même un grand criminel, rien de ce que j'ai fait n'est permis. Deux de mes camarades avaient déjà parlé de moi comme d'un homme capable des plus grandes choses. Au bagne, voyez-vous, madame, il n'y a rien qui vaille cette réputation, pas même l'argent. Pour être tranquille dans cette république de misère, un assassinat est un passe-port. Je n'ai rien fait pour détruire cette opinion. J'étais triste, résigné ; on pouvait se tromper à ma figure, et l'on s'y est trompé. Mon attitude sombre, mon silence, ont été pris pour des signes de férocité. Tout le monde, forçats, employés, les jeunes, les vieux m'ont respecté. J'ai présidé ma salle. On n'a jamais tourmenté mon sommeil et je n'ai jamais été soupçonné de délation. Je me suis conduit honnêtement d'après leurs règles : je n'ai jamais refusé un service, je n'ai jamais témoigné le moindre dégoût, enfin j'ai hurlé avec les loups en dehors et je priais Dieu en dedans. Mon dernier compagnon a été un soldat de vingt-deux ans qui avait volé et déserté par suite de son vol ; je l'ai eu quatre ans, nous avons été amis ; et partout où je serai, je suis sûr de lui quand il sortira. Ce pauvre diable nommé Guépin n'était pas un scélérat, mais un étourdi, ses dix ans le guériront. Oh ! si mes camarades avaient découvert que je me soumettais par religion à mes peines ; que, mon temps fait, je comptais vivre dans un coin, sans faire savoir où je serais, avec l'intention d'oublier cette épouvantable population, et de ne jamais me trouver sur le chemin de l'un d'eux, ils m'auraient peut-être fait devenir fou.

— Mais alors, pour un pauvre et tendre jeune homme entraîné par une passion, et qui gracié de la peine de mort...

— Oh ! madame, il n'y a pas de grâce entière pour les assassins ! On commence par commuer la peine en vingt ans de travaux. Mais surtout pour un jeune homme propre, c'est à faire frémir ! on ne peut pas vous dire la vie qui les attend, il vaut mieux cent fois mourir. Oui, mourir sur l'échafaud est alors un bonheur.

— Je n'osais le penser, dit madame Graslin.

Véronique était devenue blanche d'une blancheur de cierge. Pour cacher son visage, elle s'appuya le front sur la balustrade, et y resta pendant quelques instants. Farrabesche ne savait plus s'il devait partir ou rester. Madame Graslin se leva, regarda Farrabesche d'un air presque majestueux, et lui dit à son grand étonnement : — Merci, mon ami! d'une voix qui lui remua le cœur.— Mais où avez-vous puisé le courage de vivre et de souffrir? lui demanda-t-elle après une pause.

— Ah! madame, monsieur Bonnet avait mis un trésor dans mon âme! Aussi l'aimé-je plus que je n'ai aimé personne au monde.

— Plus que Catherine? dit madame Graslin en souriant avec une sorte d'amertume.

— Ah! madame, presque autant.

— Comment s'y est-il donc pris?

— Madame, la parole et la voix de cet homme m'ont dompté. Il fut amené par Catherine à l'endroit que je vous ai montré l'autre jour dans les communaux, et il est venu seul à moi : il était, me dit-il, le nouveau curé de Montégnac, j'étais son paroissien, il m'aimait, il me savait seulement égaré et non encore perdu ; il ne voulait pas me trahir, mais me sauver; il m'a dit enfin de ces choses qui vous agitent jusqu'au fond de l'âme ! Et cet homme-là, voyez-vous, madame, il vous commande de faire le bien avec la force de ceux qui vous font faire le mal. Il m'annonça, pauvre cher homme, que Catherine était mère, j'allais livrer deux créatures à la honte et à l'abandon? « — Eh! bien, lui ai-je dit, elles seront comme moi, je n'ai pas d'avenir. » Il me répondit que j'avais deux avenirs mauvais : celui de l'autre monde et celui d'ici-bas, si je persistais à ne pas réformer ma vie. Ici-bas, je mourrais sur l'échafaud. Si j'étais pris, ma défense serait impossible devant la justice. Au contraire, si je profitais de l'indulgence du nouveau gouvernement pour les affaires suscitées par la conscription ; si je me livrais, il se faisait fort de me sauver la vie : il me trouverait un bon avocat qui me tirerait d'affaire moyennant dix ans de travaux. Puis monsieur Bonnet me parla de l'autre vie. Catherine pleurait comme une Madeleine. Tenez, madame, dit Farrabesche en montrant sa main droite, elle avait la figure sur cette main, et je trouvai ma main toute mouillée. Elle m'a supplié de vivre ! Monsieur le curé me promit de me ménager une existence douce et heureuse ainsi qu'à mon enfant, ici même, en me garantissant de tout affront. Enfin, il me catéchisa comme un petit garçon. Après trois visites nocturnes, il me rendit souple comme un gant. Voulez-vous savoir pourquoi, madame?

Ici Farrabesche et madame Graslin se regardèrent en ne s'expliquant pas à eux-mêmes leur mutuelle curiosité.

— Hé! bien, reprit le pauvre forçat libéré, quand il partit la première fois, que Catherine m'eut laissé pour le reconduire, je restai seul. Je sentis alors dans mon âme comme une fraîcheur, un calme, une douceur, que je n'avais pas éprouvés depuis mon enfance. Cela ressemblait au bonheur que m'avait donné cette pauvre Catherine. L'amour de ce cher homme qui venait me chercher, le soin qu'il avait de moi-même, de mon avenir, de mon âme, tout cela me remua, me changea. Il se fit une lumière en moi. Tant qu'il me parlait, je lui résistais. Que voulez-vous? Il était prêtre, et nous autres bandits, nous ne mangions pas de leur pain. Mais quand je n'entendis plus le bruit de son pas ni celui de Catherine, oh! je fus, comme il me le dit deux jours après, éclairé par la grâce, Dieu me donna dès ce moment la force de tout supporter : la prison, le jugement, le ferrement, et le départ, et la vie du bagne. Je comptai sur sa parole comme sur l'Évangile, je regardai mes souffrances comme une dette à payer. Quand je souffrais trop, je voyais, au bout de dix ans, cette maison dans les bois, mon petit Benjamin et Catherine. Il a tenu parole, ce bon monsieur Bonnet. Mais quelqu'un m'a manqué. Catherine n'était ni à la porte du bagne, ni dans les communaux. Elle doit être morte de chagrin. Voilà pourquoi je suis toujours triste. Maintenant, grâce à vous, j'aurai des travaux utiles à faire, et je m'y emploierai corps et âme, avec mon garçon, pour qui je vis...

— Vous me faites comprendre comment monsieur le curé a pu changer cette commune...

— Oh! rien ne lui résiste, dit Farrabesche.

— Oui, oui, je le sais, répondit brièvement Véronique en faisant à Farrabesche un signe d'adieu.

Farrabesche se retira. Véronique resta pendant une partie de la journée à se promener le long de cette terrasse, malgré une pluie fine qui dura jusqu'au soir. Elle était sombre. Quand son visage se contractait ainsi, ni sa mère, ni Aline n'osaient l'interrompre. Elle ne vit pas au crépuscule sa mère causant avec monsieur Bonnet, qui eut l'idée d'interrompre cet accès de tristesse horrible, en l'envoyant chercher par son fils. Le petit Francis alla prendre par la main sa mère qui se laissa emmener. Quand elle vit monsieur Bonnet, elle fit un geste de surprise où il y avait un peu d'effroi.

Le curé la ramena sur la terrasse, et lui dit : — Eh ! bien, madame, de quoi causiez-vous donc avec Farrabesche ?

Pour ne pas mentir, Véronique ne voulut pas répondre, elle interrogea monsieur Bonnet.

— Cet homme est votre première victoire !

— Oui, répondit-il. Sa conquête devait me donner tout Montégnac, et je ne me suis pas trompé.

Véronique serra la main de monsieur Bonnet, et lui dit d'une voix pleine de larmes : — Je suis dès aujourd'hui votre pénitente, monsieur le curé. J'irai demain vous faire une confession générale.

Ce dernier mot révélait chez cette femme un grand effort intérieur, une terrible victoire remportée sur elle-même, le curé la ramena, sans lui rien dire, au château, et lui tint compagnie jusqu'au moment du dîner, en lui parlant des immenses améliorations de Montégnac.

— L'agriculture est une question de temps, dit-il, et le peu que j'en sais m'a fait comprendre quel gain il y a dans un hiver mis à profit. Voici les pluies qui commencent, bientôt nos montagnes seront couvertes de neige, vos opérations deviendront impossibles, ainsi pressez monsieur Grossetête.

Insensiblement, monsieur Bonnet, qui fit des frais et força madame Graslin de se mêler à la conversation, à se distraire, la laissa presque remise des émotions de cette journée. Néanmoins, la Sauviat trouva sa fille si violemment agitée qu'elle passa la nuit auprès d'elle.

Le surlendemain, un exprès, envoyé de Limoges par monsieur Grossetête à madame Graslin, lui remit les lettres suivantes.

A MADAME GRASLIN.

« Ma chère enfant, quoiqu'il fût difficile de vous trouver des
« chevaux, j'espère que vous êtes contente des trois que je vous ai
« envoyés. Si vous voulez des chevaux de labour ou des chevaux
« de trait, il faudra se pourvoir ailleurs. Dans tous les cas, il vaut
« mieux faire vos labours et vos transports avec des bœufs. Tous
« les pays où les travaux agricoles se font avec des chevaux perdent
« un capital quand le cheval est hors de service ; tandis qu'au lieu
« de constituer une perte, les bœufs donnent un profit aux culti-
« vateurs qui s'en servent.

« J'approuve en tout point votre entreprise, mon enfant : vous
« y emploierez cette dévorante activité de votre âme qui se tournait
« contre vous et vous faisait dépérir. Mais ce que vous m'avez de-
« mandé de trouver outre les chevaux, cet homme capable de vous
« seconder et qui surtout puisse vous comprendre, est une de ces
« raretés que nous n'élevons pas en province où que nous n'y gar-
« dons point. L'éducation de ce haut bétail est une spéculation à
« trop longue date et trop chanceuse pour que nous la fassions.
« D'ailleurs ces gens d'intelligence supérieure nous effraient, et
« nous les appelons *des originaux*. Enfin les personnes apparte-
« nant à la catégorie scientifique d'où vous voulez tirer votre coo-
« pérateur sont ordinairement si sages et si rangées que je n'ai
« pas voulu vous écrire combien je regardais cette trouvaille im-
« possible. Vous me demandiez un poëte ou si vous voulez un fou ;
« mais nos fous vont tous à Paris. J'ai parlé de votre dessein à de
« jeunes employés du Cadastre, à des entrepreneurs de terrasse-
« ment, à des conducteurs qui ont travaillé à des canaux, et per-
« sonne n'a trouvé d'*avantages* à ce que vous proposez. Tout à coup
« le hasard m'a jeté dans les bras l'homme que vous souhaitez,
« un jeune homme que j'ai cru obliger ; car vous verrez par sa
« lettre que la bienfaisance ne doit pas se faire au hasard. Ce qu'il
« faut le plus raisonner en ce monde, est une bonne action. On ne
« sait jamais si ce qui nous a paru bien, n'est pas plus tard un
« mal. Exercer la bienfaisance, je le sais aujourd'hui, c'est se faire
« le Destin... »

En lisant cette phrase, madame Graslin laissa tomber les lettres, et demeura pensive pendant quelques instants : — Mon Dieu ! dit-elle, quand cesseras-tu de me frapper par toutes les mains ! Puis, elle reprit les papiers et continua.

« Gérard me semble avoir une tête froide et le cœur ardent,
« voilà bien l'homme qui vous est nécessaire. Paris est en ce mo-
« ment travaillé de doctrines nouvelles, je serais enchanté que ce
« garçon ne donnât pas dans les piéges que tendent des esprits am-
« bitieux aux instincts de la généreuse jeunesse française. Si je
« n'approuve pas entièrement la vie assez hébétée de la province,
« je ne saurais non plus approuver cette vie passionnée de Paris,
« cette ardeur de rénovation qui pousse la jeunesse dans des voies
« nouvelles. Vous seule connaissez mes opinions : selon moi, le
« monde moral tourne sur lui-même comme le monde matériel.

« Mon pauvre protégé demande des choses impossibles. Aucun
« pouvoir ne tiendrait devant des ambitions si violentes, si impé-
« rieuses, absolues. Je suis l'ami du terre à terre, de la lenteur
« en politique, et j'aime peu les déménagements sociaux auxquels
« tous ces grands esprits nous soumettent. Je vous confie mes
« principes de vieillard monarchique et encroûté parce que vous
« êtes discrète ! ici, je me tais au milieu de braves gens qui, plus
« ils s'enfoncent, plus ils croient au progrès ; mais je souffre en
« voyant les maux irréparables déjà faits à notre cher pays.

« J'ai donc répondu à ce jeune homme, qu'une tâche digne de
« lui l'attendait. Il viendra vous voir ; et quoique sa lettre, que je
« joins à la mienne, vous permette de le juger, vous l'étudierez en-
« core, n'est-ce pas ? Vous autres femmes, vous devinez beaucoup
« de choses à l'aspect des gens. D'ailleurs, tous les hommes, même
« les plus indifférents dont vous vous servez doivent vous plaire.
« S'il ne vous convient pas, vous pourrez le refuser, mais s'il vous
« convenait, chère enfant, guérissez-le de son ambition mal dé-
« guisée, faites-lui épouser la vie heureuse et tranquille des champs
« où la bienfaisance est perpétuelle, où les qualités des âmes gran-
« des et fortes peuvent s'exercer continuellement, où l'on décou-
« vre chaque jour dans les productions naturelles des raisons d'ad-
« miration et dans les vrais progrès, dans les réelles améliorations,
« une occupation digne de l'homme. Je n'ignore point que les
« grandes idées engendrent de grandes actions ; mais comme ces
« sortes d'idées sont fort rares, je trouve qu'à l'ordinaire, les
« choses valent mieux que les idées. Celui qui fertilise un coin de
« terre, qui perfectionne un arbre à fruit, qui applique une herbe
« à un terrain ingrat est bien au-dessus de ceux qui cherchent des
« formules pour l'Humanité. En quoi la science de Newton a-t-elle
« changé le sort de l'habitant des campagnes ? Oh ! chère, je
« vous aimais ; mais aujourd'hui, moi qui comprends bien ce que
« vous allez tenter, je vous adore. Personne à Limoges ne vous ou-
« blie, l'on y admire votre grande résolution d'améliorer Monté-
« gnac. Sachez-nous un peu gré d'avoir l'esprit d'admirer ce qui
« est beau, sans oublier que le premier de vos admirateurs est
« aussi votre premier ami,   F. GROSSETÊTE. »

GÉRARD A GROSSETÊTE.

« Je viens, monsieur, vous faire de tristes confidences ; mais

« vous avez été pour moi comme un père, quand vous pouviez
« n'être qu'un protecteur. C'est donc à vous seul, à vous qui m'a-
« vez fait tout ce que je suis, que je puis les dire. Je suis atteint
« d'une cruelle maladie, maladie morale d'ailleurs : j'ai dans l'âme
« des sentiments et dans l'esprit des dispositions qui me rendent
« complétement impropre à ce que l'État ou la Société veulent de
« moi. Ceci vous paraîtra peut-être un acte d'ingratitude, tandis
« que c'est tout simplement un acte d'accusation. Quand j'avais
« douze ans, vous, mon généreux parrain, vous avez deviné chez le
« fils d'un simple ouvrier une certaine aptitude aux sciences exactes
« et un précoce désir de parvenir ; vous avez donc favorisé mon es-
« sor vers les régions supérieures, alors que ma destinée primitive
« était de rester charpentier comme mon pauvre père, qui n'a pas
« assez vécu pour jouir de mon élévation. Assurément, monsieur,
« vous avez bien fait, et il ne se passe pas de jour que je ne vous
« bénisse ; aussi, est-ce moi peut-être qui ai tort. Mais que j'aie
« raison ou que je me trompe, je souffre ; et n'est-ce pas vous
« mettre bien haut que de vous adresser mes plaintes ? n'est-ce pas
« vous prendre, comme Dieu, pour un juge suprême ? Dans tous
« les cas, je me confie à votre indulgence.

« Entre seize et dix-huit ans, je me suis adonné à l'étude des scien-
« ces exactes de manière à me rendre malade, vous le savez. Mon
« avenir dépendait de mon admission à l'École Polytechnique. Dans
« ce temps, mes travaux ont démesurément cultivé mon cerveau, j'ai
« failli mourir, j'étudiais nuit et jour, je me faisais plus fort que la
« nature de mes organes ne le permettait peut-être. Je voulais
« passer des examens si satisfaisants, que ma place à l'École fût
« certaine et assez avancée pour me donner le droit à la remise de
« la pension que je voulais vous éviter de payer : j'ai triomphé !
« Je frémis aujourd'hui quand je pense à l'effroyable conscrip-
« tion de cerveaux livrés chaque année à l'État par l'ambition des
« familles qui, plaçant de si cruelles études au temps où l'adulte
« achève ses diverses croissances, doit produire des malheurs in-
« connus, en tuant à la lueur des lampes certaines facultés pré-
« cieuses qui plus tard se développeraient grandes et fortes. Les
« lois de la Nature sont impitoyables, elles ne cèdent rien aux en-
« treprises ni aux vouloirs de la Société. Dans l'ordre moral comme
« dans l'ordre naturel, tout abus se paie. Les fruits demandés avant
« le temps en serre chaude à un arbre, viennent aux dépens de

« l'arbre même ou de la qualité de ses produits. La Quintinie tuait
« des orangers pour donner à Louis XIV un bouquet de fleurs,
« chaque matin, en toute saison. Il en est de même pour les intel-
« ligences. La force demandée à des cerveaux adultes est un es-
« compte de leur avenir. Ce qui manque essentiellement à notre
« époque est l'esprit législatif. L'Europe n'a point encore eu de
« vrais législateurs depuis Jésus-Christ, qui, n'ayant point donné
« son Code politique, a laissé son œuvre incomplète. Ainsi, avant
« d'établir les Écoles Spéciales et leur mode de recrutement, y a-t-
« il eu de ces grands penseurs qui tiennent dans leur tête l'immen-
« sité des relations totales d'une Institution avec les forces humai-
« nes, qui en balancent les avantages et les inconvénients, qui
« étudient dans le passé les lois de l'avenir ? S'est-on enquis du
« sort des hommes exceptionnels qui, par un hasard fatal, savaient
« les sciences humaines avant le temps? En a-t-on calculé la ra-
« reté? En a-t-on examiné la fin? A-t-on recherché les moyens par
« lesquels ils ont pu soutenir la perpétuelle étreinte de la pensée ?
« Combien, comme Pascal, sont morts prématurément, usés par la
« science? A-t-on recherché l'âge auquel ceux qui ont vécu long-
« temps avaient commencé leurs études? Savait-on, sait-on, au mo-
« ment où j'écris, les dispositions intérieures des cerveaux qui
« peuvent supporter l'assaut prématuré des connaissances humai-
« nes? Soupçonne-t-on que cette question tient à la physiologie de
« l'homme avant tout? Eh! bien, je crois, moi, maintenant, que
« la règle générale est de rester longtemps dans l'état végétatif de
« l'adolescence. L'exception que constitue la force des organes
« dans l'adolescence a, la plupart du temps, pour résultat l'abré-
« viation de la vie. Ainsi, l'homme de génie qui résiste à un pré-
« coce exercice de ses facultés doit être une exception dans l'excep-
« tion. Si je suis d'accord avec les faits sociaux et l'observation
« médicale, le mode suivi en France pour le recrutement des Écoles
« spéciales est donc une mutilation dans le genre de celle de la
« Quintinie, exercée sur les plus beaux sujets de chaque généra-
« tion. Mais je poursuis, et je joindrai mes doutes à chaque ordre
« de faits. Arrivé à l'École, j'ai travaillé de nouveau et avec bien
« plus d'ardeur, afin d'en sortir aussi triomphalement que j'y étais
« entré. De dix-neuf à vingt et un ans, j'ai donc étendu chez moi
« toutes les aptitudes, nourri mes facultés par un exercice cons-
« tant. Ces deux années ont bien couronné les trois premières, pen-

« dant lesquelles je m'étais seulement préparé à bien faire. Aussi,
« quel ne fut pas mon orgueil d'avoir conquis le droit de choisir
« celle des carrières qui me plairait le plus, du Génie militaire ou
« maritime, de l'Artillerie ou de l'État-major, des Mines ou des
« Ponts-et-chaussées. Par votre conseil, j'ai choisi les Ponts-et-
« chaussées. Mais, là où j'ai triomphé, combien de jeunes gens suc-
« combent ! Savez-vous que, d'année en année, l'État augmente ses
« exigences scientifiques à l'égard de l'École, les études y devien-
« nent plus fortes, plus âpres, de période en période? Les travaux
« préparatoires auxquels je me suis livré n'étaient rien comparés
« aux ardentes études de l'École, qui ont pour objet de mettre la
« totalité des sciences physiques, mathématiques, astronomiques,
« chimiques, avec leurs nomenclatures, dans la tête de jeunes
« gens de dix-neuf à vingt et un ans. L'État, qui en France sem-
« ble, en bien des choses, vouloir se substituer au pouvoir pater-
« nel, est sans entrailles ni paternité; il fait ses expériences *in
« anima vili*. Jamais il n'a demandé l'horrible statistique des souf-
« frances qu'il a causées; il ne s'est pas enquis depuis trente-six
« ans du nombre de fièvres cérébrales qui se déclarent, ni des
« désespoirs qui éclatent au milieu de cette jeunesse, ni des des-
« tructions morales qui la déciment. Je vous signale ce côté dou-
« loureux de la question, car il est un des contingents antérieurs
« du résultat définitif : pour quelques têtes faibles, le résultat est
« proche au lieu d'être retardé. Vous savez aussi que les sujets
« chez lesquels la conception est lente, ou qui sont momentané-
« ment annulés par l'excès du travail, peuvent rester trois ans au
« lieu de deux à l'École, et que ceux-là sont l'objet d'une suspi-
« cion peu favorable à leur capacité. Enfin, il y a chance pour des
« jeunes gens, qui plus tard peuvent se montrer supérieurs, de
« sortir de l'école sans être employés, faute de présenter aux exa-
« mens définitifs la somme de science demandée. On les appelle
« des *fruits secs*, et Napoléon en faisait des sous-lieutenants ! Au-
« jourd'hui le *fruit sec* constitue en capital une perte énorme pour
« les familles, et un temps perdu pour l'individu. Mais enfin, moi
« j'ai triomphé ! A vingt et un ans, je possédais les sciences ma-
« thématiques au point où les ont amenées tant d'hommes de gé-
« nie, et j'étais impatient de me distinguer en les continuant. Ce
« désir est si naturel, que presque tous les Élèves, en sortant, ont
« les yeux fixés sur ce soleil moral nommé la Gloire ! Notre pre-

« mière pensée à tous a été d'être des Newton, des Laplace ou des
« Vauban. Tels sont les efforts que la France demande aux jeunes
« gens qui sortent de cette célèbre École !

« Voyons maintenant les destinées de ces hommes triés avec
« tant de soin dans toute la génération ? A vingt et un ans on
« rêve toute la vie, on s'attend à des merveilles. J'entrai à l'École
« des Ponts-et-chaussées, j'étais Élève-ingénieur. J'étudiai la
« science des constructions, et avec quelle ardeur ! vous devez
« vous en souvenir. J'en suis sorti en 1826, âgé de vingt-quatre
« ans, je n'étais encore qu'Ingénieur-Aspirant, l'État me don-
« nait cent cinquante francs par mois. Le moindre teneur de
« livres gagne cette somme à dix-huit ans, dans Paris, en ne
« donnant, par jour, que quatre heures de son temps. Par un
« bonheur inouï, peut-être à cause de la distinction que mes
« études m'avaient value, je fus nommé à vingt-cinq ans, en
« 1828, ingénieur ordinaire. On m'envoya, vous savez où, dans
« une Sous-préfecture, à deux mille cinq cents francs d'appointe-
« ments. La question d'argent n'est rien. Certes, mon sort est
« plus brillant que ne devait l'être celui du fils d'un charpentier ;
« mais quel est le garçon épicier qui, jeté dans une boutique à
« seize ans, ne se trouverait à vingt-six sur le chemin d'une for-
« tune indépendante ? J'appris alors à quoi tendaient ces terribles
« déploiements d'intelligence, ces efforts gigantesques demandés
« par l'État ? L'État m'a fait compter et mesurer des pavés ou des
« tas de cailloux sur les routes. J'ai eu à entretenir, réparer et
« quelquefois construire des cassis, des pontceaux, à faire régler
« des accotements, à curer ou bien à ouvrir des fossés. Dans le ca-
« binet, j'avais à répondre à des demandes d'alignement ou de
« plantation et d'abattage d'arbres. Telles sont, en effet, les prin-
« cipales et souvent les uniques occupations des ingénieurs ordi-
« naires, en y joignant de temps en temps quelques opérations de
« nivellement qu'on nous oblige à faire nous-mêmes, et que le
« moindre de nos conducteurs, avec son expérience seule, fait tou-
« jours beaucoup mieux que nous, malgré toute notre science.
« Nous sommes près de quatre cents ingénieurs ordinaires ou élè-
« ves-ingénieurs, et comme il n'y a que cent et quelques ingénieurs
« en chef, tous les ingénieurs ordinaires ne peuvent pas atteindre
« à ce grade supérieur ; d'ailleurs, au-dessus de l'ingénieur en
« chef il n'existe pas de classe absorbante ; il ne faut pas compter

« comme moyen d'absorption douze ou quinze places d'inspecteurs
« généraux ou divisionnaires, places à peu près aussi inutiles dans
« notre corps que celles des colonels le sont dans l'artillerie, où
« la batterie est l'unité. L'ingénieur ordinaire, de même que le
« capitaine d'artillerie, sait toute la science ; il ne devrait y avoir au-
« dessus qu'un chef d'administration pour relier les quatre-vingt-
« six ingénieurs à l'État; car un seul ingénieur, aidé par deux as-
« pirants, suffit à un département. La hiérarchie, en de pareils
« corps, a pour effet de subordonner les capacités actives à d'an-
« ciennes capacités éteintes qui, tout en croyant mieux faire, al-
« tèrent ou dénaturent ordinairement les conceptions qui leur sont
« soumises, peut-être dans le seul but de ne pas voir mettre leur
« existence en question ; car telle me semble être l'unique influence
« qu'exerce sur les travaux publics, en France, le Conseil général
« des Ponts-et-chaussées. Supposons néanmoins qu'entre trente et
« quarante ans, je sois ingénieur de première classe et ingénieur
« en chef avant l'âge de cinquante ans? Hélas! je vois mon avenir,
« il est écrit à mes yeux. Mon ingénieur en chef a soixante ans, il est
« sorti avec honneur, comme moi, de cette fameuse École; il a
« blanchi dans deux départements à faire ce que je fais, il y est de-
« venu l'homme le plus ordinaire qu'il soit possible d'imaginer, il
« est retombé de toute la hauteur à laquelle il s'était élevé; bien
« plus, il n'est pas au niveau de la science, la science a marché, il
« est resté stationnaire; bien mieux, il a oublié ce qu'il savait!
« L'homme qui se produisait à vingt-deux ans avec tous les symp-
« tômes de la supériorité, n'en a plus aujourd'hui que l'apparence.
« D'abord, spécialement tourné vers les sciences exactes et les ma-
« thématiques par son éducation, il a négligé tout ce qui n'était
« pas *sa partie*. Aussi ne sauriez-vous imaginer jusqu'où va sa nul-
« lité dans les autres branches des connaissances humaines. Le
« calcul lui a desséché le cœur et le cerveau. Je n'ose confier qu'à
« vous le secret de sa nullité, abritée par le renom de l'École Poly-
« technique. Cette étiquette impose, et sur la foi du préjugé, per-
« sonne n'ose mettre en doute sa capacité. A vous seul je dirai que
« l'extinction de ses talents l'a conduit à faire dépenser dans une
« seule affaire un million au lieu de deux cent mille francs au Dé-
« partement. J'ai voulu protester, éclairer le préfet; mais un in-
« génieur de mes amis m'a cité l'un de nos camarades devenu la
« bête noire de l'Administration pour un fait de ce genre. — « Se-

« rais-tu bien aise, quand tu seras ingénieur en chef, de voir tes
« erreurs relevées par ton subordonné ? me dit-il. Ton ingénieur
« en chef va devenir inspecteur divisionnaire. Dès qu'un des nô-
« tres commet une lourde faute, l'Administration, qui ne doit ja-
« mais avoir tort, le retire du service actif en le faisant inspecteur. »
« Voilà comment la récompense due au talent est dévolue à la nul-
« lité. La France entière a vu le désastre, au cœur de Paris, du
« premier pont suspendu que voulut élever un ingénieur, membre
« de l'Académie des sciences, triste chute qui fut causée par des
« fautes que ni le constructeur du canal de Briare, sous Henri IV,
« ni le moine qui a bâti le Pont-Royal, n'eussent faites, et que l'Ad-
« ministration consola en appelant cet ingénieur au Conseil gé-
« néral. Les Écoles Spéciales seraient-elles donc de grandes fabri-
« ques d'incapacités ? Ce sujet exige de longues observations. Si
« j'avais raison, il voudrait une réforme au moins dans le mode de
« procéder, car je n'ose mettre en doute l'utilité des Écoles. Seu-
« lement en regardant le passé, voyons-nous que la France ait ja-
« mais manqué jadis des grands talents nécessaires à l'État, et
« qu'aujourd'hui l'État voudrait faire éclore à son usage par le
« procédé de Monge? Vauban est-il sorti d'une École autre que
« cette grande École appelée la Vocation. Quel fut le précepteur de
« Riquet ? Quand les génies surgissent ainsi du milieu social, pous-
« sés par la vocation, ils sont presque toujours complets, l'homme
« alors n'est pas seulement spécial, il a le don d'universalité.
« Je ne crois pas qu'un ingénieur sorti de l'École puisse jamais
« bâtir un de ces miracles d'architecture que savait élever Léonard
« de Vinci, à la fois mécanicien, architecte, peintre, un des in-
« venteurs de l'hydraulique, un infatigable constructeur de ca-
« naux. Façonnés, dès le jeune âge, à la simplicité absolue des
« théorèmes, les sujets sortis de l'École perdent le sens de l'élé-
« gance et de l'ornement; une colonne leur semble inutile, ils re-
« viennent au point où l'art commence, en s'en tenant à l'utile.
« Mais ceci n'est rien en comparaison de la maladie qui me mine !
« Je sens s'accomplir en moi la plus terrible métamorphose; je
« sens dépérir mes forces et mes facultés, qui, démesurément ten-
« dues, s'affaissent. Je me laisse gagner par le prosaïsme de ma
« vie. Moi qui, par la nature de mes efforts, me destinais à de
« grandes choses, je me vois face à face avec les plus petites, à vé-
« rifier des mètres de cailloux, visiter des chemins, arrêter des

« états d'approvisionnement. Je n'ai pas à m'occuper deux heures
« par jour. Je vois mes collègues se marier, tomber dans une si-
« tuation contraire à l'esprit de la société moderne? Mon ambition
« est-elle donc démesurée? je voudrais être utile à mon pays. Le
« pays m'a demandé des forces extrêmes, il m'a dit de devenir un
« des représentants de toutes les sciences, et je me croise les bras
« au fond d'une province? Il ne me permet pas de sortir de la lo-
« calité dans laquelle je suis parqué pour exercer mes facultés en
« essayant des projets utiles. Une défaveur occulte et réelle est la
« récompense assurée à celui de nous qui, cédant à ses inspira-
« tions, dépasse ce que son service spécial exige de lui. Dans ce
« cas, la faveur que doit espérer un homme supérieur est l'oubli
« de son talent, de son outrecuidance, et l'enterrement de son projet
« dans les cartons de la direction. Quelle sera la récompense de
« Vicat, celui d'entre nous qui a fait faire le seul progrès réel à la
« science pratique des constructions? Le Conseil général des Ponts-
« et-chaussées, composé en partie de gens usés par de longs et
« quelquefois honorables services, mais qui n'ont plus de force que
« pour la négation, et qui rayent ce qu'ils ne comprennent plus,
« est l'étouffoir dont on se sert pour anéantir les projets des esprits
« audacieux. Ce Conseil semble avoir été créé pour paralyser les
« bras de cette belle jeunesse qui ne demande qu'à travailler, qui
« veut servir la France! Il se passe à Paris des monstruosités : l'a-
« venir d'une province dépend du *visa* de ces centralisateurs qui,
« par des intrigues que je n'ai pas le loisir de vous détailler, arrê-
« tent l'exécution des meilleurs plans ; les meilleurs sont en effet
« ceux qui offrent le plus de prise à l'avidité des compagnies ou
« des spéculateurs, qui choquent ou renversent le plus d'abus, et
« l'Abus est constamment plus fort en France que l'Amélioration.

« Encore cinq ans, je ne serai donc plus moi-même, je verrai
« s'éteindre mon ambition, mon noble désir d'employer les facultés
« que mon pays m'a demandé de déployer, et qui se rouilleront
« dans le coin obscur où je vis. En calculant les chances les plus
« heureuses, l'avenir me semble être peu de chose. J'ai profité
« d'un congé pour venir à Paris, je veux changer de carrière, cher-
« cher l'occasion d'employer mon énergie, mes connaissances et
« mon activité. Je donnerai ma démission, j'irai dans les pays où
« les hommes spéciaux de ma classe manquent et peuvent accom-
« plir de grandes choses. Si rien de tout cela n'est possible, je me

« jetterai dans une des doctrines nouvelles qui paraissent devoir
« faire des changements importants à l'ordre social actuel, en di-
« rigeant mieux les travailleurs. Que sommes-nous, sinon des
« travailleurs sans ouvrage, des outils dans un magasin? Nous
« sommes organisés comme s'il s'agissait de remuer le globe, et
« nous n'avons rien à faire. Je sens en moi quelque chose de
« grand qui s'amoindrit, qui va périr, et je vous le dis avec une
« franchise mathématique. Avant de changer de condition, je
« voudrais avoir votre avis, je me regarde comme votre enfant et
« ne ferai jamais de démarches importantes sans vous les sou-
« mettre, car votre expérience égale votre bonté. Je sais bien que
l'État, après avoir obtenu ses hommes spéciaux, ne peut pas
« inventer exprès pour eux des monuments à élever, il n'a pas trois
« cents ponts à construire par année; et il ne peut pas plus faire
« bâtir des monuments à ses ingénieurs qu'il ne déclare de guerre
« pour donner lieu de gagner des batailles et de faire surgir de
« grands capitaines; mais alors, comme jamais l'homme de génie
« n'a manqué de se présenter quand les circonstances le récla-
« maient, qu'aussitôt qu'il y a eu beaucoup d'or à dépenser et de
« grandes choses à produire, il s'élance de la foule un de ces
« hommes uniques, et qu'en ce genre surtout un Vauban suffit;
« rien ne démontre mieux l'inutilité de l'Institution. Enfin, quand
« on a stimulé par tant de préparations un homme de choix;
« comment ne pas comprendre qu'il fera mille efforts avant de se
« laisser annuler. Est-ce de la bonne politique? N'est-ce pas
« allumer d'ardentes ambitions? Leur aurait-on dit à tous ces
« ardents cerveaux de savoir calculer tout, excepté leur destinée?
« Enfin, dans ces six cents jeunes gens, il existe des exceptions,
« des hommes forts qui résistent à leur démonétisation, et j'en
« connais; mais si l'on pouvait raconter leurs luttes avec les
« hommes et les choses, quand, armés de projets utiles, de con-
« ceptions qui doivent engendrer la vie et les richesses chez des
« provinces inertes, ils rencontrent des obstacles là où pour eux
« l'État a cru leur faire trouver aide et protection, on regarderait
« l'homme puissant, l'homme à talent, l'homme dont la nature est
« un miracle, comme plus malheureux cent fois et plus à plaindre
« que l'homme dont la nature abâtardie se prête à l'amoindrisse-
« ment de ses facultés. Aussi aimé-je mieux diriger une entre-
« prise commerciale ou industrielle, vivre de peu de chose en

« cherchant à résoudre un des nombreux problèmes qui manquent
« à l'industrie, à la société, que de rester dans le poste où je suis.
« Vous me direz que rien ne m'empêche d'occuper, dans ma rési-
« dence, mes forces intellectuelles, de chercher dans le silence de
« cette vie médiocre la solution de quelque problème utile à
« l'humanité. Eh ! monsieur, ne connaissez-vous pas l'influence de
« la province et l'action relâchante d'une vie précisément assez
« occupée pour user le temps en des travaux presque futiles et pas
« assez néanmoins pour exercer les riches moyens que notre édu-
« cation a créés. Ne me croyez pas, mon cher protecteur, dévoré
« par l'envie de faire fortune, ni par quelque désir insensé de
« gloire. Je suis trop calculateur pour ignorer le néant de la
« gloire. L'activité nécessaire à cette vie ne me fait pas souhaiter
« de me marier, car en voyant ma destination actuelle, je n'estime
« pas assez l'existence pour faire ce triste présent à un autre moi-
« même. Quoique je regarde l'argent comme un des plus puissants
« moyens qui soient donnés à l'homme social pour agir, ce n'est,
« après tout, qu'un moyen. Je mets donc mon seul plaisir dans la
« certitude d'être utile à mon pays. Ma plus grande jouissance
« serait d'agir dans le milieu convenable à mes facultés. Si, dans
« le cercle de votre contrée, de vos connaissances, si dans l'espace
« où vous rayonnez, vous entendiez parler d'une entreprise qui
« exigeât quelques-unes des capacités que vous me savez, j'atten-
« drai pendant six mois une réponse de vous. Ce que je vous écris
« là, monsieur et ami, d'autres le pensent. J'ai vu beaucoup de
« mes camarades ou d'anciens élèves, pris comme moi dans le
« traquenard d'une spécialité, des ingénieurs-géographes, des ca-
« pitaines-professeurs, des capitaines du génie militaire qui se
« voient capitaines pour le reste de leurs jours et qui regrettent
« amèrement de ne pas avoir passé dans l'armée active. Enfin, à
« plusieurs reprises, nous nous sommes, entre nous, avoué la
« longue mystification de laquelle nous étions victimes et qui se
« reconnaît lorsqu'il n'est plus temps de s'y soustraire, quand
« l'animal est fait à la machine qu'il tourne, quand le malade est
« accoutumé à sa maladie. En examinant bien ces tristes résultats,
« je me suis posé les questions suivantes et je vous les communique,
« à vous homme de sens et capable de les mûrement méditer, en
« sachant qu'elles sont le fruit de méditations épurées au feu des
« souffrances. Quel but se propose l'État ! Veut-il obtenir des

« capacités? Les moyens employés vont directement contre la fin,
« il a bien certainement créé les plus honnêtes médiocrités qu'un
« gouvernement ennemi de la supériorité pourrait souhaiter.
« Veut-il donner une carrière à des intelligences choisies? Il leur
« a preparé la condition la plus médiocre : il n'est pas un des
« hommes sortis des Écoles qui ne regrette, entre cinquante et
« soixante ans, d'avoir donné dans le piége que cachent les pro-
« messes de l'État. Veut-il obtenir des hommes de génie? Quel
« immense talent ont produit les Écoles depuis 1790? Sans Napo-
« léon, Cachin, l'homme de génie à qui l'on doit Cherbourg, eût-
« il existé? Le despotisme impérial l'a distingué, le régime
« constitutionnel l'aurait étouffé. L'Académie des sciences compte-
« t-elle beaucoup d'hommes sortis des Écoles spéciales? Peut-être
« y en a-t-il deux ou trois! L'homme de génie se révélera toujours
« en dehors des Écoles spéciales. Dans les sciences dont s'occupent
« ces Écoles, le génie n'obéit qu'à ses propres lois, il ne se déve-
« loppe que par des circonstances sur lesquelles l'homme ne peut
« rien : ni l'État, ni la science de l'homme, l'Anthropologie, ne
« les connaissent. Riquet, Perronet, Léonard de Vinci, Cachin,
« Palladio, Brunelleschi, Michel-Ange, Bramante, Vauban, Vicat
« tiennent leur génie de causes inobservées et préparatoires aux-
« quelles nous donnons le nom de hasard, le grand mot des sots.
« Jamais, avec ou sans Écoles, ces ouvriers sublimes ne manquent
« à leurs siècles. Maintenant est-ce que, par cette organisation,
« l'État gagne des travaux d'utilité publique mieux faits ou à
« meilleur marché? D'abord, les entreprises particulières se pas-
« sent très-bien des ingénieurs; puis, les travaux de notre gouver-
« nement sont les plus dispendieux et coûtent de plus l'immense
« état-major des Ponts-et-chaussées. Enfin, dans les autres pays,
« en Allemagne, en Angleterre, en Italie où ces institutions n'exi-
« stent pas, les travaux analogues sont au moins aussi bien faits et
« moins coûteux qu'en France. Ces trois pays se font remarquer
« par des inventions neuves et utiles en ce genre. Je sais qu'il est
« de mode, en parlant de nos Écoles, de dire que l'Europe nous
« les envie; mais depuis quinze ans, l'Europe qui nous observe
« n'en a point créé de semblables. L'Angleterre, cette habile calcu-
« latrice, a de meilleures Écoles dans sa population ouvrière d'où
« surgissent des hommes pratiques qui grandissent en un moment
« quand ils s'élèvent de la Pratique à la Théorie. Sthéphenson et

« Mac-Adam ne sont pas sortis de nos fameuses Écoles. Mais à quoi
« bon ? Quand de jeunes et habiles ingénieurs, pleins de feu,
« d'ardeur, ont, au début de leur carrière, résolu le problème de
« l'entretien des routes de France qui demande des centaines de
« millions par quart de siècle, et qui sont dans un pitoyable état,
« ils ont eu beau publier de savants ouvrages, des mémoires ; tout
« s'est engouffré dans la Direction Générale, dans ce centre pari-
« sien où tout entre et d'où rien ne sort, où les vieillards
« jalousent les jeunes gens, où les places élevées servent à
« retirer le vieil ingénieur qui se fourvoie. Voilà comment,
« avec un corps savant répandu sur toute la France, qui com-
« pose un des rouages de l'administration, qui devrait manier
« le pays et l'éclairer sur les grandes questions de son ressort, il
« arrivera que nous discuterons encore sur les chemins de fer
« quand les autres pays auront fini les leurs. Or si jamais la France
« avait dû démontrer l'excellence de l'institution des Écoles Spé-
« ciales, n'était-ce pas dans cette magnifique phase de travaux pu-
« blics, destinée à changer la face des États, à doubler la vie
« humaine en modifiant les lois de l'espace et du temps. La Bel-
« gique, les États-Unis, l'Allemagne, l'Angleterre, qui n'ont pas
« d'Écoles Polytechniques, auront chez elles des réseaux de chemins
« de fer, quand nos ingénieurs en seront encore à tracer les nôtres,
« quand de hideux intérêts cachés derrière des projets en arrête-
« ront l'exécution. On ne pose pas une pierre en France sans que
« dix paperassiers parisiens n'aient fait de sots et inutiles rapports.
« Ainsi, quant à l'État, il ne tire aucun profit de ses Écoles Spé-
« ciales ; quant à l'individu, sa fortune est médiocre, sa vie est
« une cruelle déception. Certes, les moyens que l'Élève a déployés
« entre seize et vingt-six ans, prouvent que, livré à sa seule
« destinée, il l'eût faite plus grande et plus riche que celle à laquelle
« le gouvernement l'a condamné. Commerçant, savant, militaire,
« cet homme d'élite eût agi dans un vaste milieu, si ses précieuses
« facultés et son ardeur n'avaient pas été sottement et prématuré-
« ment énervées. Où donc est le Progrès ? L'État et l'Homme
« perdent assurément au système actuel. Une expérience d'un
« demi-siècle ne réclame-t-elle pas des changements dans la mise
« en œuvre de l'Institution. Quel sacerdoce constitue l'obligation
« de trier en France, parmi toute une génération, les hommes
« destinés à être la partie savante de la nation ? Quelles études ne

« devraient pas avoir faites ces grands-prêtres du Sort? Les con-
« naissances mathématiques ne leur sont peut-être pas aussi né-
« cessaires que les connaissances physiologiques. Ne vous semble-
« t-il pas qu'il faille un peu de cette seconde vue qui est la sor-
« cellerie des grands Hommes. Les Examinateurs sont d'anciens
« professeurs, des hommes honorables, vieillis dans le travail, dont
« la mission se borne à chercher les meilleurs mémoires : ils ne
« peuvent rien faire que ce qu'on leur demande. Certes, leurs
« fonctions devraient être les plus grandes de l'État, et veulent des
« hommes extraordinaires. Ne pensez pas, monsieur et ami, que
« mon blâme s'arrête uniquement à l'École de laquelle je sors, il
« ne frappe pas seulement sur l'Institution en elle-même, mais
« encore et surtout sur le mode employé pour l'alimenter. Ce
« mode est celui du *Concours*, invention moderne, essentiellement
« mauvaise, et mauvaise non-seulement dans la Science, mais
« encore partout où elle s'emploie, dans les Arts, dans toute élec-
« tion d'hommes, de projets ou de choses. S'il est malheureux pour
« nos célèbres Écoles de n'avoir pas plus produit de gens supé-
« rieurs, que toute autre réunion de jeunes gens en eût donnés, il
« est encore plus honteux que les premiers grands prix de l'Insti-
« tut n'aient fourni ni un grand peintre, ni un grand musicien, ni
« un grand architecte, ni un grand sculpteur; de même que,
« depuis vingt ans, l'Élection n'a pas, dans sa marée de médiocrités,
« amené au pouvoir un seul grand homme d'État. Mon observa-
« tion porte sur une erreur qui vicie, en France, et l'éducation et
« la politique. Cette cruelle erreur repose sur le principe suivant
« que les organisateurs ont méconnu :

« *Rien, ni dans l'expérience, ni dans la nature des choses ne*
« *peut donner la certitude que les qualités intellectuelles de l'a-*
« *dulte seront celles de l'homme fait.*

« En ce moment, je suis lié avec plusieurs hommes distingués
« qui se sont occupés de toutes les maladies morales par lesquelles
« la France est dévorée. Ils ont reconnu, comme moi, que l'In-
« struction supérieure fabrique des capacités temporaires parce
« qu'elles sont sans emploi ni avenir ; que les lumières répandues
« par l'Instruction inférieure sont sans profit pour l'État, parce
« qu'elles sont dénuées de croyance et de sentiment. Tout notre
« système d'Instruction Publique exige un vaste remaniement au-
« quel devra présider un homme d'un profond savoir, d'une vo-

« lonté puissante et doué de ce génie législatif qui ne s'est peut-
« être rencontré chez les modernes que dans la tête de Jean-Jac-
« ques Rousseau. Peut-être le trop plein des spécialités devrait-
« il être employé dans l'enseignement élémentaire, si nécessaire
« aux peuples. Nous n'avons pas assez de patients, de dévoués in-
« stituteurs pour manier ces masses. La quantité déplorable de
« délits et de crimes accuse une plaie sociale dont la source est
« dans cette demi-instruction donnée au peuple, et qui tend à dé-
« truire les liens sociaux en le faisant réfléchir assez pour qu'il dé-
« serte les croyances religieuses favorables au pouvoir et pas assez
« pour qu'il s'élève à la théorie de l'Obéissance et du Devoir qui
« est le dernier terme de la Philosophie Transcendante. Il est im-
« possible de faire étudier Kant à toute une nation ; aussi la
« Croyance et l'Habitude valent-elles mieux pour les peuples que
« l'Étude et le Raisonnement. Si j'avais à recommencer la vie, peut-
« être entrerais-je dans un séminaire et voudrais-je être un simple
« curé de campagne, ou l'instituteur d'une commune. Je suis trop
« avancé dans ma voie pour n'être qu'un simple instituteur primaire,
« et d'ailleurs je puis agir sur un cercle plus étendu que ceux
« d'une École ou d'une Cure. Les Saint-Simoniens, auxquels j'é-
« tais tenté de m'associer, veulent prendre une route dans laquelle
« je ne saurais les suivre ; mais, en dépit de leurs erreurs, ils ont
« touché plusieurs points douloureux, fruits de notre législation,
« auxquels on ne remédiera que par des palliatifs insuffisants et qui
« ne feront qu'ajourner en France une grande crise morale et po-
« litique. Adieu, cher monsieur, trouvez ici l'assurance de mon
« respectueux et fidèle attachement qui, nonobstant ces observa-
« tions ne pourra jamais que s'accroître.

« GRÉGOIRE GÉRARD. »

Selon sa vieille habitude de banquier, Grossetête avait minuté
la réponse suivante sur le dos même de cette lettre en mettant au-
dessus le mot sacramentel : *Répondue.*

« Il est d'autant plus inutile, mon cher Gérard, de discuter les
« observations contenues dans votre lettre, que, par un jeu du ha-
« sard (je me sers du mot des sots), j'ai une proposition à vous
« faire dont l'effet est de vous tirer de la situation où vous vous
« trouvez si mal. Madame Graslin, propriétaire des forêts de Mon-
« tégnac et d'un plateau fort ingrat qui s'étend au bas de la longue

« chaîne de collines sur laquelle est sa forêt, a le dessein de tirer
« parti de cet immense domaine, d'exploiter ses bois et de cultiver
« ses plaines caillouteuses. Pour mettre ce projet à exécution, elle
« a besoin d'un homme de votre science et de votre ardeur, qui ait
« à la fois votre dévouement désintéressé et vos idées d'utilité pra-
« tique. Peu d'argent et beaucoup de travaux à faire ! un résultat
« immense par de petits moyens ! un pays à changer en entier !
« Faire jaillir l'abondance du milieu le plus dénué, n'est-ce pas ce
« que vous souhaitez, vous qui voulez construire un poëme ? D'après
« le ton de sincérité qui règne dans votre lettre, je n'hésite pas à
« vous dire de venir me voir à Limoges ; mais, mon ami, ne don-
« nez pas votre démission, faites-vous seulement détacher de votre
« corps en expliquant à votre Administration que vous allez étudier
« des questions de votre ressort, en dehors des travaux de l'État.
« Ainsi vous ne perdrez rien de vos droits, et vous aurez le temps
« de juger si l'entreprise conçue par le curé de Montégnac, et qui
« sourit à madame Graslin, est exécutable. Je vous expliquerai de
« vive voix les avantages que vous pourrez trouver, dans le cas où
« ces vastes changements seraient possibles. Comptez toujours sur
« l'amitié de votre tout dévoué,

« GROSSETÊTE. »

Madame Graslin ne répondit pas autre chose à Grossetête que ce peu de mots : « Merci, mon ami, j'attends votre protégé. » Elle montra la lettre de l'ingénieur à monsieur Bonnet, en lui disant :
— Encore un blessé qui cherche le grand hôpital.

Le curé lut la lettre, il la relut, fit deux ou trois tours de ter-rasse en silence, et la rendit en disant à madame Graslin : — C'est d'une belle âme et d'un homme supérieur ! Il dit que les Écoles inventées par le génie révolutionnaire fabriquent des incapacités, moi je les appelle des fabriques d'incrédules, car si monsieur Gé-rard n'est pas un athée, il est protestant...

— Nous le demanderons, dit-elle frappée de cette réponse.

Quinze jours après, dans le mois de décembre, malgré le froid, monsieur Grossetête vint au château de Montégnac pour y présenter son protégé que Véronique et monsieur Bonnet attendaient impa-tiemment.

— Il faut vous bien aimer, mon enfant, dit le vieillard en pre-nant les deux mains de Véronique dans les siennes et les lui baisant avec cette galanterie de vieilles gens qui n'offense jamais les femmes, oui, bien vous aimer pour avoir quitté Limoges par un temps pareil ; mais je tenais à vous faire moi-même cadeau de monsieur Grégoire Gérard que voici. C'est un homme selon votre cœur, monsieur Bonnet, dit l'ancien banquier en saluant affectueusement le curé.

L'extérieur de Gérard était peu prévenant. De moyenne taille, épais de forme, le cou dans les épaules, selon l'expression vulgaire, il avait les cheveux jaunes d'or, les yeux rouges de l'albinos, des cils et des sourcils presque blancs. Quoique son teint, comme celui des gens de cette espèce, fût d'une blancheur éclatante, des marques de petite-vérole et des coutures très-apparentes lui ôtaient son éclat primitif ; l'étude lui avait sans doute altéré la vue, car il portait des conserves. Quand il se débarrassa d'un gros manteau de gendarme, l'habillement qu'il montra ne rachetait point la disgrâce de son extérieur. La manière dont ses vêtements étaient mis et boutonnés, sa cravate négligée, sa chemise sans fraîcheur offraient les marques de ce défaut de soin sur eux-mêmes que l'on reproche aux hommes de science, tous plus ou moins distraits. Comme chez presque tous les penseurs, sa contenance et son attitude, le développement du buste et la maigreur des jambes annonçaient une sorte d'affaissement corporel produit par les habitudes de la méditation ; mais la puissance de cœur et l'ardeur d'intelligence, dont les preuves étaient écrites dans sa lettre, éclataient sur son front qu'on eût dit taillé dans du marbre de Carrare. La nature semblait s'être réservé cette place pour y mettre les signes évidents de la grandeur, de la constance, de la bonté de cet homme. Le nez, comme chez tous les hommes de race gauloise, était d'une forme écrasée. Sa bouche, ferme et droite, indiquait une discrétion absolue, et le sens de l'économie ; mais tout le masque fatigué par l'étude avait prématurément vieilli.

— Nous avons déjà, monsieur, à vous remercier, dit madame Graslin à l'ingénieur, de bien vouloir venir diriger des travaux dans un pays qui ne vous offrira d'autres agréments que la satisfaction de savoir qu'on peut y faire du bien.

— Madame, répondit-il, monsieur Grossetête m'en a dit assez sur vous pendant que nous cheminions pour que déjà je fusse heureux de vous être utile, et que la perspective de vivre auprès de vous et de monsieur Bonnet me parût charmante. A moins que l'on ne me chasse du pays, j'y compte finir mes jours.

— Nous tâcherons de ne pas vous faire changer d'avis, dit en souriant madame Graslin.

— Voici, dit Grossetête à Véronique en la prenant à part, des papiers que le procureur-général m'a remis; il a été fort étonné que vous ne vous soyez pas adressée à lui. Tout ce que vous avez demandé s'est fait avec promptitude et dévouement. D'abord, votre protégé sera rétabli dans tous ses droits de citoyen; puis, d'ici à trois mois, Catherine Curieux vous sera envoyée.

— Où est-elle ! demanda Véronique.

— A l'hôpital Saint-Louis, répondit le vieillard. On attend sa guérison pour lui faire quitter Paris.

— Ah! la pauvre fille est malade !

— Vous trouverez ici tous les renseignements désirables, dit Grossetête en remettant un paquet à Véronique.

Elle revint vers ses hôtes pour les emmener dans la magnifique salle à manger du rez-de-chaussée où elle alla, conduite par Grossetête et Gérard auxquels elle donna le bras. Elle servit elle-même le dîner sans y prendre part. Depuis son arrivée à Montégnac, elle s'était fait une loi de prendre ses repas seule, et Aline, qui connaissait le secret de cette réserve, le garda religieusement jusqu'au jour où sa maîtresse fut en danger de mort.

Le maire, le juge de paix et le médecin de Montégnac avaient été naturellement invités.

Le médecin, jeune homme de vingt-sept ans, nommé Roubaud, désirait vivement connaître la femme célèbre du Limousin. Le curé fut d'autant plus heureux d'introduire ce jeune homme au château, qu'il souhaitait composer une espèce de société à Véronique, afin de la distraire et de donner des aliments à son esprit. Roubaud était un de ces jeunes médecins absolument instruits, comme il en sort actuellement de l'École de Médecine de Paris et qui, certes, aurait pu briller sur le vaste théâtre de la capitale; mais, effrayé du jeu des ambitions à Paris, se sentant d'ailleurs plus de savoir que d'intrigue, plus d'aptitude que d'avidité, son caractère doux l'avait ramené sur le théâtre étroit de la province, où il espérait être apprécié plus promptement qu'à Paris. A Limoges, Roubaud se heurta contre des habitudes prises et des clientèles inébranlables; il se laissa donc gagner par monsieur Bonnet, qui, sur sa physionomie douce et prévenante, le jugea comme un de ceux qui devaient lui appartenir et coopérer à son œuvre. Petit et blond, Roubaud avait une mine assez fade ; mais ses yeux gris trahissaient la profondeur du physiologiste et la ténacité des gens studieux. Montégnac ne possédait qu'un ancien chirurgien de régiment, beaucoup plus occupé de sa cave que de ses malades, et trop vieux d'ailleurs pour continuer le dur métier d'un médecin de campagne. En ce moment il se mourait. Roubaud habitait Montégnac depuis dix-huit mois, et s'y faisait aimer. Mais ce jeune élève des Desplein et des successeurs de Cabanis ne croyait pas au catholicisme. Il restait en matière de religion dans une indifférence mortelle et n'en voulait pas sortir. Aussi désespérait-il le curé, non qu'il fît le moindre mal, il ne parlait jamais religion, ses occupations justifiaient son absence constante de l'église, et d'ailleurs incapable de prosélytisme, il se conduisait comme se serait conduit le meilleur catholique ; mais il s'était interdit de songer à un problème qu'il considérait comme hors de la portée humaine. En entendant dire au médecin que le panthéisme était la religion de tous les grands esprits, le curé le croyait incliné vers les dogmes de Pythagore sur les transformations. Roubaud, qui voyait madame Graslin pour la première fois, éprouva la plus violente sensation à son aspect; la science lui fit deviner dans la physionomie, dans l'attitude, dans les dévastations du visage, des souffrances inouïes, et morales et physiques, un caractère d'une force surhumaine, les grandes facultés qui servent à supporter les vicissitudes les plus opposées ; il y entrevit tout, même les espaces obscurs et cachés à dessein. Aussi aperçut-il le mal qui dévorait le cœur de cette belle créature ; car, de même que la couleur d'un fruit y laisse soupçonner la présence d'un ver rongeur, de même certaines teintes dans le visage permettent aux médecins de reconnaître une pensée vénéneuse. Dès ce moment, monsieur Roubaud s'attacha si vivement à madame Graslin, qu'il eut peur de l'aimer au delà de la simple amitié permise. Le front, la démarche et surtout les regards de Véronique avaient une éloquence que les hommes comprennent toujours, et qui disait aussi énergiquement qu'elle était morte à l'amour, que d'autres femmes disent le contraire par une contraire éloquence ; le médecin lui voua tout à coup un culte chevaleresque. Il échangea rapidement un regard avec le curé. Monsieur Bonnet se dit alors en lui-même : — Voilà le coup de foudre qui le changera. Madame Graslin aura plus d'éloquence que moi.

Le maire, vieux campagnard ébahi par le luxe de cette salle à manger, et surpris de dîner avec l'un des hommes les plus riches du Département, avait mis ses meilleurs habits, mais il s'y trouvait un peu gêné, et sa gêne morale s'en augmenta ; madame Graslin, dans son costume de deuil, lui parut d'ailleurs extrêmement imposante ; il fut donc un personnage muet. Ancien fermier à Saint-Léonard, il avait acheté la seule maison habitable du bourg, et cultivait lui-même les terres qui en dépendaient. Quoiqu'il sût lire et écrire, il ne pouvait remplir ses fonctions qu'avec le secours de l'huissier de la justice de paix qui lui préparait sa besogne. Aussi désirait-il vivement la création d'une charge de notaire, pour se débarrasser sur cet officier ministériel du fardeau de ses fonctions. Mais la pauvreté du canton de Montégnac y rendait une Étude à peu près inutile, et les habitants étaient exploités par les notaires du chef-lieu d'arrondissement.

Le juge de paix, nommé Clousier, était un ancien avocat de Limoges où les causes l'avaient fui, car il voulut mettre en pratique ce bel axiome, que l'avocat est le premier juge du client et du procès. Il obtint vers 1809 cette place, dont les maigres appointements lui permirent de vivre. Il était alors arrivé à la plus honorable, mais à la plus complète misère. Après vingt-deux ans d'habitation dans cette pauvre Commune, le bonhomme, devenu campagnard, ressemblait, à sa redingote près, aux fermiers du pays. Sous cette forme quasi grossière, Clousier cachait un esprit clairvoyant, livré à de hautes méditations politiques, mais tombé dans une entière insouciance due à sa parfaite connaissance des hommes et de leurs intérêts. Cet homme, qui pendant longtemps trompa la perspicacité de monsieur Bonnet, et qui, dans la sphère supérieure, eût rappelé Lhospital, incapable d'aucune intrigue comme tous les gens réellement profonds, avait fini par vivre à l'état contemplatif des anciens solitaires. Riche sans doute de toutes ses privations, aucune considération n'agissait sur son esprit, il savait les lois et jugeait impartialement. Sa vie, réduite au simple nécessaire, était pure et régulière. Les paysans aimaient monsieur Clousier et l'estimaient à cause du désintéressement paternel avec lequel il accordait leurs différends et leur donnait ses conseils dans leurs moindres affaires. Le bonhomme Clousier, comme disait tout Montégnac, avait depuis deux ans pour greffier un de ses neveux, jeune homme assez intelligent, et qui, plus tard, contribua beaucoup à la prospérité du canton. La physionomie de ce vieillard se recommandait par un front large et vaste. Deux buissons de cheveux blanchis étaient ébouriffés de chaque côté de son crâne chauve. Son teint coloré, son embonpoint majeur eussent fait croire, en dépit de sa sobriété, qu'il cultivait autant Bacchus que Troplong et Toullier. Sa voix presque éteinte indiquait l'oppression d'un asthme. Peut-être l'air sec du Haut-Montégnac avait-il contribué à le fixer dans ce pays. Il y logeait dans une maisonnette arrangée pour lui par un sabotier assez riche à qui elle appartenait. Clousier avait déjà vu Véronique à l'église, et il l'avait jugée sans avoir communiqué ses idées à personne, pas même à monsieur Bonnet, avec lequel il commençait à se familiariser. Pour la première fois de sa vie, le juge de paix allait se trouver au milieu de personnes en état de le comprendre.

Une fois placés autour d'une table richement servie, car Véronique avait envoyé tout son mobilier de Limoges à Montégnac, ces six personnages éprouvèrent un moment d'embarras. Le médecin, le maire et le juge de paix ne connaissaient ni Grossetête ni Gérard. Mais, pendant le premier service, la bonhomie du vieux banquier fondit insensiblement les glaces d'une première rencontre. Puis l'amabilité de madame Graslin entraîna Gérard et encouragea monsieur Roubaud. Maniées par elle, ces âmes pleines de qualités exquises reconnurent leur parenté. Chacun se sentit bientôt dans un milieu sympathique. Aussi, lorsque le dessert fut mis sur la table, quand les cristaux et les porcelaines à bords dorés étincelèrent, quand des vins choisis circulèrent servis par Aline, par Champion et par le domestique de Grossetête, la conversation devint-elle assez confidentielle pour que ces quatre hommes d'élite réunis par le hasard se dissent leur vraie pensée sur les matières importantes qu'on aime à discuter en se trouvant tous de bonne foi.

— Votre congé a coïncidé avec la Révolution de Juillet, dit Grossetête à Gérard d'un air par lequel il lui demandait son opinion.

— Oui, répondit l'ingénieur. J'étais à Paris durant les trois fameux jours, j'ai tout vu ; j'en ai conclu de tristes choses.

— Et quoi? dit monsieur Bonnet avec vivacité.

— Il n'y a plus de patriotisme que sous les chemises sales, répliqua Gérard. Là est la perte de la France. Juillet est la défaite volontaire des supériorités de nom, de fortune et de talent. Les masses dévouées ont remporté la victoire sur des classes riches, intelligentes, chez qui le dévouement est antipathique.

— A en juger par ce qui arrive depuis un an, reprit monsieur Clousier, le juge de paix, ce changement est une prime donnée au mal qui nous dévore, à l'individualisme. D'ici à quinze ans, toute question généreuse se traduira par : *Qu'est-ce que cela me fait?* le grand cri du Libre-Arbitre descendu des hauteurs religieuses où l'ont introduit Luther, Calvin, Zwingle et Knox jusque dans l'Économie politique. *Chacun pour soi, chacun chez soi*, ces deux terribles phrases formeront avec le *Qu'est-ce que cela me fait?* la sagesse trinitaire du bourgeois et du petit propriétaire. Cet égoïsme est le résultat des vices de notre législation civile, un peu trop précipitamment faite, et à laquelle la Révolution de Juillet vient de donner une terrible consécration.

Le juge de paix rentra dans son silence habituel après cette sentence, dont les motifs durent occuper les convives. Enhardi par cette parole de Clousier, et par le regard que Gérard et Grossetête échangèrent, monsieur Bonnet osa davantage.

— Le bon roi Charles X, dit-il, vient d'échouer dans la plus prévoyante et la plus salutaire entreprise qu'un monarque ait jamais formée pour le bonheur des peuples qui lui sont confiés, et l'Église doit être fière de la part qu'elle a eue dans ses conseils. Mais le cœur et l'intelligence ont failli aux classes supérieures, comme ils lui avaient déjà failli dans la grande question de la loi sur le droit d'aînesse, l'éternel honneur du seul homme d'État hardi qu'ait eu la Restauration, le comte de Peyronnet. Reconstituer la Nation par la Famille, ôter à la Presse son action venimeuse en ne lui laissant que le droit d'être utile, faire rentrer la Chambre Élective dans ses véritables attributions, rendre à la Religion sa puissance sur le peuple, tels ont été les quatre points cardinaux de la politique intérieure de la maison de Bourbon. Eh! bien, d'ici à vingt ans, la France entière aura reconnu la nécessité de cette grande et saine politique. Le roi Charles X était d'ailleurs plus menacé dans la situation qu'il a voulu quitter que dans celle où son paternel pouvoir à péri. L'avenir de notre beau pays, où tout sera périodiquement mis en question, où l'on discutera sans cesse au lieu d'agir, où la Presse, devenue souveraine, sera l'instrument des plus basses ambitions, prouvera la sagesse de ce roi qui vient d'emporter avec lui les vrais principes du gouvernement, et l'Histoire lui tiendra compte du courage avec lequel il a résisté à ses meilleurs amis, après avoir sondé la plaie, en avoir reconnu l'étendue et vu la nécessité des moyens curatifs qui n'ont pas été soutenus par ceux pour lesquels il se mettait sur la brèche.

— Hé ! bien, monsieur le curé, vous y allez franchement et sans le moindre déguisement, s'écria Gérard ; mais je ne vous contredirai pas. Napoléon, dans sa campagne de Russie, était de quarante ans en avant sur l'esprit de son siècle, il n'a pas été compris. La Russie et l'Angleterre de 1830 expliquent la campagne de 1812. Charles X a éprouvé le même malheur : dans vingt-cinq ans, ses ordonnances deviendront peut-être des lois.

— La France, pays trop éloquent pour n'être pas bavard, trop plein de vanité pour qu'on y reconnaisse les vrais talents, est, malgré le sublime bon sens de sa langue et de ses masses, le dernier de tous où le système des deux assemblées délibérantes pouvait être admis, reprit le juge de paix. Au moins, les inconvénients de notre caractère devaient-ils être combattus par les admirables restrictions que l'expérience de Napoléon y avait opposées. Ce système peut encore aller dans un pays dont l'action est circonscrite par la nature du sol, comme en Angleterre ; mais le droit d'aînesse, appliqué à la transmission de la terre, est toujours nécessaire, et quand ce droit est supprimé, le système représentatif devient une folie. L'Angleterre doit son existence à la loi quasi féodale qui attribue les terres et l'habitation de la famille aux aînés. La Russie est assise sur le droit féodal pur. Aussi ces deux nations sont-elles aujourd'hui dans une voie de progrès effrayant. L'Autriche n'a pu résister à nos invasions et recommencer la guerre contre Napoléon qu'en vertu de ce droit d'aînesse qui conserve agissantes les forces de la famille et maintient les grandes productions nécessaires à l'État. La maison de Bourbon, en se sentant couler au troisième rang en Europe par la faute de la France, a voulu se maintenir à sa place, et le pays l'a renversée au moment où elle sauvait le pays. Je ne sais où nous fera descendre le système actuel.

— Vienne la guerre, la France sera sans chevaux comme Napoléon en 1813, qui, réduit aux seules ressources de la France, n'a pu profiter des deux victoires de Lutzen et Bautzen, et s'est vu écraser à Leipsick s'écria Grossetête. Si la paix se maintient, le mal ira croissant : dans vingt-cinq ans d'ici, les races bovine et chevaline auront diminué de moitié en France.

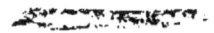

— Monsieur Grossetête a raison, dit Gérard. Aussi l'œuvre que vous voulez tenter ici, madame, reprit-il en s'adressant à Véronique, est-elle un service rendu au pays.

— Oui, dit le juge de paix, parce que madame n'a qu'un fils. Le hasard de cette succession se perpétuera-t-il ? Pendant un certain laps de temps, la grande et magnifique culture que vous établirez, espérons-le, n'appartenant qu'à un seul propriétaire, continuera de produire des bêtes à cornes et des chevaux. Mais malgré tout, un jour viendra où forêts et prairies seront ou partagées ou vendues par lots. De partages en partages, les six mille arpents de votre plaine auront mille ou douze cents propriétaires, et dès lors, plus de chevaux ni de haut bétail.

— Oh ! dans ce temps-là... dit le maire.

— Entendez-vous le : Qu'est-ce que cela me fait ? signalé par monsieur Clousier, s'écria monsieur Grossetête, le voilà pris sur le fait ! Mais, monsieur, reprit le banquier d'un ton grave en s'adressant au maire stupéfait, ce temps est venu ! Sur un rayon de dix lieues autour de Paris, la campagne, divisée à l'infini, peut à peine nourrir les vaches laitières. La commune d'Argenteuil compte trente-huit mille huit cent quatre-vingt-cinq parcelles de terrain dont plusieurs ne donnent pas quinze centimes de revenu. Sans les puissants engrais de Paris, qui permettent d'obtenir des fourrages de qualités supérieures, je ne sais comment les nourrisseurs pourraient se tirer d'affaire. Encore cette nourriture violente et le séjour des vaches à l'étable les fait-elle mourir de maladies inflammatoires. On use les vaches autour de Paris comme on y use les chevaux dans les rues. Des cultures plus productives que celle de l'herbe, les cultures maraîchères, le fruitage, les pépinières, la vigne y anéantissent les prairies. Encore quelques années, et le lait viendra en poste à Paris, comme y vient la marée. Ce qui se passe autour de Paris a lieu de même aux environs de toutes les grandes villes. Le mal de cette division excessive des propriétés s'étend autour de cent villes en France, et la dévorera quelque jour tout entière. A peine, selon Chaptal, comptait-on, en 1800, deux millions d'hectares en vignobles ; une statistique exacte vous en donnerait au moins dix aujourd'hui. Divisée à l'infini par le système de nos successions, la Normandie perdra la moitié de sa production chevaline et bovine ; mais elle aura le monopole du lait à Paris, car son climat s'oppose heureusement à la culture de la vigne. Aussi sera-ce un phénomène curieux que celui de l'élévation progressive du prix de la viande. En 1850, dans vingt ans d'ici, Paris, qui payait la viande sept et onze sous la livre en 1814, la paiera vingt sous, à moins qu'il ne survienne un homme de génie qui sache exécuter la pensée de Charles X.

— Vous avez mis le doigt sur la grande plaie de la France, reprit le juge de paix. La cause du mal gît dans le Titre des Successions du Code civil, qui ordonne le partage égal des biens. Là est le pilon dont le jeu perpétuel émiette le territoire, individualise les fortunes en leur ôtant une stabilité nécessaire, et qui, décomposant sans recomposer jamais, finira par tuer la France. La Révolution française a émis un virus destructif auquel les journées de Juillet viennent de communiquer une activité nouvelle. Ce principe morbifique est l'accession du paysan à la propriété. Si le Titre des Successions est le principe du mal, le paysan en est le moyen. Le paysan ne rend rien de ce qu'il a conquis. Une fois que cet ordre a pris un morceau de terre dans sa gueule toujours béante, il le subdivise tant qu'il y a trois sillons. Encore alors ne s'arrête-t-il pas ! Il partage les trois sillons dans leur longueur, comme monsieur vient de vous le prouver par l'exemple de la commune d'Argenteuil. La valeur insensée que le paysan attache aux moindres parcelles, rend impossible la recomposition de la Propriété. D'abord la Procédure et le Droit sont annulés par cette division, la propriété devient un non-sens. Mais ce n'est rien que de voir expirer la puissance du Fisc et de la Loi sur des parcelles qui rendent impossibles ses dispositions les plus sages, il y a des maux encore plus grands. On a des propriétaires de quinze, de vingt-cinq centimes de revenu ! Monsieur, dit-il en indiquant Grossetête, vient de vous parler de la diminution des races bovine et chevaline, le système légal y est pour beaucoup. Le paysan propriétaire n'a que des vaches, il en tire sa nourriture, il vend les veaux, il vend même le beurre, il ne s'avise pas d'élever des bœufs, encore moins des chevaux ; mais comme il ne récolte jamais assez de fourrage pour soutenir une année de sécheresse, il envoie sa vache au marché quand il ne peut plus la nourrir. Si, par un hasard fatal, la récolte du foin manquait pendant deux années de suite, vous verriez à Paris, la troisième année, d'étranges changements dans le prix du bœuf, mais surtout dans celui du veau.

— Comment pourra-t-on faire alors les banquets patriotiques ! dit en souriant le médecin.

— Oh! s'écria madame Graslin en regardant Roubaud, la politique ne peut donc se passer nulle part du petit journal, même ici?

— La Bourgeoisie, reprit Clousier, remplit dans cette horrible tâche le rôle des pionniers en Amérique. Elle achète les grandes terres sur lesquelles le paysan ne peut rien entreprendre, elle se les partage ; puis, après les avoir mâchées, divisées, la licitation ou la vente en détail les livre plus tard au paysan. Tout se résume par des chiffres aujourd'hui. Je n'en sais pas de plus éloquent que ceux-ci : la France a quarante-neuf millions d'hectares qu'il serait convenable de réduire à quarante ; il faut en distraire les chemins, les routes, les dunes, les canaux et les terrains infertiles, incultes ou désertés par les capitaux, comme la plaine de Montégnac. Or, sur quarante millions d'hectares pour trente-deux millions d'habitants, il se trouve cent vingt-cinq millions de parcelles sur la cote générale des impositions foncières. J'ai négligé les fractions. Ainsi, nous sommes au delà de la Loi Agraire, et nous ne sommes au bout ni de la Misère, ni de la Discorde ! Ceux qui mettent le territoire en miettes et amoindrissent la Production auront des organes pour crier que la vraie justice sociale consisterait à ne donner à chacun que l'usufruit de sa terre. Ils diront que la propriété perpétuelle est un vol ! Les saint-simonniens ont commencé.

— Le magistrat a parlé, dit Grossetête, voici ce que le banquier ajoute à ces courageuses considérations. La propriété, rendue accessible au paysan et au petit bourgeois, cause à la France un tort immense que le gouvernement ne soupçonne même pas. On peut évaluer à trois millions de familles la masse des paysans, abstraction faite des indigents. Ces familles vivent de salaires. Le salaire se paie en argent au lieu de se payer en denrées...

— Encore une faute immense de nos lois, s'écria Clousier en interrompant. La faculté de payer en denrées pouvait être ordonnée en 1790 ; mais, aujourd'hui, porter une pareille loi, ce serait risquer une révolution.

—Ainsi le prolétaire attire à lui l'argent du pays. Or, reprit Grossetête, le paysan n'a pas d'autre passion, d'autre désir, d'autre vouloir, d'autre point de mire que de mourir propriétaire. Ce désir, comme l'a fort bien établi monsieur Clousier, est né de la Révolution ; il est le résultat de la vente des biens nationaux. Il faudrait n'avoir aucune idée de ce qui se passe au fond des campagnes, pour ne pas admettre comme un fait constant, que ces trois millions de familles enterrent annuellement cinquante francs, et soustraient ainsi cent cinquante millions au mouvement de l'argent. La science de l'Économie politique a mis à l'état d'axiome qu'un écu de cinq francs, qui passe dans cent mains pendant une journée, équivaut d'une manière absolue à cinq cents francs. Or, il est certain pour nous autres, vieux observateurs de l'état des campagnes, que le paysan choisit sa terre ; il la guette et l'attend, il ne place jamais ses capitaux. L'acquisition par les paysans doit donc se calculer par périodes de sept années. Les paysans laissent donc par sept années, inerte et sans mouvement, une somme de onze cents millons. Certes, la petite bourgeoisie en enterre bien autant, et se conduit de même à l'égard des propriétés auxquelles le paysan ne peut pas mordre. En quarante-deux ans, la France aura donc perdu, par chaque périodes de sept années, les intérêts d'au moins deux milliards, c'est-à-dire environ cent millions par sept ans, ou six cents millions en quarante-deux ans. Mais elle n'a pas perdu seulement six cents millions, elle a manqué à créer pour six cents millions de productions industrielles ou agricoles qui représentent une perte de douze cents millions ; car si le produit industriel n'était pas le double en valeur de son prix de revient en argent, le commerce n'existerait pas. Le prolétariat perd donc six cents millions de salaires ! Ces six cents millions de perte sèche, mais qui, pour un sévère économiste représentent, par les bénéfices manquants de la circulation, une perte d'environ douze cents millions, expliquent l'état d'infériorité ou se trouvent notre commerce, notre marine, et notre agriculture, à l'égard de celles de l'Angleterre. Malgré la différence qui existe entre les deux territoires, et qui est de plus des deux tiers en notre faveur, l'Angleterre pourrait remonter la cavalerie de deux armées françaises, et la viande y existe pour tout le monde. Mais aussi, dans ce pays, comme l'assiette de la propriété rend son acquisition presque impossible aux classes inférieures, tout écu devient commerçant et roule. Ainsi, outre la plaie du morcellement, celle de la diminution des races bovine, chevaline et ovine, le Titre des Successions nous vaut encore six cents millions d'intérêts perdus par l'enfouissement des capitaux du paysan et du bourgeois, douze cents millions de productions en moins, ou trois milliards de non-circulation par demi-siècle.

— L'effet moral est pire que l'effet matériel ! s'écria le curé. Nous fabriquons des propriétaires mendiants chez le peuple, des demi-savants chez les petits bourgeois, et le : Chacun chez soi, chacun pour soi, qui avait fait son effet dans les classes élevées en juillet de cette année, aura bientôt gangrené les classes moyennes. Un prolétariat déshabitué de sentiments, sans autre Dieu que l'Envie, sans autre fanatisme que le désespoir de la Faim, sans foi ni croyance, s'avancera et mettra le pied sur le cœur du pays. L'étranger, grandi sous la loi monarchique, nous trouvera sans roi avec la Royauté, sans lois avec la Légalité, sans propriétaires avec la Propriété, sans gouvernement avec l'Élection, sans force avec le Libre-Arbitre, sans bonheur avec l'Égalité. Espérons que, d'ici là, Dieu suscitera en France un homme providentiel, un de ces élus qui donnent aux nations un nouvel esprit, et que, soit Marius, soit Sylla, qu'il s'élève d'en bas ou vienne d'en haut, il refera la Société.

— On commencera par l'envoyer en Cour d'Assise ou en Police correctionnelle, répondit Gérard. Le jugement de Socrate et celui de Jésus-Christ seraient rendus contre eux en 1831 comme autrefois à Jérusalem et dans l'Attique. Aujourd'hui, comme autrefois, les Médiocrités jalouses laissent mourir de misère les penseurs, les grands médecins politiques qui ont étudié les plaies de la France, et qui s'opposent à l'esprit de leur siècle. S'ils résistent à la misère, nous les ridiculisons ou nous les traitons de rêveurs. En France, on se révolte dans l'Ordre Moral contre le grand homme d'avenir, comme on se révolte dans l'Ordre Politique contre le souverain.

— Autrefois les sophistes parlaient à un petit nombre d'hommes, aujourd'hui la presse périodique leur permet d'égarer toute une nation, s'écria le juge de paix; et la presse qui plaide pour le bon sens n'a pas d'écho !

Le maire regardait monsieur Clousier dans un profond étonnement. Madame Graslin, heureuse de rencontrer dans un simple juge de paix un homme occupé de questions si graves, dit à monsieur Roubaud, son voisin : — Connaissiez-vous monsieur Clousier ?

— Je ne le connais que d'aujourd'hui. Madame, vous faites des miracles, lui répondit-il à l'oreille. Cependant voyez son front, quelle belle forme ! Ne ressemble-t-il pas au front classique ou traditionnel donné par les statuaires à Lycurgue et aux sages de la Grèce ? — Évidemment la Révolution de Juillet a un sens anti-politique, dit à haute voix et après avoir embrassé les calculs exposés par Grossetête cet ancien étudiant qui peut-être aurait fait une barricade.

— Ce sens est triple, dit Clousier. Vous avez compris le Droit et la Finance, mais voici pour le Gouvernement. Le pouvoir royal, affaibli par le dogme de la souveraineté nationale en vertu de laquelle vient de se faire l'élection du 9 août 1830, essayera de combattre ce principe rival, qui laisserait au peuple le droit de se donner une nouvelle dynastie chaque fois qu'il ne devinerait pas la pensée de son roi ; et nous aurons une lutte intérieure qui certes arrêtera pendant longtemps encore les progrès de la France.

— Tous ces écueils ont été sagement évités par l'Angleterre, reprit Gérard ; j'y suis allé, j'admire cette ruche qui essaime sur l'univers et le civilise, chez qui la discussion est une comédie politique destinée à satisfaire le peuple et à cacher l'action du pouvoir, qui se meut librement dans sa haute sphère, et où l'élection n'est pas dans les mains de la stupide bourgeoisie comme elle l'est en France. Avec le morcellement de la propriété, l'Angleterre n'existerait plus déjà. La haute propriété, les lords y gouvernent le mécanisme social. Leur marine, au nez de l'Europe, s'empare de portions entières du globe pour y satisfaire les exigences de leur commerce et y jeter les malheureux et les mécontents. Au lieu de faire la guerre aux capacités, de les annuler, de les méconnaître, l'aristocratie anglaise les cherche, les récompense, et se les assimile constamment. Chez les Anglais, tout est prompt dans ce qui concerne l'action du gouvernement, dans le choix des hommes et des choses, tandis que chez nous tout est lent ; et ils sont lents et nous sommes impatients. Chez eux l'argent est hardi et affairé, chez nous il est effrayé et soupçonneux. Ce qu'a dit monsieur Grossetête des pertes industrielles que le paysan cause à la France, a sa preuve dans un tableau que je vais vous dessiner en deux mots. Le Capital anglais, par son continuel mouvement, a créé pour dix milliards de valeurs industrielles et d'actions portant rente, tandis que le Capital français, supérieur comme abondance, n'en a pas créé la dixième partie.

— C'est d'autant plus extraordinaire, dit Roubaud, qu'ils sont lymphathiques et que nous sommes généralement sanguins ou nerveux.

— Voilà, monsieur, dit Clousier, une grande question à étudier. Rechercher les Institutions propres a réprimer le tempérament d'un peuple. Certes, Cromwel fut un grand législateur. Lui seul a fait l'Angleterre actuelle, en inventant *l'acte de navigation*, qui a rendu les Anglais les ennemis de toutes les autres nations, qui leur a inoculé un féroce orgueil, leur point d'appui. Mais malgré leur citadelle de Malte, si la France et la Russie comprennent le rôle de la mer Noire et de la Méditerranée, un jour, la route d'Asie par l'Égypte ou par l'Euphrate, régularisée au moyen des nouvelles découvertes, tuera l'Angleterre, comme jadis la découverte du Cap de Bonne-Espérance a tué Venise.

— Et rien de Dieu! s'écria le curé. Monsieur Clousier, monsieur Roubaud, sont indifférents en matière de religion. Et monsieur? dit-il en interrogeant Gérard.

— Protestant, répondit Grossetête.

— Vous l'aviez deviné, s'écria Véronique en regardant le curé pendant qu'elle offrait sa main à Clousier pour monter chez elle.

Les préventions que donnait contre lui l'extérieur de monsieur Gérard s'étaient promptement dissipées, et les trois notables de Montégnac se félicitèrent d'une semblable acquisition.

— Malheureusement, dit monsieur Bonnet, il existe entre la Russie et les pays catholiques que baigne la Méditerranée, une cause d'antagonisme dans le schisme de peu d'importance qui sépare la religion grecque de la religion latine, un grand malheur pour l'avenir de l'humanité.

— Chacun prêche pour son saint, dit en souriant madame Graslin; monsieur Grossetête pense à des milliards perdus, monsieur Clousier au Droit bouleversé, le médecin voit dans la Législation une question de tempéraments, monsieur le curé voit dans la Religion un obstacle à l'entente de la Russie et de la France.

— Ajoutez, madame, dit Gérard, que je vois dans l'enfouissement des capitaux du petit bourgeois et du paysan, l'ajournement de l'exécution des chemins de fer en France.

— Que voudriez-vous donc? dit-elle.

— Oh! les admirables Conseillers-d'État qui, sous l'Empereur, méditaient les lois, et ce Corps-Législatif, élu par les capacités du pays aussi bien que par les propriétaires, et dont le seul rôle était de s'opposer à des lois mauvaises ou à des guerres de caprice. Aujourd'hui, telle qu'elle est constituée, la Chambre des Députés arrivera, vous le verrez, à gouverner, ce qui constituera l'Anarchie légale.

— Mon Dieu! s'écria le curé dans un accès de patriotisme sacré, comment se fait-il que des esprits aussi éclairés que ceux-ci, dit-il en montrant Clousier, Roubaud et Gérard, voient le mal, en indiquent le remède, et ne commencent pas par se l'appliquer à eux-mêmes? Vous tous, qui représentez les classes attaquées, vous reconnaissez la nécessité de l'obéissance passive des masses dans l'État, comme à la guerre chez les soldats; vous voulez l'unité du pouvoir, et vous désirez qu'il ne soit jamais mis en question. Ce que l'Angleterre a obtenu par le développement de l'orgueil et de l'intérêt humain, qui sont une croyance, ne peut s'obtenir ici que par les sentiments dus au catholicisme, et vous n'êtes pas catholiques! Moi, prêtre, je quitte mon rôle, je raisonne avec des raisonneurs. Comment voulez-vous que les masses deviennent religieuses et obéissent, si elles voient l'irréligion et l'indiscipline au-dessus d'elles? Les peuples unis par une foi quelconque auront toujours bon marché des peuples sans croyance. La loi de l'Intérêt général, qui engendre le Patriotisme, est immédiatement détruite par la loi de l'Intérêt particulier, qu'elle autorise, et qui engendre l'Égoïsme. Il n'y a de solide et de durable que ce qui est naturel, et la chose naturelle en politique est la Famille. La Famille doit être le point de départ de toutes les institutions. Un effet universel démontre une cause universelle; et ce que vous avez signalé de toutes parts vient du Principe social même, qui est sans force parce qu'il a pris le Libre Arbitre pour base, et que le Libre Arbitre est le père de l'Individualisme. Faire dépendre le bonheur de la sécurité, de l'intelligence, de la capacité de tous, n'est pas aussi sage que de faire dépendre le bonheur de la sécurité, de l'intelligence des institutions et de la capacité d'un seul. On trouve plus facilement la sagesse chez un homme que chez toute une nation. Les peuples ont un cœur et n'ont pas d'yeux, ils sentent et ne voient pas. Les gouvernements doivent voir et ne jamais se déterminer par les sentiments. Il y a donc une évidente contradiction entre les premiers mouvements des masses et l'action du pouvoir qui doit en déterminer la force et l'unité. Rencontrer un grand prince est un effet du hasard, pour parler votre langage ; mais se fier à une assemblée quelconque, fût-elle composée d'honnêtes gens, est une folie. La France est folle en ce moment! Hélas! vous en êtes convaincus aussi bien que moi. Si tous les hommes de bonne foi comme vous donnaient l'exemple autour d'eux, si toutes les mains intelligentes relevaient les autels de la grande république des âmes, de la seule Église qui ait mis l'Humanité dans sa voie, nous pourrions revoir en France les miracles qu'y firent nos pères.

— Que voulez-vous, monsieur le curé, dit Gérard, s'il faut vous parler comme au confessionnal, je regarde la Foi comme un mensonge qu'on se fait à soi-même, l'Espérance comme un mensonge qu'on se fait sur l'avenir, et votre charité, comme une ruse d'enfant qui se tient sage pour avoir des confitures.

— On dort cependant bien, monsieur, dit madame Graslin, quand l'Espérance nous berce.

Cette parole arrêta Roubaud qui allait parler, et fut appuyée par un regard de Grossetête et du curé.

— Est-ce notre faute à nous, dit Clousier, si Jésus-Christ n'a pas eu le temps de formuler un gouvernement d'après sa morale, comme l'ont fait Moïse et Confucius, les deux plus grands législateurs humains ; car les Juifs et les Chinois existent, les uns malgré leur dispersion sur la terre entière, et les autres malgré leur isolement, en corps de nation.

— Ah ! vous me donnez bien de l'ouvrage, s'écria naïvement le curé, mais je triompherai, je vous convertirai tous !... Vous êtes plus près que vous ne le croyez de la Foi. C'est derrière le mensonge que se tapit la vérité, avancez d'un pas et retournez-vous ?

Sur ce cri du curé, la conversation changea.

Le lendemain, avant de partir, monsieur Grossetête promit à Véronique de s'associer à ses plans, dès que leur réalisation serait jugée possible ; madame Graslin et Gérard accompagnèrent à cheval sa voiture, et ne le quittèrent qu'à la jonction de la route de Montégnac et de celle de Bordeaux à Lyon. L'ingénieur était si impatient de reconnaître le terrain et Véronique si curieuse de le lui montrer, qu'ils avaient tous deux projeté cette partie la veille. Après avoir fait leurs adieux au bon vieillard, ils se lancèrent dans la vaste plaine et côtoyèrent le pied de la chaîne des montagnes depuis la rampe qui menait au château jusqu'au pic de la Roche-Vive. L'ingénieur reconnut alors l'existence du banc continu signalé par Farrabesche, et qui formait comme une dernière assise de fondations sous les collines. Ainsi, en dirigeant les eaux de manière à ce qu'elles n'engorgeassent plus le canal indestructible que la Nature avait fait elle-même, et le débarrassant des terres qui l'avaient comblé, l'irrigation serait facilitée par cette longue gouttière, élevée d'environ dix pieds au-dessus de la plaine. La première opération et la seule décisive était d'évaluer la quantité d'eau qui s'écoulait par le Gabou, et de s'assurer si les flancs de cette vallée ne la laisseraient pas échapper.

Véronique donna un cheval à Farrabesche, qui devait accompagner l'ingénieur et lui faire part de ses moindres observations. Après quelques jours d'études, Gérard trouva la base des deux chaînes parallèles assez solide, quoique de composition différente, pour retenir les eaux. Pendant le mois de janvier de l'année suivante, qui fut pluvieux, il évalua la quantité d'eau qui passait par le Gabou. Cette quantité, jointe à l'eau de trois sources qui pouvaient être conduites dans le torrent produisait une masse suffisante à l'arrosement d'un territoire trois fois plus considérable que la plaine de Montégnac. Le barrage du Gabou, les travaux et les ouvrages nécessaires pour diriger les eaux par les trois vallons dans la plaine, ne devaient pas coûter plus de soixante mille francs, car l'ingénieur découvrit sur les communaux une masse calcaire qui fournirait de la chaux à bon marché, la forêt était proche, la pierre et le bois ne coûtaient rien et n'exigeaient point de transports. En attendant la saison pendant laquelle le Gabou serait à sec, seul temps propice à ces travaux, les approvisionnements nécessaires et les préparatifs pouvaient se faire de manière à ce que cette importante construction s'élevât rapidement. Mais la préparation de la plaine coûterait au moins, selon Gérard, deux cent mille francs, sans y comprendre ni l'ensemencement ni les plantations. La plaine devait être divisée en compartiments carrés de deux cent cinquante arpents chacun, où le terrain devait être non pas défriché, mais débarrassé de ses plus gros cailloux. Des terrassiers auraient à creuser un grand nombre de fossés et à les empierrer, afin de ne pas laisser se perdre l'eau, et la faire courir ou monter à volonté. Cette entreprise voulait les bras actifs et dévoués de travailleurs consciencieux. Le hasard donnait un terrain sans obstacles, une plaine unie; les eaux, qui offraient dix pieds de chute, pouvaient être distribuées à souhait; rien n'empêchait d'obtenir les plus beaux résultats agricoles en offrant aux yeux ces magnifiques tapis de verdure, l'orgueil et la fortune de la Lombardie. Gérard fit venir du pays où il avait exercé ses fonctions un vieux conducteur expérimenté, nommé Fresquin.

Madame Graslin écrivit donc à Grossetête de lui négocier un

emprunt de deux cent cinquante mille francs, garanti par ses inscriptions de rentes, qui, abandonnées pendant six ans, suffiraient, d'après le calcul de Gérard, à payer les intérêts et le capital. Cet emprunt fut conclu dans le courant du mois de mars. Les projets de Gérard, aidé par Fresquin son conducteur, furent alors entièrement terminés, ainsi que les nivellements, les sondages, les observations et les devis. La nouvelle de cette vaste entreprise, répandue dans toute la contrée, avait stimulé la population pauvre. L'infatigable Farrabesche, Colorat, Clousier, le maire de Montégnac, Roubaud, tous ceux qui s'intéressaient au pays ou à madame Graslin choisirent des travailleurs ou signalèrent des indigents qui méritaient d'être occupés. Gérard acheta pour son compte et pour celui de monsieur Grossetête un millier d'arpents de l'autre côté de la route de Montégnac. Fresquin, le conducteur, prit aussi cinq cents arpents, et fit venir à Montégnac sa femme et ses enfants.

Dans les premiers jours du mois d'avril 1833, monsieur Grossetête vint voir les terrains achetés par Gérard, mais son voyage à Montégnac fut principalement déterminé par l'arrivée de Catherine Curieux que madame Graslin attendait, et venue de Paris par la diligence à Limoges. Il trouva madame Graslin prête à partir pour l'église. Monsieur Bonnet devait dire une messe pour appeler les bénédictions du ciel sur les travaux qui allaient s'ouvrir. Tous les travailleurs, les femmes, les enfants y assistaient.

— Voici votre protégée, dit le vieillard en présentant à Véronique une femme d'environ trente ans, souffrante et faible.

— Vous êtes Catherine Curieux ? lui dit madame Graslin.

— Oui, madame.

Véronique regarda Catherine pendant un moment. Assez grande, bien faite et blanche, cette fille avait des traits d'une excessive douceur et que ne démentait pas la belle nuance grise de ses yeux. Le tour du visage, la coupe du front offraient une noblesse à la fois auguste et simple qui se rencontre parfois dans la campagne chez les très-jeunes filles, espèce de fleur de beauté que les travaux des champs, les soins continus du ménage, le hâle, le manque de soins enlèvent avec une effrayante rapidité. Son attitude annonçait cette aisance dans les mouvements qui caractérise les filles de la campagne, à laquelle les habitudes involontairement prises à Paris avaient encore donné de la grâce. Restée dans la Corrèze, certes

Catherine eût été déjà ridée, flétrie, ses couleurs autrefois vives seraient devenues fortes ; mais Paris, en la pâlissant, lui avait conservé sa beauté ; la maladie, les fatigues, les chagrins l'avaient douée des dons mystérieux de la mélancolie, de cette pensée intime qui manque aux pauvres campagnards habitués à une vie presque animale. Sa toilette, pleine de ce goût parisien que toutes les femmes, même les moins coquettes, contractent si promptement, la distinguait encore des paysannes. Dans l'ignorance où elle était de son sort, et incapable de juger madame Graslin, elle se montrait assez honteuse.

— Aimez-vous toujours Farrabesche? lui demanda Véronique, que Grossetête avait laissée seule un instant.

— Oui, madame, répondit-elle en rougissant.

— Pourquoi, si vous lui avez envoyé mille francs pendant le temps qu'a duré sa peine, n'êtes-vous pas venue le retrouver à sa sortie? Y a-t-il chez vous une répugnance pour lui? parlez-moi comme à votre mère. Aviez-vous peur qu'il ne se fût tout à fait vicié, qu'il ne voulût plus de vous?

— Non, madame ; mais je ne savais ni lire ni écrire, je servais une vieille dame très-exigeante, elle est tombée malade, on la veillait, j'ai dû la garder. Tout en calculant que le moment de la libération de Jacques approchait, je ne pouvais quitter Paris qu'après la mort de cette dame, qui ne m'a rien laissé, malgré mon dévouement à ses intérêts et à sa personne. Avant de revenir, j'ai voulu me guérir d'une maladie causée par les veilles et par le mal que je me suis donné. Après avoir mangé mes économies, j'ai dû me résoudre à entrer à l'hôpital Saint-Louis, d'où je sors guérie.

— Bien, mon enfant, dit madame Graslin émue de cette explication si simple. Mais dites-moi maintenant pourquoi vous avez abandonné vos parents brusquement, pourquoi vous avez laissé votre enfant, pourquoi vous n'avez pas donné de vos nouvelles, ou fait écrire...

Pour toute réponse, Catherine pleura.

— Madame, dit-elle rassurée par un serrement de main de Véronique, je ne sais si j'ai eu tort, mais il a été au-dessus de mes forces de rester dans le pays. Je n'ai pas douté de moi, mais des autres, j'ai eu peur des bavardages, des caquets. Tant que Jacques courait ici des dangers, je lui étais nécessaire, mais lui parti, je me suis sentie sans force : être fille avec un enfant, et pas de mari! La plus mauvaise créature aurait valu mieux que moi. Je ne sais pas ce que je serais devenue si j'avais entendu dire le moindre mot sur Benjamin ou sur son père. Je me serais fait périr moi-même, je serais devenue folle. Mon père ou ma mère, dans un moment de colère, pouvaient me faire un reproche. Je suis trop vive pour supporter une querelle ou une injure, moi qui suis douce ! J'ai été bien punie puisque je n'ai pu voir mon enfant, moi qui n'ai pas été un seul jour sans penser à lui ! J'ai voulu être oubliée, et, je l'ai été. Personne n'a pensé à moi. On m'a crue morte, et cependant j'ai bien des fois voulu tout quitter pour venir passer un jour ici, voir mon petit.

— Votre petit, tenez, mon enfant, voyez-le !

Catherine aperçut Benjamin et fut prise comme d'un frisson de fièvre.

— Benjamin, dit madame Graslin, viens embrasser ta mère.

— Ma mère ? s'écria Benjamin surpris. Il sauta au cou de Catherine, qui le serra sur elle avec une force sauvage. Mais l'enfant lui échappa et se sauva en criant : — Je vais *le quérir*.

Madame Graslin, obligée d'asseoir Catherine qui défaillait, aperçut alors monsieur Bonnet, et ne put s'empêcher de rougir en recevant de son confesseur un regard perçant qui lisait dans son cœur.

— J'espère, monsieur le curé, lui dit-elle en tremblant, que vous ferez promptement le mariage de Catherine et de Farrabesche. Ne reconnaissez-vous pas monsieur Bonnet, mon enfant ? il vous dira que Farrabesche, depuis son retour, s'est conduit en honnête homme, il a l'estime de tout le pays, et s'il est au monde un endroit où vous puissiez vivre heureux et considérés, c'est à Montégnac. Vous y ferez, Dieu aidant, votre fortune, car vous serez mes fermiers. Farrabesche est redevenu citoyen.

— Tout cela est vrai, mon enfant, dit le curé.

En ce moment, Farrabesche arriva traîné par son fils ; il resta pâle et sans parole en présence de Catherine et de madame Graslin. Il devinait combien la bienfaisance de l'une avait été active et tout ce que l'autre avait dû souffrir pour n'être pas venue. Véronique emmena le curé, qui, de son côté, voulait l'emmener. Dès qu'ils se trouvèrent assez loin pour n'être pas entendue, monsieur Bonnet regarda fixement sa pénitente et la vit rougissant, elle baissa les yeux comme une coupable.

— Vous dégradez le bien, lui dit-il sévèrement.

— Et comment? répondit-elle en relevant la tête.

— Faire le bien, reprit monsieur Bonnet, est une passion aussi supérieure à l'amour, que l'humanité, madame, est supérieure à la créature. Or, tout ceci ne s'accomplit pas par la seule force et avec la naïveté de la vertu. Vous retombez de toute la grandeur de l'humanité au culte d'une seule créature! Votre bienfaisance envers Farrabesche et Catherine comporte des souvenirs et des arrière-pensées qui en ôtent le mérite aux yeux de Dieu. Arrachez vous-même de votre cœur les restes du javelot qu'y a planté l'esprit du Mal. Ne dépouillez pas ainsi vos actions de leur valeur. Arriverez-vous donc enfin à cette sainte ignorance du bien que vous faites, et qui est la grâce suprême des actions humaines ?

Madame Graslin s'était retournée afin d'essuyer ses yeux, dont les larmes disaient au curé que sa parole attaquait quelque endroit saignant du cœur où son doigt fouillait une plaie mal fermée. Farrabesche, Catherine et Benjamin vinrent pour remercier leur bienfaitrice; mais elle leur fit signe de s'éloigner, et de la laisser avec monsieur Bonnet.

— Voyez comme je les chagrine, lui dit-elle en les lui montrant attristés, et le curé, dont l'âme était tendre, leur fit alors signe de revenir. — Soyez, leur dit-elle, complétement heureux; voici l'ordonnance qui vous rend tous vos droits de citoyen et vous exempte des formalités qui vous humiliaient, ajouta-t-elle en tendant à Farrabesche un papier qu'elle gardait à sa main.

Farrabesche baisa respectueusement la main de Véronique et la regarda d'un œil à la fois tendre et soumis, calme et dévoué que rien ne devait altérer, comme celui du chien fidèle pour son maître.

— Si Jacques a souffert, madame, dit Catherine, dont les beaux yeux souriaient, j'espère pouvoir lui rendre autant de bonheur qu'il a eu de peine; car, quoi qu'il ait fait, il n'est pas méchant.

Madame Graslin détourna la tête, elle paraissait brisée par l'aspect de cette famille alors heureuse, et monsieur Bonnet la quitta pour aller à l'église, où elle se traîna sur le bras de monsieur Grossetête.

Après le déjeuner, tous allèrent assister à l'ouverture des travaux, que vinrent voir aussi tous les vieux de Montégnac. De la rampe sur laquelle montait l'avenue du château, monsieur Grossetête et monsieur Bonnet, entre lesquels était Véronique,

purent apercevoir la disposition des quatre premiers chemins que
l'on ouvrit, et qui servirent de dépôt aux pierres ramassées. Cinq
terrassiers rejetaient les bonnes terres au bord des champs, en déblayant un espace de dix-huit pieds, la largeur de chaque chemin.
De chaque côté, quatre hommes, occupés à creuser le fossé, en
mettaient aussi la bonne terre sur le champ en forme de berge.
Derrière eux, à mesure que cette berge avançait, deux hommes y
pratiquaient des trous et y plantaient des arbres. Dans chaque
pièce, trente indigents valides, vingt femmes et quarante filles ou
enfants, en tout quatre-vingt-dix personnes, ramassaient les
pierres que des ouvriers métraient le long des berges afin de constater la quantité produite par chaque groupe. Ainsi tous les travaux marchaient de front et allaient rapidement, avec des ouvriers
choisis et pleins d'ardeur. Grossetête promit à madame Graslin de
lui envoyer des arbres et d'en demander pour elle à ses amis.
Évidemment, les pépinières du château ne suffiraient pas à de si
nombreuses plantations. Vers la fin de la journée, qui devait se
terminer par un grand dîner au château, Farrabesche pria madame
Graslin de lui accorder un moment d'audience.

— Madame, lui dit-il en se présentant avec Catherine, vous avez
eu la bonté de me promettre la ferme du château. En m'accordant
une pareille faveur, votre intention est de me donner une occasion
de fortune ; mais Catherine a sur notre avenir des idées que je
viens vous soumettre. Si je fais fortune, il y aura des jaloux, un
mot est bientôt dit, je puis avoir des désagréments, je les craindrais,
et d'ailleurs Catherine serait toujours inquiète ; enfin le voisinage
du monde ne nous convient pas. Je viens donc vous demander
simplement de nous donner à ferme les terres situées au débouché
du Gabou sur les communaux, avec une petite partie de bois au
revers de la Roche-Vive. Vous aurez là, vers juillet, beaucoup
d'ouvriers, il sera donc alors facile de bâtir une ferme dans une
situation favorable, sur une éminence. Nous y serons heureux. Je
ferai venir Guépin. Mon pauvre libéré travaillera comme un cheval,
je le marierai peut-être. Mon garçon n'est pas un fainéant, personne ne viendra nous regarder dans le blanc des yeux, nous coloniserons ce coin de terre, et je mettrai mon ambition à vous y faire
une fameuse ferme. D'ailleurs, j'ai à vous proposer pour fermier
de votre grande ferme un cousin de Catherine qui a de la fortune,
et qui sera plus capable que moi de conduire une machine aussi

considérable que cette ferme-là. S'il plaît à Dieu que votre entreprise réussisse, vous aurez dans cinq ans d'ici entre cinq à six mille bêtes à cornes ou chevaux sur la plaine qu'on défriche, et il faudra certes une forte tête pour s'y reconnaître.

Madame Graslin accorda la demande de Farrabesche en rendant justice au bon sens qui la lui dictait.

Depuis l'ouverture des travaux de la plaine, la vie de madame Graslin prit la régularité d'une vie de campagne. Le matin, elle allait entendre la messe, elle prenait soin de son fils, qu'elle idolâtrait, et venait voir ses travailleurs. Après son dîner, elle recevait ses amis de Montégnac dans son petit salon, situé au premier étage du pavillon de l'horloge. Elle apprit à Roubaud, à Clousier et au curé le whist, que savait Gérard. Après la partie, vers neuf heures, chacun rentrait chez soi. Cette vie douce eut pour seuls événements le succès de chaque partie de la grande entreprise. Au mois de juin, le torrent du Gabou étant à sec, monsieur Gérard s'installa dans la maison du garde. Farrabesche avait déjà fait bâtir sa ferme du Gabou. Cinquante maçons, revenus de Paris, réunirent les deux montagnes par une muraille de vingt pieds d'épaisseur, fondée à douze pieds de profondeur sur un massif en béton. La muraille, d'environ soixante pieds d'élévation, allait en diminuant, elle n'avait plus que dix pieds à son couronnement. Gérard y adossa, du côté de la vallée, un talus en béton, de douze pieds à sa base. Du côté des communaux, un talus semblable recouvert de quelques pieds de terre végétale appuya ce formidable ouvrage, que les eaux ne pouvaient renverser. L'ingénieur ménagea, en cas de pluies trop abondantes, un déversoir à une hauteur convenable. La maçonnerie fut poussée dans chaque montagne jusqu'au tuf ou jusqu'au granit, afin que l'eau ne trouvât aucune issue par les côtés. Ce barrage fut terminé vers le milieu du mois d'août. En même temps, Gérard prépara trois canaux dans les trois principaux vallons, et aucun de ces ouvrages n'atteignit au chiffre de ses devis. Ainsi la ferme du château put être achevée. Les travaux d'irrigation dans la plaine conduits par Fresquin correspondaient au canal tracé par la nature au bas de la chaîne des montagnes du côté de la plaine, et d'où partirent les rigoles d'arrosement. Des vannes furent adaptées aux fossés que l'abondance des cailloux avait permis d'empierrer, afin de tenir dans la plaine les eaux à des niveaux convenables.

Tous les dimanches après la messe, Véronique, l'ingénieur, le curé, le médecin, le maire descendaient par le parc et allaient y voir le mouvement des eaux. L'hiver de 1833 à 1834 fut très-pluvieux. L'eau des trois sources qui avaient été dirigées vers le torrent et l'eau des pluies convertirent la vallée du Gabou en trois étangs, étagés avec prévoyance afin de créer une réserve pour les grandes sécheresses. Aux endroits où la vallée s'élargissait, Gérard avait profité de quelques monticules pour en faire des îles qui furent plantées en arbres variés. Cette vaste opération changea complétement le paysage; mais il fallait cinq ou six années pour qu'il eût sa vraie physionomie. « — Le pays était tout nu, disait Farrabesche, et madame vient de l'habiller. »

Depuis ces grands changements, Véronique fut appelée *madame* dans toute la contrée. Quand les pluies cessèrent, au mois de juin 1834, on essaya les irrigations dans la partie de prairies ensemencées, dont la jeune verdure ainsi nourrie offrit les qualités supérieures des *marciti* de l'Italie et des prairies suisses. Le système d'arrosement, modelé sur celui des fermes de la Lombardie, mouillait également le terrain, dont la surface était unie comme un tapis. Le nitre des neiges, en dissolution dans ces eaux, contribua sans doute beaucoup à la qualité de l'herbe. L'ingénieur espéra trouver dans les produits quelque analogie avec ceux de la Suisse, pour qui cette substance est, comme on le sait, une source intarissable de richesses. Les plantations sur les bords des chemins, suffisamment humectées par l'eau qu'on laissa dans les fossés, firent de rapides progrès. Aussi, en 1838, cinq ans après l'entreprise de madame Graslin à Montégnac, la plaine inculte, jugée infertile par vingt générations, était-elle verte, productive et entièrement plantée. Gérard y avait bâti cinq fermes de mille arpents chacune, sans compter le grand établissement du château. La ferme de Gérard, celle de Grossetête et celle de Fresquin, qui recevaient le trop-plein des eaux des domaines de madame Graslin, furent élevées sur le même plan et régies par les mêmes méthodes. Gérard se construisit un charmant pavillon dans sa propriété. Quand tout fut terminé, les habitants de Montégnac, sur la proposition du maire enchanté de donner sa démission, nommèrent Gérard maire de la commune.

En 1840, le départ du premier troupeau de bœufs envoyés par Montégnac sur les marchés de Paris, fut l'objet d'une fête champêtre. Les fermes de la plaine élevaient de gros bétail et des chevaux, car on avait généralement trouvé, par le nettoyage du terrain, sept pouces de terre végétale que la dépouille annuelle des arbres, les engrais apportés par le pacage des bestiaux, et surtout l'eau de neige contenue dans le bassin du Gabou, devaient enrichir constamment. Cette année, madame Graslin jugea nécessaire de donner un précepteur à son fils, qui avait onze ans : elle ne voulait pas s'en séparer, et voulait néanmoins en faire un homme instruit. Monsieur Bonnet écrivit au séminaire. Madame Graslin, de son côté, dit quelques mots de son désir et de ses embarras à monseigneur Dutheil, nommé récemment archevêque. Ce fut une grande et sérieuse affaire que le choix d'un homme qui devait vivre pendant au moins neuf ans au château. Gérard s'était déjà offert à montrer les mathématiques à son ami Francis; mais il était impossible de remplacer un précepteur, et ce choix à faire épouvantait d'autant plus madame Graslin, qu'elle sentait chanceler sa santé. Plus les prospérités de son cher Montégnac croissaient, plus elle redoublait les austérités secrètes de sa vie. Monseigneur Dutheil, avec qui elle correspondait toujours, lui trouva l'homme qu'elle souhaitait. Il envoya de son diocèse un jeune professeur de vingt-cinq ans, nommé Ruffin, un esprit qui avait pour vocation l'enseignement particulier; ses connaissances étaient vastes; il avait une âme d'une excessive sensibilité qui n'excluait pas la sévérité nécessaire à qui veut conduire un enfant; chez lui, la piété ne nuisait en rien à la science; enfin il était patient et d'un extérieur agréable. « C'est un vrai cadeau que je vous fais, ma chère fille, écrivit le prélat; ce jeune homme est digne de faire l'éducation d'un prince; aussi compté-je que vous saurez lui assurer un sort, car il sera le père spirituel de votre fils. »

Monsieur Ruffin plut si fort aux fidèles amis de madame Graslin, que son arrivée ne dérangea rien aux différentes intimités qui se groupaient autour de cette idole dont les heures et les moments étaient pris par chacun avec une sorte de jalousie.

L'année 1843 vit la prospérité de Montégnac s'accroître au delà de toutes les espérances. La ferme du Gabou rivalisait avec les fermes de la plaine, et celle du château donnait l'exemple de toutes les améliorations. Les cinq autres fermes, dont le loyer progressif devait atteindre la somme de trente mille francs pour chacune à la douzième année du bail, donnaient alors en tout soixante mille francs de revenu. Les fermiers qui commençaient à recueillir le fruit de leurs sacrifices et de ceux de madame Graslin, pouvaient alors amender les prairies de la plaine, où venaient des herbes de première qualité qui ne craignaient jamais la sécheresse. La ferme du Gabou paya joyeusement un premier fermage de quatre mille francs. Pendant cette année, un homme de Montégnac établit une diligence allant du chef-lieu d'arrondissement à Limoges, et qui partait tous les jours et de Limoge, et du chef-lieu. Le neveu de monsieur Clousier vendit son greffe et obtint la création d'une étude de notaire en sa faveur. L'administration nomma Fresquin percepteur du canton. Le nouveau notaire se bâtit une jolie maison dans le Haut-Montégnac, planta des mûriers dans les terrains qui en dépendaient, et fut l'adjoint de Gérard. L'ingénieur, enhardi par tant de succès, conçut un projet de nature à rendre colossale la fortune de madame Graslin, qui rentra cette année dans la possession des rentes engagées pour solder son emprunt. Il voulait canaliser la petite rivière, en y jetant les eaux surabondantes du Gabou. Ce canal, qui devait aller gagner la Vienne, permettrait d'exploiter les vingt mille arpents de l'immense forêt de Montégnac, admirablement entretenue par Colorat, et qui, faute de moyens de transport, ne donnait aucun revenu. On pouvait couper mille arpents par année en aménageant à vingt ans, et diriger ainsi sur Limoges de précieux bois de construction. Tel était le projet de Graslin, qui jadis avait peu écouté les plans du curé relativement à la plaine, et s'était beaucoup plus préoccupé de la canalisation de la petite rivière.

CHAPITRE V.

VÉRONIQUE AU TOMBEAU.

Au commencement de l'année suivante, malgré la contenance de madame Graslin, ses amis aperçurent en elle les symptômes avant-coureurs d'une mort prochaine. A toutes les observations de Roubaud, aux questions les plus ingénieuses des plus clairvoyants, Véronique faisait la même réponse : « Elle se portait à merveille. » Mais au printemps, elle alla visiter ses forêts, ses fermes, ses belles prairies en manifestant une joie enfantine qui dénotait en elle de tristes prévisions.

En se voyant forcé d'élever un petit mur en béton depuis le

barrage du Gabou jusqu'au parc de Montégnac, le long et au bas de la colline dite de la Corrèze, Gérard avait eu l'idée d'enfermer la forêt de Montégnac et de la réunir au parc. Madame Graslin affecta trente mille francs par an à cet ouvrage, qui exigeait au moins sept années, mais qui soustrairait cette belle forêt aux droits qu'exerce l'Administration sur les bois non clos des particuliers. Les trois étangs de la vallée du Gabou, devaient alors se trouver dans le parc. Chacun de ces étangs, orgueilleusement appelés des lacs, avait son île. Cette année, Gérard avait préparé, d'accord avec Grossetête, une surprise à madame Graslin pour le jour de sa naissance. Il avait bâti dans la plus grande de ces îles, la seconde, une petite chartreuse assez rustique au dehors et d'une parfaite élégance au dedans. L'ancien banquier trempa dans cette conspiration, à laquelle coopérèrent Farrabesche, Fresquin, le neveu de Clousier et la plupart des riches de Montégnac. Grossetête envoya un joli mobilier pour la chartreuse. Le clocher, copié sur celui de Vévay, faisait un charmant effet dans le paysage. Six canots, deux pour chaque étang, avaient été construits, peints et gréés en secret pendant l'hiver par Farrabesche et Guépin, aidés du charpentier de Montégnac. A la mi-mai donc, après le déjeuner que madame Graslin offrait à ses amis, elle fut emmenée par eux à travers le parc, supérieurement dessiné par Gérard qui depuis cinq ans le soignait en architecte et en naturaliste, vers la jolie prairie de la vallée du Gabou, où, sur la rive du premier lac, flottaient les deux canots. Cette prairie, arrosée par quelques ruisseaux clairs, avait été prise au bas du bel amphithéâtre où commence la vallée du Gabou. Les bois défrichés avec art et de manière à produire les plus élégantes masses ou des découpures charmantes à l'œil, embrassaient cette prairie en y donnant un air de solitude doux à l'âme. Gérard avait scrupuleusement rebâti sur une éminence ce chalet de la vallée de Sion qui se trouve sur la route de Brigg et que tous les voyageurs admirent. On devait y loger les vaches et la laiterie du château. De la galerie, on apercevait le paysage créé par l'ingénieur, et que ses lacs rendaient digne des plus jolis sites de la Suisse. Le jour était superbe. Au ciel bleu, pas un nuage; à terre, mille accidents gracieux comme il s'en forme dans ce beau mois de mai. Les arbres plantés depuis dix ans sur les bords : saules pleureurs, saules marceau, des aulnes, des frênes, des blancs de Hollande, des peupliers d'Italie et de Virginie, des épines blanches et roses, des acacias, des bouleaux, tous sujets d'élite, disposés tous comme le voulaient et le terrain et leur physionomie, retenaient dans leurs feuillages quelques vapeurs nées sur les eaux et qui ressemblaient à de légères fumées. La nappe d'eau, claire comme un miroir et calme comme le ciel, réfléchissait les hautes masses vertes de la forêt, dont les cimes nettement dessinées dans la limpide atmosphère, contrastaient avec les bocages d'en bas, enveloppés de leurs jolis voiles. Les lacs, séparés par de fortes chaussées, montraient trois miroirs à reflets différents, dont les eaux s'écoulaient de l'un dans l'autre par de mélodieuses cascades. Ces chaussées formaient des chemins pour aller d'un bord à l'autre sans avoir à tourner la vallée. On apercevait du chalet, par une échappée, le steppe ingrat des communaux crayeux et infertiles qui, vu du dernier balcon, ressemblait à la pleine mer, et qui contrastait avec la fraîche nature du lac et de ses bords. Quand Véronique vit la joie de ses amis qui lui tendaient la main pour la faire monter dans la plus grande des embarcations, elle eut des larmes dans les yeux, et laissa nager en silence jusqu'au moment où elle aborda la première chaussée. En y montant pour s'embarquer sur la seconde flotte, elle aperçut alors la Chartreuse et Grossetête assis sur un banc avec toute sa famille.

— Ils veulent donc me faire regretter la vie ? dit-elle au curé.

— Nous voulons vous empêcher de mourir, répondit Clousier.

— On ne rend pas la vie aux morts, répliqua-t-elle.

— Monsieur Bonnet jeta sur sa pénitente un regard sévère qui la fit rentrer en elle-même.

— Laissez-moi seulement prendre soin de votre santé, lui demanda Roubaud d'une voix douce et suppliante, je suis certain de conserver à ce canton sa gloire vivante, et à tous nos amis le lien de leur vie commune.

Véronique baissa la tête et Gérard nagea lentement vers l'île, au milieu de ce lac, le plus large des trois et où le bruit des eaux du premier, alors trop plein, retentissait au loin en donnant une voix à ce délicieux paysage.

— Vous avez bien raison de me faire faire mes adieux à cette ravissante création, dit-elle en voyant la beauté des arbres tous si feuillus qu'ils cachaient les deux rives.

La seule désapprobation que ses amis se permirent fut un morne silence, et Véronique, sur un nouveau regard de monsieur

Bonnet, sauta légèrement à terre en prenant un air gai qu'elle ne quitta plus. Redevenue châtelaine, elle fut charmante, et la famille Grossetête reconnut en elle la belle madame Graslin des anciens jours. « — Assurément, elle pouvait vivre encore ! » lui dit sa mère à l'oreille. Dans ce beau jour de fête, au milieu de cette sublime création opérée avec les seules ressources de la nature, rien ne semblait devoir blesser Véronique, et cependant elle y reçut son coup de grâce. On devait revenir sur les neuf heures par les prairies, dont les chemins, tous aussi beaux que des routes anglaises ou italiennes, faisaient l'orgueil de l'ingénieur. L'abondance du caillou, mis de côté par masses lors du nettoyage de la plaine, permettait de si bien les entretenir, que depuis cinq ans, elles s'étaient en quelque sorte macadamisées. Les voitures stationnaient au débouché du dernier vallon du côté de la plaine, presque au bas de la Roche-Vive. Les attelages, tous composés de chevaux élevés à Montégnac, étaient les premiers élèves susceptibles d'être vendus, le directeur du haras en avait fait dresser une dizaine pour les écuries du château, et leur essai faisait partie du programme de la fête. A la calèche de madame Graslin, un présent de Grossetête, piaffaient les quatre plus beaux chevaux harnachés avec simplicité. Après le dîner, la joyeuse compagnie alla prendre le café dans un petit kiosque en bois, copié sur l'un de ceux du Bosphore et situé à la pointe de l'île d'où la vue plongeait sur le dernier étang. La maison de Colorat, car le garde, incapable de remplir des fonctions aussi difficiles que celles de garde-général de Montégnac, avait eu la succession de Farrabesche, et l'ancienne maison restaurée formait une des fabriques de ce paysage, terminé par le grand barrage du Gabou qui arrêtait délicieusement les regards sur une masse de végétation riche et vigoureuse.

De là, madame Graslin crut voir son fils Francis aux environs de la pépinière due à Farrabesche ; elle le chercha du regard, ne le trouva pas, et monsieur Ruffin le lui montra jouant en effet, le long des bords, avec les enfants des petites-filles de Grossetête. Véronique craignit quelque accident. Sans écouter personne, elle descendit le kiosque, sauta dans une des chaloupes, se fit débarquer sur la chaussée et courut chercher son fils. Ce petit incident fut cause du départ. Le vénérable trisaïeul Grossetête proposa le premier d'aller se promener dans le beau sentier qui longeait les deux derniers lacs en suivant les caprices de ce sol montagneux.

Madame Graslin aperçut de loin Francis dans les bras d'une femme en deuil. A en juger par la forme du chapeau, par la coupe des vêtements, cette femme devait être une étrangère. Véronique effrayée appela son fils, qui revint.

— Qui est cette femme? demanda-t-elle aux enfants, et pourquoi Francis vous a-t-il quittés?

— Cette dame l'a appelé par son nom, dit une petite fille.

En ce moment, la Sauviat et Gérard, qui avaient devancé toute la compagnie, arrivèrent.

— Qui est cette femme? mon cher enfant, dit madame Graslin à Francis.

— Je ne la connais pas, dit l'enfant, mais il n'y a que toi et ma grand'mère qui m'embrassiez ainsi. Elle a pleuré, dit-il à l'oreille de sa mère.

— Voulez-vous que je coure après elle? dit Gérard.

— Non, lui répondit madame Graslin avec une brusquerie qui n'était pas dans ses habitudes.

Par une délicatesse qui fut appréciée de Véronique, Gérard emmena les enfants, et alla au-devant de tout le monde en laissant la Sauviat, madame Graslin et Francis seuls.

— Que t'a-t-elle dit? demanda la Sauviat à son petit-fils.

— Je ne sais pas, elle ne parlait pas français.

— Tu n'as rien entendu? dit Véronique.

— Ah! elle a dit à plusieurs reprises, et voilà pourquoi j'ai pu le retenir : *dear brother!*

Véronique prit le bras de sa mère, et garda son fils à la main; mais elle fit à peine quelques pas, ses forces l'abandonnèrent.

— Qu'a-t-elle? qu'est-il arrivé? demanda-t-on à la Sauviat.

— Oh! ma fille est en danger, dit d'une voix gutturale et profonde la vieille Auvergnate.

Il fallut porter madame Graslin dans sa voiture; elle voulut qu'Aline y montât avec Francis et désigna Gérard pour l'accompagner.

— Vous êtes allé, je crois, en Angleterre? lui dit-elle quand elle eut recouvré ses esprits, et vous savez l'anglais. Que signifient ces mots : *dear brother?*

— Qui ne le sait? s'écria Gérard. Ça veut dire : *cher frère!*

Véronique échangea avec Aline et avec la Sauviat un regard qui les fit frémir; mais elles continrent leurs émotions. Les cris de joie de tous ceux qui assistaient au départ des voitures, les pompes du soleil couchant dans les prairies, la parfaite allure des chevaux, les rires de ses amis qui suivaient, le galop que faisaient prendre à leurs montures ceux qui l'accompagnaient à cheval, rien ne tira madame Graslin de sa torpeur; sa mère fit alors hâter le cocher, et leur voiture arriva la première au château. Quand la compagnie y fut réunie, on apprit que Véronique s'était renfermée chez elle et ne voulait voir personne.

— Je crains, dit Gérard à ses amis, que madame Graslin n'ait reçu quelque coup mortel...

— Où? comment? lui demanda-t-on.

— Au cœur, répondit Gérard.

Le surlendemain, Roubaud partit pour Paris; il avait trouvé madame Graslin si grièvement atteinte, que, pour l'arracher à la mort, il allait réclamer les lumières et le secours du meilleur médecin de Paris. Mais Véronique n'avait reçu Roubaud que pour mettre un terme aux importunités de sa mère et d'Aline, qui la suppliaient de se soigner : elle se sentit frappée à mort. Elle refusa de voir monsieur Bonnet, en lui faisant répondre qu'il n'était pas temps encore. Quoique tous ses amis, venus de Limoges pour sa fête, voulussent rester près d'elle, elle les pria de l'excuser si elle ne remplissait pas les devoirs de l'hospitalité; mais elle désirait rester dans la plus profonde solitude. Après le brusque départ de Roubaud, les hôtes du château de Montégnac retournèrent alors à Limoges, moins désappointés que désespérés, car tous ceux que Grossetête avait amenés adoraient Véronique. On se perdit en conjectures sur l'événement qui avait pu causer ce mystérieux désastre.

Un soir, deux jours après le départ de la nombreuse famille des Grossetête, Aline introduisit Catherine dans l'appartement de madame Graslin. La Farrabesche resta clouée à l'aspect du changement qui s'était si subitement opéré chez sa maîtresse, à qui elle voyait un visage presque décomposé.

— Mon Dieu! madame, s'écria-t-elle, quel mal a fait cette pauvre fille! Si nous avions pu le prévoir, Farrabesche et moi nous ne l'aurions jamais reçue; elle vient d'apprendre que madame est malade, et m'envoie dire à madame Sauviat qu'elle désire lui parler.

— Ici! s'écria Véronique. Enfin où est-elle?

— Mon mari l'a conduite au chalet.

— C'est bien, répondit madame Graslin, laissez-nous, et dites à Farrabesche de se retirer. Annoncez à cette dame que ma mère ira la voir, et qu'elle attende.

Quand la nuit fut venue, Véronique, appuyée sur sa mère, chemina lentement à travers le parc jusqu'au chalet. La lune brillait de tout son éclat, l'air était doux, et les deux femmes, visiblement émues, recevaient en quelque sorte des encouragements de la nature. La Sauviat s'arrêtait de moments en moments, et faisait reposer sa fille, dont les souffrances furent si poignantes, que Véronique ne put atteindre que vers minuit au sentier qui descendait des bois dans la prairie en pente, où brillait le toit argenté du chalet. La lueur de la lune donnait à la surface des eaux calmes la couleur des perles. Les bruits menus de la nuit, si retentissants dans le silence, formaient une harmonie suave. Véronique se posa sur le banc du chalet, au milieu du beau spectacle de cette nuit étoilée. Le murmure de deux voix, et le bruit produit sur le sable par les pas de deux personnes encore éloignées, furent apportés par l'eau, qui, dans le silence, traduit les sons aussi fidèlement qu'elle reflète les objets dans le calme. Véronique reconnut à sa douceur exquise l'organe du curé, le frôlement de la soutane et le cri d'une étoffe de soie qui devait être une robe de femme.

— Entrons, dit-elle à sa mère.

La Sauviat et Véronique s'assirent sur une crèche dans la salle basse destinée à être une étable.

— Mon enfant, disait le curé, je ne vous blâme point, vous êtes excusable, mais vous pouvez être la cause d'un malheur irréparable, car elle est l'âme de ce pays.

— Oh! monsieur, je m'en irai dès ce soir, répondit l'étrangère; mais je puis vous le dire, quitter encore une fois mon pays, ce sera mourir. Si j'étais restée une journée de plus dans cet horrible New-York et aux États-Unis, où il n'y a ni espérance, ni foi, ni charité, je serais morte sans avoir été malade. L'air que je respirais me faisait mal dans la poitrine, les aliments ne m'y nourrissaient plus, je mourais en paraissant pleine de vie et de santé. Ma souffrance a cessé dès que j'ai eu le pied sur le vaisseau : j'ai cru être en France. Oh! monsieur, j'ai vu périr de chagrin ma mère et une de mes belles-sœurs. Enfin, mon grand-père Tascheron et ma grand-mère sont morts, morts, mon cher monsieur Bonnet, malgré les prospérités inouïes de Tascheronville. Oui, mon père a fondé un village dans l'État de l'Ohio. Ce village est devenu presque une ville, et le tiers des terres qui en dépendent sont cultivées par notre famille, que Dieu a constamment protégée : nos cultures ont réussi, nos produits sont magnifiques, et nous sommes riches. Aussi avons-nous pu bâtir une église catholique, la ville est catholique, nous n'y souffrons point d'autres cultes, et nous espérons convertir par notre exemple les mille sectes qui nous entourent. La vraie religion est en minorité dans ce triste pays d'argent et d'intérêts où l'âme a froid. Néanmoins, j'y retournerai mourir plutôt que de faire le moindre tort et causer la plus légère peine à la mère de notre cher Francis. Seulement, monsieur Bonnet, conduisez-moi pendant cette nuit au presbytère, et que je puisse prier sur *sa* tombe, qui m'a seule attirée ici; car à mesure que je me rapprochais de l'endroit où *il* est, je me sentais toute autre. Non, je ne croyais pas être si heureuse ici!...

— Eh! bien, dit le curé, partons, venez. Si quelque jour vous pouviez revenir sans inconvénients, je vous écrirai, Denise; mais peut-être cette visite à votre pays vous permettra-t-elle de demeurer là-bas sans souffrir...

— Quitter ce pays, qui maintenant est si beau! Voyez donc ce que madame Graslin a fait du Gabou? dit-elle en montrant le lac éclairé par la lune. Enfin, tous ces domaines seront à notre cher Francis!

— Vous ne partirez pas, Denise, dit madame Graslin en se montrant à la porte de l'étable.

La sœur de Jean-François Tascheron joignit les mains à l'aspect du spectre qui lui parlait. En ce moment, la pâle Véronique, éclairée par la lune, eut l'air d'une ombre en se dessinant sur les ténèbres de la porte ouverte de l'étable. Ses yeux brillaient comme deux étoiles.

— Non, ma fille, vous ne quitterez pas le pays que vous êtes venue revoir de si loin, et vous y serez heureuse, ou Dieu refuserait de seconder mes œuvres, et c'est lui qui sans doute vous envoie!

Elle prit par la main Denise étonnée, et l'emmena par un sentier vers l'autre rive du lac, en laissant sa mère et le curé qui s'assirent sur le banc.

— Laissons-lui faire ce qu'elle veut, dit la Sauviat.

Quelques instants après, Véronique revint seule, et fut reconduite au château par sa mère et par le curé. Sans doute elle avait conçu quelque projet qui voulait le mystère, car personne dans le pays ne vit Denise et n'entendit parler d'elle. En reprenant le lit, madame Graslin ne le quitta plus; elle alla chaque jour plus mal, et parut contrariée de ne pouvoir se lever, en essayant à plusieurs reprises, mais en vain, de se promener dans le parc. Cependant, quelques jours après cette scène, au commencement du mois de juin, elle fit dans la matinée un effort violent sur elle-même, se leva, voulut s'habiller et se parer comme pour un jour de fête; elle pria Gérard de lui donner le bras, car ses amis venaient tous les jours savoir de ses nouvelles; et quand Aline dit que sa maîtresse voulait se promener, tous accoururent au château. Madame Graslin, qui avait réuni toutes ses forces, les épuisa pour faire cette promenade. Elle accomplit son projet dans un paroxisme de volonté qui devait avoir une funeste réaction.

— Allons au chalet, et seuls, dit-elle à Gérard d'une voix douce et en le regardant avec une sorte de coquetterie. Voici ma dernière escapade, car j'ai rêvé cette nuit que les médecins arrivaient.

— Vous voulez voir vos bois? dit Gérard.

— Pour la dernière fois, reprit-elle; mais j'ai, lui dit-elle d'une voix insinuante, à vous y faire de singulières propositions.

Elle força Gérard à s'embarquer avec elle sur le second lac, où elle se rendit à pied. Quand l'ingénieur, surpris de lui voir faire un pareil trajet, fit mouvoir les rames, elle lui indiqua la Chartreuse comme but du voyage.

— Mon ami, lui dit-elle après une longue pause pendant laquelle elle avait contemplé le ciel, l'eau, les collines, les bords, j'ai la plus étrange demande à vous faire; mais je vous crois homme à m'obéir.

— En tout, sûr que vous ne pouvez rien vouloir que de bien, s'écria-t-il.

— Je veux vous marier, répondit-elle, et vous accomplirez le vœu d'une mourante certaine de faire votre bonheur.

— Je suis trop laid, dit l'ingénieur.

— La personne est jolie, elle est jeune, elle veut vivre à Montégnac, et si vous l'épousez, vous contribuerez à me rendre doux mes derniers moments. Qu'il ne soit pas entre nous question de ses qualités, je vous la donne pour une créature d'élite; et, comme en fait de grâces, de jeunesse, de beauté, la première vue suffit, nous l'allons voir à la Chartreuse. Au retour, vous me direz un **non** ou un *oui* sérieux.

Après cette confidence, l'ingénieur accéléra le mouvement des rames, ce qui fit sourire madame Graslin. Denise, qui vivait cachée à tous les regards dans la Chartreuse, reconnut madame Graslin et s'empressa d'ouvrir. Véronique et Gérard entrèrent. La pauvre fille ne put s'empêcher de rougir en rencontrant le regard de l'ingénieur, qui fut agréablement surpris par la beauté de Denise.

— La Curieux ne vous a laissé manquer de rien? lui demanda Véronique.

— Voyez, madame, dit-elle en lui montrant le déjeuner.

— Voici monsieur Gérard de qui je vous ai parlé, reprit Véronique, il sera le tuteur de mon fils, et, après ma mort, vous demeurerez ensemble au château jusqu'à sa majorité.

— Oh! madame, ne parlez pas ainsi.

— Mais regardez-moi, mon enfant, dit-elle à Denise, à qui elle vit aussitôt des larmes dans les yeux. — Elle vient de New-York, dit-elle à Gérard.

Ce fut une manière de mettre le couple en rapport. Gérard fit des questions à Denise, et Véronique les laissa causer en allant regarder le dernier lac du Gabou. Vers six heures, Gérard et Véronique revenaient en bateau vers le chalet.

— Eh! bien? dit-elle en regardant son ami.

— Vous avez ma parole.

— Quoique vous soyez sans préjugés, reprit-elle, vous ne devez pas ignorer la circonstance cruelle qui a fait quitter le pays à cette pauvre enfant, ramenée ici par la nostalgie.

— Une faute?

— Oh! non, dit Véronique, vous la présenterais-je? Elle est la sœur d'un ouvrier qui a péri sur l'échafaud...

— Ah! Tascheron, reprit-il, l'assassin du père Pingret...

— Oui, elle est la sœur d'un assassin, répéta madame Graslin avec une profonde ironie, vous pouvez reprendre votre parole.

Elle n'acheva pas, Gérard fut obligé de la porter sur le banc du chalet où elle resta sans connaissance pendant quelques instants. Elle trouva Gérard à ses genoux qui lui dit quand elle rouvrit les yeux : — J'épouserai Denise!

Madame Graslin releva Gérard, lui prit la tête, le baisa sur le front; et, en le voyant étonné de ce remerciement, Véronique lui serra la main et lui dit : — Vous saurez bientôt le mot de cette énigme. Tâchons de regagner la terrasse où nous retrouverons nos amis; il est bien tard, je suis bien faible, et néanmoins je veux faire de loin mes adieux à cette chère plaine!

Quoique la journée eût été d'une insupportable chaleur, les orages qui pendant cette année dévastèrent une partie de l'Europe et de la France, mais qui respectèrent le Limousin, avaient eu lieu dans le bassin de la Loire, et l'air commençait à fraîchir. Le ciel était alors si pur que l'œil saisissait les moindres détails à l'horizon. Quelle parole peut peindre le délicieux concert que produisaient les bruits étouffés du bourg animé par les travailleurs à leur retour des champs? Cette scène, pour être bien rendue, exige à la fois un grand paysagiste et un peintre de la figure humaine. N'y a-t-il pas en effet dans la lassitude de la nature et dans celle de l'homme une entente curieuse et difficile à rendre? La chaleur attiédie d'un jour caniculaire et la raréfaction de l'air donnent alors au moindre bruit fait par les êtres toute sa signification. Les femmes assises à leurs portes en attendant leurs hommes qui souvent ramènent les enfants, babillent entre elles et travaillent encore. Les toits laissent échapper des fumées qui annoncent le dernier repas du jour, le plus gai pour les paysans : après, ils dormiront. Le mouvement exprime alors les pensées heureuses et tranquilles de ceux qui ont achevé leur journée. On entend des chants dont le caractère est bien certainement différent de ceux du matin. En ceci, les villageois imitent les oiseaux, dont les gazouillements, le soir, ne ressemblent en rien à leurs cris vers l'aube. La nature entière chante un hymne au repos, comme elle chante au lever du soleil un hymne d'allégresse. Les moindres actions des êtres animés semblent se teindre alors des douces et harmonieuses couleurs que le couchant jette sur les campagnes et qui prêtent au sable des chemins un caractère placide. Si quelqu'un osait nier l'influence de cette heure, la plus belle du jour, les fleurs le démentiraient en l'enivrant de leurs plus pénétrants parfums, qu'elles exhalent alors et mêlent aux cris les plus tendres des insectes, aux amoureux murmures des oiseaux. Les traînes qui sillonnent la plaine au delà du bourg s'étaient voilées de vapeurs fines et légères. Dans les grandes prairies que partage le chemin départemental, alors ombragé de peupliers, d'acacias et de vernis du Japon, également entre-mêlés, tous si bien venus qu'ils donnaient déjà de l'ombrage, on apercevait les immenses et célèbres troupeaux de haut bétail, parsemés, groupés, les uns ruminant, les autres paissant encore. Les hommes, les femmes, les enfants achevaient les plus jolis travaux de la campagne, ceux de la fenaison. L'air du soir, animé par la subite fraîcheur des orages, apportait les nourrissantes senteurs des herbes coupées et des bottes de foin faites. Les moindres accidents de ce beau panorama se voyaient parfaitement : et ceux, qui craignant l'orage, achevaient en toute hâte des meules autour desquelles les faneuses accouraient avec des fourches chargées, et ceux qui remplissaient les charrettes au milieu des botteleurs, et ceux qui, dans le lointain, fauchaient encore, et celles qui retournaient les longues lignes d'herbes abattues comme des hachures sur les prés pour les faner, et celles qui se pressaient de les mettre en maquets. On entendait les rires de ceux qui jouaient, mêlés aux cris des enfants qui se poussaient sur les tas de foin. On distinguait les jupes roses, ou rouges, ou bleues, les fichus, les jambes nues, les bras des femmes parées toutes de ces chapeaux de paille commune à grands bords, et les chemises des hommes, presque tous en pantalons blancs. Les derniers rayons du soleil poudroyaient à travers les longues lignes des peupliers plantés le long des rigoles qui divisent la plaine en prairies inégales, et caressaient les groupes composés de chevaux, de charrettes, d'hommes, de femmes, d'enfants et de bestiaux. Les gardeurs de bœufs, les bergères commençaient à réunir leurs troupeaux en les appelant au son de cornets rustiques. Cette scène était à la fois bruyante et silencieuse, singulière antithèse qui n'étonnera que les gens à qui les splendeurs de la campagne sont inconnues. Soit d'un côté du bourg, soit de l'autre, des convois de vert fourrage se succédaient. Ce spectacle avait je ne sais quoi d'engourdissant. Aussi Véronique allait-elle silencieuse, entre Gérard et le curé. Quand une brèche faite par une rue champêtre entre les maisons étagées au-dessous de cette terrasse, du presbytère et de l'église, permettait au regard de plonger dans la grande rue de Montégnac, Gérard et monsieur Bonnet apercevaient les yeux des femmes, des hommes, des enfants, enfin tous les groupes tournés vers eux, et suivant, plus particulièrement sans doute, madame Graslin. Combien de tendresses, de reconnaissances exprimées par les attitudes ! De quelles bénédictions Véronique n'était-elle pas chargée ! Avec quelle religieuse attention ces trois bienfaiteurs de tout un pays n'étaient-ils pas contemplés ! L'homme ajoutait donc un hymne de reconnaissance à tous les chants du soir. Mais si madame Graslin marchait les yeux attachés sur ces longues et magnifiques nappes vertes, sa création la plus chérie, le prêtre et le maire ne cessaient de regarder les groupes d'en bas, il était impossible de se méprendre à l'expression : la douleur, la mélancolie, les regrets mêlés d'espérances s'y peignaient. Personne à Montégnac n'ignorait que monsieur Roubaud était allé chercher des gens de science à Paris, et que la bienfaitrice de ce canton atteignait au terme d'une maladie mortelle. Dans tous les marchés, à dix lieues à la ronde, les paysans demandaient à ceux de Montégnac : — « Comment va votre bourgeoise? » Ainsi la grande idée de la mort planait sur ce pays, au milieu de ce tableau champêtre. De loin, dans la prairie, plus d'un faucheur en repassant sa faux, plus d'une jeune fille, le bras posé sur sa fourche, plus d'un fermier du haut de sa meule, en apercevant madame Graslin, restait pensif, examinant cette grande femme, la gloire de la Corrèze, et cherchant dans ce qu'il pouvait voir un indice de favorable augure, ou regardant pour l'admirer, poussé par un sentiment qui l'emportait sur le travail. « — Elle se promène, elle va donc mieux ! » Ce mot si simple était sur toutes les lèvres. La mère de madame Graslin, assise sur le banc en fer creux que Véronique avait fait mettre au bout de sa terrasse, à l'angle d'où la vue plongeait sur le cimetière à travers la balustrade, étudiait les mouvements de sa fille; elle la regardait marchant, et quelques larmes roulaient dans ses yeux. Initiée aux efforts de ce courage surhumain, elle savait que Véronique en ce moment souffrait déjà les douleurs d'une horrible agonie, et se tenait ainsi debout par une héroïque volonté. Ces larmes, presque rouges, qui firent leur chemin sur ce visage septuagénaire, hâlé, ridé, dont le parchemin ne paraissait devoir plier sous aucune émotion, excitèrent celles du jeune Graslin, que monsieur Ruffin tenait entre ses jambes.

— Qu'as-tu, mon enfant ? lui dit vivement son précepteur.

— Ma grand'mère pleure, répondit-il.

Monsieur Ruffin, dont les yeux étaient arrêtés sur madame Graslin qui venait à eux, regarda la mère Sauviat, et reçut une vive atteinte à l'aspect de cette vieille tête de matrone romaine pétrifiée par la douleur et humectée de larmes.

— Madame, pourquoi ne l'avez-vous pas empêchée de sortir ? dit le précepteur à cette vieille mère que sa douleur muette rendait auguste et sacrée.

Pendant que Véronique venait d'un pas majestueux par une démarche d'une admirable élégance, la Sauviat, poussée par le désespoir de survivre à sa fille, laissa échapper le secret de bien des choses qui excitaient la curiosité.

— Marcher, s'écria-t-elle, et porter un affreux cilice de crin qui lui fait de continuelles piqûres sur la peau !

Cette parole glaça le jeune homme, qui n'avait pu demeurer insensible à la grâce exquise des mouvements de Véronique, et qui frémit en pensant à l'horrible et constant empire que l'âme avait dû conquérir sur le corps. La Parisienne la plus renommée pour l'aisance de sa tournure, pour son maintien et sa démarche, eût été vaincue peut-être en ce moment par Véronique.

— Elle le porte depuis treize ans, elle l'a mis après avoir achevé la nourriture du petit, dit la vieille en montrant le jeune Graslin. Elle a fait des miracles ici ; mais si l'on connaissait sa vie, elle pourrait être canonisée. Depuis qu'elle est ici, personne ne l'a vue mangeant, savez-vous pourquoi ? Aline lui apporte trois fois par jour un morceau de pain sec sur une grande terrine de cendre et des légumes cuits à l'eau, sans sel, dans un plat de terre rouge, semblable à ceux qui servent à donner la pâtée aux chiens ! Oui, voilà comment se nourrit celle qui a donné la vie à ce canton. Elle fait ses prières à genoux sur le bord de son cilice. Sans ces austérités, elle ne saurait avoir, dit-elle, l'air riant que vous lui voyez. Je vous dis cela, reprit la vieille à voix basse, pour que vous le répétiez au médecin que monsieur Roubaud est allé quérir à Paris. En empêchant ma fille de continuer ses pénitences, peut-être la sauverait-on encore, quoique la main de la Mort soit déjà sur sa tête. Voyez ! Ah ! il faut que je sois bien forte pour avoir résisté depuis quinze ans à toutes ces choses !

Cette vieille femme prit la main de son petit-fils, la leva, se la passa sur le front, sur les joues, comme si cette main enfantine avait le pouvoir d'un baume réparateur ; puis elle y mit un baiser plein d'une affection dont le secret appartient aussi bien aux grand'-mères qu'aux mères. Véronique était alors arrivée à quelques pas du banc en compagnie de Clousier, du curé, de Gérard. Éclairée par les lueurs douces du couchant, elle resplendissait d'une horrible beauté. Son front jaune sillonné de longues rides amassées les unes au-dessus des autres, comme des nuages, révélaient une pensée fixe au milieu de troubles intérieurs. Sa figure, dénuée de toute couleur, entièrement blanche de la blancheur mate et olivâtre des plantes sans soleil, offrait alors des lignes maigres sans sécheresse, et portait les traces des grandes souffrances physiques produites par les douleurs morales. Elle combattait l'âme par le corps, et réciproquement. Elle était si complétement détruite, qu'elle ne se ressemblait à elle-même que comme une vieille femme ressemble à son portrait de jeune fille. L'expression ardente de ses yeux annonçait l'empire despotique exercé par une volonté chrétienne sur le corps réduit à ce que la religion veut qu'il soit. Chez cette femme, l'âme entraînait la chair comme l'Achille de la poésie profane avait traîné Hector, elle la roulait victorieusement dans les chemins pierreux de la vie, elle l'avait fait tourner pendant quinze années autour de la Jérusalem céleste où elle espérait entrer, non par supercherie, mais au milieu d'acclamations triomphales. Jamais aucun des solitaires qui vécurent dans les secs et arides déserts africains ne fut plus maître de ses sens que ne l'était Véronique au milieu de ce magnifique château, dans ce pays opulent aux vues molles et voluptueuses, sous le manteau protecteur de cette immense forêt d'où la science, héritière du bâton de Moïse, avait fait jaillir l'abondance, la prospérité, le bonheur pour toute une contrée. Elle contemplait les résultats de douze ans de patience, œuvre qui eût fait l'orgueil d'un homme supérieur, avec la douce modestie que le pinceau du Panormo a mise sur le sublime visage de sa Chasteté chrétienne caressant la céleste licorne. La religieuse châtelaine, dont le silence était respecté par ses deux compagnons en lui voyant les yeux arrêtés sur les immenses plaines autrefois arides et maintenant fécondes, allait les bras croisés, les yeux fixés à l'horizon sur la route.

Tout à coup, elle s'arrêta à deux pas de sa mère, qui la contemplait comme la mère du Christ a dû regarder son fils en croix, elle leva la main, et montra l'embranchement du chemin de Montégnac sur la grande route.

— Voyez-vous, dit-elle en souriant, cette calèche attelée de quatre chevaux de poste? voilà monsieur Roubaud qui revient. Nous saurons bientôt combien il me reste d'heures à vivre.

— D'heures ! dit Gérard.

— Ne vous ai-je pas dit que je faisais ma dernière promenade ? répliqua-t-elle à Gérard. Ne suis-je pas venue pour contempler une dernière fois ce beau spectacle dans toute sa splendeur ? Elle montra tour à tour le bourg, dont en ce moment la population entière était groupée sur la place de l'église, puis les belles prairies illuminées par les derniers rayons du soleil. — Ah! reprit-elle, laissez-moi voir une bénédiction de Dieu dans l'étrange disposition atmosphérique à laquelle nous avons dû la conservation de notre récolte. Autour de nous, les tempêtes, les pluies, la grêle, la foudre, ont frappé sans relâche ni pitié. Le peuple pense ainsi, pourquoi ne l'imiterais-je pas? J'ai tant besoin de trouver en ceci un bon augure pour ce qui m'attend quand j'aurai fermé les yeux! L'enfant se leva, prit la main de sa mère et la mit sur ses cheveux. Véronique, attendrie par ce mouvement plein d'éloquence, saisit son fils, et avec une force surnaturelle l'enleva, l'assit sur son bras gauche comme s'il eût été encore à la mamelle, l'embrassa et lui dit : — Vois-tu cette terre, mon fils? continue, quand tu seras homme, les œuvres de ta mère.

— Il est un petit nombre d'êtres forts et privilégiés auxquels il est permis de contempler la mort face à face, d'avoir avec elle un long duel, et d'y déployer un courage, une habileté qui frappent d'admiration; vous nous offrez ce terrible spectacle, madame, dit le curé d'une voix grave; mais peut-être manquez-vous de pitié pour nous, laissez-nous au moins espérer que vous vous trompez. Dieu permettra que vous acheviez tout ce que vous avez commencé.

— Je n'ai rien fait que par vous, mes amis, dit-elle. J'ai pu vous être utile, et je ne le suis plus. Tout est vert autour de nous, il n'y a plus rien ici de désolé que mon cœur. Vous le savez, mon cher curé, je ne puis trouver la paix et le pardon que là...

Elle étendit la main sur le cimetière. Elle n'en avait jamais autant dit depuis le jour de son arrivée où elle s'était trouvée mal à cette place. Le curé contempla sa pénitente, et la longue habitude qu'il avait de la pénétrer lui fit comprendre qu'il avait remporté dans cette simple parole un nouveau triomphe. Véronique avait dû prendre horriblement sur elle-même pour rompre après ces douze années le silence par un mot qui disait tant de choses. Aussi le curé joignit-il les mains par un geste plein d'onction qui lui était familier, et regarda-t-il avec une profonde émotion religieuse le groupe que formait cette famille dont tous les secrets avaient passé dans son cœur. Gérard, à qui les mots de paix et de pardon devaient paraître étranges, demeura stupéfait. Monsieur Ruffin, les yeux attachés sur Véronique, était comme stupide. En ce moment la calèche, menée rapidement, fila d'arbre en arbre.

— Ils sont cinq! dit le curé, qui put voir et compter les voyageurs.

— Cinq! reprit monsieur Gérard. En sauront-ils plus à cinq qu'à deux?

— Ah! s'écria madame Graslin, qui s'appuya sur le bras du curé, le Procureur-général y est! Que vient-il faire ici?

— Et papa Grossetête aussi, s'écria le jeune Graslin.

— Madame, dit le curé, qui soutint madame Graslin en l'emmenant à quelques pas, ayez du courage, et soyez digne de vous-même!

— Que veut-il? répondit-elle en allant s'accoter à la balustrade. Ma mère? La vieille Sauviat accourut avec une vivacité qui démentait toutes ses années. — Je le reverrai, dit-elle.

— S'il vient avec monsieur Grossetête, dit le curé, sans doute il n'a que de bonnes intentions.

— Ah! monsieur, ma fille va mourir, s'écria la Sauviat en voyant l'impression que ces paroles produisirent sur la physionomie de sa fille. Son cœur pourra-t-il supporter de si cruelles émotions? Monsieur Grossetête avait jusqu'à présent empêché cet homme de voir Véronique.

Madame Graslin avait le visage en feu.

— Vous le haïssez donc bien? demanda l'abbé Bonnet à sa pénitente.

— Elle a quitté Limoges pour ne pas mettre tout Limoges dans ses secrets, dit la Sauviat épouvantée du rapide changement qui se faisait dans les traits déjà décomposés de madame Graslin.

— Ne voyez-vous pas qu'il empoisonnera les heures qui me restent, et pendant lesquelles je ne dois penser qu'au ciel; il me cloue à la terre, cria Véronique.

Le curé reprit le bras de madame Graslin et la contraignit à faire quelques pas avec lui; quand ils furent seuls, il la contempla en lui jetant un de ces regards angéliques par lesquels il calmait les plus violents mouvements de l'âme.

— S'il en est ainsi, lui dit-il, comme votre confesseur, je vous ordonne de le recevoir, d'être bonne et affectueuse pour lui, de quitter ce vêtement de colère, et de lui pardonner comme Dieu vous pardonnera. Il y a donc encore un reste de passion dans cette âme que je croyais purifiée. Brûlez ce dernier grain d'encens sur l'autel de la pénitence, sinon tout serait mensonge en vous.

— Il y avait encore cet effort à faire, il est fait, répondit-elle en s'essuyant les yeux. Le démon habitait ce dernier pli de mon cœur, et Dieu, sans doute, a mis au cœur de monsieur de Grandville la pensée qui l'envoie ici. Combien de fois Dieu me frappera-t-il donc encore? s'écria-t-elle.

Elle s'arrêta comme pour faire une prière mentale, elle revint vers la Sauviat, et lui dit à voix basse : — Ma chère mère, soyez douce et bonne pour monsieur le Procureur-général.

La vieille Auvergnate laissa échapper un frisson de fièvre.

— Il n'y a plus d'espoir, dit-elle en saisissant la main du curé.

En ce moment, la calèche annoncée par le fouet du postillon montait la rampe; la grille était ouverte, la voiture entra dans la cour, et les voyageurs vinrent aussitôt sur la terrasse. C'était l'illustre archevêque Dutheil, venu pour sacrer monseigneur Gabriel de Rastignac; le Procureur-général, monsieur Grossetête, et monsieur Roubaud qui donnait le bras à l'un des plus célèbres médecins de Paris, Horace Bianchon.

— Soyez les bien-venus, dit Véronique à ses hôtes. Et vous particulièrement, reprit-elle en tendant la main au Procureur-général, qui lui donna une main qu'elle serra.

L'étonnement de monsieur Grossetête, de l'archevêque et de la Sauviat, fut si grand qu'il l'emporta sur la profonde discrétion acquise qui distingue les vieillards. Tous trois s'entre-regardèrent!...

— Je comptais sur l'intervention de monseigneur, répondit monsieur de Grandville, et sur celle de mon ami monsieur Grossetête, pour obtenir de vous un favorable accueil. C'eût été pour toute ma vie un chagrin que de ne pas vous avoir revue.

— Je remercie celui qui vous a conduit ici, répondit-elle en regardant le comte de Granville pour la première fois depuis quinze ans. Je vous en ai voulu beaucoup pendant longtemps, mais j'ai reconnu l'injustice de mes sentiments à votre égard, et vous saurez pourquoi, si vous demeurez jusqu'après demain à Montégnac.

— Monsieur, dit-elle en se tournant vers Horace Bianchon et le saluant, confirmera sans doute mes appréhensions. — C'est Dieu qui vous envoie, monseigneur, dit-elle en s'inclinant devant l'archevêque. Vous ne refuserez pas à notre vieille amitié de m'assister dans mes derniers moments. Par quelle faveur ai-je autour de moi tous les êtres qui m'ont aimée et soutenue dans la vie!

Au mot *aimée*, elle se tourna par une gracieuse attention vers monsieur de Grandville, que cette marque d'affection toucha jusqu'aux larmes. Le silence le plus profond régnait dans cette assemblée. Les deux médecins se demandaient par quel sortilége cette femme se tenait debout en souffrant ce qu'elle devait souffrir. Les trois autres furent si effrayés des changements que la maladie avait produits en elle, qu'ils ne se communiquaient leurs pensées que par les yeux.

— Permettez, dit-elle avec sa grâce habituelle, que j'aille avec ces messieurs, l'affaire est urgente.

Elle salua tous ses hôtes, donna un bras à chaque médecin, se dirigea vers le château, en marchant avec une peine et une lenteur qui révélaient une catastrophe prochaine.

— Monsieur Bonnet, dit l'archevêque en regardant le curé, vous avez opéré des prodiges.

— Non pas moi, mais Dieu, monseigneur! répondit-il.

— On la disait mourante, s'écria monsieur Gossetête, mais elle est morte, il n'y a plus qu'un esprit...

— Une âme, dit monsieur Gérard.

— Elle est toujours la même, s'écria le Procureur-général.

— Elle est stoïque à la manière des anciens du Portique, dit le précepteur.

Ils allèrent tous en silence le long de la balustrade, regardant le paysage où les feux du soleil couchant jetaient des clartés du plus beau rouge.

— Pour moi qui ai vu ce pays il y a treize ans, dit l'archevêque en montrant les plaines fertiles, la vallée et la montagne de Montégnac, ce miracle est aussi extraordinaire que celui dont je viens d'être témoin; car comment laissez-vous madame Graslin debout? elle devrait être couchée.

— Elle l'était, dit la Sauviat. Après dix jours pendant lesquels elle n'a pas quitté le lit, elle a voulu se lever pour voir une dernière fois le pays.

— Je comprends qu'elle ait désiré faire ses adieux à sa création, dit monsieur de Grandville, mais elle risquait d'expirer sur cette terrasse.

— Monsieur Roubaud nous avait recommandé de ne pas la contrarier, dit la Sauviat.

— Quel prodige! s'écria l'archevêque, dont les yeux ne se lassaient pas d'errer sur le paysage. Elle a ensemencé le désert! Mais nous savons, monsieur, ajouta-t-il en regardant Gérard, que votre science et vos travaux y sont pour beaucoup.

— Nous n'avons été que ses ouvriers, répondit le maire, oui, nous ne sommes que des mains, elle est la pensée !

La Sauviat quitta le groupe pour aller savoir la décision du médecin de Paris.

— Il nous faudra de l'héroïsme, dit le Procureur-général à l'archevêque et au curé, pour être témoins de cette mort.

— Oui, dit monsieur Grossetête ; mais on doit faire de grandes choses pour une telle amie.

Après quelques tours et retours faits par ces personnes toutes en proie aux plus graves pensées, ils virent venir à eux deux fermiers de madame Graslin qui se dirent envoyés par tout le bourg, en proie à une douloureuse impatience de connaître la sentence prononcée par le médecin de Paris.

— On consulte, et nous ne savons rien encore, mes amis, leur répondit l'archevêque.

Monsieur Roubaud accourut alors, et son pas précipité fit hâter celui de chacun.

— Hé ! bien ? lui dit le maire.

— Elle n'a pas quarante-huit heures à vivre, répondit monsieur Roubaud. En mon absence, le mal est arrivé à tout son développement ; monsieur Bianchon ne comprend pas comment elle a pu marcher. Ces phénomènes si rares sont toujours dus à une grande exaltation. Ainsi, messieurs, dit le médecin à l'archevêque et au curé, elle vous appartient, la science est inutile, et mon illustre confrère pense que vous avez à peine le temps nécessaire à vos cérémonies.

Allons dire les prières de quarante heures, dit le curé à ses paroissiens en se retirant. Sa Grandeur daignera sans doute conférer les derniers sacrements ?

L'archevêque inclina la tête, il ne put rien dire, ses yeux étaient pleins de larmes. Chacun s'assit, s'accouda, s'appuya sur la balustrade, et resta enseveli dans ses pensées. Les cloches de l'église envoyèrent quelques volées tristes. On entendit alors les pas de toute une population qui se précipitait vers le porche. Les lueurs des cierges allumés percèrent à travers les arbres du jardin de monsieur Bonnet, les chants détonnèrent. Il ne régna plus sur les campagnes que les rouges lueurs du crépuscule, tous les chants d'oiseaux avaient cessé. La rainette seule jetait sa note longue, claire et mélancolique.

— Allons faire mon devoir, dit l'archevêque qui marcha d'un pas lent et comme accablé.

La consultation avait eu lieu dans le grand salon du château. Cette immense pièce communiquait avec une chambre d'apparat meublée en damas rouge, où le fastueux Graslin avait déployé la magnificence des financiers. Véronique n'y était pas entrée six fois en quatorze ans, les grands appartements lui étaient complétement inutiles, elle n'y avait jamais reçu ; mais l'effort qu'elle venait de faire pour accomplir sa dernière obligation et pour dompter sa dernière révolte lui avait ôté ses forces, elle ne put monter chez elle. Quand l'illustre médecin eut pris la main à la malade et tâté le pouls, il regarda monsieur Roubaud en lui faisant un signe ; à eux deux, ils la prirent et la portèrent sur le lit de cette chambre, Aline ouvrit brusquement les portes. Comme tous les lits de parade, ce lit n'avait pas de draps, les deux médecins déposèrent madame Graslin sur le couvre-pied de damas rouge et l'y étendirent. Roubaud ouvrit les fenêtres, poussa les persiennes et appela. Les domestiques, la vieille Sauviat accoururent. On alluma les bougies jaunies des candélabres.

— Il est dit, s'écria la mourante en souriant, que ma mort sera ce qu'elle doit être pour une âme chrétienne : une fête ! Pendant la consultation, elle dit encore : — Monsieur le Procureur-général a fait son métier, je m'en allais, il m'a poussée... La vieille mère regarda sa fille en se mettant un doigt sur les lèvres. — Ma mère, je parlerai, lui répondit Véronique. Voyez ! le doigt de Dieu est en tout ceci : je vais expirer dans une chambre rouge.

La Sauviat sortit épouvantée de ce mot : — Aline, dit-elle, elle parle, elle parle !

— Ah ! madame n'a plus son bon sens, s'écria la fidèle femme de chambre qui apportait des draps. Allez chercher monsieur le curé, madame.

— Il faut déshabiller votre maîtresse, dit Bianchon à la femme de chambre quand elle entra.

— Ce sera bien difficile, madame est enveloppée d'un cilice en crin.

— Comment ! au dix-neuvième siècle, s'écria le grand médecin, il se pratique encore de semblables horreurs !

— Madame Graslin ne m'a jamais permis de lui palper l'estomac, dit monsieur Roubaud. Je n'ai rien pu savoir de sa maladie que par l'état du visage, par celui du pouls, et par des renseignements que j'obtenais de sa mère et de sa femme de chambre.

On avait mis Véronique sur un canapé pendant qu'on lui arrangeait le lit de parade placé au fond de cette chambre. Les médecins causaient à voix basse. La Sauviat et Aline firent le lit. Le visage des deux Auvergnates était effrayant à voir, elles avaient le cœur percé par cette idée : Nous faisons son lit pour la dernière fois, elle va mourir là ! La consultation ne fut pas longue. Avant tout, Bianchon exigea qu'Aline et la Sauviat coupassent d'autorité, malgré la malade, le cilice de crin et lui missent une chemise. Les deux médecins allèrent dans le salon pendant cette opération. Quand Aline passa, tenant ce terrible instrument de pénitence enveloppé d'une serviette, elle leur dit : — Le corps de madame n'est qu'une plaie !

— Les deux docteurs rentrèrent.

— Votre volonté est plus forte que celle de Napoléon, madame, dit Bianchon après quelques demandes auxquelles Véronique répondit avec clarté, vous conservez votre esprit et vos facultés dans la dernière période de la maladie où l'empereur avait perdu sa rayonnante intelligence. D'après ce que je sais de vous, je dois vous dire la vérité.

— Je vous la demande à mains jointes, dit-elle ; vous avez le pouvoir de mesurer ce qui me reste de forces, et j'ai besoin de toute ma vie pour quelques heures.

— Ne pensez donc maintenant qu'à votre salut, dit Bianchon.

— Si Dieu me fait la grâce de me laisser mourir tout entière, répondit-elle avec un sourire céleste, croyez que cette faveur est utile à la gloire de son Église. Ma présence d'esprit est nécessaire pour accomplir une pensée de Dieu, tandis que Napoléon avait accompli toute sa destinée.

Les deux médecins se regardaient avec étonnement, en écoutant ces paroles prononcées aussi aisément que si madame Graslin eût été dans son salon.

— Ah ! voilà le médecin qui va me guérir, dit-elle en voyant entrer l'archevêque.

Elle rassembla ses forces pour se mettre sur son séant, pour saluer gracieusement monsieur Bianchon, et le prier d'accepter autre chose que de l'argent pour la bonne nouvelle qu'il venait de lui donner; elle dit quelques mots à l'oreille de sa mère, qui emmena le médecin ; puis elle ajourna l'archevêque jusqu'au moment où le curé viendrait, et manifesta le désir de prendre un peu de repos. Aline veilla sa maîtresse. A minuit, madame Graslin s'éveilla, demanda l'archevêque et le curé, que sa femme de chambre lui montra priant pour elle. Elle fit un signe pour renvoyer sa mère et la servante, et, sur un nouveau signe, les deux prêtres vinrent à son chevet.

—Monseigneur, et vous, monsieur le curé, je ne vous apprendrai rien que vous ne sachiez. Vous le premier, monseigneur, vous avez jeté votre coup d'œil dans ma conscience, vous y avez lu presque tout mon passé, et ce que vous y avez entrevu vous a suffi. Mon confesseur, cet ange que le ciel a mis près de moi, sait quelque chose de plus : j'ai dû lui tout avouer. Vous de qui l'intelligence est éclairée par l'esprit de l'Église, je veux vous consulter sur la manière dont, en vraie chrétienne, je dois quitter la vie. Vous, austères et saints esprits, croyez-vous que si le ciel daigne pardonner au plus entier, au plus profond repentir qui jamais ait agité une âme coupable, pensez-vous que j'aie satisfait à tous mes devoirs ici-bas?

— Oui, dit l'archevêque, oui, ma fille.

— Non, mon père, non, dit-elle en se dressant et jetant des éclairs par les yeux. Il est, à quelques pas d'ici une tombe où gît un malheureux qui porte le poids d'un horrible crime, il est dans cette somptueuse demeure une femme que couronne une renommée de bienfaisance et de vertu. Cette femme, on la bénit! Ce pauvre jeune homme, on le maudit! Le criminel est accablé de réprobation, et je jouis de l'estime générale; je suis pour la plus grande partie dans le forfait, il est pour beaucoup dans le bien qui me vaut tant de gloire et de reconnaissance; fourbe que je suis, j'ai les mérites, et, martyr de sa discrétion, il est couvert de honte ! Je mourrai dans quelques heures, voyant tout un canton me pleurer, tout un département célébrer mes bienfaits, ma piété, mes vertus; tandis qu'il est mort au milieu des injures, à la vue de toute une population accourue en haine des meurtriers! Vous, mes juges, vous êtes indulgents; mais j'entends moi-même une voix impérieuse qui ne me laisse aucun repos. Ah! la main de Dieu, moins douce que la vôtre, m'a frappée de jour en jour, comme pour m'avertir que tout n'était pas expié. Mes fautes ne seront rachetées que par un aveu public. Il est heureux, lui! Criminel, il a donné sa vie avec ignominie à la face du ciel et de la terre. Et moi, je trompe encore le monde comme j'ai trompé la justice humaine. Il n'est pas un hommage qui ne m'ait insultée, pas un éloge qui n'ait été brûlant pour mon cœur. Ne voyez-vous pas, dans l'arrivée ici du Procureur-général, un commandement du ciel d'accord avec la voix qui me crie : Avoue !

Les deux prêtres, le prince de l'Église comme l'humble curé, ces deux grandes lumières tenaient les yeux baissés et gardaient le silence. Les juges étaient trop émus par la grandeur et par la résignation du coupable pour pouvoir prononcer un arrêt.

— Mon enfant, dit l'archevêque en relevant sa belle tête macérée par les coutumes de sa pieuse vie, vous allez au delà des commandements de l'Église. La gloire de l'Église est de faire concorder ses dogmes avec les mœurs de chaque temps : elle est destinée à traverser les siècles des siècles en compagnie de l'Humanité. La confession secrète a, selon ses décisions, remplacé la confession publique. Cette substitution a fait la loi nouvelle. Les souffrances que vous avez endurées suffisent. Mourez en paix : Dieu vous a bien entendue.

— Mais le vœu de la criminelle n'est-il pas conforme aux lois de la première Église qui a enrichi le ciel d'autant de saints, de martyrs et de confesseurs qu'il y a d'étoiles au firmament ? reprit-elle avec véhémence. Qui a écrit : *Confessez-vous les uns aux autres ?* n'est-ce pas les disciples immédiats de notre Sauveur ? Laissez-moi confesser publiquement ma honte, à genoux. Ce sera le redressement de mes torts envers le monde, envers une famille proscrite et presque éteinte par ma faute. Le monde doit apprendre que mes bienfaits ne sont pas une offrande, mais une dette. Si plus tard, après moi, quelque indice m'arrachait le voile menteur qui me couvre?... Ah ! cette idée avance pour moi l'heure suprême.

— Je vois en ceci des calculs, mon enfant, dit gravement l'archevêque. Il y a encore en vous des passions bien fortes, celle que je croyais éteinte est...

— Oh ! je vous le jure, monseigneur, dit-elle en interrompant le prélat et lui montrant des yeux fixes d'horreur, mon cœur est aussi purifié que peut l'être celui d'une femme coupable et repentante : il n'y a plus en tout moi que la pensée de Dieu.

— Laissons, monseigneur, son cours à la justice céleste, dit le curé d'une voix attendrie. Voici quatre ans que je m'oppose à cette pensée, elle est la cause des seuls débats qui se soient élevés entre ma pénitente et moi. J'ai vu jusqu'au fond de cette âme, la terre n'y a plus aucun droit. Si les pleurs, les gémissements, les contritions de quinze années ont porté sur une faute commune à deux êtres, ne croyez pas qu'il y ait eu la moindre volupté dans ces longs et terribles remords. Le souvenir n'a point mêlé ses flammes à celles de la plus ardente pénitence. Oui, tant de larmes ont éteint un si grand feu. Je garantis, dit-il en étendant sa main sur la tête de madame Graslin et en laissant voir des yeux humides, je garantis la pureté de cette âme archangélique. D'ailleurs, j'entrevois dans ce désir la pensée d'une réparation envers une famille absente que Dieu semble avoir représentée ici par un de ces événements où sa Providence éclate.

Véronique prit au curé sa main tremblante et la baisa.

— Vous m'avez été bien souvent rude, cher pasteur, mais en ce moment je découvre où vous renfermiez votre douceur apostolique ! Vous, dit-elle en regardant l'archevêque, vous, le chef suprême de ce coin du royaume de Dieu, soyez en ce moment d'ignominie mon soutien. Je m'inclinerai la dernière des femmes, vous me relèverez pardonnée, et, peut-être, l'égale de celles qui n'ont point failli.

L'archevêque demeura silencieux, occupé sans doute à peser toutes les considérations que son œil d'aigle apercevait.

— Monseigneur, dit alors le curé, la religion a reçu de fortes atteintes. Ce retour aux anciens usages, nécessité par la grandeur de la faute et du repentir, ne sera-t-il pas un triomphe dont il nous sera tenu compte ?

— On dira que nous sommes des fanatiques ! On dira que nous avons exigé cette cruelle scène. Et il retomba dans ses méditations.

En ce moment, Horace Bianchon et Roubaud entrèrent après avoir frappé. Quand la porte s'ouvrit, Véronique aperçut sa mère, son fils et tous les gens de sa maison en prières. Les curés de deux paroisses voisines étaient venus assister monsieur Bonnet, et peut-être aussi saluer le grand prélat, que le clergé français portait unanimement aux honneurs du cardinalat, en espérant que la lumière de son intelligence, vraiment gallicane, éclairerait le sacré collége. Horace Bianchon repartait pour Paris ; il venait dire adieu à la mourante, et la remercier de sa munificence. Il vint à pas lents, devinant, à l'attitude des deux prêtres, qu'il s'agissait de la plaie du cœur qui avait déterminé celle du corps. Il prit la main de Véronique, la posa sur le lit et lui tâta le pouls. Ce fut une scène que le silence le plus profond, celui d'une nuit d'été dans la campagne, rendit solennelle. Le grand salon, dont la porte à deux battants restait ouverte, était illuminé pour éclairer la petite assemblée des gens qui priaient, tous à genoux, moins les deux prêtres assis et lisant leur bréviaire. De chaque côté de ce magnifique lit de parade, étaient le prélat dans son costume violet, le curé, puis les deux hommes de la Science.

— Elle est agitée jusque dans la mort! dit Horace Bianchon, qui, semblable à tous les hommes d'un immense talent, avait la parole souvent aussi grande que l'étaient les choses auxquelles il assistait.

L'archevêque se leva, comme poussé par un élan intérieur; il appela monsieur Bonnet en se dirigeant vers la porte, ils traversèrent la chambre, le salon, et sortirent sur la terrasse, où ils se promenèrent pendant quelques instants. Au moment où ils revinrent après avoir discuté ce cas de discipline ecclésiastique, Roubaud venait à leur rencontre.

— Monsieur Bianchon m'envoie vous dire de vous presser, madame Graslin se meurt dans une agitation étrangère aux douleurs excessives de la maladie.

L'archevêque hâta le pas et dit en entrant à madame Graslin, qui le regardait avec anxiété : — Vous serez satisfaite !

Bianchon tenait toujours le pouls de la malade, il laissa échapper un mouvement de surprise, et jeta un coup d'œil sur Roubaud et sur les deux prêtres.

— Monseigneur, ce corps n'est plus de notre domaine, votre parole a mis la vie là où il y avait la mort. Vous feriez croire à un miracle.

— Il y a longtemps que madame est tout âme! dit Roubaud, que Véronique remercia par un regard.

En ce moment un sourire où se peignait le bonheur que lui causait la pensée d'une expiation complète rendit à sa figure l'air d'innocence qu'elle eut à dix-huit ans. Toutes les agitations inscrites en rides effrayantes, les couleurs sombres, les marques livides, tous les détails qui rendaient cette tête si horriblement belle naguère, quand elle exprimait seulement la douleur, enfin les altérations de tout genre disparurent; il semblait à tous que jusqu'alors

Véronique avait porté un masque, et que ce masque tombait. Pour la dernière fois s'accomplissait l'admirable phénomène par lequel le visage de cette créature en expliquait la vie et les sentiments. Tout en elle se purifia, s'éclaircit, et il y eut sur son visage comme un reflet des flamboyantes épées des anges gardiens qui l'entouraient. Elle fut ce qu'elle était quand Limoges l'appelait la *belle madame Graslin*. L'amour de Dieu se montrait plus puissant encore que ne l'avait été l'amour coupable, l'un mit jadis en relief les forces de la vie, l'autre écartait toutes les défaillances de la mort. On entendit un cri étouffé ; la Sauviat se montra, elle bondit jusqu'au lit en disant : — « Je revois donc enfin mon enfant ! » L'expression de cette vieille femme en prononçant ces deux mots *mon enfant*, rappela si vivement la première innocence des enfants, que les spectateurs de cette belle mort détournèrent tous la tête pour cacher leur émotion. L'illustre médecin prit la main de madame Graslin, la baisa, puis il partit. Le bruit de sa voiture retentit au milieu du silence de la campagne, en disant qu'il n'y avait aucune espérance de conserver l'âme de ce pays. L'archevêque, le curé, le médecin, tous ceux qui se sentirent fatigués allèrent prendre un peu de repos, quand madame Graslin s'endormit elle-même pour quelques heures. Car elle s'éveilla dès l'aube en demandant qu'on ouvrît ses fenêtres. Elle voulait voir le lever de son dernier soleil.

A dix heures du matin, l'archevêque, revêtu de ses habits pontificaux, vint dans la chambre de madame Graslin. Le prélat eut, ainsi que monsieur Bonnet, une si grande confiance en cette femme, qu'ils ne lui firent aucune recommandation sur les limites entre lesquelles elle devait renfermer ses aveux. Véronique aperçut alors un clergé plus nombreux que ne le comportait l'église de Montégnac, car celui des communes voisines s'y était joint. Monseigneur allait être assisté par quatre curés. Les magnifiques ornements, offerts par madame Graslin à sa chère paroisse, donnaient un grand éclat à cette cérémonie. Huit enfants de chœur, dans leur costume rouge et blanc, se rangèrent sur deux files, à partir du lit jusque dans le salon, tenant tous un de ces énormes flambeaux de bronze doré que Véronique avait fait venir de Paris. La croix et la bannière de l'église étaient tenues de chaque côté de l'estrade par deux sacristains en cheveux blancs. Grâce au dévouement des gens, on avait placé près de la porte du salon l'autel en bois pris dans la

sacristie, orné, préparé pour que monseigneur pût y dire la messe.
Madame Graslin fut touchée de ces soins que l'Église accorde
seulement aux personnes royales. Les deux battants de la porte
qui donnait sur la salle à manger étaient ouverts, elle put voir le
rez-de-chaussée de son château rempli par une grande partie de
la population. Les amis de cette femme avaient pourvu à tout, car
le salon était exclusivement occupé par les gens de sa maison. En
avant et groupés devant la porte de sa chambre, se trouvaient les
amis et les personnes sur la discrétion desquelles on pouvait compter. Messieurs Grossetête, de Grandville, Roubaud, Gérard, Clousier, Ruffin, se placèrent au premier rang. Tous devaient se lever et
se tenir debout pour empêcher ainsi la voix de la pénitente d'être
écoutée par d'autres que par eux. Il y eut d'ailleurs une circonstance
heureuse pour la mourante : les pleurs de ses amis étouffèrent ses
aveux. En tête de tous, deux personnes offraient un horrible spectacle. La première était Denise Tascheron : ses vêtements étrangers,
d'une simplicité quakerienne, la rendaient méconnaissable à ceux
du village qui la pouvaient apercevoir ; mais elle était, pour l'autre
personne, une connaissance difficile à oublier, et son apparition
fut un horrible trait de lumière. Le Procureur-général entrevit la
vérité ; le rôle qu'il avait joué auprès de madame Graslin, il le devina dans toute son étendue. Moins dominé que les autres par la
question religieuse, en sa qualité d'enfant du dix-neuvième siècle,
le magistrat eut au cœur une féroce épouvante, car il put alors contempler le drame de la vie intérieure de Véronique à l'hôtel Graslin,
pendant le procès Tascheron. Cette tragique époque reparut tout
entière à son souvenir, éclairée par les deux yeux de la vieille Sauviat, qui, allumés par la haine, tombaient sur lui comme deux jets
de plomb fondu ; cette vieille, debout à dix pas de lui, ne lui pardonnait rien. Cet homme, qui représentait la Justice humaine,
éprouva des frissons. Pâle, atteint dans son cœur, il n'osa jeter
les yeux sur le lit où la femme qu'il avait tant aimée, livide sous
la main de la Mort, tirait sa force, pour dompter l'agonie, de la
grandeur même de sa faute ; et le sec profil de Véronique, nettement dessiné en blanc sur le damas rouge, lui donna le vertige.
A onze heures la messe commença. Quand l'épître eut été lue
par le curé de Vizay, l'archevêque quitta sa dalmatique et se plaça
au seuil de la porte.

— Chrétiens rassemblés ici pour assister à la cérémonie de

l'Extrême-Onction que nous allons conférer à la maîtresse de cette maison, dit-il, vous qui joignez vos prières à celles de l'Église afin d'intercéder pour elle auprès de Dieu et obtenir son salut éternel, apprenez qu'elle ne s'est pas trouvée digne, à cette heure suprême, de recevoir le saint-viatique sans avoir fait, pour l'édification de son prochain, la confession publique de la plus grande de ses fautes. Nous avons résisté à son pieux désir, quoique cet acte de contrition ait été pendant long-temps en usage dans les premiers jours du christianisme; mais comme cette pauvre femme nous a dit qu'il s'agissait en ceci de la réhabilitation d'un malheureux enfant de cette paroisse, nous la laissons libre de suivre les inspirations de son repentir.

Après ces paroles dites avec une onctueuse dignité pastorale, l'archevêque se retourna pour faire place à Véronique. La mourante apparut soutenue par sa vieille mère et par le curé, deux grandes et vénérables images : ne tenait-elle pas son corps de la Maternité, son âme de sa mère spirituelle, l'Église? Elle se mit à genoux sur un coussin, joignit les mains, et se recueillit pendant quelques instants pour puiser en elle-même à quelque source épanchée du ciel la force de parler. En ce moment, le silence eut je ne sais quoi d'effrayant. Nul n'osait regarder son voisin. Tous les yeux étaient baissés. Cependant le regard de Véronique, quand elle leva les yeux, rencontra celui du Procureur-général, et l'expression de ce visage devenu blanc la fit rougir.

— Je ne serais pas morte en paix, dit Véronique d'une voix altérée, si j'avais laissé de moi la fausse image que chacun de vous qui m'écoutez a pu s'en faire. Vous voyez en moi une grande criminelle qui se recommande à vos prières, et qui cherche à se rendre digne de pardon par l'aveu public de sa faute. Cette faute fut si grave, elle eut des suites si fatales qu'aucune pénitence ne la rachètera peut-être. Mais plus j'aurai subi d'humiliations sur cette terre, moins j'aurai sans doute à redouter de colère dans le royaume céleste où j'aspire. Mon père, qui avait tant de confiance en moi, recommanda, voici bientôt vingt ans, à mes soins un enfant de cette paroisse, chez lequel il avait reconnu l'envie de se bien conduire, une aptitude à l'instruction et d'excellentes qualités. Cet enfant est le malheureux Jean-François Tascheron, qui s'attacha dès lors à moi comme à sa bienfaitrice. Comment l'affection que je lui portais devint-elle coupable? C'est ce que je crois être dispensée d'expliquer. Peut-être verrait-on les sentiments les plus purs qui nous font agir ici-bas détournés insensiblement de leur pente par des sacrifices inouïs, par des raisons tirées de notre fragilité, par une foule de causes qui paraîtraient diminuer l'étendue de ma faute. Que les plus nobles affections aient été mes complices, en suis-je moins coupable ? J'aime mieux avouer que, moi qui par l'éducation, par ma situation dans le monde, pouvais me croire supérieure à l'enfant que me confiait mon père, et de qui je me trouvais séparée par la délicatesse naturelle à notre sexe, j'ai fatalement écouté la voix du démon. Je me suis bientôt trouvée beaucoup trop la mère de ce jeune homme pour être insensible à sa muette et délicate admiration. Lui seul, le premier, m'appréciait à ma valeur. Peut-être ai-je moi-même été séduite par d'horribles calculs : j'ai songé combien serait discret un enfant qui me devait tout, et que le hasard avait placé si loin de moi quoique nous fussions égaux par notre naissance. Enfin, j'ai trouvé dans ma renommée de bienfaisance et dans mes pieuses occupations un manteau pour protéger ma conduite. Hélas ! et ceci sans doute est l'une de mes plus grandes fautes, j'ai caché ma passion à l'ombre des autels. Les plus vertueuses actions, l'amour que j'ai pour ma mère, les actes d'une dévotion véritable et sincère au milieu de tant d'égarements, j'ai tout fait servir au misérable triomphe d'une passion insensée, et ce fut autant de liens qui m'enchaînèrent. Ma pauvre mère adorée, qui m'entend, a été, sans en rien savoir pendant long-temps, l'innocente complice du mal. Quand elle a ouvert les yeux, il y avait trop de faits dangereux accomplis pour qu'elle ne cherchât pas dans son cœur de mère la force de se taire. Chez elle, le silence est ainsi devenu la plus haute des vertus. Son amour pour sa fille a triomphé de son amour pour Dieu. Ah ! je la décharge solennellement du voile pesant qu'elle a porté. Elle achèvera ses derniers jours sans faire mentir ni ses yeux ni son front. Que sa maternité soit pure de blâme, que cette noble et sainte vieillesse, couronnée de vertus, brille de tout son éclat, et soit dégagée de cet anneau par lequel elle touchait indirectement à tant d'infamie !...

Ici, les pleurs coupèrent pendant un moment la parole à Véronique ; Aline lui fit respirer des sels.

— Il n'y a pas jusqu'à la dévouée servante qui me rend ce dernier service qui n'ait été meilleure pour moi que je ne le méritais, et qui du moins a feint d'ignorer ce qu'elle savait ; mais elle a été dans le secret des austérités par lesquelles j'ai brisé cette chair qui avait failli. Je demande donc pardon au monde de l'avoir trompé, entraînée par la terrible logique du monde. Jean-François Tascheron n'est pas aussi coupable que la société a pu le croire. Ah! vous tous qui m'écoutez, je vous en supplie! tenez compte de sa jeunesse et d'une ivresse excitée autant par les remords qui m'ont saisie que par d'involontaires séductions. Bien plus! ce fut la probité, mais une probité mal entendue, qui causa le plus grand de tous les malheurs. Nous ne supportâmes ni l'un ni l'autre ces tromperies continuelles. Il en appelait, l'infortuné, à ma propre grandeur, et voulait rendre le moins blessant possible pour autrui ce fatal amour. J'ai donc été la cause de son crime. Poussé par la nécessité, le malheureux, coupable de trop de dévouement pour une idole, avait choisi dans tous les actes répréhensibles celui dont les dommages étaient irréparables. Je n'ai rien su qu'au moment même. A l'exécution, la main de Dieu a renversé tout cet échafaudage de combinaisons fausses. Je suis rentrée ayant entendu des cris qui retentissent encore à mes oreilles, ayant deviné des luttes sanglantes qu'il n'a pas été en mon pouvoir d'arrêter, moi l'objet de cette folie. Tascheron était devenu fou, je vous l'atteste.

Ici, Véronique regarda le Procureur-général, et l'on entendit un profond soupir sortir de la poitrine de Denise.

— Il n'avait plus sa raison en voyant ce qu'il croyait être son bonheur détruit par des circonstances imprévues. Ce malheureux, égaré par son cœur, a marché fatalement d'un délit dans un crime, et d'un crime dans un double meurtre. Certes, il est parti de chez ma mère innocent, il y est revenu coupable. Moi seule au monde savais qu'il n'y eut ni préméditation, ni aucune des circonstances aggravantes qui lui ont valu son arrêt de mort. Cent fois j'ai voulu me livrer pour le sauver, et cent fois un horrible héroïsme, nécessaire et supérieur, a fait expirer la parole sur mes lèvres. Certes, ma présence à quelques pas a contribué peut-être à lui donner l'odieux, l'infâme, l'ignoble courage des assassins. Seul, il aurait fui. J'avais formé cette âme, élevé cet esprit, agrandi ce cœur, je le connaissais, il était incapable de lâcheté ni de bassesse. Rendez justice à ce bras innocent, rendez justice à celui que Dieu dans sa clémence laisse dormir en paix dans le tombeau que vous avez arrosé de vos larmes, devinant sans doute la vérité! Punissez, maudissez la coupable que voici! Épouvantée du crime, une fois commis, j'ai tout fait pour le cacher. J'avais été chargée par mon père, moi privée d'enfant, d'en conduire un à Dieu, je l'ai conduit à l'échafaud; ah! versez sur moi tous les reproches, accablez-moi, voici l'heure!

En disant ces paroles, ses yeux étincelaient d'une fierté sauvage, l'archevêque debout derrière elle, et qui la protégeait de sa crosse pastorale, quitta son attitude impassible, il voila ses yeux de sa main droite. Un cri sourd se fit entendre, comme si quelqu'un se mourait. Deux personnes, Gérard et Roubaud, reçurent dans leurs bras et emportèrent Denise Tascheron complétement évanouie. Ce spectacle éteignit un peu le feu des yeux de Véronique, elle fut inquiète; mais sa sérénité de martyre reparut bientôt.

— Vous le savez maintenant, reprit-elle, je ne mérite ni louanges ni bénédictions pour ma conduite ici. J'ai mené pour le ciel une vie secrète de pénitences aiguës que le ciel appréciera! Ma vie connue a été une immense réparation des maux que j'ai causés : j'ai marqué mon repentir en traits ineffaçables sur cette terre, il subsistera presque éternellement. Il est écrit dans les champs fertilisés, dans le bourg agrandi, dans les ruisseaux dirigés de la montagne dans cette plaine, autrefois inculte et sauvage, maintenant verte et productive. Il ne se coupera pas un arbre d'ici à cent ans, que les gens de ce pays ne se disent à quels remords il a dû son ombrage, reprit-elle. Cette âme repentante et qui aurait animé une longue vie utile à ce pays, respirera donc long-temps parmi vous. Ce que vous auriez dû à ses talents, à une fortune dignement acquise, est accompli par l'héritière de son repentir, par celle qui causa le crime. Tout a été réparé de ce qui revient à la société, moi seule suis chargée de cette vie arrêtée dans sa fleur, qui m'avait été confiée, et dont il va m'être demandé compte!...

Là, les larmes éteignirent le feu de ses yeux. Elle fit une pause.

— Il est enfin parmi vous un homme qui, pour avoir strictement accompli son devoir, a été pour moi l'objet d'une haine que je croyais devoir être éternelle, reprit-elle. Il a été le premier instrument de mon supplice. J'étais trop près du fait, j'avais encore les pieds trop avant dans le sang, pour ne pas haïr la Justice. Tant que ce grain de colère troublerait mon cœur, j'ai compris qu'il y aurait un reste de passion condamnable; je n'ai rien eu à pardonner, j'ai seulement purifié ce coin où le Mauvais se cachait. Quelque pénible qu'ait été cette victoire, elle est complète.

Le Procureur-général laissa voir à Véronique un visage plein de larmes. La Justice humaine semblait avoir des remords. Quand la pénitente détourna la tête pour pouvoir continuer, elle rencontra la figure baignée de larmes d'un vieillard, de Grossetête, qui lui tendait des mains suppliantes, comme pour dire : — Assez ! En ce moment, cette femme sublime entendit un tel concert de larmes, qu'émue par tant de sympathies, et ne soutenant pas le baume de ce pardon général, elle fut prise d'une faiblesse ; en la voyant atteinte dans les sources de sa force, sa vieille mère retrouva les bras de la jeunesse pour l'emporter.

— Chrétiens, dit l'archevêque, vous avez entendu la confession de cette pénitente ; elle confirme l'arrêt de la Justice humaine, et peut en calmer les scrupules ou les inquiétudes. Vous devez avoir trouvé en ceci de nouveaux motifs pour joindre vos prières à celles de l'Église, qui offre à Dieu le saint sacrifice de la messe, afin d'implorer sa miséricorde en faveur d'un si grand repentir.

L'office continua, Véronique le suivit d'un air qui peignait un tel contentement intérieur, qu'elle ne parut plus être la même femme à tous les yeux. Il y eut sur son visage une expression candide, digne de la jeune fille naïve et pure qu'elle avait été dans la vieille maison paternelle. L'aube de l'éternité blanchissait déjà son front, et dorait son visage de teintes célestes. Elle entendait sans doute de mystiques harmonies, et puisait la force de vivre dans son désir de s'unir une dernière fois à Dieu ; le curé Bonnet vint auprès du lit et lui donna l'absolution ; l'archevêque lui administra les saintes huiles avec un sentiment paternel qui montrait à tous les assistants combien cette brebis égarée, mais revenue, lui était chère. Le prélat ferma aux choses de la terre, par une sainte onction, ces yeux qui avaient causé tant de mal, et mit le cachet de l'Église sur ces lèvres trop éloquentes. Les oreilles, par où les mauvaises inspirations avaient pénétré, furent à jamais closes. Tous les sens, amortis par la pénitence, furent ainsi sanctifiés, et l'esprit du mal dut être sans pouvoir sur cette âme. Jamais assistance ne comprit mieux la grandeur et la profondeur d'un sacrement, que ceux qui voyaient les soins de l'Église justifiés par les aveux de cette femme mourante. Ainsi préparée, Véronique reçut le corps de Jésus-Christ avec une expression d'espérance et de joie qui fondit les glaces de l'incrédulité contre laquelle le curé s'était tant de fois heurté. Roubaud confondu devint catholique en un moment! Ce spectacle fut touchant et terrible à la fois; mais il fut solennel par la disposition des choses, à un tel point que la peinture y aurait trouvé peut-être le sujet d'un de ses chefs-d'œuvre. Quand, après ce funèbre épisode, la mourante entendit commencer l'évangile de saint Jean, elle fit signe à sa mère de lui ramener son fils, qui avait été emmené par le percepteur. Quand elle vit Francis agenouillé sur l'estrade, la mère pardonnée se crut le droit d'imposer ses mains à cette tête pour la bénir, et rendit le dernier soupir. La vieille Sauviat était là, debout, toujours à son poste, comme depuis vingt années. Cette femme, héroïque à sa manière, ferma les yeux de sa fille qui avait tant souffert, et les baisa l'un après l'autre. Tous les prêtres, suivis du clergé, entourèrent alors le lit. Aux clartés flamboyantes des cierges, ils entonnèrent le terrible chant du *De profundis*, dont les clameurs apprirent à toute la population agenouillée devant le château, aux amis qui priaient dans les salles et à tous les serviteurs, que la mère de ce Canton venait de mourir. Cette hymne fut accompagnée de gémissements et de pleurs unanimes. La confession de cette grande femme n'avait pas dépassé le seuil du salon, et n'avait eu que des oreilles amies pour auditoire. Quand les paysans des environs, mêlés à ceux de Montégnac, vinrent un à un jeter à leur bienfaitrice, avec un rameau vert, un adieu suprême mêlé de prières et de larmes, ils virent un homme de la Justice, accablé de douleur, qui tenait froide la main de la femme que, sans le vouloir, il avait si cruellement, mais si justement frappée.

Deux jours après, le Procureur-général, Grossetête, l'archevêque et le maire, tenant les coins du drap noir, conduisaient le corps de madame Graslin à sa dernière demeure. Il fut posé dans sa fosse au milieu d'un profond silence. Il ne fut pas dit une parole, personne ne se trouvait la force de parler, tous les yeux étaient pleins de larmes. « — C'est une sainte! » fut un mot dit par tous en s'en allant par les chemins faits dans le Canton qu'elle avait enrichi, un mot dit à ses créations champêtres comme pour les animer. Personne ne trouva étrange que madame Graslin fût ensevelie auprès du corps de Jean-François Tascheron; elle ne l'avait pas demandé; mais la vieille mère, par un reste de tendre pitié, avait recommandé au sacristain de mettre ensemble ceux que la terre avait si violemment séparés, et qu'un même repentir réunissait.

Le testament de madame Graslin réalisa tout ce qu'on en attendait ; elle fondait à Limoges des bourses au collége et des lits à l'hospice, uniquement destinés aux ouvriers ; elle assignait une somme considérable, trois cent mille francs en six ans, pour l'acquisition de la partie du village appelée les Tascherons, où elle ordonnait de construire un hospice. Cet hospice, destiné aux vieillards indigents du canton, à ses malades, aux femmes dénuées au moment de leurs couches et aux enfants trouvés, devait porter le nom d'hospice des Tascherons ; Véronique le voulait desservi par des Sœurs-Grises, et fixait à quatre mille francs les traitements du chirurgien et du médecin. Madame Graslin priait Roubaud d'être le premier médecin de cet hospice, en le chargeant de choisir le chirurgien et de surveiller l'exécution, sous le rapport sanitaire, conjointement avec Gérard, qui serait l'architecte. Elle donnait en outre à la Commune de Montégnac une étendue de prairies suffisante à en payer les contributions. L'église, dotée d'un fonds de secours dont l'emploi était déterminé pour certains cas exceptionnels, devait surveiller les jeunes gens, et rechercher le cas où un enfant de Montégnac manifesterait des dispositions pour les arts, pour les sciences ou pour l'industrie. La bienfaisance intelligente de la testatrice indiquait alors la somme à prendre sur ce fonds pour les encouragements. La nouvelle de cette mort, reçue en tous lieux comme une calamité, ne fut accompagnée d'aucun bruit injurieux pour la mémoire de cette femme. Cette discrétion fut un hommage rendu à tant de vertus par cette population catholique et travailleuse qui recommence dans ce coin de la France les miracles des Lettres Édifiantes.

Gérard, nommé tuteur de Francis Graslin, et obligé par le testament d'habiter le château, y vint ; mais il n'épousa que trois mois après la mort de Véronique, Denise Tascheron, en qui Francis trouva comme une seconde mère.

Paris, janvier 1837. — Mars 1845.

FIN DES ÉTUDES DE MŒURS.

TABLE DES MATIÈRES.

SCÈNES DE LA VIE MILITAIRE.

Les Chouans.. Page	1
Une Passion dans le désert...................................	291

SCÈNES DE LA VIE DE CAMPAGNE.

Le Médecin de campagne....................................	305
Le Curé de village..	510

FIN DE LA TABLE.

www.ingramcontent.com/pod-product-compliance
Lightning Source LLC
Chambersburg PA
CBHW071702300426
44115CB00010B/1288